Das Gymnasium.

Die St. Johannis-Kirche.

Süd-Seite.

Die lange Brücke u. das Bollwerk.

Der Roſs-Markt.

Der Hallgarten mit der Ausſicht auf Grabow.

Der Logengarten.

Die St. Gertruds Kirche.

Geschichte
der Stadt Stettin.

Geschichte der Stadt Stettin.

Von

Martin Wehrmann.

WELTBILD VERLAG

Unveränderter Nachdruck der Ausgabe von 1911
Erschienen im Verlag von Léon Sauniers, Buchhandlung, Stettin

Genehmigte Lizenzausgabe für
Weltbild Verlag GmbH, Augsburg 1993

Gesamtherstellung: Istituto Grafico Bertello

Printed in Italy

ISBN 3-89350-119-3

Vorwort des Verfassers.

Das vorliegende Buch verdankt seine Entstehung der Anregung des Inhabers der Verlagsbuchhandlung, deren Firma gerade jetzt 75 Jahre besteht. Das Bedürfnis nach einer zusammenfassenden Darstellung der Geschichte Stettins ist ihm wiederholt entgegengetreten, und es ist nicht zu leugnen, daß ein solches vorhanden ist, da seit dem Erscheinen von Fr. Thiedes Chronik von Stettin (1849) die Stadtgeschichte keine ausführliche zusammenhängende Behandlung erfahren hat. Auf Grund langjähriger Studien habe ich es übernommen, eine solche zu liefern. Dabei war ich mir der Schwierigkeit der Aufgabe stets bewußt, die weniger darin liegt, daß die Geschichte Stettins, wie man glaubt, keine großen Momente und Ereignisse bietet, als in der großen Verschiedenheit des erhaltenen urkundlichen und archivalischen Quellenmaterials. Es ist für die ältere Zeit überaus dürftig, so daß es kaum möglich ist, ein vollständiges Bild von den mittelalterlichen Zuständen zu entwerfen. Für die spätere Zeit, etwa seit dem 16. Jahrhundert, wird es umfangreicher und wächst dann allmählich lawinengleich an. Es ist mein Bemühen gewesen, möglichst alles durchzuarbeiten, und dies wurde mir durch das altbewährte Entgegenkommen der Verwaltung des Königl. Staatsarchivs zu Stettin sehr erleichtert, aber ich weiß sehr wohl, daß meine Arbeit nur Stückwerk ist. Einerseits konnte doch nicht alles Material ganz bewältigt, andererseits mußte viel von dem gesammelten Stoff bei Seite gelassen oder ganz kurz zusammengefaßt werden. Deshalb habe ich hier und da in der Darstellung darauf hingewiesen, wo weitere Forschungen zur Stadtgeschichte wünschenswert sind, und das ist besonders der Fall für viele Seiten der Verwaltung und des Rechtswesens. Auf die Schilderung der inneren Zustände habe ich mehr Nachdruck gelegt als auf die Erzählung der äußeren Vorgänge. Trotzdem hoffe ich, daß die gesamte Entwickelung Stettins im ganzen klar dargestellt ist.

Mit Abbildungen, Plänen und anderen Beilagen hat der Herr Verleger das Buch reich ausgestattet, wofür ihm besonderer Dank gebührt. Zu danken ist auch verschiedenen Vereinen, die eine Zahl von Vorlagen für den Bilderschmuck freundlichst zur Verfügung gestellt haben. Daß er sich etwas ungleich auf das Buch verteilt, hat seinen Grund darin, daß für die ältere Zeit wirklich brauchbare und nützliche Abbildungen nicht zu beschaffen waren.

Seit mehr als 25 Jahren beschäftige ich mich mit dem Studium der pommerschen Geschichte und habe gerne daran gearbeitet, nicht weil diese Arbeit gerade besonders anziehend und befriedigend ist, sondern in dem Wunsche, die Kenntnis von der Vergangenheit Pommerns, die doch auch für die Gegenwart nicht ohne Bedeutung ist, zu verbreiten und zu vertiefen. Der Gedanke, daß dies auch für die pommersche Hauptstadt wünschenswert ist, hat mir bei der Abfassung dieses Buches über viele Schwierigkeiten hinweggeholfen. Möge es durch Wort und Bild zum Verständnisse der Entwickelung Stettins beitragen und namentlich seine Bürger in der Anhänglichkeit an die Heimat stärken!

Stettin, im September 1911.

Professor Dr. Martin Wehrmann.

Vorwort des Verlegers.

Mit der Herausgabe einer Geschichte der Stadt Stettin erfüllt die Verlagsfirma ihrer Heimatstadt gegenüber eine Dankespflicht. In ihr wurde die Firma heute vor 75 Jahren gegründet, und wenn sie sich die ganze Zeit ihres Bestehens hindurch einer gleichmäßig fortschreitenden Entwickelung erfreuen durfte, so verdankt sie das vor allem dem freundlichen Interesse, das man ihr hier von vielen Seiten entgegenbrachte.

Ein anderes kommt hinzu. Meinem Großvater, dem Gründer der Buchhandlung, und meinem Vater war es vergönnt, ihre Kräfte für das Gemeinwohl der Stadt einzusetzen. Wie sehr ihnen deren Gedeihen am Herzen lag und mit welcher Liebe sie an der Vaterstadt hingen, weiß ich, und ich glaube daher auch in ihrem Sinne zu handeln und ihr Andenken zu ehren, wenn ich das Jubiläum der Firma zum Anlaß der Herausgabe gerade einer Stadtgeschichte gewählt habe.

Die Ausführung meines Planes ist nur dadurch möglich geworden, daß der Herr Verfasser sich mit größter Bereitwilligkeit der mühevollen und langwierigen Arbeit unterzogen hat. Ihm gilt mein besonderer Dank.

Stettin, den 1. Oktober 1911.

Der Verleger.

Inhalts-Verzeichnis.

Verzeichnis der Text-Abbildungen.

Verzeichnis der Tafeln und Beilagen.

1. Kapitel.

Urgeschichte.

Wann ist Stettin entstanden? Das ist eine Frage, die sehr oft gestellt wird, aber doch nie bestimmt beantwortet werden kann. Staaten und Städte bilden sich fast niemals plötzlich in einem genau anzugebenden Zeitpunkte, sondern entwickeln sich ganz allmählich aus kleinen Anfängen, von denen die Geschichte keine Kenntnis hat. Sie hängen, auch wenn ihre rechtliche Begründung zeitlich bekannt ist, doch meist mehr oder weniger mit älteren, nach und nach erwachsenen Bildungen des menschlichen Gemeinschaftslebens zusammen und schießen selten aus „wilder Wurzel" hervor. Es ist daher, wenn man es unternimmt, die ersten Anfänge einer Ansiedlung zu erforschen, der Versuch durchaus berechtigt, in eine Zeit vorzudringen, von der keine schriftliche oder mündliche Kunde in unsere Tage herüberklingt. Freilich ist es wohl überall unmöglich, sichere Nachricht davon zu erhalten, wann zuerst eine Niederlassung an der Stelle entstanden ist, wo sich die Stadt später entwickelte. Man muß sich zufrieden geben, wenn ein Blick auf die natürliche Beschaffenheit des Ortes und der Gegend und auf die dürftigen Reste oder Zeugnisse menschlicher Tätigkeit, die dort aufgefunden worden sind, einigen Anhalt zu Vermutungen oder Schlüssen gibt. Auch die Geschichtsforschung darf hier mehr als sonst mit Wahrscheinlichkeiten rechnen, muß sich freilich stets bewußt bleiben, daß es sich eben nur um solche handelt. Die Geologie kann mancherlei lehren, was zum Verständnisse der späteren Entwickelung nicht ohne Wert sein mag, indessen ist es nicht die Aufgabe der geschichtlichen Betrachtung, eine vollständige geologische oder erdgeschichtliche Darstellung des Gebietes zu geben, mit dem sie es zu tun hat. Auch ist es nicht möglich, das Entstehen und Wachsen einer menschlichen Ansiedlung allein aus der natürlichen Beschaffenheit ihrer Lage zu erklären, es ist hinreichend bekannt, daß hierbei ganz andere Bedingungen und Kräfte mitgewirkt haben und oft weit stärker, als man anzunehmen beliebt.

Die Oder beginnt in einer Entfernung von der Ostsee, die in der Luftlinie etwa 80 km beträgt, sich zu teilen und ihr Tal bedeutend zu erweitern. Diese Erweiterung nimmt nach Osten hin immer mehr zu, indem das weite Becken des Dammschen Sees einen großen Teil des Odertals ausfüllt. Auf dem linken Ufer ziehen sich an der eigentlichen Oder Höhen entlang, die sich nach Norden zu allmählich mehr erheben, bis sie dann zum Papenwasser und Haff wieder abflachen. An der Stelle, wo die beiden Hauptarme der Oder mehrfach in Verbindung stehen, steigen diese Hügel direkt vom Wasser empor und gehen nach Westen zu in eine sanft gewellte Hochebene über. Hier bietet das etwa 7 km breite Tal mit seinen sumpfigen Wiesen noch die Möglichkeit, einen Landübergang nach Osten zu schaffen, während weiter abwärts sich der breite See von Damm als ein beträchtliches Hindernis dazwischen legt. Die Nähe des ruhig dahinfließenden Flusses, der Schutz, der durch sein weites Tal im Osten geboten ist, der bequeme und natürliche Zusammenhang mit dem westlich gelegenen Gelände, die Möglichkeit, zu Wasser oder auch zu Lande die andere Seite des Tales zu erreichen, das alles sind Vorzüge der Gegend, in der Stettin liegt. Die Verbindungen, die durch die Oder nach der Ostsee, sowie nach dem südlich liegenden Lande gegeben sind, dürfen an dieser Stelle nicht besonders hervorgehoben werden, da sie wohl kaum von Anfang an eine Ausschlag gebende Bedeutung gehabt haben. Nicht der Blick in die Weite hat die ersten Ansiedler hierher gezogen, sondern die unmittelbar nahe liegenden Verhältnisse.

Hiermit soll nun nicht behauptet werden, daß die Menschen, die sich zuerst auf den Höhen am linken Oderufer niederließen, sich der Vorzüge ihrer neuen Heimat klar bewußt waren und gerade deswegen den Platz auswählten, nein, was sie dorthin führte, läßt sich unmöglich bestimmen; man mag, wenn man will, es einen Zufall nennen. Jedenfalls fanden sie dort Lebensbedingungen, die sie für notwendig hielten, Nahrung und Schutz, mochte ihnen beides das Wasser oder das Land bieten. Wie sollen wir uns ein Bild von dem Zustande des Gebietes zu jener Zeit machen, als einst hier die erste feste Siedlung entstand? Die Spuren der mehrfachen Vergletscherung, die heute nur mühsam, aber noch deutlich genug zu erkennen sind, die Wirkungen des großen Haffstausees beeinflußten damals gewiß in ganz anderer Weise den Charakter der Landschaft als heute. Sumpf und Wald herrschten vor, jener in der Niederung des Flusses, dieser auf der Höhe. Es muß jedoch der Phantasie überlassen bleiben, sich eine Vorstellung von jener Urzeit zu machen, die Geschichte hat nur leise darauf hinzudeuten, wie gar sehr auch die Landschaft sich im Laufe der Jahrhunderte geändert hat. Noch weniger ist sie, aber auch keine andere Wissenschaft imstande, eine Zeit anzugeben, wann sich zuerst auf den Höhen am linken Oderufer Menschen dauernd niedergelassen haben, oder wer diese waren, woher sie kamen. Es ist müßig, ja fast vermessen, Vermutungen aufzustellen. Nur darauf mag hingewiesen werden, daß heute die Ansicht sehr verbreitet, wenn auch nicht ohne Widerspruch ist, die ältesten Sitze der Germanen seien im Süden der Ostsee in Mecklenburg und Pommern gewesen.

Haben sich Spuren dieser Bevölkerung des Landes erhalten? Auch hierauf läßt sich schwer eine bestimmte Antwort geben. Sollen wir die angeblich von Menschenhand bearbeiteten Steine, in denen lebhafte Phantasie Kunstprodukte von „Urbewohnern" erblickt hat, wirklich als Zeugnisse menschlicher Tätigkeit ansehen? Oder vermögen uns einzelne auf dem Gebiete des heutigen Stettin aufgefundene oder in der Oder ausgebaggerte Steinbeile und -Äxte viel von der ältesten Zeit berichten? Es ist ja nicht zu bezweifeln, daß schon in jener Periode der Kultur, die man gemeinhin die Steinzeit zu nennen pflegt, dort Menschen wohnten, aber solche ganz vereinzelte Funde bieten uns für unsere Kenntnis sehr wenig. Wir können uns auch nicht wundern, daß in diesem beschränkten Bezirke so auffallend wenige Reste der Vorzeit entdeckt worden sind. Wie oft ist in den späteren Jahrhunderten der Boden durchgewühlt, wie oft ist an jeder einzelnen Stelle gebaut, niedergerissen und abermals bis in die Tiefe des Bodens hinein gebaut worden! Etwas mehr Überreste hat man aus späterer Zeit entdeckt, in der die Bronze das am meisten benutzte Material für die Herstellung von Geräten und Waffen darstellte. Sicher erstreckt sie sich über mehrere Jahrhunderte, in denen die Gegend von Stettin, wie es scheint, bereits dichter bewohnt war. Darauf deuten mancherlei Funde aus der Umgegend, die aufgedeckten Gräberfelder bei der Gasanstalt in Grünhof und auf dem Zentralfriedhofe, von denen, so wenig sie auch durchforscht sind, doch wohl anzunehmen ist, daß sie in die jüngere Bronzezeit gehören. Freilich haben diese mit der Ansiedlung, die wir auf dem eigentlichen Gebiete der späteren Stadt annehmen, wenig zu tun, aber sie zeigen uns doch, daß in dieser Gegend eine Bevölkerung ihren festen Wohnsitz hatte. Das erkennen wir, vielleicht für eine etwas jüngere Epoche, auch aus den bei Neu-Westend aufgedeckten Brandgrubengräbern und den ebendort gefundenen Resten eines Töpferofens, in dem einst Urnen und Tongefäße aus dem in jener Gegend vorhandenen Ton hergestellt worden sind. Auch für diese Periode lernen wir aus den einzelnen Ergebnissen der urgeschichtlichen Spaten-Forschung kaum mehr, als daß die Stelle Stettins bereits früh besiedelt worden sein mag. Tiefer lassen sie uns nicht blicken, und es sind und bleiben

Vermutungen, die freilich sehr nahe liegen, wenn von einem frühzeitigen Handelsverkehr an der wichtigen Oderstraße gesprochen wird. Beweise hierfür liegen nicht einmal aus der späteren Periode vor, die uns in die Römerzeit hineinführt.

Wie hat man sich in früheren Jahrhunderten, in denen die gelehrte Welt durchaus alles mit den Römern in Verbindung bringen wollte, abgemüht, auch Stettin aus römischer Wurzel erwachsen zu lassen! Man scheute nicht vor den kühnsten und abenteuerlichsten Erdichtungen und Namenserklärungen zurück. Wenn man so verwegen war, Julin mit Julius Cäsar zu verknüpfen, so war es noch nicht einmal besonders gewagt, in den Sedini (*Σιδεινοί*), die der Geograph Klaudios Ptolemaios (ungef. 150 n. Chr.) erwähnt, die Vorfahren der Stettiner zu erblicken, und bald verwandelte eitle Gelehrsamkeit den Namen der Stadt in Sedinum. Weiter hat man mit heißem Bemühen die Kenntnis der Alten von den Ländern an der Ostsee erforscht, den Seefahrer Pytheas von Massilia, einen Zeitgenossen Alexanders des Großen, bis dorthin gelangen lassen, als er angeblich das Bernsteinland in Samland entdeckte. Aber besonnener Forschung hat diese Annahme nicht standgehalten. Über die Gegend von Stettin erhalten wir durch ihn ebenso wenig Kunde, wie durch die römischen Forscher. Gewiß ist der Einfluß des römischen Kaiserreiches auch bis in das Mündungsgebiet der Oder vorgedrungen, es ist auch wohl an dem Flusse entlang eine Handelsstraße gegangen, aber sicher nachweisen lassen sich Beziehungen zu Rom nicht. Denn die drei römischen Münzen, die in der Stadt zum Teil unter ganz merkwürdigen Umständen aufgefunden worden sind, können nicht als Beweisstücke dienen. Die ersten Jahrhunderte nach Christi Geburt lichten nicht im mindesten das Dunkel, das über dem Gebiete an der unteren Oder ruht, und gehören durchaus zu der Periode der Geschichte der Stadt, die etwas kühn als Urgeschichte bezeichnet worden ist, wenn sie auch wirklich Geschichtliches überhaupt noch nicht bietet.

2. Kapitel.

Die Wendenzeit.

Die germanischen Stämme an der Südküste der Ostsee, mögen sie Semnonen oder Rugier oder sonstwie geheißen haben, verließen nach und nach ihre Wohnsitze und drangen nach Westen und Süden vor, oft vielleicht nach heißen Kämpfen mit den von Osten her nachdrängenden slawischen Völkerschaften. Diese faßten allmählich in dem fast ganz verödeten Lande festen Fuß und siedelten sich zum Teil an den Stätten, wo bereits Deutsche gewohnt hatten, zum Teil an neuen Plätzen an. So wurde die Stelle am linken Oderufer, an der sich vielleicht Germanen zuerst ihre Hütten gebaut hatten, eine slawische Wohnstätte und erhielt, wie es scheint, von der neuen Bevölkerung den Namen Stettin. Was bedeutet der Name, der gewiß anfänglich eine etwas andere Form hatte? An Deutungen ist kein Mangel: da soll der Name von einem Worte, das „Vorte" bedeutet, abzuleiten sein, so daß es mit dem halbmythischen „Bursta-burg" der nordischen Sage identisch wäre, andere wollen es mit „Gipfel" oder unter Berufung auf die Autorität des pommerschen Chronisten Thomas Kantzow mit „Schild" in Verbindung setzen, andere als „Zusammenfluß" erklären. Man sieht, es ist eine reichliche Auswahl vorhanden und immer noch freies Feld für neue Deutungen, da bisher keine allgemeine Anerkennung gefunden hat. Um weiter zu kommen, müßten die ältesten Formen des Namens erforscht und untersucht werden, denn er hat sich allein in den Zeiten verschieden geändert, die uns geschichtlich bekannt sind. Sehen wir vom polnischen Sczecino und Szczecin ab, so finden wir nachweisbar Stitin und Stetin, auf jeden Fall mit einfachem t geschrieben. Die Verdoppelung dieses Buchstabens kommt nicht vor dem 15. Jahrhundert vor, gewinnt aber bald allgemeine Gültigkeit. Etwas früher bereits nennt man die Stadt im Gegensatz zu dem 1310 gegründeten Neu-Stettin immer allgemeiner Alten-Stettin. Erst im 18. Jahrhundert kehrt man allmählich zu dem einfachen Namen Stettin zurück, dessen Form nun erst fest und unwandelbar wird.

Bereits im vierten nachchristlichen Jahrhundert scheinen slawische Stämme bis an die Oder vorgedrungen zu sein. Ob die breite Talniederung ihrer Wanderung nach Westen hinderlich entgegentrat, wissen wir nicht; später scheint sie allerdings längere Zeit eine Grenze zwischen den Stämmen gebildet zu haben. Auf dem linken Ufer saßen die Wilzen oder Welataben, die später auch Liutizen hießen, auf dem rechten die Stämme, die man mit gemeinsamen Namen Pommern nannte. Ob aber diese Grenzlinie immer eingehalten worden ist, ob nicht vielleicht der nördliche Teil der Randow wenigstens für einige Zeit die liutizisch-pommersche Landscheide gewesen ist, läßt sich nicht sicher entscheiden. Es wird sich weder bestimmt angeben lassen, von welchem Stamme die Slawenansiedlung Stettin begründet wurde, noch welchem sie die längste Zeit angehörte. Für Jahrhunderte fehlt jede sichere Nachricht, und wir sind nicht imstande, die Entwickelung des Ortes auch nur übersichtlich darzustellen. Das

Bild, das wir von dem alten slawischen Stettin zu entwerfen suchen, bedeutet nicht viel mehr als einen Querschnitt aus jenen 7—8 Jahrhunderten, die vergangen waren, als endlich der Ort in das Licht der Geschichte trat, ja es führt uns wohl weit mehr in die späteste Slawenzeit als in die ältere.

Die Slawen legten, wie uns berichtet wird und zahlreiche Reste bezeugen, im Lande eigenartige Erdwerke, die sogenannten Burgwälle, an, die wohl in erster Linie der Verteidigung und dem Schutze der Bevölkerung bei feindlichen Angriffen dienten. Sie erstanden teils auf Höhen, die von der Natur dafür geschaffen zu sein schienen, teils in sumpfigen Niederungen, in denen sich solche Zufluchtsstätten leicht herstellen ließen. Besonders geeignet aber waren Orte, an denen sich Erhebungen und Sümpfe nebeneinander fanden, wie es an der Stelle von Stettin der Fall war. Einen natürlichen Schutz nach Osten hin bot das weite, schwer passierbare Tal. Der Platz bedurfte eigentlich nur einer künstlichen Befestigung nach Westen hin, und es war eine Art von Burg geschaffen, die uneinnehmbar erscheinen mußte. So haben wir uns den alten Wenden-Burgwall Stettin zu denken auf dem Gebiete, das von sumpfigem Gelände im Norden und Süden begrenzt war. Spuren dieser Niederungen sind heute noch an beiden Stellen zu entdecken. Von drei Hügeln ist bei Stettin die Rede; man kann sie vielleicht noch erkennen, so sehr auch das ganze Gelände durch Bebauung, Abtragung und Aufschüttung verändert worden ist. Auf diesem Gebiete haben, wie es scheint, zwei Burganlagen bestanden, von denen die ältere etwa die Stelle des späteren Schlosses einnahm, die andere wohl ihren Mittelpunkt in dem Marienplatze hatte. Im einzelnen die Grenzen festzulegen, das ermöglichen auch nicht die 1888 aufgefundenen zahlreichen Reste slawischer Zeit, da sie nicht systematisch durchforscht worden sind. Aber so viel ist dadurch gewonnen, daß wir wissen, der mittelalterliche Stadtgraben, der die Stadt nach Norden zu schützte, hat bereits in slawischer Zeit bestanden, wie es scheint, als eine natürliche Senke, die durch Menschenhand vertieft und ausgenutzt wurde. Pfähle sind dort zu Tage getreten, in denen man Reste von Brücken oder Bohlwegen erblicken kann, wenn man nicht bei ihnen an Substruktionen von pfahlbauartigen Bauten denken will. Gewiß war diese Anlage durch Erdwälle, Pallisaden und Flechtwerke verstärkt, die anfänglich in einfachster Weise hergestellt, im Laufe der Zeit aber erweitert und verbessert wurden. Fernhalten müssen wir indessen den Gedanken an Stein-, namentlich Ziegelbauten, die den Slawen unbekannt gewesen sein sollen. Trotzdem muß das ganze Werk in den letzten Zeiten der

Slawenherrschaft recht ansehnlich gewesen sein, sodaß die Festigkeit der Burg Stettin weithin sprüchwörtlich bekannt war.

Welchem Zwecke diente diese ganze Anlage? Natürlich war sie in erster Linie bestimmt, der umwohnenden Bevölkerung als Zufluchtsort bei Kriegen und feindlichen Einfällen, sowie als Verteidigungspunkt des ganzen Gebietes zu dienen. Hierher konnten sich die einzeln oder in Dörfern wohnenden Slawen zurückziehen und dem Vordringen feindlicher Scharen standhalten. Diese Burgwälle waren zum größten Teile anfänglich kaum dauernd bewohnt oder wenigstens nur von einer Art von Besatzungsmannschaft behütet. Bald aber bildeten sie sich zu Mittelpunkten einer Landschaft aus, die für den wirtschaftlichen Verkehr und für die Verwaltung immer mehr an Bedeutung gewannen. Ein abgegrenztes Territorium schloß sich einem solchen Burgwalle an, und die Bewohner dieses Gaues waren in mannigfacher Beziehung an ihn geknüpft. Sie waren zum Dienst und zur Verteidigung verpflichtet, und je mehr die Slawenstämme eine staatliche Organisation erhielten, desto bestimmter wurden diese Pflichten. Erst allmählich bildete sich bei den Slawen eine Art von Fürstenstand aus, unter den Häuptlingen der einzelnen Gaue gewann einer die beherrschende Stellung. Dieser konnte die Burgwälle sehr wohl als Stützpunkte seiner Macht im Lande benutzen. Er stellte an ihre Spitze Burgherren, die zugleich seine Oberhoheit in dem Burgwardbezirke vertraten. Oft nahmen sie in einem der Burgwälle dauernden Wohnsitz und übten auch in Friedenszeiten von dort aus die Verwaltung des ganzen Bezirkes aus. Eine solche Entwickelung vom einfachen Erdwerke bis zum Hauptpunkte eines größeren Gebietes dürfen wir für Stettin annehmen, ja diese Wendenburg scheint schon früh eine besondere Bedeutung gewonnen zu haben, entweder als Grenzfeste oder als wichtiger Übergangspunkt über die Oder oder als Mittelpunkt eines großen Gaues. Es entstanden im Burgwalle Bauten, aus Holz einfach, aber nicht ohne Schmuck errichtet, die zum Teil als Wohnstätten für den Burgherren und seine Leute, zum Teil aber auch anderen Zwecken dienten. Da war der Krug, der hauptsächlich der Sitz der Gauverwaltung gewesen zu sein scheint; dort mußten die Bewohner die Abgaben abliefern, dort empfingen sie die Befehle und Anordnungen des Burgherrn oder Fürsten, dort hatten sie sich zu Diensten zu stellen. Auch mögen in ihnen Gerichtsverhandlungen oder Versammlungen der Gaugenossen stattgefunden haben, doch dienten diesem Zwecke, wie berichtet wird, in Stettin eigene Bauten, welche die deutschen Berichterstatter Continen nannten. Auch ein fürstlicher Hof bestand, so wird gemeldet, in Stettin.

Neben ihrer Bedeutung als Festungen und Verwaltungsmittelpunkte gewannen die Burgwälle auch als Tempelstätten eine besondere Wichtigkeit, und Stettin nahm in dieser Beziehung eine hervorragende Stellung ein. Freilich erhalten wir über diese Verhältnisse Nachrichten nur durch die ersten Boten der christlichen Lehre, denen es an rechtem Verständnisse für die fremden Zustände fehlte und die diese mit ausschweifender Phantasie ihren deutschen Landsleuten schilderten. Von einem Tempel des Triglaw in Stettin wissen sie nicht genug zu berichten; mit wunderbarer Kunst soll er gebaut sein, die Wände außen und innen mit Bildwerken geschmückt, die Menschen, Vögel und andere Tiere darstellten. Bunte Farben erglänzen überall, reiche Schätze sind im Innern aufbewahrt, Beutestücke, die von Kriegszügen heimgebracht sind. Dort steht auch das dreiköpfige Bild des Gottes. Wir wollen diese Nachrichten, die mit dem, was wir sonst von der Kunsttätigkeit der Slawen wissen, wenig zusammenpassen, auf sich beruhen lassen und uns nur an die Tatsache halten, daß in Stettin ein Mittelpunkt des Triglawdienstes war. Natürlich ist es unmöglich, jeden einzelnen, von den deutschen Mönchen erwähnten Punkt in der Burg, wie einen ungewöhnlich schönen und großen Nußbaum, eine Quelle oder eine Brücke, örtlich festzulegen, wie man es so oft versucht hat. Wissen wir doch nicht einmal, ob die Erzähler, die Jahrzehnte später ihre eigenen Erlebnisse nach der Erinnerung oder die überkommenen Erzählungen anderer niederschrieben, wirklich alles in so treuem Gedächtnisse hatten, daß wir ihren Worten auch heute noch gar so große Wichtigkeit beilegen dürfen.

Neben und bei dem alten Burgwalle, der auf der Höhe mit seiner Umwehrung lag, entstand allmählich eine Slawenniederlassung, ein Dorf oder Flecken am Flusse. War es nicht natürlich, daß gar manche Bewohner des Landes sich dauernd dicht bei der Feste ansiedelten, die ihnen immer Schutz bot, und dort, wo sich allmählich ein regerer Verkehr entwickelte, ihre Nahrung leichter zu finden meinten? Die Oder und die weiten Gewässer der Gegend boten für die Fischerei, ein Lieblingsgewerbe der Slawen, ein ausgedehntes Feld; ihren Fang konnten sie hier leicht absetzen, da bei Versammlungen und Festen ein Markt- und Handelsverkehr stattfand. So erwuchs allmählich eine wendische Unterstadt Stettin nördlich und östlich der Burg, etwa in der Ausdehnung zwischen der Baum- und der Hagenstraße, an der Oder entlang. Erst durch längere Arbeit kann dieses sumpfige Gebiet dem Flusse für die Anlage von Wohnstätten abgewonnen worden sein. Die Bewohner standen unter dem Burgherrn, hatten aber unzweifelhaft zu gemeinsamen Werken eine Art von Gemeindeordnung mit Ältesten an der Spitze. Aus Holz und Lehm hergestellte Hütten, die ebenso leicht aufgebaut, wie zerstört wurden, erhoben sich auf halbsumpfigem Boden. Abfälle aller Art, Lebensmittel, Scherben, Knochen, Fischschuppen u. a. m., wurden einfach hinausgeworfen, wo sie im Moore versanken. Ob dies Stettin etwa auch eine Art von Umwallung hatte, ist zweifelhaft, jedenfalls war es schon durch seine natürliche Lage zwischen Höhe, Sumpf und Fluß geschützt. Hier gingen die Fischer ihrem Gewerbe nach, hier erwuchs ein einfacher Handwerksbetrieb, hier entstand eine Art von Handel. Netzsenker, Spinnwirtel, Bernsteinperlen in roher Bearbeitung, Schleifsteine, kleine Hufeisen, Tonscherben der slawischen Art haben sich in Mengen gefunden. Sie bezeugen uns, daß eine lange Zeit, deren Dauer wir nicht anzugeben vermögen, eine solche Niederlassung bestanden hat, sie lassen uns vielleicht auch eine gewisse Entwickelung der Zustände erkennen, aber sie zeigen doch vor allem den niedrigen Standpunkt slawischer Kultur.

Wenn oft, bereits vor Jahrhunderten, behauptet worden ist, Stettin sei ursprünglich ein Fischerdorf gewesen, so ist diese Angabe, die von sehr vielen Städten Ostdeutschlands gemacht wird, nicht ganz ohne Berechtigung, insofern als tatsächlich viele Fischer an der Stelle der späteren Stadt wohnten. Aber weder war ihr Wohnsitz ein Dorf in deutschem Sinne, noch ist diese Ansiedlung der eigentliche Anfang Stettins. Seine Wurzel liegt in der Slawenburg auf der Höhe, die an ihrem Fuße entstandene Siedlung kommt erst an zweiter Stelle in Betracht.

Liegen nun für die Geschichte des slawischen Stettin aus der langen Zeitperiode bis in den Anfang des 12. Jahrhunderts gar keine Nachrichten vor? Bei den Kämpfen, die von den Deutschen gegen die Slawenstämme zur Zeit Karls des Großen geführt worden sind, ist die Gegend an der unteren Oder nicht berührt worden. Auch aus den Jahren, in denen Heinrich I., Otto I. oder dessen Nachfolger gegen die Slawen kämpften, aus den Tagen eines Markgrafen Gero und seiner tapferen Mannen dringt keine Kunde über dies Gebiet zu uns. Den Deutschen, die vielleicht bis dorthin vorrückten, aber hier jedenfalls nicht festen Fuß faßten, machten die von Norden über die See und in die Flüsse vordringenden Dänen die Herrschaft über die Oderslawen streitig. Auf ihren Zügen kamen diese Wikinger, die in der Jomsburg sich einen festen Sitz schufen, in das Land und landeten mit ihren Schiffen vielleicht auch manchmal bei der Burg Stettin. Erinnerungen daran können wir in den nordischen Sagen entdecken, und die in der Oder aufgefundenen Schwerter dieser Wikinger sind vielleicht bei solchen Fahrten in die

Tiefe gesunken. Indessen auch für diese Zeit fehlen bestimmte historische Angaben. Um ein sicheres Zeugnis für Stettin zu gewinnen, hat man einen Ort Schinesghe, der in einer der Form und Zeit nach gleich unsicheren Urkunde (um 956) vorkommt, als Stettin angesehen, doch es liegt hierfür kein Grund vor, man darf wohl nur an Gnesen denken.

In dieser Zeit, als 983 der furchtbare Aufstand der Slawen die deutsche Herrschaft zwischen Elbe und Oder zum Zusammenbruche brachte, begann von Süden her der Ansturm der Polen gegen Pommern. Ob der Herzog Boleslaw bis in die Gegend von Stettin vordrang, ob die dortigen Slawen an den weiteren Kämpfen auch gegen die Deutschen teilnahmen, wissen wir nicht, wahrscheinlich überwog aber hier der dänische Einfluß und blieb das 11. Jahrhundert hindurch bestehen. Dabei mögen Kämpfe der Seewenden, die von Rügen oder Julin aus ihre Fahrten unternahmen, bei der alten Oderfeste stattgefunden haben. An dem Handelsverkehr, von dessen Umfang die alten Nachrichten über Julin, das sagenhafte Vineta, nicht genug zu erzählen wissen, nahm unzweifelhaft Stettin teil, ja es scheint in dieser Zeit für solchen Verkehr die Bedeutung gewonnen zu haben, die es im Anfange des 12. Jahrhunderts besaß. Deutsche und Dänen, Polen und Russen, Angehörige der verschiedenen Slawenstämme kamen wohl auch hierher, tauschten und handelten mit den Bewohnern. Arabisches Hacksilber, das als Wertmesser benutzt wurde, deutsche Münzen, von denen z. B. eine große Menge aus der Zeit um 1050 bei Schwarzow gefunden worden ist, können als Zeugnisse eines solchen Handels gelten. Es muß also neben allen kriegerischen Zeiten, in denen Raub und Verwüstung, Kampf und Streit an der Oder herrschten, auch friedliche Tage gegeben haben. Die erste chronikalische Erwähnung Stettins freilich zeigt uns den Ort in der Hand von Feinden. Im März 1091, so berichtet eine polnische Chronik, nahm Herzog Wladislaw Stettin, „einen ziemlich bevölkerten und reichen Ort des Landes“, ein und führte von dort unermeßliche Beute und unzählige Sklaven fort. Mag auch manches hierbei übertrieben sein, es steht wohl fest, daß Pommern, dessen Fürst gerade damals seine Herrschaft bis an und über die Oder zur Anerkennung brachte, um die Wende des 11. Jahrhunderts unter polnische Oberhoheit kam. Besonders der Herzog Boleslaw (1102—1137) suchte diese auszudehnen und war bemüht, die Aufstände niederzuschlagen. Furchtbar wurde das Land heimgesucht, die Bevölkerung mit Feuer und Schwert niedergeworfen, aber immer wieder zwangen Erhebungen den Polenfürsten, gegen die Pommern zu ziehen. Wie weit davon Stettin betroffen wurde, ist nicht bekannt, aber es wird berichtet, daß bei dem letzten entscheidenden Feldzuge von 1119 Boleslaw im Winter gegen die Feste vordrang, die, von Sumpf und Gewässern auf allen Seiten umgeben, für uneinnehmbar galt und als die „Mutterstadt" (d. h. wohl die erste und älteste Stadt) von ganz Pommern angesehen wurde. Das Eis ermöglichte den Polen den Übergang; sie eroberten den Wall, machten große Beute und zahllose Gefangene und verwüsteten die ganze Gegend. Die Widerstandskraft der Pommern und ihres Fürsten Wartislaw, der vielleicht in der Burg Stettin weilte, war gebrochen, mit furchtbarer Strenge begründete Boleslaw seine Herrschaft, man zitterte vor seinem Namen. Aber auch die älteste Blüte Stettins war vernichtet, die Bevölkerung verlor ihr Selbstgefühl, sie war bis zum Tode getroffen. Wohl stand noch auf der Höhe der Triglawtempel, den, wie es scheint, nicht einmal Boleslaw anzutasten wagte, wohl geboten dort noch die heidnischen Priester, aber neben der polnischen Oberhoheit hatte Stettin jetzt die Herrschaft des Pommernfürsten zu tragen, die Tage des freien heidnischen Slawentums waren dahin, bereits war die Axt dem Baume an die Wurzel gelegt. Wer aber sollte den entscheidenden Hieb ausführen?

3. Kapitel.

Das Eindringen des Christentums.

Im Frieden vom Jahre 1120 hatte Boleslaw den Pommern die Annahme des Christentums zur Bedingung gemacht, da er nur dann Sicherheit für die Grenzen seines Landes und eine dauernde Herrschaft in Pommern zu erlangen glaubte, wenn die heidnische Bevölkerung christlich geworden sei und mit der polnischen Kirche in enge Verbindung gesetzt werde. Die Pommern hingen in der Masse dem Heidentum an, aber infolge der vielfachen Berührungen mit den Nachbarn war die christliche Religion doch schon in das Land eingedrungen und nicht ohne Wirkung geblieben. Auch in Stettin fanden sich Anhänger des Christentums, die zwar ihren Glauben kaum offen bekannten, aber doch jederzeit bereit waren, für seine Verbreitung tätig zu sein. Der Herzog Wartislaw war, wie es scheint, in seiner Jugend Christ geworden und dachte nicht daran, irgend etwas für die Erhaltung des morsch gewordenen Heidentums zu unternehmen. So nur ist der allgemeine Abfall von der nationalen Religion zu erklären, der eintrat, als Herzog Boleslaw den Mann fand und in das Land sandte, der es verstand, der slawischen Bevölkerung die christliche Lehre nahezubringen. Der Bischof Otto von Bamberg übernahm auf seine Bitte das schwere Werk der pommerschen Mission und erwies sich durch seine natürliche Beredsamkeit, Milde und Vorsicht, sowie durch ein eigenes Organisationstalent als sehr geeignet für diese Aufgabe. Auch daß er sein Unternehmen als ein deutsches, nur mit polnischer Unterstützung in Angriff genommenes auffaßte, war der Sache förderlich, denn der Haß der Pommern gegen Polen trat auf diese Weise nicht hindernd in den Weg. Im Mai 1124 machte sich Otto auf die Reise, nachdem er alles wohl erwogen und vorbereitet hatte, und überschritt im Anfang Juni die pommersche Grenze mit einer Schar deutscher Mönche, Geistlichen und Laien und in Begleitung einiger polnischer Edlen, namentlich des „Grafen" Paulicius. Wartislaw stellte sich dem Bischof von vornherein freundlich, aber mit einer gewissen Zurückhaltung gegenüber, im Lande selbst fand dieser in Pyritz und Cammin bald willige Zuhörer, die sich durch die Annahme der Taufe von der heidnischen Religion lossagten.

Die verschiedenen Biographen Ottos berichten von sehr großen Erfolgen und erzählen von förmlichen Wundertaten. Wir dürfen diesen Erzählungen keinen großen geschichtlichen Wert beilegen. Der Prüfeninger Mönch, Herbord und Ebo verfaßten ihre Biographien in der Tendenz, den Mann, dessen Heiligsprechung bei der Kurie beantragt worden war, als dieser Ehre würdig zu schildern, ihn in das Licht eines Heiligen zu stellen, seine Taten und Erfolge möglichst auszuschmücken und zu vergrößern. So kommt in ihre Erzählungen ein legendenhafter Zug, und die wirklichen Ereignisse lassen sich schwer herausfinden. Trotzdem sollen hier die Vorgänge nach ihnen dargestellt werden, ohne daß im einzelnen immer Kritik geübt werden kann.

Im August 1124 etwa gelangte Otto von Cammin, wo er beim Herzoge freundliche Aufnahme und Unterstützung in seiner Missionsarbeit gefunden hatte, nach Wollin, das damals von seiner alten Blüte nur noch wenig bewahrt zu haben scheint. Hier trat ihm zum ersten Male heftiger Widerstand entgegen. Endlich versprachen ihm die Wolliner, sich der christlichen Lehre gegenüber ebenso zu verhalten wie die Stettiner. „Denn deren Stadt ist die älteste und vornehmste im Lande der Pommern, und es würde Unrecht sein, wenn wir eine neue Religion annehmen wollten, die nicht vorher durch die Stettiner anerkannt worden ist." Darauf machte sich der Bischof mit seiner Schar zu Schiff auf nach Stettin und landete — es soll gegen Ende des August gewesen sein — zu nächtlicher Zeit bei der Slawenburg.

Es gelang den Fremden heimlich den herzoglichen Hof zu erreichen, in dem sie ein sicheres Asyl gefunden zu haben meinten. Die ersten Versuche, unter Berufung auf den Herzog die Annahme des Christentums bei den Stettinern durchzusetzen, hatten wenig Erfolg, ja auch der Hinweis auf das dem Polenherzoge gegebene Versprechen machte zunächst geringen Eindruck. Als Otto dann aber erklärte, er wolle Gesandte nach Polen senden und um weitere Verhaltungsmaßregeln bitten, da erschrak man in Stettin doch, weil man einen neuen Krieg fürchtete. Deshalb erklärten die Bewohner dem Bischofe, sie wollten auch ihrerseits eine Gesandtschaft an Boleslaw schicken und die Zusage eines dauerhaften Friedens und einer Erleichterung des Tributs fordern, wenn sie die christliche Religion annehmen sollten. Auch in Stettin war der Widerstand gegen das Christentum nicht so fest gegründet, wie es zunächst den Anschein hatte, das Heidentum war auch hier bereits morsch. Wenigstens gelang es den Missionaren durch feierliche Umzüge und Reden bei den Leuten Aufmerksamkeit zu erregen und allmählich Anhänger zu gewinnen. Gar rührend erzählen die Biographen, wie Otto zwei Söhne eines vornehmen Stettiners — Domizlaw wird er genannt — zur Taufe brachte, wie ihre Mutter sich als Christin bekannte und dann nicht nur ihren Gatten für die neue Lehre gewann, sondern auch zahlreiche andere edle Slawen dem Bischof zuführte. So war immerhin schon einiges in Stettin erreicht, als die Gesandten aus Polen zurückkehrten und die Meldung brachten, der Herzog wolle den Tribut herabsetzen und die Last der Kriegsfolge erleichtern, wenn die Stettiner die christliche Religion annehmen würden. Da beschloß eine große Versammlung, den Widerstand gegen den Bischof aufzugeben und sich dem Willen Boleslaws zu fügen. Otto ging alsbald energisch gegen das Heidentum vor, ließ die Tempel abbrechen, das Triglawbild zerstören, vermied es aber dabei ängstlich, sich selbst mit den gefundenen Schätzen und Beutestücken zu bereichern. Auch verfuhr er nicht gar zu rigoros, sondern verschonte z. B. eine alte Eiche, die an einer Quelle stand und von den Stettinern hoch verehrt wurde. Darauf legte der Bischof den Grund zu zwei Kirchen, deren Altäre er dem heiligen Adalbert und den Aposteln Petrus und Paulus weihte. Der Bau, so einfach er auch war, konnte natürlich in der kurzen Zeit, die sich Otto noch in Stettin aufhielt, nicht vollendet werden. Wo diese ersten Gotteshäuser gestanden haben, darüber hat man viel nachgedacht und geforscht; eine volle Sicherheit wird sich bei den unsicheren Angaben nie erzielen lassen. Es ist indessen wahrscheinlich, daß die Peter-Paulskirche außerhalb des Burgwalles im Norden etwa an der Stelle errichtet worden ist, wo seitdem die Jahrhunderte hindurch ein den Apostelfürsten geweihtes Gotteshaus gestanden hat und noch steht. Es war in erster Linie dazu bestimmt, den christlichen Glauben unter den etwas entfernt von dem Burgwalle in Dörfern und einzelnen Höfen wohnenden Slawen zu verbreiten. Von der Adalbertskirche ist keine Spur mehr vorhanden; sie soll in der Mitte des Stettiner Marktes erbaut worden sein, also doch wohl in dem Flecken, der am Fuße des Burgwalles an der Oder lag, sie stand vielleicht auf der Stelle der späteren Nikolaikirche, d. h. auf dem heutigen neuen Markt. Durch Predigt und Belehrung wurden die Stettiner für die christliche Lehre gewonnen, aber die Missionare begnügten sich mit oberflächlicher Verkündigung, um nur recht bald und schnell die Leute zur Taufe zu führen. Von einem wirklichen Eindringen christlichen Glaubens, von einer Umgestaltung der Sitten und des Lebens konnte noch keine Rede sein, der Same war ausgestreut, seine weitere Pflege, sein Wachstum und seine Ausbreitung mußten der Zeit und dem Wirken derer überlassen bleiben, die der Bischof als Geistliche für die neue Gemeinde zurückließ. Wer und wie viele das waren, wissen wir leider nicht. Um so eifriger teilen uns aber die Bamberger Mönche mit, daß in Stettin 900 Familienväter gewohnt und diese alle mit Ausnahme eines Priesters das Evangelium angenommen hätten. Es ist selbstverständlich, daß hier eine gewaltige Übertreibung vorliegt, eine derartig große Bevölkerung, die sich auf viele Tausende belief, ist für das slawische Stettin, das erst wenige Jahre vorher im polnischen Krieg starke Verluste gehabt hatte, ganz undenkbar.

Von Stettin aus besuchte Otto noch zwei Burgwälle, die zum Stettiner Bezirke gehörten, Gradicia und Lubin werden sie genannt. Man geht wohl nicht fehl, wenn man in dem ersteren Gartz a. O. wieder erkennt. Den zweiten Burgwall glaubt man neuerdings in dem an der Oder bei Schöningen liegenden sogenannten Schloßberg, der Heidestadt, entdeckt zu haben. Im November verließ der Bischof Stettin und schickte sich bereits im Februar 1125 zur Rückkehr nach Polen an.

Der Grund zum Christentum in Stettin war gelegt, es galt aber nun weiterzubauen und die Bevölkerung wirklich zum christlichen Bekenntnis und Leben zu erziehen. Das war natürlich nicht so schnell möglich, es fehlte an gar vielem. Die pommersche Kirche war nicht organisiert, die wenigen im Lande zurückgelassenen Priester standen der großen Masse fremd gegenüber und gewannen nur langsam tiefer gehenden Einfluß. Neben der Zahl derer, die sich der Taufe unterzogen, aber doch zumeist die neue Religion nur äußerlich angenommen hatten, gab es überall weit größere Massen von Ungetauften. Es ist leicht erklärlich, daß Schwierigkeiten erwuchsen, die zu überwinden weder die christlichen Priester, noch ihre neuen Glaubensgenossen imstande waren. Die Zwietracht wuchs, der Friede mit Polen wurde gestört, es trat eine Reaktion ein, die besonders von den heidnischen Priestern offen und im geheimen gefördert wurde. Gewalttätigkeiten kamen hier und dort vor, oder man suchte die alte und die neue Religion zu vereinigen. In der Adalbertskirche zu Stettin errichtete man neben dem Altar des Christengottes einen solchen für den Triglaw. Vergebens suchte Wartislaw hiergegen einzuschreiten, man hörte nicht auf ihn, ja es trat eine Entzweiung zwischen ihm und den Stettinern ein.

Bischof Otto, der auch von Bamberg aus in Verbindung mit Pommern blieb, entschloß sich, um sein Werk nicht ganz untergehen zu lassen, im Frühjahr 1128 zu einer zweiten Missionsreise. Diesmal kam er unter dem Schutze des deutschen Königs Lothar, der schon als Sachsenherzog lebhaftes Interesse für die Christianisierung der Slawenländer gezeigt hatte. Er langte gegen Ende Mai 1128 in Demmin an, erreichte in Usedom auf einer Landesversammlung den Beschluß der Annahme des Christentums und wirkte dann nicht ohne Erfolg unter den Liutizen. In Stettin standen die christliche und die heidnische Partei sich besonders feindlich gegenüber. Schon drohte ein neuer Einfall der Polen, und Boleslaw rückte erzürnt über den Abfall der Pommern mit starker Waffengewalt heran. Nur mit großer Mühe gelang es dem Bischof, der selbst dem Polenherrn entgegeneilte, einen Frieden zu vermitteln. Dieser Erfolg trug nicht wenig dazu bei, das Ansehen des deutschen Kirchenfürsten auch in Stettin zu heben. Seine Anhänger, unter denen ein Mann mit Namen Witscac besonders gerühmt wird, scharten sich um ihn, als er in den letzten Tagen des Juli dort eintraf und sogleich in die Peterskirche zog, um Gottesdienst zu halten. Aber die Gegner der neuen Religion empfingen die Missionare mit Lärm und Tumult, wagten indessen nicht, mit Gewalt gegen sie vorzugehen. Die Lebensgefahren, von denen die Bamberger Mönche sehr viel reden, waren wohl nicht so groß und sind erst in der Phantasie übermäßig gewachsen. In den folgenden Tagen machte sich bei den Predigten, die Otto selbst oder der zum künftigen Landesbischofe ausersehene Adalbert in dem Burgwalle und in der Slawen-Ansiedlung hielten, Widerspruch geltend, es kam gelegentlich zu Handgreiflichkeiten, aber zu energischem Handeln war die heidnische Partei nicht fähig. In einer Versammlung wurde der Beschluß gefaßt, dem Heidentume zu entsagen, vielleicht erst als Otto drohte, das Anathema über Stettin zu verhängen, d. h. nach der Auffassung der Heiden den Ort dem Fluche des mächtigen Christengottes und damit auch der Rache der Polen und Deutschen preiszugeben. Es gelang ihm, die Stettiner mit ihrem Fürsten Wartislaw auszusöhnen. Die beiden Kirchen wurden neu geweiht, Geistliche bestellt und wohl sonst noch die notwendigsten Einrichtungen für den Fortbestand des Christentums getroffen. Nur wenige Wochen weilte Otto diesmal in Stettin, dann zog er weiter, um bereits im Herbste über Polen in die Heimat zurückzukehren. Sein persönliches Wirken in Pommern war zu Ende, doch bis zu seinem Tode (1139) behütete er die junge Pflanze, die er im fernen Slawenlande eingesetzt hat, mit treuer Fürsorge. Vor allem betrieb er die Diözesan-Einrichtung des Landes, die Organisation der kirchlichen Verwaltung, die Weihe des zum Bischof gewählten Adalbert. Indessen der Anspruch, den sowohl Magdeburg, wie Gnesen auf das Land erhoben, verzögerte die Entscheidung in Rom. Man beschloß 1133 die Einrichtung von zwei Bistümern im Westen und Osten des Landes, Stettin und Pommern, und unterstellte sie mit den gesamten Territorien Polens der Erzdiözese Magdeburg. Zur Ausführung kam indessen diese päpstliche Bestimmung nicht, und erst nach langen weiteren Verhandlungen wurde 1140 das pommersche Bistum eingerichtet und Adalbert als erster Bischof geweiht. Mit Abgaben vom Pfluge, Hebungen aus einer Anzahl von Märkten, Krügen oder Salzpfannen, Zehnten und einigem Grundbesitz scheint das Bistum, dessen Grenzen mit denen des Landes zusammenfielen, ausgestattet worden zu sein. Auch in dem Burgbezirke Stettin oder in dem Burgwalle selbst mag der Bischof Besitz und Hebungen erhalten haben, das einzelne läßt sich aus der Gründungsurkunde nicht ersehen.

Ebenso wenig wissen wir von der Entwickelung Stettins nach den verschiedenen Richtungen hin, wie sich das kirchliche Leben gestaltete, wie das Christentum an Boden gewann, wie sich etwa unter seiner Wirkung das wirtschaftliche Getriebe umänderte. Nicht das geringste Zeugnis liegt vor, aber wir tun gewiß gut daran, uns die Einwirkung der neuen Religion auf das Leben und Treiben der Slawen in Stettin anfänglich nicht als sehr tief vorzustellen. Es wird in vieler Hinsicht noch den Eindruck eines heidnischen Ortes gemacht, ja das Heidentum dort noch lange Zeit eine größere Zahl von Anhängern gehabt haben. Gewiß fehlte es nicht an Streitigkeiten zwischen den beiden Parteien, wahrscheinlich traten wiederholt Bewegungen hervor, unter denen die christlichen Geistlichen, die in Stettin tätig waren, nicht wenig zu leiden hatten. Ob diese Männer, die noch alle fremden, polnischen oder deutschen, Stammes waren, es verstanden, mit den einheimischen Slawen in gutem Einverständnisse zu stehen und auch bereits Rückhalt an eingewanderten Landsleuten fanden, würden wir gerne wissen, aber Dunkel liegt für uns über dem Lande.

Da bringt die Nachricht von dem merkwürdigen Wendenkreuzzuge von 1147 wieder eine Kunde über Stettin. Ein Teil der Heeresscharen, die sich in Magdeburg zum Kampfe gegen das Slawenland, gegen die Obotriten und Liutizen, gesammelt hatten, rückte vor Stettin und schloß es ein. Es waren wohl bei diesem Heere die Bischöfe Anselm von Havelberg, Heinrich von Mähren und der Markgraf Albrecht. Sahen sie wirklich die Stettiner für Heiden an, die erst mit dem Schwerte zum christlichen Glauben bekehrt werden mußten? Oder waren hinter den religiösen Beweggründen, die den Zug hervorriefen, weltliche verborgen? Daß das Christentum wieder vollständig in Stettin untergegangen war, ist nicht richtig, ja es fehlt jeder Anhalt für die Annahme, es sei gerade damals eine besonders heftige Reaktion seitens der heidnisch gesinnten Bewohner eingetreten. Um den drohenden Sturm der Kreuzfahrer abzuwehren, errichteten die Stettiner ein Kreuz auf dem Burgwalle und veranlaßten den Bischof Adalbert, der sich dort aufhielt, mit den Führern der feindlichen Schar zu verhandeln. „Warum seid ihr bewaffnet gegen uns gezogen? Wollt ihr den Christenglauben stärken, so tut es mit Predigt, aber nicht mit Waffen!“ so fragte er und erreichte auch, daß die deutschen Herren mit dem Landesfürsten Ratibor, der hier die Verteidigung leitete, in Unterhandlung traten und dann abzogen. In Havelberg bekannte sich Ratibor 1148 offen zum christlichen Glauben, und bald entstanden zu Stolp an der Peene und zu Grobe auf Usedom die ersten Klöster im Lande; zu der Ausstattung des letzteren gehörte das Dorf Züllchow bei Stettin.

Lag auch der Gedanke einer planmäßigen Germanisierung des pommerschen Landes noch nicht im Gesichtskreise der Gründer dieser Stiftungen, so wurde doch das Band mit Deutschland enger geknüpft und Pommern dem Verkehr mit den Deutschen allmählich eröffnet. Bereits zogen deutsche Kaufleute und Händler dorthin, um mit den Slawen in Handelsbeziehungen zu treten, ja sich vielleicht dauernd oder vorübergehend in dem Gebiete niederzulassen. Wo aber fanden sie zu solchem Verkehr bessere Gelegenheit als bei den Burgen, den Mittelpunkten der einzelnen Gaue? Dort spielte sich der Handelsbetrieb der Einwohner ab, dort war es möglich, wirtschaftliche

Beziehungen anzuknüpfen. Nicht nur vom Sachsenlande aus suchte man in dem Lande am Meere Fuß zu fassen, auch in Bamberg war das Interesse an dem Gebiete, das der Bischof Otto einst neu entdeckt hatte, durchaus nicht erloschen. Gerade um 1180, als der Gedanke der Heiligsprechung des Pommernapostels eifrig erörtert wurde, richteten sich die Blicke und Gedanken von neuem dorthin. Es wurden Erkundigungen über das Land eingezogen, und dies mag manchen Laien zum Zuge nach Norden bewogen und nach Stettin geführt haben. Freilich machte sich in jener Zeit dort der Einfluß einer anderen auswärtigen Nation noch mächtiger geltend. Die Dänen suchten, nachdem Polen es aufgegeben hatte, seine Herrschaft bis an die Ostsee und Oder geltend zu machen, dorthin ihre Macht auszudehnen.

Waldemar und sein Freund, der Bischof Absalon von Roeskilde, hatten an den Kämpfen Heinrichs des Löwen gegen die Ranen teilgenommen und 1168 Rügen gewonnen. Schon dabei scheinen die Dänen mit den pommerschen Fürsten in Konflikt geraten zu sein. Sie griffen diese bald in ihrem eigenen Lande an und drangen mit ihren Schiffen um 1170 in die Odermündungen ein. Sie lagerten 1171 vor Stettin, das in Dänemark als eine fast unbezwingliche Feste galt. Wie sie es aber einige Jahre zuvor mit Arkona gemacht hatten, so versuchten sie auch hier, das Holz des Befestigungswerkes in Brand zu stecken und so die Burg einzunehmen. Der dänische Chronist Saxo Grammatikus erzählt mancherlei von den Kämpfen um Stettin, doch dürfen wir ihm nicht alles glauben, was er zum Preise der Dänen erzählt. Der Burgherr Stettins, Wartislaw, ein Angehöriger des pommerschen Fürstenhauses, soll heimlich mit Waldemar über die Übergabe verhandelt und sich in sein Lager begeben haben, aber mit dieser Nachricht paßt nicht recht zusammen die Angabe, daß die Dänen fast unverrichteter Sache abzogen und sich mit der nominellen Unterwerfung Wartislaws begnügten. Waldemar scheint in den folgenden Jahren noch mehrere Züge gegen Pommern unternommen, ja vielleicht 1176 Stettin abermals belagert zu haben. Indessen die Unterwerfung des Herzogs Bogislaw I., der kurz vorher (1181) als deutscher Reichsfürst anerkannt worden war, erfolgte erst 1185. Bei diesen Kämpfen und den gleichzeitigen Kriegen Heinrichs des Löwen wurde Stettin gewiß öfter, als uns berichtet wird, in Mitleidenschaft gezogen. Die Widerstandskraft der Slawen wurde nach und nach aufgerieben, ihre Zahl verringert, ihre Ansiedlung ging wohl mehr als einmal in Flammen auf. Für eine Besiedlung der Stätte mit Einwanderern anderer Nation wurde der Platz geschaffen, auch den Fürsten und Herren der Gedanke nahegelegt, sich anstelle des dahinschwindenden Volkes ein neues zu bilden. Der Ort scheint in dieser Zeit ganz danieder gelegen zu haben; Helmold, der um 1168 seine Slavenchronik schrieb, erwähnt ihn nie, obwohl er z. B. Demmin oft genug nennt. Dem widerspricht scheinbar des Dänen Saxo Schilderung, der erzählt, „Stettin sei die älteste Stadt Pommerns, ansehnlich mit seinem hohen Walle und durch die Natur und seine Burg überaus fest". Doch je mehr er den Ort herausstreicht, desto heller erstrahlt der Ruhm des Eroberers. Wir dürfen wohl annehmen, daß die Slawenburg mit der Ansiedlung an ihrem Fuße im Laufe des 12. Jahrhunderts äußerlich kaum gewachsen, sondern sogar entschieden zurückgegangen ist. Es mußten andere Kräfte wirksam werden, um einen Fortschritt, eine Weiter- oder Neubildung des Gemeinwesens herbeizuführen.

4. Kapitel.

Die deutsche Stadt.

Auf der Höhe neben dem alten Burgwalle entstand in dieser Zeit eine neue Ansiedlung von zuwandernden Fremden deutschen, dänischen oder auch slawischen Stammes. Es waren anfänglich nur einzelne, allmählich mehr Leute, die des Handels wegen hierher kamen, zunächst vorübergehend sich hier aufhielten, dann aber dauernd blieben. Wo sollten sie sich ihre Wohnstätten, die Blockhäusern ähnlich gewesen sein mögen, erbauen? Die Niederung an der Oder war von den Hütten der Slawen besetzt, sodaß dort kaum Platz für die Einwanderer war. Auch lud das sumpfige, unwirtliche Gebiet dort nicht zum Wohnen ein. Dagegen bot sich auf der Höhe Raum genug, auf dem die Ansiedler den Schutz des Burgwalles genossen. Diese neue Siedlung — wann und von wem sie zuerst begründet worden ist, wissen wir nicht — ist in ihren Anfängen nicht planmäßig angelegt worden, sondern hat sich nach und nach entwickelt. Es kann aber nicht geschehen sein ohne Zustimmung des Landesfürsten oder seines Burgherrn in Stettin. Die Brüder Bogislaw I. (gest. 1187) und Kasimir I. (gest. 1180) förderten unzweifelhaft nicht ohne Absicht und Ziel die christlich-germanische Kultur in ihrem Lande, mit ihrer Hilfe entstanden Klöster, die mit deutschem oder dänischem Klerus besetzt wurden. Auch finden sich in ihrer Zeit die ersten Spuren einer Laien-Einwanderung. Trotzdem kann man noch nicht von einer zielbewußten Germanisierung sprechen. Die Fürsten haben im einzelnen ihre Unterstützung den Einwanderern zuteil werden lassen, aber diese nicht absichtlich ins Land gezogen. Ihr Verwandter, Wartislaw Swantiboriz, der Burgherr von Stettin, kam der Einwanderung vielleicht mehr entgegen, als sie; er war der Gründer des Klosters Kolbatz, das mit dänischen Mönchen besetzt wurde, und betätigte stets eine besonders christenfreundliche Gesinnung. Diese Herren hinderten sicherlich die neue Ansiedlung bei der Feste Stettin nicht. Von allen, die sich dort niederließen, wird uns nur einer genannt, Beringer aus Bamberg, ein Mann von edler Geburt. Wann er nach Stettin gekommen ist, läßt sich nicht angeben; daß er mit seiner Heimat, namentlich mit dem Michaelskloster, in dem sich das Grab des Bischofs Otto befand, in Verbindung stand, wird ausdrücklich überliefert. Er war es vielleicht, der die Wachsschenkung an das Kloster (1182) vermittelte. Vom Herzoge Bogislaw erhielt er Grundbesitz bei Stettin und gewann in der neuen deutschen Gemeinde, die sich bei dem Burgwalle bildete, eine angesehene Stellung. Wenn diese auch noch keine rechtlich festgelegte politische oder kommunale Ordnung besaß, so ist es doch anzunehmen, daß die Deutschen sich einen Führer erkoren, der gemeinschaftliche Unternehmungen leiten und ihre Interessen vertreten konnte. Bei allem Mangel an Rechten und Privilegien, bei der ganz isolierten Stellung, welche die Deutschen im Slawenlande einnahmen, wird doch bereits der Anfang einer Organisation vorhanden gewesen sein. Diese erfuhr gerade durch Beringer die wichtigste Förderung dadurch, daß er für die Gemeinde einen Mittelpunkt schuf in einer Kirche, die er vor dem Burgwalle erbaute. Der Konvent des Bamberger Klosters unterstützte gewiß die Ausführung und sandte Mönche nach Stettin, die ihm mit Rat und Tat zur Seite standen. Wem anders sollte dies Gotteshaus in dem fremden Lande geweiht werden, als dem Apostel Jakobus, dem Patron der Fremden und Pilger? Die Weihe konnte nur ein Bischof vornehmen, und die rechtliche Begründung der Kirche, die Bestimmung über Patronat und Ausstattung mit Besitz bedurften der Genehmigung der Landesregierung. Diese zu erlangen bot sich Gelegenheit, als bald nach dem Tode Bogislaws I. 1187 in Stettin eine Landesversammlung stattfand. Es sollte dort namentlich auch die vormundschaftliche Regierung des Landes für die unmündigen Söhne des Herzogs, die jungen Fürsten Bogislaw II. und Kasimir II., geordnet werden. An diese Versammlung wandte sich Beringer mit der Bitte um Bestätigung seiner Anordnungen, die dahin gingen, daß die neue Jakobikirche, mit Äckern bei Stettin ausgestattet, unter dem Patronate des Bamberger Michaelskloster stehen und durch Mönche, die von dort gesandt wurden, verwaltet werden sollte. Man gab die Einwilligung hierzu, und im Beisein vieler Deutschen und Slaven weihte Bischof Siegfried das neue Gotteshaus als Pfarrkirche der Deutschen mit dem Rechte der Taufe und des Begräbnisses. Hierdurch wurde ein Mittelpunkt geschaffen, um den sich die erste deutsche Niederlassung bildete und allmählich ausgestaltete. Zwar können wir die weitere Entwickelung zunächst nicht verfolgen, aber die spätere Gestaltung, die Anlage eines Marktes (an der Stelle des heutigen Roßmarktes) und der Straßen, zeigt uns, daß wir hier bereits eine systematische Gründung nach Art der deutschen Stadtanlagen in dem Kolonialgebiete anzunehmen haben. Die gleichmäßigen, im rechten Winkel sich schneidenden Straßen, die das heutige Stadtgebiet zwischen der kleinen Domstraße, der Wollweber- und Breitenstraße trotz vieler späterer Ein- und Umbauten noch zeigt, gehen unzweifelhaft auf die erste Anlage zurück. Es muß auch dabei bereits eine einheitliche Leitung gewaltet haben, und vielleicht haben wir in Beringer, der freilich in den Urkunden nicht weiter genannt wird, den ersten jener Männer zu erblicken, die als Unternehmer (possessores werden sie später genannt) bei der Anlage von Städten tätig waren.

Natürlich ging die Ausgestaltung der Neugründung nur langsam vor sich. Es scheint auch bald eine schwere Heimsuchung über sie gekommen zu sein, als 1189 ein dänischer Feldzug gegen das Stettiner Gebiet erfolgte. Was die Veranlassung war, können wir nur vermuten. Eine Lossage der Pommern von der dänischen Oberhoheit bewog den König Knut, zu den Waffen zu greifen und gegen Stettin zu ziehen, das er damals zerstört zu haben scheint; es wurde auch wohl eine dänische oder rügische Besatzung in die Burg gelegt. Dänische Chroniken berichten, daß Stettin 1190 wieder aufgebaut worden sei. Ob es sich dabei um eine Wiederherstellung und Neubefestigung der Burg oder um einen Aufbau der deutschen Ansiedlung handelt, ist nicht zu entscheiden, wir mögen indes an beides denken. Damit hängt vielleicht zusammen, daß 1191 der Bischof Sigwin von Cammin die Gründung und Ausstattung der Jakobikirche bestätigte und ihr den Zehnten aus drei Dörfern verlieh, von denen Zaden und Carow noch heute bestehen. Wartislaw verlor damals seine Stellung als Burgherr Stettins. An seine Stelle trat vielleicht zunächst sein Sohn Bartholomäus, dann aber bald der slawische Edle Rozwar.

In dieser Zeit begann man eine einfache Befestigung um die deutsche Niederlassung anzulegen, um ihr einigen Schutz gegen feindliche Angriffe zu geben. Daß sie auch im Innern sich weiter ausgestaltete, können wir vermuten, da es an einigen Andeutungen nicht fehlt. Es ist indessen die Zahl der erhaltenen Urkunden aus dieser

Zeit überaus gering, und sie bieten für Stettins Geschichte so gut wie nichts. Da die chronikalischen Aufzeichnungen ebenso dürftig sind, so müssen wir weit häufiger, als es kritischer Geschichtsdarstellung angemessen ist, Vermutungen aufstellen und die Erzählung mit einem „vielleicht“ oder „wie es scheint“ als unsicher kennzeichnen, uns auch oft mit dem offenen Bekenntnisse begnügen, daß wir nichts wissen. Das trifft ganz besonders zu für die überaus wichtige Zeit der ersten Entwickelung des deutschen Stettin; die Notizen, aus denen ein Schluß zu ziehen ist, sind ganz spärlich, einige Namen sind zufällig erhalten, eine oder die andere Angabe gibt einen unsicheren Anhalt, und nur eine Quelle läßt uns ein wenig tiefer blicken, der Stadtplan. Aber auch er erlaubt doch schließlich nur Vermutungen, vollkommen sicheren Boden gewinnen wir durch ihn nicht. Wir können aus ihm nur die äußere Bildung der Ansiedlung erkennen, wie gerne würden wir etwas erfahren über die innere Gestaltung, über die Entstehung der politischen Gemeinde, über das Verhältnis der neuen deutschen Gründung zu der alten slawischen Niederlassung. Wir wissen nicht einmal, ob wir mit Recht die neue Gemeinde als eine deutsche bezeichnen dürfen, ob sich dort nicht auch Dänen niederließen.

Eine Stütze fand die Fortbildung der deutschen Kolonie um die Wende des 12. Jahrhunderts vielleicht darin, daß damals die dänische Lehnshoheit über Pommern eine Zeit lang gestürzt wurde und die askanischen Markgrafen von Brandenburg von 1197 bis 1211 die Oberherrschaft besaßen. Ob von den damaligen Kämpfen auch Stettin betroffen wurde, ist unbekannt, aber daß die brandenburgischen Herren, die in ihrem Lande bereits mit Germanisierung vorgingen, der deutschen Niederlassung wenigstens nicht hinderlich in den Weg traten, kann wohl als sicher gelten. Sollten die Markgrafen nicht eine Besatzung in die Burg gelegt und diese naturgemäß Anschluß an die deutschen Bewohner gesucht haben? Ja, sollten nicht wirtschaftliche Beziehungen zwischen der Mark und dem Oderlande entstanden sein, die zur Hebung des deutschen Stettin beitrugen?

Die brandenburgische Lehnshoheit war aber nicht von langer Dauer, 1211 gewannen die Dänen die Herrschaft über Pommern zurück. Es kam auch in den folgenden Jahren zu heftigen Kämpfen, bei denen 1214 der Markgraf Albrecht II. Pasewalk und Stettin eroberte, aber bald an die Dänen verlor. Daß diese die langsam vor sich gehende Germanisierung des Landes irgend wie hinderten, ist nicht nachweisbar, auch nicht wahrscheinlich. Freilich liegt wieder ein fast undurchdringliches Dunkel über Stettin, und die einzigen dürftigen Zeugnisse für das Fortbestehen der deutschen Ansiedlung bieten uns die Namen von einigen

Geistlichen. 1220 werden als solche Paulus, Andreas und Rudolf, sowie der Verwalter der Jakobikirche, der Bamberger Mönch Heinrich, erwähnt. Die ersteren mögen an der Peter-Paulskirche tätig gewesen sein und so direkt mit dem deutschen Stettin nichts zu tun gehabt haben, aber daß sie selbst deutscher Abstammung waren, dürfen wir wohl vermuten. Auf eine Entwickelung der deutschen Gemeinde weist vielleicht die Schenkung hin, welche die Herzogin Anastasia der Jakobikirche machte; sie überwies ihr das Dorf Mandelkow, wo der Camminer Bischof alsbald die Stelle des Altars und den Kirchhof zum Bau einer Kirche weihte. Ihr Sohn Bogislaw II. fügte auf dem Sterbebette ein Dorf hinzu, und 1220 wurde bei der Trauerversammlung, die aus Anlaß des Todes des Herzogs in Stettin zusammengekommen war, die ganze Schenkung bestätigt und urkundlich festgelegt. Vielleicht gewann durch die Überweisung dieser Dörfer an die deutsche Kirche auch die deutsche Bevölkerung bei Stettin an Zuwachs. Denn sollten die Bamberger Mönche ihren Grundbesitz nicht lieber Deutschen als Slawen zur Bewirtschaftung übergeben haben? Dazu verliehen sie die Äcker entweder an dort bereits ansässige Männer oder an eigens zu dem Zwecke ins Land gerufene Bauern, wie es andere geistliche Stiftungen bereits taten. Mit Ackerbau werden sich fast alle Ansiedler beschäftigt haben, auch wenn sie Handel oder ein Handwerk trieben.

Die Zeitverhältnisse waren allerdings einer ruhigen Entwickelung recht ungünstig. Die dänische Vorherrschaft brach 1223 infolge der Gefangennahme des Königs Waldemar zusammen, Pommern wurde 1225 frei von fremder Lehnshoheit, aber bald begann von neuem der brandenburgische Ansturm gegen das Land, dessen Herren wieder zwei ganz junge Fürsten Barnim I. und Wartislaw III. waren. Aber gerade sie sind es gewesen, die eine planmäßige G e r m a n i s i e r u n g in die Hand nahmen, in ihre Zeit fällt der Anfang des deutschen Städte- und Lehnswesens in Pommern, unter ihrer Regierung werden deutsche Dörfer hier und dort gegründet. Auch die eigentliche deutsche Stadt Stettin ist damals entstanden, und Herzog Barnim hat ihr die rechtliche Grundlage gegeben. Wieder beklagen wir den Mangel an bestimmten Nachrichten aufs höchste. Haben wir für die Anlagen anderer deutscher Städte in dem ostdeutschen Kolonialgebiet, in das jetzt immer mehr der Zustrom der Ansiedler gelenkt wurde, die urkundlichen Abmachungen mit den Unternehmern und wissen, wie und unter welchen Bedingungen sie das Werk begannen und ausführten, für Stettin haben wir nur das Resultat urkundlich bezeugt. Neben der alten Burg, in der 1229 ein Wartislaw, der spätere Herr von Gützkow, als Burgherr gebot, wurde in und an der Stelle der slawischen Ansiedlung, die ziemlich verfallen sein mag, eine deutsche angelegt. Wenn schon 1242, ehe die Stadt Stettin als deutsche anerkannt wurde, ein Schultheiß Werner vorkommt, so können wir wohl in ihm den Unternehmer der neuen Anlage erkennen. Auch ist es vielleicht erlaubt, ihn als den ersten uns bekannten Angehörigen der Familie Barvot anzusehen, die bald eine bevorrechtigte Stellung in der deutschen Stadt einnehmen sollte. Dieser Werner, so nehmen wir an, wurde vielleicht mit anderen zusammen vom Herzoge Barnim I. beauftragt, den Slawenort Stettin in eine deutsche Stadt umzuwandeln, d. h. neben der deutschen Ansiedlung, die sich bereits um St. Jakobi gebildet hatte, eine zweite am Abhange der Höhe und am Flusse einzurichten. Die Absicht, aus beiden eine Stadt mit deutschem Rechte zu bilden, spricht der Herzog am 28. Dezember 1237 in einer Urkunde aus. Damals war das Werk bereits begonnen; schon wohnten Deutsche in dem Slawenflecken (oppidum), der im Norden und Süden eine Befestigung hatte und sich im Westen an den Wall der Burg anlehnte, zusammen mit Slawen, aber die Anlage der Straßen, des Marktes und einer Kirche für diesen Flecken war noch nicht vollendet. Der Herzog setzte auf den Rat des Bischofs Konrad von Cammin und im Einverständnis mit seinen Vasallen teils deutscher, teils slawischer Abstammung zunächst eine Ordnung der kirchlichen Gemeinden fest. Die in dem Flecken bereits wohnenden Deutschen sollen wie ihre Landsleute in der Jakobi-Ansiedlung zu dieser Kirche gehören, obwohl sie außerhalb des Fleckens liegt, die Slawen dagegen, die dort wohnen, ihre geistliche Versorgung in der Petrikirche suchen, die ebenfalls nicht innerhalb der Befestigung liegt. Ebenso werden die Slawendörfer in der Nähe auf beide Gotteshäuser verteilt, die zur Linken der nach Prenzlau führenden Straße (sie mag etwa in der Richtung der Pasewalker Chaussee gegangen sein) zu St. Jakobi, die zur Rechten zu St. Petri gewiesen. Zugleich verleiht der Herzog auch diese Kirche, wie alle in Stettin noch zu erbauenden Pfarrkirchen dem Bamberger Michaelskloster, sie sollen also alle durch deutsche Geistliche verwaltet werden. Man erkennt aus diesen Bestimmungen Barnims deutlich die Absicht, das Deutschtum zu fördern und seinen Vertretern zunächst wenigstens die geistliche Leitung des gesamten Stettin zu übertragen. Die Umwandlung des Slawenfleckens in eine deutsche Stadt erfuhr dadurch eine wesentliche Förderung. Sie wurde nach gleichmäßigem Plane angelegt. Der Markt lag, wie es das sumpfige Gebiet erforderte, möglichst nahe an dem Abhange, die Straßen gingen parallel der Oder, und das Ganze wurde durch andere, die diese schnitten, in einzelne zu bebauende Vierecke geteilt. Das enge Gebiet mit zum

Teil noch recht sumpfigem Grund und Boden zwang hier und da, von der vollkommenen Regelmäßigkeit, die man anderswo streng einhielt, abzuweichen. Als der Bebauungsplan für diese Anlage festgelegt worden war, galt es auch Verbindungsstraßen zwischen ihr und der höher gelegenen Jakobi-Ansiedlung herzustellen; sie wurden nicht steil hinaufgeführt, sondern in sanfter Krümmung angelegt, wie es in den heutigen aufsteigenden Schulzen-, Breiten- und Schuh-Straßen noch zu erkennen ist. So wuchs die deutsche Stadt Stettin aus zwei Teilen zusammen, dem, den wir die Jakobi-Ansiedlung nannten, mit dem Roßmarkt als Mittelpunkt und der Unterstadt, dem Slawenflecken, der sich um den Heumarkt bildete. Daneben bestand zunächst noch für sich die alte Burg auf der Höhe des Schlosses und des Marienplatzes.

Ein Blick auf den Stadtplan läßt noch heute diese drei Teile erkennen, wenn auch infolge der Veränderungen, die das ganze Gelände bei den unaufhörlichen Bauten erfahren hat, die Grenzen nicht überall ganz genau anzugeben sind. Der Anbau ging in dieser Zeit, in der es dem Unternehmer nicht schwer wurde, neue Ansiedler herbeizuziehen, verhältnismäßig schnell vor sich, freilich nicht als ob das ganze für die Stadtanlage bestimmte Gebiet sofort bebaut worden wäre. Nein, man gab auch hier der neuen Gründung einen Umfang, der zunächst noch Raum genug für Höfe, Gärten und Äcker frei ließ. Hat doch der Platz, den man für die Stadt bestimmte, viele Jahrhunderte hindurch fast vollkommen ausgereicht bis zum Jahre 1845, in dem die erste größere Stadterweiterung nach Südwesten zu erfolgte. Wenn die altüberlieferte Nachricht, daß 1240 bereits eine Niederlassung der Franziskaner in Stettin erfolgt ist, richtig ist, so muß damals die Anlage im wesentlichen ihrem äußeren Umfange nach vollendet gewesen sein. Die Klöster der grauen Mönche wurden überall in den Städten dicht an der Mauer angelegt, und so macht es die Begründung des Stettiner Klosters sehr wahrscheinlich, daß die Schutzwehr im Süden 1240 bereits geschaffen oder wenigstens in Arbeit war. Auf der anderen Seite wurde vor 1243 von der Herzogin Marianne, Barnims Gemahlin, ein Nonnenkloster des Zistercienserordens begründet; es erhielt am 27. Januar und 5. Februar des genannten Jahres vom Herzoge und der Herzogin urkundliche Verschreibungen über seinen Grundbesitz und seine Hebungen. Dies Kloster lag außerhalb des Stadtgrabens und der wohl erst später erbauten Mauer nicht weit von der Oder; die Namen des Klosterhofs und der Frauenstraße erinnern noch an dies Frauenkloster. Es erhielt reichen Grundbesitz in nahegelegenen Dörfern, wie Grabow,

Bredow, Golazin (später Frauendorf genannt) u. a., Hebungen und bedeutende Rechte. Ihm überwies der Herzog auch die Petrikirche, d. h. das Patronat über sie, das demnach das Bamberger Kloster 1237 nicht übernommen zu haben scheint, und die Kirche der heiligen Maria mit ihrem Besitz. Mit dieser ist wohl das schon früher begründete Gotteshaus des Klosters gemeint. Hierauf scheint die Bezeichnung hinzuweisen, denn unter der heiligen Maria haben wir vielleicht nicht an die Jungfrau Maria, sondern an die Maria Magdalena zu denken, der das Kloster geweiht war. Auch die Nikolaikirche mit der Pfarre der Stadt wird ihm übertragen. Hieraus erkennen wir, daß damals für die neue Stadt (civitas) bereits die Kirche gegründet worden war. Sie lag auf dem Markte der neuen Ansiedlung in dem alten Slawenflecken, vielleicht an derselben Stelle, wo einst die vom Bischof Otto gegründete Adalbertskirche stand. Wir können diese Neugründung entsprechend der Jakobi-Ansiedlung die Nikolai-Ansiedlung nennen. So ist, wie wir sehen, die kirchliche Einrichtung vollendet.

Die neue deutsche Stadt war äußerlich angelegt, es galt noch die Verwaltung, die Gerichtsbarkeit und das Recht der neuen Bürger zu ordnen und den Besitz der Gemeinde festzulegen. Diesen abschließenden Schritt hat der Herzog Barnim I. mit der Urkunde vom 3. April 1243 getan, durch die Stettin rechtlich als deutsche Stadt anerkannt worden ist. Schon vor ihrer Ausfertigung waren die Einrichtungen getroffen worden, die für die städtische Gemeinde notwendig waren. Werner Barvot, der Leiter der ganzen Gründung, war bereits vom Herzoge zum Schultheißen, d. h. zum Vertreter der landesherrlichen Gewalt, ernannt worden. Das Eigenartige aber der deutschen Städte war es, daß die Gemeinde in ihrer Verfassung, Verwaltung und Rechtspflege eine rechtlich begründete und privilegierte Selbständigkeit besaß. Mit solcher Auffassung von dem Wesen einer deutschen Stadt waren die neuen Bürger in das fremde Land gekommen, die Rechte, die sie in ihrer alten Heimat besessen hatten, wollten sie auch in der neuen nicht missen, und es mußte eine gesetzliche Grundlage geschaffen, d. h. der Neu-Gründung ein Stadtrecht vom Landesherrn zuerkannt werden. Dieser verlieh, wie wohl leicht erklärlich ist, nicht willkürlich eines der besonders verbreiteten Rechte, sondern dasjenige, welches die neue Gemeinde oder ihre Vertreter zu haben wünschten. Zu Verhandlungen hierüber mußten einige Mitglieder der Gemeinde erwählt und so der Anfang mit der Begründung einer Körperschaft gemacht werden, die mit der Leitung der gemeinschaftlichen Angelegenheiten betraut wurde. Oft mag auch schon der Unternehmer sich eine Art von Rat besonders zur Entscheidung von Streitigkeiten gebildet haben; es ist kaum denkbar, daß die deutschen Einwanderer, welche die Anschauungen und Gewohnheiten rechtlicher Art aus ihrer Heimat mitbrachten, ohne eine gewisse Ordnung auch nur vorübergehend auskommen konnten. Der Schultheiß brauchte zur Gerichtsverwaltung Männer neben sich, die das Urteil zu finden hatten. Diese waren in manchen Städten die Mitglieder des Rates, der von Anfang der rechtlichen Existenz an bestand, in andern gab es dagegen ein Schöffenkollegium, in dessen Händen neben der Gerichtsbarkeit auch die gesamte Leitung der städtischen Verwaltung lag. Dies war der Fall in Magdeburg und den Städten, die sein Stadtrecht annahmen. Aus der Gegend, wo dies vorwiegend Gültigkeit hatte, scheint ein großer Teil der von dem Unternehmer nach Stettin gezogenen Einwanderer gekommen zu sein, und so war es natürlich, daß der Schultheiß Werner und seine Landsleute schon bald, jedenfalls vor dem Akte der rechtlichen Begründung der neuen Stadtgemeinde, ein Kollegium von Schöffen bildeten. Wir werden deshalb die in der Urkunde vom 3. April 1243 genannten Bürger als die ersten Schöffen Stettins anzusehen haben, auch wenn sie nicht ausdrücklich als solche bezeichnet werden. Die Mitglieder dieser ersten leitenden Behörde waren Stephan Schütte, Johann Span, Albert von Brandenburg, Heinrich von Magdeburg, Lambert von Sandow, Albert von Sparrenfelde, Heinrich von Guben, Gerhard Krämer und Gerhard von Dömitz. Diese Männer baten den Herzog Barnim um die offizielle Verleihung des Magdeburger Rechtes, das schon einige Jahre früher (1235) die neue Stadt Prenzlau von ihm erhalten hatte. Durch die mehrfach erwähnte Urkunde von 1243 erfüllte er diese Forderung und bestätigte damit als Landesherr einen rechtlichen Zustand, der sich bereits von selbst in der neuen Gemeinde ausgebildet hatte. Zu einer deutschen Stadt gehörte notwendigerweise auch als Gemeindebesitz eine fest begrenzte Stadtflur, die von den Bürgern zu gemeinsamer Nutzung übernommen wurde, wie die Almende der deutschen Dörfer. Als solch Stadtfeld, von dem der Landesherr einen bestimmten jährlichen Canon erhielt, überwies dieser den Stettinern 100 Hufen (etwa 6000 Morgen) Ackerland und 30 Hufen Weideland, außerdem Weidegerechtigkeit oberhalb und unterhalb der Oder auf eine Meile hin. In einer Urkunde vom gleichen Tage gestattete der Herzog den Bürgern noch ausdrücklich die Benutzung der Wiesen und Waldungen zwischen der Stadt Damm und dem Ihnafluſſe. Weiter wurde der Gemeinde freie Fischerei auf der Oder eine Meile weit oberhalb und unterhalb der Stadt verschrieben; sie erhielt auch Freiheit vom Zoll und Ungeld (das ist ein Steueraufschlag auf Getreide) im ganzen Lande mit Ausnahme der Zollstätten Divenow und Kolberg, wo die Stettiner die Hälfte zu zahlen hatten. Schließlich setzte der Herzog die Höhe des Wagenzolles (4 Pfenn. von jedem Wagenpferde) und des Ungelds (½ Vierdung von der Last) fest.

Magdeburger Stadtrecht wird für die Stadt Stettin die rechtliche Grundlage zu weiterer innerer Entwickelung. Es war nicht ein genau fixiertes Recht, das hier schematisch übertragen wurde, sondern das Gewohnheitsrecht, wie es sich in Magdeburg ausgebildet hatte, fand seine Anwendung unter Berücksichtigung der besonderen Verhältnisse. Die im Volke lebenden und anerkannten Rechtsnormen, wie sie etwa die Schöffen zu Halle 1253 für die schlesische Stadt Neumarkt mitteilten, legten die Stettiner ihren Verwaltungs- und Gerichtseinrichtungen, ihren Rechtssprüchen u. s. w. zu Grunde. Daß auch sie von Magdeburg eine ähnliche Aufzeichnung erhielten, ist unbekannt und kaum wahrscheinlich. Dagegen wissen wir, daß die Schöffen von Stettin sich in zweifelhaften Fällen nach Magdeburg wandten und um Belehrung oder Entscheidung baten. Ebenso wurde ihr Schöffenstuhl für andere Städte Pommerns mit Magdeburgischem Rechte eine Art von oberer Instanz in Rechtsfällen.

Diese Schöffen hatten in Stettin anfänglich neben der Rechtsprechung die Stadtverwaltung in den Händen. Zwar lassen uns die Urkunden die Entwicklung nicht deutlich erkennen, da Schöffen in Stettin ausdrücklich erst 1290 erwähnt werden, aber die Vertreter der Gemeinde; die in den ersten Jahren urkundlich genannt werden, haben stets den Schultheißen an ihrer Spitze und führen keine weitere Bezeichnung, so daß wohl nur an eine einzige leitende Behörde zu denken ist und diese wird, wie in Magdeburg selbst, das Kollegium der Schöffen gewesen sein. Im Jahre 1263 werden zum ersten Male in Stettin Ratsherren (consules) erwähnt, und nun tritt diese Körperschaft (universitas consulum 1268) immer mehr hervor. Wie sie sich neben dem Schöffenkollegium gebildet hat, läßt sich nur vermuten. Es ist nicht im Gegensatze zu diesem, aber wohl infolge des zunehmenden Selbständigkeitsgefühles der Gemeinde geschehen. Der Schultheiß war Vertreter der herzoglichen Gewalt in der Stadt; je mehr die Bürgerschaft sich als eine freie Korporation fühlte, desto lebhafter wurde der Wunsch und das Verlangen nach einer eigenen selbständigen Verwaltung, die unabhängig vom Landesherrn die Rechte der Gemeinde vertreten konnte. So ist es erkärlich, daß auch die Stettiner sich bald einen Rat bildeten, wie es in allen deutschen Städten geschah. Er wurde von den Bürgern gewählt und übernahm zunächst mit dem Schultheißen und den Schöffen zusammen die Vertretung der gesamten Bürgerschaft. Nach und nach fiel dem Rate immer mehr die eigentliche Leitung der städtischen Angelegenheiten zu; er verhandelte mit dem Landesherrn und stellte selbständig Urkunden aus (zuerst 1283). Anfänglich scheint der Schultheiß auch an der Spitze des Rates gestanden zu haben, allmählich aber wurde seine und der Schöffen Tätigkeit auf die eigentliche Rechtsprechung beschränkt. Der Rat wurde mit der Zeit fast ganz unabhängig von ihrer Mitwirkung und wählte sich dann seine eigenen Leiter und Vorsteher. Freilich sind Bürgermeister (proconsules) erst 1345 für Stettin urkundlich nachweisbar, aber es ist sicher anzunehmen, daß es schon Jahrzehnte vorher solche gab. Während die Schöffen wohl von Anfang an auf Lebenszeit ihr Amt verwalteten, ist das für die Ratmannen unsicher. Wir erfahren aus einer Urkunde von 1309, daß am Walpurgistage (1. Mai) die neuen Mitglieder gewählt wurden und mit den wiedergewählten älteren ihre Sitze einnahmen. Das klingt so als werde der ganze Rat alle Jahre erneuert, wobei natürlich Wiederwahlen häufig vorkommen müssen. Es ist indessen wohl an die später übliche, alljährlich erfolgende Umsetzung, d. h. teilweise Erneuerung, des Rates zu denken. Wir sind bei dem Mangel an Nachrichten nicht imstande deutlich zu erkennen, wie sich der Rat in Stettin entwickelt hat; wissen wir doch kaum einige Namen von Mitgliedern. Daraus geht hervor, daß eine Reihe von Familien, deren Namen sich erst in dieser Zeit allmählich bilden, häufig in dem Rate vertreten ist; wir finden Angehörige der Geschlechter Segeler, Wise, Brakel, Soltwedel, Angermünde, Witte, Güntersberg, Hohenhaus, Sanne, Rike u. a. m. Die Zahl der Mitglieder steht nicht fest; es werden aber zweimal (1296 und 1302) in Urkunden 15 Ratsherren (mit dem Schultheißen) aufgeführt. Ihre amtliche Tätigkeit zu schildern, ist für diese älteste Zeit nicht möglich, sie haben gewiß neben der Verwaltung der gesamten Stadt und ihrer Besitzungen auch von Anfang an ein gewisses Strafrecht z. B. im Handels- und Marktverkehr besessen. Sie urkunden in dieser Zeit bisweilen allein, einige Male mit dem Schultheißen und den Schöffen zusammen, einmal (1290) stellen Schultheiß, Schöffen, Ratsherren und die Gemeinde eine Urkunde aus. Einen Schluß hieraus zu machen, ist kaum erlaubt, da wir aus der ganzen Zeit bis 1325 nur sechs von der Stadt Stettin ausgefertigte Urkunden kennen.

Die **Bürgerschaft** (universitas civium) bildete die Gemeinde der Stadt. Wie sie entstanden, woher die einzelnen Glieder gekommen, wer und was sie an die Oder geführt hat, das sind Fragen von hohem Interesse und von großer Bedeutung für unsere Kenntnis vom ältesten Stettin, aber Fragen, die doch nur sehr unsicher zu beantworten sind. Entstanden ist die Bürgergemeinde (civitas) rechtlich natürlich erst 1243, aber gebildet hat sie sich schon vorher, ja manche von den Angehörigen mögen bereits Jahrzehnte lang in der Jakobistadt gewohnt haben. Der größere Teil ist indessen um 1240 eingewandert, und diese Einwanderung hörte natürlich mit 1243 nicht auf, sondern nahm nun erst einen größeren Umfang an und dauerte noch lange fort. Gerade der Umstand, daß die rechtliche Grundlage gegeben worden war, brachte viele Leute dazu, ihren Wohnsitz in die neue deutsche Stadt zu verlegen. Woher kamen diese Stettiner Bürger der ersten Zeit? Das können uns die Namen sagen, indessen doch nur zum Teil und in recht beschränktem Umfange. Wir müssen bedenken, daß die Familiennamen erst in dieser Zeit entstanden und sich noch nicht immer vom Vater auf den Sohn forterbten. Oft genügte der Vorname zur Bezeichnung, der Bürger gab sich selbst oder andere ihm einen näher kennzeichnenden Beinamen. Er nahm diesen sehr oft von dem Orte, aus dem er kam, doch brauchte dies nicht jedesmal seine ursprüngliche Heimat zu sein, sondern die Stätte, wo seine Familie oder er zuletzt bei der Wanderung gesessen oder wo er sich zuerst im Slawenlande niedergelassen hatte. Die Wanderung aus dem Westen nach dem Osten ging bei vielen Familien in Etappen vor sich; aus ihrer ehemaligen Heimat wandten sie sich z. B. nach Brandenburg, Magdeburg, Salzwedel, Guben u. a. O., ließen sich dort nieder, dann zog aber ein Zweig oder ein Glied weiter nach Osten, etwa nach Stettin, und wurde dort mit dem Namen des Ortes, von dem er kam, bezeichnet. Andere Familien hatten sich zunächst in einem Dorfe im Slawenlande angesiedelt, ein Angehöriger zog dann in die neue Stadt und erhielt als Namen eine slawische Ortsbezeichnung, obwohl er ein guter Deutscher war. So gibt also dieser uns nicht immer Auskunft, aus welcher Gegend des alten deutschen Gebietes der Träger des Namens oder seine Familie ursprünglich stammte. Die Zahl der aus der ersten Zeit Stettins erhaltenen Namen ist auch sehr gering. In den Urkunden werden nur wenige genannt, und das älteste Stadtbuch beginnt erst mit dem Jahre 1306; wir können es also für die Darstellung der Frühzeit der Gemeinde nur mit Vorsicht heranziehen, da wir ja nie wissen, wann die betreffenden Bürger oder ihre Familien nach Stettin gekommen sind. Die Tatsache, daß die neue Stadt das Magdeburgische Recht annahm, hat schon die Vermutung nahegelegt, daß die ersten Bürger, die maßgebenden Einfluß hatten, aus einem Gebiete kamen, wo dieses herrschte, also aus Ostfalen, der Mark Brandenburg, Meißen, der Lausitz, Schlesien. Dorthin weisen auch zum Teil die schon erwähnten Namen der ersten Schöffen (Brandenburg, Magdeburg, Sandow, Guben, Dömiz), sowie spätere, wie Soltwedel, Osterode, Breslau, Perleberg u. a. Dann führen uns aber sehr zahlreiche Orte weiter nach Westen, nach Westfalen und dem Niederrhein, und es tritt im Laufe der Zeit, wie wir noch sehen werden, immer deutlicher hervor, daß die Mehrzahl der Stettiner Bürger entweder direkt aus jenen Gebieten an der Weser, Lippe, Ruhr und dem Rhein gekommen sind oder dort ihre älteste Heimat gehabt haben. Dorthin weisen Namen, wie Alfmünde, Angermünde, Köln, vom Rheine, nach Westfalen dagegen solche, wie Westfal, Brakel, Wirminghausen, Duisburg u. a. m. Die Bürgerschaft Stettins hatte zum allergrößten Teile ihre ursprüngliche Heimat im westelbischen Gebiete, Niedersachsen und Westfalen. Dorther mögen auch solche einstmals gekommen sein, die sich nach einem slawischen Orte (Wollin, Wussow, Bagmühl, Penkun, Pölitz) benannten. Andere der ältesten Bezeichnungen geben uns keine Auskunft über die Heimat; sie sind von der Beschäftigung (Krämer, Segeler, Schreiber, Hake, Müller, Münzer), von geistigen oder körperlichen Eigenschaften, oft vielleicht in spöttischem Sinne, (Wiese (Sapiens), Jung, Grot, Klein, Witte (Albus), Stark, Schele (Luscus), Riek (Dives), Barfoot, Gropeke) oder von ihren Häusern in Stettin (Hohenhaus, Keller, Mule) hergenommen. Die älteste Bevölkerung Stettins war nicht so bunt gemischt, wie man oft angenommen hat, und ist nicht in erster Linie durch den Zufall zusammengeführt worden, sondern eine gemeinsame Heimat verbindet viele. Aus einzelnen Gebieten Westdeutschlands scheint eine planmäßig organisierte Wanderung nach der neuen Oderstadt stattgefunden zu haben, vielleicht von den ersten mit der Gründung beauftragten Unternehmern veranlaßt.

Vom Bürgerleben in der ältesten Stadt vermögen wir uns kein Bild zu machen. Wir können es uns wohl nicht einfach und bescheiden genug vorstellen. Niedrige Holzhäuser erhoben sich in der Stadt neben den einfachen Kirchen. Man begann sich erst allmählich in dem neuen Wohnsitze einzurichten. Die aus der Heimat mitgebrachten Gewohnheiten, Ordnungen und Rechte ließen sich hier erst nach und nach einführen, es war eben alles noch im Werden. Zu der weiteren Entwickelung des Gemeinwesens brachten die kühnen und wagemutigen Bürger den besten Willen mit, aber sie bedurften, um etwas zu erreichen, der tatkräftigen Unterstützung des Landesherrn. Er mußte die Stadt, die er begründet hatte, weiter stützen, ihr Rechte und Privilegien verleihen, ohne die sie als deutsche Stadt nicht bestehen, vor allem nicht die Aufgabe erfüllen konnte, die ihr gestellt war. Sie sollte Handel und Gewerbe heben und fördern, die bisher im Slawenlande arg danieder gelegen hatten, Verkehr mit den westlichen deutschen Gebieten anknüpfen und so das Land an der unteren Oder der allgemeinen Kultur eröffnen. Gewiß ist sich Barnim I. dieses hohen Zieles nicht klar bewußt gewesen, aber daß er durch die Gründung und Anlage von deutschen Städten sein Land wirtschaftlich und kulturell heben wollte, das ist nicht zu bezweifeln. Um diesen Gedanken auszuführen, haben die Pommernherzoge, Barnim und seine Nachfolger, auch in der folgenden Zeit vielerlei getan. Stettin begann damals sich in der Richtung zu entwickeln, die für die Stadt auf die Dauer bezeichnend und bedeutsam geblieben ist.

5. Kapitel.

Stettins Entwickelung in der ersten Hälfte des 14. Jahrhunderts.

Stettin hatte, wie alle deutschen Städte, eine große Unabhängigkeit erhalten; es war selbständig in seiner inneren Verwaltung, selbständig wurde es auch in gewissem Sinne nach außen inbezug auf sein Verhältnis zu andern städtischen Gemeinden. Weitere Rechte und Privilegien zu gewinnen, den Umfang des Besitzes zu mehren, im Innern die Verfassung und Verwaltung auszugestalten, das war das Streben der Bürgerschaft und zwar stets mit dem Wunsche, die Selbständigkeit zu erweitern und zu sichern. Dabei war und blieb aber die Stadt stets dem Landesherrn untertan. Irgend ein Gegensatz zwischen beiden bestand ursprünglich nicht, es wäre sonst kaum zu verstehen, wie die Herzoge die Entwickelung der Stadt so eifrig förderten. Beider Interessen gingen nebeneinander her. Die aufblühende Stadt diente der Macht des Landesherrn, und dieser war ihrer Freiheit förderlich, gewährte ihr Schutz und Ruhe zu gedeihlichem Wachstum. Man darf dabei nicht annehmen, daß die Fürsten den Städten alle die zahlreichen Rechte und Besitzungen nur „der Not gehorchend, nicht dem eigenen Triebe" gewährten, nein, sie brachten durch die Gründung und Begünstigung der Stadtgemeinden in ihr Gebiet ein neues, belebendes Element, das freie, aufstrebende Bürgertum, das geeignet war, die Kräfte des Landes ganz anders auszubeuten und dem Gemeinwohle nutzbarer zu machen, als es bisher geschehen war.

Wir sehen deshalb in dem größten Teile des ersten Jahrhunderts beide, Fürst und Stadtgemeinde, in bester Eintracht einander helfen und fördern. Die Bürgerschaft, die sich durch Zuzug aus dem Westen fortdauernd ergänzte, gewann nach und nach alle die Vorrechte, die sie aus ihrer oder ihrer Väter Heimat kannte und nicht entbehren konnte, das Recht, Innungen zu bilden und ein Rathaus zu bauen, feste Ordnungen für Zoll, Handel und Schiffahrt, Bestimmungen über Recht und und Gerichtsbarkeit. Von besonderer Bedeutung aber war zunächst das Verhältnis, das sich zwischen Stadt und Landesherrn ausbildete. Dieser war der Grundherr und erhielt nach der Festsetzung von 1243 als Anerkennung seiner Stellung eine jährliche Zahlung von dem Stadtfelde und auch wohl von dem eigentlichen Besitze innerhalb der Stadt. Diese Summe dauernd festzulegen, gelang der Bürgerschaft bereits 1283; der Herzog Bogislaw IV. setzte damals die Höhe der als „Orböre" bezeichneten Abgabe auf 100 Mark Brandenburgisch fest. Sehr geschickt hatte die Stadt diese Zusage dadurch gewonnen, daß sie dem Herzoge ein Darlehn von 600 Mark Pfenn. gewährte und sich dafür bis zur Rückzahlung diese und andere Versprechungen machen ließ; natürlich ist die Schuld nie getilgt worden.

Größeres hatte die Bürgerschaft bereits früher erreicht. Neben und in der neuen Stadt befand sich noch der alte Burgwall der Slawenzeit; er war nicht nur ein Hindernis für die Ausdehnung der städtischen Niederlassung, sondern mußte auch den deutschen Bürgern als eine Gefahr für die Selbständigkeit ihres Gemeinwesens erscheinen. Hatte man doch in den älteren deutschen Städten schon längst alles aufgewandt, diese Zwingburgen landesherrlicher Hoheit auf friedlichem oder gewaltsamem Wege zu beseitigen. Wie es den Stettinern gelang, den Herzog Barnim I. 1249 zur Aufgabe des Burgwalles zu bewegen, ist nicht ganz klar; es heißt zwar, daß er durch ihre Bitten veranlaßt worden sei, die Burg aufzugeben, gewiß wird aber neben den Bitten noch etwas Greifbareres mitgewirkt haben. Zugleich gab er das feierliche Versprechen, nie wieder eine Burg in Stettin aufzubauen und keinem seiner Vasallen zu gestatten, innerhalb dreier Meilen um die Stadt eine solche anzulegen. Der Raum für den Ausbau der Stadt war frei, die beiden Teile der Niederlassung, die um St. Jakobi und die um St. Nikolai, konnten enger zusammenwachsen, und bald entstanden neue Straßenzüge, die sich die Höhe hinaufzogen, wie der Oltböterberg (heute Pelzerstraße). Die Häuser drängten sich allmählich enger um die alte Burgstätte, wo der Landesherr einige Höfe in seinem Besitz behalten hatte. Einige Jahre später (1263) überließ die Bürgerschaft eine Stelle der alten Burg dem neu errichteten Domkapitel von St. Petri zum Bau eines Marien-Domes auf der Höhe (in summo) des heutigen Marienplatzes.

Herzog Barnim I. und seine Nachfolger hielten sich nur vorübergehend in Stettin auf, namentlich bei der Vollziehung urkundlicher Akte. Dazu versammelten sie in der Stadt ihre Vasallen und Getreuen. Auch mit dem Rate der Stadt verhandelten sie oft in den mannigfachen Nöten und Kriegen, die Brandenburg über das Land brachte, bis 1250 durch den Vertrag von Hohen-Landin Pommern in ein festes staatsrechtliches Verhältnis zur Mark trat. Ebenso benutzte Barnim I. die Hülfe der Stadt gerne, als er nach dem Tode seines Vetters Wartislaw III. (17. Mai 1264) das ganze pommersche Land in seiner Hand vereinte. Viele Begabungen Stettins mit Rechten und Besitzungen sind als Preise für geleisteten Beistand aufzufassen.

Schwerere Zeiten brachen an nach Barnims Tode (13. November 1278), als der Älteste des Geschlechtes, **Bogislaw IV.**, der für seine unmündigen Brüder die Regierung führte, in einen heftigen Streit mit den Markgrafen geriet. Er fand aber Hülfe bei zahlreichen norddeutschen Fürsten, neben die 1283 in dem Rostocker Landfriedensbündnisse mehrere Städte, zum ersten Male gleichberechtigt, traten. Zu ihnen gehörte auch Stettin. Gerade hier fürchtete man die stetig wachsende Macht der brandenburgischen Herren, die Einfluß und Herrschaft auch im unteren Odergebiet zu erringen suchten. Unter Lübecks Führung kam diese erste größere Einigung der Städte zustande. Bald darauf beanspruchte Stettin die verheißene Hilfe, als die Brandenburger ihren Landesherrn Bogislaw IV. hart bedrängten. Der Rat bat in einem Schreiben vom 4. Juli Lübeck um schleunige Absendung eines Hilfskorps. Bis in die Nähe der Stadt scheint der Krieg damals gedrungen zu sein; ob sie selbst davon berührt worden ist, wissen wir nicht. Ebensowenig vermögen wir im einzelnen die Vorgänge zu erkennen, durch die Stettins Politik beeinflußt worden ist. Soviel indessen ist deutlich, daß der Rat in diesen unruhigen Zeiten, in denen neben dem Streite mit Brandenburg ein Zwist der herzoglichen Brüder Bogislaw, Barnim und Otto herging, wirklich eine eigene städtische Politik trieb und wie eine selbständige unabhängige Macht je nach dem Vorteil, der für die Gemeinde daraus gewonnen werden konnte, Stellung zu den Streitfragen nahm. Lange Zeit stand Stettin, wie es scheint, treu zu dem Herzog Bogislaw, dann aber verband es sich 1292 mit der Herzogin-Witwe Mechtilde, die ihrem Stiefsohne Bogislaw zumeist wenig freundlich gesinnt war. Daß der Stadt aus solchem Verhalten, das zu beurteilen uns die erhaltenen Nachrichten nicht erlauben, Gewinn erwuchs, können wir aus manchen Anzeichen entnehmen.

Im August 1293 bestätigte Bogislaw feierlich die Stettin bisher gegebenen Rechte und Privilegien, da die damaligen Ratsherren mit dem Schultheißen Heinekin an der Spitze (Johannes von Köln, Arnold von Sanne, Peter von Brakel, Johannes Schele, Godekin Schreiber, Johannes Wussow) zu seiner Partei hielten. Einige Jahre später, als 1295 die Teilung Pommerns zwischen Bogislaw und Otto vollzogen wurde, spielten die Vertreter der Stadt bei diesem wichtigen

Abb. 1. Die ältesten Siegel Stettins.

Staatsakte eine hervorragende Rolle. Am 1. Juli wurde bestimmt, daß die Zuweisung der Landesteile durch 8 Ritter und 4 Bürger Stettins, Arnold von Sanne, Peter von Brakel, den Schultheißen Heinrich Barfoot und Johannes Wussow, vorgenommen werden sollte. Dabei fiel sie an das Gebiet des Herzogs Otto I., das Mittelpommern umfaßte und alle Städte mit Magdeburgischem Rechte umschloß. Stettin gab diesem Herzogtum den Namen und übernahm mit anderen die besondere Bürgschaft für das Halten des Vertrages.

Der neue Landesherr Otto I. verlieh, wie wir noch weiter sehen werden, Stettin viele Rechte und Privilegien, die der Entwickelung der städtischen Gemeinde günstig waren. Ihre Selbständigkeit wuchs in mancher Richtung; vielleicht erhielt die Stadt bereits im Anfange des 14. Jahrhunderts die eigene Münzgerechtigkeit, nachdem die Landesherren schon länger dort eine Münze unterhalten hatten. Neben den herzoglichen Brakteaten und Denaren, die den Greifenkopf führten, kamen in dieser Zeit auch solche vor, die bereits als städtische anzusehen sind. Auch sie zeigen den Kopf des Greifen, den wir ebenfalls in dem ältesten Siegel der Stettiner Schöffen und dem Sekretsiegel der Stadt finden. Dies trat erst im Verlaufe des 14. Jahrhunderts an die Stelle des früheren Siegels, das der Sage nach Stettin bereits 1181 von den Herzogen Kasimir und Bogislaw erhalten haben soll. Es kann aber, da es die Umschrift Sigillum Burgensium de Stitin hat, nicht vor 1243 entstanden sein. Der erhaltene bronzene Stempel, der, nach den Buchstaben zu urteilen, im 13. Jahrhundert angefertigt worden ist, zeigt einen thronenden Herrscher, dem zwei Wappenschilder mit Greifen zur Seite stehen, zwischen Türmen und unter einem Dreipaß, auf dem sich Türme und Häuser erheben. Die erste erhaltene Originalurkunde, an der dies Siegel hängt, stammt aus dem Jahre 1333. Damals scheint das kleine Siegel entstanden zu sein, das die Umschrift hat: S. Civitatis Stetin Antiquae und den stehenden Greif unter einem Burggiebel zeigt. Die Bezeichnung civitas Stetin antiqua wird erst nach 1310 gebräuchlich.

Die Stadt stand in den ersten Jahrzehnten nach 1300 in gutem Einvernehmen mit ihrem Landesherrn. Es waren verhältnismäßig ruhige Zeiten für das Land an der unteren Oder, denn an dem großen Kampfe des Dänenkönigs Erich Menved und des Markgrafen Waldemar von Brandenburg gegen die aufblühenden norddeutschen Städte und namentlich gegen Stralsund, scheint sich Stettin nicht beteiligt zu haben. Das vorsichtige Zurückhalten hing mit der ähnlichen Haltung Ottos I. zusammen, der in den Jahren des Konfliktes zwischen Dänemark und Brandenburg zu seinem märkischen Lehnsherrn hielt, indessen ohne ihn besonders zu unterstützen. Er bestätigte im September 1308 Stettin alle Rechte und Privilegien und erneuerte die darüber ausgestellten Urkunden. Dasselbe tat im Juni 1309 der Wolgaster Herzog Wartislaw IV., der kurz zuvor die Herrschaft in seinem Landesteile übernommen hatte. Da beide Herzogtümer, Stettin und Wolgast, in engster Verbindung standen und den Herren zur gesamten Hand gehörten, mußten nach dem Teilungsvertrage die Vasallen und Städte beiden Fürsten Huldigung leisten. Stettin hat damals dem neuen Wolgaster

Herzoge gehuldigt und darauf die Bestätigung seiner Privilegien von ihm erhalten. Diese Stellung der Stadt zu den beiden pommerschen Herzogen war für sie von nicht geringer Bedeutung, da sie sich bei Streitigkeiten mit ihrem eigentlichen Landesherrn an den anderen Fürsten wenden und seinen Beistand fordern konnte. Dadurch hatte die Stadt einen Schutz gegen Übergriffe des Herzogs, der kaum je versagte. Ob der Stettiner Rat etwa 1313 die Wolgaster Herrschaft um Hilfe anging, als er mit Herzog Otto wegen der Schiffahrt auf der Oder und Reglitz und wegen der Getreideausfuhr in Zwist geriet, ist unbekannt. Nach der Urkunde, durch die am 30. Juni dieser Streit beigelegt wurde, scheint er nicht unbedeutende Ausdehnung angenommen zu haben. Es ist dort von der Teilnahme anderer Städte und Vasallen, von Verdächtigungen, von Anhängern der städtischen und der herzoglichen Partei die Rede. Noch bedenklicher wurde die Sache, als vor 1319 die Vasallen und Städte des Herzogtums Stettin mit ihrem Landesherrn wegen einiger Burgen in heftigen Streit gerieten. Sie schlossen am 18. Juni 1319 ein Bündnis mit Wartislaw angeblich gegen einige Ritter, in Wahrheit aber gegen Otto. Es ist nicht bekannt, wie weit Stettin an diesem Zwiste beteiligt ist und welchen Ausgang die Sache genommen hat. Sicher ist jedoch, daß der Streit bald ausgeglichen wurde, besonders als der Tod des Markgrafen Waldemar (14. August 1319) von neuem die märkische Frage eröffnete. Bei den folgenden Verhandlungen sicherten sich die beiden Herzoge Otto und Wartislaw vor allem den Beistand der Städte, und Stettin übernahm einige Male die Bürgschaft für die Fürsten oder streckte ihnen Geld vor. Daß bei den Kämpfen auch die Stadt in Mitleidenschaft gezogen worden ist, wie es spätere Chronisten behaupten, erscheint wenig glaublich. Gewiß waren diese unruhigen und unsicheren Zeiten für Handel und Verkehr der Bürger schädlich, in welchem Maße dies der Fall war, läßt sich aber nicht erkennen. Die Stadt Stettin leistete dem Herzoge Otto auch direkt Hülfe. Er bekennt am 17. Juni 1338, daß er zum Lohne für den Beistand; den ihm Stettin im Kriege gegen den Markgrafen geleistet habe, der Stadt 6 Hufen im Dorfe Messenthin überweise. Das geschah wenige Monate vor dem Abschlusse des Friedens, in dem der Markgraf Ludwig von Brandenburg, der Wittelsbacher, die Lehnsherrschaft über das Land Stettin aufgab. An den Verhandlungen, die sich jahrelang hinzogen, nahmen auch Vertreter Stettins teil, und es mag in der Stadt nicht geringe Befriedigung geherrscht haben, als die Herzoge Otto I. und sein mitregierender Sohn Barnim III. am 14. August 1338 in Frankfurt vom Kaiser Ludwig mit ihrem Lande belehnt wurden und die Markgrafen nur das Anfallsrecht erhielten.

In dem damals abgeschlossenen Vertrage wurde bestimmt, daß die Städte bis zum 2. Februar 1339 dem Markgrafen als Eventualnachfolger die Erbhuldigung leisten sollten. Dieser Punkt der Abmachung bot alsbald Anlaß zu einem neuen Konflikte. Stettin weigerte sich nämlich, den Brandenburgern zu huldigen und berief sich auf den Teilungsvertrag von 1295, in dem bestimmt worden war, daß den Wolgaster Herren Eigentums- und Erbrecht auch im Stettiner Lande zustehe. Die Bürger wollten die Wittelsbacher nicht als zukünftige Herren anerkennen, sondern an dem Greifengeschlechte festhalten. Ob etwa die Herzoge Bogislaw V., Barnim IV. und Wartislaw V., die in Wolgast die Herrschaft hatten, den Widerstand der Stadt gegen die Forderung des Frankfurter Friedens geweckt haben oder ob die Bürgerschaft von selbst sich der märkischen Huldigung widersetzte, ist nicht klar. Im Juni 1339 verband sich Stettin in feierlichen Verträgen mit Greifenhagen und Gollnow, und die drei Städte versprachen den Wolgaster Herzogen, sich bei Lebzeiten ihrer Landesherren und deren Erben nicht an einen andern Herrn verweisen zu lassen und nach dem Aussterben der Stettiner Linie nur den Wolgastern untertan zu sein. Dagegen gaben diese den Städten die Zusicherung, alle ihre Rechte und Privilegien zu erhalten und ihre Forderungen, besonders inbetreff des Abbruches des Schlosses Pritter, zu erfüllen. Auch andere Städte des Stettiner Herzogtums schlossen sich an, sodaß ein großer Bund zustande kam mit dem ausgesprochenen Zwecke, den eventuellen Anfall des Landes an Brandenburg zu vereiteln. Otto I. und Barnim III. hingegen verbanden sich mit dem Markgrafen Ludwig, der für den Fall, daß ein offener Krieg ausbräche, Hilfe mit ganzer Macht zusagte. Wenn es auch nicht zum Kampfe mit den Waffen gekommen zu sein scheint, so verschärfte sich der Streit dennoch sehr. Am 28. Januar 1341 huldigten Rat und Bürgerschaft von Stettin den Herzogen von Wolgast mit dem Versprechen, bi en und eren Erfnamen to blivende ewichliken und die Orböre, die sie den Stettiner Herren gezahlt hätten, fortan jenen zu entrichten. Darauf bestätigten Bogislaw V., Barnim IV. und Wartislaw V. der Stadt alle Privilegien und Rechte. Zur Strafe erklärte sofort Barnim III. die Stadt aller Rechte und Güter für verlustig und verlegte den Schöffenstuhl von Stettin nach Gartz, d. h. nahm der Stadt das Privileg, für alle Bewohner des Landes Stettin Recht und Urteil zu finden. Der heftige Zwiespalt legte sich, wie es scheint, als dem Herzoge Barnim Kinder geboren wurden und damit die Gefahr des

Anfalls an Brandenburg für Stadt und Land in weite Ferne rückte. Wie aber der Streit schließlich beigelegt wurde, wissen wir nicht; Markgraf Ludwig verzichtete auf die geforderte Huldigung, und auch Herzog Barnim gab nach.

Wieder bedauern wir aufs höchste, daß über die ganze Angelegenheit so dürftige Nachrichten vorliegen, denn es ist klar, daß ihr Verlauf von größter Bedeutung für die Stellung Stettins gegenüber seinem Landesherrn gewesen sein muß. Das Selbstbewußtsein der Bürger mag nicht wenig gewachsen sein, als sie erkannten, welch eine Macht ihre Gemeinde besaß. Wagte doch Herzog Barnim zunächst nicht, den Widerstand, den sie ihm geleistet hatte, zu bestrafen, sondern verkaufte am 15. Juli 1345 der Stadt sogar Münze und Zoll und verzichtete damit auf höchst bedeutsame Herrscherrechte. Hierdurch wurde vielleicht das Selbstgefühl der Bürgerschaft noch mehr bestärkt, und bald war sie von neuem in einen Streit mit dem Landesherrn verwickelt. Dieser führte, wie es den Anschein hat, mit Absicht einen Zwist herbei, um die Stadt, die ihm vor kurzem mit so großem Erfolge Widerstand geleistet hatte, zu demütigen. Barnim III. war nach allem, was wir von ihm wissen, ein Mann von entschlossener Kraft, der sich seiner Selbstherrlichkeit wohl bewußt war. Ihm war deshalb der Triumph Stettins in innerster Seele zuwider. Daher entschloß er sich zu einem Schritte, von dem er sicher wußte, daß er der Anlaß zu einem Konflikte werden würde. Auf der Stelle des alten Burgwalles hatte sich Barnim I., als er 1249 diesen der Stadt überwies, einige Höfe vorbehalten, aber weder er noch seine Nachfolger scheinen von diesen einen anderen Gebrauch gemacht zu haben, als daß sie dort vorübergehend Quartier nahmen. Herzog Barnim III. begann nun, sich dort ein Haus, d. h. eine befestigte Wohnung, zu errichten. Das rief in der Bürgerschaft große Aufregung hervor. Der Herzog, dessen Vorfahren feierlich gelobt hatten, es solle niemals eine Burg in der Stadt errichtet werden, wollte sich eine Zwingburg erbauen, um die Freiheit der Stadt niederzuzwingen, die Bürger zu knechten! Das war ein Bruch jener feierlichen Zusage, das durfte und konnte die Bürgerschaft nicht dulden. Man bewaffnete sich schnell, stürmte hinauf an die Stelle, wo die Zimmerleute des Herzogs an der Arbeit waren, und verjagte sie schnell. Doch dem leichten Siege folgte bald eine üble Niederlage. Leider wissen wir garnichts von dem Verlaufe der Angelegenheit, nur das Ende lernen wir aus dem Vertrage vom 24. August 1346 kennen. Damals entschieden der Herzog Bogislaw V. und der Camminer Bischof Johann als Schiedsrichter den Streit, aber in einer Form, die sofort klar zeigt, daß es

Barnim III. gelungen war, die Stettiner Bürger völlig zu demütigen. Dem Herzoge wird die Stätte des Hofes auf der Burg zugesprochen; dort müssen „Rat, Schöffen, Gilden und Gemeinde" der Stadt vor die smaheit und vor den broke dem Fürsten ein Steinhaus, 100 Fuß lang, 30 Fuß breit und 25 Fuß hoch, mit zwei Stockwerken, einem gewölbten Keller und einer 12 Fuß hohen Steinmauer darum erbauen. Daneben sollen sie eine steinerne Kapelle, so groß wie die St. Jürgenskapelle vor Stettin, errichten, einen Kirchhof darum anlegen und eine 5 Fuß hohe steinerne Mauer aufführen. Alles dies soll bis zum Michaelistage (29. Sept.) des nächsten Jahres, also in wenig mehr als einem Jahre, fertiggestellt sein. So mußte die Bürgerschaft, die sich vermessen hatte, den Landesherrn mit Gewalt an dem Bau des Hauses zu hindern, ihn selbst errichten und zwar in einer Ausdehnung und Ausführung, daß das Gebäude einer festen Burg sehr ähnlich war. Aber damit noch nicht genug, die Stadt mußte ihm die zwei Drittel des Stadtgerichtes, die der Herzog in der voraufgegangenen Zeit dem Rate verpfändet hatte, wieder überantworten, den dritten Teil sollte der Schultheiß von dem Landesherrn zu Lehn nehmen. Dieser erhielt auch freies Verfügungsrecht über den Hof bei dem Mariendome, den sich Barnim I. einst (1263) vorbehalten hatte. Dagegen versprach Barnim III. der Stadt weiter nichts, als daß sie das Lehn an der Burg, d. h. der Stätte des alten Burgwalles, mit Ausnahme dessen, was der Herzog und die Domherren von St. Marien daran besaßen, behalten sollte, ferner daß die Bürger, die wegen eines Lehnbesitzes im Lande in Streit mit dem Landesherrn waren, diesen zu Mannrecht innehaben sollten, und endlich, daß er alle Urkunden der städtischen Gemeinde bestätigen wollte.

Dieser Vertrag bezeichnet das Ende der Freiheit und Selbständigkeit, die der Stettiner Rat und die Bürgerschaft erstrebt hatten und schon fast erreicht zu haben glaubten. Von jetzt an hatte der Herzog eine feste Burg innerhalb der Mauern und konnte dadurch jeden neuen Versuch, Unabhängigkeit zu gewinnen, leicht verhindern. Er war jetzt tatsächlich der Herr in der Stadt und ist es für alle Zeit geblieben. Denn die Bedingungen, die den Bürgern auferlegt worden waren, wurden auch erfüllt. Bald erhoben sich auf der Höhe das steinerne Haus, der erste Anfang des noch heute bestehenden Schlosses, und die Kapelle, aus der im Laufe der Zeit die Schloßkirche erwachsen ist. Barnim III. ließ sie bereits am 3. Oktober 1346 dem heiligen Otto, dem Apostel der Pommern, weihen, dessen Andenken im Lande von neuem zu beleben er sich angelegen sein ließ. Zugleich stiftete er bei dieser Ottenkirche ein Domkapitel von 12 Mitgliedern, das in enge Verbindung mit dem älteren Marienkapitel trat. Aus dem neuen Verhältnisse, in dem Stettin als Residenzstadt zu dem Herzoge stand, ergaben sich für die folgende Zeit wiederholt Anlässe zu heftigen Streitigkeiten, immer wieder rangen Rat und Bürger, die im Bunde mit anderen Städten waren und unwillig manche von diesen sich zu größerer Freiheit und Selbständigkeit entwickeln sahen, mit den Landesherren um ihre Stellung, aber das Schicksal Stettins war in einer Beziehung durch den Vertrag von 1346 entschieden.

So ist es auch erklärlich, daß die Stadt in dem Hansabunde keine große Rolle spielen konnte, sie war in ihren Entschlüssen und Plänen nicht frei. Die oft aufgeworfene Frage, wann Stettin Mitglied dieses Bundes geworden ist, läßt sich ebenso wenig bestimmt beantworten, wie die Frage nach dem Gründungsjahre der Hansa selbst. Die Stadt hatte zu Lübeck, der bedeutendsten deutschen Stadt an der Ostsee, die schon früh in Pommern wichtige Handelsprivilegien erwarb, bereits im 13. Jahrhundert mancherlei Beziehungen. Die deutschen Kaufleute, die sich in Stettin eine neue Heimat gegründet hatten, fanden bei ihren ersten Handelsunternehmungen, bei Fahrten auf der Ostsee oder Zügen ins Land einen Halt an Lübeck, das in der neuen Stadt nicht einen Konkurrenten, sondern einen Gehilfen bei seinem Ostseehandel erblickte. Es scheinen auch Ansiedler aus Lübeck nach Stettin gekommen zu sein und das Band zwischen beiden Orten noch enger geknüpft zu haben. Dadurch wurde der geschäftliche Verkehr erweitert und die Oderstadt in den Handel nach Dänemark, besonders nach Schonen eingeführt. Schon 1278 erhielt sie zusammen mit Lübeck, Wismar, Rostock, Stralsund, Greifswald und den übrigen wendischen Städten Zollfreiheit und sicheres Geleit zum Besuche der beiden Jahrmärkte zu Huistanger auf Seeland. Damals hatten sich also die Bürger dieser Städte bereits zu gemeinsamem Handeln zusammengetan, ob freilich auf Grund eines förmlichen Vertrages zu einem festen Bunde oder in loser Einigung, mag zweifelhaft erscheinen. Bald darauf traten sie im Rostocker Landfrieden zusammen an die Seite der norddeutschen Fürsten. Stettin gehörte auch zu den Städten, die bereits damals für ihre Bürger zum Besuche der Schonischen Märkte volle Verkehrs- und Handelsfreiheit, sowie Schuz im ganzen dänischen Reiche genossen; für das Jahr 1283 ist ein Geleitsbrief des Königs Erich erhalten. Noch größere Sicherheit gewannen die Kaufleute, die zum Handel nach Dänemark zogen, als der König 1284 sich auf neun Jahre an das Rostocker Bündnis anschloß und vollkommene Freiheit des Handels in seinem Lande gewährte, sowie sie in ihrem Vorgehen gegen Norwegen zu unterstützen versprach. Das sind die Anfänge des Bundes Stettins mit anderen norddeutschen Städten, das ist eine der Wurzeln, aus denen der starke Baum der Hansa erwuchs. Freilich stand Stettin bei dem Kampfe der Städte mit Norwegen (1283—85) nicht in erster Linie, ja wir wissen nicht einmal, ob es sich wirklich daran beteiligte, aber die Handelsvorteile, welche die Städte im Frieden zu Kalmar (1285) gewannen, kamen auch ihm zugute. Stettin wurde in dem Privileg, das der norwegische König Erich am 13. März 1285 den Städten erteilte, miterwähnt, auch war die Stadt bei den Verhandlungen, die Pfingsten 1294 in Tönsberg gepflogen wurden, durch den Ratsherrn Albert von Bremen vertreten.

Als im ersten Jahrzehnte des 14. Jahrhunderts Erich Menved von Dänemark den Kampf um die Herrschaft über die deutsche Ostseeküste begann, nahm Stettin nicht daran teil, sondern hielt sich vorsichtig zurück, ebenso wie es andere Städte taten, von denen jede Sonderpolitik trieb. Stettin beteiligte sich wenig an den Verhandlungen, nur auf einer Versammlung, die in Greifswald im November 1310 stattfand, war Arnold Brandenburg als Vertreter Stettins zugegen.

In dieser Zeit faßten die Stettiner wahrscheinlich festen Fuß in Schonen. Der Einkauf und das Salzen der Heringe führte zuerst die deutschen Kaufleute dorthin, bald aber waren sie auch bemüht, ihre heimischen Waren dort abzusetzen. Um solchen Handel zu betreiben, legten einzelne Städte Niederlassungen, sogenannte Fitten, an, in denen die Kaufleute zu bestimmten Zeiten mit ihren Waren erschienen, Kauf und Tausch vollzogen, die Heringe einsalzten und zum Transporte fertig machten. Es ist sicher, daß auch Stettiner schon früh nach Schonen kamen und anfangs als Gäste auf der Lübischen Fitte unter dem Schutze und der Gerichtsbarkeit des Lübischen Vogtes ihre Geschäfte besorgten. Aber bereits im Anfange des 14. Jahrhunderts erwarben sie auf Dragö und Falsterbo, den beiden Punkten, an denen der Verkehr der deutschen Kaufleute seine Mittelpunkte hatte, eigene Fitten, anfänglich noch in einem Schutzverhältnisse zu dem mächtigeren Lübeck, an dessen Feld zu Falsterbo das der Stettiner stieß. Bald aber wurde diese Niederlassung selbständiger und erhielt einen eigenen, von Stettin dorthin gesandten Vogt. Auf Dragö und Falsterbo erschienen nun alljährlich vom August an Stettiner Kaufleute und verblieben dort bis Ende September oder bis in den November. In diesen Monaten bevölkerten sich die Buden, und es begann ein ungemein reger Verkehr zwischen den Bürgern der verschiedenen Städte einerseits und der einheimischen Bevölkerung andererseits. Für deren

Bedürfnisse brachten die Kaufleute Waren mit, die auf den stark besuchten Märkten zum Verkaufe kamen. Zu der beschwerlichen und gefährlichen Seefahrt taten sich natürlich die Bürger einer Stadt zusammen, und so entstanden bald Gesellschaften und Kompagnien zum Zwecke der Schonenfahrt, aus denen sich allmählich förmliche Brüderschaften oder Vereine entwickelten. So mögen sich bereits in dieser Zeit auch in Stettin Genossenschaften zum Handel nach Schonen gebildet haben, wie wir 1310 eine Brüderschaft der Kaufleute erwähnt finden. Die freilich erst für spätere Zeit urkundlich nachweisbaren Marienbrüderschaften von Dragö und Falsterbo, die später einfach Draker- und Falsterbofahrer genannt wurden, sind gewiß auch schon in der ersten Hälfte des 14. Jahrhunderts entstanden. Unter dem Schutze der Jungfrau Maria unternahmen ihre Mitglieder die Fahrt über das Meer und hielten in den Fitten zu Dragö und Falsterbo treu zusammen. Sie bildeten in gewissem Sinne auch eine Vermögensgemeinschaft und waren nach der frommen Sitte des Mittelalters bedacht, durch den Bau einer Kapelle in der Fremde oder durch geistliche Stiftungen in der Heimat sowohl für die kirchliche Versorgung im Auslande als auch für die Herstellung eines geistlichen Sammel- und Mittelpunktes in der Vaterstadt zu sorgen. Ob die St. Annen-Brüderschaft der Bornholmfahrer schon damals entstanden ist, läßt sich nicht bestimmt sagen, es fand aber sicherlich von Stettin aus nach Bornholm seit alter Zeit ein Handelsverkehr statt.

So sehen wir, wie sich in dieser Zeit Handel und Schiffahrt der Stettiner in der Richtung zu entwickeln begannen, die für die Stadt auf die Dauer besonders bedeutsam geblieben ist. Für den Verkehr zur See, sowie auf dem Lande und auf der Oder war von besonderer Wichtigkeit die Zollbefreiung, die der Stadt bereits 1243 verliehen worden war. Am 19. Dezember 1283 erhielten die Bürger das Recht, alle Güter, die sie gekauft hatten, zollfrei auszuführen, und 1315 wurde ihnen die Freiheit von Zoll und Ungeld nochmals bestätigt. Allen Kaufleuten des Herzogtums Stettin gewährte 1275 der Fürst Wizlaw II. von Rügen freien Verkehr in seinem ganzen Lande, und Herzog Bogislaw IV. von Wolgast bewilligte 1297 ihnen ungehinderte Ein- und Ausfuhr für den Swinehafen. Auch für die Peene erhielten die Stettiner 1320 völlige Zollfreiheit, nachdem Herzog Otto I. bereits vorher versprochen hatte, die dortigen ungerechten Zölle zu beseitigen. Damals wurde der Stadt Stettin die Zusage gemacht, es sollten alle die Fahrt hindernden Bäume in der Oder und Reglitz entfernt werden. Noch einmal 1349 bestätigte Herzog Barnim III. den Bürgern die Zollfreiheit auf der Oder, Swine, Peene, auf dem

Haff usw. Damit war ihrem Handel freie Bahn geschaffen, er wuchs und dehnte sich bald nach allen Seiten aus.

Ein besonders wichtiger Handelsartikel war neben den Fischen das Getreide, das, je mehr der Anbau im Lande durch die deutschen Einwanderer zunahm, desto zahlreicher ausgeführt wurde. Es selbst im Lande aufzukaufen und dann weiter zu verhandeln, war von Anfang an das Bestreben der Stettiner Bürger, deshalb war es für sie von besonderer Wichtigkeit, daß Herzog Barnim I. bereits 1253 fremden Kaufleuten verbot, vom Herbste bis Ostern in seinem Gebiete Getreide zu kaufen, ein Verbot, daß er 1271 wiederholte. Dabei war die Absicht, die den ganzen mittelalterlichen Handel beherrschte, in erster Linie für den Bedarf des produzierenden Landes selbst zu sorgen und dann den Vorteil der etwaigen Ausfuhr den heimischen Kaufleuten zugute kommen zu lassen. Zu diesem Zwecke verordnete Bogislaw IV. 1281, es solle kein Getreide auf Kähnen, sondern nur auf größeren Schiffen aus der Peene und Swine ausgeführt werden. Damit wurde wohl den Stettinern, die an der unteren Oder allein größere Schiffe besaßen, das Privileg der Getreideausfuhr gewährleistet. Bald darauf wurde wieder verboten, daß Fremde Getreide ausführten, außer wenn sie es von einem Bürger gekauft hatten, und daß die Ausfuhr von Korn nur mit Willen und Zustimmung des Rates untersagt werden solle. Damit begab sich der Landesherr eines Rechtes, das von nicht geringer Bedeutung für den Handel war; er konnte nunmehr nicht ohne weiteres die Getreideausfuhr aus Stettin, wenn er es für nötig hielt, also z. B. bei einer Mißernte oder Teuerung, verbieten, sondern mußte erst den Rat um seine Einwilligung bitten. Durch diese Verordnungen wurde der Kornhandel zu einer Art von Monopol der Bürger. Das wurde noch erweitert, als Herzog Otto 1312 bestimmte, es dürfe zwischen Stettin und Ückermünde Getreide und Mehl zu Schiff nur nach Stettin verladen werden, und ein Jahr später alle älteren Bestimmungen über die Ausfuhr von Getreide ausdrücklich bestätigte. Dadurch wurde der Handel mit diesem Artikel auf der unteren Oder ganz ausschließlich auf Stettin gelenkt. Dasselbe geschah aber auch mit anderen Handelsgegenständen, wie z. B. Brennholz und Kohlen, für die ebenfalls bestimmt wurde, daß nichts aus den Wäldern, besonders nichts von der Oder anderswohin als nach Stettin gebracht werden solle. Am allerwichtigsten indessen war für den ganzen Handel das der Stadt 1283 verliehene Niederlagsrecht. Alle Güter ohne Ausnahme, mochten sie die Oder auf- oder abwärts nach Stettin kommen, sollten dort niedergelegt, d. h. eine bestimmte Zeit zum Verkauf gestellt werden. Erst nach

Ablauf dieser Frist durfte der Schiffer die Waren wieder einladen und weiterfahren. Es wurde auch streng verboten, einen anderen Wasserweg zu benutzen als die Oder selbst bei Stettin vorbei; man nannte diesen vorgeschriebenen Weg die „rechte Fahrt". Es ist klar, daß dies Niederlage- oder Stapelrecht, das für einzelne Artikel viele Städte besaßen, nach unsern Begriffen eine ungeheure Hemmung für den freien Verkehr bedeutet; nach mittelalterlicher Anschauung war es eine berechtigte Maßregel zur Hebung des heimischen Handels und zur Deckung des eigenen Bedarfes. Die Bürger hatten das erste Recht auf alle Waren, die in ihre Stadt kamen, nur mit ihnen durfte und mußte der Fremde oder Gast handeln. Zur Sperrung der Oder bei Nachtzeiten, damit dann nicht etwa ein Schiff heimlich durch die Stadt fahre, diente ein Balken oder Baum, der über die Oder gelegt und angekettet werden konnte. Diese Niederlagsgerechtigkeit, die, wie wir sehen werden, später die Ursache unendlicher Streitigkeiten wurde, scheint gewöhnlich nicht ganz streng durchgeführt worden zu sein. An der Oder besaßen Frankfurt und Breslau, an der Warthe Landsberg dasselbe Recht. Anfänglich scheint der Verkehr zwischen diesen Städten nur gering gewesen zu sein, aber als er wuchs, nahmen sich die Fürsten selbst der Förderung des Oderhandels an und suchten die einseitige Wirtschaftspolitik der Städte, soweit es möglich war, zu mildern. So erhielten auf Veranlassung der Markgrafen Waldemar und Johann V. von Brandenburg deren Untertanen 1311 vom Herzoge Otto I. die freie Durchfahrt durch den Baum Stettins von und nach der See.

Neben dem Verkehre auf dem Wasser war von Bedeutung der auf dem Lande, der in alten Zeiten oft weit beschwerlicher und gefährlicher als jener war. Der Zustand der Straßen erschwerte ganz besonders die Reisen der Kaufleute. Wir hörten bereits 1237 von einer Königsstraße nach Prenzlau und finden 1277 eine ebensolche erwähnt, die von Stettin nach Ückermünde führte, aber in welchem Zustande mögen sie gewesen sein! Herzog Barnim I. bestimmte 1278, daß der öffentliche Weg, der stets von Stettin nach Grabow geführt habe, nie gesperrt werden dürfe; es bedurfte demnach erst eines besonderen Gebotes, eine solche Straße offen zu halten. Für den Handelsverkehr bestand auch zu Lande ein Zwang, es mußten die vorgeschriebenen Straßen benutzt werden, es war verboten, auf anderen zu fahren. So wurde 1302 der Weg von Schwedt nach Stettin auf die Linie Gartz, Reinkendorf, Tantow festgelegt, und die Stadt Gartz erhielt das Zoll- und Straßenrecht, d. h. die Aufsicht darüber, daß alle Kaufleute, die zwischen Schwedt und Stettin verkehrten, mit ihren Waren diese Straße einhielten. Wichtig für Stettin war die Verbindung nach dem Osten. Hier bot die breite sumpfige Niederung des Flusses mit den anstoßenden Wiesen dem Verkehr nicht geringe Schwierigkeiten, es war aber durchaus notwendig, hier eine Straße oder einen Übergang zu schaffen. Deshalb erhielt die Stadt bereits 1245 das Recht des Fährzolles nach Damm und 1274 die Fähre nach Lübzin. Auf die Dauer konnte aber diese Verbindung nicht genügen, und die Bügerschaft erwarb 1299 vom Herzoge Otto I. die Erlaubnis, einen Damm und Brücken von Stettin nach Damm anzulegen. Es ist ein Zeichen des Unternehmungsgeistes, der in der Stadt herrschte, daß dies große Werk so bald in Angriff genommen und, wie es scheint, auch schnell ausgeführt wurde. Die lange Brücke (etwa an der Stelle der heutigen Hansabrücke) wird bereits 1283 erwähnt, als die Lastadie auf dem rechten Oderufer schon Bewohner hatte und als Ladeplatz für fremde Schiffe benutzt wurde. 1302 war man noch mit dem Bau beschäftigt, 1314 wurde bereits der Zoll erhoben und drei Jahre später ausdrücklich bestimmt, daß die Fuhrleute, die auf dem Wege nach Stettin die Stadt Altdamm berührten, dort nicht aufgehalten werden durften. Der große Bau muß sehr erhebliche Ausgaben verursacht haben; noch später belasteten die Kosten für seine Unterhaltung den Etat Stettins in hohem Maße. Aber erst hierdurch wurde die Stadt recht eigentlich der Mittelpunkt des Handels und Verkehrs für die ganze Umgegend, sie konnte sich ein eigenes Wirtschaftsgebiet schaffen. Der Verkehr in die Weite war anfangs gewiß beschränkt, es fehlt indessen nicht an Zeugnissen, daß er bestand. Namentlich scheint auch der Zusammenhang, den die neu einwandernden Bürger mit ihrer alten niedersächsischen Heimat unterhielten, hierauf gewirkt zu haben. Wir hören bereits aus den ersten Jahrzehnten des 14. Jahrhunderts von einem Verkehr mit Soest, Dortmund und anderen westfälischen Orten. Im einzelnen die Ausdehnung näher zu bezeichnen, dazu fehlen uns für diese Zeit die Nachrichten.

Über die Waren, mit denen man in und von Stettin aus handelte, wissen wir besser Bescheid. Es wurden, wie wir bereits gehört haben, in erster Linie Getreide und Holz, das die weiten Felder und Wälder des Landes in reichlichem Maße boten, ausgeführt, während von Norden her Fische, Tran u. a. zur Einfuhr kamen; daß daneben Salz und Wein bedeutende Handelsartikel bildeten, dürfen wir wohl ohne weiteres annehmen. Sonst zeigt uns die älteste Zollrolle, die allerdings nicht in ursprünglicher Form erhalten ist und etwa aus der Zeit zwischen 1283 und 1293 stammt, daß in Stettin mit Fellen, Tuch, Honig, Wachs, Wolle, Vieh, Fleisch,

Pech, Teer, Eisen, Bier, Brot, Asche, Hopfen, Kupfer, Zinn, Blei u. a. m. Handel getrieben wurde. Die dort festgesetzten Zollsätze entsprechen zumeist den in Lübeck und in anderen norddeutschen Städten üblichen. Diese Rolle ist auch ein Zeugnis dafür, daß der Handel Stettins gegen das Ende des 13. Jahrhunderts nicht mehr ganz unbedeutend gewesen sein kann.

Am deutlichsten tritt der Aufschwung, den Stettin damals nahm, in der Erweiterung und Ausdehnung des städtischen Besitzes hervor. Mit großem Erfolge waren Rat und Bürgerschaft nach dieser Richtung hin tätig. Zunächst war es für die Gemeinde wichtig, ein Gebiet in der Nähe der Stadt zu gewinnen, auf dem es möglich war, Mühlen anzulegen, und dazu erhielt sie 1253 vom Herzoge Barnim I. den von Schwarzow herkommenden Bach zwischen Pommerensdorf und Scheune mit allen seinen Zuflüssen zum Eigentum. Um aber seine Wasserkraft auszunutzen und Mühlen anzulegen, bedurfte sie eigenen Grundbesitzes an dem Bache. Deshalb kaufte die Stadt noch in demselben Jahre von dem Herzoge das ganze Dorf Pommerensdorf. Dies Gebiet scheint aber allmählich für die städtischen Mühlenanlagen nicht genügt zu haben, und daher erwarb die Stadt 1277 von herzoglichen Vasallen die beiden Dörfer Krekow und Wussow mit im ganzen 114 Hufen und gewann damit den wasserreichen Bach, der von der Höhe bei Wussow herabkommt und zum Mühlenbetriebe ganz besonders geeignet ist. Großen Besitz unterhalb der Stadt mit reichem Waldbestande erhielt Stettin 1301, als Herzog Otto I. ihm die Krampe und den ganzen Bezirk zwischen diesem Flusse, der Gollnower Heide, der Ihna, dem Dammansch, dem Radunflusse und der Oder mit allen Inseln, Brüchen, Heiden und Wäldern überließ. Hierzu kamen 1307 die zwischen Swante, Dammschem See, großer Reglitz, langem Graben und Oder gelegenen Inseln, d. h. das ganze Bruchland rechts von der Oder von der Swante bis zur Wubenitz bei Podejuch, dem Graben und dem Oderarm, der gegenüber von Güstow sich mit dem Hauptflusse vereinigt. Dieser Besitz erhielt eine weitere Ausdehnung nach Norden, als 1312 auch die bewaldeten Werder nördlich von der Swante bis zum Papenwasser Eigentum der Stadt wurden. Jetzt besaß sie das ganze Gebiet am rechten Ufer der Oder. Zwar kam Stettin wegen der Grenzen schon früh in Streit mit den Städten Altdamm und Gollnow, aber es behauptete seinen Besitz. Nach anderer Richtung erweiterte sich dieser 1319 durch den Ankauf der Ober- und Unterwiek, der beiden ursprünglich slawischen Niederlassungen unmittelbar vor der Stadt. Im Jahre 1321 wurde das Städtchen Pölitz mit seinem Gebiete

Eigentum Stettins, und es entstand das eigentümliche Abhängigkeitsverhältnis jener Stadt, das fast fünf Jahrhunderte hindurch bestand und eine bedeutsame Rolle in der Geschichte Stettins spielte. In der Nähe von Pölitz gewann die Stadt 1338 durch Kauf einige Hufen bei Messenthin, wenn diese nicht schon früher erworben worden sind. Jenseits der großen Reglitz faßte Stettin 1328 durch den Erwerb des Dorfes Podejuch festen Fuß und bekam 1333 die Dörfer Lübzin, Bergland und Schwartelank am Dammschen See, sowie 1336 die beiden Flüsse Regelitz mit ihren Inseln. Als dann die Stadt 1351 von dem Bischofe Friedrich von Cammin noch das Dorf Nemitz mit 3 Mühlen und die 2 Höfe Schwarzow für 1480 Mark Pfennige kaufte, war der Landerwerb in der Hauptsache abgeschlossen. Das Gebiet, das Stettin zu eigen war, ist auf eine Größe von etwa 3—4 Quadratmeilen abzuschätzen, und bot der Gemeinde Einkünfte, die nicht unbedeutend gewesen sein können. Der eigene Besitz der Stadt wurde wohl verpachtet, und hierfür kamen die Bürger selbst in erster Linie in Betracht. Die in den städtischen Dörfern wohnenden Bauern und Kossäten hatten an ihren Grundherrn Abgaben zu zahlen, wie auch die Mediatstadt Pölitz eine bestimmte Orböre entrichtete. Die Mühlen und Waldungen der Stadt brachten gewiß nicht geringe Erträge ein, freilich mag die Verwaltung, die Ausübung der grundherrlichen Rechte, der Gerichtsbarkeit und des Patronats, auch manche Kosten verursacht haben. Auf jeden Fall war Stettin in den hundert Jahren seines Bestehens auch inbezug auf seinen Grundbesitz gar mächtig gewachsen.

Wir bedauern nur, daß wir so wenig wissen, welche Männer in dieser Zeitepoche die Geschicke der städtischen Gemeinde so geleitet haben, daß sie einen derartigen Aufschwung nehmen konnte. Einige Namen sind wohl überliefert, aber es sind eben leere Namen, die uns über ihre Träger nichts sagen. Ein tüchtiges, mannhaftes Geschlecht muß es aber gewesen sein, das im Rat und in der Bürgerschaft sich betätigte, sich auf neuem Boden eine Heimat gründete und in kurzer Zeit dort Zustände schuf, die hinter den älteren im Westen Deutschlands wenig zurückgeblieben sein mögen. Das Hauptverdienst wird der Körperschaft zuzusprechen sein, der die Leitung der städtischen Angelegenheit zufiel.

Daß der Rat der Stadtgemeinde sich erst allmählich aus dem Schöffenkollegium entwickelte und zu einer selbständigen Korporation mit Bürgermeistern an der Spitze ausbildete, haben wir bereits gesehen. Es scheinen zunächst 2 Bürgermeister gewesen zu sein, die ersten mit diesem Titel urkundlich bezeichneten sind Borchard Swinense und Hermann von der Lippe im Jahre 1345. Über die Wahl der Ratsmitglieder wissen wir aus dieser Zeit nur, daß sie, wie bereits erwähnt worden ist, am 1. Mai erfolgte. Während sie zunächst auf ein Jahr geschehen zu sein scheint, bahnte sich nach und nach der Brauch an, die Mitglieder auf Lebenszeit zu wählen, an dem bestimmten Tage (dem 1. Mai) nur die notwendigen Neuwahlen vorzunehmen und die Ämter zu verteilen. Wir schließen das erste aus der Tatsache, daß einzelne Ratsherren eine längere Reihe von Jahren fast regelmäßig wieder vorkommen, wo solche urkundlich genannt werden, z. B. Arnold Bagmihl von 1304—1323, Johannes von Brakel 1317—1334, Bernhard Schele 1316—1322, Werner Steinhus 1317—1334, Godelo Hovener 1320—1326, der oben genannte Borchard Swinense 1327—1345, Johannes Pölitz 1327 bis 1346, Heinrich Wacker 1338—1345, Peter Honesben 1327—1331, Werner Witte 1331—1338 u. a. m. Freilich darf dabei nicht verschwiegen werden, daß die urkundlichen Erwähnungen von Namen der Ratsherren recht selten sind, gewöhnlich werden nur ganz allgemein die domini consules civitatis genannt. Als solche stellen sie entweder für sich Urkunden aus und vertreten allein bei Eintragungen in das Stadtbuch die Gemeinde, oder sie werden zusammen mit der Bürgerschaft (meinheit), bisweilen auch mit den Schöffen und Gilden (1346) genannt. In dem ältesten erhaltenen Stadtbuche, von dem nur dürftige Reste aus den Jahren 1305—1314, 1324—26, 1344—46 und 1350—52 auf uns gekommen sind, treten die Ratsherren erst seit 1345 häufiger auf. Es enthält Eintragungen der freiwilligen Gerichtsbarkeit über Auflassungen von Häusern oder Renten, Besitzübertragungen, Verkäufe und Wiederkäufe, Abtretungen von Besitzanteilen auch an Schiffen, vormundschaftliche Bestimmungen u. a. m. Diese Akte sind an den Gerichtstagen, die regelmäßig alle 14 Tage am Montage abgehalten wurden, vor dem Schöffenkollegium vollzogen worden. Andere Stadtbücher, die Klagen oder „Begiftinge" (d. h. Schenkungen) enthielten, sind nicht mehr vorhanden. Daher können wir uns von der Amtstätigkeit des Rates in dieser Zeit kein klares Bild machen, es ist aber unzweifelhaft, daß er nicht nur Verwaltungs-, sondern in gewissen Sachen auch Gerichtsbehörde war.

Sonst hatten die Schöffen die niedere Gerichtsbarkeit der Stadt unter dem Vorsitze des Schultheißen. Dieser wurde vom Landesherrn bestellt, doch schon 1319 scheint einmal der Rat den Versuch gemacht zu haben, das Gericht eigenmächtig zu besetzen. Der Herzog verlieh das Amt an einen Bürger als erbliches Lehn. Vom Anfange der deutschen Stadt an besaß es die Familie Barvot. Am 24. April

1321 belehnte Herzog Otto I. Bernhard Schele und seine Erben mit dem Schulzengerichte und mit der Schulzenstraße in der Wiek vor den Mauern der Stadt Stettin. In dieser Straße auf der Oberwiek lag der Schulzenhof, ein erbliches Lehn des Schultheißen, und sie unterstand in Sonderheit seiner persönlichen Jurisdiction, während sonst die Schöffen als Urteilfinder ihm zur Seite standen. Am 8. Juni 1334 erhielten die Gebrüder Peter und Johann Wussow das Stettiner Gericht mit der Schulzenstraße zu erblichem Lehn, und im Besitze dieser Familie ist es Jahrhunderte hindurch geblieben. Wie die Schöffenbank besetzt wurde, ist für diese Zeit nicht bekannt, indessen dürfen wir annehmen, daß man bald begann, sie aus dem Ratskollegium zu bilden. Die Einkünfte aus den Strafen (broken), die zumeist in Geld bestanden, kamen zu einem Drittel dem Schultheißen, zu zwei Teilen dem Landesherrn zu. Es ist aber schon erwähnt worden, daß der Herzog zu einer nicht näher zu bestimmenden Zeit seinen Anteil am Stadtgerichte dem Rate verpfändet hatte, daß dieser es aber 1346 ihm wieder einlösen mußte. Dem Schulzengerichte waren zuständig die Straf- und Zivilsachen der Bürger untereinander, doch sollten auch herzogliche Vasallen wegen Mord, handhafter Tat und in Klagen, die sie mit den Bürgern wegen Schulden hatten, nach einem herzoglichen Privileg von 1307 sich vor dem Stadtrichter stellen. Als Grundlage für die Rechtsprechung diente das alte Magdeburger Recht, der Rat hatte aber die Befugnis, mit Zustimmung des Landesfürsten Rechtsgrundsätze und Konstitutionen für die Stadt aufzustellen. So sind solche z. B. für das Erbrecht bereits 1305 erlassen worden, in denen namentlich Bestimmungen über die „Radeleve", d. h. den Anteil der Hinterlassenschaft, welcher der nächsten weiblichen Verwandten zufällt, getroffen wurden.

Zu der Gemeinde im engeren Sinne gehörten die **Bürger**, die zu Bürgerrecht in der Stadt saßen. Um dies zu erwerben, mußten sie Grundbesitz haben, einen Eid schwören und ihre Namen in die Rolle der Bürger eintragen lassen, wofür eine Abgabe zu zahlen war. In dem Eide gelobten sie, dem Rate treu und gehorsam zu sein, stets das Beste der Stadt im Sinne zu haben und alle Abgaben, sowie Dienste zu leisten, die gefordert würden. Das älteste erhaltene Bürgerbuch, in dem die Namen der neu aufgenommenen Bürger verzeichnet wurden, beginnt erst mit dem Jahre 1422. Die Bürgerschaft ergänzte sich entweder durch Aufnahme von Bürgersöhnen oder durch Zuwanderung, und zwar geschah es in der älteren Zeit hauptsächlich auf diesem Wege. Die große Zahl von Namen, die in den Eintragungen des früher erwähnten Stadtbuches vorkommen, ermöglicht es, einigermaßen eine Vorstellung davon zu geben, woher der ununterbrochene Strom von Einwanderern nach Stettin kam; er scheint um 1300 ganz besonders stark geflossen zu sein. Man erkennt, daß förmliche Auswandererzüge aus einer und derselben Gegend nach Osten gegangen sind. Aus dem westfälischen Gebiete um Hamm, Dortmund, Münster stammen besonders zahlreiche Familiennamen, die wir in Stettin treffen. Es kann nicht Zufall sein, daß dort sich niederlassende Leute nach Berge, Münster, Unna, Dortmund, Bevern, Recklinghausen, Wirdinghausen, Soest, Warendorf, Alfen, Essen, Hagen, Bochum und vielen anderen in jener Gegend gelegenen Orten benannt sind. Nach dem östlichen Westfalen weisen Namen, wie Hörter, Herford, Bünde u. a., aber auch aus dem Süden stammende Namen finden wir in Stettin vertreten. Gewiß läßt sich nicht in jedem einzelnen Falle bestimmt behaupten, daß der Name gerade von diesem westfälischen Orte herrührt, besonders wenn es sich um häufiger vorkommende Namen handelt, aber daß enge Beziehungen zwischen der Stettiner Bürgerschaft und Westfalen bestanden, dafür gibt es noch ein anderes Zeugnis. Im Jahre 1344 verzichtete vor den Stettiner Schöffen Rocher von Linde (de Tilia) auf das väterliche Erbe, das er in Westfalen hatte. Ein anderer Bürger wird erwähnt, dessen Vater in Hertogenbosch (in buscho ducis) in den Niederlanden wohnte. Aus den Gegenden am Rhein (dorthin weisen auch Namen wie Duisburg, Köln, Neuß) und weiter besonders aus dem eigentlich niedersächsischen Gebiete, aus Hannover und Braunschweig, sowie aus der Altmark und dem Magdeburgischen sind sehr viele Bürger nach Stettin gekommen. Es mag genügen Namen zu nennen, wie Braunschweig, Bremen, Celle, Dannenberg, Goslar, Göttingen, Hildesheim, Magdeburg, Osterburg, Osnabrück, Osterwiek, Salzwedel, Stolberg, Stade, Stendal, Werben u. a. m. Andere Einwanderer haben ihre Namen von näher gelegenen Orten in Mecklenburg oder Pommern selbst übernommen. Es ist indessen nicht möglich, an dieser Stelle die gesamten älteren Stettiner Familiennamen zu behandeln. So viel steht aber fest, daß die große Menge der Stettiner Bürgerschaft ihre ursprüngliche Heimat in Westfalen und Niedersachsen hat, daß von dort Jahrzehnte lang ein Zuzug nach Stettin erfolgt und für lange Zeit der Zusammenhang aufrecht erhalten ist. Wir finden in einer ganzen Reihe von westfälisch-niedersächsischen Städten, in Soest, Hameln, Lüneburg, Hamm u. a., dieselben Familiennamen wie in Stettin, wobei freilich nicht immer an einen unmittelbaren Zusammenhang zu denken ist. Für Lübeck, mit dem Stettin ja in enger Verbindung stand, ist auf diese Tatsache bereits hingewiesen worden, und ähnlich steht es mit Rostock oder Wismar. Um schließlich das Bild von der Zusammensetzung der Bürgerschaft noch zu erweitern, mögen Namen wie Däne, Döring (Thuringus), Friese, Holste, Nordmann, Pole, Wende, Westfal, Preuße (nach Osten weisen auch Namen wie Thorn und Riga) oder von Flüssen hergeleitete, wie von der Elbe, der Lippe, dem Rhein, der Weser, genannt werden. Es ist ein buntes Bild, das uns die Namen der Bürgerschaft darstellen, aber im letzten Grunde ist es doch einheitlicher, als es zunächst den Anschein hat.

Nahrung und Unterhalt gewannen viele Bürger, wie bereits hervorgehoben ist, aus dem Handel und Verkehr. Hierauf deuten auch Namensbezeichnungen, wie Kaufmann, Hake (= Höker), Krämer, Fellkoper oder Hudekoper (= Häutekäufer), Kleiderseller u. a. hin. Hierbei fanden auch Verdienst Leute, die als Fuhrmann, Koggenmeister, Kahnführer, Schiffsbauer (liburnifex) bezeichnet werden. Mit dem Handel waren eng verbunden die Gewerke. Im ältesten Stadtbuche finden wir eine große Zahl von allen möglichen Handwerkern erwähnt. In bunter Reihenfolge seien genannt Fleischer, Bäcker (Kuchenbäcker, Roggenbäcker), Brauer, Müller, Koch, Schmied (Goldschmied, Messerschmied, Kupferschmied), Schwertfeger, Barbier, Töpfer, Kannengießer, Schüsselmacher, Kesselflicker, Grapengießer, Kistenmacher, Fenstermacher, Wollweber, Tuchscherer, Gerber (Weißgerber), Kürschner, Riemschneider, Taschenmacher, Schneider oder Schröder, Leinwandschneider, Repschleger (= Seiler), Maurer, Lehmdecker, Zimmermann, Steinbrücker (= Pflasterer), Pergamentenmacher u. s. w. Auf das Vorhandensein mancher Gewerke deuten auch bereits Straßennamen aus der älteren Zeit. Wenn sich Handwerker in Stettin niederließen, so traten sie unzweifelhaft, so wie es Brauch in ihrer westlichen Heimat war, auch bald zu Innungen und Gilden zusammen, besonders nachdem der neuen Gemeinde bald nach 1243 das Recht verliehen worden war, solche zu bilden. Die Bäcker von Stettin werden bereits 1277 in einer Weise erwähnt, daß man an eine Gilde denken kann. Die Fleischer erhielten am 13. Dezember 1312 vom Schultheißen, Schöffen und Rat eine ausführliche Rolle. Wenn ihnen hierbei außer einem Schlachthause nicht weniger als 56 Fleischbänke in der Stadt eingeräumt werden, so hat man daraus auf die Ausdehnung dieses Gewerbes und auch auf die Zahl der Bevölkerung geschlossen. Es ist jedoch vorsichtiger diesen Schluß nicht zu ziehen, da die Fleischer sicher nicht nur für die Bewohner der Stadt, sondern auch für die dort verkehrenden Fremden tätig waren. Außerdem wissen wir nicht, ob alle die Fleischbänke regelmäßig in Benutzung genommen waren. Eine zweite Gewerberolle ist erhalten vom 1. Oktober 1313 für das

Amt und Werk der „Groffschmede und Kleinschmede, Schwerthfeger, Messerschmede, Nagelschmede, Grapengeter, Koperschmede und Pantzermaker etc.“; danach sollen höchstens 14 Grob- und 10 Kleinschmiede in der Stadt tätig sein dürfen. Eine Rolle der Kürschner stammt aus dem Jahre 1350. Kurz erwähnt werden die Brüderschaften der Wollweber (1310), der Tuchmacher (1325), der Segelmacher (1351). Gewiß haben auch andere Gewerke schon damals sich mit bestimmten Statuten und Ordnungen organisiert, ja diese Gilden scheinen bereits einen gewissen Einfluß in der Stadtverwaltung zu besitzen, werden sie doch in dem Vertrage von 1346 neben Schöffen und Rat ausdrücklich erwähnt. Danach ist es wahrscheinlich, daß die Älterleute bestimmter Gewerke bereits damals in wichtigen Angelegenheiten mit zur Beratung herangezogen wurden. Wir dürfen dasselbe wohl auch für die Älterleute der Kaufmann-Brüderschaft annehmen, die, wie erwähnt ist, zuerst 1310 genannt wird. Neben ihr gewann bald besondere Bedeutung auch das Amt der Gewandschneider (d. h. der Tuchhändler), das 1350 vom Rate Statuten erhielt. Als ein besonders wichtiges Gewerbe ist die Fischerei zu nennen, die entweder handwerksmäßig betrieben wurde oder von den Bürgern nach altem Rechte selbständig ausgeübt werden konnte. Vor allem aber ist nicht zu übersehen, daß der landwirtschaftliche Betrieb noch in den Städten damals einen bedeutenden Umfang hatte. Jeder Bürger trieb auch in gewissem Umfange Ackerbau, da er seinen Anteil an dem Stadtfelde ausnutzte. Ob dies als Almende in gemeinschaftlicher Nutzung war oder in einzelnen Stücken bebaut wurde, ist nicht klar. Daneben hatten viele Bürger auch in den benachbarten Dörfern eigenen oder Pachtbesitz und trieben als „Bauleute“ Ackerbau und Viehzucht.

Neben den Vollbürgern wohnten in der Stadt natürlich auch Fremde ohne Bürgerrecht. Dies besaßen auch nicht die Juden, die 1261 in Stettin erwähnt werden und dasselbe Recht wie in Magdeburg genossen, sowie die Slawen oder Wenden. Die wenigen Nachkommen der alten Bewohner des wendischen Stettin, die nicht in der neuen deutschen Bevölkerung aufgegangen oder ausgewandert waren, hatten zumeist ihren Wohnsitz in den Ansiedlungen vor der eigentlichen Stadt genommen. Als butenlude wohnten sie in den beiden Wieken und waren, wie es scheint, zumeist als Fischer tätig. Sozial und rechtlich waren sie von den Bürgern geschieden, diese sahen sie bereits wie eine niedere Klasse von Menschen an.

Die Stadt selbst war, wie erzählt worden ist, aus zwei Teilen, der Jakobi- und Nikolai-Ansiedlung, zusammengewachsen. Im Jahre

1309 unterschied man zwischen einer Neu- und Altstadt, der alte Markt (1310) war der heutige Roß-, der neue Markt (1306) der Heumarkt. Als dritter Bezirk kam der alte Burgwall hinzu, der indessen zum Teil dem Domkapitel von St. Marien, zum Teil dem Herzoge gehörte und nicht der städtischen Gerichtsbarkeit unterstand. Die ganze Stadt war von einem Graben (1278) und einer Mauer umgeben, deren Bau bereits vor 1283 begonnen worden war. 1286 setzte der Rat eine Buße von 100 Mark Silber fest ad opus civitatis, worunter wir nur ein so großes Unternehmen der Gemeinde verstehen können, wie es der Mauerbau gewesen sein muß. Diese älteste Mauer hatte denselben Verlauf, wie die spätere mittelalterliche. Sie begann an der Oder etwa bei der Baumstraße, ging am Klosterhofe dicht beim Schlosse hinauf, den Königsplatz und Paradeplatz entlang, so daß die eigentlichen Plätze ebenso wie der Schloßgarten als Stadtgraben draußen lagen, bog dann in der Gegend des Rosengartens um und erreichte etwa bei der Klosterstraße wieder die Oder. Auch an dieser entlang wurde früh eine einfache Mauer, vielleicht niedriger als die Stadtmauer, aufgeführt. Der kleine Stadtteil auf dem rechten Oderufer war wohl nicht befestigt. Von Toren werden in der ältesten Zeit erwähnt das Mühlentor (1268), das an dem Ende der Mühlenstraße (1305), der heutigen Luisenstraße, stand, das Heilige-Geist-Tor (1306) an der Südostecke der Stadtmauer, das Paschardi-Tor (1307), das später in Verstümmelung dieses nicht zu erklärenden Namens als Passower und Passauer bezeichnet wurde, und schließlich das Frauentor (1307) bei dem Frauenkloster im Norden der Stadt. Von den kleineren Wassertoren ragten Ladebrücken in die Oder, die für das Anlegen der Schiffe bei dem Mangel eines festen Bollwerkes notwendig waren. Genannt werden die Schneider- (1302), Mittwochs- (1306), Honesbens- (1307), Fischer- (1309), Küter- (d. h. Fleischer 1310), Papen- (1311) Brücken, die ihren Namen entweder von Familien oder von Ständen erhalten haben. Über die Oder führte die bereits erwähnte lange Brücke. In der Stadt selbst erhoben sich die Häuser zum großen Teil noch aus Holz gebaut; der Besitzer eines Steinhauses bekam danach seinen Namen Stein- oder Hohenhaus. Neben den großen, besonders in die Tiefe sich erstreckenden Erben (hereditates) standen kleinere Buden (1325 cramboden erwähnt). Von größeren Bauten werden außer den kirchlichen im ersten Jahrhundert des deutschen Stettin genannt das Kaufhaus (theatrum), das zu errichten die Gemeinde bereits 1245 die Erlaubnis erhielt und aus dem allmählich das Rathaus erwuchs, das Schlachthaus an der Küterbrücke (1312), die Fleisch-

und Brotscharren (1307 und 1351), die Münze (1309), das Sellhaus (1325), das zum Verkaufe namentlich auch von Fischen im Kleinen bestimmt war, ein Früchtehaus (domus frugum 1325), die Slawenstove (1305), Spegelstove (1344), Papenstove (1345), ebenso wie die Stove der Wollweber (1310) Badestuben, die sich großer Beliebtheit erfreuten, die Roßmühle (1306), die Apotheke (1345), die Stadtwage (1350), die Silberhütte (1350). Die Straßen waren recht eng und zum Teil in sanften Krümmungen angelegt, oft in der Weise, daß die eine nicht unmittelbar die Fortsetzung der anderen war, sondern ein wenig seitwärts verschoben fortlief. Gepflastert oder, wie es damals hieß, gebrückt waren die Straßen nicht, höchstens mit Schrittsteinen versehen, damit die Leute nicht in dem argen Schmutz versanken. Dieser war besonders groß, weil sehr viele Bürger Vieh hielten, das sich zum Teil ungestört auf den Straßen herumtrieb. Bereits recht früh kamen Namen für die Straßen in Gebrauch. Sie sind zum Teil von Handwerkern hergenommen, wie von den Wollwebern (1306), Bauleuten (1306), Knochenhauern (1306), Schmieden (1306), Haken (1345), Grapengießern (1351). Hierzu können wir auch die Büttel- (1306) und Papen-Straße (1345) rechnen. Nach Familien sind benannt die Roßmann- (1306), Honesben- (1311), Mittwoch- (1306), Dünnebier-Straße (1325). Auf hervorragende Bauten oder besondere Örtlichkeiten weisen hin die Burg- (1305), Mühlen- (1305), Roßmühlen- (1306), Oder- (1306), Dom- (1307), Frauen-Straße (1309). Sonst finden wir Bezeichnungen, wie bei St. Nikolaus (1305), bei dem Dom (1306), bei dem Jakobikirchhofe (1306), bei dem Kloster (1308), bei oder auf der Burg (1308), vor dem Heiligen-Geist-Tore (1308), bei der langen Brücke (1309), vor dem Paschardi-Tore (1309), bei den Minoriten (1308), beim Baum (1324) u. a. m. Ferner mögen noch erwähnt werden die breite (1306), die kurze (1306) Straße, der Rödenberg (1306), der Hagen (1306), der Galgenberg (1311). Dazu kommen die nach Fischen (1306), Heu (1325) oder Kohlen (1345) benannten Märkte. Diese Namen geben uns zugleich eine Vorstellung von der Bebauung des innerhalb der Mauern liegenden Gebietes und lassen uns erkennen, welche Gewerbe, Familien und Örtlichkeiten als besonders bedeutsam angesehen wurden.

Vor der Stadtmauer lagen die bereits erwähnten Ober- und Unterwiek, wo sich auch ein Kirchhof befand, sowie am anderen Ufer der Oder die Lastadie. Die dort wohnenden Bürger unterstanden nicht dem städtischen Schöffengerichte, sondern einer eigenen Gerichtsbehörde, dem Lastadischen Gericht, das mit einem Rechtsvogt und

Schöffen besetzt war. Nach der Höhe zu lagen das Stadtfeld und zahlreiche Gärten, — ein Garten der Nonnen wird 1310 erwähnt — in denen sogar Wein (1278 kommt ein Weinberg bei Grabow, 1314 einer auf der Oberwiek vor) und Hopfen gebaut wurden. Die Mühlen wurden durch Wasser getrieben, doch wird 1352 auch eine Windmühle erwähnt.

In der Oder nicht weit von dem Baum, der zugleich als Wehr und als Störfang diente, befand sich die Pferdeschwemme. An den Ladebrücken legten die Schiffe, Koggen, Schuten, Prähme, Kähne an, luden und löschten, wobei die alte Trägerbrüderschaft Arbeit und Verdienst fand. Zwischen der Stadtmauer und dem Flusse führte nur stellenweise ein schmaler Weg entlang, die Waren mußten durch die Wasserpforten heraus- und hineingetragen werden. Auch das gegenüberliegende Ufer, an dem sich bald Speicher erhoben, sowie die Parnitz wurden zum Anlegen von Schiffen benutzt. Die ganzen Hafenanlagen waren noch sehr dürftig und einfach, und doch lag auf dem Wasser schon damals die Zukunft der Stadt. Dort spielte sich ein großer Teil des bürgerlichen Lebens ab, dort handelte der Kaufmann mit dem Schiffer, der ihm Waren zubrachte oder fortführte, dort wurden die Geschäfte mit direktem Kauf oder Verkauf abgemacht, dort legten die Fahrzeuge der Fremden an, die in Stettin Niederlage halten mußten. Fast alle Bürger, Kaufleute, Haken, Fischer, Handwerker, waren an dem Verkehr, der sich hier abspielte, mehr oder weniger beteiligt. Gemeinsames Interesse verband sie alle unter sich und mit der ganzen Gemeinde. Oft mag es dennoch dabei zu heftigen Streitigkeiten, ja zu Gewalttaten gekommen sein; es war ein zu Kampf und Streit geneigtes Geschlecht, das nicht lange zögerte zur Waffe zu greifen. Nur wenig lassen uns davon die Aufzeichnungen des ältesten Stadtbuches erkennen, in denen bisweilen Sühnen wegen eines Mordes oder Vergleiche bei Streitigkeiten besonders von Nachbarn über den druppenval (Traufe) oder das glint (den Zaun), zumeist aber friedliche Geschäfte verzeichnet sind. Wir können uns von dem eigentlichen Leben und Treiben der alten Stettiner kein rechtes Bild entwerfen, wenn wir nicht unsere Phantasie gar zu frei walten lassen wollen. Hätten sie damals, wie in anderen Städten, eine Chronik führen lassen oder hätten die späteren Geschlechter die alten Stadt- und Bürgerbücher besser aufbewahrt, wir könnten heute Stettin und seine Bürgerschaft von 1250 etwa bis 1350 in ganz anderem Lichte erblicken, als es uns möglich ist.

Trotzdem sehen wir nicht ohne Bewunderung, was die Stettiner in jener Zeitepoche geleistet und geschaffen haben. Die Stadt ist neu angelegt, mit Mauern umgeben, gar manches öffentliche Gebäude errichtet und allmählich ausgebaut worden. Vor allem aber ist damals auch der Grund gelegt worden zu den großen Kirchen, Kapellen und Klöstern, die auf lange Zeit Stettins sonderlicher Schmuck und Stolz waren. Freilich hat die Bürgerschaft dies nicht alles aus eigener Kraft geschaffen, Herzog und Bischof, geistliche Korporationen und Orden haben mitgewirkt. Alle suchten durch Stiftungen und Geschenke sich ein Verdienst um die Kirche zu erwerben, spendeten gern zu den Werken praktischer Frömmigkeit und stellten sich unter den Schutz eines Heiligen bei allen Geschäften des täglichen Lebens. War Jakobus, dessen Kirche auf der Höhe wahrscheinlich schon um die Mitte des 13. Jahrhunderts als stattlicher Steinbau in den Formen des gotischen Stiles mit 3 Schiffen und 2 Türmen aufgeführt wurde, der Patron der Fremden und Pilger im allgemeinen, so verlieh St. Nikolaus den Schiffern und Seefahrern seinen besonderen Schutz. Daher erhob sich in allen Seestädten eine ihm geweihte Kirche, und die Stettiner, die einstmals auf dem heutigen neuen Markte stand, wurde wahrscheinlich sogleich bei der Anlage der deutschen Stadt errichtet; sie wird freilich als Kirche nicht vor 1305 urkundlich erwähnt. Von Anbeginn an standen Rat und Kaufmannschaft zu ihr in engem Verhältnisse, sie besaßen dort ihre Kapellen und Altäre und waren bei der Dotierung und Erhaltung der Kirche besonders beteiligt. Sie übten schon früh auf die Kirchenverwaltung Einfluß durch Provisoren aus, die bereits 1344 erwähnt werden. Zu Jakobi und Nikolai kam in den norddeutschen Städten St. Marien. In Stettin war, wie bereits erwähnt, die ihr geweihte Kirche eine Stiftung des Herzogs Barnim I. (1263) und zwar die vornehmste, bedeutendste und reichste geistliche Stiftung der Stadt. An der Marienkirche erhielt das bereits 2 Jahre früher gegründete Dom- oder Kollegiatstift seinen Sitz und sein Gotteshaus. Es bestand aus 12 Mitgliedern, die unter der Leitung eines Propstes die Gottesdienste in der Kirche abzuhalten oder ihm durch ihre Teilnahme Glanz zu verleihen hatten. Das Kapitel erhielt reiche Schenkungen, so daß es bald in großem Umfange Grundbesitz oder grundherrliche Rechte in der Umgegend von Stettin, in dem Pyritzer Lande und an anderen Orten besaß. Der Propst bekam die Befugnisse des Archidiakonus, d. h. des Vertreters des Bischofs, in Stettin mit dem Rechte und der Pflicht die geistliche Gerichtsbarkeit dort zu handhaben. Der städtische Besitz der Kirche, die bald stattlich aufgebaut worden zu sein scheint, umfaßte hauptsächlich das Gebiet des Marienplatzes, wo das Gotteshaus stand, mit den daranstoßenden Straßen, die nach dem Dom benannt wurden.

Das Kirchspiel stand nicht unter Stadtrecht, die Bewohner hatten nicht die Rechte und Pflichten der Bürger, sie saßen auf der Kirchenfreiheit. Das kleinere, aber ebenfalls bald reich gewordene St. Ottenkapitel, das Herzog Barnim III. 1346 bei der von der Stettiner Bürgerschaft zur Strafe erbauten Kapelle am fürstlichen Hause einrichtete, stand in einem engen Zusammenhange mit dem von St. Marien. Beide geistliche Körperschaften gewannen im geistigen und geistlichen Leben Stettins eine große Bedeutung, viele angesehene und tüchtige Männer aus dem Adel- und dem Bürgerstande gehörten zu ihnen. Bald bekamen die Domherren, als sie ihr Kapital an Geld nutzbar anzulegen begannen, Einfluß auch auf das wirtschaftliche Leben der Bürgerschaft. Die Domkirchen wurden eine Geldmacht, bei der Rat und Bürger in der Form von Rentenkäufen Anleihen aufnahmen.

Die aufgeführten vier Kirchen, St. Jakobi, St. Nikolai, St. Marien und St. Otten, waren die Gotteshäuser innerhalb der Stadtmauer, nur die beiden zuerst genannten aber Pfarrkirchen mit Gemeinden, die beiden anderen hatten keine eigentliche Gemeinde. Es ließen aber die Domherren von Marien die Bewohner der Lastadie geistlich versorgen. Eine Pfarrkirche war dagegen die unmittelbar vor der Stadt liegende Peterskirche, zu deren Sprengel die Unterwiek und die nahegelegenen Dörfer an der Oder gehörten. Sie war recht eigentlich das Gotteshaus der Fischer, die hier ihren geistlichen Mittelpunkt hatten.

Die beiden großen Klöster, das der Franziskaner an der Südseite der Stadt innerhalb der Mauer gelegene (1240) und das der Zisterzienserinnen (1243), das dicht vor dem Stadtgraben im Norden lag, sind bereits erwähnt. Die Franziskaner, Minoriten oder grauen Brüder, wie sie hier meist genannt werden, hatten die besondere Aufgabe der Seelsorge und Predigt und erfreuten sich bei der Bürgerschaft großer Beliebtheit, sodaß sie infolge reicher Geschenke ihr Kloster und ihre Kirche, die heutige Johanniskirche, stattlich errichten konnten. Der frühgotische Chor ist wohl bereits um 1300 aufgeführt, und an ihn schloß sich bald das dreischiffige Langhaus an. Gerade die angesehensten Geschlechter, wie z. B. die Barvot, scheinen sich früh zu diesem Gotteshause gehalten und dort ihre letzte Ruhestätte gefunden zu haben. Vornehmer war das Nonnenkloster der Zisterzienserinnen vor der Stadt, das als eine Stiftung der Herzogin Marianne sich großer Gunst bei dem Herzogshause erfreute. Wenn die frommen Frauen, die dort den Schleier nahmen, auch mancherlei Werke der Barmherzigkeit, Pflege von Kranken und Armen, verrichteten, so lag doch die Bedeutung des Klosters auf anderem Gebiete. Es erwarb sehr ausgedehnten Grundbesitz namentlich an der unteren Oder, wo der Name von Frauendorf noch heute an das Frauenkloster erinnert, und gewann hier deutscher Kultur und deutscher Arbeit ein großes Feld. Das Verzeichnis der Güter vom Jahre 1312 zeigt uns recht deutlich, wie weit sich der Besitz des Klosters erstreckte und was dort für Ansiedlung und Bewirtschaftung bereits geleistet worden war. Obst- und Gemüse-, Wein- und Hopfenbau wurde von den Vögten, Schulzen und Bauern in den Klosterdörfern eifrig getrieben. Der Propst und die Äbtissin nahmen einen vornehmen Rang ein, die Nonnen selbst lebten in ruhiger Zurückgezogenheit. Um 1309 war man mit dem Bau der neuen steinernen Klosterkirche beschäftigt, sie erhob sich bald ansehnlich mitten in den Gebäuden der ganzen Klosteranlage, die bis an die Oder reichte. Beichtvater der Nonnen war der Abt des Zisterzienserklosters Kolbatz, das 1302 einen eigenen Hof am Rödenberg (an der Stelle des heutigen städtischen Verwaltungsgebäudes) erwarb. Hier hatten die Kolbatzer Mönche, die oft nach Stettin kamen, ihr Absteigequartier.

Bei keiner mittelalterlichen Stadt fehlten Hospitäler zur Pflege von Kranken und zur Aufnahme von Fremden, und gerade die Bürger der auf dem Kolonialboden gegründeten Städte ließen es sich angelegen sein, die Elenden, die fern von der Heimat weilten, fürsorglich aufzunehmen. Der Pflege der Aussätzigen in erster Linie dienten ursprünglich die St. Georgshospitäler, die aus Furcht vor Ansteckung vor der Stadt angelegt wurden. Das Stettiner wird zum ersten Male 1307 urkundlich erwähnt, ist aber jedenfalls älter; es lag vor dem Paschardi-Tore zur Linken etwa dort, wo heute der Wieksche Kirchhof sich befindet. Vielleicht ist das St. Jürgenhospital bei einer schon älteren Michaeliskapelle angelegt, deren Patronat 1300 der Prior von St. Jakobi erhielt. Mit dieser Stiftung stand früh in engstem Zusammenhang das Heilig-Geisthospital, das urkundlich zuerst 1295 genannt wird. Nach einer Angabe soll es schon 1237 gegründet worden sein, wäre dann also bereits angelegt, als Stettin als deutsche Stadt noch nicht bestand. Es lag unmittelbar vor dem nach ihm benannten Tore und hatte gleichfalls eine Kapelle. Beide Häuser erwarben durch Schenkungen ein nicht unbedeutendes Vermögen, das von Provisoren verwaltet und besonders in Hypotheken auf städtische Grundstücke angelegt wurde. Wann das dritte Stettiner Hospital, das der heiligen Gertrud, auf der Lastadie gegründet worden ist, können wir nicht angeben. 1308 bestand es, wie es scheint, noch nicht, und die Nachricht, daß damals Herzog Otto das Kirchengebäude auf der Lastadie vollendet habe, verdient keinen Glauben. Wir hören erst im Jahre 1402, daß man an St. Gertrud baute. Zur Pflege und Aufnahme armer Fremder, namentlich aber zu dem Zwecke, für ihr Seelenheil und ihr Begräbnis zu sorgen, bildete sich auch in Stettin eine sogenannte Elendenbrüderschaft. Elende wurden die Fremden genannt. Schon 1306 wird eine solche Genossenschaft erwähnt, ihr gehörte wohl der Krankenhof (curia infirmorum), der 1310 genannt wird und sich vielleicht schon an der Stelle des später sogenannten Johannishofes an der Fuhrstraße befand.

Es befanden sich in Stettin nicht wenige Kirchen und geistliche Stiftungen, und Geistliche, sowie Laien waren bemüht, für ihrer Mitmenschen Seelenheil und Pflege zu sorgen. Die Zahl der Kleriker war schon damals nicht gering. An St. Jakobi war der Prior mit mehreren aus Bamberg gesandten Mönchen, an St. Marien und St. Otten waren die Domherren, an St. Nikolaus und St. Peter die Pfarrherren tätig. Ihnen standen überall Vikare oder Altaristen zur Seite. Sie hielten den Gottesdienst an den Nebenaltären, die in allen Gotteshäusern von einzelnen Bürgern oder Korporationen in immer größerer Zahl gestiftet wurden. Zu diesem Weltklerus kamen die Mönche und Nonnen, deren Zahl wir nicht abschätzen können. Gewiß stammte die Mehrzahl aller dieser Kleriker in dieser Zeit noch aus der Fremde, erst allmählich ergänzte sich ihre Zahl aus Familien, die im Lande einheimisch geworden waren. Sie haben unzweifelhaft in nicht geringem Maße dazu beigetragen, deutsche Kultur und Gesittung nach Stettin zu verpflanzen. Ihnen lag auch der Unterricht der Jugend ob, und es liegen einige Andeutungen vor, daß er nicht ganz vernachlässigt worden ist. Freilich finden wir solche nur in der Erwähnung einiger Schulmeister, von denen der älteste uns bekannte der 1305 genannte Magister Boldewin ist. An dem Mariendom bestand von Anfang an eine eigene Schule, deren Aufsicht dem Scholastikus des Kapitels zustand. Wie der Unterricht betrieben wurde, darüber fehlt es ganz an Zeugnissen, indessen werden auch diese Schulen mit dazu beigetragen haben, ein starkes, frommes Geschlecht heranzuziehen. Seine Frömmigkeit tat sich, wenigstens äußerlich, zur Genüge kund in den zahllosen Stiftungen, Schenkungen, in dem ganzen engen Verhältnisse, in dem es zur Kirche stand. Wir hören von der Wallfahrt einer Stettinerin nach Aachen, von der Freude eines Bürgers an dem Gesange und dem Orgelspiel im Nonnenkloster, wir lesen in den Urkunden von großem Eifer für die Verschönerung und Ausgestaltung der Gottesdienste, von reichen Gaben an Kirchen und Klöster. Mögen sie auch nicht immer ganz selbstloser Mildtätigkeit und Frömmigkeit entsprungen sein, von einem gewissen geistigen Leben und Streben zeugen sie doch. Wie sollten wir dies verkennen, wenn wir zurückblicken auf die ganze Zeit der Ausbildung Stettins von der Wendenburg zu einer innerlich und äußerlich gefestigten deutschen Stadt, die sich in einem Jahrhundert von etwa 1250 an mächtig entwickelt hat durch die Tätigkeit ihrer Bürger und unter dem Schutze ihrer Landesherren.

6. Kapitel.

Die mittelalterliche Blütezeit Stettins.

Stettin fand etwa um dieselbe Zeit, in der es von seinem Landesherrn gedemütigt wurde, engen Anschluß an andere Städte. Vielleicht hat gerade das Verfahren des Herzogs Rat und Bürgerschaft veranlaßt, draußen Beistand zu suchen. Die Städtebündnisse jener Zeit hatten ja in erster Linie den Zweck, dem Bürger in der Fremde, wo er recht- und schutzlos war, Sicherheit zu verschaffen, und es waren besonders wirtschaftliche Interessen, die solche Vereinigungen zustande brachten. Doch auch zur Abwehr landesherrlicher Übergriffe taten sich die Gemeinden zusammen, die immer mehr ein Gefühl von ihrer Macht und Bedeutung bekamen. Beide Beweggründe haben sicherlich bei Stettin mitgewirkt, als es engeren Anschluß an die sogenannten wendischen Städte, Lübeck, Wismar, Rostock, Stralsund, Greifswald, suchte, die schon länger in engerem Bunde standen. Wirtschaftliche Interessen wiesen Stettin ganz besonders an diese Handelsplätze, als es auf seinen Antrag im September 1352 in die Einigung aufgenommen wurde, die seit 1339 zur Sicherung des Seeverkehrs geschlossen worden war. Von den Kosten, die bei etwa notwendigen Unternehmungen erwuchsen, übernahm Lübeck ein Drittel, während Rostock und Wismar, ebenso wie Stralsund und Stettin je ein Drittel trugen. Mit aller Vorsicht schloß sich die Stadt dieser engeren Vereinigung an, da die leitenden Männer wohl nicht ohne Besorgnis waren, wie sich der Landesherr dazu verhalten werde. Diese Erwägung beeinflußte auch in der folgenden Zeit fast regelmäßig ihre Politik, so daß Stettin in dem Städtebunde immer nur eine wenig bedeutende Rolle spielte.

Der Bund der wendischen Städte war zunächst auf zwei Jahre geschlossen worden, wurde aber im September 1354 auf dieselbe Zeit verlängert, nachdem sich Greifswald angeschlossen hatte. Die Stettiner hielten sich aber bereits hier merkwürdig zurück, sie übernahmen nicht wieder einfach, wie die anderen fünf Städte einen bestimmten Teil der Kosten, sondern wollten nur, soweit die Sache sie anginge, denselben Beitrag wie Greifswald zahlen. Auch bei den mannigfachen Verhandlungen, die in den nächsten Jahren besonders in Lübeck geführt wurden und an denen sich Stralsund, Rostock, Wismar, auch Greifswald besonders beteiligten, war Stettin nicht vertreten. Es ist das immerhin auffallend, aber von Anfang an scheint in der Stadt der Grundsatz geherrscht zu haben, die Vorteile des Bundes für sich selbst zu genießen, aber nach Möglichkeit sich fern zu halten, wenn nicht das eigenste Interesse in Frage kam. Bald indessen mußte es den Wert der Zusammengehörigkeit und des gemeinschaftlichen Handelns erkennen, als durch König Waldemars IV. Vorgehen in Schonen auch seine Rechte und Besitzungen dort gefährdet wurden. Von der Summe, die der König im Frühjahr 1361 für die Erneuerung der Privilegien forderte, einen Teil zu tragen war auch Stettin bereit, und es übernahm auf dem Tage zu Rostock (19. Mai 1361) von den 4000 Mark Lüb. (gleich etwa 250000 Mark) mit Stralsund zusammen ein Drittel, also den Anteil, den es im Vertrage von 1352 zugesagt hatte.

Als aber bald darauf Waldemar die Insel Gotland mit Wisby eroberte und dadurch die Städte, namentlich die wendische Gruppe, in ihren Interessen ernstlich bedrohte, da kam am 8. September 1361 ein Kriegsbündnis dieser Städte mit Schweden und Norwegen gegen den König von Dänemark zustande. Auf der Versammlung der Ratssendeboten vertraten die Bürgermeister Heinrich Wobbermin und Hermann Pape die Stadt Stettin, und sie gehörten mit zu denen, die für eine Handelssperre Dänemarks, die Erhebung einer Art von Bundessteuer, des sogenannten Pfundzolles, eintraten, da auch für ihre Stadt wichtige Interessen auf dem Spiele standen. Stettin übernahm es mit Kolberg und Anklam und den kleinen Nachbarstädten 6 Koggen (eigentliche Kriegsschiffe von etwa 100 Last), 6 Schniggen oder Schuten (leichte Transportschiffe) mit 600 Mann zu stellen und für sich allein noch eine Blide (Wurfgeschütz) mit Bedienungsmannschaft zu liefern. Im Frühjahr 1362, als sich die Flotte sammelte, erschienen von Stettin 2 Schiffe mit 200 Mann. Leider ist es uns nicht bekannt, welchen Anteil Stettin im einzelnen an der Kriegsfahrt nahm, die bei Helsingborg ein für die Greifswalder Verbündeten jämmerliches Ende nahm. Die Flotte wurde dort zum großen Teil vernichtet, der Bund mit den nordischen Königen gesprengt, sodaß man in den Städten froh war, gegen Ende 1362 einen Waffenstillstand mit Waldemar abschließen zu können. Die Einigung der Städte lockerte sich bald, als auf den verschiedenen Tagen die Abrechnung über den beschlossenen Pfundzoll und über die Kriegskosten erfolgte. Wieder machte sich das Einzelinteresse der Städte in großem Umfange geltend, und auch die Ratsherren, die auf den zahlreichen Hansetagen in Wismar, Lübeck, Rostock, Stralsund oder Greifswald die Stadt Stettin vertraten, Hermann Pape, Heinrich Wobbermin, Johannes Pölitz, Eberhard Stade, Hartwig Stralsund, Berthold Lippe, Hinning Linwandsnider und vor allem Henning Westfal, sahen es zunächst als ihre Aufgabe an zum Vorteile ihrer Stadt zu handeln. In dem Frieden vom 22. November 1365 erhielt Stettin mit den anderen eine Bestätigung seiner Rechte in Schonen. Daß es wenig Neigung für eine Fortsetzung des Krieges hatte, bewies die Stadt dadurch, daß sie 1364 zu Rostock für diesen Fall höchstens ein Schiff mit 50 Mann zu stellen versprach und sich sehr vorsichtig damit entschuldigte, man könne sich ohne Erlaubnis des Herzogs auf keinen Bund einlassen. Ähnlich war die Haltung auch in der folgenden Zeit, als die Konföderation von Greifswald zu zerfallen begann und die Haltung namentlich der wendischen Städte recht kläglich war. Erst den preußischen Städten gelang es wieder, das Gefühl der Gemeinschaft in ihnen zu erwecken, als König Waldemar durch grobe Vertragsbrüche einen neuen Kampf geradezu herausforderte. Johannis 1367 waren auf der zahlreich besuchten Versammlung in Stralsund Henning Westfal und Johannes Deneke als Vertreter Stettins, und, wenn man sich auch noch nicht zu einem offenen Bruch mit Dänemark entschließen konnte, so sprachen auch sie gegen die Besendung eines Tages, zu dem die dänischen Gesandten aufforderten, und für Verhandlungen mit den preußisch-niederländischen Städten. Diese führten dann endlich am 11. November 1367 zu der großen Kölner Konföderation, durch die der Krieg der verbündeten Städte und Fürsten gegen Waldemar von neuem beschlossen wurde. Stettin war in Köln nicht vertreten, stand aber unzweifelhaft auf der Seite der wendischen Städte, die dort energisch den Krieg und die ersten Vorbereitungen betrieben. Es erhielt offizielle Mitteilung von den gefaßten Beschlüssen und beteiligte sich dann an dem Rostocker Tage, auf dem Neujahr 1368 die Kontingente der einzelnen Städte festgesetzt wurden. Die Vertreter, Hinning Linwandsnider, Henning Westfal und Hartwig Stralsund, bewilligten unter Vorbehalt der Genehmigung des Rates eine Kogge mit 80 Bewaffneten. In Stettin selbst scheint allerdings die Kriegslust nicht sonderlich groß gewesen zu sein; zu der Lübecker Versammlung, die am 5. Februar den Absagebrief an den König Waldemar abfaßte und auch dem Herzoge Barnim III., wie vielen anderen Fürsten, Mitteilung davon machte, erschienen Stettiner Gesandte nicht, und die Städte hatten Mühe, den Rat zur Stellung des Kontingentes zu veranlassen. Sehr vorsichtig verhielten sich Henning Westfal und Marquard Vorad auch auf dem Rostocker Tage (März 1368) gegenüber der Forderung erhöhter Bundeshülfe. Es wurde zunächst nur einer von den beiden Hauptleuten, die man von Stettin verlangte, ernannt und zwar Marquard Vorad. Auf der Stralsunder Versammlung am 6. Oktober 1368 wandten die vier erschienenen Ratssendeboten, als es sich um die Befestigung der Kölner Konföderation und die Ausführung der Beschlüsse handelte, um sich nicht zu binden, das beliebte Mittel des Hinhaltens an; sie erklärten, vor der Besiegelung dem Rate Bericht erstatten zu müssen, später aber vollzog Stettin, zusammen mit Kolberg und Stargard den Bundesbrief. Trotzdem stellte die Stadt schließlich mit Stargard nur 1000 Mann und mit Widerstreben eine Maschine.

Wie König Waldemar, um bei verwandten und befreundeten Fürsten Hülfe zu suchen, sein Reich verließ, wie die Blokade der dänischen und norwegischen Küste durch die Flotte der Städte glückte, wie König Hakon von Norwegen schon im Sommer 1368 einen Waffenstillstand schloß, im Herbste 1369 ganz Dänemark in den Händen der Verbündeten war und der Reichsrat sich unterwarf, das ist hier nicht näher zu erzählen. Wir wissen nichts über die Teilnahme der Stettiner an dem Kriege, nichts von Verdiensten, die ihre Hauptleute Marquard Vorad und später Tidemann Wacker sich unter des Lübecker Bürgermeisters Bruno Wardorp Oberleitung im Kriegsrate erwarben. Welchen Eindruck mögen die Nachrichten von den Erfolgen in der Heimat gemacht haben! Barnims III. (gest. 1368) Söhne, Kasimir IV., Swantibor III. und Bogislaw VII., die Landesherren der Stadt, verhielten sich neutral und wagten nicht gegen die Städte ihres Landes, die damals in dem Bunde die größten Vorteile gewannen, irgend etwas zu unternehmen. Ja, auch sie mögen sich über den Zusammenbruch der dänischen Macht im stillen gefreut haben. Nach längeren Verhandlungen auf verschiedenen Tagen, auf denen wieder Henning Westfal, Eberhard Stade oder Egbert Gerwer die Stadt vertraten, kam am 24. Mai 1370 der Friede in Stralsund zustande, durch den der Städtebund ein großes allgemeines Verkehrsprivileg für Dänemark, den Pfandbesitz der wichtigsten schonenschen Festen, sowie ein Mitbestimmungsrecht über den dänischen Thron erhielt. Zu den 23 Städten, die Vertreter nach Stralsund sandten, gehörte auch Stettin; es wurde in dem Friedensvertrage mitaufgeführt und dieser zur Ratifikation an den Rat gesandt. So wurde der Stadt mit den anderen Städten ihre Stellung, die sie schon in Schonen besaß, gesichert, und das große Privileg Waldemars vom Jahre 1370 war und blieb für sie die magna charta ihrer hansischen Stellung.

Bei den nun folgenden unerquicklichen Verhandlungen über die Verwaltung der verpfändeten schonenschen Festen, die Verteilung der Zolleinkünfte, die sonstigen Abrechnungen, die Stellung Waldemars zur Hansa und den Thronstreit in Dänemark nach seinem Tode (1375) trat Stettin wenig hervor. Gewiß nahm es an manchen Versammlungen Teil und suchte vor allem auch bei den finanziellen Erörterungen nicht zu Schaden zu kommen, aber irgend eine leitende oder maßgebende Rolle spielte die Stadt hierbei nicht. Es scheint, als ob man dort der Ansicht war, daß für ihren Handel der Ostseeverkehr, der doch in erster Linie die wendischen Städte des Bundes interessierte, nicht allein von ausschlaggebender Bedeutung war. Für ebenso wichtig hielt man die Beziehungen zum Hinterlande, das Stettin beherrschte. Daraus entstand ein gewisser Gegensatz zu den Verbündeten, denn es suchte diese vom dortigen Verkehr in ähnlicher Weise fernzuhalten, wie es den binnenländischen Kaufleuten den Weg über See versperrte. Stettin wollte den Gewinn von beiden haben, und das mag ein Grund gewesen sein, daß der Rat die städtischen Interessen nicht zu eng mit denen der Hansa verknüpfte, also wieder recht egoistische Politik trieb.

Das beeinflußte natürlich auch das Verhalten der Stadt gegenüber den Landesherren. Die jungen Fürsten, Barnims III. Söhne, die nach altslawischer Sitte die Regierung im Stettiner Herzogtum gemeinsam führten, waren, wie es scheint, nicht imstande, die Stellung ihres Vaters der Stadtgemeinde gegenüber aufrecht zu erhalten. Rat und Bürgerschaft erreichten schon im März 1370 die Bestätigung vieler alter Rechte durch Neuausstellung und Besiegelung der alten Urkunden. Im Juli 1371, sowie, nachdem Kasimir im Kampfe gegen Brandenburg gefallen war, im Juni 1373 bestätigten die Brüder noch einmal alle Besitzungen und Privilegien der Stadt. Zugleich verliehen Swantibor und Bogislaw den Bürgern die Jagd auf städtischem, sowie die Jagdfolge mit Windhunden auf herzoglichem Gebiete. Wie sehr sie sich wichtiger Rechte begaben, die sie noch in der Stadt besaßen, zeigt die Tatsache, daß sie 1378 die ihnen zustehenden zwei Drittel des Gerichtes der Stadt für 5200 Mark Silber verpfändeten. Die Einkünfte aus dem Gerichte erhielt jetzt zu zwei Dritteln die Stadt, der Rest stand den Erbrichtern, den Wussow, zu, denen dieselben Fürsten 1374 den Anteil ebenfalls verpfändet hatten. Gewiß veranlaßte die Geldnot, in der die pommerschen Herzoge in dieser Zeit dauernd steckten, sie diese Rechte preiszugeben. Es begann gerade damals, als die Teilung des pommerschen Landes in immer mehr einzelne kleine Herrschaften die fürstliche Macht ohnedies schon ungemein schwächte, diese infolge der unbeständigen Politik und der schlechten Finanzwirtschaft bedeutend zurückzugehen, während der Adel und die Städte an Bedeutung und Einfluß im Lande wuchsen. In der ständischen Vertretung nahmen die städtischen Gemeinden in dieser Zeit eine immer bedeutendere Stellung ein. Neben dem Adel und der Geistlichkeit gewannen sie bald einen Einfluß auf die Landesregierung, der nur zu oft von ihnen in selbstsüchtigem Interesse ausgenutzt wurde. Um auch den Herren des Wolgaster Herzogtums gegenüber gesichert zu sein, ließ sich Stettin von Wartislaw VI. und Bogislaw VI. im Mai 1376 ebenfalls eine Reihe von Urkunden bestätigen.

Von dem, was in diesen Jahren in der Stadt vorging, haben wir keine Nachricht; wir sind immer noch fast nur auf die Urkunden angewiesen. Sie lassen uns aber selten einen Blick in die Zustände und Verhältnisse tun, unter denen sie ausgefertigt wurden. Da mögen manche Streitigkeiten und Kämpfe im Innern vorgekommen sein, da mag mancherlei sich ereignet haben, das für die Entwickelung der Stadt von großer Bedeutung war, da mögen auch Männer tätig gewesen sein, die es verdienten im Andenken der späteren Geschlechter fortzuleben. Von all dem finden wir nichts berichtet; nur ein Mann aus dieser Zeit, überhaupt der einzige fast aus dem ganzen Mittelalter, ist heute noch in Stettin dem Namen nach bekannt Otto Jageteufel, seit 1381 Ratsherr, seit 1387 Bürgermeister. Um seine Person hat sich ein Kreis von Sagen gebildet. Es ist das ein Beweis dafür, daß er dort eine bedeutende Stellung eingenommen hat. Für die Stadt war er in vielen Sendungen und hansischen Angelegenheiten tätig und oft ihr Vertreter bei den Versammlungen der Städte, auf denen er mit Marquard Vorad oder Paul Travenol für die Interessen Stettins eintrat. Er war aber auch mit Herzog Swantibor III. befreundet. Seinen Namen hat sich Jageteufel in Stettin erhalten durch sein Testament vom 4. März 1399, durch das er neben anderen Legaten eine Summe aussetzte zur Erwerbung und Unterhaltung eines Hauses, in dem 24 arme Kinder, vornehmlich auch Findlinge, erzogen und zur Schule gehalten werden sollten. Diese Stiftung trat bald nach Jageteufels Tode (am 9. Sept. 1412) ins Leben. Sonst ist auch die Zeit seiner Tätigkeit für uns noch besonders dunkel. Und dabei war sie mit den Kämpfen zur See gegen die Seeräuber, die man die Vitalienbrüder nannte und von denen Sage und Volkslied noch gerne berichten, mit den nordischen Verwickelungen zur Zeit der großen Margrete und ihres Schützlings, Erichs von Pommern, mit den brandenburgischen, mecklenburgischen und polnischen Kriegen bewegt und unruhig genug. Von all diesen Vorgängen muß auch Stettin berührt und wahrscheinlich sehr heftig bewegt worden sein. Direkten Anteil nahm es an den

Fahrten, die die hansischen Städte zur Befriedung der See gegen die Seeräuber unternahmen. Fragen des Schadenersatzes beschäftigten die Ratssendeboten fast auf allen Tagungen, bei denen jetzt Stettin, wenn es sie beschickte, meist durch Marquard Vorad, Paul Travenol, Johannes Deneke, Tidemann Wacker u. a. m. vertreten war. Die Plage aber wurde, als der Krieg Dänemarks gegen Schweden und Mecklenburg begann und der Kampf sich um Stockholm festlegte, immer schlimmer; unerträglichen Schaden erlitten Handel und Verkehr auf der Ostsee. Nach verschiedenen wenig erfolgreichen Versuchen, an denen Stettin sich nicht direkt beteiligte, beschloß endlich der Hansatag in Lübeck (März 1394) eine große Flottenrüstung gegen die Piraten. Nach dem Plane, der dort aufgestellt wurde, sollte Stettin zusammen mit Stargard, Gollnow, Gartz, Greifenhagen, Damm und Cammin 2 Koggen mit 200 Bewaffneten, sowie 2 Schuten und 2 Schniggen stellen. Wenn wir erfahren, daß Lübeck allein das Dreifache, Stralsund allein das Doppelte übernahm, so wird es klar, daß Stettins Leistungsfähigkeit im Vergleich zu jenen beiden Städten recht gering war. Zur vollen Ausführung kam indessen dieser Plan nicht. Stettin erklärte sich zwar noch am 5. Mai mit ihm vollkommen einverstanden und versprach auch den Beschlüssen des Bundes nachzukommen, aber tatsächlich stellte es nichts zu dem Seezuge. Dagegen beteiligten sich seine Abgesandten an den Verhandlungen mit Margrete wegen der Besetzung Stockholms, und Stettin gehörte mit zu den Städten, welche die Bürgschaft für die Freilassung des Mecklenburgers Albrecht übernahmen. Sie erfolgte erst im September 1395, und damit wurde der Kriegszustand in der Ostsee beseitigt. Indessen galt es noch, die Vitalienbrüder niederzuwerfen, die fortfuhren den Verkehr zu beunruhigen. Stettin stellte zu diesen mannigfachen Versuchen keine Schiffe und kam sogar mit anderen pommerschen Städten in den Verdacht, die Piraten zu begünstigen, am Raube teilzunehmen, ihnen Beute abzukaufen und Geleit zu geben. Der Hochmeister des Deutschen Ordens machte der Stadt diesen Vorwurf, obgleich Lübeck sich ihrer annahm und den Streit zu vergleichen suchte; er zog sich indessen noch bis 1402 hin. Als im August 1398 die Ratssendeboten in Kopenhagen mit Margrete wegen Übergabe Stockholms, das die Städte in Pfandbesitz genommen hatten, berieten und sich dann entschlossen, die Stadt der Königin auszuliefern, da erhielt auch Stettin, dessen Vertreter zugegen waren, mit den anderen Städten am 28. August eine Bestätigung aller Rechte und Privilegien für Dänemark, Norwegen und Schweden. Zur Befriedung der See war schon im April dieses Jahres eine neue große Rüstung beschlossen worden, bei der Stralsund, Greifswald und

Stettin mit den anderen zu ihnen gehörigen Städten 2 Schiffe mit 200 Mann zu stellen übernahmen. Zugleich sollte Stettin die ihm unter- oder zugeordneten Städte zur Teilnahme und Ausrüstung der vorgeschriebenen Streitkräfte anhalten. Das gelang ihm freilich nicht, denn diese kleinen Gemeinden hielten sich noch vorsichtiger zurück, und die Stettiner Gesandten klagten in Kopenhagen, daß die „overswinschen" (d. h. hinterpommerschen) Städte „also nicht to gedan hebben, alse des van den Steden en gedregen war". Stettin selbst scheint nicht Neigung zu größerer Rüstung gehabt zu haben, es war bei dem Kontingente, das es mit Stralsund und Greifswald aufzubringen hatte, nur noch von einem großen Schiffe mit 70 Mann die Rede. Auch an den späteren Seefahrten, die 1399 und 1400 unternommen wurden, nahmen die pommerschen Städte kaum teil, wir wissen nicht, ob Stettin Schiffe dazu sandte. Trotzdem blieb die Stadt im Hansabunde, beschickte, freilich recht unregelmäßig, die Tage (Jakob von Grulle war gewöhnlich ihr Vertreter) und stand auch bei den Bundesgenossen in solchem Ansehen, daß sie am 25. Mai 1402 in den Bund aufgenommen wurde, den die wendischen Städte zu gegenseitigem Schutze von neuem auf 5 Jahre abschlossen. Damit gewannen diese hansischen Verwickelungen für Stettin einen gewissen Abschluß. Hat die Stadt auch nicht mit in erster Linie gestanden, so hat sie sich doch den Pflichten, die ihr aus der Teilnahme an den hansischen Privilegien erwuchsen, nicht entzogen, und wir sehen, wie sich in dieser unruhigen Zeit auch ihre Vertreter mit Rat und Tat an den gemeinsamen Beratungen und Unternehmungen beteiligten. Schon das eigene Interesse an den nordischen Verhältnissen, das im Laufe der Zeit zunahm, zwang sie dazu nicht fernzustehen.

Weniger direkt als diese nordischen Kämpfe beschäftigten den Rat und die Bürgerschaft die mannigfachen Kriege, die von den Herzogen mit den Nachbarstaaten geführt wurden. Inwieweit sie der Stadt Schaden oder Verlust brachten, läßt sich nicht nachweisen, zu groß wird er nicht gewesen sein. Denn diese nachbarlichen Streitigkeiten, die ja in dieser Zeit eigentlich nie aufhörten, hatten meist nur geringen Umfang und griffen kaum über das Gebiet hinaus, in dem sie sich abspielten, und selten sehr tief in das wirtschaftliche Leben ein. Dagegen boten sie den Städten Gelegenheit, die stets geldbedürftigen Herren sich durch die Bewilligung von Anleihen zu verpflichten. Für den Schutz des reisenden Kaufmanns mußten sie freilich selbst sorgen, wie es Stettin durch den Vertrag vom 12. August 1379 tat, den es in Gemeinschaft von Stralsund und Pasewalk mit einigen uckermärkischen Städten zum Schutze gegen Räuber und

Mordbrenner abschloß. Für den Verkehr gerade dorthin waren von besonderer Wichtigkeit die Straßen, die über Gartz a. O. gingen und bei Löcknitz die Randow überschritten. Es war deshalb ein Gewinn, daß Stettin 1388 zusammen mit einigen kleineren Städten für die Bürgschaft, die sie für eine Schuld der Herzoge Swantibor und Bogislaw an den Hochmeister des deutschen Ordens übernahmen, nicht nur den Zoll zu Gartz, sondern auch das Versprechen erhielten, Schloß und Land Löcknitz sollten nicht ohne ihr Wissen versetzt werden. Dies war um so wichtiger, als bald darauf ein Friede mit der Mark zustande kam.

Es ist nicht notwendig, hier auf die fortwährenden brandenburgisch-pommerschen Streitigkeiten und Grenzfehden oder die mecklenburgischen Kämpfe einzugehen. Was die ehrgeizigen Pläne des Herzogs Swantibor III., der 1409 die Statthalterschaft der Mittelmark bekam, für eine Wirkung auf die Entwickelung seiner Residenzstadt gehabt haben, läßt sich nicht erkennen. Ebensowenig sehen wir, wie sich die Bürgerschaft gegenüber der Teilnahme der Fürsten an den preußisch-polnischen Verwickelungen verhielt. Sollte sie aber nicht mitgewirkt haben, daß sie sich bald von dem Bündnisse mit dem deutschen Orden wieder lossagten und sich Polen näherten? Der Schutzbrief, den König Wladislaw von Polen am 18. August 1390 den pommerschen und anderen Städten für ihren Verkehr mit Polen verlieh, war doch gewiß von großem Werte auch für Stettin. Die neue Handelsstraße von Krakau aus längs der Warthe nach Pommern kam ihm besonders zu Gute. Freilich war sie nicht von langem Bestande, obwohl Herzog Swantibor noch 1393 den Krakauer Kaufleuten freien Verkehr in seinem Gebiete unter Herabsetzung der bisherigen Zölle verlieh.

Neben diesen hochpolitischen Vorgängen, an denen Stettin doch nur indirekt beteiligt war, beschäftigten die Bürgerschaft in weit höherem Maße, allerlei innere Angelegenheiten, besonders Wünsche auf Erweiterung oder Bestätigung der städtischen Rechte. Jetzt lag ihr viel daran, die Seefahrt zu sichern, deshalb ließ die Stadt sich 1384 von dem Wolgaster Herzoge Wartislaw VI. einen Schutz- und Geleitsbrief für alle seine Gewässer und Häfen, sowie für sein ganzes Gebiet geben. Einige Jahre später wurde ihr für den Besuch des Hafens in Wolgast sogar volle Freiheit verliehen, ein Recht, das für die Fahrt in die Ostsee von Wichtigkeit war. Einen anderen Vorteil brachte den Bürgern die Verschreibung Bogislaws VI. von Wolgast (1389), der sie von dem Remegeld (einer Abgabe vom Ruder) in seinem Lande ganz befreite. Von geringerem Wert so scheint es, war es, als 1390 die Stettiner Herren allen Bewohnern Stettins das Angeln in den fürstlichen Gewässern, wie dem Haff, ohne Abgaben gestatteten. Zollfreiheit für allerlei Wildbret und Vieh, das zum Nutzen der Stadt und zum Verkaufe auf dem Markte eingeführt wurde, verlieh Swantibor 1412 der Bürgerschaft. Wir wissen nicht, welche Bedeutung das Recht hatte, da wir über die Zollverhältnisse dieser Zeit nur schlecht unterrichtet sind. Es fehlt an Angaben, in welchem Umfange die alten Zollprivilegien der Stadt noch Gültigkeit hatten, was für Einfuhrzölle erhoben wurden, welche Einnahmen dem Herzoge oder der Stadt daraus erwuchsen. Dagegen erfahren wir aus dieser Zeit einiges über ihr Münzrecht. Am 2. April 1397 erhielten Rat und Gemeinde das Recht, „witte Penninge" zu münzen und dabei von jeder Mark Silbers drei Lot als Kosten abzurechnen. Diese Witten wurden nach dem Vorbilde Lübecks und der anderen wendischen Städte eingeführt, da der alte Pfennig, der im Gewicht und im Gehalt immer tiefer sank, dem stark entwickelten Verkehr nicht mehr genügen konnte. Die Stettiner Stücke wurden mit dem gekrönten Greifenkopfe, der sich auf langem oder kurzem Kreuze in einem Schilde befand, und mit dem Spruche nomine domini amen oder sit laus deo patri geprägt. Den Stettinern muß später eine kleinere Münze erwünscht gewesen sein, denn am 7. Juni 1408 erlaubte Swantibor dem Rat to der not, to der vodinge (Nahrung) und tor kopenschap der Bürger einen Pfennig von 4 Finkenaugen zu schlagen. In großer Masse sind solche Vierchen, die einem halben Witten gleich zu setzen sind, aufgefunden in verschiedener Prägung mit dem gekrönten Greifenkopfe auf der einen und dem Greifen auf der andern Seite. Wie schwierig und verwirrt die Münzverhältnisse der damaligen Zeit waren, das zeigen recht deutlich die Verhandlungen der Hansatage, auf denen namentlich im Anfange des 15. Jahrhunderts die Münzfrage einen ständigen Punkt der Tagesordnung bildete.

Alle diese Handlungen mit den verbündeten Städten und den eigenen, sowie fremden Landesherren zeigen uns, wie umfangreich die Tätigkeit des Rates in dieser Zeit gewesen sein muß und wie sie sich auf manche Gebiete erstreckte, die der modernen Stadtverwaltung fern liegen. Bei anderen Städten ist uns durch erhaltene Briefbücher die Möglichkeit gegeben, aus der Korrespondenz ein Bild von der Geschäftstätigkeit des Rates zu entwerfen. Leider fehlen für Stettin solche Quellen, aber aus den an anderen Orten erhaltenen Briefen ersehen wir, daß auch der Stettiner Rat einen nicht unbedeutenden Briefwechsel mit Lübeck oder Danzig, mit Stralsund oder

Stargard, mit dem Hochmeister des deutschen Ordens oder den Wolgaster und Stolper Herren u. a. m. unterhielt. Reicht die Bedeutung der Stadt auch nicht an die anderer heran, so kamen doch auch hier Sachen und Fragen vor, bei denen die Ratsherren die Rolle von Diplomaten spielen mußten. Es galt die Interessen der eigenen Gemeinde wahrzunehmen und ihre Rechte mit Zähigkeit zu behaupten, aber auch bei dem wachsenden Verkehr mit den Bürgerschaften anderer Städte die Beziehungen zu pflegen. Gewiß scheute man in dieser gewalttätigen Zeit nicht vor recht energischen Maßregeln zurück, aber es gab doch gewisse Punkte, über die man sich auch damals in Güte einigen mußte.

Eine für Stettin recht bedeutsame Frage war die der Oderschiffahrt, für die Stettin ganz besonders wichtige Privilegien, wie das Niederlagerecht, besaß. Je mehr der Verkehr auf dem Flusse zunahm, von desto größerer Bedeutung wurde das Verhältnis zu dem flußaufwärts gelegenen Gebiete, besonders zu der Mark, die in Frankfurt ihren wichtigsten Ort an der Oder besaß. Mit dieser Stadt entwickelte sich naturgemäß ein ständig wachsender Verkehr, und eine Einigung zwischen beiden Gemeinden erwies sich bald als durchaus notwendig. Lange standen sie einander friedlich gegenüber, da keine der anderen an Macht und Bedeutung überlegen gewesen zu sein scheint und die beiderseitigen Landesherren nicht daran dachten, eine territoriale Wirtschaftspolitik zu treiben. Sie überließen es den Städten, sich in solchen Fragen zu einigen und zu vergleichen. So schloß Stettin 1354 mit Frankfurt einen Vertrag über die Schiffahrt auf der Oder, in dem Bestimmungen über den Lohn der Schiffer, über sein Verhältnis zu den Schiffsknechten, wie zu den Kaufleuten, über die Fracht u. a. m. getroffen wurden. Auch für kriegerische Zeiten suchte man die Schiffahrt auf dem Flusse zu sichern, und Stettin verhandelte deshalb mit den Markgrafen Ludwig (1363), Sigmund (1379) oder Jost (1398—1403). Man gab sich Mühe, die Wehre, durch die dem Verkehr ein arges Hindernis entstand, zu beseitigen, die Rechtsansprüche der Kaufleute zu sichern, die Treitelpfade am Flusse zu schützen, das Zoll- und Geleitsrecht festzulegen. Wie viele Hindernisse erwuchsen dem Handel aus manchen mittelalterlichen Rechtsanschauungen und Gebräuchen! Das Grundruhrrecht war eins der schlimmsten, da es den Verlust des Gutes mit sich brachte, das auf dem Lande bei Zusammenbruch oder Sturz der Wagen den Boden berührte oder auf dem Wasser bei Schiffbruch und Strandung aus den Schiffen fiel. Wohl war man von Alters her namentlich gegen das barbarische Strandrecht eingeschritten, aber auf den Land-

und Wasserstraßen hielten die Grundherren es hartnäckig aufrecht. Es war infolgedessen ein großer Fortschritt, als Swantibor III. 1407 die Stettiner und alle Kaufleute bei Schiffbruch oder Strandung im Haff, auf der Oder, dem Dammschen See oder anderen Gewässern vom Grundruhrrechte befreite und ihnen die Bergung ihres Gutes gestattete. Ob freilich diese Verordnung viel genützt hat, muß zweifelhaft bleiben.

Bei der geschichtlichen Darstellung der Entwickelung Stettins in dem Zeitabschnitte von der Mitte des 14. etwa bis zur Mitte des 15. Jahrhunderts haben wir bisher das Jahr 1413 als einen Endpunkt angesehen. Dies hat nämlich für die Stadt nicht gerade an sich eine sonderliche Bedeutung, aber bezeichnet doch ungefähr den Eintritt veränderter Verhältnisse in mehr als einer Richtung. Das ist zum Teil ein Zufall, da wir von dieser Zeit an einige Quellen besitzen, die für unsere Kenntnis des mittelalterlichen Stettin sehr wichtig sind, wie die älteste Bürgersprache (1411), Gerichtsbücher (1400), das Bürgerbuch (1422). Zum andern Teile aber verlieren um diese Zeit die großen politischen Ereignisse im Hansabunde an Bedeutung, und es treten, soweit es Stettin angeht, die kleineren, aber für die Stadt sehr wichtigen Handels- und Verkehrsfragen mehr in den Mittelpunkt des Interesses. Alsdann aber machen sich die veränderten Verhältnisse in der Mark, wo durch die ersten Hohenzollern eine starke Fürstenmacht gegründet wird, auch für Stettins Entwickelung geltend, während zugleich im Lande selbst die Ohnmacht des Herrscherhauses zunimmt.

Bereits 1412 lagen die Stettiner Herzoge im Kriege mit dem Burggrafen Friedrich von Nürnberg, der die Mark Brandenburg verwaltete. Auf dem Kremmer Damm fochten am 24. Oktober, wie es heißt, auch Stettiner Bürger mit. Es folgte aber bald ein Waffenstillstand, der jedoch nicht von langer Dauer war. Krieg und Frieden wechselten ab, das Land um Stettin wurde wiederholt von Raub- und Plünderungszügen heimgesucht, auch den Bürgern mag mancher Schade zugefügt worden sein. Da traf die Stadt am 10. Mai 1415 mit ihren Landesherren, den Herzogen Otto II. und Kasimir VI., die Reichsacht. König Sigmund sprach sie zu Konstanz auf die Klage des Burggrafen Friedrich aus, weil sie, ebenso wie die Fürsten und zahlreiche Vasallen in der Uckermark, sich jenem ungehorsam gezeigt hätten. So schlimm die Strafe erscheint, eine Wirkung hatte sie kaum, wir hören wenigstens nichts davon. Auch wurde sie wohl bald aufgehoben, als es 1415 und 1416 zu einer vorläufigen Einigung zwischen Pommern und Brandenburg kam. Doch auch sie war wieder nicht von langem Bestande, die Fehden und Kämpfe begannen von neuem und zogen sich unter mannigfachen Wechselfällen bis 1427 hin. Erst damals kam ein Friede von längerer Dauer zustande, in dem freilich die Hauptfrage wegen des staatsrechtlichen Verhältnisses Pommerns zur Mark nicht gelöst wurde.

Während das Land in diesen Jahren von äußeren Kämpfen heimgesucht wurde, erschütterten schwere innere Streitigkeiten Stettin. Leider wissen wir wieder nicht genug davon, um den Zusammenhang und die Folge der Ereignisse ganz zu verstehen. Es ist aber klar, daß sich in der Stadt zum ersten Male eine Bewegung der Bürgerschaft gegen den Rat geltend machte in ähnlicher Weise, wie es damals in vielen norddeutschen Städten geschah. Die starke finanzielle Belastung der Gemeinde, die Unzufriedenheit mit der städtischen Politik, das Streben nach Teilnahme an der Stadtverwaltung waren die Ursachen dieser sozialen Unruhen, und es waren meistens die Handwerker, die sich gegen den Rat erhoben. Ob die Unruhen in Anklam (1386), die Verfassungsänderung in Stralsund (1391) oder ähnliche Bewegungen in anderen Städten einen Einfluß auf die Verhältnisse in Stettin ausübten, ist unbekannt. Wir erfahren zum ersten Male im Jahre 1416, daß neben den Ratsherren auch Alterleute von 11 Gewerken an der Stadtverwaltung teilnahmen. Daß bereits früher Vertreter der Gemeinde in wichtigen Angelegenheiten zur Beratung mit hinzugezogen wurden, ist wahrscheinlich, aber durchaus unsicher. In den Urkunden, die von der Stadt ausgestellt worden sind, werden solche nie erwähnt. Wenn sie dagegen in Urkunden, die andere für die Stadt ausfertigten, bisweilen neben dem Rate genannt werden, so beweist das für ihre rechtliche Stellung sehr wenig. Es ist anzunehmen, daß um 1400 in Stettin die Zünfte eine Teilnahme an den Verwaltungsgeschäften erlangten. Ob dies auf friedlichem Wege oder, wie an anderen Orten, durch eine Revolution erreicht worden ist, läßt sich nicht entscheiden. Nachrichten über eine solche Änderung müssen schon vor drei Jahrhunderten gefehlt haben, denn Paul Friedeborn, der 1613 seine Geschichte Stettins auf Grund sorgfältiger Studien herausgab, scheint darüber auch nichts gefunden zu haben. Er schreibt, indem er zugleich seiner Entrüstung über den unruhigen „Pöbel" Ausdruck gibt, ganz allgemein, daß „anfänglich die Regierung einig und allein bei dem Rate, als der ordentlichen Obrigkeit, gestanden, man hernach aber etliche Alterleute der Gewerke mit zu Rat gezogen habe."

Daß in Stettin in dieser Zeit eine soziale Bewegung herrschte, zeigen mannigfache Vorgänge. Auf dem großen Hansatage zu Lübeck 1418 hatten die Städte in einer Zusammenstellung der Statuten auch ein strenges Vorgehen gegen alle Verschwörer und Aufrührer gegen den Rat festgesetzt und scharfe Strafen jeder Stadt angedroht, deren Rat sich in seiner Macht irgendwie beschränken ließe. Dies Statut wurde auch im Rathause von Stettin zur Kenntnisnahme der Gemeinde ausgehängt. Das erregte aber allgemeinen Unwillen, da wahrscheinlich schon vorher allerlei Unzufriedenheit mit dem Regimente des Rates vorhanden war. Es kam zu Tumulten, der Rat wurde überwältigt, der Aushang beseitigt und vernichtet. Auf dem Lübecker Hansatage im September 1419 wollten die Ratsendeboten anfänglich sofort die angedrohte Strafe, die Verhansung, d. h. Ausschluß aus der Hansa und Verlust der Privilegien, über Stettin verhängen, aber sie setzten sie auf Verwendung von Stralsund und Greifswald vorläufig noch aus. Zu der Versammlung, die im April 1420 in Wismar stattfand, kamen auch Vertreter Stettins, auf deren Bitte der Gemeinde noch einmal eine Frist bis zum 24. Juni für die neue Aufhängung der Statuten gegeben wurde. Auch die Herzoge Otto und Kasimir verwandten sich für ihre Stadt, indessen wurde sie, als man auf die Warnungen nicht hörte, im Juli wirklich aus der Hansa ausgeschlossen. Diese Strafe scheint nicht ohne Eindruck geblieben zu sein, denn auf dem im September stattfindenden Tage zu Stralsund erschienen die beiden Bürgermeister von Stettin, Gerd Rode und Johann van Dolgen, und stellten die Sache möglichst harmlos dar; die Tafel sei aufgehängt worden, aber die Gemeinde habe gebeten, sie wegzunehmen, und sie hätten das tun müssen, da ihnen Gefahr an Leib und Leben gedroht habe, sie hofften indessen, „es würde wohl besser werden und die Tafel wieder aufgehängt werden können". Es dauerte aber doch noch mehrere Monate, bis Stralsund am 17. März den Hansestädten melden konnte, der Aufruhr sei beigelegt und die Tafel mit den Statuten am 10. März wieder aufgehängt worden. Darauf wurde die Verhansung aufgehoben, die Stadt mußte aber nach dem Beschlusse der Stralsunder Versammlung (21. September 1421) wegen ihrer Widerspenstigkeit eine Strafe von 2000 Rhein. Gulden zahlen. Die Bewegung, die in der Stadt herrschte, scheint recht lebhaft gewesen zu sein und hatte ihren tieferen Grund gewiß in ganz anderen Fragen als in der Aufhängung der hansischen Bekanntmachung.

Die Gährung blieb bestehen, sodaß die Städte sich noch 1426 auf dem Lübecker Tage mit den Stettiner unruhigen Zuständen beschäftigten und Stralsund, sowie Greifswald beauftragten, darüber nähere Nachrichten einzuziehen. Was daraus geworden ist, wird nicht berichtet, indessen brach bald der Sturm in Stettin los. Den letzten

Anlaß dazu gab eine Steuerausschreibung. Auf Grund des Reichskriegssteuergesetzes vom 2. Dezember 1427, durch das die Erhebung des „gemeinen Pfennigs“ für den Krieg gegen die Hussiten festgesetzt worden war, wurde die Zahlung auch von der Stadt Stettin gefordert. Der Rat schrieb eine neue Steuer aus, und darüber zeigte sich die Bürgerschaft aufs höchste empört. Hatte man doch gemeint, in der Stadtkasse sei genug Vorrat, die Reichssteuer zu zahlen; wo blieben die Einkünfte der Stadt, warum legte man nicht Rechenschaft? Man redete offen davon, daß die Mitglieder des Rates und ihre Familien den Nutzen von den städtischen Einkünften hätten, die Handwerker aber und kleinen Bürger die Lasten tragen sollten. So sprach man in den Innungshäusern, in den Herbergen, im Ratskeller, hier und dort in der Stadt unter der Bürgerschaft, in der schon länger ein geheimer Groll gegen den Rat herrschte. Hatte doch dieser gerade jetzt die Stadt in einen ärgerlichen Rechtshandel gebracht, der viel Aufsehen erregte. Nach dem Tode des Kämmerers Albrecht Borcke (1425) waren die Testamentsvollstrecker, die er bestellt hatte, die Ratsherren Hans Borcke und Dubslaw Natzmersdorf, sowie Heinrich von Borcke mit der Witwe Anna, geborenen von Assen, in sehr heftige Streitigkeiten über den Nachlaß geraten. Das aus jener Zeit erhaltene Gerichtsbuch ist voll von Klagen der Vormünder gegen die Witwe über das Hergewede (den Nachlaß), über liegende und stehende Gründe und allerlei Güter. Jene drei Männer fühlten sich der Aufgabe, die ihnen zugefallen war, selbst nicht gewachsen und nahmen vor Richter und Schöffen noch Hans von Grolle und Gottschalk von Borcke zu Mitvormündern an. Bei den Verhandlungen sollen Natzmersdorf, der ein ziemlich streitsüchtiger Mann gewesen zu sein scheint und viele Sachen vor Gericht verfocht, und Hans von Borcke die Schöffen in öffentlicher Sitzung geschmäht und gescholten haben, als sie ein ungünstiges Urteil von ihnen erhielten. Darauf wurden sie, wie berichtet wird, wegen Friedens- und Rechtsbruchs ins Gefängnis geworfen. Wie sich das im einzelnen verhält, ist nicht ganz klar. Am 25. April sollen beide schon wieder freigekommen sein, und dabei wird überliefert, sie seien dreiviertel Jahre im Gefängnisse gewesen. Das stimmt nicht mit anderen Notizen, auch ist es nicht ersichtlich, wie Natzmersdorf in die feindliche Stellung gegenüber dem Rate geriet. Wir müssen annehmen, daß diese Feindschaft Natzmersdorfs und des Hans von Borcke durch die Gefangensetzung und die bald danach erfolgende Verweisung aus der Stadt hervorgerufen worden ist. Es ist nach allem, was erzählt wird, nicht daran zu zweifeln, daß beide am 25. April 1426 mit Weib und Kind verfestet, d. h. verbannt worden sind. Sie fühlten sich bitter gekränkt, verließen in Haß und Zorn gegen den Rat ihre Heimat und zogen nach Gollnow. Obwohl sie Urfehde geschworen hatten, gaben sie sich nicht zufrieden, sondern wandten sich an den Kaiser Sigmund. Dieser befahl am 9. April 1427 der Stadt, sich mit den beiden Männern zu einigen und sie in ihren früheren Stand wieder einzusetzen, und lud den Rat vor sein Hofgericht. Zu gleicher Zeit wirkten aber die Verbannten im geheimen bei der Bürgerschaft immerfort gegen den Rat. Sie erhoben, wie es heißt, in einem Schreiben, das sie an die Alterleute des Kaufmanns und der Gewerke richteten, schwere Anschuldigungen gegen ihn und insbesondere gegen den Kämmerer Peter Wardenburg namentlich wegen der Verwendung der städtischen Einkünfte. Alles dies bewirkte, daß die Bürger mit Ungestüm von dem Rate Rechenschaft verlangten. Regierende Bürgermeister waren vom 1. Mai 1427 bis 1428 Gerhard Rode und Hans van Dolgen, aber neben dem ersteren hatte den größten Einfluß im Rate Johann Grabow, der so manches Jahr im sitzenden Rate das Bürgermeisteramt bekleidet hatte. Diese beiden Männer waren es, die sich ganz entschieden weigerten, Rechenschaft zu legen, sie achteten, wie es Thomas Kantzow in der Sprache seiner Zeit ausdrückt, „es ein schimpflich Ding sein, daß sie dem gemeinen Pöbel sollten Rechenschaft tun", und sagten, „so mans von ihnen haben wollte, so hätten sie einen Landesfürsten, der wäre ihr Oberer und nicht sie, demselben wollten sie Rechenschaft geben". Darauf gingen die Vertreter der Bürgerschaft, unter denen neben Gerd von Affen einige Alterleute, wie der Bäcker Hans Kirchhoff, der Knochenhauer Henning Vischer, Hans Unruh, Henning Cruse, Drewes Hohenholt u. a., die Hauptrolle spielten, mit Gewalt vor. Gerhard Rode und Johann Grabow verließen im September die Stadt, die jetzt ganz in die Hände der aufständischen Bürger geriet. Obgleich der größte Teil der Ratsmitglieder sich vorsichtig zurückgehalten hatte, wurde doch die am 1. Mai erfolgte Besetzung der einzelnen Ämter im Rate umgestoßen und neu geregelt. Zwar ließ man Klaus Wigger im Bürgermeisteramte, aber Kirchhoff wurde Kämmerer, Gerd von Affen übernahm das Amt eines Ziegelherrn, Restin das eines Mühlenherrn, Hans Unruh wurde Münzherr, Vischer Bierherr usw. Ein neues, demokratisches Regiment wurde in der Stadt eingerichtet. Die Flucht der beiden alten verdienten Bürgermeister erregte über die Stadt hinaus großes Aufsehen. Grabow und Rode und vielleicht auch andere Mitglieder des alten Rates, die aus der Stadt gewichen waren, fanden Schutz beim Herzoge Kasimir. Er zog mit Waffengewalt in die Stadt und warf nicht ohne erheblichen Widerstand den Aufstand nieder. Die

Rädelsführer Gerd von Affen und Hans von Affen wurden auf dem Rade hingerichtet, andere ins Gefängnis geworfen und dann aus der Stadt verwiesen. Am 18. Oktober wurde die Stadt zu einer Geldstrafe von 12 000 Mark verurteilt und der alte Rat wieder eingesetzt. Bereits am 16. November meldete er nach Lübeck, daß die beiden Führer der Bewegung gerichtet seien, und bat, die Flüchtigen nicht aufzunehmen. Dabei werden mit Namen genannt Henning Vischer, Hans Unruh, Henning Kruse, Hans Restin, Klaus Harles, Dietrich vom Ryne, Peter Meyer, Bernd Swertfeger, Klaus Dummow, Heinrich Smede, der Schneider, Heinrich Ritsow, Mattheus Koselitz, Hans Winmann, Jakob vom Grolle, Hermann Kröpelin, der Schreiber, Dietrich van Hervorde, der Weinzapfer, Hans Hohenhaus und Reyneke van der Dober. Die Zahl der Gegner des alten Rates war demnach nicht gering, und es war nur dem energischen Eintreten des Landesherrn zu verdanken, daß die Revolution so schnell vorüberging. Doch die Bürgerschaft mußte den Aufruhr schwer büßen, die Höhe der Strafsumme zwang den Rat, Anleihen aufzunehmen bei Bürgern und Fremden, bei geistlichen Stiftungen und Edelleuten, und es wurde der Anfang zu dem finanziellen Ruin der Stadt gelegt, der auf lange Zeit hin verderblich wirkte. Die Nachricht, daß der Herzog diese Gelegenheit benutzte, sein Haus in der Stadt stark zu befestigen und zu einer Zwingburg auszubauen, „damit er der Bürger Mutwillen zähmete", ist nicht ganz sicher. Doch ist es immerhin möglich, daß Kasimir damals sein Schloß erweiterte.

Der Rat, in den am 1. Mai 1429 fast alle alten Mitglieder wieder gewählt wurden, bemühte sich, die Eintracht in der Gemeinde herzustellen. Einige der Flüchtigen, wie Dietrich vom Ryne und Hans Unruh, erhielten die Erlaubnis zur Rückkehr, und „aller Haß und alle Zwietracht", die lange zwischen dem Rate, dem Kaufmann, den Werken und gemeinen Bürgern geherrscht hatte, wurde in der Bursprake von 1429 als beseitigt erklärt. Der Rat verbot jeden Auflauf oder jede Versammlung gegen Rat und Gemeinde und bedrohte alle Gewalttat mit Todesstrafe. Er selbst beschwor die neue Einigung, laut der Kaufmann, Werke und jedermann bei alter Freiheit und Gerechtigkeit erhalten werden sollten, und auch die Gemeinde oder ihre Vertreter leisteten einen solchen Eid. Von jetzt an wurde mehr als früher bei Stadtangelegenheiten die Zustimmung der Werke und gemeinen Bürgerschaft ausdrücklich gefordert, und mit Willen und Vulbort der werke unde ganzen gemeinen Borger stellten Bürgermeister und Ratmannen Schuldverschreibungen oder andere Urkunden aus. Man versäumte es aber, klar und deutlich festzusetzen, in welchen

Fällen diese Einwilligung eingeholt werden mußte, die Kompetenzen des Rates und der Bürgerschaftsvertreter wurden nicht ausdrücklich bestimmt, daher kamen Konflikte und Streitigkeiten immer wieder vor.

Die Stadt wurde in diesen Jahren ebenfalls stark heimgesucht durch den Prozeß, den Hans Borcke und Dubslaw Natzmersdorf gegen sie anstrengten. Die Vermittelungsversuche der Herzoge scheiterten. Hans Borcke gab, wie berichtet wird, es bald auf, den Kampf gegen Stettin zu führen und überließ die Wahrung seiner Interessen seinem Schwager Wineke von Affen, der zusammen mit Natzmersdorf am Hofe des Königs Sigmund gegen die Stadt tätig war. Mehrfache Mandate ergingen an sie, und am 1. August 1429 wurde Stettin von Sigmund förmlich in die Acht erklärt. Der Herzog schickte in dieser Angelegenheit Gesandte an den König, es wurde aber nichts erreicht, sondern Sigmund, der am 19. September 1431 einen Erlaß gegen das revolutionäre Treiben der Zünfte, wie es sich u. a. auch in Stettin kundgetan hatte, an die Reichstände ausgehen ließ, erneuerte die Reichsacht über die Stadt. Sie habe, so heißt es in der Urkunde, trotz des königlichen Gerichtsspruches Borcke und Natzmersdorf nicht Genugtuung geleistet, deshalb hätten diese das Recht, gegen sie einzuschreiten, und jeder Verkehr mit der geächteten Bürgerschaft sei verboten. Zwar hören wir gar nichts von der Wirkung der Acht, aber doch scheuten Herzog und Rat keine Kosten und Mühen, die Angelegenheit beizulegen. Endlich erhielten sie die Zusage, der Pfalzgraf Wilhelm bei Rhein solle die Sache entscheiden. Dieser hob dann (1433) die Acht vorläufig auf und zitierte beide Parteien vor das Konzil zu Basel. Auch dort kamen die Verhandlungen zu keinem Abschlusse, doch erreichte Stettin am 28. September 1434 zu Regensburg, daß Kaiser Sigmund einen Frieden der Stadt mit Natzmersdorf und Wineke von Affen schloß und dem Rate zu Kolberg die Entscheidung über die noch schwebenden Streitigkeiten übertrug. Damit wurde die Acht endgültig aufgehoben. Da indessen der Rat von Kolberg keine Entscheidung herbeiführte oder herbeiführen konnte, ging im Jahre 1438 noch einmal eine Gesandtschaft der Stadt an den neuen König Albrecht II. Endlich am 23. September 1439 wurde die Streitsache durch Vermittler geistlichen und weltlichen Standes beigelegt. Hans Borckes Witwe und Kinder, sowie Wineke von Affen, Dubslaw von Natzmersdorf und ihre Helfer sollten ihre Güter in der Stadt zurückerhalten und dort ruhig wohnen können. Zugleich wurde einigen aus der Stadt entwichenen Teilnehmern an dem früheren Aufstande die Erlaubnis zur Rückkehr in die Stadt gegeben. So wurde diese „langwierige und beschwerliche" Sache beigelegt und ver=

tragen. Sie hatte, obwohl es sich anfänglich gar nicht direkt um städtische Interessen handelte, allmählich immer weitere Kreise in Mitleidenschaft gezogen und die Kräfte der Stadt nicht unerheblich in Anspruch genommen. Auch dieser Borckesche Rechtsstreit trug mit dazu bei, daß Stettins Finanzen in Unordnung kamen. Ebenso schädigte der ganze Prozeß mit der Achterklärung und anderen recht nachteiligen Folgen den Frieden und die Eintracht in der Bürgerschaft auf lange Zeit hin.

Die Erhebung der großen Reichskriegssteuer von 1427, die mit Anlaß zu der revolutionären Bewegung gegeben hatte, wurde nur kümmerlich durchgeführt. Stettin erklärte 1429, als es zur Zahlung gemahnt wurde, daß sein Herr, Herzog Kasimir, für die Stadt antworten werde, und dieser schrieb, er wolle sich mit seinen Herren und Freunden besprechen und später seinen Entschluß mitteilen. So suchte sich jeder mit Ausreden der Zahlung zu entziehen, indessen meldete die Stadt am 6. August dem Kurfürsten Friedrich von Brandenburg, sie habe zur Förderung des Zuges gegen die böhmischen Ketzer die Summe an ihre Landesherren abgeliefert. Wahrscheinlich meinte man damit das an Kasimir gezahlte Strafgeld und wollte dadurch weiterer Mahnung aus dem Wege gehen.

In dieser schweren Zeit, deren Folgen noch lange genug in den zahlreichen Schuldbriefen oder, wie man nach mittelalterlichem Sprachgebrauche sagen muß, Rentenverschreibungen zu spüren sind, hat Stettin bei den verbündeten Städten kaum Unterstützung gefunden. Zwar hatte es noch 1428 mit Stralsund, Greifswald, Anklam, Demmin und den Stettiner und Wolgaster Herren einen Münzvertrag auf 5 Jahre geschlossen, aber an den Verhandlungen über die Erneuerung und Erweiterung dieses Bündnisses (im Dezember 1433) beteiligte sich Stettin nicht mehr und hielt sich auch von 1430 bis 1434 von den Hansatagen fern. Ebensowenig nahm die Stadt an dem unheilvollen und langwierigen Kriege der Städte gegen König Erich teil. Sie hielt sich damals mehr als vorsichtig zurück, entschuldigte sich bisweilen mit recht dürftigen und fadenscheinigen Gründen, suchte dann aber, als es im Juli 1435 zu dem Friedensschlusse von Wordingborg kam, an den dort gewonnenen Vorrechten Anteil zu bekommen. Nicht viel anders war es mit der Haltung Stettins, als im Norden der Kampf um die Union der drei Königreiche begann und Erichs des Pommern Herrschaft zusammenbrach. Stettin war von 1441 an auf den Tagen wieder häufiger vertreten zumeist durch Gerd Grote oder Peter Kokstede, auch finden wir seinen Namen in den mannigfachen Entwürfen und Plänen zur Erneuerung und Befestigung des Städtebündnisses (1441, 1443, 1447), aber trotzdem war die wirkliche Tätigkeit der Stadt für den Bund gering. Da hielten wohl die Stettiner 1446 einmal einige Friedensschiffe gegen die Seeräuber auf der Ostsee, da nahmen sie am Schutzbündnisse von 1447 teil und gelobten 8 Reisige zu stellen, da erklärten sie wiederholt sich bereit die Piraten zu bekämpfen, aber dann blieben sie wieder aus und ließen sich ruhig mahnen, ja mit Strafe bedrohen. Dabei suchten sie ihren Handel in Schonen auszubreiten und zu sichern und besiegelten zu seinem Schutze auch mit den anderen Städten 1451 die sechsjährige Tohopesate der Hansastädte vom 18. Oktober 1450. Zu gleicher Zeit suchte und fand Stettin wieder Anschluß an die benachbarten Städte der wendischen Gruppe. Doch auch diesen gegenüber war das Verhalten oft mehr als kühl, und Lübeck oder Stralsund erhoben wiederholt Klage über Stettin. Am 22. Juni 1451 schloß es mit Stralsund, Greifswald, Anklam und Demmin eine Einigung zu gegenseitigem Schutze und zur Sicherung der Straßen.

Solche Schutzbündnisse hatten die Städte in jener Zeit allerdings sehr nötig, denn es herrschten in Pommern Zustände, die friedlichen Handel und Verkehr auf dem Lande, ähnlich wie auf der See ungemein erschwerten. Fehden und Kämpfe tobten in ganz Pommern. In den heftigen Streit Kolbergs mit den Bischöfen von Cammin griff auch Stettin vermittelnd ein, und an den Kämpfen mit Brandenburg, die sich in größerer Nähe Stettins in der Uckermark abspielten, mußten auch Bürger der Stadt auf Befehl ihrer Landesherren, Kasimirs VI. (gest. 1434) und Joachims (gest. 1451), teilnehmen. Erst am 3. Mai 1448 kam ein Friede von längerer Dauer zustande.

Dabei fehlte es nicht an Konflikten der Stadt mit dem Herzoge. Am 18. Juli 1446 wurde ein Vergleich über mancherlei Streitpunkte zwischen Stettin und dem Herzoge Joachim geschlossen. Durch einen Übergriff des Rates in die Gerichtsbarkeit des Fürsten scheint der Zwist entstanden zu sein, er hatte einen Mann, auf den er fahndete, mit Gewalt vom herzoglichen Schlosse holen lassen. Damals einigten sich der Herzog und die Stadt über die Orböre, deren Höhe auf 500 Mark festgesetzt wurde, über die Frage des städtischen Geleitsrechtes, die Abgabe von der Fischerei (die für die herzogliche Tafel zu liefernden „Eßfische") und die Freiheit des herzoglichen Hofes. Diese Einigung scheint zur Zufriedenheit des Landesherrn ausgefallen zu sein, denn im Januar 1447 bestätigte er der Stadt nicht nur einige ältere Urkunden, sondern vereignete ihr auch das Dorf Messenthin, bei dem sie bisher bereits Wiesen und Holzungen besaß. Damit wurde die städtische Grundherrschaft über das Dorf begründet, von dem die Familie Wobbermin damals den größten Teil besaß. Trotzdem brach der Streit mit Herzog Joachim über die Erböre, das Geleit und die „Eßfische" nach einigen Jahren noch einmal aus, und der Herzog Wartislaw IX. von Wolgast verglich 1451 beide Parteien; es scheint indessen der Herzog seine uns nicht bekannten Ansprüche aufgegeben zu haben.

Wenige Monate später (am 22. September 1451) starb Joachim und hinterließ nur einen unmündigen Sohn Otto. Schon länger stand das Stettiner Fürstenhaus auf vier Augen, und man mußte mit einem Erlöschen dieses Zweiges des alten Greifenstammes rechnen. Es war daher natürlich, daß die, welche einen Anspruch auf die Erbschaft hatten oder zu haben glaubten, sich schon vorher rüsteten, ihn mit aller Macht geltend zu machen. Es waren die Wolgaster Herren und der Brandenburger Kurfürst Friedrich II. Jene begründeten ihre Rechte mit der Verwandtschaft und dem Gesamtbesitze des pommerschen Fürstenhauses an dem ganzen Land, dieser mit dem der Mark zugestandenen Anfallrechte auf Pommern. Die Wolgaster Fürsten, welche die Stadt Stettin auf jeden Fall für sich zu gewinnen suchten, verliehen am 28. April 1449 den „Bürgermeistern, Ratmann Kaufmann, Einwohnern und allen gemeinen Bürgern" ein bedeutsames Privileg. Sie sicherten ihnen Zollfreiheit auf Wasser- und Landstraßen, Freiheit vom Recht der Grundruhr und der Strandung zu. Der Kurfürst Friedrich von Brandenburg übernahm dagegen die Vormundschaft für den jungen Herzog Otto III. Eine Zeit lang wurden die beiden Parteien, die begehrlich nach dem Erbe ausschauten, noch durch gemeinsame Interessen an den Streitigkeiten um die Hinterlassenschaft des alten Unionskönigs Erichs geeinigt, der ruhm- und tatenlos sein Leben 1459 in Rügenwalde beschloß. Stettin aber war in jener Zeit beschäftigt mit einem äußerst heftigen Streit, den es gegen seine Nachbarstadt Stargard führte.

Trotz aller persönlichen Beziehungen, die zwischen den Bewohnern der beiden Nachbarstädte herrschten, trotz der vielfachen wirtschaftlichen Berührungen und des regen Verkehrs bestand doch seit alter Zeit ein gewisser Gegensatz zwischen Stettin und Stargard, der seinen Grund in der Eifersucht beider Gemeinden gegeneinander hatte. Die Stadtpolitik im Mittelalter war im strengsten Sinne des Wortes partikularistisch und eigensüchtig; jede Stadt hielt an ihren Rechten und Privilegien fest und trat, wenn diese irgendwie verletzt wurden, dem, der dagegen verstieß, rücksichtslos entgegen, mochte es sein, wer es wollte. Das eigene Wirtschaftsgebiet zu erhalten und jede Störung abzuwehren, war eine der wichtigsten Aufgaben der

Leiter des Stadtregimentes. Von allen Städten, die in Stettins Nähe lagen, war Stargard die einzige, die stark genug war, seinen Interessen entgegenzuwirken, und es verstand, allerlei Rechte zu erwerben, die denen der größeren Nachbarstadt hinderlich sein konnten. Die Landesherren waren zu allen Zeiten geneigt, solche ohne Rücksicht auf ältere, schon bestehende Privilegien zu verleihen, mochten dann die Gemeinden es versuchen, sich in Güte oder mit Gewalt auseinanderzusetzen. Nun bestand um die Mitte des 15. Jahrhunderts ein scharfer Gegensatz zwischen den Herren des Stettiner Landes und den hinterpommerschen Herzogen, zu deren Herrschaft Stargard gehörte, und dies gespannte Verhältnis übertrug sich auch auf die beiden Städte. Stargard machte von einem ihm früher verliehenen Privilege weitgehenden Gebrauch und verlud Korn in kleine, flachgehende Fahrzeuge, die es die Ihna hinab ans Haff, vielleicht auch ins Haff führten; dort wurde es in größere Schiffe umgeladen und über die See z. B. nach Lübeck gebracht. Diese Ausfuhr von Getreide ärgerte die Stettiner, die sich auf die Privilegien von 1283 und 1312 beriefen, durch die ihnen das Niederlagerecht und das alleinige Recht der Getreideausfuhr zugesagt worden waren. Dabei war es immerhin fraglich, ob diese Vorrechte auch gegen Stargard gültig waren, ob z. B. die Ihna zu den dort erwähnten Gewässern zu rechnen war und das Verbot der Ausfuhr von Korn sich auf Stargard bezog. Es fanden manche Erörterungen über solche Fragen statt, wiederholt scheint auch den Stargardern die Fahrt auf der Ihna bei Gollnow gesperrt worden zu sein, aber sie nahmen immer wieder Ausfuhr von Korn vor. Da entschloß man sich in Stettin, die Bürger der Nachbarstadt mit Gewalt zur Anerkennung des Stapelrechts zu zwingen. Damit begann ein Kampf, der sich Jahrhunderte hinzog und in seinen Wechselfällen recht deutlich zeigte, wie rücksichtslos und einseitig man auf beiden Seiten seine Interessen wahrnahm. Der Verlauf steht nicht in allen Einzelheiten fest, obwohl Schriftstücke und Briefe, die gewechselt wurden, zur Genüge vorliegen. Es kommt für das Verständnis dieses Streites auch kaum darauf an, alle einzelnen Vorgänge zu schildern; es genügt die Darstellung der Hauptereignisse, wobei ein näheres Eingehen auf die ausgetauschten Klage- und Verteidigungsschriften sich erübrigt. Sie haben weit mehr Interesse für die Rechts- als für die Lokalgeschichte. Die Frage, auf welcher Seite das formale Recht stand, ist schwer zu entscheiden, jede Partei hatte von ihrem Standpunkte aus das Recht, ihre Privilegien aufrecht zu erhalten und sich auf sie zu stützen.

Im Jahre 1454 brach der Kampf aus. Stettin sperrte im Frühjahr den Stargardern die Ausfahrt aus der Ihna in den Dammschen

See durch Pfähle und nahm das dort zur Ausfuhr lagernde Korn fort. Doch diese räumten die Sperre, so gut sie konnten, wieder fort und beschwerten sich bei den Fürsten über die Gewalttat der Stettiner. Namentlich wandten sie sich an die Wolgaster Herren, die als nächste Erben des alten Königs Erich für das Herzogtum Pommern in Betracht kamen. Hatte auch Wartislaw IX. mit seinen Söhnen Erich II. und Wartislaw X. erst wenige Jahre zuvor Stettin das bedeutsame Privileg von 1449 verliehen, was machte es ihnen aus, jetzt den Stargardern beizustehen und den Stettinern mit Entziehung der zugestandenen Rechte zu drohen? So bestätigten sie am 14. Juli 1454 der Stadt Stargard alle ihre Privilegien über die freie Schiffahrt durch die Ihna bis ins Meer; würden der Herzog von Stettin oder die Stettiner sie bei Gollnow oder anderswo daran hindern, so versprachen sie jenen die Fahrt durch die Peene und Swine zu verweigern. Das sah sehr gefährlich aus, war aber nicht so schlimm. Schon im November 1455 gewann Stettin dadurch, daß es dem Wolgaster Fürsten eine Summe von 1000 Rhein. Gulden zu 7 % vorstreckte, eine Anerkennung der Zollfreiheit in dem Wolgaster Land. Dabei ist es nicht glaublich, daß die Stettiner einfach zusahen, wenn aus der Ihna Korn ausgeführt wurde. Daß der Rat von Stettin in dem neuen Hafen an der Ihna-Mündung, d. h. der Stelle, wo die Güter aus den Kähnen in größere Schiffe verladen wurden, immer eine unerlaubte Konkurrenzstätte des Stettiner Hafens sah und sich bemühte den Verkehr dort zu hindern oder durch Auslegung von Schiffen ganz zu sperren, ist auch für die Zeit anzunehmen, für die bestimmte Nachrichten nicht vorliegen. Stettin war damals eine wehrhafte Stadt, deren Bürger oder Kriegsknechte in Kampf und Streit lagen mit mecklenburgischen Herren und Rittern aus der Umgegend, die bei Beraubung von Warenzügen nicht nur mit Beschwerden oder, wie es damals gegen Herzog Ulrich von Mecklenburg geschah, mit dem Banne antworteten, sondern auch mit Selbstgewalt vorgingen. Wie die Stargarder im Herbst 1454 Stettinische Schiffe zu Wolgast hatten anhalten lassen und Leute angeworben hatten, diese zu überfallen und auszuplündern, so haben auch die Stettiner sich dies sicher nicht Jahre hindurch ruhig gefallen lassen. Sie legten der Kornausfuhr Stargards alle möglichen Schwierigkeiten in den Weg und nahmen 1458 Schiffe, die vor der Ihna lagen, in Arrest, ja raubten sie vielleicht auch aus. Der Kampf nahm bald schärfere Formen an, Schiffe wurden von beiden Seiten ausgesandt, Bürger hier und dort aufgegriffen, Waren beschlagnahmt, es entbrannte ein Handelskrieg, der in den Formen eines regelrechten Waffenganges geführt wurde. Daneben wechselte man Briefe und Schriftstücke. Der

Kurfürst von Brandenburg, Herzog Ottos von Stettin Vormund, beschuldigte Stargard der Neuerung, Herzog Otto bezeugte, daß die Beschlagnahme von Schiffen durch Stettiner mit seiner Zustimmung geschehen sei. Vor allem aber traten die Städte in Korrespondenz mit Lübeck, dem Haupte des großen Bundes, dem beide angehörten. Stargard sowohl, wie Stettin erklärten sich bereit, ihren Streit einem Schiedsgerichte der benachbarten Hansastädte zu unterwerfen, beide betonten jedoch sehr bestimmt ihren Standpunkt. Ehe indessen dies Schiedsgericht in Tätigkeit treten konnte, versuchten noch zwei Herren den Streit zu vermitteln. Im August 1458 teilte Fürst Adolf von Anhalt dem Rate zu Stargard mit, er sei vom Könige Friedrich zum Kommissar in Sachen des Herzogs Otto gegen Stargard ernannt worden, und zitierte ihn nach Zerbst, und bald meldete sich auch der Bischof Henning von Cammin und ernannte den Domherrn Frölich Westfal zum Richter. Man protestierte in Stargard gegen den königlichen Kommissar, nahm am 21. Oktober einen Vermittelungsvorschlag der städtischen Schiedsrichter von Stralsund, Greifswald, Anklam und Demmin an und reichte mehr oder weniger gut begründete Klageschriften ein. Es drehte sich um die Frage, ob Stargard für Korn das Stapelrecht Stettins innehalten müsse, und um die Klage über Gewalttaten. Solche scheinen häufiger vorgekommen zu sein, als in diesen Schriften erwähnt wird. Friedeborn, der Stettiner Chronist, erzählt, daß 1458 die Stettiner eines Tages in der Frühe Stargard mit bewaffneter Hand überfallen und geplündert, aber bald die Stadt wieder verlassen hätten. Wird von diesem Überfalle bei den Verhandlungen in den Jahren 1458 und 59 auch nicht ausdrücklich gesprochen, so kann er doch stattgefunden haben. Solche nachbarlichen Besuche mit bewaffneter Hand kamen oft genug vor, davon machte man nicht viel Aufheben. Derartige Gewalttaten gingen neben den Verhandlungen her und hätten sie kaum gestört, wenn nicht durch andere Umstände die Wirksamkeit der Schiedsrichter gehemmt worden wäre. Stralsund zog sich schon gegen Ende des Jahres 1458 von dem unerfreulichen Auftrage zurück. In Kolbatz wurde durch den Camminer Domherrn hin und her verhandelt, Lübeck suchte zu vermitteln und brachte auch am 8. Mai 1459 mit Hülfe anderer Städte einen vorläufigen Vergleich zustande, den für Stettin der Bürgermeister Albrecht Glinde und der Ratsmann Klaus Bandow annahmen. Doch auch hierdurch wurde der Streit nicht aus der Welt geschafft, er nahm vielmehr bald wieder recht gewalttätige Formen an, zumal da Stettin damals auch mit dem Herzoge Erich II. in Fehde lag und ihm am 28. Mai das Schloß Pritter und andere Orte an der Swine verbrannte. Unzweifelhaft ließ der Herzog von dort aus den Schiffen Stettins auflauern, da scheuten die Bürger nicht vor Selbsthilfe zurück. Im Anfange des Jahres 1460 nahm sich endlich Erich II. Stargards an und erklärte offen, daß er Stettin wegen seines Ungehorsams züchtigen wolle. Die Stadt erhielt zu gleicher Zeit Absagebriefe vom Herzoge, von der Stadt Greifenberg, vom Komtur von Zachan, sowie von mehr als 90 hinterpommerschen Adligen. Stettin fürchtete sich indessen nicht, sondern rüstete sich zur Gegenwehr, bestellte Reinhold von Scheningen zum Stadthauptmann und beantwortete Feindseligkeiten dadurch daß es gegen Untertanen des Herzogs, die Geschäfte mit Stettiner Bürgern hatten, ebenso vorging. Am 22. Februar aber wurde das Stettiner Zollhaus an der großen Reglitz von den Stargardern überfallen und niedergebrannt, auch das Stettiner Eigentumsdorf Bergland gründlich ausgeplündert. Einige Monate später erwiderten die Stettiner, diesmal von mecklenburgischen und pommerschen Herren unterstützt, den Besuch. Am 25. Juni drangen sie in die Stadt Stargard ein, mußten aber bald vor den zusammeneilenden Bürgern wieder weichen und mit erbeutetem Vieh abziehen. Gar zu rühmlich scheint diese Tat der Stettiner nicht verlaufen zu sein, sogar die lokalpatriotischen Berichterstatter haben allerlei daran auszusetzen. Durch solche und ähnliche Vorgänge wurde ein gütlicher Ausgang des Streites lange vereitelt. Jede von beiden Parteien warf ganz regelmäßig der andern vor, sie habe Schuld daran, daß der in Lübeck geschlossene Vergleich von 1458 nicht gehalten werde. Auch sonst fehlte es nicht an Vorwürfen und Klagen besonders auch Lübeck gegenüber, das immer wieder, nicht aus Interesse für Stettin oder Stargard, sondern aus Sorge um seinen eigenen Handel, zu vermitteln suchte. Ausgeglichen wurde der Streit damals nicht, Stettin behauptete seinen Rechtsanspruch gegenüber Stargard immer und setzte ihn auch schließlich durch. Die Ihnastadt konnte doch nur mit Mühe einen wirklichen Seehandel treiben, die Verschiffung auf den Flüssen, die Umladung in andere Fahrzeuge waren umständlich und kostspielig. Aber die eigenartigen Wirtschafts- und Handelsverhältnisse der mittelalterlichen Städte brachten es mit sich, daß jede Gemeinde, die es nur irgend möglich machen konnte, sich einen Zugang zum Meere schaffen wollte. Als allmählich eine territoriale Wirtschaftspolitik an die Stelle der lokalen zu treten begann, da hörte dies Bemühen von selber auf. Für Stettin war der Kampf mit Stargard, wenn er sich auch noch bis ins 18. Jahrhundert hinzog, nicht von sehr tiefgehender Bedeutung. Die Erbitterung und der Konkurrenzneid scheinen zwar auf beiden Seiten oft groß gewesen zu sein, daß aber Stargard der Oderstadt für ihren Seehandel ernstlich gefährlich werden konnte, das hat doch niemals selbst der kleinmütigste Bürger geglaubt.

Kleinmut war aber um die Mitte des 15. Jahrhunderts durchaus nicht eine Eigenschaft der Bürger oder, vielleicht besser gesagt, des Rates. Gewiß waren nicht alle die wackeren Handwerker oder ehrbaren Kaufleute Kriegshelden, die sogleich mit dem Schwerte dreinschlugen, aber sie waren zum großen Teile gewohnt, mit ihm umzugehen und namentlich, wenn es sich um das eigene Gut handelte, tapfer zu streiten. Stärker vielleicht noch als die persönliche Tapferkeit im Kampfe waren der Mut, die Entschlossenheit und die Zähigkeit im Handeln. An dem, was man für sein Recht ansah, hartnäckig festzuhalten, sich vor Fürsten und Herren nicht zu beugen, das scheint auch charakteristisch zu sein für die Stettiner Ratsherren jener Zeit. Mit dem Marienkapitel geriet man damals wegen allerlei Gerechtsame, namentlich auch wegen des Fischereirechtes in Streit. Der Erzbischof von Magdeburg versuchte zu vermitteln, aber das Kapitel sprach die Exkommunikation der Ratsherren und das Interdikt über die Stadt aus. Dabei geschah es, daß Bürger sich im Zorn an Geistlichen vergriffen, so daß eine „Papenflucht“ erfolgte. Die Sache ging bis an die päpstliche Kurie. Am 13. Januar 1462 beauftragte Pius II. den Bischof von Cammin mit der Aufhebung des Interdiktes und der Untersuchung der Angelegenheit; wenn eine Einigung nicht binnen sechs Wochen zustande komme, solle er von neuem das Interdikt über die Stadt verhängen. Wir wissen von dem Verlaufe dieser Untersuchung nichts, aber es scheint eine vorläufige Einigung zwischen dem Rat und dem Domkapitel erreicht worden zu sein. Dabei blieb freilich noch mancher streitige Punkt ungelöst. Auch hier fochten, wie es scheint, Rat und Gemeinde tapfer ihre Rechte durch. Neue schwere Kämpfe in der Stadt und um sie brachen aus, als am 7. September 1464 der junge Herzog Otto III. von Stettin ins Grab sank, ohne Erben zu hinterlassen.

Das Jahrhundert, dessen Verlauf für Stettin hier geschildert ist, bedeutet den Höhepunkt der mittelalterlichen Entwickelung der Stadt. In ihrem Umfange, ihrem Äußern, in der Verwaltung, in dem wirtschaftlichen und sozialen Leben haben sich in diesem Zeitraum die Verhältnisse und Zustände gebildet, die, zwar in manchen Einzelheiten verändert, doch lange Zeit bestanden haben und schließlich für die Gemeinde verhängnisvoll geworden sind. Ein Bild Stettins aus der Zeit um 1400 zu entwerfen, ermöglichen uns nur wenige Reste der Vergangenheit, viel weniger als in anderen Städten. Von der Stadtmauer mit ihren Türmen und Toren, ihren Wiekhäusern und Wasserpforten ist so gut wie nichts erhalten, ein einziger Turmrest vertrauert sein Dasein auf einem Hofe der Baumstraße. In diesem Zeitraum zumeist sind die ehemals so stattlichen Wehrbauten entstanden, an ihnen mögen auch die beiden Stettiner Baumeister gearbeitet haben, deren Namen an Bauwerken in Brandenburg a. d. H. erhalten sind, die Meister Heinrich Brunsberg und Nikolaus Kraft. Jedenfalls waren beide in den ersten

Abb. 2. Türklopfer der Schloßkirche.

Jahrzehnten des 15. Jahrhunderts in ihrer Heimat tätig. Zusammen mit oder nach ihnen arbeiteten dort an den Bauten der Stadt andere Meister, z. B. Jürgen der Stadt „Muremester“ oder Niklaus der Stadt „Tymmermann“. Wann im einzelnen die Mauern und Tore so ausgebaut sind, wie wir sie auf den ältesten Darstellungen noch im 16. Jahrhundert sehen, wird sich nicht bestimmt angeben lassen. Es ist auch immer wieder daran gebessert und erneuert worden. Die eigentlichen vier Stadttore waren schon bald nach 1400 stattliche Wehrbauten mit Außenbefestigungen, vor dem Passowschen und dem Mühlentore werden 1421 und 1425 eine oder zwei „Hameiden“, d. h. Anlagen zur Abwehr, erwähnt, die sich jenseits des Stadtgrabens befanden. Stärker befestigt wurden sie erst später; 1467 wurde die neue Bastei vor dem „Heil. Geistes Tor“ und 1472 „die Bastei vor dem Mühlentore aufgelegt und der Graben vor dem Passower Tor“. Es ist erklärlich, daß man gerade in dieser unruhigen Zeit die Stadt auf jede mögliche Weise zu sichern und zu befestigen suchte. Auch nach der Oder zu wurde damals die Mauer verstärkt und die Wasserpforten wurden, wie es scheint, vermehrt. Wir hören von neun solchen Toren, von dem „Bomdore“ an der zum Fußgängerverkehr bestimmten Baumbrücke bis zum „Mönnekendore“ bei dem Franziskanerkloster. An und auf der Mauer standen Wiekhäuser, die zumeist von Stadtdienern als Wohnungen benutzt wurden, aber ebenso wie die Mauertürme zur Verteidigung dienten. Die Zahl beider anzugeben ist für diese Zeit, in der noch vieles geändert und umgebaut wurde, nicht möglich, sie wird aber nicht klein gewesen sein. Hinter der Mauer befand sich nur ein schmaler Gang. Die Häuser reichten ziemlich nahe an sie heran, wie wir es z. B. von den Höfen des Bischofes von Cammin an der kleinen Domstraße und des Kolbatzer Abtes am Rosengarten oder von dem festen Schlosse der Herzoge wissen.

Auch vor dem Graben und dem Walle, der die äußerste Schutzwehr der Stadt war, lagen einzelne Häuser und die Vorstädte der „oversten Wiek“ oder der „Frauenwiek“ am Frauen-Tor. Am heiligen Geistberge und vor dem Passower Tore befanden sich ebenfalls Gebäude. Innerhalb der Mauer war die Stadt nach und nach ausgebaut worden, die Zahl der steinernen Gebäude, der Häuser, Buden und Keller, nahm bedeutend zu, und manch stattlicher Bau der wohlhabenden Familien mit hochragenden Giebeln, Vorbauten und großen Hintergebäuden wurde in dieser Zeit errichtet. Das Rathaus am Heumarkt ist damals ausgebaut, wahrscheinlich in der Form, die es dann Jahrhunderte hindurch bewahrt hat; auch von diesem gotischen Bau zeugen nur noch die dürftigsten Reste. Die Gewerke bauten sich die für ihren Gewerbetrieb oder den Handel notwendigen Baulichkeiten, Sellhäuser, Speicher, das Küterhaus, das Wandhaus in der Roßmühlenstraße, in der auch die älteste Apotheke der Stadt lag. An dem Bau der Kirchen und Klöster war man in dieser Zeit ebenfalls mit großem Eifer tätig, namentlich bald nach 1400 an St. Jakobi. Damals wurden der Umgang um den hohen Chor und die niedrigeren Seitenschiffe hergestellt. Mit zwei stattlichen Türmen ragte die Kirche stattlich empor, doch 1456 stürzte der südliche ein, ein Beweis dafür, daß man in dieser Zeit der eifrigsten Bautätigkeit bisweilen wenig sorgfältig in der Ausführung vorging. Ebenso war man an St. Marien, St. Nikolaus und den kleinen Kirchen oder Kapellen, den Hospitälern und Klöstern mit Bauten beschäftigt, es lassen sich jedoch, da von all diesem kaum etwas erhalten ist und nur einzelne, nicht immer deutliche Notizen auf diese Tätigkeit hinweisen, Einzelheiten nicht angeben. Das einzige erhaltene Privathaus, das in seiner Anlage in diese Zeit zurückgeht, ist das Prioratshaus bei Jakobi, das im Innern ganz verbaute alte Pfarrhaus der Kirche.

In der Stadt, die in ihrem Äußeren sich von anderen nur wenig unterschied, auf den engen, oft recht unsauberen Straßen, den nur zum Teil gepflasterten Märkten, auf und an dem Flusse spielte sich ein reiches Leben ab, reich an Arbeit und Mühe, reich an Lust und Freude. War die Stadt auch nur klein, der Gesichtskreis der Bewohner nicht weit, so waren doch die Lebensformen recht mannigfaltig und zeugten von reger Tätigkeit, emsigem Fleiß und sorgfältiger Ausnutzung der vorhandenen Kräfte. Dabei war freilich dem einzelnen sein Wirkungskreis eng begrenzt, freie Entfaltung des Individuums ließ der Geist der Zeit kaum je zu, aber gerade dieser Zwang, der bis ins einzelne ging, ermöglichte es, auf kleinem Gebiete etwas zu leisten oder wenigstens den Lebensunterhalt sicher zu finden. Die Bestimmungen und Gesetze, die dem Kaufmann, dem Handwerker, jedem Bürger ganz feste Schranken setzten, wurden nicht als drückend empfunden. Der Schutz, den jede ehrliche Arbeit fand, die Fürsorge der Stadtverwaltung, die jedem Bewohner zuteil wurde, waren in jenen unruhigen Zeiten eine Wohltat.

Der Rat hatte bei den langen Kämpfen und Streitigkeiten schließlich doch seine beherrschende Stellung in der Gemeinde behauptet. Die Zahl seiner Mitglieder betrug gewöhnlich 28, von denen aber jedes Jahr nur 16 den sitzenden oder geschäftsführenden Rat bildeten, während 12, so zu sagen, beurlaubt waren. Die Umsetzung fand vor dem 1. Mai statt; an diesem Tage ergänzte sich der Rat durch Neuwahl, wählte diejenigen, die für das nächste Jahr wirklich mit tätig waren, und verteilte die Ämter. Bei diesem etwas umständlichen Verfahren wurden jedesmal zunächst 12 Mitglieder, die im vorigen Jahre nicht im Rate gesessen hatten, zur Geschäftsführung ausgewählt und dann 4 aus dem bisher sitzenden Rate auf ein zweites Jahr wiedergewählt. Zu diesen gehörten der Regel nach je ein Bürgermeister und ein Kämmerer, sie sollten gewissermaßen die Tradition im Rate wahren und die Fortführung laufender

Geschäfte erleichtern. Nach zweijähriger Amtstätigkeit hatten diese dann eine Ruhepause von einem Jahre. Die beiden wichtigsten Ämter der Bürgermeister und des Kämmerers wurden fast regelmäßig von denselben 3 Männern verwaltet, die nach einigen Jahren der Mitgliedschaft dazu berufen und dann meist bis an ihr Lebensende immer wieder gewählt wurden. Bei den anderen Ämtern wechselte man dagegen mit den Personen ziemlich häufig, weil es bei diesen nicht so sehr auf bestimmte Fachkenntnisse ankam. Manchmal kamen auch in dieser Periode Abweichungen von der üblichen Wahl vor. Es wurden bisweilen statt 4 auch wohl 5 von den Mitgliedern des sitzenden Rates wiedergewählt, es ist auch vorgekommen, daß ein Ratsherr drei Jahre hintereinander mitsaß. Im allgemeinen aber hielt man streng an der Art der Umsetzung fest, die sich im Anfange des 15. Jahrhunderts herausgebildet hatte. Vom Jahre 1413 an liegen die Verzeichnisse der gewählten und wiedergewählten Mitglieder des Rates für die meisten Jahre vor. Die Änderungen, die in einzelnen Jahren vorgenommen wurden, deuten darauf hin, daß es bei der Wahl oder bei der Verteilung der Ämter nicht ohne Streit abgegangen ist. Die zum Ersatze für die ausgeschiedenen Mitglieder neu gewählten Ratsherren gehörten zumeist dem Stande der Kaufleute an, doch konnte auch ein Handwerker in den Rat kommen, nur war es Sitte, daß er dann sein Handwerk nicht weiter betrieb. Ein eigentliches Patriziat, d. h. eine bestimmte Anzahl von Familien, aus denen der Rat seine Mitglieder nahm, gab es in Stettin nicht. Wenn auch manche Namen in den Verzeichnissen oft wiederkehren, ja auch wohl zu gleicher Zeit Vater und Sohn im Rate sitzen, so tauchen doch immer neue Namen auf, und neue Familien finden Vertretung in der höchsten Stadtbehörde. Im 15. Jahrhundert sind nach den vorhandenen, wie es scheint nicht ganz vollständigen Verzeichnissen, Angehörige von etwa 110 Geschlechtern im Rate vertreten, und nur wenige, wie von Affen, Paul, Vorrat, Wardenberg, Beringer, Goldbeck, Wigger, von Borcke, Fuge, Quast, Loytz, Glinde, begegnen uns häufiger.

Die zum ersten Male gewählten Mitglieder hatten eine stattliche Festlichkeit auszurüsten. Da sie aber immer teuerer wurde und für die neu zum Rate Gekorenen eine starke Belastung bildete, schaffte man 1455 die „Ratsköste" ab. Es wurde bestimmt, daß die neuen Ratsherren 30 Rhein. Gulden zur Verteilung an die älteren Mitglieder und Beamten des Rates zahlen und ein Kleinod von 2½ Mark Silber „geformeret und geschicket in einen sulvernen Kopf edder Schower (= Becher) up dat beste und zierlikeste utgerichtet stiften sollten. Die Bezüge der Ratsmitglieder waren in dieser Zeit nicht beträchtlich. Die Entschädigung, die sie für ihre Amtsführung bezogen, bestand in der Befreiung von einigen Steuern und Diensten, in einem bestimmten Deputat an Lebensmitteln oder Holz und in einigen anderen Emolumenten. Daß aber die Ratsherren auch sonst manche Vorteile genossen, ist nicht zu leugnen, allein der Ehre halber haben die meisten die Bürde nicht auf sich genommen. In dem sitzenden Rate befanden sich 2 Bürgermeister und 2 Kämmerer. Zwei Ratsherren hatten als Weinherren die Aufsicht über den Ratsweinkeller, 2 Vögte die Gerichtsbarkeit in dem städtischen Eigentum, 2 Ziegelherren die Fürsorge für die Bauten, 2 Mühlenherren mußten die städtischen Mühlen, 2 Dammherren den großen Damm, der durch das Odertal nach Osten führte, beaufsichtigen, und 2 Wetteherren waren Vorsitzende des Wettegerichtes, das bei Handelsstreitigkeiten zu entscheiden hatte. Seit 1428 bisweilen und von 1442 an regelmäßig bekleideten 2 Ratsherren das Amt der Fischherren, während das der Mühlenherren einging.

Bei dem jedesmaligen Eintritt in den sitzenden Rat hatte jeder Herr den Eid zu leisten: Dat ick van dessem Dage wente to Sunte Philippi und Sunte Jacobi (1. Mai) der Stad Ere, Beste und Vramen beweten wil, alse ik alderbeste kan und mach und alse myne Synne und Witte toseggen, und wes men in Rades Wise handelt, dat wil ik nergende seggen, wen dar id sik van Rechte wegen geboret, und dat ik nicht nyges anheven wil, id sy denne mit des Rades Wille. Alse my God helpe.

In den Geschäften, die den Ratsherren oblagen, wurden sie nur von einem kleinen Personal von Beamten unterstützt. Der Stadtschreiber, oft ein Geistlicher, mit einigen Gehülfen, mehrere Stadtknechte zur Bedienung der Herren und Ausführung der ihnen erteilten Aufträge, ein Marktmeister, Zöllner, Landreiter, ein „Löper“ und „Brefdreger“, das waren in dieser Zeit etwa die Beamten, die der Verwaltung zur Verfügung standen. Die reisigen Knechte, die zum Schutze der Stadt angeworben wurden, und die von ihr beschäftigten Handwerker, wie der Stadt-Mauer-, Zimmer- oder Ziegelmeister, der Armbosterer u. a. m., waren nicht im eigentlichen Sinne Beamte, sondern nur zeitweise von der Stadt beschäftigt. Mit solchen schloß man besondere Verträge auf ein oder zwei Jahre, wie z. B. der Rat am 1. April 1462 Hans Wrege zu seinem Dienstmann annahm; „wo de Rad siner to behuvede, is were to Water efte to Lande, dar scholde he sik gutwillich inne finden laten“. Dafür erhielt er 100 Mark Finkenaugen, freie Wohnung, ½ Last Roggen, 1 Wispel Malz,

6 Faden Holz, 1 Tonne Fleiſch, 1 Viertel Butter und Haltung von 2 Pferden. Ihm wurde vom Rate das Schloß zu Vierraden, das der Stadt Stettin verpfändet worden war, zur Verwaltung übertragen und der Dienſtvertrag am 1. Oktober 1462 auf ein weiteres Jahr erneuert. Später (1465) übergab der Rat das Schloß an Heinrich Wuſſow gegen die Verpflichtung einer jährlichen Abgabe von 100 Mark.

Die Befugniſſe und Rechte des Rates waren ſehr weitgehend, ja faſt unbeſchränkt. Verwaltung, Polizei und Rechtſprechung lagen ihm ob, und er hatte auf allen dieſen Gebieten auch die Befugnis, allgemein gültige Verordnungen und Beſtimmungen zu erlaſſen. Wir lernen ſie aus den „Burſpraken“ dieſer Zeit kennen. In jedem Jahre zweimal, am Walpurgis- (1. Mai) und am Michaelis-Tage (29. September), wurde der auf dem Heumarkte verſammelten Gemeinde vom Rathauſe aus eine Bekanntmachung des Rates verleſen, in der die für die Bürger gültigen Beſtimmungen enthalten waren. Dieſe Burſpraken, deren Texte aus den Jahren von 1411 bis 1480 ziemlich vollſtändig erhalten ſind, waren anfänglich recht kurz, wurden aber allmählich ausführlicher. Es iſt nicht ohne Intereſſe, zu beobachten, wie immer mehr Gebiete des wirtſchaftlichen, häuslichen oder perſönlichen Lebens der polizeilichen Aufſicht des Rates unterſtellt wurden. „Der Rat gebietet“ oder „der Rat verbietet“, ſo beginnen die einzelnen Beſtimmungen der Burſpraken und ſchließen mit der Drohung: „De Rad wil sinen Broke (= Strafe) nehmen“ oder „De Rad wil id richten“. Geboten wird, daß jeder Bürger ſich mit dem nötigen Brotkorn verſehe, den Schoß zur rechten Zeit zahle, die Straßen rein halte, „dat en Naber to dem andern kamen möge“, auf ſein Feuer achte, ſeinen Harniſch bereit halte, die ihm obliegende Wachtpflicht erfülle, ſeine Schweine aufs Feld treibe uſw. Aber nicht nur zur Beobachtung ſeiner äußerlichen Pflichten wird er ermahnt, nein, er ſoll auch vorſichtig in ſeiner Rede ſein und nicht ſchelten oder räſonieren. De Rad de but, dat he hebben eine havesche Mund, ſo heißt es jedesmal in der Burſprake. Verboten werden falſches Maß, Gewicht, ungültige Münze, zu lange Meſſer (das Maß für die erlaubten hängt am Rathauſe); nicht geſtattet ſind Vorkauf, d. h. Kauf von Korn u. a. vor den Toren der Stadt, Ausfuhr von Getreide und von Mehl ohne Erlaubnis des Rats, Auszapfen von fremdem Bier außerhalb des Stadtkellers, der unbeſchränkte Handel mit Fremden uſw. Im einzelnen erfahren dieſe Beſtimmungen im Laufe der Zeit natürlich Veränderungen. Seit 1442 richtet der Rat ſeine beſondere Aufmerkſamkeit auch auf den Fiſch- namentlich Heringshandel und die Behandlung des Weins; niemand ſoll den Wein zapfen, bevor er ſich geſetzt habe, oder alten

Wein zu neuem miſchen. Je nach Umſtänden wird die Ausfuhr von Korn verboten oder auf Zeit erlaubt. Über den Verkehr von Leichterfahrzeugen auf dem Stettiner Gebiete in Schonen, über den Verkauf von Stockfiſch und Hering enthält beſonders die Burſprake von 1448 Beſtimmungen. Dort wird den Bürgern auch geboten, den Steinweg vor ihren Häuſern und Wohnungen nicht zu ändern, ſondern ihn zu erhalten. Schweinekoſen werden 1456 verboten, wüſte d. h. unbebaute Stätten ſollen nach dem Gebote des Rates (1459) bebaut werden, Schlamm, Miſt, Kehricht dürfen nicht auf die Straßen und Plätze getragen werden (1462). In einem Jahre (1456) werden wieder ganz beſonders eingehende Verordnungen über den Wein getroffen, Gubenſcher darf nach Martini nur von anſäſſigen Bürgern gezapft, fremder Wein nicht ohne des Rates Wille angeſteckt werden. In anderen Jahren (z. B. 1464) wird Fürſorge für den Kornhandel getroffen, vor allem ſoll die eigene Bürgerſchaft ſich verſorgen und einkaufen, keiner dem andern ſein Brot verteuern, und der Gaſt (Fremde) darf erſt handeln, wenn die Einheimiſchen das, was ſie nötig haben, erworben haben. Es war eine ganze Reihe von Geboten oder Verboten, die der Bürger des 15. Jahrhunderts zu beachten hatte, wenn er nicht Geldſtrafe zahlen oder vor Gericht ſtehen wollte. Seine perſönliche Freiheit war in ganz anderer Weiſe eingeſchränkt, als es heute der Fall iſt. Überall umgaben ihn Geſetze und Vorſchriften, überall Strafen und Drohungen, und wenn der Rat auch die Burſprake mit den Worten ſchloß: De Rad de danket juw, dat gy ere Word willichliken gehoret hebben, ſo klang doch immer wieder durch: we dat nicht deit, de Rad wil id hochliken richten. Er hatte neben polizeilicher zugleich auch richterliche Befugnis. Er konnte Verordnungen oder Konſtitutionen erlaſſen, wie er z. B. 1464 eine auf lange Zeit gültige Beſtimmung über das Erbrecht traf, in der das Heergewede und die Rade, d. h. die Anteile des Mannes und der Frau an einzelnen Gegenſtänden des Nachlaſſes, für Stettin feſtgeſetzt wurden. Auf Tafeln, die im Rathauſe aufgehängt waren, ſtanden dieſe und ähnliche Ordnungen verzeichnet.

Das Stadtgericht gehörte ſeit 1378 zu zwei Dritteln der Stadtgemeinde, zu einem Drittel den Wuſſow. Beſetzt wurde es durch die Schöffen, zu denen man ausſchließlich Mitglieder des Rates wählte. Die Leitung hatte einer der Vögte, und ihm ſtanden ein Schreiber und ein Diener zur Verfügung. Neben ihm konnte auch der Unterſchulze der Wuſſow zugegen ſein. Sie hatten in Zivil- und Kriminalfällen die Rechtſprechung, während einzelne Angelegenheiten, wie ſie in den Burſpraken erwähnt wurden, der Juriſdiktion des Rates allein unterstanden. Die Gerichtsgefälle wurden zwischen der Stadt und den Wussow geteilt. Über das Verfahren in Prozessen, bei denen oft eine vierfache Klage nötig war, geben die erhaltenen Gerichtsbücher nur mangelhafte Aufklärung. Der sogenannte eblir querelarum, der für die Jahre 1400—1426 erhalten ist, enthält nur ein Verzeichnis der Klagen, die an den bestimmten Gerichtstagen (21 oder 22 Montagen im Jahre) vorgebracht sind. Es handelt sich um Streitigkeiten über Handelsartikel, wie Korn, Wein, Mehl, Holz, Flachs, Teer, Hering, Fleisch, Laken u. a. m., über allerlei Hausgerät oder Kleidung, um Erbschafts- oder Vormundschaftssachen, aber auch um Mißhandlungen, Gewalttaten oder Beleidigungen. Die Urteile sind in dem Buche nicht verzeichnet. Vom Schöffenstuhle in Magdeburg wurden wiederholt Rechtsbelehrungen eingeholt. In dem Gerichtsregister finden sich auch recht zahlreiche Akte der sogenannten freiwilligen Gerichtsbarkeit, Auflassungen (upbedinghe), Verschreibungen, Testamente, Vollmachtserteilungen u. a. m. Alles dies wurde im Wortlaut in die Schöffenbücher eingetragen, die nicht erhalten sind. Bei der großen Bedeutung, welche die Kirchen und geistlichen Stiftungen mit ihrem großen Grund- oder Kapitalbesitze für den Geldverkehr hatten, wurde für alle gerichtlichen Verhandlungen, bei denen jene beteiligt waren, 1373 ein eigenes Buch der geistlichen Verlassungen angelegt. Es ist in zwei Teilen für die Jahre 1373—1522 erhalten und gibt reiches Material für unsere Kenntnis der inneren Verhältnisse der Stettiner Stadtgemeinde. Wir sehen deutlich, wie groß der Einfluß der geistlichen Körperschaften auf das Wirtschaftsleben war, nicht allein durch ihren Besitz an Häusern und Grundstücken in der Stadt, sondern auch durch die Anlegung und Verwertung ihres Barvermögens. Sie stellten die größte, ja vielleicht die einzige große Geldmacht dar, die durch ihre Renten oder Hypotheken fast die ganze Bürgerschaft beherrschte. Diese Gerichtsbücher inhaltlich auszunutzen oder auch nur nach ihnen das Verfahren bei den gerichtlichen Verhandlungen darzustellen, ist hier nicht möglich, aber eingehende Untersuchungen würden uns einen tiefen Blick in die wirtschaftlichen Zustände Stettins im 15. Jahrhundert tun lassen. Ein anderes Verlassungsbuch, in dem ganz allgemein bürgerliche Auflassungen aufgezeichnet sind, beginnt mit dem Jahre 1495 und ist nur bis 1523 erhalten. Anfänglich machten die Schreiber die Aufzeichnungen auf den Pergamentblättern in lateinischer Sprache, doch bereits vor 1400 findet die niederdeutsche immer häufiger Verwendung.

Niederdeutschen Ursprungs war die Bürgerschaft. Sie erhielt auch in diesem Zeitabschnitte noch umfangreiche Ergänzung aus der alten Heimat, wie nicht nur einzelne neue auftretende Namen beweisen, die jetzt schon vollkommen den Charakter der Familiennamen annahmen, sondern auch Beziehungen zu Westfalen oder dem Niederrhein zeigen, die hin und wieder bei Rechtsgeschäften hervortreten. Allmählich aber hörte dieser Zufluß naturgemäß auf, die Bürgerschaft ergänzte sich aus sich selbst oder erhielt Zuwachs aus den benachbarten Orten, seltener aus entlegeneren Gegenden. In Zeiten zahlreicher Sterbefälle, die im 15. Jahrhundert häufig eintraten, kamen neue Einwanderer in größerer Zahl herbei, entweder herbeigerufen von Freunden oder Bekannten, die ihnen ein gutes Fortkommen und reichlichen Verdienst versprechen konnten, oder auch auf der Wanderung als Handwerksburschen. Um hier ihr Gewerbe treiben zu können, mußten sie das Bürgerrecht erwerben. „De Rad de but, dat hir neen Gast leng schole liggen wen Was unde Wadel (= Monat); welk Gast hir leng licht, de Rad wil sinen Broke nemen“ (1430) oder schal sin Schot geven van allem Gude, dat he hantiret, bi gesworen Eden und schal alle Unplicht, di de Borger don, mede utstan geliken unsen Medeborgern (1442)“. Vortmer but de Rad, dat ein jewelik, de hir Jar und Dach togeholde und gewonet heft, dat he sin Schot geve und winne de Borgerschop und doe Borgerrecht, edder de Rad wil er Schot utpanden laten und darto sinen Broke nemen“ (1445). So bestimmen die Bursprafen. Wer das Bürgerrecht gewinnen wollte, mußte ein Einschreibegeld zahlen, zwei Bürgen stellen und den Eid leisten; auch war Bedingung, daß er Eigentum in der Stadt erwarb. Der Name der neu aufgenommenen Bürger wurde in das Bürgerbuch eingetragen, anfänglich mit Hinzufügung seiner Bürgen (fideiussores), später ließ man diese fort. Der älteste Teil des erhaltenen Bürgerbuches umfaßt die Jahre 1422 bis 1603; ob es damals erst angelegt worden ist, bleibt unsicher. Wir können aus ihm für die einzelnen Jahre feststellen, wie viele neu Eingewanderte und Bürgersöhne, die ebenfalls die angeführten Bedingungen erfüllen mußten, das Bürgerrecht erworben haben. Bis zum Jahre 1465 schwankt die Zahl zwischen 14 und 185. Diese Höhe wurde 1453 erreicht, ohne daß wir erkennen können, was der Anlaß zu dieser großen Zunahme war. Im Durchschnitt sind es etwa 40 jährlich. Die Heimat oder der Stand werden bei den ältesten Eintragungen nur unregelmäßig angegeben. Es werden genannt Einwanderer aus Stargard, Prenzlau, Arnswalde, Gollnow, Pasewalk, Greifenhagen, Garz, Dramburg, Neuwarp, Treptow, Nörenberg u. a., aber auch aus Frankfurt, Magdeburg, Danzig. Von bekannten Namen seien, ohne daß im einzelnen anzugeben ist, ob ihre Träger eingeboren oder zugewandert sind, in Kürze erwähnt Glinde, Lotze, Rosenow, Hellewich, Jageteufel, Kantzow, Loytze, Friedrich, Brunsberg, Hovesch, Pyl, Wegener, Swave, Wittenborch usw. Die Angaben über Stand und Gewerbe (meist in lateinischer Bezeichnung) geben uns eine Vorstellung von der Mannigfaltigkeit der Gewerbe, die in einer mittelalterlichen Stadt betrieben wurden. Da sind eingetragen in bunter Reihenfolge Pelzmacher, Leineweber, Maler, Goldschmiede, Maurer, Schneider, Böttcher, Knochenhauer, Reepschläger, Fuhrleute, Barbiere, Schmiede, Schuster, Lichtemacher, Riemschneider, Pantinenmacher, Harnischmacher, Töpfer, Gerber, Schwertfeger, Kistenmacher, Tuchscherer, Nadler, Bäcker, Bader, Kesselflicker, Scherenschleifer, Gürtler, Uhrmacher, Schiffbauer, Kürschner, Korkenmacher usw. Weiter finden sich Apotheker (1431), Münzmeister, Krämer, Bauleute (= Landwirte), Fuhrleute, Schiffer, Schreiber, Köche, Kaufleute, Krahnführer, Träger, von denen 1453 eine besonders große Zahl aufgenommen wird. Nur selten wird die Wohnung der Neubürger genannt, wir finden aber erwähnt, daß sich 1453 nicht weniger als 35 auf der Oberwiek, 12 auf der Niederwiek, 3 bei St. Gertrud, 6 auf der Lastadie, 3 auf der heil. Geist-Wiek, je einer am Störfang und im Splitthofe niederließen. 1443 wurden Bürger der Zöllner auf dem Berchfrit (einem Stadtturme) und der Türhüter im Rathause, 1450 der Küfer im Stadtkeller, 1451 Klaus Molner im Bernauer Keller, 1462 Heinrich Wegner auf dem Küterhause u. a. m.

Zu den Pflichten der Bürger gehörten der Wachdienst und „vorme Dore to sittende“, wie es in den Burspraken heißt, sowie die Verteidigung der Stadt in Notfällen, wozu Wehr und Waffen bereit zu halten waren. Gehorsam gegen den ehrsamen Rat wurde immer wieder eingeschärft. Er ist die oberste Behörde für die Bürger; dem Landesfürsten treu und gehorsam zu sein, ist für sie, wie es scheint, minder wichtig, doch wird bei der Verkündigung der Bursprake von Michaelis 1428 den Bürgern auch eine herzogliche Münzordnung mitgeteilt. Ok is et ein Seede und eine Wanheit, dat wi uns plegen to beschattende des Jares ens Schot to gevende 6 Schill. to Vorschote und van dem Punde 2 Penninge, heißt es 1411 und in späteren Burspraken, wir wissen aber von der Steuerpflicht der Bürger aus dieser Zeit zu wenig, als daß wir angeben könnten, wie dieser Schoß erhoben wurde und ob andere Abgaben zu leisten waren. Im Gerichte unterstand der Bürger nur dem der Stadt. De Rat but, dat nymant sines sulves Richter sin schole, men ein jewelik schal sik alhir an Borgerrechte genügen laten, und nemant schal den andern in utwerdich Gerichte teen edder Sake up em vorgeven bi ener lodegen Mark Sulvers

(1456). Ob eine Berufung an das fürstliche Hofgericht erlaubt und möglich war, ist zweifelhaft, es scheinen aber derartige Fälle auch bereits in dieser Zeit vorgekommen zu sein.

Den Pflichten der Bürger, die noch mannigfaltiger gewesen sein mögen, als hier angegeben werden kann, stehen die Rechte gegenüber. Sie genossen vor allem den Schutz der Stadt und ihrer Privilegien. Ihr Eigentum war ihnen gewährleistet, sie konnten ihren Handel und ihr Gewerbe sicher treiben, soweit es die Statuten des Rates oder die Bestimmungen ihrer Gilde und Brüderschaft gestatteten. Das Bürgerrecht machte sie frei von Abgaben und Diensten, die etwa den Landesherren zu leisten waren; dafür zahlte die Stadt die jährliche Orböre. Einen gewissen, aber nicht genau begrenzten Anteil an der Stadtverwaltung hatte die Bürgerschaft, wie bereits erzählt worden ist, schon ziemlich früh. Seit 1416 wählte der Rat jährlich aus anfangs 11, später auch 12 Gewerken, zwei bis vier Alterleute aus, die neben den Vertretern der Kaufmannschaft oder den Schöffen bei wichtigeren Angelegenheiten zur Beratung hinzugezogen wurden; es waren 24 bis 28 Repräsentanten des Handwerksstandes. Wie die Gemeinde danach strebte, Einfluß im Stadtregimente zu gewinnen, zeigen besonders die Unruhen von 1428, es wurde aber durch diese Bewegungen die aristokratische Stadtverfassung im ganzen nur wenig beschränkt. Wie wir bereits gesehen haben, lag es ganz im Belieben des Rates, die Bürgervertreter zu den Verhandlungen hinzuzuziehen oder bei Seite zu lassen. Daher bedeutete die Formel im Anfange feierlicher Urkunden „Wy Borgermeister und Rat, Schöpen, Olderlude des Kopmann, Werke und ganze Menhet to Stettin“ nicht viel mehr als ein Prunken mit stolz klingenden Worten.

Unter den Bürgern bildeten die Kaufleute die vornehmste Klasse. Ein Großhandel in modernem Sinne bestand nicht, jeder Kaufmann beschränkte sich auf den direkten Einkauf von Waren, die er in nicht allzugroßen Posten wieder absetzte. Trotzdem schied er sich streng von dem Krämer, der in der Stadt den Kleinverkauf betrieb. Auch der Stettiner Kaufmann fuhr zu Schiff oder zu Wagen hinaus, um z. B. von Schonen Heringe, von Norwegen oder Schweden Stockfische, von Flandern Tuch, von Frankfurt a. O. und Guben Wein, aus Polen Getreide, aus dem Osten und Süden die mannigfachsten Waren einzuholen und dann in der Heimat weiter zu verhandeln. Im einzelnen die Gebiete anzugeben, bis wohin er vordrang, ist nicht möglich. Aus den wenigen Schriftstücken, die uns aus jener Zeit erhalten sind und einen Einblick in den kaufmännischen Verkehr Stettins gestatten, geht nicht deutlich hervor, welche Waren außer denjenigen, nach denen überall Nachfrage war, hauptsächlich auf den Stettiner Markt kamen, es scheinen aber besonders Fische, Holz, Salz und Wein gewesen zu sein. Nachrichten liegen vor über Handelsverkehr mit den nordischen Ländern, Flandern, England, Danzig, Thorn, Elbing, Königsberg, Riga, Reval, mit Frankfurt a. O., Breslau, Polen, während Angaben über Handelsbeziehungen mit West= oder Mitteldeutschland fehlen. Sicher haben aber in beschränktem Umfange auch solche bestanden, obwohl Stettins Hinterland eigentlich mehr im Osten lag; es umfaßte vornehmlich das Odergebiet in weitem Sinne. Daß die Stadt hier in Konflikt mit Frankfurt kam, ist bereits erzählt worden. Auch suchten die Stettiner, als die Mark Brandenburg mit Polen in Feindschaft geriet, in diesem Lande festen Fuß zu fassen. Sie erreichten 1390 die Festlegung und Erneuerung der alten Straße über Zantoch. Freilich gerieten sie darüber wieder in Streit mit dem deutschen Orden, der von dem direkten Handelsverkehr zwischen Stettin und Polen nichts wissen wollte. Trotz aller Beschwerungen und Hindernisse, die der Handel Stettins erfuhr, scheint er in dieser Zeit in verhältnismäßig großer Blüte gestanden zu haben. Von größter Bedeutung war der Handel auf Schonen, wo die Stettiner Niederlassung sich immer mehr entwickelte. Neben den Danziger, Kolberger, Stralsunder, Rostocker und Lübecker Fitten dehnte sich das Stettiner Feld aus, auf dem etwa 60 Ansiedlungen bestanden. Zur Zeit des Heringsfanges erschienen deren Besitzer aus Stettin und nahmen an dem regen Handelstreiben Teil, das sich hier entwickelte. Einkauf der gefangenen Fische, ihr Salzen und ihre Verpackung beschäftigten zahlreiche Hände, und daneben wurde mit den Einheimischen Handel getrieben. Daß es dabei zwischen den deutschen Kaufleuten aus den verschiedenen Städten zu Streitigkeiten kam, wird gerade auch für Stettin aus den Jahren 1354 und 1454 erwähnt. Man warf den Stettinern die Einführung von allerlei Neuerungen vor. Zur Sicherung dieses Handelsverkehrs ließen sich die Stettiner von den dänischen Königen Geleitsbriefe ausstellen; von 1455 an liegt eine ganze Anzahl vor. Auch in Falsterbo und Malmö (Ellenbogen) bestanden Stettinische Fitten. 1448 erkauften die Kaufleute der Stadt, „die da pflegen von Stettin nach Ellenbogen auf den Heringsfang zu segeln", dort ein Stück Land gegen eine jährliche Abgabe an das Domkapitel zu Lund. Hier war der Handel mit der heimischen Bevölkerung die Hauptsache, und zu seinem Betriebe bildete sich neben den älteren Gesellschaften der Bornholm=, Dragö= und Falsterbofahrer die St. Marienbruderschaft zu Ellenbogen. Alle diese Kompagnien wurden durch Handelsinteressen zusammengehalten, aber auch durch ein religiöses Band verknüpft, da sie gemeinsam geistliche Stiftungen in mehreren Kirchen Stettins errichteten. Sie verstanden ihr Vermögen nutzbar anzulegen, daher waren diese Bruderschaften für die Ausleihung von Renten oder Geldauflassungen von nicht geringer Bedeutung. Von ihrem Wirken, ihrem Geschäftsbetriebe vermögen wir uns aus den dürftig erhaltenen Resten nur ein allgemeines Bild zu machen, aber kundiger Forschung ist es schon gelungen, gerade diesen Zweig des Handels nach Möglichkeit aufzuklären, und seitdem ist auch ein bisher verschollenes Stück des alten Archives der Draker aufgefunden worden, das 1461 angelegte Buch der Draker. In ihm sind allerlei Handelsgeschäfte in der Heimat und Fremde eingetragen. Wir sehen, daß sich schon damals förmliche Gesellschaften zusammentaten, deren Teilnehmer je nach der Einlage Gewinn aus dem Betriebe zogen.

Solche Kompagniegeschäfte waren ganz besonders gebräuchlich bei dem Betriebe der Schiffahrt. An einem Schiffe hatte neben dem Führer, der einfach der Schiffer hieß, oft eine ganze Zahl von Kaufleuten Anteil, da ja natürlich selten ein einzelner ein Fahrzeug allein befrachtete. An Nachrichten über die Art der Rederei und des ganzen Verfahrens bei der Seefahrt fehlt es leider. Daher können wir meist nicht angeben, ob die Schiffe, auf denen die Stettiner ihre Waren verfrachteten, ihnen selbst gehörten und in Stettin beheimatet waren oder ob sie anderswo ihren Heimatshafen hatten und für Stettiner Rechnung fuhren. Ein hiesiges Schiff, das aus dem biskayischen Busen für preußische Kaufleute Salz holte, wird um 1402 erwähnt, auch manch anderes Schiff mag für fremde Rechnung in der Ostsee und weiter hinaus gefahren sein. Als Reder von Schiffen, die für König Erich und Königin Margrete 1412 gechartert wurden, finden wir genannt Merten von Waren, Jakob von Wedel, Ludeke von dem Hagen, Heinrich und Hermann von Affen. Sonst hören wir von Stettiner Schiffen fast nur durch Schriftstücke, in denen der Rat sich über Arrestierung oder Beraubung von solchen beschwert und Ersatz fordert. 1385 wird in Kingston up Hull ein nach Lübeck und Stettin gehöriges Schiff „la Christofre“ angehalten. 1387 liegt ein Schiff des Stettiner Johann Risenow, an dem auch der Ratsherr Reinhold von Bork Anteil hat, in Reval vor Anker, 1389 wird Klaus Ripens Schiff in Danzig festgelegt, 1403 die Kogge des Jakob Bodeker, die auf 350 Pfund 10 Schilling fläm. geschätzt wird, in Bayonne weggenommen. 1412 hat Hans Duker sein Schiff in Reval erst verkauft, dann aber zurückgenommen, 1418 sind Stettiner Schiffer von Holländern beraubt und gefangen gesetzt worden. Um dieselbe Zeit wurden wiederholt Schiffe in preußischen Städten gewaltsam angehalten, worüber der Rat lebhafte Klage beim Hochmeister erhob. Zwei Bürger baten 1425 die Alterleute der großen Gilde zu Riga um Fürsprache für ihr bei Gotland auf der Fahrt von Flandern nach Riga gescheitertes Schiff. 1456 war ein von Stettiner Kaufleuten mit Wein und Hanfsamen nach Königsberg befrachtetes Schiff durch den Sturm nach Libau verschlagen und dort gestrandet, 1461 war ein mit Stettinischem Gute beladenes Schiff, das nach Stettin fuhr, auf dem Gellen ausgeraubt worden. Das sind einige Nachrichten über die Seefahrt aus dieser Zeit; sie können bei dem Mangel eingehender Aufzeichnungen uns wenigstens ahnen lassen, in welchen Richtungen die Stettiner Schiffe hauptsächlich verkehrten. Zugleich aber zeigen sie die großen Schwierigkeiten und Gefahren, die damals der Schiffahrt entgegentraten. Eingehendere Untersuchungen über die Seegeschichte, wie sie neuerdings von berufener Stelle angeregt worden sind, werden unzweifelhaft auch Stettins Anteil an dem Seehandel in etwas klareres Licht setzen.

Daß der Schiffbau in Stettin selbst betrieben wurde, ist an sich anzunehmen, wird aber auch durch das Bürgerbuch bewiesen, in dem wir besonders 1466 eine größere Zahl von Schipbuwer und Kanemaker verzeichnet finden. Die Schiffbauerlastadie kommt mit diesem Namen erst 1500 vor, doch haben auf der „lutteken Lastadie" (1325) schon früher Werften gelegen. Auf den Hafen weist der „Havening" (1495) genannte untere Teil der Splittstraße hin. Unweit des Flusses an der Hagenstraße lag das Haus der Trägerbrüderschaft, die unter dem Schutze des heiligen Laurentius seit alter Zeit als eine Vereinigung geprüfter und geübter Arbeiter das Laden und Löschen der Schiffe besorgte. An der Oder erhoben sich Speicher, Lager- und Sellhäuser, wohin die Träger die Waren aus den Schiffen brachten. Nach mittelalterlicher Sitte war diese Korporation streng organisiert mit Alterleuten an der Spitze und religiösen Einrichtungen, die für das Seelenheil der Mitglieder dienten.

Die Kaufmannschaft Stettins war seit alter Zeit ebenfalls korporativ vereinigt und hatte ihren Mittelpunkt im Seglerhause. Ist auch das, was Friedeborn darüber erzählt, erfunden, so stammt doch dieser Zusammenschluß zu gemeinsamer Arbeit, zu wirtschaftlicher oder religiöser Unterstützung aus der ältesten Zeit der deutschen Stadt. Der „Kopmann", wie es hieß, wählte seine Alterleute, die bald eine Rolle in der Stadtregierung spielten, und schuf sich eine feste Organisation. Neben diese trat die Vereinigung der Wandschneider, der Tuchhändler, die auch in Stettin eine angesehene Stellung einnahmen. Beide Korporationen wurden 1466 vereinigt; acht Alterleute leiteten die

Geschäfte des vereinigten Kaufmanns vom Seglerhause und des Gewandschnittes. Ihr Vermögen war für damalige Verhältnisse nicht gering, sie besaßen Altäre, Vikarien und andere geistliche Stiftungen in mehreren Kirchen, namentlich in der des heiligen Nikolaus. Scharf geschieden von diesen Großkaufleuten (wenn das Wort für diese Zeit erlaubt ist) waren die Kramer und die Haken (= Höker). Diese besaßen das ausschließliche Recht, mit bestimmten Artikeln, wie Fischen, Butter, Käse, Tran, Teer u. a. m., den Kleinhandel zu betreiben. Das älteste bekannte Privileg der Haken stammt von 1476. Ihre Zahl war auf 24 festgesetzt, die in ebensoviel Buden an der Oder ihr Gewerbe betrieben. Die Buden gehörten der Stadt und wurden ihnen gegen eine jährliche Miete übergeben. Die Kramerkompagnie hatte ein Privileg von 1384; danach soll sie eren kram upslan edder veyle hebben allene bynnen der vir Wenden der Huser edder Keller utgenamen twe Markedage in der Weken. Noch ausführlichere Bestimmungen enthielt das Privileg von 1444; jedermann aus der Bürgerschaft wurde es verboten, mit Kramwaren auszustehen. Nur an den drei Jahrmärkten und an den wöchentlichen Markttagen durften Handwerker ihre verfertigten Waren in beschränktem Umfange feilhalten. Der Wochenmarkt wurde in dieser Zeit Mittwochs auf dem Fisch- und Sonnabends auf dem Faulen Markt (einem Teile der Mönchenstraße) gehalten. Auch hier war alles streng geregelt, jedem Erwerbszweige waren ganz bestimmte Vorschriften gegeben. Man hatte das Prinzip, jeden Bürger bei seiner Hantierung zu schützen, aber auch das Interesse der Gemeinde zu wahren, dadurch, daß man eine Überproduktion oder einen Mangel auf jedem Gebiete des wirtschaftlichen Lebens zu hindern suchte. Reglementiert und verordnet wurde überall, am meisten indessen beim Handwerk.

„Goldenen Boden" hatte es zu Stettin in diesem Zeitraum wohl kaum, aber es muß doch seinen Mann genährt haben. Die Zahl der Gewerke nahm zu, immer neue Handwerke wurden hier heimisch, von auswärts kam fortgesetzt Ersatz. Wenig ist es nur, was wir aus der Zeit von 1350 etwa bis 1450 über das Handwerkswesen in Stettin erfahren, und der kundige Forscher, der die Zünfte in der mittelalterlichen Stadt dargestellt hat, ist genötigt gewesen, den größten Teil seiner Nachrichten der späteren Zeit zu entnehmen. Aber viel von dem, was im 16. und 17. Jahrhundert bestand, stammt natürlich aus früheren Zeitabschnitten, sodaß das Bild, das er entworfen hat, zumeist auch für diese paßt. Sicher haben in der Periode, die uns hier beschäftigt, nur die Kürschner (1350), die Wollweber (1357), die Schuhmacher (1362 ?), die Maurer (1380) und die Böttcher (1420,

1473) ihre Zunftrollen erhalten, teils vom Rate, teils vom Herzoge bestätigt. Die Verfassung der Gilden bildete sich in dieser Zeit mehr und mehr aus. Die Wahl der Altermänner erfolgte zum Teil unter der Aufsicht des Rates, der überhaupt sich damals um die Handwerksordnungen zu kümmern anfing und gerade auf den in den Zünften organisierten Teil der Bürgerschaft einen größeren Einfluß gewann, da ihre Vertreter zu den Beratungen gelegentlich hinzugezogen wurden. Anfangs waren die Gewerke der Schuhmacher, Böttcher, Holzwraker, Wollweber, Schmiede, Schneider, Kürschner, Haken, Bäcker, Knochenhauer, Weber vertreten; von ihnen kommen die Holzwraker seit 1425 unter diesen bevorrechtigten Zünften nicht mehr vor, dagegen treten mit beschränktem Rechte seit 1417 die Riemschneider ein. Wenn wir nach der Zahl der Alterleute, die jede dieser Zünfte hat, urteilen dürfen, so ist die bedeutendste die der Wollweber. Wann und wie diese Vertreter des Handwerkes mit dem ehrsamen Rate zusammentraten, läßt sich nicht angeben, da nähere Nachrichten fehlen; es heißt nur, daß „die Alterleute dieser Stadt Gedeih und Wohlfahrt neben dem Rate in hochwichtigen Artikeln und vorfallenden Geschäften mitraten sollen". Trotzdem kamen, wie schon erwähnt worden ist, gerade in dieser Zeit immer wieder Unruhen vor. Sie richteten sich nur zum Teil gegen den Rat, oft waren die Handwerker mit ihren Alterleuten oder den vom Rate jeder Zunft gesetzten Beisitzern, die gewissermaßen das Aufsichtsrecht des Rates ausübten, so unzufrieden, daß sie sogar mit Gewalt gegen sie vorgingen. Deshalb wurde vom Rat wiederholt der Gemeinde jeder Auflauf oder jede Versammlung bei Leibesstrafe verboten. Das innere Leben spielte sich in den Zünften nach altem Recht und Herkommen ab; sie waren, jede für sich, Arbeitsgemeinschaften mit strengen Gesetzen und Ordnungen, in denen besonders der Umfang der Arbeit und die Zahl der Gesellen und Lehrlinge festgesetzt waren. Die Zunftbrüder kontrollierten sich selbst aufs strengste, niemand durfte dem anderen zu starke Konkurrenz machen. Noch mehr beaufsichtigten sie aber die Angehörigen anderer Zünfte, daß es nur keiner wagte, in das Arbeitsgebiet des anderen einzugreifen, Fuscher oder Bönhasen, die nicht zur Zunft gehörten, wurden unbarmherzig verfolgt. Streitigkeiten kamen natürlich unaufhörlich vor, aber dieser Zwang und die stete gegenseitige Kontrolle hatten doch das Gute, daß die Gewerke streng auf ordentliche Arbeit hielten. Nach mittelalterlicher Sitte bildeten die Zünfte zumeist auch eine religiöse Gemeinschaft, die sich nicht nur die Beaufsichtigung der Mitglieder, sondern auch die praktische Fürsorge für Kranke und Verstorbene angelegen sein ließ. Ihren Mittelpunkt hatten sie an Altären, die sie in verschiedenen Kirchen stifteten und mit Kapitalien ausstatteten. Eine große Zahl von solchen Stiftungen kommt in den geistlichen Verlassungsbüchern dieser Zeit vor. Wir finden z. B. in St. Jakobi die Wollweber, Schuhmacher, Bäcker, Schmiede, Haken,

Abb. 3. Grabstein des Ritters Henning von Reberg (1370) in der Schloßkirche.

Schneider, Knochenhauer, Badstüber, Kannengießer mit Altären oder Vikarien vertreten. Auch in anderen Kirchen bestanden solche Stiftungen, wie z. B. in St. Peter und Paul die der Fischer von der Unterwiek u. a. m. Aus allem, was wir über die Zünfte aus dieser Zeit vernehmen, geht, so dürftig auch im ganzen die Nachrichten sind, doch so viel hervor, daß sich gerade in ihnen reges Leben, eifrige Tätigkeit und entschiedener Fortschritt geltend machten. Gewiß dürfen wir nicht an die hohe Entwickelung des Handwerkes in den oberdeutschen Städten denken und die Verhältnisse in Stettin mit denen in Nürnberg, Augsburg und anderen Orten vergleichen, es fehlt aber auch fast ganz das Material, um einen solchen Vergleich anzustellen. Denn wo sind die Erzeugnisse des einheimischen Handwerks geblieben? Nur überaus dürftige Reste haben sich erhalten, und von diesen wissen wir nicht einmal immer, ob sie in Stettin und von dort ansässigen Meistern angefertigt worden sind. Doch zeigen z. B. die alten Glocken der Schloßkirche von 1471 oder von 1473, die verschiedenen Grabplatten in St. Johannis oder der Grabstein des Ritters Henning von Reberg v. J. 1370, der in der Schloßkirche erhalten ist, der besonders schöne Türklopfer an dieser Kirche (S. 87), der sogenannte Dedelowkelch der ehemaligen Nikolaikirche (1493) u. a. m. zur Genüge, daß das Gewerbe in Stettin auch nicht ohne künstlerisches Empfinden ausgeübt und gepflegt worden ist. Die Goldschmiede, deren Zahl in der Stadt nicht gering war, die Waffenschmiede und andere Handwerker haben gewiß gar manches Prunkstück für die wohlhabenden Bürger angefertigt, und die Blüte des deutschen Kunsthandwerks ist wohl auch für Stettin von Einfluß und Bedeutung gewesen.

Die Gotteshäuser und Klöster, die sich in der Stadt immer stattlicher erhoben, waren mit reichem Schmucke ausgestattet, sehr wenig aber ist auch hier erhalten, so daß wir uns keine Vorstellung von ihrem Aussehen in jenen Tagen des Mittelalters machen können. Um 1400 entstand auf der Lastadie, deren Parochialzugehörigkeit noch 1384 einen Streit zwischen dem St. Marienkapitel und dem Prior von St. Jakobi hervorrief, die St. Gertrudskirche mit dem dazugehörigen Hospital, das 1421 einen bischöflichen Ablaßbrief erhielt. Um die Mitte des Jahrhunderts wurde in der Mönchenstraße ein Kloster der Karmeliter angelegt, die nach ihrem weißen Hut und Mantel auch die weißen Mönche genannt wurden. Draußen vor der Stadt erhoben sich in Grabow die Gebäude der 1360 begründeten Karthause Gottesgnade. Mit seinem reichen Besitze an Grundstücken und Kapitalien wurde gerade dieses Kloster sehr bald ein besonders bedeutendes Geldinstitut, das nicht nur immerfort weite Ländereien namentlich an der unteren Oder und Häuser in der Stadt ankaufte, sondern auch in großem Umfange Geld auf Renten auslieh. Nicht minder wußten die beiden Domkapitel von St. Marien und St. Otten, an deren Vereinigung man schon damals dachte, oder die

St. Jakobikirche ihren Besitz zu mehren und ihre Kapitalien ertragreich anzulegen. Die Zahl der Geistlichen, die in der Stadt tätig waren, muß in dieser Zeit sehr groß gewesen sein; war doch die Kirche damals die einzige Einrichtung, die ihren Dienern eine Anstellung auf Lebenszeit und dauernde Versorgung gewährte. Daher suchten und fanden auch viele Angehörige Stettiner Familien bei ihr eine Versorgung. Zu den einheimischen Geistlichen kam die große Zahl der fremden, die in der Stadt verkehrten. Die einen erschienen dort terminierend, d. h. bettelnd, die anderen hatten daselbst Geschäfte zumeist recht weltlicher Art, der Bischof von Cammin, der Abt von Kolbatz und andere Prälaten fanden sich zu den Beratungen der Stände ein. Eine Synode des gesamten Klerus der Camminer Diözese fand am 26. Juni 1448 in Stettin statt. Bischof Henning leitete sie, aber leider wissen wir nichts von dem, was dort beraten und beschlossen wurde. Es könnte uns sonst gewiß einen Blick tun lassen in den Geist, der in der damaligen Kirche herrschte. An Widerspruch gegen die Lehre oder an Zeichen, daß auch andere Auffassungen vom Christentume sich geltend machten, fehlte es hier in dieser Zeit nicht. In der näheren und weiteren Umgegend Stettins verbreitete sich gegen Ende des 14. Jahrhunderts die Sekte der Waldenser. Die Kirche ging gegen sie mit energischen Maßregeln vor, 1393 wurde in Stettin Gericht über die Ketzer gehalten, die Gemeinden wurden auseinander gesprengt, einzelne Angehörige erlitten auch wohl den Tod. Das gleiche Geschick hatte 1411 in Stettin ein Mann, „de hadde vele Erdome und vele Stucke bi sick, de wedder den Cristenloven weren“. Er behauptete Gottes Sohn zu sein, wurde aber vom „Ketzermeister“ verurteilt und „genzliken to Aschen“ verbrannt. Arger Aberglauben herrschte in weiten Kreisen, Furcht und Bangen ergriffen alle bei jedem Ereignis, das ungewöhnlich zu sein schien. Bei Naturerscheinungen, die für den gemeinen Menschenverstand unerklärlich waren, zitterte man vor dem Zorne Gottes und suchte durch allerlei Gaben und Stiftungen an die Kirche ihn abzuwenden. So eröffnen uns manche Testamente oder Schenkungsbriefe, so konventionell sie auch in der Form sind, doch einen Blick in den Geisteszustand und die Weltauffassung jener Zeiten. Sie sind als derartige Zeugnisse um so wertvoller, je dürftiger sonst unsere Kenntnis von dem damaligen geistigen Leben in Stettin ist. Nur ganz vereinzelte Notizen lassen ein Schlaglicht darauf fallen und zeigen, daß es mit der Bildung hier wohl noch schlechter stand als in anderen deutschen Gebieten. Wie sehr bedauern wir, daß kein Geistlicher oder Bürger eine Art von Stadtchronik anzulegen versucht hat! Was für

Stralsund, Lübeck oder andere Städte in dieser Beziehung geschehen ist, fehlt in Stettin ganz. Das Werk des Prior Theodericus von St. Jakobi, der 1468 den sogenannten Liber Sancti Jacobi anlegte, kann kaum als eine Chronik der Stadt bezeichnet werden; das Buch enthält Urkunden, die sich auf diese Kirche beziehen, und Mitteilungen über die an ihr tätigen Prioren. Auch sonst können wir von wissenschaftlichen Leistungen aus Stettin nichts berichten. Es herrschte dort der praktische Sinn für Handel und Gewerbe, größeres Interesse für Kunst oder Wissenschaft war kaum vorhanden. Trotzdem entstanden auch hier verhältnismäßig früh Schulen. Nicht nur am Mariendome wurde unter Aufsicht des Scholastikus von Schulmeistern und ihren Gehülfen Unterricht erteilt, sondern auch sonst kommen solche wiederholt vor. Bereits 1371 war bei St. Jakobi eine Schule eingerichtet. Es kam damals wegen dieser mit dem Domkapitel, das wie in anderen Städten das alleinige Recht des Schulehaltens in Stettin beanspruchte, zu einem Streite, der sich Jahrzehnte lang hinzog und bis an den Papst gebracht wurde. Bonifatius IX. bestätigte zweimal (1391 und 1404) den Provisoren der Jakobikirche das Recht eine Schule zu halten und einen Rektor anzustellen. Trotzdem hörte der Widerstand des Kapitels nicht auf; für die Jahre 1462 und 1469 liegen Zeugnisse eines neuen Streites vor, ja es wurde in dem letzten Jahre sogar die Aufhebung der lateinischen und der deutschen Schule bei St. Jakobi angeordnet. Aber diese Anordnung kam nicht zur Ausführung. In den Anstalten wurde natürlich ganz nach der Art der mittelalterlichen Schulen gelehrt und gelernt; ob man viel über die Anfangskenntnisse des Triviums hinauskam, ist zweifelhaft. Es bezogen aber auch aus Stettin manche Jünglinge oder Männer die Hochschulen in Italien, Frankreich und Deutschland. In den meisten Universitätsmatrikeln von Bologna oder Paris, von Prag, Heidelberg, Rostock, Leipzig oder Greifswald finden sich Geistliche oder Laien de Stetin verzeichnet; was aus diesen geworden ist, vermögen wir nicht anzugeben. In den unruhigen Zeiten sind gewiß manche dieser Scholaren weit verschlagen oder gar untergegangen, manche vielleicht auch zu angesehenen Stellungen im Leben emporgestiegen, ohne daß wir davon etwas wissen. Für arme Knaben, die in Stettin zur Schule gehen wollten, errichtete, wie bereits erwähnt worden ist, Otto Jageteufel eine Stiftung, die bald nach 1412 ins Leben trat und zunächst in einem Hause in der Roßmarktstraße, seit 1469 in der kleinen Domstraße untergebracht war. Dies Asyl, das in jenen Tagen der Kämpfe wohl gute Dienste leistete, hat sich als ein Denkmal mildtätiger Menschenliebe aus der Zeit erhalten, als in dem Kranze der niederdeutschen Städte an der Ostseeküste auch Stettin eine Blüte darstellte. Strahlte sie auch nicht so hervor wie Lübeck, Stralsund oder Danzig, so trug sie doch zum Schmucke mit bei. Das mittelalterliche Stettin liegt für den modernen Menschen weit zurück, weil so wenige Reste daran erinnern, aber sich in jene Tage der inneren und äußeren Kämpfe, des ehrsamen Rates, der tüchtigen Bürgerschaft, in die Tage der hochragenden Türme und Mauern, der stattlichen Kirchen und stolzen Giebelhäuser im Geiste zurückzuversetzen, hat einen besonderen Reiz.

7. Kapitel.

Stettin in den brandenburgisch-pommerschen Kämpfen.

Am 7. September 1464 starb der junge Herzog Otto III. in einem Alter von etwa 20 Jahren. Mit ihm erlosch der Stettiner Zweig des alten Herzogshauses, der seit 1295 in Mittelpommern die Regierung geführt hatte, und die Frage, wer dort die Herrschaft erben werde, mußte entschieden werden. Wir wissen bereits, daß auf der einen Seite die Wolgaster Herren Anspruch erhoben, da bei der einstigen Teilung der Gesamtbesitz des ganzen Fürstengeschlechtes ausdrücklich festgesetzt worden war, auf der anderen Seite aber der Markgraf von Brandenburg auf Grund der Lehnsherrschaft, die er über Pommern beanspruchte, das Stettiner Land als heimgefallen forderte. Die Lehnsoberhoheit der Brandenburger Herren war einst anerkannt, im Laufe der Jahrhunderte aber aufgegeben, dann von neuem beansprucht worden. Der Zusammenhang der beiden pommerschen Linien hatte sich in derselben Zeit immer mehr gelöst, ja infolge von mancherlei Fehden war ein Gegensatz zwischen ihnen entstanden, der sich besonders in der letzten Zeit bedeutend verschärft hatte.

In der Stadt Stettin gab es Anhänger beider Parteien, und das Entscheidende bei der Stellungnahme der Einzelnen war der Gedanke, von welcher Seite ist wohl der größte Vorteil für ihn zu erhoffen? Je nachdem der Bürger mehr geschäftliche Verbindungen mit Brandenburg oder mit Pommern-Wolgast hatte, wandte sich seine Neigung diesem oder jenem Lande zu. Etwas anderes war es mit den leitenden Männern der Stadt, dem Rate; bei ihnen kam nicht allein der persönliche Vorteil, sondern das Interesse der Stadt in Frage. Dies aber ging dahin, die Rechte und Freiheiten, die sie besaß, nicht nur zu erhalten, sondern auch, wenn es möglich war, zu erweitern. Von welcher der beiden Parteien konnte man aber am ersten einen Gewinn in dieser Richtung erhoffen? Der Kurfürst Friedrich II. und sein

Bruder Albrecht waren als Feinde des Bürgertums bekannt; dieser lag in beständigem Kampfe mit den süddeutschen Städten, jener hatte 1442 und 1448 Berlin-Kölln zur Niederwerfung gezwungen und mit norddeutschen Fürsten Zusammenkünfte gehabt, um sie zu gemeinsamem Vorgehen gegen die Städte zu veranlassen, so daß selbst die Hansa sich bedroht fühlte. Die Wolgaster Herren dagegen hatten, wie wir gesehen haben, schon seit längerer Zeit sich bemüht, die erste Stadt des umstrittenen Landes für sich zu gewinnen; von ihnen war nicht nur eine Erweiterung der städtischen Privilegien, sondern auch ein mildes Regiment zu erhoffen. Deshalb ist es erklärlich, daß der größte Teil des Rates auf ihrer Seite stand und ihre Ansprüche auf das Land begünstigte. Daneben scheint es infolge der engen Beziehungen, die gerade zwischen dem Stettiner Herzogtum und der benachbarten Mark bestanden, und infolge des persönlichen Einflusses, den Friedrich II. als Vormund des jungen Otto III. gewonnen hatte, in der Stadt auch eine kleine brandenburgische Partei gegeben zu haben. Spätere tendenziös gefärbte Geschichtsschreibung hat in solcher Parteinahme für die Mark einen Verrat am Vaterlande erblickt und dieser Ansicht Ausdruck gegeben in der Erzählung von einem Vorgange, der sich am offenen Grabe des Stettiner Herzogs zugetragen haben soll. Als die Leiche im Dome von St. Otten in Gegenwart der Vertreter des Adels und der Städte beigesetzt wurde, habe, so erzählt Kantzow, der Bürgermeister von Stettin Albrecht Glinde Schild und Helm in die Gruft geworfen, wie es beim Aussterben fürstlicher und adliger Geschlechter Brauch war, und dabei ausgerufen: „Dar licht unse Herschop“. „Do dat awerst de Adel sach, trat ein Eickstede, wo man secht, herfor und sprank in dat Graf und halde den Schild und Helm wedder ut und sede, Glinde loge dat als ein ehrlos Böseewicht; id weren noch Hertoge to Stettin und Pommern, dat weren ere natürlike gebaren Herrn, de wolden se nicht utschlan. Und schickeden fort Schild und Helm an Hertoch Eriken und Hertoch Wartislaffen mit Anbedinge eres Gehorsames“. Diese dramatische, auch poetisch oft verherrlichte Szene kann, wie nachgewiesen worden ist, so nicht stattgefunden haben, schon weil bestimmt berichtet wird, des toten Herzogs Schild sei mit in das Grab gelegt worden. Auch kann nach allem, was sonst über Albrecht Glinde bekannt ist, von einer verräterischen Parteinahme dieses Mannes für den Kurfürsten gar keine Rede sein. So scharf, wie in der Kantzowschen Schilderung der Gegensatz: Hie Brandenburg — hie Wolgast! hervortritt, ist er in dieser Zeit sicher noch nicht gewesen. Man wartete in Stadt und Land zunächst ab und suchte die Entscheidung hinzuhalten. Da erschienen im Oktober Gesandte der

Wolgaster Herzoge und des Kurfürsten in Stettin, um die Huldigung zu fordern.

Während die Fürsten durch Verhandlungen am Kaiserhofe ihre Pläne durchzusetzen bemüht waren, ging der Rat in seiner Politik eigene Wege. Daß man sich dort im geheimen Hoffnungen auf Erlangung der Reichsfreiheit machte, ist vermutet worden, läßt sich aber nicht beweisen; solche Gedanken lagen in Norddeutschland, wo es so wenige Reichsstädte gab, recht ferne. Aber wenn auch die Pläne nicht so weit gingen, so wollte Stettin doch seine Stellung gegenüber dem neuen Landesherrn möglichst selbständig gestalten und die verlangte Huldigung nur für einen hohen Preis leisten. Hierbei war gewiß die Sorge um den Oderhandel und namentlich um das Niederlageprivileg von ausschlaggebender Bedeutung, denn man fürchtete, es werde schwerlich erhalten bleiben, wenn Stettin unter märkische Herrschaft käme. Das Verhältnis zu Frankfurt, das gerade in dieser Zeit sich immer mehr zu einem Konkurrenzkampfe gestaltete, veranlaßte die Stettiner Bürger in erster Linie zu der Vorsicht und Zurückhaltung, die sie den Brandenburgern gegenüber bewiesen. Daher war die Zuversicht des Kurfürsten, der mit nicht geringem Selbstvertrauen schrieb, daß die Mächtigsten im Lande und sonderlich die Stadt Stettin ihm geneigt sei, nur recht schwach begründet. Nach langen Verhandlungen erlangten die Hohenzollern am 21. März 1465 die Ausstellung des kaiserlichen Briefes, durch den sie mit dem Lande belehnt wurden. Aber damit war noch nicht viel erreicht, denn nur gegen eine Zahlung von 37000 Gulden sollte diese Urkunde, die mit anderen beim Rate von Nürnberg niedergelegt worden war, den brandenburgischen Herren ausgeliefert werden. Die pommerschen Städte lehnten es aber entschieden ab, die Huldigung zu leisten, wenn die Kaiserurkunde nicht wirklich vorgelegt würde, und ihr Widerstand gegen die Märker trat auf den verschiedenen Tagen immer deutlicher hervor. Mit den Wolgaster Fürsten zusammen scheint Stettin selbst damals am kaiserlichen Hofe gegen die Ansprüche der Hohenzollern gewirkt zu haben. Bei einem Teile des Adels aber zeigte sich eine Hinneigung zu Brandenburg, und dies trug mit dazu bei, daß die Herzoge Erich und Wartislaw ihre Ansprüche nicht zu hoch spannten, sondern sich von neuem mit dem Kurfürsten Friedrich, der gleichfalls seine Forderungen herabstimmte, in Verhandlungen einließen. So kam die Versammlung in Soldin zustande, bei der die Bürgermeister Dietrich Grabow und Bertram Paul mit den beiden Ratsherren Peter Varenholt und Joachim Mellentin die Stadt Stettin vertraten. Hier wurde am 21. Januar 1466 ein Vertrag abgeschlossen, demzufolge die beiden Wolgaster Herzoge das Land

Stettin vom Kurfürsten für sich und ihre Erben zu Lehn nahmen und mit ihm ein Schutz- und Trutzbündnis schlossen; die Stände des Herzogtums sollten dem Kurfürsten und den Herzogen Huldigung leisten. Der Freude über diesen friedlichen Ausgang des Streites gab Bertram Paul Ausdruck, indem er nach der Besiegelung des Vertrages mit gefalteten Händen ausrief: Gloria in excelsis deo et in terra pax hominibus bonae voluntatis!

Doch diese dankbare Freude war verfrüht. Sehr bald machte sich bei den Ständen des Landes Stettin eine heftige Opposition gegen die Huldigung geltend, die sie nach dem Vertrage von Soldin leisten sollten, und die Stadt Stettin zeigte sich bereits im April 1466 bei den in Gartz a. O. gepflogenen Verhandlungen sehr zurückhaltend und erklärte, man müsse, bevor eine bestimmte Zusage wegen der Huldigung möglich sei, den Beschluß der allgemeinen Ständeversammlung abwarten. Doch schon am 22. April gab der Rat die deutliche Erklärung ab, die Stadt sei nicht schuldig, dem Kurfürsten die Erbhuldigung zu leisten und könne ihm den Eintritt in Stettin nur mit höchstens 200 Pferden gestatten. Das war eine klare und bündige Absage. Wie ist es zu erklären, daß in den wenigen Monaten, die seit dem Abschlusse des Soldiner Vertrages verflossen waren, eine solche Änderung in Stettin eintreten konnte? An den leitenden Stellen im Rate war inzwischen kein Wechsel eingetreten, Bertram Paul und Dietrich Grabow waren noch die vorsitzenden Bürgermeister, und es ist kein Anzeichen dafür vorhanden, daß sie dem dritten Bürgermeister Albrecht Glinde, der damals nicht zum sitzenden Rate gehörte, in tiefgehehender Meinungsverschiedenheit gegenüber standen. Dagegen ist es wahrscheinlich, daß sich in der Bürgerschaft eine Opposition gegen die Stellung geltend machte, die der Rat bei den Soldiner Verhandlungen eingenommen hatte, und daß dieser dann selbst die neu geschaffene Sachlage anders beurteilte wie früher und demnach seine Politik änderte. Es kam zu erregten Verhandlungen zwischen den Mitgliedern des Rates und den Vertretern der Bürgerschaft; von einem „Rumor in Stettin“ wird in einer gleichzeitigen Aufzeichnung berichtet, in der auch von einer schließlichen „Concordia“ die Rede ist. Vermutlich hat der Rat sich mit der Gemeinde vertragen, zumal da, wie es scheint, ein Teil des Adels von Anfang an gegen den Vertrag war und die Opposition der Bürger unterstützte. Daß aber auch die Wolgaster Herzoge im Hintergrunde mitgewirkt und durch allerlei Versprechungen die ablehnende Haltung der Stettiner bestärkt haben, ist wahrscheinlich.

Der Kurfürst Friedrich war über die trotzige Weigerung der Stadt aufs höchste empört. Wie konnte sie es wagen, ihm, dem mächtigen Reichsfürsten, der schon manche widerspenstige Gemeinde zum Gehorsam gezwungen hatte, trotz der klaren und deutlichen Vertragsbestimmungen die zugesagte Huldigung zu verweigern! In hellem Zorne erließ er am 1. Mai 1466 ein Schreiben an Bürgermeister, Ratmann, Älterleute des Kaufmann und der Werke und die Gemeinde. Zwietracht und Ärgernis wollten sie mit ihrer Herrschaft erregen und die Soldiner Abmachungen nicht halten, obwohl die Vertreter der Stadt damals feierlich erklärt hätten, dit scholen nicht pomersche Dedinge wesen, sunder was man dedinge, dat scholde wol geholden werden. „Wi hopen nicht", ruft der Kurfürst aus, „dat gy dy Lude sind, dy uns unse Recht nemen edder des verweren scholen." Ganz besonders empört war er aber über die Forderung der Stettiner, er solle nicht mehr als 200 Reisige in die Stadt bringen. „Wy weten noch wol, wu stark wy in unse eygen Stede ryden scholen." Viel Eindruck wird dies drohende Schreiben in Stettin kaum gemacht haben, obwohl auch Herzog Wartislaw X., der in der Nähe in Gartz weilte, sich dem Kurfürsten gegenüber höchst entrüstet über den Ungehorsam der Stettiner stellte. Die folgenden Verhandlungen, die im Mai und Juni zu Stettin oder Ruppin stattfanden, waren ergebnislos, die Stände des Herzogtums und vor allem Stettin verhandelten für sich und stärkten sich gegenseitig in ihrer ablehnenden Haltung, ja selbst die Herzoge zeigten bereits offenkundiger, daß sie ebenfalls daran dachten, sich den Soldiner Verpflichtungen zu entziehen. Da ließ der Kurfürst am 12. September 1466 ein zweites ernstes Schreiben an die Stadt ergehen, in dem er ganz entschieden die Huldigung bis Michaelis forderte; wenn das nicht geschehe, so werde er mit anderen Fürsten Gewalt gegen sie anwenden und vor allem eine Handelssperre verhängen. Am 28. September aber schob er, vielleicht infolge einer Verwendung der Herzoge, den Endtermin für die Huldigung auf den 28. Oktober hinaus und lud die Vertreter der Stadt zum 20. Oktober nach Gartz a. O. Die unsichere Haltung des Kurfürsten war die Veranlassung, daß die Stettiner ruhig bei ihrer ablehnenden Haltung verharrten, als in den folgenden Monaten die fruchtlosen Verhandlungen sich fortzogen, aber auch schon mancherlei Feindseligkeiten an der pommersch-märkischen Grenze vorkamen. Herzog Erich II., der engen Anschluß an Polen suchte und fand, wurde immer mehr die Seele des Widerstandes. Zu offenem Bruche kam es, als in Pommern die Nachricht eintraf, Kaiser Friedrich habe am 14. Oktober 1466 den Soldiner Vertrag kassiert und den Befehl erlassen, die Herzoge Wartislaw und Erich sollten sich in keine Veränderung betreffs der Lehnsabhängigkeit der Lande Stettin und Pommern einlassen.

In den ersten Monaten des Jahres 1467 ging der Kurfürst Friedrich zu ernsten Maßregeln gegen die Stadt Stettin über, fügte ihrem Verkehr zuerst durch rigorose Zollerhebung manchen Schaden zu und erließ bald darauf ein Verbot des Handels zwischen seinem Lande und Stettin. „Wir haben“, so schreibt er, „ein gemein Gebot in allen unseren Landen usgeen lassen, dass nymand durch unser Land den von Stetin einicherleye Kaufmansschatz und Waren zuführen, noch abfüren oder Handel mit ihn haben soll.“ Nicht nur Lübeck, sondern auch die Herzoge von Mecklenburg und Sachsen wurden aufgefordert, diese Handelssperre gleichfalls anzunehmen und zu verkünden. Bei den Fürsten hatte diese Bitte Erfolg, Lübeck dagegen und die Hansa traten für Stettin ein und wandten sich in Schreiben, in denen zum Teil ein recht drohender Ton angeschlagen wurde, an den Kurfürsten. Jetzt zeigten auch die beiden Herzoge Wartislaw X. und Erich II., die sich in dieser Streitfrage von den Juristen der neuen Greifswalder Universität beraten ließen, offen ihre Pläne. Die Stände des Landes leisteten ihnen die Huldigung, und ihnen folgte am 26. Mai 1467 die Stadt Stettin. Sie bestätigten ihr in einer Urkunde alle alten Rechte und Privilegien, besonders diejenigen, de dar luden up ere Segelacie, Nedderlage, Tolle, Stratentolle. Zugleich aber gaben sie ihr das wichtige Recht, daß Schuldforderungen an Stettiner Bürger nur in der Stadt selbst eingeklagt werden sollten. Noch bedeutsamer war die Verpflichtung, die von den Fürsten übernommen ward, ohne Einwilligung der Stände keinen Landkrieg zu beginnen und bei Streitigkeiten zwischen ihnen selbst den Stettinern zu gestatten, daß sie sich dem anschließen dürften, der bereit wäre, sich ihrem Richterspruche zu unterwerfen. Zu diesem wichtigen Privileg kam am 1. Juni ein zweites, das vielleicht noch größere Bedeutung hatte. Wartislaw X. sagte der Stadt zu, daß alle Schiffe mit Waren, die vom Haff aus die Oder aufwärts nach den Marken, Meißen, Sachsen, Böhmen, Polen oder umgekehrt aus diesen Ländern den Fluß abwärts führen, in Stettin Niederlage halten sollten; dasselbe sollte auch mit den zu Lande geführten Waren geschehen. Niemand aus den Oberlanden sollte über Stettin hinaus bei Strafe der Konfiskation der Güter Kaufmannschaft treiben. Dadurch war das alte Recht der Märker vom Jahre 1311, daß sie mit ihren Schiffen ungehindert den Baum von Stettin passieren durften, aufgehoben und ihnen die direkte Verbindung mit der Ostsee unterbunden. Das war die Antwort auf die brandenburgische Sperre. Wie die Wirkung dieses Handelskrieges für beide Parteien war, vermögen wir nicht zu beurteilen, sicher aber haben sie nicht geringen

Schaden erlitten. Der Kurfürst, der mit der Eröffnung der kriegerischen Unternehmungen abermals zögerte, hoffte immer noch, die trotzige Stadt zum Nachgeben zu bringen. So ermahnte er die Stettiner z. B. in einem Schreiben vom 2. Mai 1468 nochmals, den Vertrag von Soldin anzuerkennen; wenn sie das täten, sollten für den Handel Ruhe und Friede im Lande herrschen.

Doch die Lockung fand kein Gehör. Im Juli 1468 begann der Krieg, in dem die Brandenburger bald bis Löcknitz vordrangen und die Burg dort einnahmen. Auch Gartz fiel in ihre Hände. Spätere Überlieferung berichtet von Verrat, der Bürgermeister Albrecht Glinde soll mit dabei im Spiele gewesen sein. Er pflog, so wird erzählt, in Schillersdorf heimliche Verhandlungen mit den brandenburgischen Räten und versprach sogar, den Märkern die Tore Stettins zu öffnen. Aber durch ihre Zögerung und durch die Wachsamkeit der Bürgerwache, besonders der Knochenhauer, die sich noch im letzten Augenblicke an dem Passauer Tore einstellten, wurde der hinterlistige Anschlag vereitelt. Diese von den Chronisten immer weiter ausgemalte und dramatischer gestaltete Erzählung ist indessen unzweifelhaft ein Produkt der geschäftigen Volksphantasie, die in Erinnerung an die schweren Zeiten dieses Krieges später nicht genug von Verrat und Verrätern zu berichten wußte. Ob der Kurfürst damals überhaupt einen Anschlag auf Stettin unternahm, ist zweifelhaft, und von einer brandenburgischen Partei in der Stadt, die sich noch dazu auf offenkundigen Verrat eingelassen haben soll, findet sich in den beglaubigten Nachrichten keine Spur. Albrecht Glinde, der auch später eine angesehene Stellung in Stettin einnahm, hat Jahrhunderte lang den Namen eines Verräters tragen müssen, bis endlich die geschichtliche Forschung ihn von diesem schweren Makel gereinigt hat.

Der Kampf im Stettiner Lande brachte die Herzoge Wartislaw und Erich in große Bedrängnis, sodaß sie Hilfe suchend sich an Polen wandten. Ein vorläufiger Waffenstillstand kam zustande, der Krieg brach aber bald wieder aus und dauerte fort trotz wiederholt eingeleiteter Verhandlungen, bei denen die Städte Stralsund und Greifswald oder Polen die Vermittelung übernahmen. Diese wurden besonders in Polen geführt, und als Vertreter Stettins waren die Ratsherren Klaus Steven und Arnd von der Wide zugegen. Was sie in Petrikau auf dem Reichstage ausgerichtet haben, ist unbekannt.

Eine neue Wendung nahm der langwierige Streit, als im April 1470 Kurfürst Friedrich II. der Herrschaft in der Mark entsagte und sein Bruder Albrecht die Regierung dort übernahm. Mit Energie und Tatkraft griff der neue Herr die Sache an, besonders da sich der

Kaiser für ihn entschied. Es kam wieder zu Kämpfen an der Grenze, und die verschiedenen kaiserlichen Mandate, die an die Herzoge und ihre Untertanen, auch an die Stadt Stettin im August 1471, ergingen, blieben nicht ohne Eindruck. So kam am 16. September ein Waffenstillstand auf etwa neun Monate zustande; die Straßen sollten frei und friedsam sein, der Kaufmann und der fahrende Mann ungefährdet und sicher reisen. Der Rat von Frankfurt bestätigte am 8. Oktober dem von Stettin, daß diese Sicherheit auch für die Stettiner Kaufleute gelten solle. Damit war die märkische Handelssperre aufgehoben. Als dann Kurfürst Albrecht selbst in der Mark erschien, schloß man am 30. Mai 1472 zu Prenzlau Frieden. Die Lehnsoberhoheit Brandenburgs über Pommern-Stettin wurde anerkannt, die Huldigung der Landstände für den Kurfürsten zugesagt. Der lange Kampf war beendet worden, aber in einer Weise, die noch gar viele Schwierigkeiten unbeseitigt ließ. Die Stadt Stettin, die anfänglich im Mittelpunkte des Streites stand, trat zuletzt fast gar nicht tätig hervor. Hatte man dort kein Interesse mehr an dem Streite, nachdem man die großen Privilegien von den Herzogen erhalten hatte? Oder war im Rate eine andere Richtung in der Politik zur Geltung gekommen? Um das Jahr 1470 verschwinden aus den leitenden Stellen der Bürgermeister die Männer, die seit längerer Zeit diese Ämter immer wieder verwaltet hatten, Albrecht Glinde (seit 1436 im Rate, 1448 zum ersten Male Bürgermeister), Dietrich Grabow (seit 1442 im Rate, 1458 zuerst Bürgermeister) und Bertram Paul (seit 1442 im Rate, 1464 zuerst Bürgermeister). Die neuen Bürgermeister, Klaus Goldbek (seit 1469), Peter Barenholt (seit 1470), Klaus Steven (seit 1471), die diese Würde bis 1478 abwechselnd verwalteten, scheinen für ein Einlenken der Stadt gegenüber Brandenburg eingetreten zu sein. Glinde legte 1471, vielleicht, weil er bei der Umsetzung des Rates am 3. Mai nicht wieder das regierende Bürgermeisteramt erhielt, sein Amt nieder und verzichtete durch die Urkunde vom 28. Juni auf alle Ansprüche an die Stadt. Damit wurde auch der privatrechtliche Streit, den er zusammen mit Dietrich Grabow oder dessen Erben seit längerer Zeit gegen die Stadt vermutlich wegen eines Kapitals führte, endgültig erledigt. Er scheint noch einige Jahre in Stettin gelebt zu haben.

Die unruhigen Zeiten des Krieges haben dem Handel zu Lande und auf dem Flusse sicherlich mancherlei Schaden und Verlust gebracht, zur See aber verkehrten die Stettiner Schiffe ungehindert. Für die jährliche Schonenreise stellte der König von Dänemark jedesmal einen Schutzbrief aus, denn ohne einen solchen wagten die hansischen Städte nicht den alten Handelsverkehr aufrecht zu erhalten, da sich in Dänemark das Bestreben regte, das Land von dem Handel der Fremden frei zu machen. Dennoch bedeuteten die Beziehungen zu Schonen für Stettin, das gerade in dieser Zeit seine herrschende Stellung im Fischhandel begründete, noch außerordentlich viel. Trotz der ungünstigen Zeiten hielt man daran fest, auf diesem Gebiete nicht andere Städte hochkommen zu lassen, ging sogar mit Gewalt gegen kleinere Gemeinden, wie Köslin, vor und begründete 1475 ein eigenes Kompagniehaus in Malmö, wo vom Domkapitel zu Lund ein Hof für einen Jahreszins von 5 Rh. Gulden gepachtet wurde. Hiermit stehen im Zusammenhange wiederholte Beschwerden, die von den Hansatagen 1475 und 1476 gegen die Stettiner wegen ihrer Absonderung von der deutschen Kompagnie in Malmö erhoben wurden. Auch geriet man mit dem dortigen Rate in Differenzen, als er von dem Hofe die Leistung von Schoß, Unpflicht usw. forderte. Es ist deutlich zu erkennen, daß zu derselben Zeit, als die Stadt Stettin für den Binnenhandel die wichtigsten Privilegien erlangte, der Unternehmungsgeist der dortigen Kaufleute recht rege war und diese den Verkehr über See auf alle Weise aufrecht zu erhalten, ja zu erweitern sich bemühten. Die Genossenschaften der Draker, Falsterbo- und Ellenbogenfahrer waren, wie aus einzelnen Notizen hervorgeht, für den Fang der Heringe und ihren Verkauf nicht minder eifrig tätig, als für die Erhaltung der alten Handelsbeziehungen. In dieser Zeit scheint noch eine vierte Vereinigung zu diesem Zwecke entstanden zu sein, die St. Annen-Bruderschaft der Bornholmfahrer, die freilich nur aus einer Eintragung von 1499 bekannt ist.

Auf die Ordnung des Handels und die Beobachtung der alten Gesetze und Vorschriften waren Rat und Kaufmannschaft in gleicher Weise bedacht. Jener ließ immer wieder in den Bürgersprachen die Gebräuche und Bestimmungen über den Verkehr mit Fremden, über Getreide- und Weinhandel verkünden, den Vorkauf verbieten, den Zwang zur Niederlage in Erinnerung bringen. Ihm lag vor allem daran, den Nutzen seiner Bürger zu wahren, sie vor Betrug, Übervorteilung und jeglichem Nachteil zu schützen, aber auch zu Recht und Ehrlichkeit im Handel mit anderen anzuhalten. Dies mag nicht ganz überflüssig gewesen sein, denn 1477 richtete der Rat von Nürnberg an Stettin eine Klage über Fischverfälschung. Neben dem Rate erließen die Handelskompagnien ähnliche Vorschriften und sorgten durch ihre Ordnungen, die in den Muthbüchern aufgezeichnet wurden, zumeist in Gemeinschaft mit ähnlichen Gesellschaften anderer Hansastädte für Aufrechterhaltung aller der Bestimmungen, die für einen geordneten

Handel notwendig waren. Da handelte es sich um die Fischerei, die Herstellung der Tonnen, die Art der Wagen, die Verwendung von Salz, die Leichterfahrzeuge, das Löschen und Laden, die Zucht und Ordnung auf den Schiffen, den Zoll, den Einkauf und Verkauf, den persönlichen Verkehr in den Fitten und Lagerhäusern usw. Bei dem Mangel allgemeiner staatlicher oder gar internationaler Bestimmungen war eine solche Regelung durch die einzelnen Städte durchaus notwendig.

Eine neue Ordnung erging 1472 für die Stettiner Korporation, in der die Kaufleute in der Heimat seit langer Zeit vereinigt waren. Der Rat einigte sich mit den Älterleuten des Kaufmanns über Statuten für das Seglerhaus, zu dem jeder „echt und recht geborene, ehrenwerte Kauf- und Handelsmann", aber kein Handwerker gehören sollte. Auf Einladung der Älterleute mußten sie zur Versammlung erscheinen und „gemeine Stadt- und Kaufmanns-Händel, so ihnen von einem ehrbaren Rate proponieret worden, einträchtiglich mit beschließen helfen." Für Erhaltung von Zucht und Anstand zu sorgen, war in dieser Zeit, in der sich oft unbändige Kraft in Wort und Tat kundtat, ganz besonders notwendig; daher wurden für den Verkehr auf dem Seglerhause strenge Vorschriften gegen Schlagen, Vollsaufen, Spielen, Schuldenmachen, Sachbeschädigung u. a. m. erlassen. Auch in geselliger Beziehung nahm das Seglerhaus, wie an anderen Orten das Artushaus, eine angesehene Stellung ein. Mancher Bürger war gar stolz darauf, ihm anzugehören, und glaubte wohl die Fabel, daß es schon vor „etlichen hundert Jahren bei der Wenden Zeit ein solch öffentliches und sehr zierliches ansehnliches Haus allhier gewesen, darin die hantierenden Kaufleute ihre gewöhnlichen Zusammenkünfte und sonderbaren heidnischen Feste, Zech- und Trinkgelage, gehalten." Ein eigenes Kompagniehaus besaßen auch die Draker in der Oderstraße seit 1463 durch die Stiftung ihres Altermannes Klaus Dorn, der zur Aussteuer armer Jungfrauen Einkünfte bestimmt hatte. Das Drakerbuch von 1461 zeigt, daß die Kaufleute es wohl verstanden, das Vermögen ihrer Genossenschaft gut zu verwalten und das Kapital ertragreich anzulegen. Die Schützengilde entstand vielleicht in dieser Zeit, als der märkische Krieg an die Wehrhaftigkeit der Bürger große Ansprüche machte, wenn sie urkundlich auch erst 1491 nachweisbar ist. Sie besaß gleichfalls ein Haus am St. Jakobi-Kirchhof und einen Altar in der Jakobikirche.

Aus allen Nachrichten, so dürftig sie auch sind, gewinnt man den Eindruck, daß die Stadt in den Jahren des Erbfolgekrieges einen nicht geringen Aufschwung nahm. Das beweisen die erfolgreiche

Politik, die ihr Rat betrieb, und die rege Tätigkeit der Bürgerschaft, die sich auf verschiedenen Gebieten des wirtschaftlichen oder sozialen Lebens offenbarte, das geht auch aus den Eintragungen des Bürgerbuches hervor. Wenn z. B. im Jahre 1466 nicht weniger als 160 Neubürger aufgenommen wurden, so kann das ja auf große Abgänge in den voraufgegangenen Jahren schließen lassen, aber diese wären nicht so bald ersetzt worden, wenn nicht die neuen Bürger, die zum Teil aus der Fremde in die Stadt zogen, die Aussicht gehabt hätten, dort ihr Brot zu verdienen. In den folgenden Jahren war die Aufnahme von Bürgern nicht geringer als gewöhnlich, namentlich aus den benachbarten Dörfern fand ein Zuzug statt, der vielleicht durch die weiteren unruhigen Zeiten veranlaßt wurde.

Denn das Verhältnis zwischen Pommern und Brandenburg blieb auch nach dem Prenzlauer Frieden ein ziemlich gespanntes. Der Lehnseid wurde zwar von den Herzogen und den Ständen geleistet, wie aber Stettin sich dabei verhielt, wissen wir nicht. Jedenfalls traute der argwöhnische Markgraf Johann, der für seinen Vater, den Kurfürsten Albrecht, die Regierung in der Mark führte, der Stadt nicht im geringsten. Schon im Juli 1473 hatte er den Rat im Verdacht, daß er auf Abfall sinne. Es ist unzweifelhaft, daß man in Stettin die Vorgänge in der Mark aufmerksam beobachtete und von dem Zerwürfnisse der dortigen Städte mit ihrem Landesherrn wußte. Gewiß gab es in der Stadt eine Partei, die gegen Brandenburg und den Prenzlauer Frieden agitierte, während andererseits Anhänger der Hohenzollern nicht fehlten. Für ihre Sache wirkte, wie es scheint, der päpstliche Legat Antonius Bonumbra, der sich 1473 und 1474 längere Zeit in Stettin aufhielt. Den Gegnern Brandenburgs war dagegen im Geheimen Herzog Wartislaw X. zugeneigt, während Herzog Erich II., obwohl er im Herzen nicht anders gesinnt war, sich doch vorsichtiger zurückhielt. Er starb am 5. Juli 1474 zu Wolgast, und sein Tod führte bald zu neuen Kämpfen und Streitigkeiten.

Sein ältester Sohn Bogislaw X. übernahm, etwa 20 Jahre alt, die Regierung unter schwierigen Verhältnissen, die ihm nicht, wie die alte sagenhafte Überlieferung berichtet, von seiten seiner Mutter, der Herzogin Sophie, erwuchsen, sondern in der Lage des Herzogtums Stettin ihren Grund hatten. Dies Gebiet wurde von den beiden Linien des Herzogtums Wolgast verwaltet, die seit 1372 diesseits und jenseits der Swine bestanden. Hierdurch waren bereits zwischen den Brüdern Erich II. und Wartislaw X. Schwierigkeiten entstanden, die sich für den jungen Herzog fortsetzten. Aber er gewann bald Anschluß an den Oheim, weil die Zwitterstellung des Stettiner Landes die Fürsten doch zu einmütigem Handeln veranlaßte. Denn die dortigen Stände, namentlich die Stadt Stettin, suchten aus der staatsrechtlich unsicheren Lage des umstrittenen Gebietes Vorteil zu ziehen. Sie verhielten sich gegenüber den Forderungen ihrer Landesherren ablehnend und benutzten die Stellung, die sie Brandenburg gegenüber einnehmen konnten, je nachdem es ihnen gut dünkte. An Bogislaw trat die Forderung heran, das Stettiner Land als Lehn vom Markgrafen zu empfangen. Er weigerte sich dessen, und sein Oheim sowohl wie seine Mutter bestärkten ihn in seiner ablehnenden Haltung. Da war es für ihn von Wichtigkeit, wie sich die Stände zu dieser Frage stellten, ob sie ihm sofort die Huldigung leisten würden. Stettin lehnte es ab, ohne weiteres zu huldigen, und forderte zunächst vor der Huldigung die Bestätigung seiner Privilegien. Dem Markgrafen Johann erschien der Zeitpunkt günstig, die Stadt für sich zu gewinnen, und er verlieh ihr vielleicht aus diesem Grunde ein ausdrückliches Privileg des freien und sicheren Verkehrs in seinen Landen. Freilich erreichte er nicht viel dadurch, aber dem Rate wurde durch solch Vorgehen der Rücken gestärkt, er konnte mit seinen Forderungen ganz anders hervortreten, auch als am 25. November 1475 die hinterpommerschen Stände dem Herzoge Bogislaw zu Stargard huldigten. So waren die Verhältnisse längere Zeit vollkommen ungeklärt; es herrschte wieder Streit zwischen Brandenburg und Pommern, der schon fast zu neuem Kriege führte, Stettin aber verhielt sich neutral zwischen beiden Parteien und wartete ab, wo es am meisten gewinnen könne.

Durch sein Verhalten kam Stettin, wie es scheint, auch in Konflikte mit dem benachbarten Adel, der wenigstens zum Teil für die pommerschen Fürsten eintrat. Wir erfahren, daß einer, der zu ihm gehörte, in die Gefangenschaft der Stadt geriet und erst nach längerer Zeit die Freiheit gewann. Auch sonst wird von Unruhen mancher Art im Lande berichtet. Endlich aber gelang es, eine Einigung zwischen Pommern und Brandenburg herzustellen, indem Bogislaw versprach, dem Kurfürsten Albrecht, wenn er selbst ins Land käme, den Lehnseid zu leisten. Unzweifelhaft hat bei dieser Abmachung auch Stettin eine bedeutsame Rolle gespielt. Bogislaw gewann die Stadt, indem er ihr am 23. Jänuar 1477 nicht nur ihre alten Rechte bestätigte, sondern auch über die Privilegien, die sein Vater und Oheim ihr verliehen hatten, hinaus ihre Freiheiten erweiterte. Wer etwas gegen ihre Bürger hat, soll sein Recht nur in Stettin suchen, und sie selbst sollen vor keinem auswärtigen Gerichte, als vor den herzoglichen Gerichten sich zu verantworten die Pflicht haben. Zollfreiheit wurde ihnen zugesagt nicht nur im ganzen Gebiete, das der Herzog jetzt besaß, sondern auch in dem, das er etwa noch gewinnen würde. Von dem Rechte der Grundruhr wurden die Stettiner vollkommen befreit, und ein neuer Jahrmarkt wurde ihnen für den 16. Oktober bewilligt. Bei einem Streite zwischen den beiden Landesherren hatte die Stadt das Recht, sich dem anzuschließen, der sich ihrer Entscheidung fügen wollte. Es sind sehr ausgedehnte Freiheiten, die hier den Stettinern namentlich für ihren Handel zu Wasser und zu Lande gegeben wurden. Bogislaw mußte die Huldigung, die ihm geleistet wurde, gar teuer erkaufen, aber er erreichte wenigstens, daß Stettin sich nicht von ihm und seinem Hause abwandte.

Zunächst schien Freundschaft zwischen den beiden Nachbarländern und ihren Herrscherhäusern dauernd begründet zu sein. Vermählte sich doch Bogislaw im September 1477 mit Margarete, der Tochter des Kurfürsten Friedrich II. Aber nicht lange danach begann Wartislaw X. plötzlich wieder den Kampf gegen Brandenburg, indem er am 6. April 1478 Gartz a. O. überfiel und eroberte. Bei der Überrumpelung dieser Stadt, die später von der Volkssage mannigfach ausgeschmückt worden ist, waren Bürger von Stargard und Stettin eifrig tätig. Sie hatten ein großes Interesse daran, die Oderfeste in pommerschem Besitze zu wissen. Damals erklang in ihren Straßen der alte Schlachtruf: Horsa Stettin! und erweckte die märkische Besatzung aus ruhigem Schlaf. Bald danach fiel auch Vierraden in die Hände der Pommern, und Bogislaw X., der sich alsbald seinem Oheim anschloß, gab das Schloß den Stettinern zur Verwahrung. Sie verteidigten es mit Erfolg, als der Markgraf Johann erschien, um die Feste einzunehmen. Bei den folgenden Kämpfen aber, in denen Bogislaw sich nicht sonderlich auszeichnete, gerieten die Pommern in solche Bedrängnis, daß der junge Herzog froh war, im Mai 1478 einen Waffenstillstand zu erlangen. Bald darauf erschien Kurfürst Albrecht selbst in der Mark und begann nach wohl vorbereitetem Plane den Feldzug. Unter seiner eigenen Leitung wurde der Sturm auf Vierraden unternommen, und ihm zu widerstehen war die Stettiner Besatzung außerstande, zumal da das pommersche Heer, das in der Nähe stand, beim Anrücken der Märker floh. Am 14. September wurde Vierraden eingenommen, ein Erfolg der Brandenburger, der, wie es scheint, besonders auch durch geschickte Verwendung der Geschütze erreicht wurde. Was aus der Besatzung wurde, wissen wir nicht, aber neben den Söldnern, die Stettin angenommen hatte, wird auch mancher Bürger in die Gefangenschaft geraten sein. Ob der später erhobene Vorwurf, die Stettiner hätten damals ihre Schuldigkeit nicht getan, berechtigt war, vermögen wir nicht zu beurteilen. Wie ein Sturmwind brauste Kurfürst Albrecht durch das Land, zwang den Herzog Bogislaw zur Flucht, verfolgte ihn und nahm Burgen und Städte ein. Dabei wurde auch das Gebiet der Stadt arg verwüstet, Handel und Verkehr geschädigt, und nicht wenige Bürger fielen in dem Kampfe. Bald wurde Bogislaw zum Waffenstillstande gezwungen, und das von den Feinden übel heimgesuchte Land konnte sich ein wenig erholen. Jetzt traten die Städte, namentlich Stettin, entschieden für Friedensunterhandlungen ein und suchten diesen zu gutem Ende zu verhelfen. Gewiß mag Bogislaw in seinem Innern bisweilen gemurrt und gezürnt haben, daß die Bürgerschaften ihn jetzt im Stiche ließen, und zu der Abneigung gegen die Macht der Städte, die er später so oft bewies, wurde in dieser Zeit der Grund gelegt. Als während der Waffenstillstandsverhandlungen Herzog Wartislaw X. am 17. Dezember 1478 starb, wurde Bogislaw der alleinige Herr über ganz Pommern. Eine Zeit lang dachte er daran, den Krieg gegen Brandenburg zu erneuern, aber er entschied sich dann zum Nachgeben und erkannte im Frieden zu Prenzlau (26. Juni 1479) die Lehnsherrschaft Brandenburgs an. Damit war für lange Zeit der Streit geschlichtet, der auch für Stettin von großer Bedeutung gewesen war. Im letzten Grunde hatte die Stadt in dem Kampfe der beiden Parteien den größten Vorteil errungen, sie hatte ihre Rechte, Privilegien und Freiheiten nicht nur behauptet, sondern in bedeutendem Umfange erweitert, sie hatte trotz des Krieges ihren Handel treiben und ihre Bürger schützen können, sie hatte vor allem ihrem Landesherrn gegenüber eine Bedeutung und Selbständigkeit gewonnen, wie sie ihr bisher noch nicht zuteil geworden war. Jetzt war nur die Frage: Wird die Stadt im Frieden diese Stellung behaupten können?

8. Kapitel.

Stettin unter Bogislaw X. (1476—1523).

Bogislaw X., der erste pommersche Fürst, der es versuchte die landesherrliche Gewalt in seinem Lande zu begründen und ein wirkliches Staatsgebilde in Pommern zu schaffen, mußte, um dies zu erreichen, vor allem die Selbständigkeit der Städte brechen. Mit der ihm eigenen vorsichtigen Schlauheit ging der Herzog nicht direkt auf dies Ziel zu, sondern suchte allmählich Fortschritte zu machen. Zunächst hatte er in der Not des brandenburgischen Krieges die städtischen Privilegien bestätigt und dadurch Hilfe gewonnen, aber nachdem er von dem Andrange der Feinde befreit war, ging er Schritt für Schritt gegen die Städte vor. Führer und Berater hierbei war für den jungen Herzog Werner von der Schulenburg, der merkwürdige Mann, der es in dieser Zeit verstand, dem Markgrafen von Brandenburg und dem Herzoge von Pommern zu gleicher Zeit zu dienen.

Stettin hatte vor dem Brandenburgischen Kriege einen hohen Grad von Unabhängigkeit erreicht und diese während der Not, in die das Herzogshaus geriet, erheblich erweitert. Durch die großen Privilegien von 1467 waren die Rechte und Freiheiten der Stadt in einer Weise vermehrt worden, daß die Landesherrschaft nur noch wenig zu sagen hatte. Ferner war das Herzogshaus der Stadt pekuniär verpflichtet, die Fürsten hatten wiederholt von ihr Geld aufnehmen und damit eine drückende Abhängigkeit übernehmen müssen. Daß es mit den Finanzen Stettins damals aber nicht sehr glänzend stand, geht aus den zahlreichen Anleihen hervor, die der Rat um 1480 machte. So mächtig die Lage nach außen erschien, im Innern traten viele Mängel und Schäden hervor. Der Gegensatz zwischen dem Rate und einem großen Teile der „gemeinen" Bürgerschaft war nur oberflächlich beseitigt, in weiten Kreisen herrschte Unzufriedenheit mit der Verwaltung der Stadt, der Steuer- und Gerichtsverfassung, Handel und Verkehr hatten schwere Schläge erlitten, und der Unternehmungsgeist, der sich noch regte, täuschte aufmerksame Beobachter kaum darüber, daß es mit der mittelalterlichen Blüte Stettins zu Ende ging. Unzweifelhaft ist diese Tatsache dem Herzoge Bogislaw oder seinen Räten nicht entgangen, und danach richteten sie ihren Plan im Vorgehen gegen die Stadt ein.

Es hatte freilich den Anschein, als verlieh Bogislaw der Stadt noch größere Unabhängigkeit, indem er am 23. Januar 1482 mit ihr einen Vertrag über seinen Anteil am Stadtgerichte schloß. Bereits 1378 hatten die Herzoge Swantibor III. und Bogislaw VII. zwei Drittel des Gerichtes für 5200 Mark an Stettin verpfändet. Jetzt überließ Bogislaw der Stadt diese zu eigen und wurde dafür nicht nur von der Rückzahlung der Pfandsumme befreit, sondern erhielt auch Erlaß anderer Schulden, wie der von Joachim und Otto III. entliehenen 3200 Rhein. Gulden, sowie die Rücklieferung der 1455 vom Herzoge Erich für 1000 Gulden verpfändeten 27 silbernen Gefäße und Zahlung von 5000 Mark Stettiner Münze. Das war gewiß ein hoher Preis, den die Stettiner für ein Recht bezahlten, das sie schon mehr als 100 Jahre tatsächlich besaßen. Um den Vertrag der Gemeinde noch annehmbarer zu machen, verzichtete der Herzog auf einige Ansprüche, die bisweilen erhoben worden waren, aber doch höchst zweifelhaft erscheinen mußten. Herzog Kasimir VI. hatte von den Stettinern eine Abgabe von Fischen, die sogenannten „Etefische" gefordert, die von den Fischern an den herzoglichen Hof geliefert werden sollten. Es war über diese Naturallieferung wiederholt zu Streit gekommen, Bogislaw verzichtete jetzt auf sie. Ebenso erkannte er das Eigentumsrecht der Stadt an dem Dorfe Bergland, das ihr 1333 vereignet worden war, ausdrücklich an und begab sich des jährlichen Ablagers in Pölitz, d. h. er verzichtete auf das Recht, in dieser Stettin gehörigen Mediatstadt auf Kosten der Gemeinde Einkehr und Herberge zu halten. Wichtiger als das, was der Herzog hier aufgab, war für ihn damals Geld und Zeit zu gewinnen; wollte er doch die alten landesherrlichen Rechte, die im Laufe der Jahrhunderte verpfändet, verkauft oder verloren worden waren, allmählich zurückerwerben. Deshalb ging sein Bestreben vor allem darauf aus, direkte Abgaben vom Landbesitze zu erhalten, aber dazu bedurfte er der Zustimmung der Stände. Ein Landschoß aus dem Stettiner Lande wurde ihm 1482 auf dem Tage zu Ückermünde für zwei Jahre bewilligt, kam aber erst 1484 zur Erhebung. Auch Stettin wurde mit seinem Eigentum herangezogen. Wie andere Städte, weigerte es sich zu zahlen, so daß lange Verhandlungen notwendig wurden. Hierbei mußten die Ratssendeboten bereits die Drohung vernehmen, daß der Herzog diejenigen, die den Schoß nicht zahlen und ihm hierin ungehorsam sein würden, pfänden werde. Man entschloß sich, ihn zu zahlen, als man merkte, daß ein anderer Geist in der Regierung waltete, gegen den nicht so leicht Widerstand zu leisten war. Zugleich zog diese die Vertreter der Städte zur Teilnahme an den Verwaltungsgeschäften heran. Bei einem Streite zwischen Stralsund und Stargard waren die Bürgermeister Stettins Arnd von der Wide, Hans Gerben und Tewes Neveling im herzoglichen Rate mit tätig und brachten einen Vergleich zustande (1486 Dez. 31). Wurden schon hier zwei Städte zur Anerkennung eines vom Herzoge eingesetzten Schiedsgerichtes genötigt, so zwang er bald danach auch Stettin zum Abschlusse eines Vertrages, der beiderseitige Ansprüche entschied. Am 27. August 1489 fand zu Warnow eine Besprechung des Herzogs mit Vertretern der Stadt, den Bürgermeistern Arnd von der Wide und Tewes Neveling und den Kämmerern Michel Wittenborn und Michel Bure, statt. Es handelte sich um Streitigkeiten wegen des Dammschen Sees, der Orböre, d. h. der jährlichen Abgabe, die von der Stadt an den Landesfürsten zu leisten war, und wegen der Häuser auf der Herrenfreiheit. Von seiten des Herzogs wurden alte Ansprüche geltend gemacht, die längst verjährt zu sein schienen, aber auf den verschiedenen Tagen zu Warnow, Treptow a. R. und an anderen Orten hielten die Räte fest an dem, was ihnen aufgetragen worden war. Länger als ein Jahr zogen sich die Verhandlungen hin, schließlich aber wurde am 12. Januar 1491 zu Stettin ein Vergleich geschlossen, in dem sich „Bürgermeister, Ratmannen, Kaufmann, Werke und Gemeinde" mit dem Herzoge Bogislaw einigten. Der Dammsche See wurde mit allem Zubehör, Fischerei usw. dem Fürsten zugesprochen, ihm sollte die Stadt alle Jahre auf St. Nikolai (6. Dez.) 1250 Mark Orböre zahlen und eine Last Roggen liefern. Beides hatte der Herzog erreicht, indem er eine mehr als 2 Jahrhunderte alte Urkunde heranzog. Bogislaw IV. hatte 1283 der Stadt Stettin zugesichert, sie solle jährlich nur 100 Mark Brandenburgisch Orböre zahlen, und ihr für 600 Mark Pfennige das Eigentum des Dammschen Sees überlassen, sich und seinen Erben jedoch den Rückerwerb vorbehalten. Keiner der späteren Fürsten hatte an einen Rückkauf gedacht, da fand man in Bogislaws X. Kanzlei den alten Brief und faßte sofort den Entschluß, den ehemaligen herzoglichen Besitz zurückzugewinnen. Geld wollte man dafür nicht zahlen, da wurde die Klage gegen Stettin erhoben, es habe durch den Verlust Vierradens, der durch die Schuld der Bürger erfolgt sei, dem Herzogshause einen Schaden zugefügt, den die Stadt ersetzen müsse. Man erklärte sich jedoch bereit, einen Verzicht auf jene Rückkaufssumme und auf das Eigentum des Dammschen Sees als Ersatz anzusehen. Juristische Gutachten sprachen sich für die Forderung der Regierung aus. Dabei kamen die Anschauungen und Grundsätze des römischen Rechts, das in dieser Zeit immer mehr von den deutschen Rechtsgelehrten angenommen wurde, zur Anwendung, und Stettin blieb schließlich nichts übrig, als sich dem Urteilsspruche zu fügen. Schon vorher hatte es in die neue Festsetzung der jährlichen Abgabe an den Landesherrn willigen müssen und diese bereits seit 1488 gezahlt. Der dritte Punkt des Vertrages betraf eine Angelegenheit, die zu besonders heftigen Streitigkeiten geführt zu haben scheint. Zu den Neuerungen, die Bogislaw als notwendig zur Schaffung einer wirklichen Verwaltung des Landes und Hebung der fürstlichen Macht erkannte, gehörte auch die Gründung einer festen Residenz. Zu diesem Zwecke löste er das Ablagerecht, das der Landesherr in Städten, Klöstern und Dörfern besaß, ab und ging daran, sich einen ständigen Wohnsitz zu schaffen. War er bisher viel im Lande umhergezogen, so sah er bald ein, daß sich der Mittelpunkt der fürstlichen Verwaltung und seine Residenz nur in Stettin befinden könne. Dort besaß auch das Herzogshaus seit Barnim III. ein steinernes Haus. Zwar hatten die Bürger immer wieder versucht, den Fürsten den Besitz streitig zu machen und zu verhindern, daß sie sich hier dauernd niederließen, doch gerade dieser Widerstand der städtischen Gemeinde reizte Bogislaw, sich durch Errichtung eines festen Schlosses zum Herrn der Stadt zu machen. Dazu kam, daß er sich im Februar 1490 mit der jungen Prinzessin Anna von Polen, der Tochter des Königs Kasimir, verlobte. Da erwies es sich als nötig, das ganze Hofwesen, das bisher nur wenig geordnet war, neu einzurichten und so zu gestalten, daß es gegen das polnische nicht gar zu sehr abstach. Deshalb wollte er wenigstens vorläufig den fürstlichen Hof einigermaßen würdig herstellen und verlangte, daß die Häuser und Buden, die von Bürgern auf dem Gebiete, das zu ihm gehörte, erbaut worden waren, sofort abgebrochen würden. Es erhob sich ein Streit darüber, wie weit der Bezirk des fürstlichen Hauses reiche; das war um so wichtiger, weil diese sogenannte Herrenfreiheit nicht unter der städtischen Jurisdiction stand. Nach langen Verhandlungen wurde in dem Vertrage vom 12. Januar 1491 festgesetzt, daß die beiden Straßen, die am fürstlichen Hofe vorbeiführten, etwa die heutige kleine Ritter- und ein Stück der Pelzerstraße, bis in den Rinnstein, der sich in der Mitte befand, zur Herrenfreiheit gehören sollten, ebenso wie die St. Ottenkirche, der von Mauern umgebene Hof selbst und die zum Kirchhofe bestimmte Stelle. Es lassen sich die Grenzen, die hier genannt sind, heute nicht mehr genau angeben, aber auch in jener Zeit scheinen sie unsicher geblieben zu sein, da später wiederholt noch Streitigkeiten über die Ausdehnuug der Herrenfreiheit entstanden. In den weiteren Bestimmungen des Vertrages erkannte der Herzog das Dorf Krekow und 5 Hufen in Schmellentin als städtisches Eigentum an, entsagte ausdrücklich allen Ansprüchen, die sich auf den Verlust von Vierraden begründeten, und gestand den Stettinern das Recht zu, daß ein Bürger einen andern nur vor einem einheimischen Gerichte belangen solle, wobei freilich das fürstliche Gericht ausdrücklich als zulässig anerkannt wurde. Namentlich sollte der Prozeß, den die Stadt mit Lüdeke Wussow wegen des Stadtgerichts führte, vor diesem Gerichtshofe entschieden werden. Weiter wurde bestimmt, daß der Herzog das Ablager in Pölitz, auf das er erst 1482 verzichtet hatte, behalten sollte und die Stadt 400 Rhein. Gulden zahlen mußte, weil sie die Münze nicht nach des Herzogs Gebot hatte schlagen lassen. Die neue herzogliche Münzordnung vom 19. März 1489 fand besonders bei den Städten großen Widerstand; sie wollten von ihrem alten Gebrauche und Rechte nicht lassen, vor allem den bedeutenden Gewinn, den sie aus der Verschlechterung der Münze zogen, nicht aufgeben, wie es bei den neuen Schillingen, die Bogislaw einführte, der Fall war. Deshalb berief sich Stettin auf seine Münzprivilegien, die es 1397 und 1408 für ewige Zeiten erhalten hatte. Der Herzog aber kümmerte sich um das alte Recht nicht, sondern zwang Stettin zu der angegebenen Strafe und zum Versprechen, sich künftig nach der Landeswährung zu richten.

Welch eine Niederlage hatte die stolze Stadt mit diesem Vertrage erlitten! Fast auf allen Gebieten ihrer Verwaltung hatte sie dem Herzoge Einräumungen machen müssen. Wir können uns denken, daß Bogislaw mit stolzer Befriedigung über das, was er erreicht hatte, am 2. Februar das Beilager mit der Prinzessin Anna feierte. Bei ihrem Einzuge staunten die wackeren Bürger über den Glanz und die Pracht des polnischen Gefolges, das die fürstliche Braut begleitete. War auch durch Werner von der Schulenburg für den Empfang der zahlreichen hohen Gäste, für ihre Bewirtung und Einquartierung alles wohl vorbereitet, so konnten die Bürgerhäuser doch kaum die Menge der Fremden fassen, und die Ställe reichten nur mit Mühe für die erwarteten 4000 Pferde aus. Noch nie hatte Stettin ein solches Fest gesehen, für das eine Unmenge von Bier, Wein, Gewürz, Fleisch, Fischen u. a. m. zusammengebracht worden war. Da ging es am fürstlichen Hofe hoch her mit Schmausereien, Trinkgelagen, Tänzen und Turnieren. Namentlich die polnischen Herren, von denen einer beim Lanzenstechen sich auszeichnete, riefen allgemeine Bewunderung hervor. Bei dem lebhaften Verkehr und dem ungebundenen Leben werden die Wachen auf dem Rathause und an den Toren mancherlei zu tun gehabt haben. Bürgermeister und Rat aber, die beim Einzuge dem Landesherrn und seiner neuen Gemahlin huldigten, werden das gewiß mit gemischten Gefühlen getan haben. Mußte ihnen das Fest doch als eine Siegesfeier des Landesherrn über ihre Stadt erscheinen. Dabei wußten sie, daß die Streitpunkte, die zwischen dem Herzoge und ihrer Gemeinde bestanden, noch nicht erledigt und entschieden waren.

Die Verhandlungen dauerten wirklich noch lange fort, namentlich wegen der Münze. Zwar versprachen die Bürgermeister im Oktober und November 1491, darauf zu halten, daß im Handel die neuen Münzen gebraucht würden, aber sie klagten immer wieder über den großen Verlust (250 Gulden), den die Stadt durch die Neuerung erleide. Erst am 18. September 1492 erklärte Bogislaw, diese Sache sei endgültig entschieden und er könne nicht zulassen, daß sie immer wieder aufgerührt werde; er wolle die „Herrlichkeit und den Brauch der Münze weder ihnen noch jemand gönnen, sondern sie für sich behalten“. Ähnliche schroffe Antworten erhielten die Vertreter der

Stadt auch in anderen Sachen, die bei den verschiedenen Tagfahrten zur Sprache gebracht wurden. So war von einem Schiffe, das bei Usedom gestrandet war, ein Drittel der Ladung als dem Landesherrn verfallen durch die herzoglichen Beamten zurückbehalten worden. Mit Recht beriefen sich die Stettiner auf ihre Privilegien, durch die sie von dieser alten, aber kaum noch gebräuchlichen Abgabe befreit worden waren. Der Herzog aber zog gleichfalls einen Vertrag aus längst vergangenen Tagen heran, und die Stettiner erklärten schließlich, sie wollten Seiner Gnaden 45 Gulden zum Geschenke geben, damit das Schiff frei sei, natürlich ohne auf ihre Rechte zu verzichten. Auch inbetreff des Besitzes in Schmellentin, der Mühlen u. a. m. erhielten die Sendboten des Rats eine wenig befriedigende Antwort.

Neben diesen unerquicklichen Verhandlungen des Rats mit dem Herzoge ging der Prozeß mit Lüdeke Wussow wegen des Stadtgerichtes, der vor dem fürstlichen Hofgericht geführt wurde und sich lange hinzog, sowie ein Streit mit dem Ottenkapitel nebenher. Die Kirche von St. Otten war immer mehr die Hofkirche des herzoglichen Hauses geworden und hatte 1489 und 1491 von Bogislaw Bestätigungen ihres Besitzes und der Rechte des Domkapitels erhalten. Der Herzog verlegte am 25. Januar 1491 die von seinem Vater Erich im Jahre 1472 beim Kloster Bukow gestiftete Marienbrüderschaft, eine Vereinigung von Adligen, die als Abzeichen eine Art von Orden trugen, an die Ottenkirche und verband damit eine Stiftung für den Unterhalt und die Erziehung von 24 Knaben. Diese Auszeichnung, die den Domherren von St. Otten zuteil wurde, scheint auch ihre Ansprüche gesteigert zu haben. Im Vertrauen auf die Hülfe ihres fürstlichen Patrons erhoben sie auf Grund alter Verschreibungen die Forderung, die Stadt müsse dem Kapitel eine jährliche Rente von 20 Mark und außerdem 50 Mark Finkenaugen jährlich und zwar in der neuen Münze zahlen. Nach unendlichen Verhandlungen kam am 25. November 1493 ein Vergleich zustande. Das Kapitel verzichtete auf die jährliche Rente und erklärte sich mit der Zahlung der 50 Mark Finkenaugen nach altem Münzfuße zufrieden. Dagegen sprach der Rat alle Häuser und Höfe der Domherren — es werden im ganzen 5 aufgezählt — vom Schoß und Wurtzins frei, so lange in ihnen nicht weltliche Personen wohnten. Ferner wurde dem Kapitel erlaubt ein Kalkhaus hinter der Kirche an der Mauer zum Nutzen der Kirche zu erbauen. In dieser Zeit der Streitigkeiten und Prozesse brach auch ein Zwist mit der Nachbarstadt Altdamm aus wegen eines Werders in der großen Reglitz, der die „Plage“ hieß. Man einigte sich schließlich dahin, die Entscheidung dem fürstlichen

Hofgerichte zu übertragen, eine Einigung, die höchst bezeichnend für die Stellung der Städte zu der Landesregierung ist. Dies fällte am 31. Juli 1493 das Urteil, in dem die Grenzen in der Reglitz für beide Städte festgesetzt wurden.

Außer der jährlichen Orböre mußte die Stadt in diesen Jahren auch noch wiederholt (1492 und 1494) dem Herzoge den von den Ständen bewilligten Landschoß zahlen; von jedem Hause war ein Rhein. Gulden, von der Bude ½ Gulden, vom Keller ein Ort auf 2 Jahre zu entrichten. Es mag schwer gewesen sein, diesen Schoß einzutreiben, zumal da mancherlei Unglücksfälle, Krankheiten, Mißernten u. a. m. das Land heimsuchten. Auch drohte wieder Krieg, da Bogislaw immer mehr darauf ausging, sich von der brandenburgischen Lehnsherrschaft frei zu machen und direkten Anschluß an den Kaiser und das Reich zu suchen. Er verweigerte die nach dem Tode des Kurfürsten Albrecht (1486) geforderte Lehnshuldigung und wußte die schwächliche Regierung des neuen Kurfürsten Johann durch lange Verhandlungen, trotzige Haltung und hartnäckigen Widerstand endlich zum Nachgeben zu bringen. In dem Vertrage von Pyritz (26. März 1493) sprach Johann den Herzog und seine Erben des Lehnsempfanges ledig und begnügte sich mit der Zusicherung des Erbanfalls. Bei dem Abschlusse dieser wichtigen und für Pommern sehr vorteilhaften Abmachung waren auch Vertreter Stettins zugegen; sie hängten mit den anderen Ständen das Siegel ihrer Stadt an die Urkunde und erhielten eine Ausfertigung.

Trotz dieses Erfolges gab es Bogislaw nicht auf, sich an den Kaiser Maximilian heranzudrängen in der Hoffnung, dadurch Sitz und Stimme auf dem Reichstage zu erhalten. Er ließ sich 1496 von Maximilian zum Dienste bei dem beabsichtigten Romzuge anwerben und bekam dazu am 13. Oktober von der Stadt Stettin eine Beihülfe von 1400 Rhein. Gulden. Am 16. Dezember brach der Herzog von Gartz auf und trat seine berühmte Reise an, die nicht ein Kriegszug nach Italien, sondern eine Pilgerfahrt nach dem heiligen Lande und nach Rom wurde. Die spärlichen Nachrichten, die aus fernen Landen über die Abenteuer des Herzogs in die Heimat drangen, erregten die Phantasie seiner Untertanen in hohem Maße. Man erzählte von merkwürdigen Erlebnissen, von großen Heldentaten, von Festen und Ehrungen, die nur zum geringen Teile der Wahrheit entsprachen. Aber der märchenhafte Glanz und Schimmer, der die Person des Herzogs zu umgeben begann, erhöhte unzweifelhaft sein Ansehen auch in Pommern, und mit Stolz erfuhren die Stettiner, daß der Name ihrer Stadt in Jerusalem, Rom, Venedig bekannt wurde und der Ruf evviva il duca di Pomerania e di Stettino an manchen Orten Italiens erklang. Weniger hörte oder, wenn die Kunde davon in die Heimat drang, verstand man von den Bestrebungen, die der Herzog auch bei dieser Gelegenheit nicht aus den Augen verlor, seine Fürstenmacht zu erhöhen. Zu diesem Zwecke ließ er sich in Rom vom Papste Alexander VI. wichtige Privilegien erteilen, machte sich mit dem römischen Rechte in den italienischen Universitätsstädten bekannt und nahm berühmte Rechtsgelehrte nach Pommern mit. Am 12. April 1498 zog er nach langer Abwesenheit wieder in Stettin ein, freudig begrüßt von seiner Familie und den Bewohnern der Stadt. Er ging in die Ottenkirche, wo ein feierliches Tedeum abgehalten wurde. Das Schwert und den Hut, die ihm Papst Alexander VI. Weihnachten 1497 geschenkt hatte, wurden dort aufgehängt und lange Zeit als wertvolle Erinnerungen an die merkwürdige Fahrt aufbewahrt. Das abergläubische Volk sah freilich ein Unheil verheißendes Vorzeichen darin, daß kurz vor der Ankunft des Herzogs seine Rosse, vor allem sein Leibhengst, im Stalle fielen.

Das Unglück blieb nicht aus. Mit einem aufs höchste gesteigerten Bewußtsein von seiner Herrschermacht und dem festen Willen, den Widerstand der Stände zu brechen, war Bogislaw heimgekehrt. Er hatte im Reiche gesehen, wie die Fürsten überall die souveräne Macht des Landesherrn stärker als früher betonten, wie sie das sich allmählich zur Geltung durchringende römische Recht zu diesem Zwecke benutzten, wie sie sich bemühten, vornehmlich die Selbständigkeit der Kirche und der Städte zu brechen. Für die Stände des Landes war es eine sehr wenig angenehme Überraschung, als der Herzog bald nach seiner Rückkehr auf einem Landtage zu Stettin bekannt gab, der Kaiser habe ihm zu Innsbruck das Recht verliehen, goldene Münzen zu schlagen und den Zoll zu Wolgast und Damgarten zu erhöhen. Sofort erhoben die Städte namentlich gegen das zweite Privileg Einspruch und beriefen sich auf ihre alten Freiheiten. Schließlich aber erklärten sie sich damit einverstanden, daß von ausländischen Kaufleuten ein höherer Zoll erhoben werde. Hiermit war aber Bogislaw nicht zufrieden, und ein neuer Streit entstand zwischen ihm und Stettin, das von seinen alten Zollbefreiungen nicht ablassen wollte. Es hatte damals seinen bedeutendsten Schiffsverkehr in der Ostsee und nur geringe Beziehungen über diese hinaus. Nach den Sundzollregistern passierten 1497 den Ostseesund im ganzen 65 pommersche Schiffe, von denen 37 nach Stralsund, aber keins nach Stettin gehörte. Die Schiffahrt der Stadt in der Ostsee berührte aber gerade Wolgast, und dort sollte der erhöhte Zoll erhoben

I. Das Stettiner Schloß vor

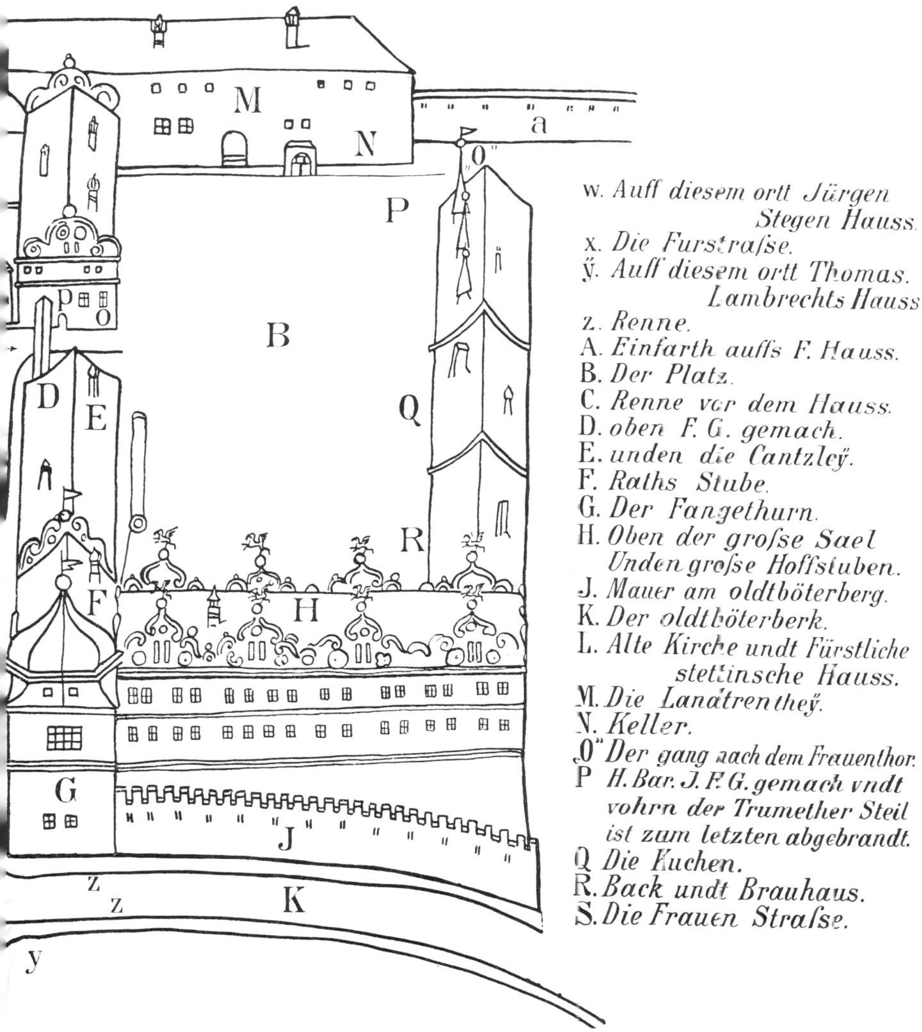

aus der Vogelschau von Süden.

werden. Das herzogliche Münzprivileg hatte die Stadt nur widerwillig anerkannt, jetzt hatte der Kaiser es nicht nur bestätigt, sondern auch noch erweitert, und wegen der Mühlen bei Nemitz war der Zwist nur vorläufig beigelegt worden. So entspann sich alsbald ein neuer lebhafter Streit, in dem Bischof Martin von Cammin zum Schiedsrichter bestellt wurde. Bei ihm reichte die Stadt im Dezember 1499 eine Klageschrift ein, die von dem herzoglichen Sachwalter alsbald mit einer sehr scharfen Schrift beantwortet wurde. Er hielt an den drei Forderungen wegen der Münze, des Zolles und der Mühlen fest, ja erhob von neuem Klage wegen des Pölitzer Ablagers, des halben Gerichts in Stettin und der Vororte. Es folgten im Laufe des Jahres 1500 weitere Schriften von beiden Seiten, und der Prozeß wurde in den Formen des römischen Rechtes geführt. Stettin berief sich immer wieder auf die von des Herzogs Vorfahren erhaltenen und konfirmierten Privilegien. Der Fürst dagegen ließ einwenden, dat dese Artikel unnütte, witloftig und wedder Recht och wedder gemeine Nutt si. Die Parteien brachten Rechtsgutachten und Belehrungen vor; die juristische Fakultät der Universität Erfurt reichte eine sehr gelehrte, mit Zitaten reichlich versehene Denkschrift ein, und Petrus von Ravenna, der Rechtslehrer, den Bogislaw aus Padua mitgebracht hatte, verfaßte eine nicht minder gelehrte Abhandlung über die Zölle der Stettiner. So wurden Scharfsinn und Gelehrsamkeit angewandt, spitzfindige Rechtsbelehrung herangezogen und die römischen Rechtsquellen benutzt, um diesen Streit zu entscheiden, aber es kam, wie es bei dem umständlichen Verfahren jener Zeit zu geschehen pflegte, nicht zu einem Entscheide. Die Stimmung des Fürsten gegen die Stadt, die ihm so hartnäckig Widerstand leistete, wurde immer gereizter. Eine große Zollunterschlagung, die 1500 von fremden Kaufleuten begangen, aber aufgedeckt worden war, wurde der fürstlichen Regierung ein Anlaß, an ihrer Forderung des erhöhten Zolles festzuhalten und das Verhältnis noch unerquicklicher zu gestalten. Die herzogliche Münze in Stettin wurde 1500 förmlich eingerichtet, Reibereien mit der Mark wegen des Handelsverkehrs zu Wasser und zu Lande kamen wiederholt vor. Im Rate selbst scheint Zwiespalt geherrscht zu haben; da gab es Gegner des Herzogs, die für die Rechte der Stadt eintraten und sie aufrecht zu erhalten bestrebt waren, sowie Anhänger des Landesherrn, die für Nachgeben und Eintracht wirkten. Soll es doch am 17. Februar 1502 zu einem Handgemenge im Rathause gekommen sein und Jakob Hohenholz den Kämmerer Valentin Hackebolt verwundet haben. Da war es wohl erklärlich, daß auch in der Stadt Tätlichkeiten zwischen Bürgern und herzoglichen Beamten vorkamen. So geschah es im Dezember 1502, daß eines Abends ein fürstlicher Diener Hans Ramel mit Tewes Voß in einen Streit geriet, in dem beide alsbald handgreiflich wurden. Darüber erhob sich in der Stadt ein Auflauf, man wollte Ramel mit Gewalt fortführen. Der Herzog ließ sofort die Auslieferung seines Dieners fordern, der unter sein herzogliches Gericht gehörte, der Rat indessen warf ihn in das Gefängnis im Rathause und weigerte sich, ihn ohne weiteres herauszugeben. Darüber wurde Bogislaw sehr zornig, verließ mit seiner Gemahlin und seinem ganzen Hofe Stettin und siedelte nach Gartz über. Um die widerspenstigen Bürger zum Nachgeben zu zwingen, ließ er die gewöhnliche Zu- und Abfuhr zu Wasser und zu Lande sperren. Indessen bewog kaum solch feindliches Verhalten die Stadt zum Nachgeben, sondern es gewann dort ruhige Überlegung den Sieg über das unüberlegte Handeln. Vergebens soll Jakob Hohenholz, der wegen Friedensbruches eine Zeitlang vom Rate ausgeschlossen worden war, aber bald seinen Platz wieder eingenommen hatte, gegen den Herzog geredet und, wie ihm später vorgeworfen wurde, das gemeine Volk aufsässig gemacht haben, die Mehrheit im Rate war für Nachgeben. Es war ja klar, daß die Stadt im Unrecht war; der fürstliche Diener unterstand unzweifelhaft der Gerichtsbarkeit seines Herrn, und das Stadtregiment hatte kein Recht ihn dem zuständigen Richter vorzuenthalten. Auch in der Bürgerschaft scheint die Stimmung in kurzer Zeit umgeschlagen zu sein. Bereits am 4. Januar 1503 stellten Bürgermeister, Rat, Gewerke und Gemeinheit Vollmachten für 5 Mitglieder des Rats und 10 Älterleute des Kaufmanns und der Werke aus, mit dem Herzoge zu verhandeln. Schon am folgenden Tage wurde der Vertrag geschlossen. Der Herzog will am 15. Januar in Stettin einreiten; der Rat und Tewes Voß' Verwandtschaft sollen ihn vor dem Tore um Verzeihung und Gnade bitten und versprechen, sich hinfort als rechte Untertanen zu verhalten. Der Bürgermeister Arnd Rammin, der sich mit Worten und Taten gegen den Fürsten vergangen hat, soll aus Stettin und dem Lande weichen, aber seine Güter verkaufen und das Geld mitnehmen dürfen. Die Stadt hat in drei Terminen 1500 Rhein. Gulden als Strafe zu zahlen. Allein mit solchen Bestimmungen begnügte sich Bogislaw nicht, er verlangte und setzte es durch, daß die Stettiner die Häuser und Buden hinter dem herzoglichen Hofe bis zur Frauenstraße abbrechen, die Stellen räumen und die Besitzer entschädigen müssen, während er selbst verspricht, gleichfalls Baulichkeiten bei dem Hause niederzureißen und sich deshalb mit den Domherren von St. Otten zu vertragen. Diese

Beseitigung der Häuser sollte ihm die Möglichkeit geben, zur Sicherung des Schlosses eine Mauer zu errichten und Neubauten vorzunehmen. Endlich wurde bestimmt, daß in dem Stadtgerichte ferner nicht Mitglieder des Rates als Schöffen sitzen, sondern dazu von den Alterleuten des Kaufmanns Leute erwählt werden sollten. Einen vollen Sieg hatte Bogislaw errungen, die Stadt gedemütigt. Gewiß nahm er am 15. Januar mit stolzem Selbstgefühl die Unterwerfung des Rates entgegen. Der Ramelsche Streit und seine üblen Folgen haben noch lange in der Erinnerung der Stettiner fortgelebt, in allen Chroniken der späteren Zeiten wird er ausführlich behandelt und besonders von den Hofhistoriographen mit einer gewissen Genugtuung die Strafe erzählt, welche die übermütige Stadt traf. Man brachte auch den Tod der Herzogin Anna, die am 12. August 1503 in Ückermünde starb, damit in Verbindung; sie sei, so hieß es, aus Schrecken über den eiligen Aufbruch erkrankt und habe sich in Ückermünde, wo sie in einem frisch gekalkten Gemache Wohnung nehmen mußte, den Tod geholt. Der Herzog erwies sich bald nach dem Abschlusse des Vertrages der Stadt wieder gnädig, indem er am 27. April ihr einen Aufschub für das Abbrechen der Häuser bewilligte.

Auf seinem Hofe errichtete Bogislaw alsbald den Prachtbau des Südflügels, der nur noch in seinen unteren Teilen erhalten ist. Aus einigen Abbildungen vermögen wir uns eine Vorstellung von dem mit Giebeln und zwei stattlichen Türmen gezierten Hause zu machen. Allein der Fangerturm zeigt heute noch einiges von der damaligen Dekoration. Oben befand sich der große Saal, unten waren Hofstuben, die in der prachtvollen Holzdecke mit dem reichen und geschmackvollen Balkenwerke einen sonderlichen Schmuck hatten. Nach dem Altböterberge zu wurde eine Mauer aufgeführt. Der Tod der Herzogin Anna hat es wohl nicht dazu kommen lassen, daß dieser neue Bau noch oft der Schauplatz großer und glänzender Festlichkeiten war. Der Herzog fand größeres Gefallen an derberen sinnlichen Genüssen, Trinkgelagen und Schmausereien, als an feineren Festen, wie sie die junge polnische Königstochter aus ihrer Heimat nach Pommern zu übertragen gesucht hatte. Auch hielt sich in der nächsten Zeit der Fürst wieder viel außerhalb Stettin auf und zog unruhig im Lande umher.

Die in den Vertrag vom 5. Januar 1503 aufgenommene Bestimmung über die Besetzung des Stettiner Schöffenstuhls wurde am 7. September 1504 näher dahin ausgeführt, dat vorder kein Borgermester, Kemmerer efte Radtmann to Stettin schal ein Schepe wesen noch gekaren werden. Elf Schöffen wurden vom Rate aus den

Alterleuten und dem gemeinen Kaufmann gewählt, Bogislaw bestätigte sie. Die Schöffen übten von nun an das Wahlrecht für das Kollegium selbst aus und erkoren aus den Alterleuten und Kaufleuten „dienliche und tüchtige Personen". Durch diese Trennung des Schöffenstuhls vom Rate wurden natürlich die Macht und der Einfluß dieses geschmälert, aber man konnte auch viel eher auf eine unparteiische Rechtsprechung rechnen. Insofern ist diese wichtige Neuordnung, an der man die Jahrhunderte hindurch festhielt, gewiß segensreich gewesen, und es wird dadurch wahrscheinlich, daß das energische Vorgehen Bogislaws gegen Stettin nicht allein dem Selbstgefühle und autokratischer Gesinnung entsprang, sondern daß arge Mißstände in der Stadt ein Eingreifen der Regierung in die dortigen Verhältnisse erklärlich und notwendig machten. Leider erfahren wir wenig von den Einzelheiten, vor allem fehlen Nachrichten über das Verschulden des verbannten Arnd Rammin, denn die harte Strafe ist wohl kaum allein durch seine Haltung in dem Ramelschen Handel zu erklären, es werden da noch manche andere Sachen mitgesprochen haben. Auf jeden Fall hatte der Zwiespalt zwischen Stadt und Landesherr sein Ende, von jetzt an trat dieser mit einer gewissen Energie für die Interessen seiner Stadt ein.

Das tat er mit Erfolg, als der Graf Bernd von Hohenstein auf Grund eines kaiserlichen Privilegs vom 29. Juli 1505 den Zoll bei Schwedt zu erhöhen begann. Auf die Beschwerde der Stettiner wandte sich Bogislaw an den Kurfürsten Joachim von Brandenburg, und dieser zwang 1508 den Grafen, den erhöhten Zoll abzustellen. Aber 1517 machte der Graf Wolf, Bernds Bruder, von neuem das Recht der Erhöhung geltend. Abermals verwandte sich der Herzog für die Stettiner bei dem Kurfürsten und bat dringend um Abstellung. Diesmal bedurfte es erst nachdrücklicher Drohung seitens Bogislaws und Stettins, bis Kurfürst Joachim am 30. Oktober 1518 erklärte, es solle nur der alte Zoll erhoben werden.

Der Herzog war auch bemüht, den äußeren Zustand Stettins zu bessern. Baufällige Häuser und wüste (d. h. unbebaute) Plätze dienten zu „einem merklichen Fall, Schwächung und Abbruch der Stadt". Deshalb verlieh er am 19. Dezember 1511 dem Rate das Recht, von denen, die Kapital auf solchen Häusern oder Stätten hatten, zu verlangen, daß sie diese in einem Jahre aufbauten oder verkauften, widrigenfalls sie der Stadt zufielen. Aus dieser Verordnung ist nicht ohne weiteres zu schließen, daß Stettin damals in eine Art von Verfall geraten war. „Wüste Plätze" hat es auch in der späteren Zeit in der Stadt gegeben; manche Besitzer ließen die

Plätze ungenutzt liegen, andere wurden im Laufe der Zeit herrenlos, wenn z. B. die Besitzer die Stadt verließen, und noch zwang keine Bauordnung dazu, die Häuser oder Plätze instandzuhalten.

Als ein unangenehmer Nachklang des letzten Streites zwischen dem Herzoge Bogislaw und der Stadt ist in diesen Jahren viel die Rede von dem Prozesse des Jakob Hohenholz. Trotz zahlreicher Schriftstücke und umfangreicher Akten sind wir nicht imstande, in dieser Angelegenheit ein sicheres Urteil zu fällen, es liegen von beiden Seiten Beschuldigungen mannigfacher Art vor, ohne daß wir erkennen können, wer in dieser Sache Recht hatte. Jakob Hohenholz, der wiederholt als Verteidiger der städtischen Rechte sich scharf gegen den Landesherrn gewandt hatte, war 1504 zum Bürgermeister gewählt worden. Die Wahl dieses seines Gegners nahm, wie es scheint, der Herzog sehr übel, Hohenholz selbst tat wiederholt unvorsichtige Äußerungen und trat gegen des Herzogs Gebot mit den Stralsundern in Verbindung, als diese in Fehde mit Bogislaw lagen. Er verlangte deshalb von ihm Rechtfertigung vor dem fürstlichen Hofgerichte. Als sich Hohenholz dessen weigerte, wurde er wegen Aufsässigkeit verurteilt und des Landes verwiesen. Er begab sich 1507 nach Berlin, wo er Verwandte hatte, und erreichte, daß der Kurfürst Joachim sich für ihn bei dem Herzoge verwandte. Dieser erklärte auf alle Bitten immer wieder, er sei bereit einen Rechtstag anzusetzen und Hohenholz zu verhören. Unter Zusicherung sicheren Geleits erschien Hohenholz 1508 in Stettin, wurde aber dort, wie er später behauptet, von Dienern des Herzogs verschiedentlich bedroht und gefährdet. Auch mußte er sich, als Bogislaw am 13. Juni 1508 auf dem Seglerhause als Gast des Rates erschien, vor dem zornigen Fürsten verbergen, der seinen Gegner nicht als Bürgermeister anerkennen wollte. Ebenso war er auf Reisen nach Dänemark vor Verfolgern nicht sicher und mußte, als er 1510 wieder in Stettin war, aus der Kirche flüchten, da er mit dem Spieße bedroht wurde. Hohenholz wandte sich an das kaiserliche Kammergericht mit einer Apellation gegen das Urteil des Hofgerichts, und nun begann dort eine lange Verhandlung, von der die erhaltenen Akten uns Kunde geben. Berichte und Gegenberichte, Repliken und Dupliken, Zeugenverhöre und Citationen wechseln ab, ohne uns klar sehen zu lassen, wie der Streit entstanden war und verlief. Hohenholz beschwerte sich auch über den Rat, der ihn auf Befehl des Herzogs ohne Schuld des Bürgermeisteramtes entsetzt habe. Die fürstlichen Beisitzer des Kammergerichts suchten in der leidigen Sache zu vermitteln, aber immer wieder erklärte Bogislaw, er sei zum Verhör bereit und wolle Hohenholz aufnehmen doch dieser lehne alles ab und wolle ihn nicht als seinen Landesherrn anerkennen. Ausführlich stellten die fürstlichen Räte am 20. April 1513 den ganzen Handel dar. Hohenholz habe den Herrn geschmäht und sich stets geweigert, um Verzeihung und Gnade zu bitten. So habe er bereits 1508 höhnisch gesagt: „Was wollt ihr von mir haben? Soll ich auf die Knie fallen und sprechen: mea culpa, mea maxima culpa, als die Pfaffen tun?" Ebenso unbotmäßig habe er sich in anderen Sachen benommen gegen den jungen Herzog Barnim, gegen den Rat, sei in allen Stücken dem Herzog zuwider gewesen, habe den Stralsundern beigestanden, einzelne Bürger, wie Hans Engelke oder Hans Pinsens Hausfrau, unrechtmäßig um Geld gebracht oder das herzogliche Geleit mißachtet. Freilich behauptete Hohenholz, alle diese Beschuldigungen seien erlogen. So zog sich der Streit hin, beim Kammergericht kam es zu keiner Entscheidung. Da schloß am 27. Juni 1514 — wir vermögen nicht zu erkennen, wie es zu diesem Abschlusse kam — das fürstliche Hofgericht in Stettin einen Vergleich zwischen Hohenholz und dem Rate dahin, daß dieser jenem für das vorenthaltene Deputat, das ihm als Bürgermeister zukomme, 500 Gulden zahlen und ihn auf Lebenszeit, so lange er in Stettin wohne, vom Schosse frei lassen solle. Zugleich wurde erklärt, der Herzog habe alle Ungnade und allen Unwillen gegen Hohenholz aufgegeben und die Klage gegen ihn eingestellt. Friedeborn, der von dem ganzen Streite nur den letzten Entscheid kennt, behauptet, Bogislaw habe auf Bitten des Kaisers und der Fürsten diesen Vergleich zustande gebracht und Hohenholz wieder in sein Amt eingesetzt, wahrscheinlicher aber ist es, daß Hohenholz schließlich der gewesen war, der nachgab und die Verzeihung seines Landesherrn suchte und fand. Die tief gehenden Gegensätze, die hier entschieden gewaltet haben, sind für uns nicht zu erkennen, aber es ist wahrscheinlich, daß der Herzog in Hohenholz die letzte im Rat noch vorhandene Opposition gegen seine landesherrliche Macht niederzwang.

An einzelnen Konflikten fehlte es auch in der folgenden Zeit nicht ganz. Anlaß dazu boten besonders die Gerichtsverhältnisse in der Stadt. Schon die verwickelte Ordnung des Stadtgerichtes, an dem neben der Stadt die Familie Wussow Anteil hatte, konnte und mußte leicht zu Streitigkeiten über die Kompetenzen und die Gerichtsgefälle führen. Lüdeke Wussow strengte wegen solcher strittigen Fragen wiederholt Prozesse gegen die Stadt vor dem fürstlichen Hofgerichte an. So erhob er 1491 und 1502 Klage wegen seines Anteils am Gerichte und bestritt dem Herzoge das Recht, den Stettinern das Gericht zu verkaufen. Einige Jahre später entschieden die fürstlichen

Hofrichter, daß die Geldstrafen im allgemeinen halb dem Erbrichter, halb dem Rate zufallen, einzelne aber diesem allein, besonders alle Brüche (Geldstrafen) von allerleye Wanmathe (d. h. falschem Maß), unrechte Waghe edder Wichte und Schepel, allerleye valsche Spisekop, ok we to kleine Brot und ungeve (d. h. ungesundes) Fleysz vorkoft. Zugleich entschied das Hofgericht einzelne Streitpunkte, die zwischen Lüdeke Wussow und der Stadt, namentlich auch wegen des Dorfes Lübzin schwebten. Dies Urteil kam indessen nicht zur Ausführung. Deshalb wandte sich der Rat Beschwerde führend an den Herzog, das Hofgericht bestätigte aber das frühere Erkenntnis. Trotz solcher Entscheidungen blieb der gemeinsame Anteil an dem Stadtgerichte eine fortdauernde Quelle von Streitigkeiten. Dazu kamen noch die Schwierigkeiten, die aus dem Vorhandensein der verschiedenen Gerichtshöfe in der Stadt erwuchsen. Unterstanden doch die Bewohner der Lastadie, der beiden Wieken und der städtischen Eigentumsdörfer der Jurisdiktion des Rates allein, die zahlreichen Geistlichen dem geistlichen Gerichte, die Bewohner der Marienkirchen-Freiheit der Gerichtsbarkeit dieser Kirche und die herzoglichen Beamten der Rechtsprechung des fürstlichen Gerichts. Wie sollten aus solchen verwickelten Verhältnissen bei den immerfort in einander greifenden Rechtsfragen nicht fortwährend Konflikte entstehen? Namentlich das geistliche Gericht, das stets bestrebt war, alle möglichen Sachen, Zivil- und Kriminalprozesse, an sich zu ziehen, erregte immer wieder Unzufriedenheit und Mißbilligung. So kamen auch in Stettin Beschwerden mancher Art vor, die um so berechtigter waren, als gerade dieser Gerichtshof mit dem Offizial der Propstei an der Spitze es an Unparteilichkeit fehlen ließ. Wie weit in der freiwilligen Gerichtsbarkeit die Exemtion des Klerus mit allem, was zu ihm gehörte, ging, zeigen recht deutlich die sogenannten geistlichen Verlassungsbücher, die für die Jahre 1373 bis 1522 erhalten sind. In sie wurden die Auflassungen, Käufe, Verkäufe, Kontrakte u. s. w. eingetragen, bei denen irgend wie Kleriker, Kirchen, Klöster oder geistliche Stiftungen aller Art beteiligt waren. Man führte im Schöffengerichte für diese gesonderte Register, und bei der großen Zahl der geistlichen Personen oder Körperschaften waren die Eintragungen in diesen Büchern sehr zahlreich. Konflikte mit dem fürstlichen Gerichte, dem alle auf der Herrenfreiheit wohnenden Leute unterstanden, entstanden ebenfalls oft, seitdem Bogislaw streng und rücksichtslos über der Beobachtung seiner Gerichtsbarkeit wachen ließ. Die Grenzen des Bezirkes, der von der städtischen Jurisdiktion eximiert war, standen nicht fest oder waren oft streitig, und die Kompetenzen waren nicht immer ganz klar. So hatte schon der Ramelsche Streit von 1502 Anlaß zu dem Zusammenstoße gegeben, und ähnliche Fälle kehrten mehrfach wieder. Am 8. September 1516 wurde ein Hofdiener Eberhard Korb in einem Frauenhause auf dem Rödenberg (Rosengarten) von dem Stadtknechte Hans Ritter erstochen. Wegen dieser Gewalttat erhob sich ein Streit zwischen der fürstlichen Regierung und der Stadt. Unendlich lange Verhandlungen wurden vor der Kommission gepflogen, die vom Herzoge eingesetzt worden war. Wie gewöhnlich erfolgten Vertagungen und Verzögerungen von beiden Seiten, und die Angelegenheit zog sich bis in das Jahr 1523 hin, ohne daß wir erfahren, ob und wie sie beigelegt wurde. Es ist aber für das Verhältnis, das zwischen der Regierung und Stettin bestand, höchst bezeichnend, daß diesmal die Verhandlungen ganz ruhig verliefen. Ebenso verhielt es sich bei den Steuerausschreiben, die von der Regierung erlassen wurden. Wie die Stadt ganz regelmäßig ihre Orböre in der Höhe von 1250 Gulden an den Herzog zahlte, so weigerte sie sich auch nicht mehr die Abgaben, die z. B. 1512, 1515 oder 1518 nach dem Beschlusse der Landstände zum Teil zur Ausstattung von Prinzessinnen ausgeschrieben wurden, von den Häusern, Buden und Kellern zu erheben oder vom städtischen Landbesitze zu zahlen. Von einem Widerstande, wie er früher gewöhnlich war, erfahren wir nichts. Nicht minder fügte sich die Stadt in die herzogliche Münzordnung, sie gab in dieser Zeit das eigene Münzen ganz auf.

In dem Schlosse fanden in diesen Jahren mancherlei Festlichkeiten statt, bei denen auch Vertreter der Stadt zugegen waren. Da wurden 1513 das Beilager des Herzogs Georg mit Amalia von der Pfalz, 1515 die Hochzeit der Prinzessin Anna mit dem Herzoge Georg von Liegnitz, 1518 die Vermählung Sophias mit dem Herzoge Friedrich I. von Schleswig gefeiert. Gewiß ging es dabei hoch her, an Gepränge hatte der alte Herzog Gefallen, mit den zahlreichen Gästen, die in die Stadt kamen, erfreute er sich an Gelagen und mancherlei Vergnügen. Doch auch die Trauer kehrte im Schlosse ein, als Kasimir VIII., Bogislaws Sohn, am 29. Oktober 1518 durch einen Unglücksfall aus dem Leben gerissen wurde. Es begann einsam zu werden um Bogislaw; er soll sich in dem Schlosse nicht mehr wohl gefühlt und oft Wohnung in einem ihm gehörigen Hause am Marienplatze genommen haben. Dort habe er sich, so erzählen die Chronisten, ohne Scheu der „Wollust des Leibes mit Ehebruch, Essen und Trinken" hingegeben. Ob das wirklich so schlimm war, kann hier nicht näher untersucht werden. Die eifrige Tätigkeit Bogislaws in den letzten Jahren seiner

Regierung spricht nicht gerade besonders für die Wahrheit dieser Schilderung.

Unermüdlich war er mit der Frage über die staatsrechtliche Stellung Pommerns zu der Mark Brandenburg beschäftigt, und in Stettin, das enge Beziehungen zu dem Nachbarlande hatte, verfolgte man mit lebhafter Anteilnahme die Verhandlungen, die schriftlich oder mündlich geführt wurden. Man wünschte wohl im Interesse des Handels und Verkehrs eine friedliche Erledigung der Sache. Erfuhren Stettiner Bürger doch schon damals bisweilen, welche Hindernisse man in der Mark ihnen bereiten konnte. Bereits 1511 hatte das Edikt des Kurfürsten Joachim I., in dem bestimmt worden war, alle Waren, die in die Warthe von unterhalb her oder aus der Warthe stromab gingen, sollten zuvor Niederlage in Frankfurt halten, ganz besonderen Unwillen in Stettin erregt. Der alte Warthehandel, der gerade in der letzten Zeit in Aufnahme gekommen war, erhielt durch diese ganz ungeheuerliche Bestimmung einen schweren Schlag. Man konnte sie sich in Pommern nicht gefallen lassen, und Bogislaw ließ die Oder für den märkischen Verkehr sperren. Auch schloß er am 21. April 1512 zu Fraustadt mit Polen und Sachsen eine Abmachung, durch die man für den Handelsverkehr vom Osten nach dem Westen die Wege unter möglichster Umgehung der Mark festlegte. Das Kampfmittel, das mit der Odersperre angewandt wurde, war natürlich von zweifelhaftem Werte, da es Pommern und besonders Stettin kaum weniger schadete als der Mark. Deshalb ist es wohl nie streng durchgeführt worden; man hat es nicht geradezu aufgehoben, aber die ganzen Verhältnisse erzwangen bald eine Zulassung des Durchganges, auch als man 1519 noch einmal zu dieser Waffe griff. Damals war der Streit zwischen Brandenburg und der Mark wieder besonders heftig entbrannt und nahm an Schärfe immer mehr zu. Die Handelssperre vergrößerte die Gegensätze, und Stettin erlitt abermals nicht unbeträchtlichen Schaden. Brachten es auch die eigenen Interessen der Stadt mit sich, daß die Bürger das Handelsverbot möglichst milde handhabten und besonders mit den Frankfurtern sich so gut stellten, wie sie konnten, so blieben doch auch zwischen den Bewohnern beider Städte Zwistigkeiten nicht aus. Schon 1503 beklagte sich der Frankfurter Kaufmann Winß, man wolle ihm die freie Durchfuhr von Hering durch den Stettiner Hafen nicht gestatten, obwohl er sogar in Stettin die Kaufmannschaft erworben zu haben behauptete. Es ist nicht klar, ob hier persönliche Verhältnisse das Vorgehen der Stettiner gegen Winß veranlaßten, oder ob tiefere Gründe vorlagen. Aber jedenfalls war man nicht geneigt, das Recht der Frankfurter auf freie

Durchfahrt ohne weiteres anzuerkennen. Die ganze Lage des Stettiner Binnenhandels blieb bei den politischen Zuständen höchst unsicher. Wie die Schwedter Zollerhebung, so brachten auch andere Neuerungen und Belästigungen immer wieder Unruhe mit sich. Das geht aus einem Briefe des Stettiner Rats an den von Frankfurt aus dem Jahre 1518 hervor: Die Verhältnisse auf der Oder lägen so, daß man von Stettin keine Güter zu Wasser verschiffen könne. Dagegen beschwerte sich 1519 der Kurfürst Joachim über den „Mutwillen" der Stettiner, von denen die alte gewöhnliche Schiffahrt auf der Oder verhindert werde; er wüßte „etwas dagegen zu erdenken, das den von Stettin so verdrießlich und nachteilig sein sollte, als den Seinen die Verhinderung der Schiffahrt".

Wie stand Stettin in der Zeit der Regierung Bogislaws X. zur Hansa? Ging auch die Blüte des Bundes ihrem Ende entgegen, so behauptete er doch in den letzten Jahrzehnten des 15. Jahrhunderts noch im ganzen sein altes Ansehen. Freilich mußten die deutschen Städte ihr Handelsgebiet gegen die vordringenden Holländer und Engländer ebenso wie gegen den allmählich entstehenden Eigenhandel der nordischen Völker verteidigen. Noch größeren Schaden aber fügte der Hansa die neubegründete Macht der deutschen Territorialfürsten zu, die in der selbständigen Politik ihrer Städte und in dem Rückhalt, den diese an dem Bunde fanden, einen Rest der alten städtischen Unabhängigkeit erblickten. Deshalb trat auch Bogislaw der Hansa energisch entgegen, und eine Folge davon war, daß Stettin sich allmählich an den Versammlungen und Tagen nicht mehr beteiligte. In der 1494 aufgestellten und 1506 erneuerten Matrikel ist Stettin noch als Mitglied der Hansa mit einem Beitrage von 40 Rh. Gulden aufgeführt. Als aber 1516 der dänische König sich bei den Städten erkundigte, ob „de van Stettin under der van Lubeck und anderer wendischen Steder Privilegien beschermet mede sin edder nicht", da antworten die Lübecker ganz kalt, „dat eren Oldesten davon nichts bewust"; man wisse nur, daß sie ihre eigene Kompagnie zu Falsterbode hätten, wolle aber weitere Forschung anstellen. So unzufrieden war man damals mit der Haltung Stettins, daß man es geradezu verleugnete. 1518 wurde der Stadt vorgeworfen, sie sei seit dem Jahre 70 nicht mehr vertreten gewesen. Die hansischen Privilegien aber nahmen die Stettiner für sich weiter in Anspruch, ließen sich entweder einzelne Geleitsbriefe ausstellen, für die sie eine Gebühr an die deutsche Kanzlei des Dänenkönigs zahlten, oder erwarben von den Herrschern allgemeine Schutzbriefe für die Schonenfahrt. Diese fand regelmäßig statt, und nicht wenige Stettiner Familien waren an dem Besitze auf der Fitte zu Falsterbo beteiligt. Es sind dort für die ersten Jahrzehnte des 16. Jahrhunderts 41 Buden und 5 unbebaute Felder festgestellt worden, in denen Angehörige der Familien Paul, Stoppelberg, Voß, Wüstehof, Sunnenberg, Hohenholz, Brinck, Sachteleben, Braunschweig, Goldbek, Loitz, Sasse, Werdermann u. a. ihre Geschäfte betrieben. An der Spitze der Niederlassung, die sich dort zur Zeit des Heringsfanges bildete, stand der vom Rate ernannte Vogt. Er hatte für die Ordnung und die Beobachtung der alten Handelsgebräuche zu sorgen, auch Streitigkeiten, wie sie z. B. 1493 mit dem Erzbischofe von Lund u. a. vorkamen, zu entscheiden. Der Verkehr auf der Fitte scheint in dieser Zeit noch wenig abgenommen zu haben, die mit dem Stettiner Zirkel bezeichneten Tonnen wurden in bedeutenden Mengen ausgeführt, entweder nach Stettin, von wo sie dann weiter verhandelt wurden, oder auch auf Stettiner Schiffen in andere Häfen. Ebenso war der Handel, den die Kaufleute in Schonen mit Fremden oder Einheimischen trieben, nicht gering, wenn ihm freilich auch bereits mancherlei Hemmnisse in den Weg traten.

Sonst erfahren wir sehr wenig über den Verkehr, den Stettin mit anderen Städten unterhielt, höchstens die Korrespondenz mit Danzig läßt uns mancherlei freundliche oder feindliche Beziehungen erkennen. Die Sundzollregister von 1503 verzeichnen 15 Stettiner Schiffe, die den Sund passierten, eine Zahl, die recht niedrig erscheint, wenn wir damit vergleichen, daß dort 95 Stralsunder Fahrzeuge eingetragen sind. Es läßt sich jedoch hieraus kein Schluß ziehen für die Höhe und Bedeutung der Schiffahrt der Stadt, denn viele Schiffe machten ihre Fahrten regelmäßig in der Ostsee selbst.

Der Politik des Hansabundes stand Stettin fern; ob freiwillig oder durch den Landesherrn gezwungen, bleibt unentschieden. Ein vorsichtiges Zurückhalten hat ja, wie wir gesehen haben, der Rat der Stadt in auswärtigen Angelegenheiten, die ihn nicht direkt angingen, stets bewiesen, sodaß sie kein Vertrauen bei den verbündeten Städten genoß. Als Stettin sich im Sommer 1507 beschwerte, daß es nicht zu der damals in Lübeck tagenden Versammlung geladen worden sei, obwohl es dorch so lange Tidt und Jare zu der Hansa gehöre, antwortete man, es sei unterlassen mit Rücksicht auf die Heimlichkeit der zu behandelnden Fragen. Man beriet dort über das Verhältnis Lübecks zu Dänemark, das 1509 zum Kriege führte. Während Stralsund sich daran beteiligte und empfindliche Verluste hatte, hielt sich Stettin zurück, mußte allerdings dafür von den Städten Lübeck und Stralsund manchen Schaden an Schiffen und Gütern erleiden.

Der Herzog nahm sich aber seiner Untertanen an und verlangte von Lübeck Schadenersatz, sowie Schutz ihres Handels. Gegen Stralsund wandte sich Bogislaw, der im Bunde mit König Johann von Dänemark stand, dann selbst. Zwar gelang es ihm nicht, die mächtige Stadt niederzuzwingen, aber sie schloß doch 1512 einen Vergleich. Stettin hat für Stralsund nichts getan, sei es, daß die Stadt nicht imstande war, gegen den Willen des Herzogs zu handeln, sei es, daß die Bürger überhaupt wenig Sympathie für die mächtigere Nebenbuhlerin hatten. Auch sonst haben die Stettiner selten in einem engeren Verhältnisse zu den Herren am Strelasund gestanden. Im März 1520 waren einmal Sendeboten von Stettin (Bürgermeister Jakob Hohenholz), Greifswald und Anklam in Stralsund mit den dortigen Ratsherren zusammen, um über ein Aufgebot, das der Herzog an die pommerschen Städte hatte ergehen lassen, zu beraten. Hier führte sie die Opposition gegen den Landesherrn zusammen, gemeinhin aber herrschte etwas wie Eifersucht und Neid zwischen beiden Städten.

Die letzten Jahre der Regierungszeit Bogislaws waren für Stadt und Land wenig glücklich. Brachten schon die politischen Zustände mancherlei Unruhe, so wurden auch im Innern die Verhältnisse wieder schlechter. Der Herzog selbst weilte oft außerhalb des Landes und war ganz mit den brandenburgischen Händeln beschäftigt, seine Räte zeigten in der Regierung nicht mehr die alte Energie und Tüchtigkeit. Die Unsicherheit im Lande wuchs wieder, wozu auch die fortwährenden Fehden und Streitigkeiten an der märkischen Grenze beitrugen, der Verkehr auf den Straßen wurde durch Räuber gefährdet, Überfälle des fahrenden Kaufmanns wurden häufiger, in der Stadt selbst kamen Gewalttaten vor. Es machten sich auch in Pommern die Bewegungen geltend, die damals im ganzen deutschen Lande das Herannahen einer neuen Zeit, das Lebendigwerden eines neuen Geistes ankündigten. So begann auch in Stettin neue frischere Luft zu wehen, Bogislaw aber verstand es nicht mehr, sich in diese Zeit hineinzufinden, und die Zügel der Regierung entglitten unmerklich den Händen, die einst so stark und rücksichtslos im Lande und sonderlich in seiner Hauptstadt gewaltet hatten. Er hatte das Verständnis für die Gegenwart verloren, als er am 5. Oktober 1523 in Stettin aus dem Leben schied. In St. Otten wurde er beigesetzt. Ein schön ausgeführtes aus Holz geschnitztes Epitaph, auf dem der Herzog mit seiner Familie am Kreuze Christi kniend dargestellt ist, hat sein Sohn Barnim XI. ihm zu Ehren um 1550 anfertigen lassen. Es hängt heute noch in der Schloßkirche, die sich an der Stelle des alten Ottendoms erhebt.

9. Kapitel.

Stettin um 1500.

Im Anfange des 16. Jahrhunderts stellt sich Stettin dem Besucher nicht unwesentlich anders dar, wie zur Zeit der mittelalterlichen Blüte der Stadt, etwa 50 Jahre zuvor. Stark bewehrt durch die Stadtmauer mit 4 stattlichen Toren, etwa 10 Türmen und mindestens ebensoviel Wiekhäusern, geschützt durch den davor liegenden Graben, hat Stettin eine gar feste Lage. Von Osten führt der große Steindamm durch die Lastadie bis an die Oder, und von dort geht es über die lange Brücke in die eigentliche Stadt. Auch hier erhebt sich eine Mauer in einiger Entfernung vom Flusse, und neun Tore oder Pforten führen in die Unterstadt, deren Straßen allmählich hinaufsteigen. Dort liegen das Kloster der Franziskaner, das Rathaus am Heumarkt mit der unmittelbar daranstoßenden Kirche von St. Nikolai und das Seglerhaus. Steigen wir die sanft gewundenen Straßen hinan, so fallen ins Auge das fürstliche Haus, dessen Zierde der Bogislawbau ist, der Mariendom, die mächtige Jakobikirche und andere Gebäude, die sich hier und dort ansehnlich erheben. Daneben befinden sich kleine Buden und nicht wenige unbebaute Stellen. Der Raum, der von der Stadtmauer eingeschlossen ist, bietet noch manchen Platz zu Neubauten. Nur in einigen Teilen sind die Straßen eng und winklig, meist ziemlich breit, und noch nicht schließen Häuser, die mit vielen Stockwerken in die Höhe gebaut sind, Luft und Licht ab. Die Marktplätze haben teilweise eine größere Ausdehnung als später, der Kohl- und Roßmarkt hängen fast noch unmittelbar zusammen. Auf anderen nehmen allerdings Scharren und Verkaufsbuden ziemlich viel Platz fort, und manche Vorbauten, Kellerhälse oder Beischläge engen die Straßen ein. Hinter den Häusern liegen oft Gärten, namentlich an der Westseite der Stadtmauer.

Abb. 4. Hof Schuhstr. Nr. 4.

Vor den Stadttoren stehen die Scheunen und Wirtschaftsgebäude der Bürger, dort liegen Obst- und Weingärten. Die „Butendorschen“, die in den Vorstädten, der Ober- und Unterwiek, bei St. Jürgen vor dem Passowschen oder vor dem Mühlentore und am Klosterhofe wohnen, treiben zum größten Teile Landwirtschaft, Gärtnerei oder Fischerei auf der Oder und ihren Seitenarmen. Auf der Lastadie stehen einzelne Speicher, dort sind Lagerplätze, Holzhöfe und Schiffswerften oder Weidestätten für das Vieh der Stettiner.

Es ist schwer, ein Bild von dem Aussehen der Stadt in dieser Zeit zu entwerfen. Die älteste angebliche Abbildung Stettins ist die, welche Sebastian Münster in seiner zuerst 1543 gedruckten Cosmographie bringt, aber leider stellt das „Contrafeit“ nicht Stettin, sondern Stralsund dar und trägt irrtümlich den Namen jener Stadt. Diese falsche Angabe macht uns auch andern Bildern gegenüber etwas argwöhnisch, aber die Ansicht, die in dem Städtebuche von Georg Bruin und Franz Hogenberg enthalten ist, scheint der Wirklichkeit im allgemeinen zu entsprechen. Dies Bild von 1576 ist nicht zu verschieden von dem, das wir uns für den Anfang des 16. Jahrhunderts machen dürfen, nur müssen wir uns hüten, aus den Zeichnungen der einzelnen Gebäude weitgehende Schlüsse auf ihre architektonische Gestaltung zu ziehen. Der Phantasie bleibt noch genug übrig, denn auch mit der einzigen kurzen Beschreibung von Stettin, die aus dieser Zeit vorliegt, vermögen wir nicht viel anzufangen, obwohl sie von einem Manne herrührt, der die Stadt kannte. Thomas Kantzow schreibt in seiner ersten hochdeutschen Chronik, die wahrscheinlich vor 1538 vollendet worden ist, „von Stettin“. „Stettin ist die eltiste Stat in Pommern, ist aber noch vor kurtzen Jaren geringer gewest wan der Sund (= Stralsund) und Gripswalde. Aber syder das die Hertzogen daselbst haben Hoff gehalten, hats uberaus sehr zugenhomen, ist weit uber Gripswalde gestigen und gibt dem Sunde nicht viele nach. Es leit an der Oder an einem Amberge und ist auch schyr durchaus steinen,

Abb. 5. Alter Speicher.

aber nicht so hupsch und gleich von Hewsern und Gassen wie der Sund; doch hats mehr und besser Gemecher in den Hewsern als zum Sunde, hat zween Thume (= Dome) und sunst zwu Pfarkirchen in der Stat und eine vor der Stat, welche Sanct Peter heisset und von Sanct Otten erbawet ist, darzu zwei Closter in der Stat und hart vor der Stat eine Carthaus und Junckfrawencloster. Die Fursten haben dar auch einen hupschen Hoff und seint sunst andere statliche Gebew da."

Wir müssen uns Stettin nicht vorstellen wie einen der mächtigen Orte, an die wir gewöhnlich denken, wenn wir uns ein Bild von den mittelalterlichen Städten machen. Nicht wie Nürnberg oder Lübeck, Augsburg oder Danzig darf uns das Stettin jener Tage vor das geistige Auge treten, wir müssen uns mit einer bescheideneren Vorstellung von seinem Aussehen begnügen, wie es uns etwa in den kleineren pommerschen oder märkischen Städten entgegentritt, die heute noch teilweise im Schmucke der mittelalterlichen Bauten prangen. An Umfang war Stettin größer als Pyritz oder Königsberg in der Neumark, aber in seinen Wehrbauten wahrscheinlich nicht viel anders gestaltet. Nie wird, so viel wir sehen, auch in späterer Zeit Stettin wegen seiner Bauwerke sonderlich gepriesen oder als eine schöne und der Bewunderung würdige Stadt dargestellt; man rühmt gelegentlich einzelne Bauten, aber im ganzen muß der Eindruck, den sie bot, doch stets einfach und bescheiden gewesen sein.

Wollen wir trotz allem Mangel an bestimmten Angaben eine Zahl für die Bevölkerung haben, so dürfen wir gewiß nicht über 4—5000 hinausgehen. Die Steuer des gemeinen Pfennigs, die 1495—1498 vom Einkommen aller über 25 Jahre alten Bewohner Pommerns erhoben wurde, brachte in Stettin jährlich 210 Gulden ein, während in Stralsund und seinen Dörfern 475, in Stargard 140, in Greifswald 70 Gulden einkamen. Es läßt sich daraus berechnen, daß es 1495 in Stettin nur 200 Personen gab, die mehr als 25 Gulden (etwa 400 Mark) jährliches Einkommen hatten. Die Zunahme der Bevölkerung war, soweit wir sie aus den Eintragungen in das Bürgerbuch erkennen können, nicht sehr stark. In den Jahren von 1479 bis 1518 wurden im Durchschnitt jährlich 23 Neubürger aufgenommen. Der Abgang muß indessen weit bedeutender gewesen sein, zumal da bisweilen, z. B. 1484 und 1500, „große Sterben" vorkamen.

Der ehrbare Rat war im Rathause für die Bürgerschaft tätig und sorgte für Recht und Ordnung in der Stadt, freilich schon nicht mehr unbeschränkt, sondern gar oft vom Herzoge beeinflußt. Erließ er noch am 4. Mai 1479 mit „einmütiger Beliebung der Alterleute des Kaufmanns, Gewerke und ganzen Gemeine eine Konstitution von

Erbfällen, Heergewette und Gerade", so wurde ihm später nicht nur das Gericht im Schöffenstuhl genommen, sondern auch sonst seine Befugnis, Rechtsgrundsätze aufzustellen, nicht unerheblich beschränkt. Die Bursprake, in der die gültigen Bestimmungen für die Bürgerschaft bekannt gemacht wurden, blieb seit 1480 im wesentlichen unverändert. Für sich selbst gab der Rat am 3. Juni 1516 eine Ordnung, nach der jeder Ratsherr zu den Sitzungen um 8 Uhr, wann de Klocke in Sante Niclaus-Kerke sleit, auf dem Rathause erscheinen soll; wer zu spät kommt oder ohne Entschuldigung ausbleibt, zahlt eine Geldstrafe. Viel haben diese Bestimmungen, wie es scheint, nicht genützt. Über unregelmäßiges Abhalten der Sitzungen und schlechten Besuch wurde auch später geklagt. Am 30. Oktober 1523 wurde noch einmal im Rate ein Beschluß über diese Angelegenheit gefaßt. Der Bürgermeister soll die Ratspersonen zusammenhalten und der Stadt Geschäfte und Notdurft mit ihnen überlegen. Die Strafen für Versäumnisse und Verspätungen sollen unerbittlich eingefordert werden; und zwar wird den beiden jüngsten Ratsherren das wenig angenehme Geschäft des Einziehens der Strafgelder übertragen. Als Beamte der Stadt standen dem Rate zu Diensten der Stadtschreiber, der Stadthofmeister, der oberste Diener, drei reitende und sieben andere Diener. Von diesen waren vier als Quartiersdiener, je einer als Baumschließer, Hofschließer und Marktmeister tätig.

Vom Handel der Bürger Stettins sagt Kantzow: „Jre grossister Handel ist mit Heringe, Fische und Weyn. Der Heringk wirt schyr aus allen Stetten dahin gefhuret. So schicken sie ine die Oder hinauff gein Franckfhort, von dar er in alle Orter wirt geholt, darjegen sie von Franckfhort widderkriegen Wein, Kupffer, Eisen, welchs sie dan vortdhan uber das gantze Land zu Pomern, in Denemarcken, Schweden, Norwegen und Preussen schicken." Friedeborn berichtet vom Jahre 1481, daß „solch eine große Menge von Hering allhier ankommen, wie zuvor nicht geschehen oder gehöret worden, also daß alle Bürger- und Kaufmannshäuser voll gelegen. Es haben aber die Kaufleute großen Schaden daran erlitten, denn sie die Last mehrenteils für 30 Gulden eingekauft, aber für 10 oder 8 Gulden wieder geben müssen". Im Jahre 1507 war ein sehr gelinder Winter, dem ein überaus fruchtbares Jahr folgte, so daß ein Wispel Roggen nur 2 Gulden, der Wispel Gerste 1 Taler, der Wispel Hafer 1 Gulden, die Tonne Bier 8, eine Tonne Wein 30 Groschen kostete. Zum Vergleiche mag die Angabe dienen, daß 1520 der Preis für 2 Wispel Roggen 9, für eine Last Weizen 18 Gulden in Stettin betrug. Die Vorkäuferei, die nach damaliger Anschauung den

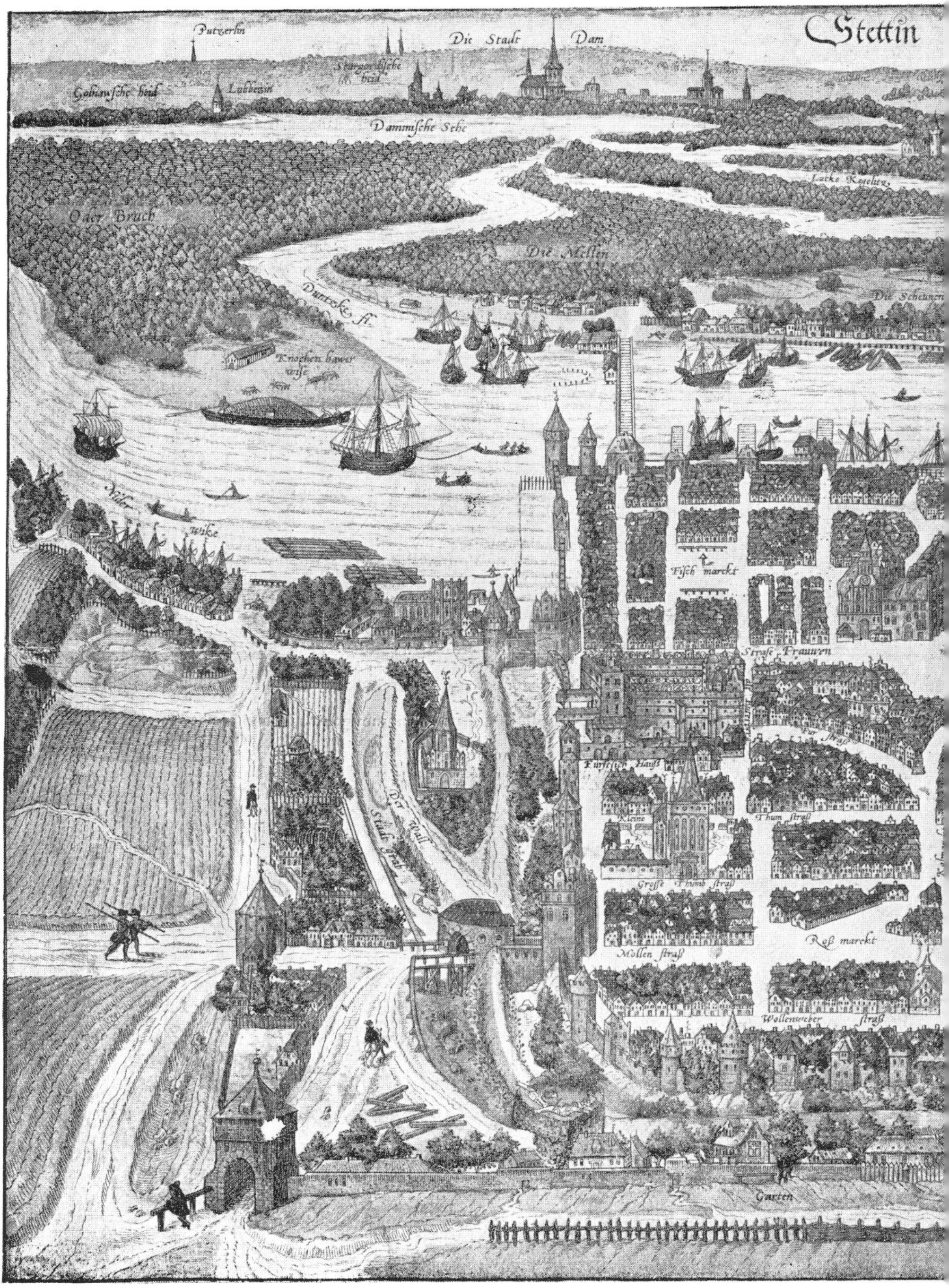

Stettin
Putzerlin
Die Stadt Dam
Golnawsche heid
Lubbezin
Dammische Sehe
Oder Bruch
Die Mellen
Die Scheunen
Knochen hawer wise
Fisch marckt
Strase Frauwen
Fursten Hauß
Thum straß
Grosse Thumb straß
Der Wall
Roß marckt
Möllen straß
Wollenweber straß
Garten

II. Stettin

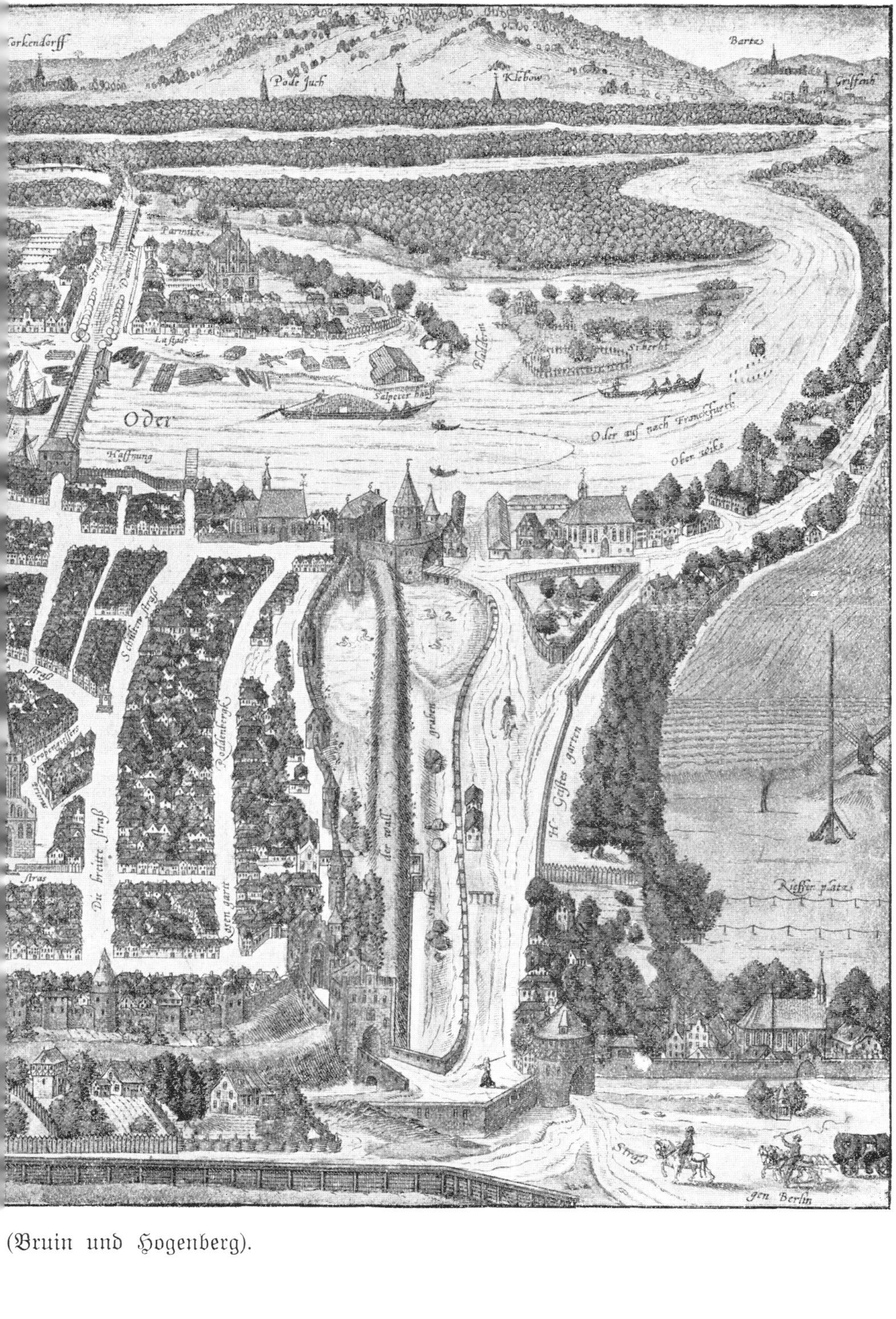

(Bruin und Hogenberg).

Abb. 6. Stein mit Zunftwappen aus dem Seglerhause.

Bewohnern der Stadt ganz ungemein schädlich war und ständig in den Bursprafen verboten wurde, war nicht auszurotten; immer wieder suchten Einheimische und Fremde namentlich Getreide aufzukaufen, ehe es in der Stadt zur Niederlage und zum regelrechten Verkaufe gekommen war. Deshalb erließ der Rat 1523 am 4. Oktober noch einmal ein ausdrückliches Verbot des Vorkaufs bei Strafe des Verlustes von Ehre und Gut. Es geschah das in derselben Zeit, in der man in Deutschland gegen die großen Handelsgesellschaften, gegen die „Monopolien" kämpfte.

Ein ähnlicher Schutz der eigenen Arbeit gegenüber fremder wird auch in den Handwerksrollen mit besonderem Nachdrucke hervorgehoben. Jetzt waren die Gewerke nicht mehr damit zufrieden, daß der Rat ihre Privilegien bestätigte, fast immer wurde die herzogliche Regierung angegangen, den alten Innungsbrief zu konfirmieren. Solche landesherrlichen Bestätigungen erhielten in dieser Zeit u. a. die Böttcher (1500) und Schneider (1514). Streitigkeiten dagegen schlichtete der Rat, wie er 1503 das Amt der Weißbäcker mit dem der Hausbäcker wegen des Brotverkaufs verglich. Die strenge Trennung der verschiedenen Gewerke mit der peinlichsten Unterscheidung der einzelnen erlaubten oder verbotenen Arbeiten nahm in dieser Zeit noch zu. Wir hören indessen so wenig vom Handwerke, daß es nicht zu sagen ist, wie die Arbeits- und Erwerbs-Verhältnisse in Stettin waren. Die späteren Ereignisse lassen es aber als wahrscheinlich erscheinen, daß die Handwerker damals recht guten Verdienst hatten. Dazu mag der herzogliche Hofhalt auch nicht wenig beigetragen haben. Wir lesen, daß der Herzog Goldschmiede, Maler, Sattler, Schmiede,

Stellmacher, Tischler, Tuchscherer u. a. beschäftigte. Auch das Hofgesinde mit seinen Rittern, Junkern und Knechten hat gewiß den Handwerkern mancherlei Arbeit gegeben. So kamen auch Leute nach Stettin, die verschiedene, bisher dort kaum vertretene Gewerbe oder Künste verstanden. Wir finden in dem Bürgerbuche verzeichnet Perlensticker, Glasewerter (= Glaser), Beckensleger (= Schüsselmacher), Buchbinder, Gürtler, Klipkenmaker (= Verfertiger von einer bestimmten Art von Schuhen), Hotfilter, (= Filzhutmacher), Oliesleger (= Ölbereiter), Bokvorer (= Buchhändler), Rumpemaker (= Verfertiger von Leibchen), Kuntormaker (= Tischler), Armbosterer (= Armbrustmacher), Buttenmaker (= Verfertiger von Bütten) u. a. m.

Von dem Anteil, den die Kaufleute vom Seglerhause und die Gewerke an dem Stadtregimente haben, erfahren wir aus dieser Zeit nichts Näheres, aber bei manchen Verordnungen, die von Bürgermeister und Rat erlassen werden, wird die Einwilligung der Bürgerschaftsvertreter ausdrücklich erwähnt. Es hat jedoch den Anschein, als habe der Rat gerade jetzt das Bestreben, die Teilnahme der Handwerker zurückzudrängen. Es macht sich dort eine aristokratisch-patrizische Strömung geltend, die mit einer Art von Geringschätzung auf den gemeinen Mann und den unruhigen „Pöbel" herabblickt. Der Gegensatz der verschiedenen Schichten der städtischen Bevölkerung verschärft sich in dieser Zeit ganz offenbar. Hätten wir mehr Nachrichten über das Leben in Stettin und den Verkehr der Bürger untereinander, wir würden sicherlich manche Spuren davon entdecken, wie sich die große soziale Bewegung der nächsten Jahre vorbereitet, wie es überall gährt. Deuten nicht vielleicht mancherlei Verbote des Rates inbetreff der Kleidung, der Feste u. a. m., wie wir sie bereits in der Bursprake von 1472 finden, oder ernste Ermahnungen zum Gehorsam gegen die Obrigkeit darauf hin, daß man revolutionäre Strömungen bemerkte und fürchtete?

Von dem neuen geistigen Leben, das in dieser Zeit in Deutschland erwachte, spüren wir in Stettin kaum etwas. Die Wellen der großen Bewegung drangen nicht bis in das Land am Meere, und was dorthin kam, fand in einer Stadt, in der die Geisteswissenschaften wenig gepflegt wurden, nur geringe Beachtung. Wohl mögen Stettiner, die damals auf deutsche Universitäten, nach Erfurt und Wittenberg, Heidelberg und Wien oder gar nach Wälschland zogen, einzelnes von der neuen Richtung in die Heimat gemeldet haben, aber ihre Zahl war nur klein, und manche von ihnen kehrten nicht in ihre Vaterstadt zurück. Aber auch dort machte sich ein engerer Anschluß an das Reich bemerkbar, besonders seitdem Herzog Bogislaw Beziehungen zum Kaiser und zu einzelnen deutschen Fürsten anzuknüpfen begann. Mehr als früher drangen deutsche Kultur, Gesittung und Lebensart nach Pommern vor. Wenn 1496 zuerst ein Buchhändler und ein Buchbinder in Stettin vorkommen, so dürfen wir darin ein Zeichen sehen, daß jetzt dort auch Bücher Absatz fanden. In den Reisebüchern oder Itinerarien, die in jener Zeit z. B. von Sebastian Brant veröffentlicht wurden, auf der Karte des Nürnbergers Erhard Erzlaub (ungefähr 1490—1500) wird auch Stettin genannt, und es mag mancher Wanderer damals dorthin wie auf eine Entdeckungsfahrt gezogen sein.

Schulen bestanden an St. Marien und unzweifelhaft an einigen Pfarrkirchen, Unterricht erhielten die Knaben in dem erwähnten fürstlichen Kollegium von St. Otten und auch vielleicht in Jageteufels Stiftung, die sich seit 1469 in einem Hause der kleinen Domstraße befand. Aber schon die Tatsache, daß höchst selten einmal ein Lehrer erwähnt wird, zeigt, daß die Unterrichtsanstalten nur geringe Bedeutung im städtischen Leben hatten. Mehr als ganz vereinzelte Notizen, z. B. von der „olden Schole" (1485), besitzen wir über das Stettiner Schulwesen nicht; von dem Unterrichtsbetriebe wissen wir garnichts.

Der Bildungszustand der meisten Bürger war gewiß recht gering. Lesen und Schreiben waren, wie aus einzelnen Andeutungen späterer Zeit hervorgeht, noch lange für viele unbekannte Künste. Gelehrte Männer gab es in der Stadt wenige, vielleicht einige unter den Geistlichen, sicher manche unter den fürstlichen Räten, von denen einzelne auf der Hochschule eine akademische Würde als Magister oder Doktor erlangt hatten. Aber für viele Aufgaben mußte Bogislaw Fremde gewinnen, wie den kursächsischen Dr. Johann von Kitscher, der sich einige Jahre in Stettin aufhielt, oder bereits früher den berühmten Italiener Petrus von Ravenna. Er ist von Greifswald wiederholt nach Stettin gekommen und hat auch eine lange lateinische Rede veröffentlicht, die er dort im Herbste 1500 frei aus dem Gedächtnisse hat halten wollen, aber nicht gehalten hat. Damals fand eine Synode statt, die Bischof Martin von Cammin berufen hatte. Auf ihr wurden viele Mißstände, die sich in der Kirche und Geistlichkeit bemerkbar machten, beraten und am 5. Oktober eingehende Bestimmungen für den Klerus erlassen. Aus diesen Beschlüssen im allgemeinen auf die Zustände zu schließen, ist nicht ohne weiteres richtig, und im besondern dürfen wir uns die Stettiner Geistlichkeit durchaus nicht als verkommen in Sünden und unwürdig ihres Standes vorstellen. Sicher hat es auch hier nicht an räudigen Schafen in der

Herde gefehlt, aber unter allen späteren Beschwerden treten Klagen über Unsittlichkeit und anstößiges Leben der Geistlichen am allermeisten zurück. So dürfen wir wohl annehmen, daß die Domherren von St. Marien und St. Otten in ihren Kurien ein ruhiges Leben führten. Freilich, um ihre gottesdienstlichen Pflichten scheinen sie sich nicht viel gekümmert zu haben; diese überließen sie den zahlreichen Vikaren, die eine eigene Brüderschaft unter Provisoren bildeten. Sie versahen den Gottesdienst an den Altären der Kirchen, die in großer Zahl von frommen Leuten gestiftet worden waren, und verwalteten das zu diesen Stiftungen gehörige Vermögen, wovon sehr viele Eintragungen in den Gerichtsbüchern Zeugnis ablegen. Die Domherren selbst traten, wie es scheint, weniger in die Öffentlichkeit, manche von ihnen mögen auch die Pflicht, in Stettin ihren Wohnsitz zu haben, nicht beachtet und es vorgezogen haben, ihre Präbenden an anderen Orten zu verbrauchen. In den Domkapiteln sind in dieser Zeit Angehörige des pommerschen Adels wenig vertreten, aber wohl finden wir in ihnen manche Mitglieder Stettiner Familien. Lange Zeit war Dekan an St. Otten (1488—1519) Dr. Henning von Glinde, ein Sohn des Bürgermeisters Albrecht Glinde. Auch der Thesaurar Heinrich Wedekind (1488—1499) oder die Domherren Petrus Hovesch (1498), Paul Bartholdi (seit 1516) u. a. waren wohl geborene Stettiner. Von ihrem Leben wissen wir nichts; bedeutende Gelehrte, die sich in jener Zeit einen Namen gemacht haben, finden wir nicht unter ihnen. Erinnerungen an ihre Wohnungen, die um St. Marien und bei St. Otten an der Stadtmauer oder in der Domstraße lagen, haben sich nicht erhalten, wenn wir nicht das eigenartige unterirdische kleine Gewölbe, das unter dem Hause in der kleinen Domstraße (Nr. 4) neuerdings entdeckt worden ist, für einen geheimen Keller eines geistlichen Herrn ansehen wollen. Er könnte vielleicht von manchem erzählen, was uns als wenig angemessen für einen Geistlichen erscheinen würde. Rühmenswertes wird von einem Domherrn Andres Brand, der 1510 stirbt, berichtet; er hat, so heißt es, auch dem Stifte viel Gutes getan. Das Vermögen der beiden Domstifte war recht bedeutend. Grundbesitz hatten sie in zahlreichen Dörfern um Stettin oder im Pyritzer Weizacker. Wegen des Dorfes Hohenselchow führte das Marienkapitel seit 1510 einen Prozeß gegen die Grafen von Hohenstein und Vierraden, der sich viele Jahre hinzog. Auch sonst hatten die Domherren gar manche Rechtsstreitigkeiten um Grundbesitz mit Adelsgeschlechtern, die bereits lüstern nach dem kirchlichen Eigentum ausschauten. In der Stadt besaßen die Stifte zahlreiche Häuser und waren stets bestrebt, neue zu erwerben, da dieser steuerfreie

Besitz besonders vorteilhaft war. Vor allem aber verfügten sie über ein großes Kapitalvermögen, das in Stadt und Land zinsbar angelegt worden war. Für das kirchliche Leben in der Stadt waren die Domkirchen von geringerer Bedeutung, da sie keine Pfarrkirchen waren und ihre Sprengel nur wenige Häuser zählten. Trotzdem machten auch bürgerliche Familien und Korporationen in der Marienkirche Stiftungen von Altären, Messen, Vikarien oder fanden dort ihre letzte Ruhestätte. In den Testamenten dieser Zeit werden gewöhnlich auch St. Marien und St. Otten mit Vermächtnissen bedacht; mit Vorliebe bestimmte man, wie es scheint, ein Geläut mit den schönen Glocken der Ottenkirche, die 1471 und 1473 neu gegossen worden waren.

Die Hauptpfarrkirche der Stadt war die von St. Jakobi, deren Patronat immer noch das Bamberger Michaelskloster besaß. Von dort her kamen die Priore, die an der Spitze der Geistlichkeit standen. Sie wechselten in dieser Zeit ziemlich oft, man hatte offenbar in Bamberg den Wunsch, die nach Stettin entsandten Mönche nicht durch zu lange Abwesenheit dem Kloster zu entfremden. Dem Prior standen ein Unterprior und ein eigens zum Prediger ernannter Bruder zur Seite. Aber neben ihnen wirkte an der Kirche eine große Zahl von Vikaren, denn St. Jakobi war ganz besonders reich mit Altären, Vikarien und anderen Stiftungen ausgestattet; es sind mehr als 80 nachweisbar. Viele der an ihnen beschäftigten Geistlichen gehörten Stettiner Familien an, wie von Affen, Beringer, Dedelow, Glinde, Goldbek, Güntersberg, Hohenholz, Hovesch, Loitz, Schele, Westfal, Wussow u. a. Auch diese Vikare taten sich zu einer Genossenschaft zusammen, deren Vorsteher ebenfalls oft vor Gericht zu tun hatten. Denn Geldgeschäfte gab es genug, nicht nur für die Kirche, sondern auch für die einzelnen Stiftungen, unter denen in dieser Zeit besonders häufig Seelmessen, Almosen, Dagetiden oder Marientiden (das heißt bestimmte gottesdienstliche Feiern) vorkamen. In St. Jakobi hatten viele Zünfte, der Rat, die Draker, die Schützen, die Schöffen, die Segler, die Höker ihre Altäre, hier wirkten Brüderschaften der heiligen Dreifaltigkeit, der zehntausend Ritter und elftausend Jungfrauen beim Gottesdienste mit. Mit reichem Gepränge und großem Glanze war er ausgestattet, an den zahlreichen Altären fanden regelmäßige Feiern statt, und oft drängte sich in dem weiten Raume des gotischen Baues eine unzählige Menge von Andächtigen, besonders an den zahlreichen Festtagen, welche die Kirche damals feierte. Dann erklang die Orgel, die 1486 erwähnt wird, dann wurden die Reliquien gezeigt, die man aus Bamberg gesandt hatte. Viele heilige Gefäße, Bilder und mancherlei Zierrat dienten zum Schmucke des Gotteshauses. Von ihm ist nichts auf unsere Zeit gekommen, auch die zahlreichen Grabsteine, die einst in der Kirche lagen, sind verschwunden. In und um Jakobi fanden wohl die meisten Bürger der Stadt ihre Ruhestätte, aber schon damals ging man mit diesen Gräbern wenig pietätsvoll um. Der Mangel an Platz zwang oft zu rücksichtslosem Verfahren, und bei den häufigen Bauten wurde gar manches Ältere ohne weiteres zerstört und beseitigt. Gerade gegen Ende des 15. Jahrhunderts fand ein großer Umbau statt, durch den die Kirche eine völlig veränderte Gestalt erhielt. Meister Hans Böneke schloß 1504 diesen Bau ab. Da erhob sich das gewaltige Massiv des einen Turmes, dessen Knopf am 13. Juli 1503 aufgesetzt wurde; er ragte 180 Fuß in die Höhe als ein weithin sichtbares Wahrzeichen der Stadt. Die Seitenschiffe waren jetzt ebenso hoch wie das Mittelschiff, und an der Nordseite war ein neues angefügt worden. Strebepfeiler an der Südseite, lange Blenden, ein schöner Kapellenanbau im Norden zierten von Außen das Gebäude, das sonst in einfachen, aber durch ihre Dimensionen wirkenden Formen dastand. Um die Kirche herum lagen die Häuser der Geistlichen und Vikare. In dem Hause an der Südseite, das heute noch als der älteste Profanbau Stettins erhalten ist, wohnte der Prior mit den ihm zugesellten Bamberger Mönchen. Großen Anstoß erregte es, daß sie dort Bier ausschenkten, das sie unter dem Schutze ihrer Steuerfreiheit von Pasewalk oder Damm einführten. Oft genug beschwerten sich die Brauer über diese Konkurrenz, aber selbst die Stadtverwaltung, die für ihren Stadtkeller das Privileg des Ausschenkens von fremdem Bier hatte, vermochte nichts gegen diesen Mißbrauch geistlicher Freiheit auszurichten. Ursprünglich war es wohl nur für den Kaland der Geistlichen, eine Gesellschaft geselligen Charakters, geschehen, aber bald stellten sich auch andere Gäste in dieser „offenen Schenke“ von St. Jakobi ein. In der Papen- und Grapengießer-Straße (der oberen Schulzenstraße) befanden sich Vikarienhäuser, die aber auch in anderen Straßen nicht fehlten, eins von ihnen in der Pelzer-Straße nannte man das Paternoster-Haus.

Die zweite städtische Pfarrkirche war die von St. Nikolai, in die das alte Kessin, fast die ganze Unterstadt an der Oder, eingepfarrt war. Auch hier fehlte es nicht an Vikarien und Stiftungen aller Art, deren Patrone vornehmlich einzelne Kaufleute, Schiffer und Fischer, sowie ihre Korporationen waren. Die Alterleute des Wandschnitts und Kaufmanns stifteten hier Marientiden oder Tiden der Medelidinge (des Mitleidens) Mariä, bei denen zu bestimmten Zeiten

Gesänge zu Ehren der heiligen Jungfrau gesungen wurden. Die Krämer errichteten hier eine Stiftung für die Lichter, „de dar werden gedragen vor dat Sacrament, wen men to den Kranken geit“, eine Kompagnie der 10000 Ritter oder eine Erasmus-Brüderschaft bestanden hier. Einige Glieder der Gemeinde besorgten die äußeren Angelegenheiten, besonders die Verwaltung des Vermögens der Kirche, das nicht sehr groß gewesen zu sein scheint. Pfarrherr war lange Jahre Herr Matthias Vlet (mindestens seit 1495 bis etwa 1536); sein Haus lag in der Frauenstraße. Neben der Kirche befand sich eine ihr gehörige Badstube, die wohl reichen Ertrag brachte. Von dem Aussehen der Nikolaikirche, die dicht neben dem Rathause lag, können wir uns aus dieser Zeit keine rechte Vorstellung machen. Sie war ziemlich lang und breit und hatte einen Turm, in dem eine Glocke hing, die mit der merkwürdigen Inschrift versehen war:

Lewer Bole nim miner wahr.
Wenn et seven sleit, so findestu mi alldar.
He sprack: Ja.

Von dem inneren Schmucke dieser Kirche, die recht eigentlich das Gotteshaus auch des niederen Bürgerstandes war, hat sich nicht mehr als ein kostbarer Kelch erhalten. Er ist 1493 von dem Mönche Engelke Dedelow gestiftet, mit seinem Schmuck und in seiner ganzen Ausführung ein Kunstwerk, vermutlich ein Denkmal einheimischer Handwerkstüchtigkeit. In Nikolai kam es zu einem Exzesse, als 1490 ein Lukas Niemann einen Vikar gewaltsam aus seiner Kapelle vertrieb und diese abschloß. Vielleicht dürfen wir in dieser Tat bereits ein Anzeichen für die zunehmende Mißachtung der Geistlichkeit und Abwendung von der Kirche erkennen. Etwas ähnliches zeigt auch der Diebstahl, der 1479 in St. Jakobi vorkam. Die verdiente Strafe erreichte diese Kirchenschänder in Kiel.

Die St. Gertrudskirche und das dabei befindliche Hospital auf der Lastadie standen unter der Verwaltung von Vorstehern, die aus dem Bürgerstande gewählt waren. Eine eigentliche Pfarrkirche war dies Gotteshaus nicht und besaß keinen Pfarrer, sondern den Gottesdienst besorgten Vikare oder auch Mönche des Karmeliter-Ordens, die zugleich die Kranken des Hospitals, namentlich solche, die an den bosen Pocken liegen, pflegten. Von dem Bau wissen wir nichts. Die beiden anderen Hospitäler vor der Stadt, vom Heiligen Geist und St. Jürgen, wurden in ähnlicher Weise durch weltliche Provisoren verwaltet; sie waren mit reichen Stiftungen und großem Besitze ausgestattet. An den Kapellen, die zu ihnen gehörten, waren Geistliche der Stadt tätig. St. Jürgen vor dem Passowschen Tore besaß Buden auf dem Heiligen-Geist-Berg und dem Rödenberg. Hier hatte auch die größte Brüderschaft der Stettiner Kleriker, der Kaland von St. Jürgen, den religiösen Mittelpunkt. Unter Leitung eines Dekans und mehrerer Verweser vereinigte sich die Geistlichkeit zu kirchlichen Feiern und geselligen Zusammenkünften. Bald spielten diese die Hauptrolle im Leben der Brüder, und die Laien spotteten wohl oft über das ausgelassene Treiben, das bei solchen Festen stattfand. Das nicht unbedeutende Vermögen und die mancherlei Freiheiten, welche dieser Kaland besaß, machten diese Brüderschaft zu einem Geldinstitute und zu einer Erwerbsgenossenschaft, die für das wirtschaftliche Leben der Stadt von nicht geringer Bedeutung war. Diese Tätigkeit der Geistlichen erregte bald Neid und Unzufriedenheit bei den Bürgern, die sich in ihrem Gewerbe beeinträchtigt fühlten.

Im Schillingskonvent, der 1495 auf dem Rödenberg erwähnt wird, hatten die Beginen ihren Wohnsitz. Unter diesem Namen waren Frauen, die in klösterlicher Weise zusammenlebten, ohne das Gelübde der Nonnen abzulegen, für die Krankenpflege tätig; sie verdienten sich mit ihrer Arbeit ihr Brot. Gestiftet war der Stettiner Konvent zu einer uns unbekannten Zeit, wie es scheint, von einem Manne mit Namen Schilling. Ihr Haus führte noch später oft den Namen Beginenhaus.

Vor der Stadt lag die Peter-Pauls-Kirche, zu der die Bewohner der Vorstädte gehörten. Das kleine ehrwürdige Gotteshaus war mit Vikarien ausgestattet, deren Patrone entweder einzelne Familien, z. B. die Loitz, Sonnenberg, Wardenberg u. a., oder Zünfte und Gilden, wie das Schmiedeamt und die Fischerinnung, waren. Der Bau war wohl im Anfange des 15. Jahrhunderts aufgeführt worden; die Kirche besaß ein massives Gewölbe mit bedeutender Spannweite und hatte damals vielleicht 3 Schiffe. 1517 wurde der Turm neu gedeckt; einzelne Stücke von diesem Bau sind noch heute vorhanden, insbesondere einige achteckige Kalksteinpfeiler. Im Jahre 1520 wurde das Gebäude durch einen neuen Stadtgraben und einen Wall geschützt.

Am Klosterhofe befand sich auch das reiche und angesehene Jungfrauenkloster, in dem die „begebenen Jungfrauen“ unter Leitung ihrer Äbtissin und Priorin sich frommen Werken und Diensten widmeten. Neben Töchtern adliger Geschlechter, wie der Eickstedt, Rammin u. a., fanden hier auch Jungfrauen aus Stettiner Bürgerfamilien, Beringer, Wulf, Kroger u. a., Unterkunft für ihr Leben.

Der Land- und Kapitalbesitz des Klosters war bedeutend, und seine Verwaltung erforderte die Kraft eines Mannes, der als Klosterpropst dem Konvente zur Seite stand. Er vertrat ihn zumeist bei den Rechtsgeschäften, und die Geistlichen Johann Bredow, Johann Schare, Jakob Wardenberg oder Michel Virchem, begegnen uns um 1500 oft in den Gerichtsbüchern bei Verlassungen, Käufen oder Rentenverschreibungen. Die Klosterdörfer an der Oder brachten reiche Erträge, doch hatten die Vögte oder Hauptleute es häufig nicht leicht, die Untertanen zu den Abgaben, Diensten und Leistungen anzuhalten. Gar oft mußten der Propst oder der Vogt in den verschiedenen Dörfern Gericht halten und Streitigkeiten entscheiden oder Ungehorsam bestrafen. Die Verwaltung des Besitzes scheint nicht sonderlich sorgfältig gewesen zu sein, man hat es wenigstens nicht für nötig gehalten, die einst um 1312 angelegte Matrikel fortzuführen, in der die alten Privilegien und Briefe, sowie die Klostergüter und Einkünfte aufgezeichnet worden waren. So mögen mancher Besitz und manches Recht im Laufe der Zeit verloren gegangen sein, wie z. B. das Kloster 1497 mit dem Ratsherrn Peter Sprenger um Herausgabe von Gütern prozessierte. In der Kirche und in anderen Räumen befand sich ein verhältnismäßig reicher Schatz an wertvollen Geräten, Ornaten, Kelchen, Kreuzen und Decken, die wohl zum Teil die Nonnen kunstreich angefertigt hatten. Da waren gestickte Vorhänge, Manipeln, Stolen oder Alben, auf denen Bilder von der Auferstehung oder Himmelfahrt Christi, vom jüngsten Gericht u. a. m. dargestellt waren, Mäntel für das Bild der Maria Magdalena, der Schutzheiligen des Klosters, oder der Madonna und manche andere Kostbarkeiten. Wie das Leben innerhalb der Mauern sich abspielte, davon haben wir keine Kunde, aus der einen zufällig erhaltenen Angabe, die ein Edelmann vor Gericht machte, er habe eine „Freundin" im Kloster oft besucht, dürfen wir keine zu weitgehenden Schlüsse ziehen. Auch von den Baulichkeiten des Klosters wissen wir aus dieser Zeit kaum etwas. Doch stand wohl damals die Kirche, wie sie im 14. Jahrhundert errichtet worden war. Wegen der Erhaltung der Stadtmauer, an die das Gebiet stieß, kamen mannigfache Streitigkeiten mit dem Rate vor, es herrschte aber im allgemeinen zwischen beiden gutes Einvernehmen.

Weit mehr im städtischen Leben stand das Franziskanerkloster, die grauen Mönche kamen mit den Bürgern in nahe Berührung. War auch die Hochschätzung, die man vor der seelsorgerischen Tätigkeit, der Armen- und Krankenpflege der Minoriten einst gehabt hatte, im Schwinden begriffen, so erfreute sich ihr Konvent, namentlich bei der niederen Bevölkerung, doch noch immer einer gewissen Popularität. Als Begräbnisstätte war die Klosterkirche sehr beliebt, und manche der heute fast unkenntlich und unleserlich gewordenen Grabplatten stammt aus dieser Zeit. Wohl spottete man bereits nicht selten über die Bettelmönche und war nicht mehr so freigebig wie früher, aber man stand immer noch in einem freundschaftlichen Verhältnis zu ihnen, da sie auf wirtschaftlichem Gebiete den Bürgern kaum Konkurrenz machten und weder auf dem Geldmarkte, noch im Handel eine Rolle spielten. Der Konvent mit dem Gardian an der Spitze ließ es sogar zu, daß Laien bei der Verwaltung der Kirche und des Klosters mitwirkten. Auch in dieser Zeit ist noch an den Gebäuden, die einen weiten Platz einnahmen, gebaut worden, der Kreuzgang war eine Zierde des Klosters. Was vom Leben und Treiben der Brüder berichtet wird, muß mit Vorsicht, ja mit Mißtrauen angesehen werden, da spätere tendenziöse Darstellung es oft in dunkeln Farben zu zeichnen liebte. Gewiß wurde die Regel des heiligen Franziskus mit dem Gebote der Armut nicht mehr streng beobachtet, gewiß waren auch hier gar manche Brüder in ihrem Wandel anstößig, aber eine ausgeprägte Mißachtung gegen diese Mönche zeigt sich in Stettin nicht.

Das neue Kloster der weißen Mönche in der nach ihnen benannten Mönchenstraße hat im geistlichen und bürgerlichen Leben der Stadt keine große Rolle mehr spielen können. Die Karmelitermönche konnten nicht einmal den Bau ihrer der heiligen Anna geweihten Kirche fertigstellen, der hohe Chor, der 1509 angelegt sein soll, stand lange Jahre als der allein vollendete Teil. In den Gerichtsbüchern treten die witten Moneken mit ihrem Prior und Unterprior selten auf; eine St. Annen-Brüderschaft, zu der auch besonders die Stadtknechte gehört zu haben scheinen, wird von 1497 bis 1522 wiederholt genannt. Woher das Vermögen dieser Stiftung stammte, wie groß es war oder wie es verwaltet wurde, das sind Fragen, die sich nicht beantworten lassen.

Für das städtische Leben war von Bedeutung auch das draußen liegende Karthäuserkloster, dessen Konvent es vor anderen verstand, die Kapitalien in der Stadt nutzbar anzulegen. Diese geistliche Stiftung wurde ein Geldinstitut ersten Ranges, das für den Grundbesitz von größter Bedeutung war. Die Schuldverschreibungen oder Rentenbriefe, die von den Karthäusern ausgestellt wurden, sind zahlreicher, als die einer anderen Körperschaft. Der Zinsfuß, gegen den sie Geld ausliehen, betrug in dieser Zeit meist 6 vom Hundert. Die Erträge kamen dem Kloster aus reichem Besitze in den Dörfern an der unteren Oder, aus Hebungen von Mühlen oder Zöllen, wie sie in dem Bestätigungsbriefe von 1449 aufgezählt sind. Ob noch damals wissenschaftliche Studien, von denen ein kleiner erhaltener Rest von Handschriften Zeugnis ablegt, in dem Hause blühten, läßt sich nicht angeben. Mit anderen Klöstern desselben Ordens in Rostock, Frankfurt a. O., Hildesheim u. a. unterhielten die Herren von der Stettiner Niederlassung Gottesgnade geschäftlichen Verkehr. Die ganze Lebenshaltung hatte in diesem Kloster einen vornehmeren Anstrich, mit Seelsorge, Kranken- und Armenpflege gaben sich diese Geistlichen wenig ab. Sie führten ein beschauliches Leben, verachteten aber in ihrem recht stattlich ausgebauten Kloster weltliche Freuden oder Genüsse durchaus nicht.

Außer diesen in oder bei Stettin gelegenen Klöstern hatten auch andere fortgesetzt Beziehungen zur Stadt. Dahin kamen fremde Bettelmönche und terminierten bei den Bürgern, d. h. sammelten Almosen ein. Da sah man Franziskaner aus Greifenberg oder Pyritz, Dominikaner aus Pasewalk oder Camnin mit dem Bettelsack in den Straßen herumgehen, da erschienen wohl auch Tönniesbrüder aus Mecklenburg, die ihre mit Glöckchen behangenen Schweine vor sich her trieben. Die vornehmeren Cisterzienser aus Kolbatz hatten ihr Absteigequartier im Abtshofe am Rosengarten, Augustiner-Herren aus Gartz oder Stargard erschienen zu Beratungen über die Reformpläne ihres Ordens. Zu dem Bilde, welches das Straßenleben jener Zeit bot, gehörten die Kuttenträger, und manche Einwirkung auf die Bewohner mag von ihnen ausgegangen sein. Das können wir natürlich nicht im einzelnen kontrollieren, doch sollten nicht die Legate, die in fast allen Testamenten jener Tage für Kirchen, Klöster und andere Stiftungen ausgesetzt werden, darauf hindeuten? Da vermachte z. B. 1511 Klaus Bolte Geldsummen, zumeist kleine Beträge, an die Kirchen von St. Marien, St. Otten, St. Nikolaus, St. Jakob, St. Peter, an die grauen und weißen Mönche, die Jungfrauen, die Hospitäler von St. Jürgen und dem Heiligen Geist, an die Armen von St. Gertrud. In ähnlicher Weise haben viele Bürger, die Vermögen besaßen, sich mit dem ungerechten Mammon einen Schatz im Himmel zu erwerben gesucht. Gute Werke zu tun war eine Pflicht der Christen, der sich keiner zu entziehen suchte. Das beweisen auch die zahlreichen Brüderschaften zur Pflege der Armen und Elenden, der Witwen und Waisen, die in Stettin bestanden. Die vornehme Brüderschaft St. Marien, die Herzog Bogislaw an die Ottenkirche verlegt hatte, ließ es sich angelegen sein, Knaben zu erziehen, die Brüderschaft St. Otten wirkte in demselben Sinne, die Verweser der Armen, die Korporation der Elenden trugen für die Pflege in Krankheiten oder für die Begräbnisse der Fremden Sorge.

Eine andere Frage ist es, ob die Welt- oder Kloster-Geistlichen auch sonst im Leben der Stadt eine bedeutende Rolle spielten. Auf wirtschaftlichem Gebiete war es entschieden der Fall, und zwar nicht immer zur Zufriedenheit der Laien. Die rege Tätigkeit, die jene im Handel oder im Geldverkehr entwickelten, wurde von Kaufleuten und Handwerkern sehr ungern gesehen. Denn wie konnten sie mit der Kirche konkurrieren, die sich so vieler Bevorzugungen erfreute? Die Freiheit von Steuer und Schoß, von Diensten und Bürgerpflichten erregte immer mehr Unzufriedenheit. Wenn die Geistlichen bürgerliche Nahrung trieben, warum zog man sie nicht auch zu den Verpflichtungen heran, die anderen Gewerbetreibenden auferlegt waren? Warum ließ man sie frei von den oft recht schweren Lasten, die andere tragen mußten? Diese Ungerechtigkeit machte den Stand der Geistlichen unbeliebt, ja zum Teil geradezu verhaßt. Man schalt auf die faulen Bettelsäcke, die Drohnen, die sich von anderen ernähren ließen, und forderte immer dringender Abstellung dieser Mißstände. So kam es zu manchen Streitigkeiten des Rats mit der Geistlichkeit, zu manchen ärgerlichen Händeln einzelner Bürger mit Pfarrern, Vikaren oder Mönchen. Es lag eine Mißstimmung über diese Zustände in der Luft, und gerade in Stettin machte sie sich um so mehr geltend, als es dort unter den Geistlichen jener Zeit kaum Männer gab, die ein Verständnis für die üblen Verhältnisse hatten. Wir erfahren nie etwas davon, daß Pfarrer oder Mönche eine hervorragende Stellung in der Stadt einnahmen oder eine besondere Rolle im Leben der Bürgerschaft spielten. Die Scheidung zwischen Klerus und Laientum scheint sehr groß gewesen zu sein. Die Geistlichkeit wurde mehr und mehr ein Fremdkörper in der Stadt, der ihrer Entwickelung oft hinderlich sein mußte. Diese Tatsache wurde freilich erst von einzelnen empfunden, aber diese Empfindung mußte immer allgemeiner werden, je mehr der Klerus sich von den Laien schied und ihren Interessen in manchen Punkten geradezu entgegenarbeitete. So entstand bei aller Anhänglichkeit an die Kirche als solche doch ein Gegensatz gegen ihre Repräsentanten, und zwar besonders in den Kreisen der Bürgerschaft, die am meisten unter den materiellen Vorteilen der Geistlichkeit zu leiden hatten, unter den Handwerkern und kleinen Bürgern, die oft in den Klerikern recht unbequeme Konkurrenten erblicken mußten. Dort begann es zu gähren, dort regte sich im stillen eine Opposition, dort wurden Anzeichen kund, die auf einen nahenden Sturm hindeuteten.

10. Kapitel.

Die Zeit der Reformation.

Soziale und kirchliche Bewegungen, die sich seit langer Zeit vorbereitet hatten, begannen um das Jahr 1520 sich auch in Stettin zu regen. Es bahnte sich eine neue Zeit an, in der mehr als bisher die Einzelpersönlichkeit im Stadtregimente und in der Kirche zur Geltung zu kommen suchte. Die Unzufriedenheit mit den bestehenden Verhältnissen kam zum Ausdrucke, besonders als von Wittenberg her das Wort von der Freiheit des Christenmenschen ertönte und der Ruf nach einer Reformation der Kirche lauter wurde. In den Städten fanden sich Leute, die es verstanden, diese Volksstimmung zu schüren und sich zu Führern der sozialen Bewegung zu machen, mochten sie aus wirklicher Überzeugung von dem Rechte, das sie verfochten, oder aus Ehrgeiz und Haß gegen die herrschende Klasse handeln. Wir sehen unter ihnen namentlich Handwerker, aber auch Kaufleute, die bei ihren Berufsgenossen oft großen Anhang gewannen. Diesen Demagogen gegenüber hatten die Vertreter des bisherigen Regiments nicht selten einen schweren Stand, wenn sie ihre Stellung in der Stadtverwaltung behaupten wollten. Ob sie die wirklich vorhandenen Mißstände nicht erkannten oder ob sie diese nur ableugneten, ist nicht in jedem Falle zu entscheiden. Gewiß hat es unter ihnen Männer gegeben, die rücksichtslos ihre Macht ausnutzten und sich auch nicht scheuten, in eigenem Interesse zu verwerten und Gemeindegelder geradezu zu unterschlagen, waren doch damals die Gewissen nicht so fein wie in unserer Zeit, aber daß alle jene Bürger Diebe und Betrüger waren, wie sie oft gescholten wurden, ist ganz unglaublich. Als ein neuer Streitpunkt trat die religiöse Frage dazu, und sie wirkte weiter zersetzend auf die Schichten der Bevölkerung. Schloß sich auch vornehmlich die Bürgerschaft der neuen kirchlichen Richtung an, so blieb doch auch die Ratspartei, wenn wir die Anhänger des alten Stadtregimentes so nennen können, von der neuen Bewegung nicht unbeeinflußt. Es schieden sich hier die Parteien in anderer Weise, und die Anhänger der kirchlichen Reform waren nicht immer zugleich einer Umbildung der Stadtverfassung zugeneigt. Die Neugestaltung der Kirche hatte aber auch weittragende Folgen für die soziale und wirtschaftliche Bewegung; man denke nur an die exemte Stellung der Geistlichen in der bürgerlichen Gemeinde, die ja schon lange ein Stein des Anstoßes war und oft den Anlaß dazu gab, Stellung gegenüber der religiösen Reform zu nehmen.

Wann die ersten Nachrichten von dem Auftreten Luthers nach Stettin gelangten, läßt sich nicht feststellen. Gewiß wird man seiner Tätigkeit erst größere Aufmerksamkeit zugewandt haben, als er immer mehr in einen offenen Gegensatz zu der alten Kirche geriet. Besonders seit der Leipziger Disputation, bei der Herzog Barnim, Bogislaws Sohn, zugegen war, mag Näheres über das kühne Auftreten des Mönches in der Stadt bekannt geworden sein, und das Interesse an dieser neuen Bewegung wurde lebhafter, als 1520 auch einige Stettiner in Wittenberg immatrikuliert worden waren. Sie berichteten in Briefen von den neuesten Vorgängen und übersandten die großen Reformationsschriften Luthers in die Heimat. Bald kamen herumziehende Prädikanten nach Stettin, verkündeten die neue Lehre, und die Nachricht von den Ereignissen auf dem Reichstage zu Worms, zu dem sich Herzog Bogislaw begab, erregte gewiß große Bewegung. So wurden der Reformator und sein Werk bekannt, und gar mancher Streit über seine Lehre wird in den Kreisen der Bürger oder der Geistlichen ausgefochten worden sein. Sicher glaubte noch niemand, daß der Anfang zu einer völligen Trennung von der alten Kirche gemacht war, daß bald eine Scheidung zwischen Alt- und Neugläubigen eintreten werde, man dachte nur an eine Umgestaltung der kirchlichen Verhältnisse, die recht vielen erwünscht erschien. Daher sah man die hierher verschlagenen Anhänger der Lutherschen Partei noch nicht als Gegner der Kirche, sondern als Vertreter einer anderen Richtung an, und selbst die Geistlichen versagten ihnen nicht ohne weiteres Predigtstuhl oder Altar.

Eine schon früher viel erörterte Frage wurde infolge der Ereignisse in Stettin von neuem aufgeworfen. Man hielt die Zeit für gekommen, abermals wegen der Steuerfreiheit der Geistlichen und zwar besonders wegen der Besteuerung des städtischen Grundbesitzes der Domstifte, zu verhandeln. Der Streit hierüber war nicht verstummt, seitdem der Rat in dem Vertrage von 1492 die Häuser und Höfe des Ottenstifts als frei von Schoß und Grundzins anerkannt hatte. Vielleicht hatten die Domherren in der letzten Zeit ihren Besitz durch Ankauf von Häusern vermehrt, vielleicht kam auch nur gerade jetzt der Unwille über dies Privilegium der Geistlichen zu besonders lebhaftem Ausdrucke. Auch im Rate regten sich Zweifel, ob man mit jenem Vertrage nicht der Gemeinde Unrecht getan habe. Man beschloß, über diese Angelegenheit, die damals in vielen Städten zur Erörterung kam, den Mann um Rat zu fragen, dessen Name in aller Munde war und der in kirchlichen Fragen von vielen als ein besonders kompetenter Richter angesehen wurde. Im Jahre 1522 richtete der

Rat an Martin Luther ein Schreiben und bat um seine Meinung über die Heranziehung der Geistlichen zu den bürgerlichen Lasten. Da dieser Brief nicht erhalten ist, wissen wir nicht, ob der gesamte Rat mit dem Schritte einverstanden war oder ob nur ein Teil der Mitglieder sich so zu Luther bekannte. Jedenfalls müssen aber Freunde des Reformators im Rate gesessen und sich nicht gescheut haben, mit ihm in Verbindung zu treten. Er antwortete am 11. Januar 1523, allerdings in einer Weise, die wohl die Mehrzahl kaum befriedigte. Denn er schrieb, der geschlossene Vertrag bestehe zu Recht; wenn er aber nicht bestände, so sei es billig, daß die Domherren die bürgerlichen Lasten mittrügen, und der Rat solle, falls sie sich weigerten, durch eine allgemeine Ordnung dafür sorgen, daß sie der Obrigkeit untertan seien. Man sieht, daß mit diesem Bescheide nicht viel anzufangen war. Daher ist es nicht wunderbar, daß die Sympathie für Luther im Stettiner Rat infolge dieser Antwort nicht wuchs. Ja vielleicht schieden sich dort jetzt die Geister, und es bildeten sich die beiden Parteien, die sich von nun an immer feindlicher gegenübertraten. Von den Bürgermeistern neigten sich Jakob Hohenholz (1504—24) und Hans Stoppelberg (1508—38) der neuen kirchlichen Richtung zu, während Joachim Otto (1512—35) und Moritz Glineke (1519—45) wenigstens im Anfange an den alten Einrichtungen festzuhalten wünschten. Für die Ratsherren, die dieser Ansicht waren, galt schon jetzt als Haupt und Führer ihr „Mitkumpan" Hans Loitz, der Sohn des früheren Bürgermeisters Michel Loitz, († 1494). Seine Familie kommt seit der Mitte des 15. Jahrhunderts in Stettin vor. Ob die Überlieferung von ihrer Herkunft aus dem Bauernstande richtig ist, muß dahingestellt bleiben. Bald kam sie in Stettin zu Wohlhabenheit und Ansehen. Hans scheint zuerst das Grundstück in der Frauenstraße erworben zu haben, auf dem seine Erben das schön gezierte Haus erbauten, das heute noch auf dem Schweizerhofe von ihrem Reichtum zeugt. Wie der Rat damals unter einander verwandt und verschwägert war, erkennen wir aus den Nachrichten über diesen Loitz; der Bürgermeister Hohenholz war mit seiner Schwester und er selbst mit des Bürgermeisters Glineke Schwester vermählt. Er hatte als Patron zahlreicher kirchlicher Stiftungen in verschiedenen Kirchen enge Verbindungen mit den Geistlichen und hing, wie es scheint, aus Überzeugung an der alten kirchlichen Lehre fest. Ein Freund der Partei Luthers war der Kämmerer Joachim Kühle (1520—43). Noch mehr als im Rate machte sich die Spaltung in der Bürgerschaft geltend. Unter den Angehörigen des Seglerhauses und der Gewerke kam es zu lebhaften Erörterungen infolge des Antwortschreibens Luthers. Man sah, wie der Rat sich darüber entzweite, man besprach in den Zusammenkünften im Stadtkeller oder bei den Morgensprachen die Zustände in der Gemeinde und Kirche, man schalt, wie es Brauch der Bürger war, auf einen ehrbaren Rat. Schon früh traten als Führer der lutherisch Gesinnten, die zugleich gegen den Rat hetzten und schürten, der Apotheker Klaus Stellmacher, (seit 1516 Bürger), der Münzmeister Benedikt Schröder (1515) und der Schneider Tewes Friedrich (1508) hervor. Bei ihnen fielen die Wünsche nach einer Reform des Stadtregiments mit solchen nach einer Umbildung des Kirchenwesens zusammen. In ihren Kreisen scheint bereits etwa im Januar des Jahres 1523 der Wunsch laut geworden zu sein, über die neue religiöse Lehre nicht nur von einzelnen Prädikanten, die zufällig nach Stettin kamen und sich dort nur vorübergehend aufhielten, Belehrung zu erhalten, sondern einen Prediger und Lehrer dauernd bei sich zu sehen, der ihnen das Evangelium verkünde. Deshalb erging aus ihrer Mitte ein Schreiben an Luther, er möge einen solchen Mann senden. Dieser Bitte willfahrte der Reformator; in seinem Auftrage erschien vielleicht schon im Februar 1523 in Stettin Paul vom Rode, der 1489 bei Quedlinburg geboren, seit 1513 in Wittenberg studiert und sich früh an Luther angeschlossen hatte. Als Prediger und Lehrer hatte er dann in Jüterbog und in dem nahe gelegenen Dorfe Oehna gewirkt. Von dort kam er nach Stettin, wo er bei den Freunden und Anhängern der Lutherischen Lehre Aufnahme fand. Er verkündigte das Evangelium zuerst unter freiem Himmel, wie es in jener religiös bewegten Zeit häufig geschah, und zwar nach alter Überlieferung auf der Lastadie bei den dort zum Verkaufe gestellten Mühlsteinen. Der Zulauf, den er fand, wuchs, da er mit ruhiger Besonnenheit gesprochen zu haben scheint, so daß der Gegensatz, in dem er zu den übrigen Geistlichen stand, nicht scharf hervortrat. Er verlangte keine Neuerung der kirchlichen Zeremonien und betonte wohl hauptsächlich nur die Grundlehren des Reformators von der Rechtfertigung allein durch den Glauben und der grundlegenden Bedeutung der Bibel. So kam es, daß er selbst bei Gegnern der kirchlichen Reformation Zustimmung fand. Auf Bitten seiner Freunde erwirkte der Rat vom Prior an St. Jakobi Johannes die Erlaubnis, daß Rode nachmittags in dieser Kirche predigen könne, und präsentierte als Patron mehrerer Stiftungen ihn dem Prior als Vikar. In der Kirche hat er längere Zeit gewirkt; Herzog Bogislaw hörte seine Predigt am 4. Juni 1523 und hatte an ihr nichts auszusetzen. Neben ihm traten auch andere Geistliche derselben Richtung in Stettin auf und predigten zum Teil nur vorübergehend, wie Johannes Knipstro, zum Teil dauernd, wie Nikolaus Hovesch, der vielleicht ein Stettiner von Geburt war.

Allmählich kamen natürlich doch mancherlei Unruhen und Streitigkeiten vor. Bereits im Februar oder März vergriffen sich, wie berichtet wird, zwei Münzgesellen tätlich an dem Unterprior, und auch zwischen den Geistlichen entstand bald Zank und Streit über religiöse Fragen. Ein Nikolaus Thomas z. B. griff Rode heftig an und wollte ihn overpuchen, dat he de Lude jo by dem olden Geloven beholde. Dazu kam, daß der Prior Johannes, wie es scheint, 1523 oder 1524 durch Petrus Buchner ersetzt wurde, der dem Auftreten Rodes in seiner Kirche Schwierigkeiten entgegensetzte, auch dem Schelten und Schmähen, das auf beiden Seiten erfolgte, nicht entgegen trat. Hierbei zeichnete sich vielleicht schon damals, jedenfalls später der bischöfliche Kapellan Peter Brömse aus, der besonders heftige Angriffe gegen Rode richtete. Ein solcher Streit, der auf den Kanzeln ausgefochten wurde, regte natürlich die Gemüter der Bürgerschaft nicht wenig auf und schuf eine tiefgehende Scheidung der Parteien. Die Bewegung wuchs und wurde durch wichtige politische Fragen, die an die Gemeinde herantraten, noch erheblich verstärkt

Am 5. Oktober 1523 starb Herzog Bogislaw X. Er hatte der Reformationsbewegung in seinem Lande ziemlich gleichgültig gegenüber gestanden, jedenfalls keine rechte innerliche Stellung zu der im Vordergrunde stehenden religiösen Frage gewonnen. Als sich aber Unruhen und revolutionäre Bewegungen in den Städten kundtaten, erließ er am 24. September 1523 einen scharfen Erlaß gegen die verlaufenen Münche und losen Leute. Von seinen Söhnen und Nachfolgern galt Georg I. als ein entschiedener Anhänger der alten Kirche, Barnim XI. dagegen als ein etwas lauer und unentschiedener Freund der Lutherschen Partei. Aber nicht die Frage nach dem Verhalten der jungen Herzoge in den Religionssachen beschäftigte Rat und Gemeinde in erster Linie, sondern die Huldigungsangelegenheit. Nachdem Bogislaw die Selbständigkeit der Städte beschränkt und sie der absoluten Gewalt des Landesherrn unterworfen hatte, machte sich jetzt dort eine Reaktion gegen die Minderung der städtischen Unabhängigkeit geltend. Es schien den Stettinern die rechte Zeit gekommen zu sein, den neuen Fürsten gegenüber ihre alten Privilegien und Rechte geltend zu machen und deren Bestätigung vor der Huldigung zu fordern. Die Herzoge dagegen wollten erst nach der Huldigung die Freiheiten der Gemeinde bestätigen. So kam es zu einem scharfen Konflikte zwischen Stadt und Landesherren. Der Führer der oppositionellen Partei im Rate war Hans Loitz, der 1524 zum Bürgermeister gewählt wurde und von nun an in dem regelmäßigen Wechsel immer wieder die Leitung des sitzenden Rates erhielt. Stand er in den kirchlichen Fragen in einem Gegensatze zu seinem Schwager und Amtsgenossen Stoppelberg, so war er in der Huldigungsangelegenheit mit diesem einer Meinung.

Im Rate sah man, wie es scheint, diese Frage für wichtiger an als die religiöse. Die Bürgerschaft dagegen forderte immer dringender eine Neuerung des Kirchenwesens und war höchst unzufrieden, daß die Ratsherren in dieser Beziehung nichts taten, ja die Gegner, wie Loitz und Stoppelberg, sich zusammenfanden. Man redete offen von Bestrebungen des Rats, die sich gegen die Bürgerschaft richteten, und schalt immer lauter auf die Mißwirtschaft der Clique, die ihre Ämter nur zu eigenem Vorteile ausnütze. Selbst von Stoppelberg erzählte man ganz offen, er habe vom Stadteigentum, dem Störfange, und vom St. Georg-Kirchenacker Stücke zu seinem Weingarten genommen, sowie gegen des Rates Beschluß im städtischen Gehölz zu Remitz und anderswo Bäume fällen lassen und zu eigenem Nutzen verwandt. Solch Gerede, wie es über manche Mitglieder des Rates umlief, war wohl geeignet, den Unwillen der Gemeinde zu erregen, und zu den genannten demokratischen Führern gesellten sich bald andere, wie der Schneider Hans Tetzmann, der Grobschmied Hans Raddante, der Barbier Joachim Schmidt, Jakob Stege, Kasper Brinck u. a., die immer lauter eine Änderung der „Polizei", d. h. des städtischen Regiments, verlangten. Diese Forderung trat neben den Wunsch, „daß das Wort Gottes seinen Fortgang haben und man die Armen versorgen und eine Schule aufrichten sollte".

Im grauen Kloster fanden im Frühjahr 1524 wiederholt Versammlungen des Teils der Bürgerschaft statt, der dringend die Abstellung der Beschwerden verlangte. Da ging es stürmisch zu. Vor anderen führte Klaus Stellmacher das Wort; er drang darauf, daß der Rat eine „gute Politie anrichten", einen Ausgleich mit den Fürsten wegen der Erbhuldigung zustande bringen und Gottes Wort annehmen solle. Neben ihm traten besonders Benedikt Schröder, Jakob Stege und Kasper Brinck hervor und gaben der Mißstimmung gegen den Rat, der seit längerer Zeit keine Sitzungen halte, lebhaften Ausdruck. Endlich einigte man sich, einen größeren Ausschuß von 300 und einen kleineren von 48 Männern zu wählen, die mit dem Rate verhandeln sollten. Dieser weigerte sich lange, die Forderungen der Gemeinde zu bewilligen, geriet aber in immer größere Bedrängnis, ja verlor eine Zeitlang ganz die Herrschaft; es wird wenigstens berichtet, daß Stellmacher die Stadtschlüssel mit Gewalt an sich genommen habe. Da scheint sich der Rat trotz des Streites, den er mit den Landesherren hatte, an diese gewandt zu haben. Sie bestellten herzogliche Räte als Vermittler in dem Zanke zwischen Rat und Gemeinde, und diese brachten am 28. Mai 1524 einen Vergleich zustande. Nach ihm sollen 48 ehrliche und verständige Männer, die aus der Gemeinde erwählt werden, mit dem Ratskollegium und den Alterleuten über eine gute Polizei und Regiment beraten und die Mängel im Stadtregimente beseitigen; wenn sie sich nicht einigen, wollen die Herzoge bei der Erbhuldigung die Entscheidung treffen. So wurde der Bürgerschaft eine Teilnahme an der Verwaltung zugestanden, freilich eine Neuordnung war erst in weite Aussicht gestellt und die Frage der kirchlichen Reformation garnicht zur Erörterung gekommen. Deshalb bedeutete dieser Vertrag nicht viel mehr als ein Waffenstillstand, die Unzufriedenheit dauerte fort, ja wuchs wieder, als man merkte, wie besonders die Bürgermeister Loitz und Stoppelberg die 48 Männer mit Mißachtung behandelten und, um ihre Forderungen nicht zu erfüllen, den Rat garnicht zu Sitzungen beriefen.

Auch die Herzoge sahen sich in der Hoffnung auf eine Einigung mit der Stadt bitter getäuscht. Zunächst suchte man von ihrer Seite aus die versprochene Unterhandlung durch allerlei Gründe hinauszuschieben, dann trat man in einen ziemlich erregten, aber ergebnislosen Schriftwechsel. Zwar brachten die von den Fürsten bestellten Richter, unter denen sich auch Bischof Erasmus von Cammin befand, 1525 eine gegenseitige Zusage zustande: Die Herzoge wollten während der Irrung den Stettinern gnädige Herren sein und sie schirmen, und diese gelobten Gehorsam als treue Untertanen. Der eigentliche Streit aber wegen der Huldigung fand trotz langwieriger Verhandlungen, unzähliger Schriftstücke und Gutachten, die z. B. von der juristischen Fakultät der Frankfurter Universität erstattet wurden und sich zum Teil für die Stadt aussprachen, keine Beilegung, vergebens bemühte sich Bischof Erasmus Jahre lang, ihn zu schlichten. Daneben beschäftigten die Ereignisse im Norden den Rat, da die städtischen Interessen dort nicht minder in Frage kamen als die der anderen Hansastädte. Wenn Stettin sich auch dem Bunde lange fern gehalten hatte, so nahm es doch an den Beratungen teil, die im März 1520 zu Stralsund wegen der dänischen Übergriffe stattfanden. König Christian II. von Dänemark hatte das Ziel im Auge, das merkantilische Übergewicht der Hansa in seinen Reichen zu brechen, und dieser Plan trat offen zu Tage, als er im September 1520 den nationalen Widerstand in Schweden niedergezwungen und sich Stockholms bemächtigt hatte. Aber unter Gustav Wasas Führung erhob sich dort der

Aufstand bald wieder und mit größerem Erfolge. Die Hansa zögerte noch lange, die Schweden versprochene Hilfe zu leisten, und erst im Frühjahr 1522 war die Stimmung für den Krieg entschieden. Eine Flotte wurde von Lübeck ausgesandt, zu der alsdann die Schiffe der Bundesstädte stießen. Die Operationen hatten aber nur ein geringfügiges Resultat, und auf dem großen Tage der Städte in Stralsund, zu dem auch ziemlich spät Ratssendeboten Stettins erschienen, zeigte sich wenig Geneigtheit zu energischen Leistungen; man einigte sich mit Mühe über einen Termin, an dem die Flotte zur Ausfahrt bereit sein sollte. Stettin schickte zwar kein Schiff zu der Flotte, die im Mai in See ging und anfangs mit Glück operierte, dann aber einen unrühmlichen Rückzug antrat, sandte indessen, wie ihm der Rat von Lübeck im September 1523 bezeugte, den Ratmann Jasper Bremer mit 30 Last Mehl und 30 Last Roggen zu Hilfe. Als dann König Friedrich als König von Dänemark und Norwegen anerkannt worden war, bestätigte er am 1. September 1524 den in Kopenhagen anwesenden Sendeboten die Privilegien, die ihren Städten von dänischen Königen verliehen worden waren. Zugleich erhielt Lübeck die Vollmacht, ungefähr innerhalb zwei Jahren dem Könige die Hansastädte namhaft zu machen, die den Mitgenuß an diesen Privilegien haben sollten. Als dieser Vertrag in Stettin bekannt wurde, war es natürlich die Aufgabe des Rates, der Stadt den Anteil an dem wichtigen Privileg zu sichern. Er erlangte dann auch, daß Lübeck am 23. Juni 1526 beurkundete, daß Stettin „to all solliken Privilegien, Fry- und Gerechtigkeit in den Riken Dennemarken in rechter Tidt vermoge berorder Confirmation namkundig gemaket“ sei. Zu gleicher Zeit versprach Lübeck auch, die vorgebrachten Beschwerden über Bedrückung der Stettiner in Dänemark dorthin zu senden. Diese politischen Geschäfte nahmen die Tätigkeit des Rates natürlich nicht wenig in Anspruch, sodaß dagegen die inneren Angelegenheiten zurücktreten mußten.

Dazu kam, daß es nicht an mannigfachen Reibereien mit Brandenburg fehlte, da der Kurfürst Joachim I. damals mit den pommerschen Herzogen wegen der Erbhuldigung wieder in Zwist und Streit geraten war. Er ließ seinen Unwillen an Stettiner Kaufleuten, z. B. Jakob Mildenitz und Balzer Freiberg, aus, und auch das brachte vielfältige Schreibereien und Verhandlungen mit sich, die zu einem langwierigen Prozesse am Reichskammergerichte führten. In dieser Sache standen die Fürsten der Stadt zur Seite, obwohl die Irrung zwischen ihnen noch nicht beseitigt worden war. Damals verschärften sich inbezug auf die Religionsfrage die Gegensätze nicht unwesentlich, namentlich infolge der heftigen Angriffe, die vonseiten der altkirchlichen Geistlichen gegen Paul vom Rode und seine Gesinnungsgenossen erfolgten. Es kam zu einer offiziellen Beschwerde über Peter Brömse, der mit den heftigsten Schmähworten gegen die Lehre vom Laienkelche eiferte, und der Rat trat in Verhandlung mit dem Prior von St. Jakobi. Dieser gab endlich nach, als die Gemeinde die Bestellung Rodes zum Prädikanten dringend verlangte. So wurde Paulus förmlich an der Kirche angestellt und konnte vor- und nachmittags predigen. Dies Zugeständnis ist nur daraus zu erklären, daß Rode im allgemeinen recht gemäßigte Forderungen aufstellte und vor allem einer gewaltsamen Änderung der kirchlichen Gebräuche energisch entgegen trat. Deshalb erschien er auch den Altgläubigen als derjenige Anhänger Luthers, der am ersten zu dulden war; „er hat des Predigens mit sonderm Fleiß gewartet und eine lange Zeit ohn einig Änderung das Evangelium verkündet". Bald kamen andere Geistliche nach Stettin, die mit ihm gemeinsam für Luthers Lehre wirkten; vielleicht war einer von ihnen durch den herzoglichen Rat Jost von Dewitz, der ein warmer Freund der neuen kirchlichen Richtung war, aus Wittenberg eingeladen worden. Im alten Klerus machte sich die Wirkung der Lutherschen Lehre bereits geltend. Das Kapitel der Karthause vor der Stadt erließ am 24. April 1524 eine öffentliche Warnung an die aus dem Kloster entwichenen Mönche und forderte unter Androhung von Strafen zur Rückkehr auf; ob es damit einen Erfolg hatte, ist unbekannt. Auch aus anderen Klöstern scheinen bereits einzelne Angehörigen ausgetreten zu sein und ihre Gelübde aufgegeben zu haben. Ebenso kam es wegen verschiedener Stiftungen in den Kirchen zu Streit, da die Patrone die Verfügung über das Kapital verlangten und die Geistlichen sich weigerten, es herauszugeben oder wenigstens Rechenschaft zu legen. Selbst der Rat lehnte es ab, eine althergebrachte Zahlung an den Kaland von St. Jürgen zu leisten. Noch energischer ging er vor, als man in dieser Zeit einen Neubau der Mauern und die Ausbesserung der Stadtwälle begann. Hierzu wurde eine allgemeine Steuer ausgeschrieben, und man verlangte die Zahlung auch von der Geistlichkeit, namentlich von den beiden Domkapiteln von St. Marien und St. Otten. Natürlich erhoben diese lebhaften Widerspruch, zahlten aber schließlich 200 Gulden. Da die Stadt sich damit nicht zufrieden gab, wurde der Streit vor die Herzoge gebracht, und diese entschieden am 19. Mai 1525, daß die Priesterschaft oder Klerisei noch 250 Gulden in zwei Terminen zahlen und 50000 Mauersteine liefern sollte. Dafür wurde sie von aller weiteren Beihilfe zu dem Bau befreit, der sich auf die ganze Mauer und die Wälle vom

Heiligen Geist=Tore bis zum Jungfrauen=Kloster erstreckte. Der Rat versprach dagegen, die Priesterschaft zu schützen und auch ihre Gerichtsbarkeit nicht zu stören.

In dieser Zeit war zu Stralsund der Bildersturm erfolgt, der zur Vertreibung der Geistlichen führte und das dortige Stadtregiment stürzte. Dieser revolutionäre Ausbruch der allgemeinen Unzufriedenheit wirkte aufreizend auf andere Gemeinden und versetzte die Geistlichen in solchen Schrecken, daß sie sich mit der Bitte um Schutz an die Landesherren wandten. Diese wollten einerseits die Erlasse des Kaisers oder des Reichsregiments in ihrem Lande durchführen, wagten aber andererseits nicht mit Energie den Ständen des Landes entgegenzutreten, die zum großen Teil den Neuerungen geneigt waren. Sie stellten Schutzbriefe für geistliche Körperschaften aus und ließen am 23. Mai und 2. Juni Inventare über die Kleinodien des Nonnen- und des Franziskanerklosters in Stettin aufnehmen, um einem unrechtmäßigen Beiseiteschaffen der Schätze vorzubeugen. Dann erließen sie am 13. Juli ein scharfes Schreiben an alle Städte, in dem sie die kaiserlichen Mandate zur Beachtung einschärften und geboten aufrührerische Prediger zu bestrafen und zu verweisen, sowie die bisherige Ordnung des Gottesdienstes zu beobachten. Georg I. hätte wohl gern noch mehr getan, aber ihm waren die Hände durch die Stellung zu seinem Bruder Barnim gebunden, und dieser ließ es an Entschiedenheit nach der einen oder der anderen Richtung hin fehlen. Besonders schwierig war aber ihre Stellung Stettin gegenüber, da sie mit der Stadt immer noch im Streite wegen der Huldigung lagen. So begann sich gerade damals dort eine lebhaftere Bewegung gegen die alte Kirche geltend zu machen, die durch das Auftreten von Prädikanten der bilderstürmischen Richtung genährt wurde. „Es kemen etlicke uprurische Prediger int Land; de predigeden apenbar, men scholde de Papen, Monneke, Fürsten und wer aver sie hielde, verdeligen (= vertilgen) und vorjagen.“ Einer von solchen revolutionären Geistlichen war Johannes Amandus, der aus Preußen seiner aufreizenden Reden wegen ausgewiesen, gegen Ende des Jahres 1524 nach Stolp gekommen war und dort im Sinne der gewalttätigen Neuerer gewirkt hatte. Etwa im Sommer oder Herbst 1525 erschien er in Stettin und fand hier einen für seine Wirksamkeit geeigneten Boden. Man war in weiteren Kreisen des Handwerker- und Kaufmannstandes mit Paul vom Rode nicht zufrieden; er ging zu vorsichtig gegen die alten Gebräuche vor, seine Milde und Zaghaftigkeit schienen nicht geeignet, eine Abstellung der Mißstände herbeizuführen. Da war doch Amandus ein anderer Mann, der ohne Rücksicht auf Autorität und Vergangenheit redete, was der großen Menge gefiel und Gottes Wort weit klarer und richtiger zu deuten schien als Rode. Die Erregung stieg, es kam zu allerlei Gewalttaten. Am 14. November hatten der junge Bartelt Halle und Jakob Schulder mit einem Vikar von St. Jakobi Johann Kroger wegen eines Rechtsstreites um eine Vikarie eine lebhafte Unterredung, bei der es zu Tätlichkeiten kam. In der Christnacht wurden zwei Geistliche in der Jakobikirche angegriffen, und am 27. Dezember entstand ein Tumult beim Franziskanerkloster. Natürlich wandte sich der Klerus Beschwerde führend an die Landesherren und brachte dabei allerlei Klagen vor: da sollte der Rat eine Disputation der „Scheltprediger" und der Mönche auf dem Markte veranstaltet haben, bei der das Holz zum Verbrennen der altkirchlichen Geistlichen bereit gelegen habe, da habe er den Mönchen das Singen, Predigen und Läuten verboten und allerlei Störungen geduldet. Führer der Aufrührerischen waren der junge Bartelt Halle, Jakob Schulder, Merten Kruse, Vitus Swantes, Peter Rütze, Jakob Stege u. a. m. Es ist klar, daß in so erregten Zeiten sich mancherlei Gerüchte in der Stadt verbreiteten, die nicht im geringsten der Wahrheit entsprachen, daß bei beiden Parteien arge Übertreibungen in Wort und Schrift vorkamen. Das geht auch aus dem Antwortschreiben hervor, das der Rat am 27. Januar 1526 auf die Anklageschrift der Fürsten hin verfaßte. Er gibt zu, daß allerlei Unruhen vorgekommen seien, weist aber die übertriebenen Schilderungen des Johann Kroger zurück und erklärt, die Erzählung von dem „Brennen auf dem Markte" sei ein loses Gerede; er wisse von keiner Disputation. Die Mönche hätten auf Bitten des Rates selbst versprochen, sich des Predigens zu enthalten, denn es sei durch ihr Schelten großer Unwille in der Gemeinde entstanden und Aufruhr zu befürchten gewesen. „Der gemeine Mann sei jetzt durch vieles Lesen der Bibel und anderer christlicher Schriften eines anderen gelehrt und unterrichtet", so daß er sich der Mönche Predigen verbeten habe. Das ganze ruhig und würdig gehaltene Schreiben zeigt, daß der Rat bereit war, die Unruhestifter und Gewalttäter zu bestrafen, aber daß er im Grunde die Schuld an den Unruhen den Mönchen, die „wedder de klare Wort Gades gepredigets", zuschob. Ein ernstliches Strafgericht verhängte er daher nicht, und auch die Herzoge taten kaum etwas anderes, als daß sie um diese Zeit Johannes Amandus festnehmen und in Gartz in den Turm werfen ließen. Nach einiger Zeit wurde er losgelassen und des Landes verwiesen. Dadurch wurde für die Stellung der Landesherren wenig erreicht, sie wurden, wie Kantzow schreibt, je länger je weniger bei dem gemeinen Manne geachtet. Diese Opposition kam auch zum Ausdrucke, als im Mai 1527 in Stettin ein Landtag stattfand; hier ließen die Fürsten den jüngsten Reichstagsabschied verkünden, Adel und Städte jedoch verwarfen ihn mit den Worten, sie wären kaiserlicher Majestät und ihren fürstlichen Gnaden mit Leib und Gut verpflichtet, aber Gott wollten sie der Seelen halber gehorchen.

Mit diesem Bescheide mußten sich die Herzoge begnügen, wenn sie sich ihre Stände nicht noch mehr entfremden wollten. Sahen sie doch selbst in Stettin, wo sie längere Zeit residierten, wie der Zwist über die Religion alle Verhältnisse zu verwirren schien. Da kämpfte Paul vom Rode mit dem Worte und der Schrift gegen den Kirchherren Liborius Schwichtenberg in Grimmen, der ihn in einem Buche Handwiser to dem rechten christliken Wege heftig angegriffen hatte. Da er dies den pommerschen Fürsten gewidmet hatte, hielt es Rode für seine Pflicht, sich in einem 1527 zu Wittenberg gedruckten Buche Vorfechtinge der evangelischen und christlyken Lere zu verteidigen. Von dem Zanke, der unter den Bürgern Stettins herrschte, sind Spuren auf uns gekommen in den mancherlei Erzählungen, die spätere Chronisten in ihre Darstellungen aufgenommen haben. Was wußte man nicht damals in Stettin alles zu erzählen auf der einen Seite von den bösen Anschlägen und Plänen der altgläubigen Geistlichen, der Mönche, sowie ihrer Anhänger im Rat und in der Bürgerschaft! Wie redete man aber auf der Gegenpartei von den bösen Neuerern, die in Kirche und Gemeinde alles Bestehende umstürzen wollten, den Landesherren nachstellten und unter der Gestalt des Evangelii ihre „Boverige" bemäntelten. Da mag manche üble Nachrede, mancher Klatsch gläubig aufgenommen und weitergetragen worden sein. Wir können im einzelnen schwer unterscheiden, was davon auf Wahrheit beruhte. Nicht einmal die Zeugenaussagen in den verschiedenen Prozessen, die sich an diese Streitigkeiten anknüpften, geben uns immer einwandfreie Berichte, da in den dazwischen liegenden Jahren die Erinnerung an die Vorgänge in jener bewegten Periode sehr getrübt worden war und viele Zeugen kaum noch unterscheiden konnten zwischen dem, was sie erlebt, und dem, was sie gehört hatten.

Es erzählt Kantzow von dem ränkereichen, „lügenhaften und betrüglichen" Hans Stoppelberg, der dem „trefflich vornehmen" Hans Loitz nachstellte, nicht nur weil er in ihm den hauptsächlichsten Gegner der Kirchenreformation gesehen habe, sondern weil er auf den reichen und „von den Bürgern wohl gelittenen Mann" eifersüchtig gewesen sei und seinen Einfluß im Stadtregimente zu stürzen beabsichtigt habe. Daß in dieser Zeit ein Gegensatz zwischen den beiden Bürgermeistern, die wir sonst auch einträchtig neben einander walten sehen, bestanden hat, ist glaublich. Es fehlt aber jedes Zeugnis dafür, daß sich diese verschiedene Parteistellung in einem so persönlichen Kampfe geäußert habe, wie Kantzow erzählt, der sichtlich für Loitz als den Anhänger der Fürsten eine Vorliebe hat, in Stoppelberg dagegen den bösen Revolutionär und Unruhestifter erblickt. Soll er doch alles darauf angelegt haben, die Landesherren aus der Stadt zu entfernen, um ganz nach eigenem Willen zu schalten und zu walten. Er habe, so erzählt der Chronist, einen Brief den grauen Mönchen zugesteckt, in dem von einem Anschlage gegen den Herzog Georg die Rede war. Die Mönche hätten ihn dem Fürsten zugestellt, der anfangs über den Plan sehr erschrocken gewesen sei, dann aber eine Untersuchung angestellt habe, bei der Stoppelberg selbst in dreister Weise alles abgeleugnet habe. Die Herren hätten, obwohl sie ihn für schwer verdächtig angesehen hätten, nicht gewagt gegen ihn einzuschreiten. Manche Unklarheiten enthält diese Erzählung, vor allem aber findet sich bei den späteren umfangreichen Verhören über Stoppelbergs eigenmächtiges Vorgehen in städtischen Angelegenheiten, wobei zahlreiche Anschuldigungen gegen diesen Mann erhoben werden, keine Spur von diesem Vorgange. Deshalb ist der ganze Bericht, den auch Friedeborn in seine Geschichte Stettins übernommen hat, als eine jener Klatschgeschichten anzusehen, die in jener erregten Zeit in der Stadt erzählt wurden.

Warum gaben gerade damals die Franziskaner ihre Niederlassung in der Stadt auf? Sie hätten sich doch dadurch, daß sie den angeblich geplanten Anschlag dem Herzoge verrieten ein Anrecht auf seinen Schutz erwerben müssen. Trotzdem verließ, wie berichtet wird, 1527 der Gardian Jakob Schröder mit einem Teile der Mönche das Kloster, und der Konvent begann sich allmählich aufzulösen. Es blieben nur noch einige Brüder zurück, die an den alten Gebräuchen festhielten und die alte Stiftung, die fast drei Jahrhunderte bestanden hatte, nicht untergehen lassen wollten. Der Abfall der Kleriker wurde nach und nach allgemeiner. Sonst aber gaben die Anhänger der alten Kirche ihren Widerstand nicht auf, sie verteidigten sich auf jede Weise gegen die Ketzer, die in Stettin immer mehr die Oberhand gewannen. Sangen doch die Katholiken Stralsunds bereits von der Stadt:

Stettin, du plegest wol gut to syn,
nu heftu drunken der Ketter Wyn,
den kanstu nicht vordowen
Nim Purgacien! Dat is min Rat,
dat schall di nicht geruwen.

Ähnliche Spott- und Schmähschriften wurden von beiden Parteien verbreitet. So wurde eines Morgens bekannt, am Turme der Marienkirche sei eine Schrift angeheftet, in der die heftigsten Angriffe und Schmähungen gegen den Bürgermeister Hans Stoppelberg als den ärgsten Feind des alten Glaubens enthalten seien. Als den, der dies Schriftstück dort angebracht habe, bezeichnete der Volksmund alsbald Berthold, den alten Glöckner von St. Jakobi. Er wurde sofort gefänglich eingezogen und, als er leugnete, auf die Folter gebracht und gepeinigt, wie Stoppelberg später behauptete, auf direkten Befehl des Herzogs Georg. Der arme Mann nannte als Anstifter verschiedene Geistliche, widerrief aber die Namen und wurde schließlich dadurch, daß der Scharfrichter ihm heiße Heringslake in den Hals goß, vom Leben zum Tode gebracht. Dieser Vorgang erregte ungeheueres Aufsehen. Die einen warfen dem Henker vor, er habe den Glöckner absichtlich getötet, damit er nichts gegen die Papisten aussage, andere beschuldigten offen den Bürgermeister Stoppelberg, er habe eigenmächtig ohne Auftrag des Rates die peinliche Untersuchung angestellt, und erhoben die heftigsten Vorwürfe gegen ihn.

Zu diesen Gegnern gehörte vor allem Klaus Stellmacher, dem der Rat und namentlich Stoppelberg die Führerrolle nicht verzeihen wollten, die er bei dem Aufruhr von 1524 gespielt hatte. Er dagegen war empört darüber, daß Bürgermeister und Rat die damals eingerichtete Bürger-Vertretung der 48 Männer absichtlich hintenan setzten, sich um die Bestimmungen des Vertrages vom 28. Mai 1524 nicht kümmerten und eigenmächtig die Geschäfte der Stadt führten, wie es ihnen gefiel. Der Unmut darüber war allgemein, und man bezeichnete ganz offen in allerlei Schriften Hans Stoppelberg als den, der vornehmlich im Rate ein Zugeständnis gegenüber der Bürgerschaft bekämpfte. Die alten Vorwürfe der unrechtmäßigen Aneignung städtischen Eigentums und des willkürlichen Regiments wurden von neuem gegen ihn erhoben. Eine persönliche Feindschaft zwischen Stoppelberg und Stellmacher kam dazu und führte zu allerlei ärgerlichen Auftritten, bei denen auch des letzteren Ehefrau beleidigt wurde. Dem Rate wurde schließlich das Treiben so zum Ärger, daß er auf Stoppelbergs Anregung gegen Stellmacher als den „Rädels- und Hauptführer in dem Aufruhr" Anklage erhob und ihn zum 30. Juni 1528 vor Richter und Schöffen zitierte. Der Angeklagte erschien nicht, auch als er noch zweimal vorgefordert wurde. Da sprach das Gericht nach altem Herkommen über den ungehorsamen Bürger die Verfestung und Verbannung aus. Stellmacher hatte jedoch von den Fürsten einen Geleits- und Schutzbrief erlangt, den der Rat nicht anerkennen wollte. Am 21. Juli erschien Stoppelberg mit Bewaffneten im Pfarrhause zu Möhringen, wo Stellmacher sich aufhalten sollte, und ließ es vom Keller bis zum Boden durchsuchen. Der Verfestete wurde zwar nicht gefunden, aber es kam dabei allerlei Mutwillen vor, sodaß der Kapellan Peter Pritze sich bei den Landesherren beklagte, der Schutz, den sie aller Geistlichkeit zugesagt hätten, sei verletzt worden. Die Herzoge, die schon längst gegen Stoppelberg als den Verteidiger der städtischen Selbständigkeit eingenommen waren, ließen ihn wegen doppelten Bruches des fürstlichen Schutzes auf den 7. August vor ihr Hofgericht in Garz fordern. Stoppelberg erschien nicht, aber seine Vertreter, Hans Bramer und Georg Schmidt, übergaben einen Protest gegen diese Zitation, indem sie sich auf das Privileg Bogislaws X. vom 23. Januar 1477 beriefen, durch das den Bürgern zugesagt worden war, sie sollten vor keinem auswärtigen Gerichtshofe zu Rechte stehen. Zwar erklärten die Räte, dies Privileg sei nicht gültig, aber Stoppelberg stellte sich auch zu den beiden folgenden Terminen nicht. Da wurde er wegen groben Ungehorsams verfestet und geächtet. Er hatte aber bereits vorher dem Rate angezeigt, daß er wegen der Ladung vor ein „auswärtig ungewöhnliches" Gericht, was wider der Stadt Privilegien sei, Berufung beim kaiserlichen Kammergerichte eingelegt habe. Die Herzoge wagten, wie es scheint, nicht das Urteil gegen Stoppelberg zur Vollstreckung zu bringen. Er verblieb unangefochten in der Stadt; während das Verfahren, das er beim Kammergerichte gegen die Fürsten eingeleitet hatte, weiter ging. Zu gleicher Zeit hatte Stellmacher, der vor dem Zorne seiner Gegner aus der Stadt wich, dort Berufung gegen das Urteil des Stadtgerichts eingelegt. Aus beiden Prozessen erwuchsen der Stadt große Kosten und viel Ärger. Eine unendliche Fülle von Schriftstücken wurde zwischen Stettin und Speier gewechselt, sodaß es eine wahre Qual ist, alle diese Repliken, Dupliken, Exzeptional- und Defensionalartikel, Vollmachten, Protokolle usw. durchzusehen und aus dem Formelkram herauszusuchen, was sachlich von Interesse ist. Und schließlich kamen diese Prozesse, wie die meisten vor dem Reichskammergerichte geführten, nicht zum Abschlusse, man sucht vergeblich nach einer endgültigen Entscheidung.

Diese unerquicklichen Streitigkeiten waren natürlich der Entwickelung der kirchlichen Verhältnisse höchst ungünstig; sie ließen die wichtigsten Fragen zurücktreten, man erschöpfte seine Kraft in kleinlichen Zänkereien und persönlichen Angriffen, wie sie z. B. auch zwischen dem Ratsherrn Hans Nebelung und dem Apotheker Hans Vogelsang vorkamen, als dieser jenen beschuldigte, er habe bei der Pfingstfeier der Kaufmannschaft, der sogenannten Maigrafenfahrt, 1526 zehn

Gulden unterschlagen. Natürlich kam es zu einem Prozesse, der bis ans Kammergericht ging. Von anderen Streitfällen erfahren wir nur gelegentlich einiges, aber es ist zu erkennen, daß die Zustände in der Stadt mit den scharfen Gegensätzen, die nicht nur zwischen den Alt- und Neugläubigen, sondern auch zwischen den Anhängern und Gegnern des Rates, zwischen diesem und der Landesherrschaft bestanden, im höchsten Grade unerquicklich waren. Alles war in Gährung, nichts geklärt, der Zwiespalt wurde immer größer. Da befanden sich auch die evangelischen Geistlichen in übler Lage; von einer Seite wurden sie zu offenem, entschiedenem Auftreten, namentlich auch zur Abschaffung der alten kirchlichen Gebräuche gedrängt, von anderer immer wieder zur Vorsicht gemahnt. Paulus vom Rode hatte sich bisher in seiner etwas zaghaften Art gescheut, die Messe und die Taufe in deutscher Sprache zu halten und war auch mit der Feier des heil. Abendmahls in beiderlei Gestalt zurückhaltend gewesen. Jetzt mußte er sich indessen überzeugen, daß er nicht länger in dieser Richtung hinter anderen Geistlichen zurückstehen durfte, und begann auf das Drängen seiner Anhänger den Gottesdienst in neuer Form zu halten. Sofort befahl ihm der Rat, mit solcher Neuerung aufzuhören, Rode aber setzte entschlossen dem Rate auseinander, er könne, nachdem er lange Zeit mit der Abstellung der alten Gebräuche gezögert habe, nicht mehr länger dem Verlangen der Gemeinde widerstehen; er müsse „in diesen gefährlichen aufrührerischen Läufen in Sorge stehen, wenn es nicht gestattet würde, daß der gemeine Mann sich zu Aufruhr und Empörung begebe". Darauf wagte auch der Rat nicht, das Verbot aufrecht zu erhalten und gestattete, „deutsche Messe, Taufe und Sakrament unter beiderlei Gestalt zu halten und zu reichen". Darüber erhob alsbald der Prior von St. Jakobi, Johann Kunhofer, bei seinem Vorgesetzten, dem Abte des Michaelsklosters zu Bamberg, Beschwerde, und dieser sandte einen Boten an den Rat, um als Patron gegen solche Neuerung Einspruch zu erheben. Es gelang, bei der Verhandlung ein friedliches Übereinkommen zu erzielen; der Rat versprach, die katholischen Geistlichen an Jakobi in ihren Ämtern zu belassen und nicht zu hindern, dagegen wurde von der anderen Seite zugesagt, Rode den Sold wie einem Prediger zu geben. Diese gütliche Abmachung wurde aber bald durch neue Streitigkeiten zwischen den Geistlichen beider Richtungen gestört, sodaß der Rat abermals vermitteln mußte. Man machte ab, daß Rode in St. Jakobi und Meister Nikolaus in St. Nikolai Sonntags und Freitags von 6 bis 8 oder von 8 bis 10 Uhr, an den Werktagen von 7 bis 8 Uhr predigen und ihres Amtes warten, zu anderen Zeiten der Prior und seine Geistlichen „bei ihrem Wesen unbeirrt bleiben sollten"; auch sollte man den evangelischen Pfarrern „mäßige Want (= Kleidung), Kelch, Brot und Wein geben und mit der Sonntagsglocke zu ihrem Predigen läuten".

Die Herzoge Georg und Barnim ließen diesen Schritt zu, weil sie, noch immer im Streite mit ihrer Hauptstadt, es nicht ganz mit den Bürgern verderben wollten, zumal da sie damals in ernsten Verhandlungen mit Brandenburg begriffen waren und dazu der Hilfe ihrer Städte bedurften. Nach unendlichen Verhandlungen kam endlich ein Ausgleich mit dem Kurfürsten Joachim I. zustande, der in dem Vertrage zu Grimnitz am 26. August 1529 auf die Lehnsoberhoheit über Pommern verzichtete und sich mit dem Rechte des erblichen Anfalles begnügte. Dazu mußte die Zustimmung der Landstände gefordert werden, die den Brandenburgern die Erbhuldigung leisten sollten. Anfangs erhob sich auf dem Landtage zu Stettin (16. Oktober) Widerspruch, aber schließlich gaben Adel und Städte nach, als ihnen die Herzoge einige Zugeständnisse einräumten. So konnten dann am 25. Oktober die Urkunden vollzogen und am 23. Dezember die alten Erbverträge erneuert werden. Hierbei hängten auch die Vertreter Stettins ihr Siegel an die Urkunden und erhielten die Zusicherung, daß im Falle der Erneuerung, die bei jedem Thronwechsel erfolgen mußte, auch ein Abgesandter ihrer Stadt hinzugezogen werden sollte.

Die Uneinigkeit zwischen den beiden fürstlichen Brüdern, die einer ruhigen Entwickelung Stettins schon lange hinderlich war, fand durch diesen für Pommern günstigen Ausgleich kein Ende, da sie sich über die Kirchenfrage nicht einigen konnten. Man sah in Stadt und Land die Annäherung Georgs an den streng katholischen Kurfürst Joachim I., dessen Tochter er heiratete, mit Mißtrauen und fürchtete eine entschiedene Wendung des Herzogs gegen den evangelischen Glauben. Von dem schwachen und energielosen Barnim erwartete man in dieser Beziehung nicht viel Hilfe, und so wurden die Verhältnisse immer unsicherer und zerfahrener. Am ungeklärtesten war die Lage in Stettin. In einigen Kirchen wirkten evangelische und katholische Geistliche nebeneinander, in anderen, wie namentlich den beiden Domkirchen, herrschte noch allein der alte Gottesdienst, da die Domherren an ihren Gebräuchen festhielten. In den Klöstern, Kapellen und Hospitälern waren ebenfalls Anhänger der alten Kirche tätig und weigerten sich, die Forderungen der Evangelischen zu erfüllen. In der Bürgerschaft, die im Jahre 1530 durch die Aufnahme von 864 Neubürgern sehr vermehrt wurde, hatten wohl die Neugläubigen die Mehrheit, aber die kleinere Partei der Katholiken muß noch von großem Einflusse gewesen sein. Die Unzufriedenheit in der Stadt war auch sonst groß. Was war aus der 1524 festgesetzten Bürgervertretung geworden? Der Rat vermied es nach Möglichkeit, die 48 Männer zu berufen; Loitz und Stoppelberg, die beiden allmächtigen Bürgermeister, die in der Religionsfrage Gegner waren, zeigten sich völlig einig in dem Widerstande gegen die Ansprüche der Gemeinde auf eine regelmäßige Anteilnahme an der Stadtverwaltung. Von der herzoglichen Regierung war nichts zu erwarten, weder für noch gegen den Rat, sie ließ den Dingen ihren Lauf und mühte sich immer noch ab mit endlosen Verhandlungen über die Huldigung der Stadt, die nun schon Jahre lang verweigert worden war.

Da starb ziemlich plötzlich in der Nacht vom 9. zum 10. Mai 1531 Herzog Georg. Jetzt meinte man wohl, werde Barnim, der die Zügel der Regierung zunächst allein in den Händen hatte, einen enscheidenden Schritt tun und die Verhältnisse regeln. Doch es geschah nichts. Da gab sogar ein so treuer Mann, wie es Paul vom Rode war, jede Hoffnung auf Besserung der Verhältnisse auf, er glaubte auf eine Ordnung der kirchlichen Verhältnisse Stettins, namentlich auch auf eine feste Anstellung und regelrechte Besoldung nicht mehr rechnen zu können. Hatte er schon im Februar 1531 einen Ruf, der von Goslar aus an ihn erging, nicht ganz abgelehnt, dann aber doch immer wieder gezögert, von seiner bisherigen Wirkungsstätte, wo er nun „acht volle Jahre ohne alle Versoldung und Vertröstung gepredigt hatte", zu scheiden. Auf erneute dringliche Berufung verließ er Ende August oder Anfang September Stettin und ging nach Goslar.

Den letzten Anstoß zu seinem Entschlusse gaben vielleicht die Ereignisse im August. Die allgemeine Unzufriedenheit mit dem Rate veranlaßte die gesamte Bürgerschaft, den gemeinen Kaufmann, Alterleute, Werke und Gilden, zusammenzutreten und am 2. August eine große Beschwerde an den Herzog Barnim einzureichen. Man klagte, der Rat halte seine Sitzungen unregelmäßig und habe der Bürgerschaft einen Tag zum Vorbringen ihrer Anliegen wiederholt abgeschlagen, auch ihr Ansuchen, endlich den Streit mit den Landesfürsten zu Ende zu bringen, ebensowenig erfüllt, wie die Bitte um Maßregeln zur Bestätigung der dänischen Privilegien, zur Abstellung der brandenburgischen Zölle oder der heimlichen Einfuhr. Das Stadteigentum werde zum Teil von Ratsmitgliedern zu eigenem Nutzen verwandt, die 48 Männer seien seit Jahren nicht berufen worden, die höchst notwendige Anstellung eines Syndikus habe der Rat, der in sich uneinig und zwieträchtig sei, abgelehnt. Für den Prediger, den „ein ehrbarer Rat zum Teil selbst erfordert habe", seien von der Gemeinde oft Lohn, Unterhalt und Wohnung erbeten, die Aufrichtung einer christlichen Schule, darin „die Jugend, so zu Zucht, Ehre und etwas zu lernen geneigt wäre, gehalten und gelehrt werden möchte", viele Male verlangt worden, doch der Rat habe nicht einmal eine Antwort erteilt. Infolge dieser Beschwerden übergab der Rat am 6. August dem Herzoge eine Rechtfertigungsschrift. Zumeist in recht schwächlicher Weise werden die einzelnen Punkte mit der Bemerkung abgefertigt, man stehe inbetreff dieser Angelegenheiten in Verhandlung. Die 48 Männer seien nur bestimmt gewesen, eine gute Polizei aufzurichten, und das sei geschehen; sie regelmäßig zu berufen, sei nicht möglich, denn zu wichtigen Sachen würden die 54 Älterleute zu Rate gefordert, wenn dazu noch die 48 kämen, so seien das mit den 24 Ratsmitgliedern im ganzen 126 Personen, und mit so vielen könne man nicht unterhandeln. Der Rat bestreitet entschieden, daß der Prediger von ihm berufen worden sei; er habe es nur geschehen lassen, daß „einige des Rates ihn erfordert", trotzdem ihm jährlich 6 Gulden gegeben, auch mehr reichen wollen, wenn „die Stadt derhalben nicht bei kaiserlicher Majestät oder sonst in Schaden geführt werde". Es sei Sache derer, die den Prediger berufen hätten, ihn zu entlohnen. Die Errichtung einer christlichen Schule stellte der Rat ganz einfach dem Herzoge anheim. Schließlich erklärte er sich bereit, einen Tag für die Bürgerschaft anzusetzen, doch dürfe diese keine Versammlung abhalten oder den Rat drängen. Auf diese Antwort hin entschied Herzog Barnim mit seinen Räten am 7. August in der Hauptsache gegen die Bürgerschaft. Zwar wurde dem Rate befohlen, die gewöhnlichen Sitzungstage abzuhalten und alles wichtige mit den Älterleuten, wie von alters her gebräuchlich, zu beraten, aber entschieden, daß die 48 Männer nicht hinzuzuziehen seien. Die verschiedenen Beschwerden sollte der Rat abstellen, dabei wurde der Bürgerschaft das Verbot von 1524, Versammlungen abzuhalten, eindringlich eingeschärft. Die größte Enttäuschung aber mußte ihr die Antwort inbezug auf die Religionssache bringen, da der Herzog es ablehnte, irgend welche Änderung vorzunehmen, und jede Neuerung verbot.

Es ist verständlich, daß durch diesen Bescheid die Unzufriedenheit der Gemeinde noch vermehrt wurde. Hatte man sich doch einer solchen ablehnenden Haltung des Herzogs um so weniger versehen, als auf dem jüngsten Landtage (21. Mai) die Stände ein Ausschreiben hatten ergehen lassen, daß man das heilige Evangelium sollte ungehindert lehren und predigen. Der Unwillen der Bürger richtetete sich besonders gegen den Bürgermeister Hans Loitz, in dem man den geistigen Urheber des Bescheides zu erblicken glaubte. Daher hörten die Unruhen in der Stadt nicht auf, man rottete sich trotz des herzoglichen Verbots zusammen, und „ick ging mit folliker Ungestumicheit und Uprohr to, dat ick to erbarmende was“. Zum Ausbruche kam diese Stimmung im Herbste, als die Kaufleute von ihrer Schonenfahrt zurückkamen. Sie erfuhren erst jetzt, daß Paul vom Rode Stettin verlassen habe. Zugleich wurde bekannt, daß der junge Sohn und Erbe des Herzogs Georg, Philipp, in Stettin angelangt sei, um die Herrschaft neben seinem Oheim Barnim zu übernehmen. Er hatte, „wowohl he noch jung was, dennoch guten Rohm“, und man hoffte von ihm gerade für das Evangelium viel. So fand am 13. Oktober 1531 eine Versammlung der Bürger statt, in der man beschloß, dem Prior von St. Jakobi und dem Pfarrer von St. Nikolai ansagen zu lassen, „daß sie sich Singens, Klingens und Messehaltens und dergleichen Zeremonien enthalten sollten, auch das Sakrament nicht austragen, noch lateinisch taufen; wenn sie solches nicht abstellten und ihnen darüber etwas begegnen würde, dürften sie niemand klagen, auch sollten die Mönche sich in den Klöstern halten und auf die Gassen nicht gehen“. Als Führer waren bei dieser Versammlung tätig Hans Steinbach und Bartel Halle, der vor allem gegen den Rat herzog, seine Mitglieder „für Ochsen schalt“ und Hans Loitz als den bösen Geist bezeichnete. Ob es wahr ist, daß Stoppelberg im geheimen die Menge gegen den Rat aufhetzte, läßt sich nicht bestimmt entscheiden; es heißt aber bei einer Zeugenaussage einmal von ihm: „Stoppelberg fiederte die Pfeile, Halle mußte sie abschießen“.

Der Beschluß der Bürgerschaft fand natürlich nicht die Zustimmung des Rates. Da versammelte sich am 17. Oktober früh die Gemeinde in großer Zahl auf dem Heumarkte. Die Alterleute drangen in das Rathaus, wo der Rat schon um 7 Uhr zusammengetreten war. Es kam zu stürmischen Verhandlungen, da man verlangte, der Rat solle einen andern Prediger an St. Jakobi annehmen und den Beschluß der Gemeinde wegen der Geistlichen genehmigen. Die Menge wollte die Ratsherren nicht aus dem Hause lassen, ehe sie etwas beschlossen hätten, und so blieben diese den ganzen Tag bis 6 Uhr abends zusammen, da sie erklärten, sie könnten nur etwas bewilligen, was nicht wider „Gott oder ihre geordnete Obrigkeit und auch der Stadt nützlich sei“. Bald richtete sich die Wut des Volkes namentlich gegen Loitz, der, wie es scheint, den hartnäckigen Widerstand des Rates veranlaßte. Endlich aber ließ man die Ratsherren heimgehen, nachdem sie eidlich versprochen hatten, am nächsten Morgen wiederum aufs Rathaus zu kommen.

Inzwischen hatte Herzog Barnim, der von dem Aufruhr Meldung erhielt, dem Rate ansagen lassen, er solle mit den Alterleuten am folgenden Tage um 1 Uhr auf das Schloß zu kommen. Die drei Bürgermeister, Loitz, Otto, Glineke und einige Ratsherren folgten diesem Befehle, während andere ihrem Eide getreu auf dem Rathause erschienen. Die Alterleute weigerten sich vor den Herzog zu kommen, auch als dieser sie noch zweimal entbot. Sie erklärten mit der Gemeinde, sie wollten auf dem Rathause bleiben und die Mitglieder des Rates, die nicht zu ihnen kämen, wie sie eidlich versprochen hätten, nicht weiter zum Ratstuhle fordern, sondern dessen entsetzen. Das ging vornehmlich auf Loitz, ihn wollte die Gemeinde nicht mehr als Bürgermeister haben, und man setzte ihn ab. Bald mußte Loitz aus Stettin weichen, wollte er Leibes und Lebens sicher sein.

Am Donnerstag, dem 19. Oktober, früh erschienen Rat und Alterleute, wie ihnen geboten worden war, vor den fürstlichen Räten auf dem Schlosse. Diese schalten zunächst die Vertreter der Bürgerschaft wegen ihres gestrigen Ungehorsams gar heftig, dann brachten sie den bereits verkündeten Abschied des Augsburger Reichstages, der alle Neuerung in Kirchengebräuchen bis auf ein allgemeines christliches Konzil verbiete, sowie die Entscheidung des Herzogs vom 7. August in Erinnerung und erklärten, das von der Bürgerschaft erlassene Verbot der christlichen Zeremonien sei wider diese Ordnungen und deshalb nicht zu billigen. Der Rat erwiderte, er sei bereit, für Rode einen anderen Prediger an Jakobi zu bestellen, doch dürften Versammlungen der Gemeinde zu Tumult und Aufruhr nicht stattfinden. Die Alterleute baten um einen Aufschub der Verhandlung, bis sie sich mit ihren Mitbürgern beraten hätten. Am Nachmittage trugen die Abgeordneten der Gemeinde den herzoglichen Räten ihre Verteidigung vor, beklagten sich aber zugleich darüber, daß ihnen die 48 Männer wieder entzogen worden seien; die Gemeinde sei nur zusammen gekommen, um wegen der gemeinen Gebrechen, sonderlich des Glaubens, Rat zu pflegen, an Aufruhr und Tumult habe niemand gedacht. Die Räte ermahnten abermals zur Einigkeit und entließen die Alterleute, als diese auf der vom Rate versprochenen Verhandlung bestanden, mit ziemlich nichtssagenden Worten. So verlief die lange Unterredung ohne rechtes Ergebnis. Es ist nicht zu verwundern, daß man in der Bürgerschaft höchst unzufrieden war, ja es scheint zu allerlei Unfug und Störung gekommen zu sein. Wenigstens wird dem jungen Herzoge Philipp, der eben erst in Stettin eingetroffen war, von seinem Oheim am 24. Oktober berichtet, in St. Jakobi seien Taufe und Weihwasser umgeschüttet, die Bilder aus der Kirche getragen und die Monstranz aus dem Ciborium genommen. Trotzdem erteilten die Fürsten am 28. Oktober den Pfarrern von Jakobi und Nikolai, sowie den Mönchen die Erlaubnis, ihren Gottesdienst wie bisher zu halten und ließen diesen Bescheid dem Rate und den Alterleuten, die zu einer Versammlung in die Ottenkirche berufen worden waren, verkünden. „Niemand soll sie daran hindern, da sie ihres Kirchengebrauchs auf Erlaubnis J. F. Gnaden sich wiederum unterfangen.“ Zugleich wurde ihnen verboten, eine Änderung mit dem Jageteufelschen Kollegium vorzunehmen; deren Vorsteher hätten gemeldet, man gehe in der Stadt damit um, diese alte Stiftung aufzuheben und in eine Schule umzuwandeln. Mit ernstlicher Mahnung zu untertänigem Gehorsam entließen die Räte die Versammlung.

Auffallend ist, daß von seiten der Fürsten nichts für den seines Amtes entsetzten Hans Loitz geschah. Er hatte, wie wiederholt berichtet wird, offen erklärt, er wolle bei den alten Zeremonien bleiben, bis durch den Landesfürsten eine andere Ordnung gemacht worden sei, und sich geweigert, mit der aufrührerischen Gemeinde zu verhandeln. Um den Widerstand der Bürgerschaft nicht noch zu verstärken, ließ die Regierung ihn wohl scheinbar fallen, gab ihm aber eine Zufluchtsstätte in Damm. Zu seiner Absetzung hatte auch ein Streit beigetragen, den sein Sohn Simon mit Anton Goldbeke hatte. Dieser hatte von jenem wegen einer Verwundung, die er durch ihn erlitten hatte, eine Entschädigung von 400 Gulden verlangt. Als Simon auf rechtlicher Entscheidung vor dem Rate oder den Fürsten bestand, entwich Goldbeke nach Frankfurt und klagte dem Kurfürsten von Brandenburg, er könne von den Loitzen kein Recht bekommen. Dieser trat für ihn bei den Pommernfürsten ein, erhielt aber die Antwort, es sei Goldbeke das Recht durchaus nicht geweigert. Trotzdem nahm Joachim ihn in seinen Schutz, um den Pommern, mit denen er wieder in Zwist lebte, Unannehmlichkeiten zu bereiten. Goldbeke schrieb einen Fehdebrief an Stettin und drohte, falls ihm nicht Recht werde, die Bürger außer Landes zu überfallen. Obwohl man in der Stadt wußte, daß Goldbeke sich mit Unrecht über Loitz beklagte, so erregte seine Absage doch viel böses Blut, und man verlangte von dem Bürgermeister, er solle den Handel aus der Welt schaffen. Da er dazu nicht imstande war, wuchs die Erbitterung gegen ihn, zumal da Goldbeke, obwohl der Kurfürst infolge energischen Einschreitens des Herzogs Barnim sich von ihm lossagte, doch fortfuhr Raubzüge in das Land zu unternehmen. Stoppelberg soll es gewesen sein, der die Stettiner weiter gegen Loitz aufhetzte, so daß dieser Damm verließ und nach Frankfurt a. O. ging, um den Kurfürsten zu einem Vergleiche mit Goldbeke zu veranlassen. Das mißlang, und auch als Loitz nach Pommern zurückgekehrt war, konnte der ärgerliche Handel nicht beigelegt werden. Wegen dieses Streites, der sich Jahre lang hinzog, soll Herzog Barnim solchen Grimm gegen Stettin gefaßt haben, daß er sein Hoflager nach Rügenwalde verlegte.

Aber nicht dieser Zank allein erzeugte die Verstimmung des Fürsten gegen seine Stadt. Die Ansprüche der Stettiner waren bei der schwächlichen Haltung der Landesherren gewachsen, man suchte geradezu alles hervor, was man gegen sie vorbringen konnte, und spannte den Bogen immer straffer. Erbhuldigung und Bestätigung der Privilegien, Zoll und Münze, Kornausfuhr und Schiffahrt, Recht an den Mühlen und am Papenwasser, Patronat und Recht der Kirchenneuerung, kurz im Grunde fast alle städtischen Freiheiten und Vorrechte kamen zur Erörterung, bei der oft herausfordernde und unehrerbietige Äußerungen vonseiten der Stettiner laut wurden. Wuchs doch damals die Bürgerschaft an Zahl und Reichtum, baute man doch an den Mauern, Wällen und Gräben der Stadt mit besonderem Eifer, verband man sich doch mit anderen städtischen Gemeinden gegen die fürstliche Regierung. Am 23. Februar 1532 vereinigten sich die Städte Stettin, Stargard, Pyritz, Gartz, Gollnow und Greifenhagen wegen des „merklichen Abbruches ihrer zeitlichen Nahrung“ auf einige Punkte.

Wahrlich, die Männer, die damals die Leitung in der Hand hatten, müssen es trotz aller inneren Streitigkeiten verstanden haben, die Entwickelung in großem Umfange zu fördern und eine neue Blütezeit der Stadt anzubahnen. Loitz und Stoppelberg waren sicherlich Männer, die bei großem Eigenwillen und ausgeprägtem Selbstgefühl zu den wenigen in der Geschichte der Stadt bedeutsam hervortretenden Persönlichkeiten gehören; es ist nur zu bedauern, daß wir uns von ihrem Wesen und Streben kein klares Bild zu machen vermögen. Kampfesfreudigkeit, wo es sich um Interessen der Stadt handelte, beherrschte sie in hohem Grade. Auch mit dem Abte des Michaelsberger Klosters geriet der Rat in einen heftigen Streit, als dieser Beschwerde über die Anstellung des Paul vom Rode erhob und mit seiner Klage ans Kammergericht ging. Mit Geschick stellte der Syndikus Jakob Krellner in einer langen Denkschrift die ganzen Verhältnisse dar. Der Rat erkannte das Bamberger Patronat ohne weiteres an, bestritt aber entschieden, dies Recht verletzt zu haben. Ein neuer Prozeß, der lange Jahre andauerte, erwuchs daraus der Stadt.

Auch der alte Streit zwischen Stoppelberg und Stellmacher loderte in diesen Jahren wieder empor. Dieser war im Vertrauen auf die vom Kaiser und Landesfürsten erhaltenen Schutzbriefe nach Stettin zurückgekehrt und lebte, wie er später behauptete, dort ruhig und friedlich. Stoppelberg indessen hatte den Schimpf, der ihm von seinem Gegner zugefügt worden war, nicht vergeben oder vergessen. So kam es, daß Stellmacher, als er in der herzoglichen Schmiede ein Pferd beschlagen ließ, am 16. April 1532 von Stadtdienern verhaftet und in den „düsteren Keller" des Rathauses geworfen wurde. Von dort brachte man ihn alsbald in die „Pein- oder Folterkammer", wo der Bürgermeister Stoppelberg, der Gerichtsvogt Hans Dolgemann, der Stadtschreiber Hans Lübke und einige Schöffen mit dem Scharfrichter erschienen. Der Befehl zur Peinigung wurde gegeben, doch Stellmacher und sein Rechtsbeistand, der zugegen war, protestierten gegen dies Verfahren. Wieder sammelten sich auf die Kunde von den Vorgängen zahlreiche Bürger vor dem Rathause. Daher gab Stoppelberg schließlich nach und entließ Stellmacher aus der Haft, nachdem dieser der Stadt Urfehde geschworen und Bürgschaft gestellt hatte. Natürlich beklagte er sich bei dem Herzoge über die Verletzung des kaiserlichen und fürstlichen Geleites. Obwohl Barnim nichts zu seinem Nutzen unternahm, entstand doch abermals ein heftiger Streit im Rate und in der Bürgerschaft. Man warf Stoppelberg vor, er habe eigenmächtig ohne des Rates Zustimmung gehandelt; er dagegen erklärte, er habe sich erboten, die Sache auf seine eigenen Kosten und auf eigene Gefahr zu führen und für allen Schaden und Nachteil einzutreten. Stellmacher betrieb seine Sache mit großem Eifer und zog wiederholt von Damm, wo er sich niederließ, nach Speier, aber weder er, noch seine Gegner erlebten den Ausgang des Prozesses. Indessen hatten Rat und Gemeinde auch durch diese Sache viel Verdruß, Arbeit und Ärger. Zunächst aber war, wie es scheint, Stoppelbergs Stellung noch unerschüttert, und er schaltete und waltete eigenmächtig, aber nicht ohne Geschick in den städtischen Angelegenheiten. Ihm ist es wohl zu verdanken, daß Rode, als er Goslar wegen unerquicklicher Verhältnisse verließ, wieder nach Stettin zurückkehrte. Er erhielt zwar immer noch nicht eine feste Anstellung, aber es scheinen ihm vom Rate doch wenigstens 80 Gulden jährlich zugesagt worden zu sein. Rode hat sich von nun an wieder bemüht, für Friede und Einigkeit in der Stadt zu wirken, im Sinne des Urbanus Rhegius, der bereits am 1. Februar 1532 die Fürsten und Städte Pommerns vor Gewalttat, Aufruhr und Empörung gewarnt hatte. Man gewinnt den Eindruck, als sei um 1532 der Höhepunkt der gewaltsamen Bewegung, der Revolution, erreicht und ruhigere Zeiten seien nach und nach eingetreten, die endlich eine Entscheidung herbeiführten.

Dazu trug auch der Umstand bei, daß die Fürsten allmählich zu der Erkenntnis durchdrangen, es gehe auf dem bisherigen Wege nicht weiter. Sie sahen, wie ihre Macht im Lande immer mehr zusammenbrach, wie sich überall Widerstand gegen die Regierung zeigte, und meinten, „wo de Stede also fortgefahren hebben, id kedde nergen kein Fürste edder Eddelman bliven mogen“. Vielleicht war es dem jungen Herzoge Philipp und seinen Räten zu danken, daß man energischer aufzutreten und die Vorgänge namentlich in den Städten aufmerksamer zu verfolgen begann. So ging man daran, die Hand auf die Schätze der Klöster zu legen, ließ sie verzeichnen oder nahm einen Teil in eigene Verwahrung, um einer Besitznahme durch andere zuvorzukommen. Auch die förmliche Teilung Pommerns in zwei Herzogtümer, die am 21. Oktober 1532 erfolgte, war insofern von Einfluß, weil jetzt jeder der beiden Fürsten in seinem Landesteile ungehindert schalten und walten konnte und die fortgesetzten Reibereien zwischen beiden ein Ende fanden. Herzog Barnim XI. erhielt das Land Stettin und griff hier und dort mit größerer Energie ein. Besonders ging man gegen die adligen Straßenräuber vor, von denen mancher auch den Stettinischen auf den Straßen nachgestellt und sie beraubt hatte. Asmus von Eickstedt z. B. bekannte bei seinem Verhöre im Mai 1532, daß er Kaufleuten von Stettin bei dem schwarzen See wiederholt Tuch abgenommen habe. Stadt und Land atmeten auf, als dieser Plage mehr und mehr ein Ende gemacht wurde.

Auch die religiöse Bewegung ging in diesen Jahren in ruhigere Bahnen über. Wir erfahren wenig darüber, dürfen aber annehmen, daß die Lehre des Evangeliums, der ja durch den Nürnberger Religionsfrieden vorläufig eine ungehinderte Entwickelung gestattet worden war, allmählich in weitere Kreise drang und in den Zeiten der Ruhe und des Friedens sich stetiger ausbreitete, als in den Tagen des Zankes und Streites. Wohl fehlte es nicht an Angriffen der Katholiken gegen die Evangelischen, gegen die diese sich nicht minder heftig wehrten. Liborius Schwichtenberg veröffentlichte 1532 noch einmal eine Schrift gegen die „ketterligen und valsken Scriften“ des Paulus vom Rode. Dagegen gelang es diesem, manchen katholischen Geistlichen für das evangelische Bekenntnis zu gewinnen, unter denen der ehemalige Jasenitzer Mönch Bernhard Strohsnider genannt wird. Er wandte sich auch am 10. Juli 1534 mit einem ernsten Schreiben an den Dekan und das Kapitel von St. Marien, die ebenso wie die Domherren von St. Otten an der alten Kirche festhielten, und mahnte sie, davon abzulassen und der Wahrheit nicht länger zu widerstreben, auch nicht weiter gegen die evangelische Lehre mit Schriften, Disputationen und allerlei Drohungen zu kämpfen. Er machte auch warnend darauf aufmerksam, das evangelische Volk könne kaum noch aufgehalten werden, gegen die Widerstrebenden mit Gewalt vorzugehen. Die erschrockenen Geistlichen wandten sich mit der Bitte um Schutz an den Herzog Barnim und erhielten von diesem eine beruhigende Antwort.

Schon verhandelte man wegen einer endlichen Ordnung der kirchlichen Verhältnisse. Es erwies sich als durchaus nötig, den völlig unsicheren Zuständen ein Ende zu machen und das Kirchenwesen, das infolge der vielen Änderungen in der Verwaltung und Verwertung der Kirchengüter, in der Ausgestaltung des Gottesdienstes, in der Bestellung der Geistlichen usw. gänzlich aufgelöst zu sein schien, auf neuer Grundlage einzurichten. Was in anderen deutschen Ländern bereits geschehen war, mußte auch für Pommern erfolgen, und die Herzoge mußten dies Werk selbst in Angriff nehmen, „wollten sie sich nicht um Land und Leute bringen". Deshalb begannen sie mit den Ständen zu unterhandeln und schrieben einen Landtag zu Treptow a. R. auf den 13. Dezember 1534 aus. Mit großem Eifer unterwarfen sich die fürstlichen Räte der Arbeit, vor allem auch die Städte zur Beschickung des Tages und zur Teilnahme an der Beratung zu veranlassen. Dazu war eine Beseitigung der Gegensätze, die in den einzelnen Gemeinden bestanden, sehr notwendig, und so gab sich in dieser Zeit die Regierung Mühe, den alten Zwist, der zwischen Stoppelberg und Loitz und ihren Anhängern herrschte, nach Möglichkeit beizulegen. Es scheint ihr damals gelungen zu sein, für Loitz die Erlaubnis zu erlangen, daß er wieder unbehelligt in Stettin wohnen durfte, zumal da er offen erklärte, er sei ein alter Mann und wolle in seiner Heimat ruhig sterben. Man erkannte, daß Loitz, der bis an sein Ende dem alten Glauben treu blieb, der kirchlichen Neuerung nicht mehr gefährlich sein werde. Jetzt war Stoppelberg, obwohl er in den Augen der Regierung immer noch als Aufrührer galt, der Mann, der unbestritten den größten Einfluß ausübte. Er machte ihn in dieser Zeit zugunsten einer Annäherung der Gemeinde an die Pläne der Herzoge geltend und wirkte dafür, daß man trotz der noch nicht beigelegten Streitigkeiten nicht schmollend zur Seite stand, als es galt, eine Neuordnung des pommerschen Kirchenwesens zu schaffen. Vielleicht riet auch Johannes Bugenhagen, der auf die Bitte der Fürsten zusagte, an diesem Werke mitzuarbeiten, bei einem kurzen Aufenthalte in Stettin zur Versöhnung und bewog den Rat, sich auf dem Landtage zu Treptow vertreten zu lassen. Paul vom Rode arbeitete im Auftrage der Städte eine Denkschrift aus, in der hervorgehoben wurde, daß zu einer „guten Ordinanz und Polizei" vor allem eine Eintracht der Religion im Lande gehöre, und machte zur Erreichung dieses Zieles praktische Vorschläge für die einheitliche Kirchenverfassung, die Einrichtung von Schulen u. a. m.

Die Vorverhandlungen in Treptow begannen am 7. Dezember, und Bugenhagen arbeitete alsbald eine Kirchenordnung aus, die am 14. Dezember nach Eröffnung des Landtages den Ständen vorgelegt wurde. Es erhob aber gegen sie nicht nur der Bischof Erasmus von Cammin Einspruch, sondern auch der größte Teil des Adels und einige Städte, zu denen wohl Stettin gehörte, waren mit der Vorlage nicht einverstanden. Sie fürchteten die große Macht, die aus dieser Ordnung den Herzogen erwuchs. Aber ihre feste Haltung wirkte auf die Vertreter der Städte, die besonders auf eine Freigabe des Evangeliums drangen. Ihre Bedenken nahm die Regierung zur weiteren Erwägung entgegen. Trotz des hartnäckigen Widerspruches, an dem der Bischof, seine Getreuen und der Adel festhielten, kam der Beschluß zustande, „dat man aver dat ganze Land das hillige Evangelium luter und rein scholde predigen“. Als Landtagsabschied wurde die Kirchenordnung Bugenhagens publiziert und im Frühling 1535 zu Wittenberg gedruckt. Damit war für die pommersche Kirche ein Grundgesetz geschaffen worden.

Eine schwierige Aufgabe aber war es, die dort gegebenen Bestimmungen im einzelnen durchzuführen und namentlich zunächst in den Städten eine neue Regelung des Kirchenwesens zu schaffen. Besonders in Stettin war infolge der vorausgegangenen Unruhen eigentlich alles in Verwirrung geraten. Patrone von Vikarien und anderen geistlichen Stiftungen hatten eigenmächtig das Kapital an sich genommen, mancher Schmuckgegenstand war aus den Kirchen oder Kapellen verschwunden, der Rat selbst erhob Anspruch auf das Recht, über das Kirchensilber u. a. m. zu verfügen. Es bedurfte großer Mühe, die Unordnung zu beseitigen und wieder rechtlich sichere Zustände zu schaffen. Die Vorarbeiten für eine solche Neuordnung, die nach dem Beschlusse des Treptower Landtages durch eine Visitation ausgeführt werden sollte, hatten tüchtige Männer in Stettin bereits in Angriff genommen. Vor allem war es wieder Paul vom Rode, der sich große Mühe gab, eine Grundlage für die bevorstehenden Verhandlungen zu schaffen. Es liegen von seiner Hand mancherlei Schriftstücke vor, z. B. über die Hospitäler zu St. Georg und vom Heiligen Geiste, deren Vermögen er zur Versorgung der Armen verwendet haben wollte. Zunächst war es nötig, ein Inventar und Register über das Vermögen anzufertigen, damit man wußte, was noch vorhanden sei, denn seit lange war keine Rechenschaft gelegt worden. War doch die Klage allgemein, das geistliche Gut sei verschleudert oder zu weltlichem Gebrauche gewandt worden, die Geistlichen aber erhielten keine oder sehr dürftige Versorgung. Es galt daher erst das Vermögen der Kirchen und Stiftungen wieder in Ordnung zu bringen und dann eine rechte Versorgung der Prediger und der Armen einzurichten. Da erhob sich aber eine große Schwierigkeit. Wie sollte man denen, die in der verwichenen Zeit kirchliches Vermögen an sich gebracht hatten, es wieder abnehmen, wie namentlich den Rat, der angeblich der Sicherheit wegen, ebenso wie die Fürsten, einen Teil des Kirchensilbers in Verwahrung genommen hatten, veranlassen, es wieder herauszugeben? Es ist klar, daß ein Teil des Rates einer Visitation nicht freudig entgegensah. Angeblich fürchtete man für die Privilegien der Stadt, deren Selbständigkeit abermals bedroht sein sollte, in Wahrheit aber schlug wohl manchem das Gewissen über unrechtmäßige Bereicherung auf Kosten der Stadt. Herzog Barnim zeigte am 16. Februar 1535 dem Rate, der Gemeinde und der gesamten Geistlichkeit Stettins offiziell an, er habe Johannes Bugenhagen, den Grafen Georg von Eberstein, Jakob Wobeser, Rüdiger Massow und Bartholomäus Suawe beauftragt, im Februar die Visitation in der Stadt vorzunehmen. Die verschiedenen Vorschläge Rodes über die Anzahl und die Besoldung der Geistlichen fanden zumeist die Billigung der Visitatoren, die sich nach dem Befehle des Herzogs an die mühevolle Arbeit machten. Es ist für uns schwer, diese Tätigkeit, die vom 21. Februar bis weit in den März, ja vielleicht noch länger dauerte, richtig zu beurteilen, da wir uns keine rechte Vorstellung davon machen können, wie damals die Zustände in Stettin im einzelnen lagen. Deshalb müssen wir uns damit begnügen, das Ergebnis der Visitationsarbeit zu betrachten, das in einem undatierten Abschiede vorliegt. Das erhaltene Konzept zeigt deutlich die persönliche Mitarbeit Bugenhagens, der mancherlei Zusätze mit eigner Hand hinzugefügt hat. Als Grundlage für das neue Kirchenwesen gilt natürlich die Treptower Ordnung, und ihr zufolge wird die bisherige Übung der Zeremonien und der Kirchenregierung aufgehoben. Die Visitatoren überlassen die beiden Dome und das Priorat von St. Jakobi mit ihren Vermögen und Einnahmen der Verfügung der Herzoge, die, wie man hofft, damit eine Universität oder eine andere Stiftung begründen werden. Für die Jakobikirche wird die Anstellung eines Predigers, dreier Kaplane, eines Küsters und Organisten, für St. Nikolai die eines Predigers, zweier Kaplane und eines Küsters gefordert; außerdem soll ein Prädikant für die Armen in St. Georg und St. Gertrud gehalten werden. Die Peterskirche soll ihren eigenen Pfarrherrn haben. Für St. Jakobi und Nikolai werden Paul vom Rode und Nikolaus Hovesch als Pfarrer bestätigt in der Erwartung, daß sie „sich der wahrhaftigen Verkündigung des Evangelii“ befleißigen. Die gesamten Kapitalien und Einkünfte der Kirchen, Kapellen, Altäre, Vikarien, Memorien, Brüderschaften u. s. w. mit allen Renten und Zinsen werden zu einer einzigen großen Kasse, dem gemeinen Kasten, vereinigt, die Verwaltung wird 6 Diakonen oder Verwesern übertragen, die eine genaue Instruktion für ihr Amt erhalten. Die ersten Bürger, die hierzu ernannt werden, sind Hans Neveling, Joachim Regelstorp, Matthias Bodeker, Lukas Ramin, Otto Ramin und Joachim Plate. Ihnen übergab der Rat einen Teil des in Verwahrung genommenen Silbers (im ganzen 260 Mark) und verhieß den Erlös aus den bereits verkauften Schätzen (800 Gulden) an den Kasten abzuliefern. Das Vermögen, das aus den beiden Hauptkirchen dem Kasten zufloß und teils aus Grundstücken, teils aus Kapitalien bestand, wird auf 13665½ Gulden angegeben, eine Summe, die in Wirklichkeit kaum dem entsprach, was die Kirchen mit allem ihrem Zubehör besaßen. Später ist noch viel über diese Vermögensverhältnisse verhandelt worden, und die Diakone hatten eine schwere Aufgabe, mit den verschiedenen beteiligten Patronen oder Nutznießern von Stiftungen Abmachungen zu treffen. Es war indessen ein Grundstock für die gemeinsame Kasse geschaffen worden. Das weitere zu besorgen, die Zinsen und Renten oder die Kapitalien von den Schuldnern einzuziehen oder einzuklagen, wurde drei Mitgliedern des Rats, Hans Lübeck, Hans Dolgemann und Peter Trampe, aufgetragen. Aus dem gemeinsamen Kasten sollen die Besoldungen an Geistliche, Kirchenbeamte, den Schulmeister und seine Gesellen gezahlt und die Kirchengebäude mit den dazu gehörigen Häusern in gutem Zustande erhalten werden. Die Diakone haben jedes Jahr über ihre Verwaltung Rechenschaft vor dem Rate zu legen. Die Besetzung erledigter Stellen wird dem Rate zugesprochen, der in Gegenwart eines Predigers, der Diakone und etlicher Älterleute der vornehmsten Gewerke „eine andere tugendliche Person in des Verstorbenen oder Abgestandenen Statt ersetzen“ soll. Der Schule wird das sogenannte St. Jakobs-Vikarien-Haus zugewiesen. Ihre Ordnung soll dem Schulmeister, den Predigern und anderen dazu verordneten Personen überlassen, dabei aber die sächsische Visitation nach Möglichkeit befolgt werden. Winkelschulen werden verboten, eine Mädchenschule, „darin man Schreiben, Lesen und Singen lehre“, wird in Aussicht genommen. Neben dem Kirchen- und Schulwesen wird endlich auch die Armenpflege geordnet. Aus dem Vermögen der Hospitäler von St. Georg, dem Heiligen Geist, St. Gertrud, sowie des Elenden-Hauses wird eine eigene Kasse, der

Armen-Kasten, begründet, in den auch freiwillige Gaben oder die Erträge der Klingelbeutel fließen. Ihre Verwaltung führen acht Diakone, neben den vorher genannten noch Heinrich Moller und Egidius Brietzke. Sie haben die Kasse einzurichten, für die Unterbringung der Kranken und Armen Sorge zu tragen, sowie das Nötige zur Verwaltung des Kastens in die Hand zu nehmen. Das sind im großen die Bestimmungen des Visitationsabschiedes von 1535, die Grundlagen für die weitere Entwickelung der Stettiner Kirchen-, Schul- und Armen-Einrichtungen. Im allgemeinen haben sie sich bewährt, im einzelnen war natürlich noch vieles genauer auszugestalten und weiter zu bilden.

Das Patronatsrecht über die beiden Hauptpfarrkirchen der Stadt war dem Rate zugesprochen, damit war das Band gelöst worden, das Jahrhunderte lang die Jakobikirche mit dem Bamberger Michaelskloster verbunden hatte; es ist, wie es scheint, von dieser Seite kein nachdrücklicher Einspruch dagegen erhoben. Dagegen kam es später wegen dieses Rechtes zu einem langen Streite zwischen den Herzogen und dem Rate, der erst 1612 im wesentlichen zugunsten dieses entschieden wurde. Die neu geschaffenen Stellen wurden besetzt, einzelne ältere Geistliche, die sich nicht zu der evangelischen Lehre bekannten, erhielten nach der Ordnung, die Bugenhagen für die in Klöstern und Stiften verbleibenden Kleriker 1535 verfaßt und der Kirchenordnung angehängt hatte, auf Lebenszeit notdürftige Versorgung. Es kann auffallen, daß in dem Stettiner Visitationsabschiede mit keinem Worte des Franziskanerklosters erwähnt wird. Das hat wohl seinen Grund darin, daß von ihm der Rat bereits vorher Besitz genommen und daraus ein Hospital für schwache, alte und verarmte Bürger geschaffen hatte. Schon 1528 war Nikolaus Röhle als Prediger und Verwalter der Kasse angestellt worden. Eine Matrikel, in der die Besitzungen und Einkünfte der verschiedenen Hospitäler und Gotteshäuser aufgezeichnet wurden, legte man 1536 an; erst später (1557) vereinigte man das gesamte Vermögen, zu dem auch das, was von dem alten Kalande oder sonstigen Brüderschaften übrig geblieben war, gehörte, zu einer einzigen Masse, deren jährliche Zinsen 1564 auf 13779 Gulden angegeben werden. So entstand ein großes Hospital der Armen, für das die kleineren Stiftungen von St. Gertrud, St. Georg, vom Heiligen Geist gewissermaßen Filialen waren. Das Beginenhaus am Rödenberg (Rosengarten), der sogenannte Schillingskonvent, wurde für die Aufnahme von Frauen eingerichtet. Das weiße oder Karmeliter-Kloster, für das eben erst der hohe Chor der Kirche errichtet worden war, ging in den Besitz der Stadt über; man verlegte 1550 hierher die

Stadtschule, die fast drei Jahrhunderte dort ihre Unterkunft gehabt hat. Lange Verhandlungen machte noch die Ordnung der einzelnen Stiftungen, die in den verschiedenen Kirchen bestanden, notwendig. Man mußte zunächst feststellen, was davon vorhanden war, dann mit den Patronen, zum Teil Privatpersonen, zum Teil Gilden und Zünften, verhandeln. Das Kapitalvermögen von vielen wurde eingezogen und dem Armen-Kasten zugelegt, für andere erhielten die Patrone Kapellen oder Gestühle.

Auch die Ordnung des Schulwesens machte noch viele Schwierigkeiten, und bei der zweiten Visitation, die 1539 der zum Superintendenten ernannte Paul vom Rode vornahm, zeigte es sich, daß in dieser Hinsicht wenig geschehen war. Es wirkten hier und dort in der Stadt sogar noch Lehrer, die der katholischen Konfession anhingen oder durch unordentliches Leben Anstoß erregten. Die Unterkunft in dem Hause an der Ecke der Papen- und Mönchen-Straße war überaus dürftig, die lateinische Schule nicht mit den nötigen Lehrern versorgt und die deutsche kaum regelrecht eingerichtet. Erst 1550 wurde besser für die lateinische Schule gesorgt; Rode arbeitete selbst die Ordnung für sie aus und bemühte sich mit Eifer um die Besserung der Zustände. Doch noch 1560 mußte er den Rat dringend mahnen, endlich den Bau der deutschen Knaben- und Mädchenschule in Angriff zu nehmen; „sie ist", so schrieb er, „das edelste Kleinod in der Stadt, darin lebendige Bilde, nämlich der Bürger junge Kinder und Knaben, erzogen werden, daraus in Kirchen und Rathäusern treue und geschickte Diener und Hauswirtinnen erzogen werden". Für diese wichtige Aufgabe zeigte die Stadtverwaltung geringes Interesse und ließ das Schulwesen lange Zeit in mehr als kümmerlichem Zustande. Auch die lateinische Ratsschule, an der bald tüchtige Männer, wie Petrus Becker, Johann Kogeler, Joachim Grüneberg u. a. m., wirkten, behielt eine unfertige Gestalt. Bei einzelnen in der Stadt lebenden Lehrern, Stuhlschreibern oder Rechenmeistern, deren Können zumeist recht dürftig war, ließen die Bürger, die ihre Kinder überhaupt etwas lernen lassen wollten, in die Lehre gehen.

Nicht Rat und Bürgerschaft allein hatten an der Neugestaltung zu arbeiten, die Lösung gar vieler Fragen blieb der Landesherrschaft vorbehalten. Die beiden reichen Domstifte von St. Marien und St. Otten hatten die Herzoge als Stiftungen ihrer Vorfahren sich schon bei den Treptower Verhandlungen reserviert, und es kostete viel Mühe, sie in die neue Ordnung einzufügen. Gerade an diesen Kirchen hielt sich der katholische Gottesdienst lange. Die Domherren wollten ihre Präbenden nicht aufgeben und setzten allen Versuchen zur

Umgestaltung energischen Widerstand entgegen. Im Lande aber hatte man an diesen Stiften ein sonderliches Interesse, da sie in nicht geringem Umfange als Versorgungsanstalten für Mitglieder des Adels dienten. Schon früh machte sich eine Agitation dafür geltend, an Stelle der Stifte eine „stattliche Schule oder Universität“ zu errichten. Doch die Fürsten ließen sich zunächst auf eine solche Zusage nicht ein. Als dann aber der Adel einen Anspruch auf diese geistlichen Stiftungen erhob, wiesen die Fürsten ihn in schönen Schreiben (12. und 25. September 1535) ab und erklärten, daß sie nicht daran dächten, sie für sich zu verwenden, sondern allgemeinem Nutzen dienstbar machen, namentlich aus St. Marien und St. Otten in Stettin eine Universität errichten wollten. Freilich kam eine solche Einrichtung noch nicht so bald zustande. Als am 8. Februar 1541 in Stettin die definitive Teilung des Landes in die beiden „Orte“ Stettin und Wolgast erfolgte, da gaben Barnim und Philipp endlich ihre Absicht kund, einen Teil der Einkünfte für die Gründung eines Pädagogiums, d. h. einer Erziehungsanstalt, zu benutzen. Zunächst wurden am 16. Dezember 1541 die beiden Stifte vereinigt und eine gemeinsame Verwaltung eingesetzt dann erfolgte durch die Urkunde vom 25. Oktober 1543 die Begründung des Pädagogiums, einer Fürstenschule, in der „anstatt des Scheines der Same rechter Tugend und Ehrbarkeit, gegen den Aberglauben und Superstition eine Anleitung zur rechten Wahrheit des göttlichen Wortes und christlichen Glaubens“ gesäet und gepflanzt werden sollte. Die Schule und Erziehungsanstalt trat 1544 unter ihrem Rektor Antonius Walther ins Leben. Sie war von Anbeginn für Schüler bestimmt, die bereits die Anfänge der lateinischen Sprache gelernt hatten, und besaß ähnlich wie die um dieselbe Zeit gestifteten sächsischen Fürstenschulen einen ausgesprochen gelehrten Zuschnitt, so daß sie einen akademischen Anstrich erhielt. Im Schutze der alten Marienkirche, in der nun auch evangelischer Gottesdienst eingerichtet wurde, erblühte diese Anstalt allmählich zum Segen der Stadt und des Landes. Die Ottenkirche hatte man ursprünglich ganz abtragen wollen, aber als Barnim um 1538 sein Stettiner Schloß ausbaute — ein aus Stein gehauenes Wappen an dem heutigen Ostflügel erinnert noch an diesen Bau —, da wurde auch diese Kirche erneuert und blieb von nun an als Schloßkirche zum kirchlichen Gebrauche des herzoglichen Hofes erhalten. Zu ihrem Schmucke ließ der Herzog um 1545 ein aus Holz geschnittenes Epitaph für Bogislaw X. anfertigen und dort aufhängen. Aus dem nicht für das Pädagogium verwandten Einkommen des neugestalteten Marienstifts schuf man Präbenden, die an herzogliche Beamte und Adlige verliehen wurden. Das alte Jageteufelsche Stift,

Abb. 7. Denkstein Barnims III.

das nahe bei der Marienkirche in der kleinen Dom=Straße seine Unterkunft hatte, trat in nahe Verbindung mit diesem Gotteshause.

Das Zisterzienserinnen-Kloster vor der Stadt wurde, wie die anderen großen Feldklöster des Landes, von der Regierung in Besitz genommen. Man ließ aber die vorhandenen Jungfrauen ruhig in dem Kloster, in dem sich 1553 noch fünf, 1563 zwei Nonnen befanden; die letzte Domina starb 1544. Aus dem ausgedehnten Grundbesitze bildete man allmählich ein fürstliches Amt oder eine Domäne. Das Gotteshaus scheint nicht mehr lange dem kirchlichen Gebrauche gedient zu haben; man wandelte es noch im Laufe des 16. Jahrhunderts in ein Zeughaus um. Verlassen war bald auch die Karthause vor der Stadt; Herzog Barnim nahm von ihr Besitz und ließ sie zu einem Schlosse umbauen, das später als Oderburg bekannt geworden ist. In den Formen der deutschen Renaissance, mit Türmen und Giebeln gebaut lag es auf der Höhe über der Oder. Zum Andenken an seinen Ahn Barnim III., der einst das Karthäuserkloster gestiftet hatte, errichtete Barnim XI. hier 1543 einen Denkstein. Nach mancherlei Wanderungen ist er heute in der Jakobikirche untergebracht und als eins der wenigen Denkmäler, die an das alte Herzogshaus erinnern, erhalten. Herzog Barnim XI. nahm in der Karthause Wohnung, als 1551 ein Brand einen Teil des Stettiner Schlosses in Asche legte.

Die Umgestaltung des Kirchenwesens in der Stadt war erfolgt. Aber mit der äußeren Form änderte sich nicht sogleich der innere Sinn. Noch lange dauerte es, bis die evangelische Lehre wirklich Eingang in die Herzen und Gemüter fand, noch lange wurde von vielen der alte Glaube festgehalten, ja es fanden sich immer wieder Leute, die für ihn Propaganda machten, so daß die evangelischen Geistlichen oft gegen solche auftreten mußten. Auch die Formen des Gottesdienstes, die Gesänge und Festfeiern blieben noch lange erhalten und wurden erst allmählich umgestaltet.

Unter den Männern, die sich um die Reformation der Kirche in Stettin vor anderen verdient gemacht haben, ist Paulus vom Rode an erster Stelle zu nennen; er hat die schweren Zeiten des Kampfes durchlebt und mit unermüdlichem Eifer an der Entwickelung der Kirche gearbeitet. Wenn er bei den schwierigen Verhältnissen auch bisweilen den Mut verlieren wollte und Pfingsten 1537 sein Amt in Stettin aufgab und nach Lüneburg ging, so hing sein Herz doch an der Stadt, und er kehrte auf Wunsch des Herzogs Barnim im Herbste 1538 dorthin zurück. Bis an sein Lebensende (12. Januar 1563) ist er dort geblieben und hat bei den mannigfachen Streitigkeiten und Schwierigkeiten in seiner milden, aber bestimmten Weise gewirkt. Auf Synoden und bei Visitationen, die auch für Stettin in den nächsten Jahren noch höchst notwendig waren, trat er für die reine Lehre Luthers gegen abweichende Ansichten, wie sie z. B. Petrus Becker in Stettin verbreitete, energisch ein. Weniger als von Rode wissen wir von dem Manne, der in den Zeiten der Anfänge der evangelischen Kirche Stettins neben ihm oft genannt wird, Nikolaus vom Hofe oder Nikolaus Hövisch, so wenig, daß man bezweifelt hat, daß beide Namen dieselbe Person bezeichnen. Er starb bereits am 21. März 1541. Gewiß verdienten auch die anderen evangelischen Geistlichen der ersten Zeit an dieser Stelle genannt zu werden, Georg Cracow an St. Marien, Andreas Wohlgemuth an St. Jacobi, Johann Granow an St. Nikolai, Andreas Pfeiffer, Nikolaus Röhle an St. Johannis u. a. m. Aber was sind das mehr als leere Namen? Noch weniger wissen wir von den Bürgern Stettins, die sich in dieser Zeit um Kirche und Schule, um Armen- und Krankenpflege verdient machten und an der Neugestaltung der kirchlichen und sozialen Fürsorge mitarbeiteten. Darum sei nur im allgemeinen hervorgehoben, daß die Bürgerschaft Stettins in dieser politisch und religiös bewegten Periode eine große Zahl von Männern besaß, die mit Eifer und Liebe für das Wohl ihrer Stadt tätig waren; daß dabei bisweilen Leidenschaft und Selbstsucht mit im Spiele waren, soll keineswegs geleugnet werden.

Als für die kirchliche Neuerung eine feste Grundlage geschaffen worden war, da kam auch die Zeit, mit der Landesherrschaft den langjährigen Streit beizulegen. Nach den heftigen Kämpfen um die Huldigung und Bestätigung der Privilegien, bei denen zahllose Schriftstücke gewechselt und Rechtsgutachten von verschiedenen Universitäten, wie Frankfurt, Wittenberg, Leipzig, eingeholt wurden, trat im Jahre 1535 allmählich eine Beruhigung ein. Man versuchte sich gegenseitig entgegen zu kommen, so daß am 23. April die Vertreter der Stadt mit den fürstlichen Räten einen Vertrag abschlossen. Es wurde bestimmt, daß Stettin die Huldigung an einem von den Herzogen festzusetzenden Tage leisten und dafür die Bestätigung seiner Privilegien erhalten solle. Weiter wurden die einzelnen Streitpunkte wegen des Zolls, der Münzgerechtigkeit, der Nemitzer Mühlen, des Gerichtswesens usw. erledigt. In einem Streite mit dem Domkapitel von St. Marien über eine Zahlung aus der Kämmerei und Schoßabgabe von den Domkurien wurde ein Vergleich vorgeschlagen. Im allgemeinen waren diese Abmachungen für die Stadt ungünstig. Deshalb kann man sich nicht wundern, daß die Bestimmungen Unzufriedenheit in der Bürgerschaft und dem Rate erregten. Man warf den Vertretern vor, sie hätten den fürstlichen Räten als parteiischen Schiedsrichtern viel zu sehr nachgegeben, und sie scheinen tatsächlich der Landesherrschaft mehr zugestanden zu haben, als sie verantworten konnten. Es kam darüber zu neuen Streitigkeiten und Unruhen, sodaß die Abmachungen nicht bestätigt wurden. Herzog Barnim mußte 1538 geradezu ein Friedensgebot an Bürgermeister und Rat ergehen lassen und ungebührliche Zusammenkünfte der Gilden verbieten. Der Unwille richtete sich damals gegen den Bürgermeister Stoppelberg. Man warf ihm vor, er trage Schuld an dem ungünstigen Abschlusse, und, da einmal die Mißstimmung sich Luft machte, so kamen auch andere Beschwerden zum Ausdruck. Der Stellmachersche Prozeß bereitete der Stadt viele Mühe und große Kosten. Man erinnerte sich, daß Stoppelberg einst erklärt habe, er wolle alles, was der Stadt aus dieser Angelegenheit an Unkosten erwachsen werde, auf sich nehmen. Jetzt verlangte man von ihm die Erfüllung seines Versprechens. Im Rate selbst war eine starke Partei gegen den Bürgermeister tätig, der sich, wie es scheint, allerlei Eigenmächtigkeiten hatte zu schulden kommen lassen. Er soll ein Schreiben an den König von Dänemark aufgehalten und bei der Kaufmannschaft den Rat verleumdet haben. So kam es am 12. April 1538 zu einer erregten Sitzung des Rates, an der die Alterleute als Vertreter der Gemeinde teilnahmen. Bartel Halle machte dem Rate herbe Vorwürfe wegen des Verhaltens gegen die Kaufleute. Als es aber herauskam, daß die auf Aussagen Stoppelbergs beruhenden Anschuldigungen unbegründet seien, da wandte sich der allgemeine Unwille gegen ihn. Alsbald erhob er sich und erklärte: „Liebe Freunde, ich bin lange euer Bürgermeister gewesen, dafür ihr mich auch gehalten, des ich mich bedanke. Weil ich aber vermerke, daß man mir ganz nicht folgen und meinen Rat nicht mehr gelten und in meiner eigenen Sache die Ratifikation und Konstitution nicht tun will, so sage ich allhier mein Bürgermeister-Amt auf und will euer Bügermeister hinfort nicht mehr sein und mich hinfürder wie ein anderer gemeiner Bürger nähren und voden (d. h. unterhalten) und nehme also hiermit mein Bescheid und Pasport (d. h. Abmusterung)“. Er sprachs und verließ die Ratsstube. Vergebens versuchte sein Freund Bartel Halle ihn zu halten, und auch dem nachgesandten Ratsdiener erklärte er, daß er nicht mehr Bürgermeister sei. Der Rat nahm die Abdankung an und wählte an seiner Stelle einen anderen. Daß es Stoppelberg aber mit seiner Amtsniederlegung nicht Ernst war, zeigte sich bald. Voll Ärger darüber, daß man nicht noch weiter in ihn gedrungen war, wandte er sich am 3. Mai mit einer Klageschrift an den Herzog und behauptete, der Rat habe ihn gewaltsam seines Amtes entsetzt. Barnim forderte den Rat vor das Hofgericht, und dieser erklärte hier, wie die Sache in Wahrheit vor sich gegangen war. Er lehnte dann auch die Forderung des Herzogs ab, Stoppelberg sein Einkommen zu lassen.

Ein neuer Prozeß entstand, da der Altbürgermeister Klage erhob. Vergebens befahl Barnim am 2. März 1540 dem Rate, ihn wieder in sein Amt einzusetzen. Man blieb bei der Weigerung, der Prozeß vor dem Reichskammergerichte ging weiter, bis am 3. Februar 1542 das Urteil gesprochen wurde, das die Amtsniederlegung Stoppelbergs für rechtmäßig erklärte. Der Mann, der eine solche Rolle in der Stadtverwaltung gespielt hatte, war damals bereits aus dem Leben geschieden. Es ist schwer, ein Urteil über ihn zu fällen, aber sicher ist nicht alles, was Kantzow von ihm sagt, als richtig anzuerkennen. Er sieht in ihm nur den Gegner der herzoglichen Macht. Unzweifelhaft aber war Stoppelberg einer der bedeutendsten Bürger, die Stettin gehabt hat. An den Privilegien und Freiheiten seiner Stadt hat er festgehalten und sie mit der ganzen Macht seiner Persönlichkeit verteidigt, um die Neuordnung der kirchlichen Verhältnisse hat er sich verdient gemacht. Der städtische Grundbesitz ist unter seinem Regimente durch den Ankauf des Dorfes Messenthin, der am 11. November 1534 erfolgte, beträchtlich erweitert worden, zwischen Bürgerschaft und Rat hat er ein leidliches Verhältnis hergestellt. Aber Stoppelberg war ein herrschsüchtiger Mann, der niemand neben sich dulden wollte, der sich nicht scheute, eigennützig und selbstsüchtig zu verfahren. Sein Sturz, in den auch sein Freund Bartel Halle hineingezogen wurde, ist der Stadt nicht zum Segen geworden. Noch lange klang sein Name den Stettinern in den Ohren, denn Klaus Stellmachers Prozeß gegen ihn und seine Erben machte der Stadt viel zu schaffen, bis er schließlich um 1553 im Reichskammergerichte erlosch.

Die Verhandlungen zwischen dem Fürsten und dem Rate gingen indessen fort. Die herzoglichen Bevollmächtigten, Graf Georg von Eberstein, Jost Dewitz und Jakob Wobeser, gaben sich alle Mühe, einen Ausgleich zustande zu bringen, doch von seiten der Stadt erhob man immer neue Beschwerden, sodaß man schließlich über nicht weniger als 23 Punkte zu beraten hatte. Der Widerstand des Rates war aber nicht mehr so kräftig, und in den letzten Tagen des Juli 1540 kam man zu einem Abschlusse, der nun doch im wesentlichen die Bestimmungen vom 23. April 1535 wiederholte. Am 4. August 1540 leisteten Bürgermeister Moritz Glieneke, Klaus Sachse, David Braunschweig, Kämmerer Dr. Eberhard von Belle, Joachim Kühle, Hans Hohenholz, die Ratmannen, die Alterleute des Kaufmanns, der Knochenhauer, Bäcker, Schuhmacher und Wollweber im Namen der Gemeinde den Herzogen Barnim XI. und Philipp I. den Huldigungseid und versprachen den Vertrag von 1535 zu halten, wogegen die Fürsten der Stadt eine General-Konfirmation ihrer

Privilegien, Rechte und Freiheiten erteilten. Nachdem so zunächst die Grundlage zu einer Einigung gelegt worden war, wurde dann am 6. August ein neuer Vertrag zwischen den Landesherren und der Stadt abgeschlossen, in dem einzelne Bestimmungen von 1535 modifiziert und andere hinzugefügt wurden. Doch nur in unbedeutenden Fragen gaben die Herzoge nach, in der Hauptsache bezeichnete auch diese Abmachung einen Sieg der Landesherrschaft über die Stadt. Doch eins war erreicht, Friede. Der lange Streit, der für die Entwickelung der Stadt nicht heilsam gewesen war, hatte sein Ende gefunden. Stettin stand nach außen ungebrochen mit seinen alten Rechten und Freiheiten da, im Innern aber war seine Stellung eine andere geworden. Der Versuch, die ehemalige Unabhängigkeit wieder zu gewinnen, war gescheitert, die erstarkende Fürstenmacht hatte die Stadt, die für kurze Zeit sich wieder trotzig erhob, niedergezwungen, aber eine Fülle von streitigen Punkten lag noch vor, so daß immer wieder von neuem Konflikte ausbrachen und erst recht eine Periode des Haders begann.

Der Niedergang städtischer Macht tritt auch deutlich hervor in dem kläglich gescheiterten Versuche, den die Hansastädte unternahmen, die alte vorherrschende Stellung in den nordischen Staaten wiederzugewinnen. Wir wissen nicht, wie sich die leitenden Männer Stettins zu dem Plane eines Jürgen Wullenweber verhielten, der den Krieg gegen Dänemark begann, um Lübeck wieder zur Vormacht in den Ostseeländern zu erheben. Es war wenig Neigung zu einer Teilnahme an dem Unternehmen vorhanden, man war zufrieden, wenn die Privilegien auf Schonen erhalten blieben, wenn die Stettiner dort auf ihren Fitten ruhig Handel treiben konnten, was fragte man viel nach den Holländern und ihren Eingriffen in die Ostsee oder nach der dänischen Thronfolge? So fanden die Stralsunder Ratssendeboten, die im April 1535 nach Stettin kamen, um die Stadt zur Teilnahme an dem Kampfe aufzufordern oder einen Beitrag zu den Kosten zu erbitten, dort wenig Gehör. Sie kamen gerade, als der Rat mit den Herzogen verhandelte; man zog sie sogar zu den Beratungen hinzu und nahm ihre Vermittelung, wie es scheint, in Anspruch. Dann versprach der Rat, 1500 Gulden zu den Kriegskosten zu zahlen, aber nur ein kleiner Teil der Summe kam zur Auszahlung. Das ist das einzige, womit Stettin sich an dem Unternehmen beteiligte. Der ganze Zeitabschnitt, in dem die Stadt unter lebhaften Kämpfen im Innern auf religiösem und kirchlichem Gebiete der Freiheit zum Siege verhalf, endet in der städtischen Politik nach außen und nach innen mit einer deutlichen Niederlage des Stadtregiments.

11. Kapitel.

Stettin in der zweiten Hälfte des 16. Jahrhunderts.

Auf die Zeit der religiösen und sozialen Kämpfe folgt in der zweiten Hälfte des 16. Jahrhunderts eine Periode, in der andere Interessen die Entwickelung Stettins beeinflussen und Rat und Bürgerschaft bewegen. Wohl beschäftigt sie die weitere Ausgestaltung der kirchlichen Organisation oder die Erörterung dogmatischer Fragen noch lebhaft, aber in den Vordergrund treten mehr und mehr Fragen über das Verhältnis der Landesherren zu der Stadtgemeinde und über die Handelspolitik. Die wachsende Fürstengewalt macht sich gegenüber der städtischen Selbstverwaltung rücksichtslos geltend und sucht in die Rechte der Stadt Bresche zu legen. Aber ebenso energisch bemüht sich diese, ihre Handelsvorrechte anderen Städten gegenüber aufrecht zu halten oder gar zu erweitern. Hierbei aber finden die Bürger eine Unterstützung bei den Fürsten, die in dieser Zeit zuerst in größerem Umfange eine staatliche Wirtschaftspolitik zu treiben beginnen und die Stadt in ihrem Kampfe gegen andere Gemeinden gerne unterstützen, um daraus für ihre Pläne Gewinn zu ziehen. Daß die Stadt dadurch ihre Sonderstellung verlieren mußte, scheinen die Führer der Bewegung zunächst nicht bemerkt zu haben; es war jedoch eine unausbleibliche Folge des gemeinsamen Vorgehens gegen die Gegner, daß die städtische Wirtschaftspolitik von der fürstlichen beeinflußt, ja verdrängt wurde, daß anstelle der lokalen Interessen mehr und mehr die territorialen traten.

Auf diese Weise bahnte sich das Ende der Autonomie der Stadt an; sie verlor ihre selbständige Stellung im Staate, wurde allmählich ein Glied in ihm und mußte ihre besonderen Interessen den allgemeinen unterordnen. Diese Entwickelung Stettins wurde begünstigt durch mehrere schwere Schläge, die seinen Wohlstand trafen, und beschleunigt durch die Tatkraft des Herzogs, der in dieser Zeit die Geschicke des Stettiner Landes lenkte. Johann Friedrich, einer der bedeutendsten und kraftvollsten Fürsten aus dem Greifengeschlechte, sah es als seine wichtigste Aufgabe an, die Stadt Stettin seine Herrschermacht fühlen zu lassen und zu demütigen. Wie haben Rat und Bürgerschaft unter seiner Rücksichtslosigkeit geseufzt und 1584 offen bekannt: „Schwer ist es mit dem Teufel zu fechten und mit großen Herren zu rechten!"

Man wundert sich zwar über die Zähigkeit, mit der die Bürgerschaft den Kampf führte, und über die Kraft, mit der sie die schweren Schläge aushielt, aber doch machte sich schon im Innern ein kleiner

Geist bemerkbar. Man verfocht wohl nach außen scheinbar noch große Interessen, aber trieb doch dabei eine Kirchturmspolitik und zeigte sich oft in vielen Anschauungen höchst beschränkt und engherzig. Bedeutende Männer mit größeren Gesichtspunkten treten in dieser Zeit in der Stadtverwaltung nicht hervor, es ist unter den zahlreichen Namen, die uns in Urkunden und Aktenstücken genannt werden, keiner, der noch heute in weiteren Kreisen bekannt ist. Die große Menge zeigt sich bisweilen recht kleinmütig, beachtet in abergläubischer Scheu allerlei angebliche Wunderzeichen und erblickt in ihnen Teufelswerke und Anzeichen herannahenden Unglückes. Wie sind die pommerschen Chronisten, ein Nikolaus von Klemptzen, Valentin von Eickstedt, Joachim von Wedell u. a. m., eifrig bemüht, solche wunderbare Zeichen des göttlichen Zornes aufzuzeichnen und der Mit- und Nachwelt zur Warnung vorzuhalten. In Stettin aber findet sich noch keiner, der es der Mühe für wert hält, die lokalen Ereignisse aufzuschreiben.

Die endgültige Teilung der pommerschen Herrschaft am 8. Februar 1541 hatte den Herzog Barnim XI. zum alleinigen Herrn des Stettiner Landes gemacht, obwohl der Zusammenhang der beiden „Orte" sorgfältig gewahrt worden war. Die Landesversammlungen, bei denen jetzt die Vertreter der Städte die tätigste Rolle spielten, fanden seit 1544 fast regelmäßig alle Jahre statt, entweder für beide Landesteile gemeinsam oder für jeden gesondert. Stettin war der Hauptsitz dieser Landtage, und seine Vertreter nahmen oft eine führende Stellung ein. Die Verhandlungen bezogen sich vornehmlich auf Steuerfragen, Landschoß, außerordentliche Beiträge, Reichssteuern, den gemeinen Pfennig u. a. m. Bei den schlechten Finanzverhältnissen des Landes mußten sich die Fürsten immer wieder mit Geldforderungen an die Stände wenden und sahen gerade die Städte als eine so ergiebige Geldquelle an, daß diese mit aller Macht einer ungerechten Belastung entgegentraten. Die Forderungen wurden immer ungemessener, als Johann Friedrich 1570 die Regierung übernahm. Seine kostspieligen Neigungen, seine weitgehenden Pläne machten fortgesetzt neue Steuerbewilligungen nötig, die für Stadt und Land überaus drückend waren. Aber was fragte der „königliche" Herzog im Vollgefühl seiner machtvollen Stellung viel nach dem Wohlergehen seiner Untertanen? Er griff zu dem Mittel, durch die Accise, d. h. eine indirekte Steuer auf Getränke, namentlich auf Bier, seine Finanzen zu bessern. Diese Steuer, „so bisher im Lande nit gewesen", wollten die Städte, die sie für ihre kommunalen Bedürfnisse benutzten, nicht für das Land bewilligen. Johann Friedrich aber bemühte sich, immer wieder die Accise durchzusetzen. Es kam zu heftigen Kämpfen, namentlich mit Stettin, dem der Herzog wegen der Ablehnung anderer Forderungen arg zürnte. Erst nach langen Verhandlungen, bei denen Adel und Städte so zusammenstanden, daß sie gemeinsam drohten, beim Kaiser Berufung einzulegen, gab der Herzog den Versuch auf. Das war für den stolzen Mann ein bitterer Schlag, und sein Unwille über die widerspenstigen Städte wurde dadurch noch gesteigert.

Im allgemeinen herrschte in der zweiten Hälfte des 16. Jahrhunderts in Pommern Friede. Trotzdem waren die Zeiten unruhig und brachten manche Gefahren auch von außen mit sich, so daß darunter die Entwickelung der Städte zu leiden hatte. Nicht nur verfolgte man dort den Kampf des Kaisers gegen die Verbündeten von Schmalkalden und später die Erhebung deutscher Fürsten gegen die spanisch-habsburgische Übermacht mit Spannung, obwohl die eigenen Landesherren sich fast ängstlich fernhielten, sondern es zog auch zu den späteren Händeln mancher Stettiner aus oder versuchte, bei ihnen Geschäfte zu machen, wie wir es von den Söhnen des alten Hans Loitz, Stephan und Hans, wissen. Sie standen mit Grumbach und seinen Parteigenossen 1564 in Verbindung und traten auch sonst mit auswärtigen Fürsten oder Herren in geschäftliche Beziehungen.

Der Rat von Stettin entzog sich in dieser Zeit nicht der Pflicht, für die Sicherheit der Stadt zu sorgen. Am 17. Januar 1548 bestellte er Hans Paris als „Wallsetzer", der am Wallbau und im Zeughause arbeiten und als eine „Artoloreiperson im Felde und bei der Besatzung, wenn es von Nöten sei", tätig sein sollte. Direkt von Kriegswirren berührt wurde Stettin indessen erst 1563, als der Herzog Erich von Braunschweig seinen abenteuerlichen Zug durch Pommern unternahm, um seine Söldnerscharen nach Polen zu führen. Wie regte die Nachricht von seinem Herannahen die pommersche Regierung auf, die nur zu bald die Wehrlosigkeit und Ohnmacht des Landes erkannte! Wie erschrak man in Stettin, als im August die Meldung eintraf, die Schar von etwa 7000 Kriegern nahe mit reichlichem Feldgeschütz und vielen Wagen heran! Wohl war dem Herzoge der Aufenthalt in der Stadt abgeschlagen und nur der Durchzug gestattet worden, aber wer wußte, wessen man sich trotz aller Abmachungen von den Söldnern zu versehen haben werde? Der Rat ließ sofort alle Bäume auf den Wällen abhauen, Schanzkörbe und Geschütz dorthin bringen und die gesamte Bürgerschaft in drei Fähnlein auf dem Walle Aufstellung nehmen. Die Kriegsschar betrat am 21. August um 10 Uhr durch das Heilige-Geist-Tor die Stadt und zog durch die Unterstadt über die lange Brücke nach Damm zu. Staunend sahen die Bürger den langen Zug, waren aber froh, als er um 3 Uhr, ohne weiteren Schaden anzurichten, die Stadt passiert hatte und auf dem großen Steindamm Halt machte. Dort verproviantierte man die Kriegsleute, Herzog Erich aber, der sich in dem sumpfigen Gelände recht unsicher fühlte und in einer „Museknipe" (Mausefalle) zu sitzen meinte, zog möglichst bald weiter. Noch lange sprach man in Stadt und Lande von diesem „Hans-Geriken-Kriege", durch den Stettin Kosten von 1125 Gulden erwachsen waren.

Dieser noch glücklich genug verlaufene Einfall wurde die Veranlassung, daß man in Stettin sich noch mehr um die Sicherung der Stadt kümmerte. Ein besonderer Ausschuß, der aus dem Bürgermeister Joachim Plate und den Ratsherren Gregor Bruchmann, Joachim Kitzerow, Sebastian Mumm und Ambrosius Hademer bestand, wurde eingesetzt, „die Wälle, Graben und anderes zu besichtigen, was und wie itzo in der Stadt zu bauen, sich zu vergleichen und alsbald aufzuschreiben und dem Rat ihr schriftlich Bedenken vorzubringen". Man ging auch wirklich mit der Arbeit an den Werken vor, ließ 1564 drei Stück Geschütze für 682 Gulden gießen und verordnete von neuem, daß der 1560 angenommene Stadthauptmann Clemens Stötzer „in Musterung und Aufrüstung innerhalb und außerhalb der Stadt aufwarten solle". Auch dem Zeughause am Kohlmarkt wurde größere Aufmerksamkeit gewidmet. Ein Inventar vom Juni 1571 zeigt uns, daß es mit 29 Stück großem Geschütz, Kartaunen, Schlangen, Mörsern, Falkonetten usw., mit 21 Stück eisernem Geschütz ganz gut versehen war. Auf dem Passower Tore befanden sich ebenfalls Geschütze, und die beiden zwischen diesem und dem Mühlentore gelegenen festen Türme, der Pulver- und der hohe Turm, waren gleichfalls wohl ausgestattet. So war die Stadt gegen Gefahren von außen leidlich gesichert. Dafür Sorge zu tragen, mußte um so notwendiger erscheinen, als 1563 der große Krieg ausbrach, den Schweden gegen Dänemark um die Herrschaft in der Ostsee begann und der alle an ihr gelegenen Staaten in Mitleidenschaft zog.

Auch Stettin wurde von diesen Wirren schwer betroffen. Es suchte durch geschickte Verhandlungen seinen Handel während der Kriegswirren zu schützen. Von Schweden und Dänemark wurde die Stadt umworben, aber von Anfang an war der Rat der dänischen Partei zugeneigt. Wußte er doch wohl, daß der Stettiner Handel seinen Schwerpunkt in Dänemark hatte, deshalb bemühte er sich fortgesetzt, König Friedrich II. günstig zu stimmen, ohne es dabei ganz mit Erich XIV. von Schweden zu verderben. Ebenso galt es, mit Lübeck und der Hansa nach Möglichkeit friedlich auszukommen. Das kostete in diesen Jahren viele Mühe, zahllose Briefe und Schriftstücke wurden gewechselt, immerfort Gesandtschaften nach Dänemark, Schweden, Lübeck, Stralsund ausgerüstet. Die Ratssendeboten waren mit den Räten der Herzoge eifrig bestrebt, Frieden zu vermitteln und die Neutralität Pommerns zu schützen. Dies gelang aber nicht, die Schweden nahmen z. B. 1564 und 1566 Stettiner Schiffe fort, und auch die Dänen scheuten sich nicht, zwei Schuten, die für Riga oder Lübeck befrachtet worden waren, als Prisen fortzuführen. An den hansischen Beratungen beteiligte sich Stettin nach Möglichkeit und suchte einerseits Dänemark, auf dem „der Stadt Gedeihen oder Verderb" beruhte, und das diesem zugeneigte Lübeck nicht zu erzürnen, anderseits aber auch mit Schweden nicht zu brechen. Da mußten die Vertreter der Stadt, Ambrosius Hademer und Ambrosius Swawe, 1565 auf den Hansatagen vorsichtig vermitteln, so daß es ihnen gelang, eine Legation nach Schweden durchzusetzen. Diese wurde Stralsund und Stettin übertragen, und 1566 ging Georg Straupitz als Ratssendebote nach Stockholm, während zugleich Hademer und Elias Schlecker in Kopenhagen Verhandlungen führten. Die schwedische Gesandtschaft geriet in die Katastrophe, die infolge des Wahnsinns Erichs 1568 hereinbrach, und kehrte unverrichteter Sache heim. Dagegen verstanden die beiden Gesandten in Kopenhagen vom Könige Friedrich II. durch reichliche Geldgeschenke eine Zusicherung zu erlangen, daß die Stettiner Bürger mit Lastgeld von ihren Waren in Dänemark verschont bleiben sollten. Das war immerhin ein Erfolg, der dem dänenfreundlichen Verhalten Stettins und dem geschickten Auftreten seiner Vertreter zu verdanken war. Endlich wurden die Friedensverhandlungen zwischen Schweden und Dänemark aussichtsvoller und kamen auf dem Friedenskongreß, der vom 5. September bis zum 13. Dezember 1570 in Stettin tagte, zum Abschlusse. Herzog Johann Friedrich war vom Kaiser Maximilian II. zum Prinzipalkommissar für diese Zusammenkunft ernannt worden. Seine Hauptstadt bildete für einige Monate den Mittelpunkt der diplomatischen Verhandlungen über die baltische Frage. Dort kamen kaiserliche, dänische, schwedische, polnische, sächsische, lübische Gesandte zusammen. Der Rat hatte viel zu tun, für die zahlreichen Gäste die erforderlichen „Losamente" zu beschaffen und alles zum Empfange herzurichten. Noch schwieriger war es, die Verhandlungen zu einem glücklichen Ende zu führen, namentlich sich mit den Forderungen der Städte abzufinden, endlich aber gelang es dem Herzoge Johann Friedrich, einen Ausgleich zustande zu bringen. Die Frage aber wegen der Herrschaft auf der Ostsee wurde nicht gelöst, und in das Verhältnis der pommerschen Städte zu Lübeck kam ein arger Mißklang. Stettin ging aus diesen

Wirren noch leidlich gut hervor, seine Privilegien in Dänemark und in Schweden waren erhalten geblieben und sein Verlust verhältnismäßig gering, so daß die Stadt darauf verzichtete, eine Forderung auf Ersatz zu erheben. Dagegen war der indirekte Schaden, den sie erlitten hatte, nicht unbedeutend; die Beschwerden, welche die Alterleute der drei Kompagnien über Verletzung wirklicher oder angeblicher Privilegien auf ihren Fitten in Dragö, Falsterbo und Ellenbogen erhoben, fanden kaum Erledigung.

Barnim XI. trat während dieser unruhigen Zeit wenig energisch für sein Land und seine Herrschaft ein, bewies aber im allgemeinen, obwohl auch ihm ein stark ausgeprägtes fürstliches Selbstgefühl nicht abging, seinen Untertanen gegenüber Wohlwollen oder Gutmütigkeit. Deshalb kam er mit Stettin ganz leidlich aus, und die Bürger gaben in manchen Fragen dem Fürsten nach, weil sie wußten, daß er an eine Unterdrückung städtischer Freiheiten nicht dachte. So gestattete der Rat ihm 1535 die Anlage eines Abzugskanals von dem Schlosse aus durch die Stadtmauer und hatte 1556 nichts dagegen, daß er bei dem fürstlichen Hause einen Gang auf ihr herstellen ließ, ja trat ihm 1552 einen Raum vor dem runden Turme des auswendigen Mühlentores bei dem dort erbauten herzoglichen Lusthause zur Anlage eines Gartens ab. Diese Konzessionen bedeuteten mehr, als uns heute erscheinen will, denn an den städtischen Befestigungswerken irgendwie etwas zu ändern oder einem andern, mochte es auch der Landesherr sein, einen Eingriff in sie zu gestatten, galt als ein Verrat an den Freiheiten der Stadt. Es kam gerade über solche Fragen, die sich auf die Mauern oder Wälle der Stadt bezogen, wiederholt zu den heftigsten Streitigkeiten, und wenn der Rat hier dem Herzoge Barnim solche Zugeständnisse, wenn sie auch noch so bescheiden waren, zu machen geneigt war, so liegt darin ein Beweis, daß man mit ihm in gutem Einvernehmen stand. Das zeigt auch die Stiftung, die Barnim und seine Gemahlin 1563 errichteten. Ein Hospital am Klosterhofe für „rechte wahre Arme und gebrechliche Leute, so der Almosen wert sein, ehrliche alte bekannte und wahre hausarme Leute, die Alters, Krankheit und Armut wegen sich nicht erhalten mögen, desgleichen alte kranke Hofdiener, auch alte Bauersleute" wurde von ihnen begründet, 1565 mit Kapital- und Grundbesitz ausgestattet und im folgenden Jahre eröffnet. Als ein „Denkmal landesväterlicher Fürsorge" hat diese Stiftung lange Jahre an jener Stelle bestanden. Im Jahre 1785 wurde für sie ein neues Gebäude errichtet, das erst niedergerissen wurde, als man für das Stift einen Neubau in Westend herstellte.

Gerade in jener Zeit, als das Herzogspaar in solcher Weise für die Pflege armer und kranker Bewohner Stettins sorgte, herrschte ein Streit zwischen der Regierung und der Stadt. Bereits 1544 begann der Rat über Zollbeschwerungen durch fürstliche Zöllner Klage zu führen, und immer wieder wurden von ihm im Einverständnisse mit den Alterleuten des Kaufmanns und der Gewerke solche Beschwerden vorgebracht, z. B. in einer langen Denkschrift vom 10. März 1551. Es fanden Verhandlungen statt, die sich Jahre lang hinzogen, ohne zu einem rechten Resultate zu führen. Bald kamen zu den Zollfragen andere Angelegenheiten, in denen sich die Bürgerschaft beschwert fühlte, sodaß im Februar 1554 wieder eine ausführliche Schrift an den Herzog eingereicht wurde, in der man eine ganze Liste von Klagen aufführte. Es handelte sich zum Teil um Kleinigkeiten, wie die Beschlagnahme von Dielen, Anlegung eines Teiches bei Nemitz, Übergriffe herzoglicher Amtsleute u. a. m., aber die Mißstimmung in der Bügerschaft, die auch über das Ausschiffen von Getreide und die viel verbotene Vorkäuferei klagte, wurde so groß, daß am 24. April 1556 ein förmlicher Aufstand der Gemeinde gegen den Rat entstand. Man warf ihm vor, er tue seine Pflicht nicht und begünstige zum Nachteil der Gemeinde die Aufkäufer oder „Monopoliten“, durch deren Praktiken das Getreide verteuert werde. Nur mit Mühe gelang es dem Rate und den Vertretern der Regierung Ruhe zu schaffen. Barnim verbot 1557 von neuem der Gemeinde, sich zur Ungebühr zusammenzurotten. Doch die Unzufriedenheit blieb bestehen, und das Verhältnis der Stadt zum Herzoge wurde gerade in den folgenden Jahren, wie aus umfangreichen Klage- und Beschwerdeschriften hervorgeht, nicht besonders freundlich. Inbezug auf die Kornausfuhr bestritt der Fürst dem Rate das Recht, eigenmächtig und selbständig Verordnungen zu erlassen, als einige Kaufleute sich 1562 bei ihm über ein Ausfuhrverbot des Rates beschwerten. Es war das eine in dieser Zeit viel erörterte Frage, ob dieser das Recht habe, ohne Zustimmung der Regierung ein derartiges Verbot zu erlassen. Zu solchem Streite kamen noch zahllose andere Beschwerden, die Rat und Bürgerschaft seit 1560 immerfort vorbrachten. Um Zoll und Gericht, um Mühlen und Wiesen, um den Abtshof und den Weinberg u. a. m. handelte es sich; auch über den Mutwillen des Hofgesindes erhob man Beschwerden. Die Verhandlungen wurden jahrelang fortgesetzt, ausführliche Denkschriften ausgearbeitet, Gutachten eingefordert und überreicht und immer neue Angelegenheiten hineingezogen. Erst um Ostern 1570 wurde ein Entwurf zu einem Vertrage von den Räten ausgearbeitet und vorgelegt, doch noch nicht zum Abschlusse gebracht.

Schon griff in diese Verhandlungen der junge Herzog Johann Friedrich bisweilen ein, der mit nicht geringem Selbstgefühle am 31. Dezember 1566 von einer Fahrt an den kaiserlichen Hof und nach Ungarn zurückkehrte. Es zeigte sich gar bald, daß dieser Herr ganz anders aufzutreten liebte, als sein alter Oheim, der seit einiger Zeit in beschaulicher Ruhe auf der Oderburg lebte und sich möglichst wenig um die Regierungsgeschäfte kümmerte. Er einigte sich 1569 mit seinen Großneffen, den fünf Söhnen Philipps I., dahin, daß er auf die Herrschaft verzichten wolle. Durch den Vertrag vom 3. April überließ er den beiden Brüdern Johann Friedrich und Barnim d. j. das Land Stettin und behielt sich nur Besitz am Stettiner Schlosse, an der Oderburg, sowie den Nießbrauch einiger Ämter vor. Barnim d. j. gab die Mitregierung auf und mit Zustimmung der Landstände wurde Johann Friedrich Herr des Stettiner Herzogtums. In den ersten Jahren wurde er in seinen hochfliegenden Plänen oft durch das Eingreifen des alten Herzogs Barnim gehemmt, bis dieser am 2. November 1573 aus dem Leben schied. In St. Otten erinnert an ihn noch ein schöner Kelch von 1558, den er für die Bedürfnisse der evangelischen Gemeinde anfertigen ließ.

Mit Johann Friedrich zog ein anderes Leben in das Stettiner Schloß ein. Der junge Herr, der sich draußen in der Welt umgesehen hatte, griff die Geschäfte mit Energie an. Mit Brandenburg wurde über die Erbverträge und die Erbeinigung verhandelt und bereits 1569 die Vermählung des Herzogs mit der Prinzessin Erdmut, der ältesten Tochter des Kurfürsten Johann Georgs, verabredet. Um seiner jungen Gemahlin einen fürstlichen Wohnsitz zu bieten, beschloß Johann Friedrich, einen großen Umbau des Stettiner Schlosses vornehmen zu lassen. Bereits 1570, als viele hohe und vornehme Gäste in in Stettin weilten, war ihm das Haus als eines Fürsten nicht würdig erschienen. Nach Barnims XI. Tode fing er das Werk an, berief als Baumeister den Meister Antonius Wilhelm, vielleicht einen Italiener, verschrieb Steine und anderes Material. 1575 wurden die Ottenkirche und der größte Teil des alten Schlosses abgerissen, nur der Bogislawsbau und der zum Teil eben erst errichtete Barnimsbau blieben erhalten. Im Stile der italienischen Renaissance wurden Kirche und fürstliche Gebäude errichtet, und das Werk, obwohl es am 28. Oktober 1576 durch einen Brand aufgehalten wurde, schnell fertiggestellt, so daß man das neue Haus bereits im Februar 1577 in Gebrauch nehmen konnte. Die Schloßkirche, die damals in der Form errichtet wurde, die sie noch heute und zwar nach dem Umbau von 1909 wieder in ursprünglicher Weise zeigt, wurde erst etwas

Abb. 8. Das Schloß in Stettin (Merian).

später vollendet. Bildhauer und Maler, unter denen Johannes Baptista, David Rettel und Meister Christoph genannt werden, schmückten sie mit Gemälden; auf dem Altarbilde sind die Herzoge Barnim XI. und Johann Friedrich selbst dargestellt. Unter dem Altare legte man eine Gruft für das Herzogshaus an. Gar stattlich und ansehnlich erhob sich das Fürstenschloß, das damals im großen und ganzen seine heutige Gestalt erhielt. Innen und außen war es reich ausgeschmückt, recht der Sitz eines stolzen, Pracht liebenden Herrschers, der hier am 17. Februar 1577 zahlreiche Gäste, fürstliche Personen aus Brandenburg, Lüneburg, Schlesien, Anhalt, mit ihrem großen Gefolge empfing, um seine Vermählung mit Erdmut von Brandenburg zu feiern. Die Trauung fand im Tanzsaale statt, die Festlichkeiten dauerten mehrere Tage. Neben den Hofbeamten, für die bereits 1575 eine neue Ordnung erlassen worden war, hatten auch Rat und Bürgerschaftsvertreter viel zu tun, für die Unterkunft der zahllosen Fremden, Ordnung und Sicherheit zu sorgen. Um die Quartiere für die Gäste zu bestimmen, ließ man ein Verzeichnis der Häuser herstellen, in denen solche unterkommen konnten; es ergaben sich als geeignet dafür etwa 300 Häuser, die für ungefähr 2000 Pferde Stallung boten. Das Fest verlief trotz alles Gedränge und großer Unruhe glücklich, und die Stettiner Bürger staunten gewiß die bei den Umzügen, den Festessen, Aufführungen usw. entfaltete Pracht zur Genüge an, wenn sie auch über die Dienste und Geldausgaben oft geseufzt haben mögen. In dieser Zeit werden zuerst als Farben der Stadt, wenn man für diese Zeit schon von solchen sprechen darf, Rot und Blau erwähnt, denn solche Federn trugen die von der Stadt gestellten Trabanten auf ihren Hüten, auch befanden sich rot-blaue Fähnlein im Zeughause.

Die Gefühle, mit denen die Stettiner dem Feste beiwohnten, waren doch gemischt. Zu der Freude über den Glanz, der über ihre gute Stadt erstrahlte, kam bereits die Besorgnis vor der eigenmächtigen Willkür und dem Selbstgefühl des Herzogs. Hatten sie doch davon schon genug erfahren, besonders bei dem Bau des fürstlichen Hauses oder der Schloßkirche, als er bei dieser Gelegenheit gerne den Platz an der Mauer erweitern wollte. Da hatte der Rat alle die alten Privilegien und Urkunden hervorgeholt, aber was fragte Johann Friedrich viel danach? Bereits hierbei mußte man erkennen, daß der Fürst mit einer gewissen souveränen Verachtung auf die Stadt herabsah. Schon 1569 hatte er von ihr ohne weiteres die Stellung von Pferden und Wagen zu einer Reise gefordert und war sehr ungnädig gewesen, als der Rat dies ablehnte, weil man dazu nicht verpflichtet sei. Schließlich bewilligte er die Forderung, wenn auch unter Protest, aber nun kam der

Herzog fast jedes Jahr (1574 sogar dreimal) mit derselben Forderung. Jedesmal geschah dasselbe, erst lehnte der Rat entschieden ab, dann aber willfahrte er sub protestatione. Ernstlicher wurde der Konflikt, als der Fürst 1572 von der Stadt freies Quartier und Dienste in dem städtischen Dorfe Bergland nicht nur verlangte, sondern auch kurzerhand sich selbst nahm. Auf die Beschwerde antwortete der Herzog höchst ungnädig, doch der Rat richtete ein sehr ernstes Schreiben an ihn, indem er bitter über Schmähreden, Gewalttaten, Fortnahme von Pferden klagte und den Landesherrn an das Versprechen erinnerte, jeden bei seinen Rechten zu schützen. Aber immer schärfer wurde der Gegensatz zwischen Herzog und Stadt, man hat bisweilen den Eindruck, als ob Johann Friedrich den Rat absichtlich reizte. Die Stadtverwaltung wehrte sich tapfer und appellierte, wenn sie vor dem Hofgerichte ihr Recht nicht durchsetzen konnte, an das Reichskammergericht in Speier. In dem Archive dieses Gerichtshofes, das heute zu Wetzlar aufbewahrt wird, finden sich aus den Jahren 1573 bis 1594 die Akten über nicht weniger als 10 Prozesse, die von der Stadt gegen den Landesherrn geführt wurden. Es handelte sich z. B. um die Fischerei in der Oder, da der Herzog nicht nur eine Abgabe an Fischen für seine Tafel forderte, sondern auch 1578 die bisher gezahlte Rekognitionsgebühr eigenmächtig erhöhte, um die Jagdgerechtigkeit in den städtischen Waldungen, namentlich zwischen Krampe und Ihna, um die Mühlenanlagen, um Eingriffe in die Freiheiten und Rechte der Schneider-, Schmiede- und Beutler-Zunft, um die Kriminalgerichtsbarkeit u. a. m. Obwohl der Rat 1583 erklärte, „daß ihm nichts bekümmerlicheres sei, als mit dem gnädigen geliebten Landesfürsten und Herrn in solche Weitläufigkeiten, mannigfaltige Prozesse und Irrungen zu geraten“, warf der Herzog der Stadt wiederholt vor, sie suche immer wieder Zank und Streit, und kassierte 1584 einen eben erst geschlossenen Vertrag über die Holzung in den städtischen Waldungen, die Jagd, den Mühlenbau auf der Oder und die Fischerei.

Besonders gereizt wurde die Stimmung wieder, als Johann Friedrich von neuem Wünsche inbezug auf die Befestigungsanlagen äußerte. 1578 wurde ihm unter Vorbehalt gestattet, eine Abflußrinne durch die Stadtmauer in den Graben zu leiten, aber bedenklicher erschien es dem Rate, als der Herzog eine Wasserleitung von Zabelsdorf in sein Schloß zu bauen begann. Schließlich wurde ihm auch dies gestattet, aber hellauf loderte die Entrüstung, als der herzogliche Baumeister Wilhelm dabei ohne weiteres die Stadtmauer in der Nähe des Mühlentores durchbrach. Das erschien als eine Verletzung der städtischen Freiheit und Sicherheit, der Rat legte 1582 Protest ein, verbot die Fortsetzung der Arbeiten und erhob abermals Klage beim Reichskammergerichte. Johann Friedrich war empört, als er die Ladung zur Verhandlung erhielt. „Wie wir, so schrieb er am 21. Januar 1583, unsere zustehende landesfürstliche hohe Obrigkeit und Regalien unabbrüchig und unverschmälert zu erhalten gemeinen, so sind wir Euch und Euren Nachkommen in Euren wohl erlangten habenden Privilegien, Rechten und Gerechtigkeiten Eintrag zu tun nicht bedacht.“ Da er sich aber um diese Zeit den Vertretern der Stadt freundlich und gnädig erwies, beschloß der Rat für diesmal nachzugeben, ließ indessen eine feierliche Verwahrung in das Protokoll aufnehmen. Ähnliche Streitfragen kamen vor bei dem Bau eines Zaunes auf dem Stadtwalle vom Mühlen- bis zum Frauentor, auch hier gab man auf seiten der Stadt nach. Hartnäckig blieb der Rat aber, als Johann Friedrich 1587 beim Schlosse ein eigenes Tor durch die Stadtmauer brechen wollte und bei dieser Gelegenheit behauptete, die Ringmauer an dieser Stelle gehöre ihm. Da ging man wieder ans Kammergericht und holte ein Rechtsgutachten von der Wittenberger Juristenfakultät ein. Diese äußerte sich in einem für Stettin günstigen Sinne, sodaß der Widerstand des Rates gestärkt wurde. Daher nützte es dem Fürsten garnichts, als er vom Kaiser Rudolf II., an den er sich schriftlich wandte, einen Erlaß vom 2. Juni 1588 erhielt, in dem ihm der Bau eines neuen Tores gestattet wurde, „wofern Bürgermeister und Rat darüber kein Bedenken noch Beschwerung haben“. Diese aber hatten sehr viel dagegen einzuwenden, und der Prozeß wurde weitergeführt, obwohl es der Fürst sehr übel aufnahm, daß seine Stadt sich direkt an den Kaiser wandte. Er aber übersandte durch den Grafen Ludwig von Eberstein seine Forderungen nicht nur wegen der Toranlage, sondern auch wegen Zoll und Accise an Kaiser Rudolf II. und reiste im September 1588 selbst nach Prag, wo die Verhandlungen unter der Mitwirkung der Stettiner Landstände geführt wurden. Da er aber wegen des Tores keinen anderen Bescheid erhielt, scheint er sich beruhigt zu haben. 1593 machte der Herzog indessen einen neuen Versuch, „ein Pförtlein“, wie es jetzt heißt, zu erlangen. Der Rat lehnte den Wunsch ab und richtete von neuem eine Eingabe an den Kaiser und das Kammergericht, sodaß Rudolf II. am 6. Juli 1594 den Pommernfürsten ermahnte, endlich seine Streitigkeiten mit Stettin beizulegen. Mit langen Schriften und Gegenschriften, Repliken und Dupliken wurde der Kampf weiter geführt, die Stadtregierung aber fühlte sich dem Landesherrn gegenüber nicht sicher und bat den Kaiser um einen Schutzbrief, den sie am 9. August 1595 erhielt. Wie notwendig das war, zeigte der Umstand, daß am 20. August der Ratmann Benedikt Fuchs gefangen gesetzt wurde. Groß aber war der Zorn des Fürsten, als er sah, daß seine Stadt sich unter kaiserlichen Schutz stellte. Da bot ihm im Anfange des Jahres 1596 ein nächtlicher Tumult, bei dem ein Leibjunge des Herzogs von der städtischen Wache festgenommen wurde, die Gelegenheit, den Rat seine Ungnade fühlen zu lassen. Sofort wurden zwei Bürgermeister mit der Wache der vergangenen Nacht auf das Schloß zitiert, um sich wegen des Vorfalls zu verantworten. Sie erschienen gehorsam, wurden aber ohne weiteres festgenommen. Zwar entließ man die beiden Bürgermeister nach einigen Stunden, den Wachtmeister und seine Leute warf man aber ins Gefängnis. Natürlich erhob der Rat alsbald Beschwerde beim Kaiser und stellte umfangreiche Untersuchungen und Verhöre an, wobei es sich ergab, daß das herzogliche Hofgesinde, Hofjunker und Leibjungen, sehr oft durch Gewalttaten die friedlichen Bürger belästigte. Der Kaiser ermahnte den Herzog, den Schutz, in dem Stettin stehe, zu beachten. Die Sache wurde damit wohl beigelegt.

Waren in diesen Sachen Rat und Bürgerschaft einig, sodaß ihre Vertreter, die Alterleute des Kaufmanns und der Gewerke, oft dem Vorgehen des ehrbaren Rates ausdrücklich zustimmten, so gab es doch auch manche Angelegenheiten, durch welche die Eintracht arg gestört wurde. Zu ihnen gehörte in erster Linie die Frage der Getreideausfuhr und des Handels mit Lebensmitteln. Das Volk glaubte, sobald die Preise stiegen, stets, das sei von den Kaufleuten veranlaßt, die durch Aufkauf der Waren und Monopolhandel die armen Bürger drücken wollten. Alle Anordnungen des Rates in solchem Falle, mochte er die Ausfuhr von Korn verbieten oder erlauben, sah die große Menge mit Mißtrauen an. So entstand immer wieder Unzufriedenheit, aus der leicht Tumult und Aufstand erwuchsen. Bei einer solchen Gelegenheit kam es 1589 zu einem Ansturm der Gewerke gegen den Rat. Man war besonders des Holzkaufes wegen in Streit geraten. Dabei benahmen sich drei Männer so ungebührlich gegen den Rat, daß dieser sie gefangen setzen ließ. Darüber entstand große Empörung unter den Gilden und Zünften, ein Auflauf auf dem Markte folgte, bei dem man versuchte, die Gefangenen zu befreien. Zugleich erhoben die Alterleute mancherlei Forderungen, z. B. wegen der Einsetzung von 100 Männern als Vertretern der Bürgerschaft. Nach längeren Verhandlungen brachten die fürstlichen Räte am 25. Oktober 1589 einen Vergleich zustande, in dem das aufrührerische Wesen der Gewerke scharf getadelt wurde. Die Gefangenen sollten frei gelassen werden, die Gewerke aber sich in Zukunft jeder Gewalttat enthalten, dem Rate gehorsam und mit dem alten rechtmäßigen Regimente zufrieden sein. Die Erregung in den Handwerkerkreisen legte sich indessen nicht. Man blieb unzufrieden mit dem Rate, der die Bürgerschaft mit ungewohnter Auflage und Taxe beschwere und dadurch die Lebensmittel verteuere, und schalt auf die Kaufleute, die mit Ausländern in Geschäftsverkehr das Getreide im Lande aufkauften.

„Die Gemeinde setzet sich wider den Rat", schreibt Paul Friedeborn zum Jahre 1590, erwähnt aber nicht, daß schon 1580 die Gewerke lebhaften Einspruch gegen eine Zulage auf allerlei Kaufmannswaren erhoben und eine ausführliche Supplikation einreichten, in der eine Bürgervertretung gefordert wurde. Setzte der Rat auch damals die Zulage durch, so hörten die Beschwerden doch nicht auf, und infolge des Konfliktes von 1589 wurde die Stimmung wieder erregter. Der Rat wollte 1590 abermals eine indirekte Steuer ausschreiben, um eine hansische Kontribution leisten zu können. Zunächst trat ihm der Herzog entgegen und verwehrte der Stadtverwaltung das Recht zur Einführung einer solchen Auflage, dann aber erhoben die Alterleute der neun Hauptgewerke Einspruch gegen die Schädigung der Nahrung, die aus der Verteuerung der Lebensmittel entstehe. Wie unzufrieden man in der Bürgerschaft mit der ganzen Amtsführung des Rats war, zeigen die Forderungen, die man damals stellte; es sollte Rechnung von den Stadtgütern gelegt, Bericht über die „Rathausschulden", die sich damals bereits auf mehr als 60000 Gulden beliefen, erstattet, die monopolische Handlung, das übermäßige Ausschiffen des Korns, die Vorkäuferei abgeschafft werden. Auch verlangte man, daß 100 Männer aus der Gemeinde dem Rate beigegeben würden, ihn in seinen Geschäften zu unterstützen und zu beaufsichtigen. Es kam bei den Verhandlungen wieder zu mancher Unruhe und „tätlichen Handlungen", bis im Dezember der Herzog eingriff und in tagelangen Beratungen und Verhören endlich eine Entscheidung fällte, in der er einzelne Beschwerden als berechtigt anerkannte und ihre Abstellung dem Rate auftrug, sonst aber den Gewerken seinen Unwillen aussprach und sie zu bescheidenem Auftreten mahnte. Auch die Einsetzung der 100 Männer wurde abgeschlagen, da ja die Alterleute in „gemeinen und wichtigen Sachen allewege mit zu Rat gefordert und gezogen würden". So blieb alles beim Alten, der Rat erließ nur eine Ordnung über die Holzlieferung, die Ratsherren, Schöffen, Alterleuten usw. alljährlich zuteil wurde, und gab Bestimmungen über den Professionseid, den die Handwerker zu leisten hatten. Daher dauerten die Verhandlungen zwischen Rat und Gewerken, die Beschwerden gegen den Herzog ununterbrochen fort, und umfangreiche Aktenstücke aus den Jahren 1591 bis 1597 legen von der Mühe Zeugnis ab, die man sich mit der Beilegung des Zwistes gab. Ob aber tatsächlich auf beiden Seiten stets guter Wille zum Frieden herrschte, kann man billig bezweifeln, wenn man die höchst gereizte Stimmung aus zahlreichen Schriftstücken erkennt und von den mancherlei tumultuarischen Exzessen (Dezember 1595, Januar 1596) hört. Als ein Führer der unzufriedenen Bürger wird der Riemer Hans Belitz genannt und vonseiten der Ratspartei als ein höchst böswilliger, aufrührerischer Mann geschildert, der überall „geschmähet, geschändet und vor allen einen ehrbaren Rat, Richter und Schöffen aufs greulichste injuriert habe". Belitz machte mit Recht dem Rate die schweren Vorwürfe der Ungerechtigkeit, des Eigennutzes, ja der betrügerischen Verwaltung und deckte die Mängel, soweit er es konnte, offen auf. Der Unwille der Bürgerschaft äußerte sich besonders in der stillen Woche 1597 in Aufruhr und Tumult, es half aber nichts. Denn der Rat saß in seiner Macht zu fest und erhielt Unterstützung von dem Herzoge, der vermittelnd eintrat. Er zitierte den Rat aufs Schloß, und dieser erschien dort, obwohl er, wie Friedeborn erzählt, mitten durch den gemeinen Haufen gehen mußte, der „mit Belitz auf den Gassen stand, grunzte, murmelte, tumultuierte und Axt und Beil blicken ließ". Da war ein ehrbarer Rat gar sehr erschrocken und gab bei der Verhandlung wenigstens die geplante Auflage auf. Während man hin und her beriet, entstand am Karfreitag (25. März) auf der Lastadie in der Gertrudkirche ein Tumult, der indessen, wie erzählt wird, von den Schiffern bald gestillt ward. Die fürstliche Regierung gab sich alle mögliche Mühe, den Beschwerden über die Getreideausfuhr gerecht zu werden und veranlaßte den Rat zu dem Zugeständnisse, daß von allem im Lande aufgekauften Korn ein bestimmter Teil auf den Stadthof geliefert werden solle, damit dort den Bürgern der Scheffel Roggen für 25 Groschen, der Scheffel Weizen für 5 Ortstaler verkauft werde. Zugleich wurde eine Aufnahme des Getreidevorrats in der Stadt ausgeführt; man fand 1512 Last 27 Scheffel Weizen, 1600 Last 10 Scheffel Roggen, 45 Last Mehl. Diese Maßregeln sollten dazu dienen, die Besorgnis vor Getreidemangel und Teuerung zu beseitigen. Ein endgültiger Entscheid des Herzogs erfolgte erst am 14. April, enthielt aber nicht viel mehr als Verweise auf ältere Verträge, sowie Verwarnungen und Drohungen an die Gemeinde. Man erkennt abermals die Ohnmacht des Fürsten oder seinen Mangel an gutem Willen, endlich geordnete Verhältnisse zu schaffen. Er hoffte vielleicht im stillen auf den Augenblick, in dem die Zustände in Stettin zu einem Zusammenbruche der eigenen Verwaltung führen würden, um dann mit aller Kraft einzugreifen. Da die Uneinigkeit auch in der Bürgerschaft so zunahm, daß sich sogar die Handwerker gegen ihre Alterleute wandten und ihnen nicht mehr Vertrauen schenken wollten, mußte ein solcher Zeitpunkt gar nicht mehr sehr fern erscheinen. Daß Johann Friedrich, der am 9. Februar 1600 ziemlich plötzlich starb, ihn nicht mehr erlebte, mag für die Stadt in einer Beziehung als ein Glück, in anderer aber auch als ein Unglück angesehen werden. Er wäre wohl der Mann gewesen, Ordnung zu schaffen. In Stettin atmete man sicherlich bei dem Tode des Herzogs auf, der wie keiner seiner Vorgänger oder Nachfolger in die städtischen Verhältnisse eingegriffen hatte.

Bei den staatsrechtlichen Kämpfen, die um die Mitte des 16. Jahrhunderts zwischen Pommern und Brandenburg wegen der Erbeinigung, der Anwartung und der Erneuerung der Verträge vor sich gingen, war das Verhältnis zwischen Stettin und Frankfurt a. O. von großer Bedeutung. Wir wissen, daß es an Reibereien zwischen beiden Oderstädten nie gefehlt hat, daß diese Konflikte um so ernster und heftiger wurden, je mehr sich die fortgesetzten Streitigkeiten der Nachbarstaaten verschärften. Besonders als Johann von Küstrin in seiner rücksichtslosen Weise eine Wirtschaftspolitik in seinem neumärkischen Staate einleitete und durchführte, die auf eine direkte Schädigung des Stettiner Oder- und Warthehandels hinausging, wurde das Verhältnis zwischen den Städten recht gespannt, obwohl sie in manchen Beziehungen gemeinsam gegen Erschwerungen des Verkehrs durch die Küstriner oder Oderberger Zölle und gegen Kanalpläne vorgingen. Man war in Stettin argwöhnisch gegen den Aufschwung Frankfurts, das namentlich im Handel mit Polen gefährliche Konkurrenz machte. Das alte Niederlagsrecht wurde von den Stettinern schärfer als früher gehandhabt und z. B. verlangt, daß der von Guben oder Krossen eingeführte Wein, der ein sehr bedeutender Handelsgegenstand war, in der Stadt „gekellert", d. h. aus den Schiffen in einen Keller geschafft werde und dort drei Tage liege. Der Besuch der beiderseitigen Märkte wurde eingeschränkt und andere Maßregeln zum Schaden des freien Verkehrs auf beiden Seiten eingeführt. Man vermied indessen den Abbruch der Beziehungen und begnügte sich mit kleineren Kampfmitteln.

Neben der Wirtschaftspolitik der einzelnen Städte begann sich immer mehr die der Territorialfürsten geltend zu machen. Bei dem engen Bande, das den pommerschen mit dem märkischen Handel verband, ist es erklärlich, daß eine feindliche Störung der Beziehungen höchst beschwerlich wurde. Ein beliebtes, aber auch sehr gefährliches Kampfmittel war ein Handelsverbot oder eine Sperre der Wasser- und Landwege. So sperrte Herzog Barnim XI. im Herbste 1560, um der Mark zu schaden, die Oder, mußte aber bald einsehen, daß diese Maßregel sein Land schwerer traf als das benachbarte, und das Verbot wieder aufheben. Solche und ähnliche Vorgänge erschwerten eine gütliche Beilegung schwebender Fragen über den Salzhandel, das Band der Stettiner Heringsfässer u. a. m. So geschah es 1562, daß in Frankfurt, als man dort die Richtigkeit der von Stettin verladenen Heringsfässer wieder einmal anzweifelte, ohne weiteres „das Tonnenband" bei einer Anzahl zu kleiner Gebinde zerhauen wurde. Obwohl das gelegentlich bereits früher geschehen war, so nahmen die Stettiner es diesmal sehr übel und baten ihren Landesherrn um scharfe Maßregeln gegen die Frankfurter. Barnim war dazu geneigt, da er gerade gegen die Mark sehr verstimmt war und eine Schädigung namentlich auch des Stettiner Salzhandels fürchtete. Hatte doch die Stadt bereits seit 1560 das Salzmonopol, das Kurfürst Joachim II. für den Handel nach Schlesien dem Stettiner Hause der Loitze und der Berliner Firma Andreas Lindholz verliehen hatte, mit allen möglichen Mitteln bekämpft und vereitelt. Aber wie leicht konnte ein ähnlicher Plan auftauchen, wie leicht eine andere Neuerung den Stettinern unwiderbringlichen Schaden tun! Barnim überließ der Stadt den entscheidenden Schritt gegen Frankfurt, aber mit seiner geheimen Billigung veröffentlichte Stettin am 17. Mai 1562 das Edikt, durch das von Johannis (24. Juni) ab jede Schiffahrt stromauf verboten wurde; auch wurde der Stadt Frankfurt jeder freie Verkehr aus und in See untersagt. Das war ein Schlag gegen die andere Oderstadt, mit dem ein mehr als 1½ Jahrhunderte dauernder Kampf begann. Markgraf Johann trat alsbald energisch gegen den „unleidlichen Nachteil und Schaden" auf, den die Stettiner in „großer Vermessenheit" dem ganzen Hause Brandenburg zufügten. Die Verhandlungen, die auf seinen Vorschlag eröffnet wurden, verliefen ergebnislos. Da machten am 19. Juli beide märkische Fürsten bekannt, daß vom 10. August an die Mark für alle Waren, die von Stettin kamen oder Stettinern gehörten, gesperrt sein solle. Damit war der Handelskrieg regelrecht eröffnet und machte bald auf beiden Seiten seine unvermeidlichen Folgen fühlbar. Man ging infolgedessen wieder auf Verhandlungen ein, bei denen die pommerschen Fürsten eine zweifelhafte Rolle spielten, während Markgraf Johann zielbewußt vorging und sich durch die nachgiebige Haltung seines kurfürstlichen Bruders wenig beirren ließ. In Stettin schlug die anfänglich siegesgewisse

Stimmung allmählich um; man gab schließlich nach und hob am 28. Oktober das Sperr-Edikt auf. Darauf wurde die Grenze der Mark für die Stettiner wieder geöffnet. Die Stadt hatte im Kampfe zwar eine Niederlage erlitten, aber eine Handhabe zu weiterem Vorgehen gegen Frankfurt behalten, da bei der Aufhebung des Ediktes vom 17. Mai das Verbot der Durchfuhr Frankfurter Waren durch den Stettiner Hafen nicht zurückgenommen worden war. Damit war das lange Zeit der Nachbarstadt zugestandene Recht geschwunden, und die Frankfurter, die glaubten, es sei der ehemalige Zustand wieder hergestellt, erfuhren bald mit ihren Waren eine Zurückweisung. Von neuem begannen Verhandlungen, doch natürlich ohne Erfolg. In Stettin war man anfangs um so standhafter, als man inbezug auf den Salzhandel einen vollen Sieg gewann. Am 15. September 1563 erkannte der Kaiser in einem Vertrage das Recht der Stadt auf die Salzeinfuhr an und bestellte einen kaiserlichen Faktor in Stettin, der das Boysalz von dortigen Kaufleuten einzukaufen und weiter zu befördern hatte. Als aber bald darauf ein juristisches Gutachten sich für das von Frankfurt ersessene Recht des freien Verkehrs aussprach, da gab man zwar in Stettin nicht nach, ließ indessen die alten Formen des Handels für Frankfurt bestehen und besonders Kramwaren den Baum im allgemeinen frei passieren. So blieb die Rechtslage unsicher. Mancherlei Verhältnisse, der Streit der pommerschen und brandenburgischen Fürsten um die Erbverträge, neue Kanalpläne, die Oderzölle von Küstrin und Schwedt, der Versuch die Danziger Handelsstraße südlicher zu verlegen, nicht am wenigsten auch Mißernten, verschlechterten bald das Verhältnis zwischen den beiden Oderstädten wieder, sodaß man schon von neuem an eine Sperrung dachte. Besonders der Kornhandel beschäftigte seit 1559 den Rat und die Alterleute des Kaufmanns in Stettin sehr; man erließ nach längeren Verhandlungen, die über das Ausschiffen mit dem Herzoge geführt worden waren, am 22. Februar 1564 eine neue Ordnung, „damit dem Kaufmann billigerweise die Kornhantierungs-Nahrung gegönnet und auch diese Stadt mit notdürftigem Vorrat versehen werden möchte". Dazu sollte von jeder Last Korn, die verschifft werden solle, 1 Scheffel als „Tax" zum Vorrat gegeben werden; von diesem sollte an arme und unvermögende Personen verkauft werden. Trotz aller Versuche, ja trotz scheinbar guten Willens konnten sich Stettin und Frankfurt auf den verschiedenen Tagen nicht einigen, da keine von beiden Städten den prinzipiellen Standpunkt aufgeben wollte und jede, obwohl man sich nicht verhehlte, daß jegliche Befreiung den Handel fördere, an den alten Rechten und Privilegien festhielt.

Ernster wurde die Lage, als 1571 kurz nach einander der Kurfürst Joachim II. und der Markgraf Johann aus dem Leben schieden. Man hatte in Stetttin und im übrigen Pommern gehofft, daß sich mit dem Tode des letzteren, in dem man nicht ohne Unrecht den eifrigsten Widersacher Pommerns erblickte, die wirtschaftlichen Verhältnisse bessern würden, zumal da der neue Kurfürst Johann Georg der Schwiegervater des Herzogs Johann Friedrich werden sollte. Es zeigte sich jedoch bald, daß man auf brandenburgischer Seite durchaus nicht milder auftrat, vielmehr allerlei Erschwerungen vornahm. Der Stettiner Rat suchte und fand Beistand und Hülfe beim Kaiser, der durch eine Urkunde vom 16. April 1571 die Stadt Stettin mit allen ihren Rechten und Privilegien in seinen Schutz nahm. Als ein Zeichen seiner Gnade verlieh Maximilian II. ihr zugleich das Recht, „in allen ihren Besieglungen zu ihrem Insiegel und Petschaft . . . . ein Rotwachs zu gebrauchen". Diese Verleihungen, bei denen im geheimen den Ratssendeboten zu Prag noch manches ermutigende Wort zu Ohren gekommen sein mag, veranlaßten die Stettiner zu energischem Vorgehen gegen Frankfurt, man konfiszierte Waren, arretierte Kaufleute und verweigerte Genugtuung. Am 28. Juli 1571 erließ der Rat ein Edikt, durch das alle Kaufleute, Schiffer und Faktoren gewarnt wurden, fremde Kaufmannsgüter außer Rötfaß, Kupfer, Zucker, Alaun, Vitriol und anderen Kramwaren an der Stadt vorüberzuführen; dies sei nötig, um „den erheblichen Durchschleif" zu beseitigen, „so auf dem Oderstrom . . . gebraucht und der Stadt und den Bürgern zu großem Schaden gereiche". Obwohl Johann Friedrich anfänglich mit diesem Vorgehen Stettins nicht einverstanden war und den Rat ernstlich verwarnte, ließ er sich doch bald belehren, daß ein solches Verfahren im Interesse der Stadt liege, und tat nichts gegen die Durchführung des Edikts, auch als der Kurfürst drohende Briefe gegen Stettin erließ. Man begann wieder mit Verhandlungen, der junge Stettiner Herzog nahm sich aber energisch seiner Stadt an, während der Kurfürst oft recht unbedacht und schwankend die Sache Frankfurts vertrat.

Da erfolgte die Katastrophe. Am 1. März 1572 ließ der Rat von Frankfurt Stettiner Kaufleute, die zum dortigen Reminiszere-Markt eingetroffen waren, gefangen nehmen und ihre gesamten Waren und Gelder mit Beschlag belegen. Durch dies unerhörte Verfahren wollte die Stadt gewaltsam eine Anerkennung ihrer alten Gerechtsame in Stettin erzwingen. Dort war die Aufregung groß, als die Nachricht von dem Ereignisse eintraf. In fieberhafter Tätigkeit suchte der Rat Hülfe beim Reichskammergerichte, doch ein von diesem erlassener Befehl zur Aufhebung des Arrests wurde von Frankfurt schnöde abgewiesen. Trotzdem ließ man bald darauf die gefangen genommenen Kaufleute frei, ja den Verkehr zwischen beiden Städten von neuem aufnehmen. Als die Stettiner merkten, wie unsicher man damals in dieser ganzen Angelegenheit auf brandenburgischer Seite vorging, hielten sie an der Forderung, die Sache durch das Reichskammergericht zu entscheiden, unbedingt fest. Die Frankfurter lehnten es ab, dessen Kompetenz anzuerkennen, und stellten der gegnerischen Stadt die Klage vor dem Kammergerichte in Berlin anheim. So schien die ganze Frage auf einem toten Punkte angekommen zu sein, das Verhältnis zwischen den Nachbarländern verschlechterte sich zusehends. Da griff der Kurfürst Johann Georg zu dem von dem Stettiner Herzoge verschmähten Mittel, er verhängte am 5. Oktober 1572 die Sperre des Verkehrs für Stettin und Stettiner Güter in der ganzen Mark vom 21. Oktober ab. Zwar versuchten die Stettiner ihre Waren unter dem Namen benachbarter Städte auf den Markt zu bringen, aber von Brandenburg aus ging man rücksichtslos vor, verwarnte die pommerschen Städte, bewachte die Grenze, stellte Untersuchungen mit Stettiner Kaufleuten an, die in Frankfurt erschienen, kurz, tat alles, die Sperre aufrecht zu erhalten. Die Verhandlungen des Reichskammergerichts, an das sich jetzt auch die pommerschen Fürsten wandten, nahmen, wie immer, sehr langsamen Fortgang, über Denkschriften, Protokolle usw. kam man nicht recht hinaus. Stettin suchte auf alle Weise seinen Weg ruhig weiterzugehen und fand hierbei zumeist auch Unterstützung seitens seines Landesherrn. Trotz der schweren Schläge, die damals die Stadt trafen, trotz der großen Verluste, die es erlitt, hielt man an dem Grundsatze fest: Frankfurt hat den Königs- und Marktfrieden gebrochen, um ein Recht zu erzwingen, das ihm niemals zugestanden worden ist, und auch der Kurfürst hat einen schweren Rechtsbruch begangen. Freilich brachten es die Verhältnisse bald mit sich, daß der Gegensatz der beiden Oderstädte mehr in Schriftstücken als in der Praxis zum Ausdruck kam. Die strenge Grenzsperre ließ sich auf die Dauer nicht aufrecht erhalten, Stettiner Kaufleute verkehrten, wenn auch mit Vorsicht, wieder in märkischen Städten. Da wurden im Oktober 1574 auf dem Markte zu Schwedt plötzlich etwa 100 Stettiner verhaftet und ihre Waren mit Beschlag belegt. Zwar gab man die Leute bald wieder frei, aber die Güter blieben in Arrest. Abermals wurde natürlich Klage über Gewalt und Verletzung des Marktfriedens laut, wieder begannen sehr gereizte Verhandlungen. Der Kaiser wurde angegangen, die Stettiner schickten eine Gesandtschaft nach Köln an der Spree, gegenseitige Belästigungen und Chikanen kamen täglich vor, aber ein Ausgleich war nicht zu finden. Noch einmal, am 21. September 1575, erneuerte der Kurfürst das Sperredikt gegen Stettin, nachdem auch die Tagung zu Prenzlau ohne Erfolg verlaufen war. Bald danach gewann das Verhältnis zwischen den Fürsten ein freundlicheres Ansehen, der Zank der beiden Städte aber blieb der alte. Da verfügte am 3. Februar 1576 das Kammergericht in Speier in einem ersten Spruche die Aufhebung der Arreste durch beide Parteien; die eigentliche Streitfrage wegen der freien Durchfahrt fand indessen keine Entscheidung. Der unendliche Zank ging weiter und brachte beiden Städten immer größere Verluste, sodaß schon bald nach 1580 hier wie dort eine Erschlaffung eintrat. Dabei wurde aber der grundsätzliche Standpunkt nicht aufgegeben, theoretisch die Grenzsperre ebenso wie die Sperre des Baumes aufrecht erhalten und die kurzsichtige Handelspolitik fortgesetzt. So verbluteten sich die Gegner allmählich, der Prozeß vor dem Reichskammergerichte blieb noch Jahrzehnte lang ein Krebsschaden im wirtschaftlichen Leben beider Städte. Es verlohnt sich nicht der Mühe im einzelnen den Fortgang oder den Stillstand der Verhandlungen darzustellen. Für die Wirtschafts- und Handelsgeschichte Stettins aber liegt in den unendlichen Aktenbänden ein reiches Material vor, das hier, wo es sich um eine allgemeine Stadtgeschichte handelt, nicht ausgenutzt werden kann.

Für Stettins Entwickelung war der Streit gewiß von großer Bedeutung, schnitt aber doch, wie es scheint, nicht so tief in das allgemeine Leben der Stadt ein, wie ein Ereignis, das gerade in die Zeit des heftigsten Kampfes fiel, der große Bankrott des Handelshauses der Loitze, der für ganz Pommern überaus verhängnisvoll wurde. Die vier Söhne des alten Hans Loitz, Michael, Simon, Stephan und Hans, hatten das Geschäft des Vaters schon früh bedeutend erweitert. Ihre Firma, die in Danzig und Lüneburg Niederlassungen besaß, erwarb eine Bedeutung in Norddeutschland, die den Inhabern, wie wir bereits gesehen haben, sogar in politischen Angelegenheiten einen nicht geringen Einfluß verlieh. Als Bankiers waren besonders Stephan, der eine Zeitlang in Lüneburg die Geschäfte führte, und Hans in Stettin in den Grumbachschen Händeln tätig und unterstützten durch Anleihen den Markgraf Albrecht Alkibiades von Brandenburg-Kulmbach, so daß 1554 der Kaiser Karl den Herzogen Barnim und Philipp befahl, gegen Stephan Loitz, weil er mit des Reiches Feinden in „allerlei Praktiken" stehe, einzuschreiten. Das Bankhaus wurde der Mittelpunkt des Geld- und Kreditverkehrs nicht nur in Pommern, sondern weit über die Grenzen des Landes hinaus. Fürsten und Adlige, Städte und Stiftungen, Kaufleute und

Handwerker vertrauten ihm Kapitalien gegen hohe Zinsen (bis zu 12 %) an oder machten bei ihnen Anleihen gegen Bürgschaft, die andere für sie übernahmen. Für den geldarmen Adel Hinterpommerns wurden die Loitze eine Quelle, die unerschöpflich schien, und ihre Macht in dem ganzen Lande wuchs so sehr, daß kaum ein größeres Unternehmen ohne sie zustande kommen konnte. Auch in Stettin selbst standen Privatpersonen sowohl wie Korporationen in Geschäftsverkehr mit ihnen, legten bei ihnen ihr Geld an oder nahmen Anleihen auf. Sogar die Stadt, deren Finanzverhältnisse damals schlechter zu werden anfingen, trat mit dem Handelshause Loitz in enge Beziehungen. Als 1569 die Wolgaster Herzoge von ihm eine Summe von 25 000 Gulden entliehen, übernahm Stettin neben anderen Städten die Bürgschaft. Leider fehlt immer noch eine eingehende Untersuchung über den Umfang und die Ausdehnung des geschäftlichen Verkehrs der Firma, so daß bestimmte Angaben über ihr Vermögen oder die ausgeliehenen und aufgenommenen Summen nicht gemacht werden können. „Wer etwas gehabt oder bekommen, hat es alles den Loitzen zugekehret“, sagt Friedeborn, der unter mancherlei moralischen Betrachtungen ihren Stolz und Hochmut tadelt, aber auch ihre Mildtätigkeit rühmt. In Stettin besaß die Familie mehrere Häuser und Speicher, sowie ein Stück Land vor dem Mühlentor. Ihr Wohnhaus erbauten sie sich an der Berglehne zwischen Fuhr- und Frauenstraße neu und prächtig aus, in den Formen der Übergangszeit vom gotischen Baustile zu dem der Renaissancezeit. Ein stattlicher Treppenturm, dessen Fassade mit feinen Wandstreifen und Rosetten gar ansehnlich geschmückt ist, und

Abb. 9. Schweizerhof.

die Holztäfelung an der Decke eines Saales im Obergeschosse zeugen noch heute von sonst entschwundener Pracht. Was für ein großer Verkehr mag hier geherrscht haben, wo der Mittelpunkt des ausgedehnten Geschäftes lag, wie mögen hier zahlreiche Fremde und Bürger ein- und ausgegangen sein, wie mag man hier oft herrlich und in Freuden gelebt haben! Doch die Ungunst der Zeiten, die Unruhe der politischen Verhältnisse, der übertriebene Wagemut bei Spekulationen führten den Sturz des Hauses herbei. Wir sind noch nicht in der Lage, im einzelnen festzustellen, was die letzte Ursache zu dem Zusammenbruche gab, aber eine sehr bedeutende polnische Staatsanleihe, die von dem Bankhause übernommen wurde, scheint seine Kräfte überstiegen zu haben. Einige einsichtige Männer, wie der Kanzler Jakob von Zitzewitz, sahen vielleicht schon voraus, was bevorstand, aber die große Menge in Stadt und Land war vollständig überrascht, als bekannt wurde, Hans Loitz sei um Ostern 1572 mit seiner Familie aus Stettin entwichen und, um sich seinen Verpflichtungen zu entziehen, nach Polen gegangen. Eine Katastrophe ohne Gleichen kam durch den Bankrott über das ganze Land. Von unabsehbaren Folgen war der jähe Zusammenbruch für den ländlichen Grundbesitz namentlich in Hinterpommern, doch auch in Stettin waren die Verluste sehr groß. Aus den unendlichen Prozessen, die sich an den Bankrott anknüpften, und aus den Schilderungen der Zeitgenossen erkennt man, wie tief dies Ereignis in die Vermögensverhältnisse zahlreicher Bürger, Korporationen und der Stadt selbst eingriff.

Abb. 10. Schweizerhof.

Gar viele Schicksalsschläge trafen in der zweiten Hälfte des 16. Jahrhunderts Stettin, die Streitigkeiten mit den Landesfürsten, der nordische Krieg, der Kampf mit Frankfurt, der Bankrott der Loitze. Da ist es kein Wunder, daß die wirtschaftlichen Verhältnisse der Stadtgemeinde sich verschlechterten. Trotzdem bedeutet diese Zeit für die gesamte Entwickelung sehr viel, ja sie hat die Grundlage für diese gelegt. Damals haben sich die Formen der Stadtverwaltung, die sozialen und wirtschaftlichen Zustände im großen und ganzen ausgebildet, die dann länger als ein Jahrhundert fortbestanden.

Ein Bild von dem Aussehen der Stadt kann uns die bereits erwähnte Ansicht von Alten-Stettin geben, die in dem etwa 1576 erschienenen Städtebuche von Georg Bruin und Franz Hogenberg enthalten ist. Die eigentliche Stadt innerhalb der Befestigung hat den alten Umfang bewahrt, an sie lehnen sich die Vorstädte an, die immer mehr gewachsen zu sein scheinen. Auf dem rechten Ufer zählt die Lastadie mit ihren verschiedenen Teilen, der Schiffsbauerlastadie, der Poggenburg, dem Zachariasgange, der Pladdrin, der großen Lastadie, dem Küterhause usw., schon 1559 mehr als 150 schoßpflichtige Bewohner. Vor dem Frauentore erstreckt sich an der Oder die Niederwiek, in der die als Korn- und Futterhaus benutzte Kirche des Jungfrauenklosters liegt. Nach Westen zu schließt sich der Klosterhof mit der Peter-Paulskirche und dem unweit davon gelegenen fürstlichen Garten an, in dem sich ein Lusthaus befindet. Vor dem Mühlentore stehen einige Häuser mit Gärten. Auf der Südseite der Stadtmauer liegen der Heilige Geistberg mit wenigen Wohngebäuden und der Roßmühle, an der Oder der sogenannte Störfang und die Oberwiek. Die Mauer am Flusse hat 8 Tore, das Baum-, Fischer-, Mitwoch-, Honesben-, Papenbrück-, Langebrück-, Mönkenbrück-Tor und die Haveling; von ihnen ragen Ladebrücken in die Oder hinein, ein eigentliches Bollwerk befindet sich nur zwischen den beiden Brücken.

Die Befestigungsanlagen der Stadt haben auf dem Bruin-Hogenbergschen Plane ein weit stattlicheres Ansehen, als sie in Wirklichkeit besaßen. Im Jahre 1595 werden in einer offiziellen Aufnahme neben den 4 oft genannten Stadttoren nur 3 Türme (der Pulverturm, der hohe Turm und der Gefangen- oder Torturturm) und 6 auf und an der Mauer stehende Wiekhäuser erwähnt. Ihre Erhaltung scheint viel zu wünschen übrig gelassen zu haben. Wiederholt wird darüber geklagt, daß Stücke der Mauer niedergefallen seien und nichts für die Wiederherstellung geschehe. Daß man sonst allerlei tat, um die Stadt verteidigungsfähig zu machen, ist bereits erwähnt worden; noch 1593 ließ der Rat 4 Stück Geschütze durch den städtischen Geschützgießer Hans Everling herstellen und im Zeughause verwahren. Dort befanden sich sonst noch mancherlei Waffen, Feuerrohre, Schwamb- oder spanische Rohre, Mörser, Haken, Luntengerät, eiserne und steinerne Kugeln u. a. m. Die Stadt selbst scheint nach dem Bilde sehr breite Straßen und weite Plätze zu haben, doch auch dies ist falsch, wie noch heute ein Gang durch die Altstadt zeigen kann. Wir wissen, daß es dort nicht im mindesten so aussah, wie es die Ansicht aus dem Bruin-Hogenbergschen Buche darstellt. Die Straßen wurden durch zahlreiche Ausbauten, Kellerhälse u. a. m. noch enger gemacht, als sie schon waren. Diese waren dem Herzoge Johann Friedrich ein besonderes Ärgernis in den Straßen, die nahe bei dem Schlosse lagen. Von 1575 an befahl er immer wieder dem Rate, diese Keller in der Fuhr-, Pelzer-, großen Dom-, Schuhstraße und am Oldböterberge zu beseitigen. Ganz furchtbar war die Unsauberkeit auf den Straßen. Nicht nur in der jährlich zweimal verlesenen Bürgersprache wurde die Reinhaltung angeordnet, seit etwa 1560 ergingen Verordnungen über Verordnungen, die Gassen zu reinigen, Strafen wurden angedroht, aber es wurde nichts gebessert. Das Vieh, das ein großer Teil der Bewohner hielt, trieb sich ungehindert umher, so sehr auch wieder Herzog Johann Friedrich darüber Klage erhob und so dringend er Abstellung solcher „Unfläterei" verlangte. Aller Abfall, Schlamm, Mist und Unrat wurden auf die Straßen geworfen und blieben dort liegen, obwohl der Rat einen eigenen Platz auf dem „Tappenberg" auf der Lastadie zur Ablage von solchem Zeuge einrichtete. Die Zustände müssen nach allem, was wir hören, schrecklich gewesen sein. Wenn nicht der Rat bisweilen bei besonderen Gelegenheiten, wie bei fürstlichen Hochzeiten, Festlichkeiten oder Besuchen, durch den Scharfrichter und seine Knechte die Gassen gründlich hätte reinigen lassen oder dieser 1593 verpflichtet worden wäre, das „stinkende Aas" wegzubringen und den Markt zu säubern, so wäre es für die Bürger wohl noch beschwerlicher und gefährlicher gewesen, die Straßen zu passieren, als es ohnehin schon war. Mit der Pflasterung stand es nicht besser; nur einige Straßen waren „gebrückt", wie man damals sagte, oder hatten wenigstens emporragende Steine, mit deren Hülfe man von einer Seite auf die andere gelangen konnte. Eine Straßenbeleuchtung kannte man nicht, nur ausnahmsweise wurden brennende Pechpfannen oder Fackeln an den Straßenecken befestigt, um einiges Licht in die Dunkelheit zu bringen. Gewöhnlich blieb der Bürger des Abends zu Hause und ging zeitig zur Ruhe oder suchte mit einer Laterne seinen Weg in den finsteren Gassen.

Von den Privathäusern Stettins können wir uns eine Vorstellung nur machen nach den Bauten in anderen Städten, in denen mehr Zeugen des 16. Jahrhunderts erhalten sind. Auch hier standen stattliche Giebelhäuser mit der Schmalseite nach der Straße zu und erstreckten sich weit in die Tiefe. Sie enthielten verhältnismäßig wenige und nicht allzugroße Wohnräume, dagegen umfangreiche Flure,

Höfe, Räumlichkeiten zum Brauen, Backen und Kochen, Stallungen, Böden, Speicher und was man sonst gebrauchte. Denn eigene Landwirtschaft trieben noch die meisten Bewohner; sie hatten ihre Äcker im Stadtfelde vor den Toren und ihre Wiesen, die 1564 zu den einzelnen Häusern „unwandelbar und in unverrücktem Stande" gelegt wurden, während sie früher nach dem Ermessen der Bürgermeister verteilt worden waren. Ob die Fassaden der Häuser auch hier mit reichem Schmuck in gotischem oder Renaissance-Stile aufgeführt und geziert waren, können wir nicht beurteilen. Von einer besonders regen Bautätigkeit zeugen die Nachrichten nicht, und die wenigen erhaltenen

Abb. 11. Heumarkt.

Reste oder die in ebenso geringer Zahl überkommenen Abbildungen und Zeichnungen zeigen eine ziemlich dürftige Ausstattung. Ein großer Teil der Bewohner wohnte in höchst einfachen Buden oder Kellern. Zählte man doch 1605 neben 334 Häusern 673 Buden und 461 Keller. Ein fahrender Schüler, der 1590 nach Stettin kam, schreibt in seinem Tagebuche: „Es wohnt viel Volkes unter der Erden, sonderlich von dem Handwerksvolk, in Kellern und Gewölben." Sonst nennt er Stettin eine große und wohlerbaute Stadt; „es sind die Häuser mehrenteils mit gebrannten Ziegeln gemauert, auch hat es darin feine weite Gassen und Plätze." Ebenso rühmen süddeutsche Reisende, die 1586 und 1590 nach Stettin kamen, es als eine „lustige, schöne Stadt" oder einen „wohl erbauten Ort", wissen aber von einzelnen Gebäuden nichts zu berichten. Nur das fürstliche Schloß wird als stattlich geschildert mit „lustigen Zimmern, Sälen und Kammern und einem gewölbten schönen Stalle". Auch der Lustgarten des Herzogs mit „lieblichen wohlriechenden Kräutern und Blumen, schönen abgerichteten Lauben" usw. wird erwähnt. Sonst hat man den Eindruck, daß das Aussehen der Stadt nicht gerade imponierend war.

Die Stadt ist in vier Quartiere eingeteilt; das erste umfaßt den alten Kessin an der Oder um den Heumarkt herum. Zu dem zweiten gehören die am dichtesten bewohnten Straßen der Stadt, die breite Straße, der Rödenberg und der Rosengarten. Den Mittelpunkt des dritten Stadtteils bildet etwa der Roßmarkt, er erstreckt sich bis an die Kirchen- und Schloßfreiheit, während zum vierten Quartier die Frauenstraße mit den zur Oder heruntergehenden Straßen vom Heumarkt nördlich gehört. In diesen vier Stadtvierteln zählte man im Jahre 1559 ungefähr 1510 zum Stadtschoß verpflichtete Bürger. Dazu kommen noch die in dem Register nicht aufgezählten Bewohner der nicht unter städtischer Gerichtsbarkeit stehenden Bewohner des Marienkirchen- und des Schloßbezirkes, sowie die vor den Toren wohnenden. Schätzungsweise mag die ganze Bevölkerung um diese Zeit auf etwa 6000 Seelen angegeben werden.

Die Verwaltung der Stadt war im Verhältnis zu ihrer Größe recht kompliziert und erforderte einen ziemlich großen Apparat von Beamten. Der ehrbare Rat, der die oberste Leitung der gesamten Stadtgeschäfte in der Hand hatte, bestand aus 28 Mitgliedern, von denen immer nur ein Teil den sitzenden Rat bildete. In der Liste der erwählten Ratspersonen kehren Angehörige einiger Familien wiederholt vor, Brink, Wüstehofe, Werdermann, Glineke, Schaum, Hohenholz, Brietzke, Sachtleben, Fuchs oder Voß, Schwellengrebel u. a. m., aber dazwischen erscheinen auch immer neue Namen, so daß von einem eigentlich ratsfähigen Patriziat auch jetzt nicht die Rede sein kann. Die Umsetzung der Ämter erfolgte wie bisher, doch die Stellen der drei Bürgermeister und der drei Kämmerer wurden auf Lebenszeit besetzt, nur so, daß die einzelnen Inhaber sich in der eigentlichen Geschäftsführung abwechselten. So wurde 1589 bestimmt, daß hinfürder die Herren Kämmerer gleichergestalt wie die Herren Bürgermeister umschichtig nach der Ordnung ihr Amt verwalten sollten. Austritt aus dem Rate wurde nur ausnahmsweise gestattet. Die Arbeiten der Mitglieder häuften sich in dieser bewegten Zeit so sehr, daß mancher Bürger sich sträubte, in den Rat einzutreten, da er dadurch seine Geschäfte zu versäumen fürchtete. Die Entschädigung, die sie genossen, bestand aus einigen Emolumenten, Deputaten und Freiheiten und war recht geringfügig. Neben dem Stadtschreiber, der die laufenden Geschäfte zu besorgen, das Archiv zu verwalten, die Korrespondenz zu besorgen hatte, wurde seit 1534 ein rechtskundiger Syndikus angestellt. Die immer zunehmende Zahl der Prozesse und Rechtsgeschäfte machte einen solchen unbedingt notwendig, und wir finden tüchtige Rechtsgelehrte, wie Lic. Stephan Klinkebiel, Dr. Michael Teuber, Dr. Christoph Friederich, in diesem Amte tätig. Stadtschreiber und Syndikus, die nicht Mitglieder des Rates waren, hatten die eigentliche Geschäftsführung. Von ihrem und ihrer Gehilfen Fleiß zeugen noch heute die dicken Aktenstöße, deren Menge schon in der zweiten Hälfte des 16. Jahrhunderts unheimlich anwächst. Sie waren die, welche die Rechte und Privilegien der Stadt kennen und ungeschmälert erhalten mußten. Deshalb legten Sebastian Mumm (gest. 1564), Elias Schleker (gest. 1599) und Paul Friedeborn, der 1597 Stadtsekretarius wurde, allerlei Kopiarien, Grenzbücher und Diplomatarien an, in denen sie wichtige Urkunden und Verträge zum bequemen Gebrauche sammelten und aufzeichneten.

Verhältnismäßig groß war auch die Zahl der übrigen Beamten oder Diener. Der Stadthauptmann hatte die Aufsicht über die zur Sicherung der Stadt dienenden Einrichtungen, die Fürsorge für „die Musterung und Ausrüstung innerhalb und außerhalb der Stadt“. Das Zeughaus am Kohlmarkte, der Pulverturm und das Pulverhaus unterstanden ihm. Der Stadthofmeister hatte die Leitung der Ökonomie, die bei der Selbstverwaltung der städtischen Ländereien und Dörfer recht umfangreich war, ihm waren die Vögte, die Schäfer zu Bergland, Krekow, Nemitz usw. untergeben. Drei reitende Diener mußten die Zitationen den untertänigen Bauern überbringen, Gefangene einholen und Botendienste außerhalb der Stadt verrichten. Vier andere Diener waren als Baumschließer, als Marktmeister, als Schulze auf der Wiek oder als Dammzöllner tätig, ein Hausschließer hatte die Sorge für das Rathaus mit seinem Inventar an Mobilien, Hausgerät, Kannen, Flaschen, Tellern, Kronen, Leuchtern, Kesseln, Leinen usw. Im Jahre 1573 wurde für die Stadt Silbergeschirr im Werte von 450 Gulden angefertigt, das bei den Festlichkeiten in der großen Ratsstube benutzt wurde. Hierbei hatten vier Stadtdiener, für die 1569 eine eigene Ordnung aufgesetzt wurde, die Aufwartung und sonstige Dienste; sie bildeten mit den anderen Dienern eine eigene Brüderschaft, zu der auch die Torknechte oder Quartierdiener, die 1587 eine Instruktion erhielten, der städtische Stall- und der Wagenknecht, die den Reit- und Wagenstall zu beaufsichtigen hatten, sowie andere, oft nur gelegentlich bestellte Knechte und Diener gehörten. Auf dem St. Jakobikirchturm hatte der Hausmann seine Wohnung, um von dort aus auf eine etwaige Feuersbrunst zu achten. Der Stadtzimmermeister, der Maurer und die Steinbrücker waren mit Bauten oder Reparaturen beschäftigt, der Brückenkieper hatte Dienst auf den Brücken. Für das Weinhaus der Stadt, das hinter dem Rathause 1564 erbaut wurde, bestellte man einen Kellermeister. Erst 1588 wurde eine regelrechte Wachtordnung erlassen, als es sich herausstellte, daß der Wachtmeister und seine vier Knechte die Sicherheit und Ordnung in der Nacht nicht aufrecht erhalten konnten. Täglich mußte der Wachtmeister 25 Personen aus der Bürgerschaft nach den eigens hierfür geführten Registern zur Wache aufbieten und auf die Quartiere verteilen. Er selbst und die Wachtknechte hatten für die rechte Ordnung im Wachtdienste zu sorgen. Zu der Last, die hierdurch den Bürgern aufgelegt ward, kamen auch noch Geldabgaben, die sie zur Deckung der Kosten in jedem Quartal zu leisten hatten. Eigentliche Exekutivbeamte waren der Fronbote und der Scharfrichter, der die mannigfachen Marterwerkzeuge, Zangen, Pfannen, Kessel, Brenner, beaufsichtigte und benutzte. Diese Beamte erhielten zumeist nur ein ganz kleines bares Gehalt und waren in der Hauptsache auf ein Deputat an Kleidung, Holz, Getreide u. a. m. angewiesen. Daß dabei ein nicht geringer Teil der Erträge der städtischen Äcker draufging, daß auch mancherlei Unterschleife, Erpressungen u. a. m. vorkamen, ist wohl erklärlich, wenn auch die städtische Verwaltung sich dadurch zu schützen suchte, daß sie jeden einzelnen der Diener einen Eid schwören ließ.

Wegen ihres Eigentumes hatte die Stadt mancherlei Streitigkeiten, 1548 mit Damm wegen der Grenzen in den Holzungen, seit 1561 mit Gollnow wegen der Brüche und Wiesen an der Krampe. Dieser Prozeß zog sich Jahrzehnte hin, besonders da auch Herzog Johann Friedrich Ansprüche erhob. Er verstand es, aus dem Streite der beiden Städte Gewinn zu ziehen, denn als er am 13. März 1584 die Grenzen festsetzte und die verschiedenen Irrungen beilegte, nahm er ein beträchtliches Stück, den sogenannten Fürstenflag, für sich in Besitz. Ebenso ging das Gebiet des Dorfes Lübzin am Dammschen See, um das der Rat seit etwa 1500 mit den Wussow stritt, der Stadt verloren, als 1568 und 1569 Gutachten der Universitäten Ingolstadt und Frankfurt erklärten, das Dorf sei den jetzigen Inhabern durch Verjährung zugefallen. Dagegen gewann Stettin neuen Besitz an der Berg- (1549), der Popplion- (1550) und der Kuckucksmühle (1552), sowie einzelne weitere Anteile in Messenthin (1558), Pommerensdorf und Krekow (1560). Das Verhältnis des Untertanstädtchens Pölitz wurde durch einen Vertrag vom 21. Juli 1571 geregelt; es mußte eine Orböre von 50 Mark jährlich zahlen, sonst Abgaben an Holz, Butter usw. leisten und Dienste z. B. bei Befestigungsarbeiten usw. tun.

Die Einnahmen der Stadt setzten sich aus regelmäßigen Abgaben der Bürger und der sonstigen Einwohner, aus allerlei unregelmäßigen Gefällen, aus Erträgen städtischer Unternehmungen oder Besitzungen, Pächten und anderen Hebungen zusammen. Der Schoß der Bürger war eine auf Selbsteinschätzung beruhende Vermögenssteuer, die von der gesamten fahrenden und liegenden Habe, der Barschaft, ausstehenden Kapitalien und Renten zu entrichten war. Dazu kam der sogenannte Vorschoß, den die Bürger für ihres Hauses Gerät, Kleinodien, Kleider usw. mit 6 Schillingen entrichteten, die sonstigen Einwohner, die nicht zu Bürgerrecht saßen, als einzige Geldzahlung leisteten. Der Ertrag war erstaunlich gering, sodaß, wenn die Selbsteinschätzung wirklich richtig war, die Bürgerschaft recht arm gewesen sein muß, denn er belief sich in den Jahren von 1575—1600 auf durchschnittlich nur etwa 2500 Gulden. Mit vollem Rechte hat man gesagt, daß, wenn diese Einnahme als das Herz der Einkünfte der Kämmerei bezeichnet wurde, in der Tat dieses Herz nur schwach war und den städtischen Organismus nicht hinreichend mit Blut zu versorgen vermochte. Freilich hatte die Stadt zahlreiche andere Einnahmequellen, die zum Teil recht ergiebig waren, aber sie waren ungleich und unregelmäßig und daher schwer vorher zu berechnen. Es waren allerlei Gebühren, z. B. für Gewinnung des Bürgerrechts, Strafgelder, Einkünfte des Stadt-, des Lastadischen und des Wettegerichts, Abgaben der Stadt Pölitz und der städtischen Dörfer, Zölle, Erträge aus dem Ratsweinkeller und den Bierkellern, aus den Mühlen, dem Ziegelhofe, den Badstuben, die Benutzungsgebühren vom Kran, den Scharren, die Mieten für städtische Wohnungen usw. Dazu kamen die Ergebnisse der eigenen Wirtschaft zu Bergland, Krekow, Nemitz.

Die Summe der Einnahmen war in den einzelnen Jahren sehr verschieden, sie bewegte sich in der Zeit von 1560—1600 zwischen 10254 Gulden (1561) und 25011 (i. J. 1571); im Durchschnitt belief sie sich auf etwa 15000 Gulden. Diese Unsicherheit der Einnahmen erschwerte eine regelrechte Finanzwirtschaft, man konnte weder mit einem bestimmten Ertrage vorher rechnen, noch genau kontrollieren, ob überall richtig gewirtschaftet worden war.

Den Einnahmen standen recht erhebliche Ausgaben gegenüber. Daß das Heer der Beamten mit den baren Bezügen und vor allem

III. S

n 1600.

mit den Deputaten mannigfachster Art gar viel verschlang, ist schon hervorgehoben worden. Es läßt sich schwer berechnen, wie hoch etwa diese Ausgabe war. Wenn sie schätzungsweise auf 5575 Gulden jährlich angegeben wird, so mag das eher zu niedrig als zu hoch sein. Verhältnismäßig geringer waren die anderen ordentlichen Ausgaben, zu denen u. a. die Orböre (466 Gulden 21 Gr. 6 Pf.) gehörte. Dagegen erreichten die außerordentlichen Ausgaben in jedem Jahre eine recht beträchtliche Höhe. Solche wurden beansprucht durch Reisen und Gesandtschaften, Prozesse, Bauten, Reparaturen, namentlich des großen Steindammes, Geschenke an Fürstlichkeiten und Gesandte, Erbhuldigungen, Feste, hansische Kontributionen usw. Es wird berechnet, daß die Stadt in den Jahren 1530—1609 für solche Zwecke mehr als 180000 Gulden ausgegeben habe. Diese Posten machen es erklärlich, daß die gesamte Summe der Ausgaben ebenfalls sehr schwankend war. Der niedrigste Betrag beläuft sich in den Jahren von 1560—1600 auf 7498 Gulden (i. J. 1562), der höchste auf 23792 Gulden (i. J. 1571). Zunächst übersteigen in diesem Zeitraum die Einnahmen noch zum Teil nicht unbedeutend die Ausgaben; das erste Defizit findet sich 1567, dann aber sind seit 1574—1586 die Ausgaben fast regelmäßig höher als die Einnahmen. Um den Fehlbetrag zu decken, mußte der Rat immer wieder außerordentliche Abgaben erheben, die man als indirekte Steuer auf Waren legte. Da sie aber nur freiwillig und auf Zeit bewilligt wurden, konnte die Kämmerei nicht sicher damit rechnen, auch war der Ertrag sehr schwankend. Deshalb blieb, um überhaupt die städtische Verwaltung fortzuführen, nichts anderes übrig als die Aufnahme von Schulden. Dadurch geriet die Stadt, die ihre Einnahmen nur geringfügig und ganz unregelmäßig zu erhöhen verstand, in vollkommen ungesunde Finanzverhältnisse; es wurden Anleihen über Anleihen aufgenommen, für die hohe Zinsen (6%) bezahlt werden mußten, während man an eine regelrechte Abtragung der Schulden nicht dachte. Es ist wahrhaft erschreckend zu sehen, wie die städtische Schuld, die 1560 nur 4450 Gulden betrug, bis 1600 ganz regelmäßig auf 125625 Gulden stieg. Ist es da zu verwundern, daß gegen solche Wirtschaft, die der Rat ängstlich zu verbergen suchte, „damit der Stadt geringe Einkünfte nicht propaliert und der ganzen Gemeinde entdecket würden", doch endlich, als einiges davon bekannt wurde, die Bürgerschaft sich unwillig erhob und Protest einlegte? Auch den Kämmerern schlug wohl das Herz, wenn sie beim Abschlusse der Jahresrechnung, die dem Rate zur Decharge-Erteilung eingereicht wurde, immer wieder auf die steigende Schuldenlast hinweisen und über die Höhe der

Zinszahlung klagen mußten. Mancher sah mit Schrecken voraus, daß Stettin einer Katastrophe entgegen ging, wenn nicht eine entschiedene Änderung eintrat. Den damaligen Mitgliedern des Rats ist der Vorwurf zu machen, daß sie nicht an eine Reform der städtischen Verwaltung dachten, daß sie vielmehr von krassestem Eigennutz beherrscht an den bestehenden Zuständen festhalten wollten.

Auch im städtischen Gerichtswesen rissen arge Übelstände ein. Eine Quelle unaufhörlichen Streites war das Verhältnis der Stadt zu der Familie Wussow, die im alten Besitze des Erbrichteramtes war. Man stritt über die Kompetenzen, die Erträge, die Exekutive. Die Stadt hatte die unbeschränkte Gerichtsgewalt in den Vorstädten, den beiden Lastadien und Wieken, ausgenommen die Schulzenstraße auf der Oberwiek, und in den städtischen Dörfern. Sie wurde dort durch das lastadische Gericht oder auf den sogenannten Vogtdingen durch abgeordnete Ratsherren gehandhabt. Diese erschienen dazu jährlich mindestens einmal in Pölitz oder in den Dörfern, entschieden die Rechtsfälle, verkündeten die Artikel, „so des Rates Untertanen gehorsamlich zu halten haben", und nahmen die Rechnungen ab. Zugleich wurden die Verordnungen über die städtischen Dienste, die zumeist ungemessen und unbestimmt waren, über die Abgaben an den Rat oder an solche Bürger, denen diese verpachtet worden waren, bekannt gemacht. In der eigentlichen Stadt erstreckte sich die Gerichtsgewalt der Wussow auf das Gebiet zwischen der Baum- und langen Brücke bis auf die Mitte der Oder und bis in die Haveling, sowie auf die Schulzenstraße der Oberwiek. Von dem übrigen Teile der Stadt gehörten die Kirchenfreiheit bei St. Marien und die Schloßfreiheit mit ihren Bewohnern nicht unter das Stadtgericht, dessen Rechtsprechung auch sonst zahlreiche eximierte Personen entzogen waren. Es ist klar, daß eine solche Zersplitterung der Gerichtsgewalt zu unaufhörlichen Konflikten führen mußte. Deshalb ging der Rat am 29. Dezember 1551 mit Freuden auf einen Vertrag ein, durch den die Erbrichter Lüdeke und Peter Wussow der Stadt Stettin ihren Anteil am Gerichte für 5800 Gulden verkauften. Diese Abmachung fand jedoch nicht die Zustimmung des Herzogs Barnim, der vielmehr 1558 seinem Rate Jakob Zitzewitz die Anwartschaft auf das Stettiner Schulzengericht verlieh. So blieb das alte mißliche Verhältnis in der Stadt bestehen, ja es wurde noch unerquicklicher, als die Erbrichter sich um die Ausübung ihres Rechtes selbst gar nicht mehr kümmerten, aber um so mehr auf die richtige Verteilung der eingehenden Strafgelder drangen. Mit ihrem Vertreter, der gewöhnlich ein einfacher Schreiber war, kam es zu unzähligen Streitigkeiten. Sogar Johann

Friedrich griff ein und befahl zunächst dem Adam Wussow 1585, entweder persönlich den ordentlichen Gerichtstagen beizuwohnen oder sich durch einen gelehrten Richter vertreten zu lassen. Da dies nichts geholfen zu haben scheint, zog er 1593 einfach den Anteil Adam Wussows am Stadtgerichte ein und bestellte am 2. Januar 1594 einen herzoglichen Schultheißen und Unterschulzen. Hiergegen protestierten zwar Rat, Richter, Schöffen und Alterleute, aber alle Beschwerden und Klageschriften, mit denen die Stadt bis an den Kaiser ging, nützten nichts, der Herzog behielt den Anteil am Stadtgerichte in seiner Hand und ließ die Gerichtsgewalt durch einen bestellten Richter ausüben. Vielleicht war diese Änderung ein Vorteil, es war wenigstens die Teilnahme der Angehörigen einer Familie beseitigt worden, die längst fast jede Fühlung mit den städtischen Zuständen verloren hatte und ihr altes Erbrecht nur noch als eine Einnahmequelle betrachtete. Freilich begannen alsbald unendliche Zänkereien über die Gerichtsbarkeit mit dem Herzoge, der oft rücksichtslos die Rechte der Stadt verletzte.

Besetzt wurde das Stadtgericht mit Schöffen; als solche wurden nach der Ordnung von 1504 auch fernerhin keine Ratsverwandte bestellt. Dagegen beanspruchte seit 1551 der Herzog die Wahl der Schöffen, die vom Rate ausgeübt wurde, und setzte diesen Anspruch auch durch. Zu derselben Zeit wurde es gebräuchlich, daß Angehörige der Gewandschneidergilde zur Schöffenbank ausgewählt, und solche Personen, die nicht dazu gehörten, nur ausnahmsweise mit dem Schöffenamte betraut wurden. Es fehlte nicht an mancherlei Beschwerden über diesen Brauch, ebenso wie die Schöffen wiederholt über Mängel des Gerichts klagten. Am 17. Dezember 1583 publizierte deshalb der Rat eine neue Gerichtsordnung, in der 7 ordentliche Gerichtstage im Jahre festgesetzt, die Formen der Ladung und des Verfahrens bestimmt, über die Prokuratoren, die Berufung und Exekution Anordnungen getroffen wurden. Der Rat bestellte aus seiner Mitte einen Richtvogt, der im Gerichte die Leitung hatte, und besoldete einen Schöffendiener, der auf Befehl des Vogtes die Parteien zitierte. In bestimmten Fällen, besonders bei Übertretungen von allerlei Ordnungen, hatte der Rat für sich eine Jurisdiktion; an ihn ging die Appellation vom Lastadischen Gerichte, das ebenfalls von Schöffen und zwei aus dem Rate gewählten Richtvögten besetzt wurde. Vom Stadtgerichte erfolgte die Berufung an das Hofgericht, für das bereits 1566 eine neue Ordnung erlassen worden war. Der Rat suchte stets die Selbständigkeit der Jurisdiktion aufrecht zu erhalten und betonte deshalb namentlich die Grundlagen des Rechtes, das in Stettin Gültigkeit hatte. Es beruhte auf der Stadt Konstitutionen und Ordnungen; daneben galten das Magdeburgische Weichbildrecht, gemeines Sachsen- oder Landrecht und gemeines kaiserliches Recht. Der Rat erließ Deklarationen namentlich 1568 über die Erbfälle und für die Bürgerschaft allgemein gültige Verordnungen. Das Schöffengericht suchte Rechtsbelehrung von Magdeburg. Die Exekutive übte die Stadt selbst aus; für Hinrichtungen ließ sie um 1560 einen neuen Galgen im Süden der Stadt auf der Galgwiese errichten. Bereits 1574 muß er erneuert werden. Daneben bestand vor dem Mühlentore das sogenannte Köppengericht, wo zahlreiche Hinrichtungen durch Feuer oder durch das Schwert vollzogen wurden; 1542 wurden dort 7 Mordbrenner auf einmal „geschmokt". Aus den Jahren 1573—1580 werden 5 Exekutionen wegen Ehebruchs, Notzucht, Bigamie u. a. m. berichtet. So hatten der städtische Scharfrichter und seine Knechte reichliche Arbeit, für die sie nach einer besonderen Gebührenordnung entlohnt wurden. Einen armen Sünder mit dem Strange zu richten, kostete einen Gulden. Wenn der Scharfrichter einen an den Kaak, die Schandsäule, die auf dem Heumarkte stand, stellte oder aus der Stadt stäupte, erhielt er gleichfalls einen Gulden. Die Gefängnisse in einem Mauerturm oder der sogenannte „Finkenbauer" im Rathause waren selten leer. Mit Schwert und Rad, mit Feuer und Galgen ging man in gleicher Weise vor, wenn das Stadtgericht das Urteil gesprochen oder das Lastadische Gericht verurteilte Missetäter zur Exekution überwiesen hatte. Daneben ließ auch der Herzog seine Gerichtsgewalt nicht minder ausüben und 1574 einen neuen Galgen vor dem Mühlentore errichten, an dem ein Malergeselle, der im Schlosse einen Diebstahl begangen hatte, als erstes Opfer hing. Als Johann Friedrich aber 1596 dort einen neuen Rabenstein zu errichten befahl, erhob der Rat dagegen Protest, da die Stelle städtischer Besitz und der Landesfürst eine Exekution in der Stadt auszuüben nicht berechtigt sei; man habe ihm hierin nur unter Vorbehalt der Rechte der Stadt nachgegeben. Trotzdem setzte der Herzog schließlich seinen Willen durch.

Eine Art von Handelsgericht war das Watergericht, das nach der Bestimmung von 1536 durch die Alterleute des Seglerhauses und des Kaufmannes verwaltet wurde. Damals hob man die Appellation nach Wisby auf und übertrug sie dem Rate, doch noch 1562 ließ man sich eine Abschrift des gotländischen Waterrechtes kommen, „dat ein jeder, de tor See wärts handle, sick hina richten mag." Eine Polizeigerichtsbarkeit besaßen die aus dem Rate bestellten „Weddeherren"; sie sollten, wie es heißt, unzüchtige und ungehorsame Leute in Geldstrafe nehmen oder sonst mit gebührlicher Leibesstrafe nach der Schöffen

Erkenntnis strafen. Ihre Befugnisse wurden, wie es scheint, allmählich erweitert, je mehr es Sitte ward, das geschäftliche und das Privatleben der Bürger zu beaufsichtigen und immer mehr Schranken aufzurichten, über die niemand hinausgehen sollte.

Wenn wir zurückblickend die gesamte Verwaltungs- und Gerichtstätigkeit des Rates betrachten, so können wir nicht umhin, über den Umfang der Geschäfte, die seine Mitglieder entweder in ihrer Gesamtheit oder einzeln zu verrichten hatten, Erstaunen zu äußern. Die Ratsherren mußten Diplomaten sein bei ihren Verhandlungen mit Fürsten und einheimischen, sowie auswärtigen Staatsmännern, wenn es galt die Rechte der Stadt zu wahren und bei vielfachen Reisen in Schweden oder Dänemark, auf den Hansatagen oder bei Beratungen mit Frankfurt die Sache ihrer Gemeinde zu vertreten. Sie hatten das Vermögen und den Besitz der Stadt zu verwalten, wobei sie bald als Finanzmänner, bald als Landwirte tätig sein mußten. Sie saßen zu Gericht und hatten in den verschiedensten Fällen zu entscheiden. Eine Fülle von Obliegenheiten lag den Herren ob, die ihr Amt nur als Ehrenamt bekleideten. Man muß vor diesen Männern, mögen sie auch in mancher Beziehung, wie wir sahen, ihre Pflichten nicht nach moderner Anschauung aufgefaßt und erfüllt haben, doch alle Achtung haben und darf nicht an Einzelheiten, die uns heute fremd und sonderbar erscheinen, Anstoß nehmen.

Bei der Tätigkeit des Rates ist eine Entwickelung deutlich erkennbar, weit weniger ist das der Fall für die Bürgerschaft. Die Formen, in denen sie sich ergänzte, ihre Anteilnahme am Stadtregiment, ihre Organisation erfuhren keine wesentlichen, wenigstens keine dauernden Veränderungen. Die Zahl der Bewohner der Stadt, die das Bürgerrecht besaßen, war, wie es scheint, zeitweilig recht klein. Freilich verlangte man von denen, die ein Geschäft oder ein Handwerk in der Stadt betreiben und Grundbesitz erwerben wollten, die Gewinnung des Bürgerrechtes, aber zahlreiche andere Einwohner, nicht nur die eximierten kirchlichen oder fürstlichen Beamten, sondern auch Arbeiter, Tagelöhner u. a. m., ließen sich nicht als Bürger eintragen. In dem Bürgerbuche sind deshalb Kaufleute und Handwerker am häufigsten verzeichnet, nur gelegentlich begegnen uns dort Prädikanten, Rentmeister, fürstliche Diener, Prokuratoren, Notare, Sekretarii, bisweilen auch ein Schulmeister oder Stuhlschreiber u. a. m. Regelmäßig ergänzte sich die Bürgerschaft durch eine Zahl von Bürgersöhnen, aber diese war doch ziemlich gering, sodaß man wohl eine nicht unbedeutende Abwanderung annehmen muß. Dadurch ist auch zu erklären, daß wir eigentlich nur wenige Familiennamen immer wieder in den

Listen finden, dagegen manche von bekannten Geschlechtern bald verschwinden sehen. Was der Grund für einen solchen ständigen Wechsel war, läßt sich nicht erkennen; vielleicht waren die ganzen wirtschaftlichen Verhältnisse der Entwickelung einer in den Familien forterbenden Geschäftsführung nicht günstig. So blieb die Zuwanderung von auswärts immer eine Quelle der Ergänzung der Bürgerschaft. Sogar Ausländer aus Holland, Schottland, Tirol, selbst aus Island fanden Aufnahme allerdings zumeist unter bestimmten Vorsichtsmaßregeln, namentlich wurde den Schotten, die ja damals viel im Lande herumzogen und mit großem Argwohn angesehen wurden, streng verboten mit dem Auslande Handel zu treiben oder schottische Knechte zu halten. Sonst wanderten natürlich Leute aus pommerschen Städten zahlreich zu. Auffallend aber ist es, wie viele Neubürger aus dem sächsischen und thüringischen Gebieten stammen; wir finden solche aus Leipzig, Dresden, Wittenberg, Torgau, Meißen, Zwickau, Erfurt, Zeitz, Schleusingen, Schmalkalden, Koburg u. a. m. Ebenso kamen aus der Lausitz und Schlesien Einwanderer oder aus dem Westen von Münster, Osnabrück, Essen, Dortmund, Emden, sogar aus süddeutschen Städten, wie Feuchtwangen, Nördlingen, Nürnberg usw. Es läßt sich nicht angeben, wie viele von den Zugewanderten dauernd in Stettin ansässig geblieben sind oder welche Bedeutung sie im dortigen Leben gewannen, aber immerhin zeigt schon eine ganz oberflächliche, Einzelheiten nur andeutende Betrachtung, daß die Stettiner Bevölkerung sich aus recht verschiedenen Elementen zusammensetzte. Sollte es möglich sein, daraus einen Schluß auf die Entwickelung Stettins und seiner Bürgerschaft zu ziehen?

Die Zahl der jährlich aufgenommenen Bürger belief sich in dieser Zeit auf etwa 80—90, nur im Jahre 1562 wurden auf einmal 600 Neubürger eingetragen. Man hat das mit einem großen Sterben erklären wollen, das unmittelbar vorangegangen sein und eine so umfassende Ergänzung nötig gemacht haben soll. Es ist aber, so viel wir auch von Pestilenzen und Krankheiten hören, eine solche gerade 1560 oder 1561 nicht bekannt. Es erging vielmehr damals vom Rate eine Aufforderung zur Gewinnung des Bürgerrechts, die einen solchen Erfolg hatte, daß zahlreiche Bewohner der Stadt, die bis dahin das Bürgerrecht zu gewinnen verabsäumt hatten, sich meldeten und den Bürgereid leisteten. Hierbei gelobten sie nicht nur einem ehrbaren Rate und der Stadt, sondern jetzt auch dem Landesherrn Gehorsam und Treue: „Ick will ock gern bi Tag ader Nacht, wann mi E. E. Rat verbaden läßt, personlich erscheinen und in allen Dingen, dat mi vorgeholden ist, ein treuer gehorsamer Bürger sein.“

Besonders versprach der Neubürger, sich an keinem Aufruhr zu beteiligen, niemand vor ein fremdes Gericht zu ziehen, der Stadt Privilegien zu schützen, vor allem die Niederlagegerechtigkeit zu beobachten und keine Fremden aufzunehmen. Diese und andere Bürgerpflichten oder die Ordnungen des Rates wurden regelmäßig in der Bürgersprache verkündet, die mindestens zweimal im Jahre von der Laube des Rathauses verlesen wurde. Daneben aber wurden die Verordnungen auch von den Kanzeln bekannt gemacht oder durch den Druck verbreitet. Immer mehr wurde es Sitte, auch in die Privatverhältnisse der Bürger reglementierend einzugreifen, ihnen für alle möglichen Vorgänge Vorschriften zu geben. Eine Kleider- und Köften- (d. h. Hochzeitsfest-) Ordnung wurde am 2. Juli 1558 erlassen und wiederholt erneuert. Man traf Bestimmungen für alle Familienfestlichkeiten, Verlobung und Biddelkoste (d. i. die Bewirtung der Hochzeitsbitter), Hochzeit und Kirchgang, Kindelbier usw. Je nach den vier Ständen, in die man die Bewohner teilte, wurde der Aufwand an Speisen abgestuft, und Vorschriften für Tanz und Musik wurden gegeben. Bei der Lebensfreude und der Genußsucht, die im damaligen Geschlechte herrschten, mögen ja solche Ordnungen notwendig gewesen sein, es spricht sich aber in ihnen auch ein gut Teil des status aristocraticus aus, der das Charakteristische in der Stadtverwaltung war. Bürgermeister, Ratsherren, Schöffen und Alterleute wollten in der Kleidung und beim Feiern der Feste etwas vor den Kaufleuten und Brauern, den Handwerkern und Schiffern oder gar vor den Bewohnern der Vorstädte, Trägern, Tagelöhnern und Kellerleuten voraus haben.

Wichtiger als diese Ordnungen waren die Feuerordnungen, die seit 1546 immer wieder publiziert wurden. Schon seit alter Zeit bestand für die Bürger die Pflicht, bei Feuersgefahr Hilfe zu leisten, aber Bestimmungen, wie jeder einzelne dabei mitzuwirken hatte, wurden erst jetzt gegeben. Man benutzte dazu die Einteilung der Bürgerschaft, die für Kriegs- und Wachzwecke längst in Gebrauch war. Das Heilige-Geist-Viertel hatte 220, das Passauer 450, das Mühlen- 350 und das Kessin-Viertel 350 Mann zu stellen, die in Rotten zu 10 eingeteilt waren. Jede Rotte hatte ihren bestimmten Sammelplatz, wo sie unter ihrem Rottmeister zusammentrat. Über diesen standen die Viertelsherren, die wiederholt im Jahre nachzusehen hatten, ob jeder Bürger seine Waffen wohl verwahrte und ob die Feuergeräte, Leiter, Eimer, Spritzen, die Schlitten mit den Kufen und Tonnen, in Ordnung waren. Auch die Brunnen, zu deren Unterhalt die sie benutzenden anwohnenden Bürger eine Art von

Genossenschaft bildeten und Beiträge zu zahlen hatten, wurden regelmäßig revidiert. Bei ihnen mußten, sobald der Hausmann vom Jakobikirchturme mit der Feuerglocke und dem Horne Feuer gemeldet hatte, bestimmte Klassen der Bevölkerung erscheinen und Wasser ziehen, andere mußten Pferde stellen, die Zimmerleute und Maurer vor allen übrigen zur Hilfe bereit sein. Bei Nacht wurden an einzelnen Stellen angebrachte, mit Kienspänen und Pech gefüllte Pfannen angezündet. Wenn alles nach der Ordnung richtig geschah, war es wohl möglich, dem gefährlichen Elemente, das in den engen Straßen oft furchtbar wütete, wenigstens einigermaßen Einhalt zu gebieten. Aber daß nicht selten allgemeine Verwirrung herrschte, Aufregung und Unordnung eine sichere Abwehr der Gefahr verhinderten oder gar unmöglich machten, ist sehr erklärlich. Trotzdem ist es bemerkenswert, daß Stettin nicht in dem Maße von Feuersbrünsten heimgesucht worden zu sein scheint, wie es bei anderen Städten der Fall war. Im Jahre 1579 brannte der Turm der Marienkirche, 1591 die Roßmühle nieder, sonst wird von größeren Bränden kaum etwas gemeldet.

Auch zur Erfüllung der Wachtpflicht trat die Bürgerschaft nach ihrer alt hergebrachten kriegerischen Einteilung zusammen, sonst aber zogen die Bürger nicht mehr aus zu Kampf und Fehde, sondern gingen im Schutze der Stadt friedlich ihren Geschäften nach. Die Zeiten hatten sich geändert; kamen auch noch auf den Straßen Überfälle und Räubereien genug vor, so hatte doch die Sicherheit dort zugenommen, seitdem eine modernere Staatsverwaltung nach Möglichkeit den Verkehr zu schützen suchte und das Geschlecht weniger gewalttätig und rücksichtslos zu werden anfing. Von direktem Kriege blieb Pommern verschont, so daß Stettin keine sonderlichen Rüstungen vorzunehmen hatte. Daß man die Wälle, Gräben und Mauern erhielt, auch Geldausgaben für den Bau 1581, 1586 und 1590 (im ganzen etwa 1000 Gulden) nicht scheute, war für die Stadt eine Ehrenpflicht, wie man um dieselbe Zeit auch das Rathaus stattlicher ausbaute und 1584 und 1591 mehr als 2000 Gulden dafür ausgab. Ihre Liebe zum Waffenhandwerk betätigten die Bürger in der Schützenkompagnie, die 1546, 1561 und 1566 neue Ordnungen erhielt, auch sonst mancherlei Förderung vom Rat oder Landesherrn erfuhr. Im Schützengarten bei St. Jürgen fanden die Übungen und das Königsschießen statt, zu dem der Rat 1581 sechs Hosentücher aus englischem Want der Gilde zusagte. Unter allgemeiner Teilnahme wurde um Pfingsten das Schützenfest mit dem Maireiten gefeiert, bei dem auch der Herzog erschien, um mit seinen Bürgern an dem Feste teilzunehmen. Es waren Jahre des Friedens, und auch die

Unruhen im Innern, hielten die gedeihliche Entwickelung von Gewerbe und Handel nur wenig auf.

Das Handwerk befand sich auf der Höhe seiner Blüte, wenn auch der Zunftzwang oft einen wenig günstigen Einfluß ausübte. So sehr sich die verschiedenen Gilden gegen einander abschlossen und ängstlich an ihren Rechten und Privilegien festhielten, so machte sich doch auch ein Gefühl der Zusammengehörigkeit im Handwerke geltend, und man einigte sich wiederholt zu gemeinsamem Vorgehen gegen den Rat, um die Gesamtinteressen zu vertreten und Einfluß auf die Stadtverwaltung zu gewinnen. Trotz allen Widerstrebens konnte der Rat sich der Forderung nicht entziehen; 1551 wurde ausdrücklich festgesetzt, daß die Alterleute der Werke „dieser Stadt Gedeih und Wohlfart neben dem Rat in hochwichtigen Artikeln und vorfallenden Geschäften mit raten sollen“. Aus den neun Hauptgewerken, der Knochenhauer, Bäcker, Schuhmacher, Schneider, Wollweber, Schmiede, Böttcher, Kürschner, Riemer, wurden jährlich am 3. Mai je 6 oder 4 Alterleute gewählt, die zusammen mit 8 Alterleuten vom Seglerhause und vom Gewandschnitte eine Art von Bürgerausschuß (gewöhnlich 52 Personen) bildeten. Freilich stand seine Berufung im freien Ermessen des Rats, und es fehlte an einer festen Bestimmung seiner Befugnisse. Es nützte nicht viel, daß der Rat 1591 beschloß, er könne „nachsinnliche und vernünftige Erinnerungen gar wohl leiden“, er behielt doch die Leitung der Geschäfte allein in den Händen.

Eine neue, feste Organisation erhielten die meisten Zünfte bereits in den Jahren von 1530—1550. Gildebriefe aus dieser Zeit liegen für fast alle Gewerke vor, andere bekamen etwas später neue Rollen. Gar bunt ist die Menge der verschiedenen Zünfte, unter denen sich manche kaum noch existierende befinden, wie die Kesselböter, Flaschendreher, Garbräter u. a. m. Noch bunter wird das Bild, wenn wir im Bürgerbuche unter den neu eingetragenen Bürgern von Schwertfegern, Contormachern, Malern, Tappetmachern u. a. m. lesen. Die Zunftordnungen wurden vom Rat gegeben und vom Herzoge bestätigt. Sie enthielten genaue Bestimmungen über die Zahl der Meister, die bei fast allen Gewerken eine begrenzte war, über die Gesellen und Lehrjungen, die Arbeiten, das Vermögen, die Alterleute und was sonst in den Bereich der Zunft gehörte. Überall ist das Bestreben erkennbar, die Erwerbstätigkeit genau zu bestimmen, jede Überproduktion durch Verbote zu verhindern, jede Konkurrenz durch außerhalb des Amtes stehende Leute unmöglich zu machen, jeden Übergriff eines anderen Handwerkes streng zu verbieten. Aus diesen Verhältnissen mußten natürlich unendliche Streitigkeiten erwachsen mit dem

Rate, wenn er die Rechte eines Werkes nicht genügend zu schützen schien, mit anderen Werken, mit Fuschern und Bönhasen, aber auch mit Zunftmeistern selbst. Dabei kam es zu Prozessen aller Art, und die Aktenstücke des Rats nicht minder, wie die der herzoglichen Regierung, ja auch des Reichskammergerichtes legen davon Zeugnis ab. Zahlreiche Klagen von Handwerkern kamen vor, weil sie von der Zunft nicht aufgenommen worden waren, von Gesellen, die sich über ihre Meister beschwerten, von ganzen Gewerken, die den verbotenen Betrieb von Handwerken auf dem Lande zur Anzeige brachten. Ganz besonders aber verfolgten die Zünfte die Fuscher, die außerhalb ihrer Gemeinschaft arbeiteten, besonders seitdem der Herzog in fast jedem Handwerke einige Freimeister privilegierte, die, ohne zum Gewerke zu gehören, ihr Handwerk betreiben durften.

Doch trotz aller solcher Streitigkeiten und Kämpfe, trotz des engen Geistes, der in den Zünften herrschte, blühte im allgemeinen das Handwerk, es hatte in Wahrheit goldenen Boden. Wir wissen zwar fast nichts von dem Leben und Treiben der Stettiner Handwerker, nichts von ihrem Verdienst, aber aus der großen Zahl der Gewerbetreibenden, die in dieser Zeit nach Stettin kamen und dort ihren Erwerb suchten, darf man wohl schließen, daß in der Stadt Gelegenheit zu gewinnreicher Arbeit war. Die Residenz- und die Handelsstadt mit starkem Verkehr zog manchen Meister und Gesellen hierher, und nicht wenige von ihnen mögen zu Wohlstand gekommen und ehrbare Stettiner Bürger geworden sein. Was aber diese braven und tüchtigen Meister schufen, ist fast alles verschwunden und zu Grunde gegangen. Das Wenige, was sich hier und dort, in Museen erhalten hat, kann uns kaum ein Bild von ihrer Kunstfertigkeit geben. Ganz anders würden wir urteilen können, wenn es möglich wäre einen Blick in die damaligen Häuser der wohlhabenden Stettiner Bürger zu werfen. Da standen die festen Laden und Schränke, die großen Tische, Stühle und Bettladen, da prangte in Wohnraum und Küche manches Prunkgerät neben den gewöhnlichen Gebrauchsgegenständen, da lagen in Truhen die Gewänder und Linnen, und wohl das meiste war von einheimischen Meistern angefertigt.

„Die Getreideausfuhr, Schiffahrt und Kaufmannshantierung ist der Stadt Herz und Leben", schreibt der Rat i. J. 1606. Die zweite Hälfte des 16. Jahrhunderts bezeichnet trotz aller Klagen und Beschwerden einen Höhepunkt des Stettiner Handels, der bald darauf in tiefen Verfall geriet. Die Kaufleute bildeten die Korporation zum Seglerhause mit 6 Älterleuten. Zu ihr gehörten auch die Gewandschneider (d. h. Tuchhändler), die 1544 und 1586 vom

Rate neue Statuten erhielten. Als Grundgesetze für den Großhandel galten die Ordnungen, die gleichfalls vom Rate „der Kaufmannschaft halben“ gegeben wurden. Sie enthalten die näheren Bestimmungen über den Geschäftsverkehr mit den Gästen und den Faktoren (d. h. Vertretern auswärtiger Firmen), über den Kornhandel, den Vorrat an Getreide, über das Wettgericht usw. Die Kaufleute zum Seglerhause hatten die allgemeinen Handelsinteressen der Stadt wahrzunehmen. Deshalb finden wir in den Akten unzählige Berichte und Eingaben, die der „ehrbare Kaufmann“ an den Rat richtete. Meist enthalten sie bittere Klagen und schildern die Zustände in Stettin in den schwärzesten Farben. Besonders lang war der Wunschzettel, den die Kaufleute am 9. Januar 1556 übergaben. Hier wurde Beschwerde geführt über die unerlaubte Kornausfuhr und den Vorkauf, zwei Vorgänge, die ständig in den Klageschriften wiederkehrten, über den Schiffbau, die Frachten, das Bollwerk, den Mangel an vereideten Kornmessern, Zölle usw. Ähnliche Beschwerden wurden in den folgenden Jahren unaufhörlich wiederholt. Der Rat beriet gewöhnlich über die Wünsche, erteilte auch wohl eine Resolution, traf hin und wieder Änderungen, war aber meist selbst kaum imstande, die Mißstände abzustellen oder die Handelsverhältnisse zu bessern. Wie bemühte er sich z. B. um die wichtigen Zollfragen, wie kämpfte er seit 1555 gegen den Schwedter Zoll! Wie sehr beschäftigten ihn Zollstreitigkeiten mit anderen Städten, z. B. mit Greifswald, Gartz a. O. oder Pasewalk! Große Aufregung herrschte in Stettin, als Herzog Johann Friedrich im Anfange des Jahres 1588 eine Zollerhöhung vornahm. Die angeschlagenen fürstlichen Mandate wurden zerrissen oder beschmutzt, so daß eine große Untersuchung über diesen Schimpf angestellt werden mußte; es kam natürlich nichts heraus, und die Zollerhöhung blieb bestehen. Es gelang aber 1544 und 1571 dem Rate, eine Erhöhung des städtischen Zolles auf dem Damm zu erreichen. Die Kaiser bewilligten sie, besonders weil die Unterhaltung des eine deutsche Meile langen Dammes und der 7 Brücken sehr beträchtliche Kosten verursachte.

Fast noch mehr Mühe machte die Frage des Vorkaufes. Es war streng verboten, irgend welche Waren, die zu Wasser oder zu Lande in die Stadt gebracht wurden, aufzukaufen, bevor sie regelrecht auf dem Markte zum Verkaufe gestellt worden waren. Sehr oft aber geschah es, daß Leute vor die Tore gingen und dort um die ankommenden Güter handelten oder Getreide in Usedom oder Ückermünde einkauften, ehe es in die Stadt gebracht worden war. Verbote gegen einen solchen Vorkauf erfolgten immer wieder, aber ganz abzustellen war „trotz allen Weheklagens der gemeinen Bürgerschaft" dieser Brauch nicht. Es war ein Hauptprinzip der städtischen Wirtschaftspolitik, allen Gliedern der Stadtgemeinde die Möglichkeit zu bieten, in gleicher Weise direkt aus erster Hand ihren Bedarf zu beziehen und den Zwischenhandel auszuschalten. Diesem Grundsatze entsprachen auch die Bestimmungen über den Kornhandel, die seit alter Zeit üblich waren, aber, wie es scheint, zuerst 1563 in einer Ordnung, „wie es mit dem Ausschiffen solle gehalten werden", zusammengefaßt wurden. Man war bestrebt den Nutzen des Kaufmanns mit dem Interesse der nach billigem Brotkorn verlangenden Bevölkerung zu vereinigen. Ein Vorrat an Getreide sollte von der Stadt und von den einzelnen Bürgern gehalten werden. Bald gab man hierüber neue Verordnungen; es mußte für jede Last, die ausgeführt werden sollte, eine gewisse Abgabe an Getreide, die sogenannte „Taxt", in der Stadt zum Vorrat gegeben werden. Sobald der Preis des Getreides nur ein wenig stieg, äußerte die städtische Bevölkerung sofort ihren Unwillen, schob alle Schuld auf Spekulation der Händler, schalt auf die Monopole und war zu Aufruhr geneigt. Deshalb hatte der Rat ein Interesse daran, durch Aufspeicherung von Getreide oder auch durch ein Ausfuhrverbot solchen Unruhen zuvorzukommen. 1590 verbot er die Gersten- und Malzausfuhr, ließ die in der Stadt befindlichen Vorräte an Roggen und Weizen revidieren und verordnete, daß vom Roggen der 10. und vom Weizen der 8. Teil in der Stadt bleiben müsse. Auf solche Weise suchte man das Interesse der Bewohner zu wahren, doch bereits 1597 kam es, wie bereits berichtet wurde, infolge einer Teuerung wieder zu einem Aufstande. Infolgedessen erließ der Rat am 25. Juli 1597 eine neue ausführliche Kornordnung, in der die frühen Bestimmungen verschärft und dem Getreidehandel enge Grenzen gezogen wurden. In erster Linie sollte das in die Stadt gebrachte Getreide zur Deckung des Bedarfes in ihr selbst dienen, Brauer, Bäcker, Branntweinbrenner, dann aber auch die Gewerke und die einzelnen Bürger sollten sich bis Martini (11. November) den nötigen Vorrat besorgen, erst in zweiter Linie durfte Korn weiter verkauft und ausgeschifft werden. Man kann sich denken, daß wegen solcher und ähnlicher Vorschriften manche Streitigkeiten entstanden. Es ist hier nicht möglich, auf die Einzelheiten einzugehen, aber der Hoffnung mag Ausdruck gegeben werden, daß der Stettiner Handel einmal eine erneute gründliche Darstellung finde; Material liegt trotz des üblen Geschickes, das die Archivalien des Seglerhauses getroffen hat, noch ziemlich reichlich vor.

Neben dem Getreide bildete der Wein einen besonders wichtigen Handelsgegenstand in Stettin. Von den seit 1571 in großer Zahl erhaltenen Erlaubnisscheinen, die der Rat für das Vorbeischiffen von Waren ausstellte, beziehen sich die meisten auf Wein aus Krossen und Guben, der zum großen Teil nach Danzig gebracht wurde. Es hatte sich der Brauch eingeführt, daß die Fässer nur drei Tage in den Schuten und Prähmen in Stettin liegen blieben, aber nicht ausgeladen und in Keller geschafft wurden. Als der Rat von Stettin 1574 auf Grund der Niederlagsprivilegien eine Kellerung verlangte, kam es zu langen Verhandlungen. Rhein- und französische Weine wurden in geringerer Menge importiert; wir hören hauptsächlich von solchen, die für die fürstliche Hofhaltung bestimmt waren. Um den nötigen Vorrat in der Stadt zu haben, erließ der Rat 1581 eine Weinordnung, in der drei Ratsherren, den Weinherren, die den Einkauf für den Stadt-Weinkeller zu besorgen hatten, die Aufsicht über die Schenken übertragen wurde und auch die Preise festgesetzt wurden. Weiter spielt in dem Stettiner Handel die Einfuhr von Fischen, namentlich Heringen, eine große Rolle. Wir wissen, daß 1598 nicht weniger als 5612 Tonnen eingeführt worden sind, von denen der größte Teil wieder zur Ausfuhr kam. Über diesen Zweig des Stettiner Handels liegt eine ausführliche Arbeit vor, die zeigt, welche Bedeutung er für den ganzen Ort hatte, wie er aber auch von manchen Schwankungen gerade in dieser Zeit heimgesucht wurde. Bereits 1545 klagte der Rat sehr lebhaft über den Rückgang des Heringshandels infolge der Änderung der Religion — er dachte dabei wohl an die Abschaffung der strengen Fastengebräuche — und infolge der Vorliebe für den mit Boysalz gesalzenen Hering. Als weitere wichtige Handelsgegenstände mögen noch Salz, Holz, Wolle, Leinewand, Tuch, Eisen (Osmund aus Schweden), Mühlsteine erwähnt werden, ohne dabei an eine vollständige Aufzählung zu denken.

Den Kleinhandel in der Stadt betrieben die Haken und die Krämer. Nach alter Bestimmung, die 1582 erneuert wurde, hatte das Hakenwerk 24 Mitglieder, die vom Rate gegen eine feste Gebühr ein Privileg und eine Bude an oder auf der Oder erhielten. Ihnen wurde das Recht des Handelns mit bestimmten Gegenständen, Fischen, Butter, Käse, Thran, Lichten, Teer u. a. m., übertragen; es erbte sich aber nicht ohne weiteres fort. Die Krämer bildeten gleichfalls eine Brüderschaft, deren Privileg 1583 erneuert wurde. Sie bezogen die beiden Jahrmärkte (im August und November), hatten aber dort Schutz vor fremden Hausierern, Zemplern, Schotten u. a. m. gar sehr nötig. Zwei jährliche Pferdemärkte wurden 1585 für den

April und Oktober eingerichtet. An solchen Tagen mag lebhafter Verkehr in der Stadt geherrscht haben, und der Marktmeister mit seinen Dienern hatte viel mit der Erhaltung der Ordnung beim Kaufe und Verkaufe, der Ruhe und Sicherheit zu tun. Es gab hierfür ganz bestimmte Vorschriften, wie es ja Sitte war, alles zu reglementieren. Seit 1560 waren die Löhne und die Arbeitszeit für die „Arbeitsleute“ bestimmt, um dieselbe Zeit erhielt die Brüderschaft der Träger ihre Ordnung, und doch waren Unruhen, Zwistigkeiten und Unordnung nicht zu beseitigen. Das wirtschaftliche Leben hatte bereits eine solche Ausdehnung und so verwickelte Formen angenommen, daß es schwer war im einzelnen alles nach Recht und Brauch auszuführen.

Der Kreis der Länder und Städte, mit denen Stettin damals im Verkehr stand, war im Grunde nur klein. Wir wissen nicht viel mehr, als daß es in Handelsbeziehungen mit der Mark, Böhmen, Polen, Schlesien, Lausitz, Meißen stand, daß natürlich mancherlei Geschäfte mit den kleineren Nachbarstädten gemacht wurden, obgleich gerade hier oft Neid und Mißgunst obwalteten. Größer als der Verkehr nach dem Binnenlande war der zur See. Als Ostseehafen hatte Stettin, wenn es auch an Lübeck, Stralsund und Danzig nicht herankam, doch eine nicht geringe Bedeutung. Zahlen für die Stettiner Reederei vermögen wir nicht anzugeben, aber der Schiffbau, für den auf den Antrag der Alterleute des Kaufmanns 1558 eine Ordnung erlassen wurde, war nicht unbedeutend; von 1556—1562 wurden 14 Schiffe vom Stapel gelassen. Sie sollten hauptsächlich den Stettiner Kaufleuten zur Befrachtung dienen und durften vor Ablauf von 6 Jahren nicht verkauft werden. Die Stettiner Schiffe, die vom Heimatshafen ausliefen, unterhielten besonders den Verkehr in der Ostsee nach Kolberg, Danzig, Königsberg, Wolgast, Greifswald, Stralsund, Barth, Rostock, Lübeck. Der Anteil, den die Schiffe Stettins an dem Verkehr durch den Sund hatten, war bis 1558 sehr gering; erst von da an sind in den Sundzollregistern mehr als vier verzeichnet. Die höchste Zahl findet sich im Jahre 1558 mit 54, sonst passierten etwa 30—40 den Sund. Sie unterhielten hauptsächlich Verkehr mit den Niederlanden und bis 1589 mit Norwegen; nur wenige fuhren nach Frankreich und Portugal. Im ganzen war der Anteil, den die Stettiner Reederei an dem damals aufblühenden atlantischen Verkehr unterhielt, unbedeutend; sie hatte ihr Gebiet wohl fast ausschließlich auf der Ostsee selbst. Daß auch die Schiffahrt mit mancherlei Beschwerden zu tun hatte, ist zu verstehen. Die Schiffer klagten 1590 über Störung ihres Erwerbes durch fremde, namentlich holländische

Schiffer, über die Leichterschiffahrt durch die Ihna und Ucker, über die Lösch- und Ladeplätze, über Untiefen und Verschlammung der Oder u. a. m. Zwar wandte der Rat auch diesen Mängeln seine Aufmerksamkeit zu, erließ Bollwerksordnungen, sorgte für den Ausbau der Stadtwage, beschaffte auf Stadtkosten eine „Schale" und baute 1558 ein neues Salzhaus auf der Lastadie oder 1561 das neue Wand-

Abb. 12. Bild Stettins aus der Trägerrolle.

haus am Roßmarkt. Indessen die Klagen über allerhand Mängel hörten nicht auf.

Auch auf dem Handelsgebiete beobachten wir den Vorgang, daß Stettin für sich selbst sorgen mußte. Von dem Landesherrn erfuhr die Stadt kaum Förderung und Unterstützung, oft eher Schädigung oder Erschwerung. Ebensowenig bot der Hansabund, dessen Macht und Einfluß gegenüber den selbständig gewordenen nordischen Staaten immer mehr zurückging, wirksame Unterstützung. Ängstlich hielt Stettin an den alten Privilegien fest, beschickte auch wieder die Tagungen oder beteiligte sich an Gesandtschaften, die der Bund ausrüstete, aber es gab schon Leute in Stettin, die über die hansischen Kontributionen als eine unnütze Ausgabe klagten. Man begann zu erkennen, daß die Oder- und Wartheschiffahrt, die für Stettin besonders wichtig waren, außerhalb des Gesichtskreises der Hansa lagen. Was bedeutete dagegen die Niederlassung der Stettiner auf Falsterbo, über die Elias Schlecker als Vogt 1579 einen Bericht erstattete? Auf der Fitte standen noch 48 Buden sehr verschiedener Größe, die mehr oder minder baufällig und verfallen waren. Wenige Jahre später, 1597, befanden sich dort nur 18—20 zumeist aufgegebene, baufällige Buden. Diese Tatsachen beweisen am besten, daß es vorbei war mit der Hansischen Herrlichkeit Stettins, daß es eigentlich ganz überflüssig war, wenn der Rat noch jährlich einen Schonenvogt ernannte. Die alten Kompagnien, die Draker, die Falsterbo- und Elbogenfahrer, ließen sich 1592 ihre alte Rolle noch einmal bestätigen, wurden aber immer mehr Gesellschaften zur Versorgung der in Krankheit oder Not geratenen Brüder. Für diesen Zweck wurde 1556 die alte Claus Dornsche Stiftung verwandt.

Wie sich in dieser Periode der Entwickelung Stettins die äußeren und die wirtschaftlichen Zustände der Stadt für lange Zeit ausbildeten, so war es auch der Fall auf kirchlichem und geistigem Gebiete. Was die Zeit der Reformation neu geschaffen hatte, das erhielt jetzt die Formen und die Gestalt, die Jahrhunderte hindurch bewahrt wurden. Dazu bedurfte es noch mancher mühseligen Arbeit in den Visitationen, die in diesen Jahren (1539, 1556, 1568, 1573) sich immer wiederholten. Am meisten Mühe machte die Vermögensordnung der Kirchen; es war unendlich schwierig, aus den alten Registern die Einkünfte und den Kapitalsbesitz festzustellen und eine geregelte Kassenverwaltung zu schaffen. Nur allmählich gelang das, so daß man endlich für die Besoldung der Kirchen- und Schuldiener, die äußeren Angelegenheiten der Gemeinden dauernde Bestimmungen treffen konnte. Auch hierbei kam es wegen der Feststellung des Grundbesitzes der Kirchen oder der Verwendung der zu den einzelnen Stiftungen, Vikarien, Elemosynen gehörigen Kapitalien zu manchen Prozessen, die sich lange Zeit hinzogen. Besonders bedeutsam war der Streit, in den der Rat mit den Herzogen über das Patronat von St. Jakobi und Nikolai geriet. Die emsige Tätigkeit der Provisoren, durch die es gelang, eine feste Ordnung herzustellen, verdient alle Hochachtung. Sie arbeiteten mit Hingebung für die Gemeinden und erwarben sich um das Stettiner

Kirchenwesen ein dauerndes Verdienst. Wohl wurde damals mancherlei von dem alten Schmucke der Gotteshäuser bei Seite geschafft oder verkauft, aber die Zeit verlangte dies teils, weil man Anstoß daran nahm, teils, weil man Geld brauchte. Radikal ging man erst weit später mit einer solchen Beseitigung vor; Meßgewänder, Kaseln und Alben, blieben noch lange Jahre in Gebrauch. Für die kirchliche Lehre und den Gottesdienst wurde durch die Kirchenordnung und Agende von 1563 eine feste Grundlage geschaffen. Es bildete sich in Stettin ein strenges Luthertum heraus, so streng, daß alle abweichenden Lehren, mochten sie kryptokalvinistischer oder synkretistischer Art sein, rücksichtslos bekämpft und ihre Anhänger aus Amt und Brot gedrängt wurden. Das erfuhren Geistliche, wie Joachim Styge und Joachim Frise, die als Sacramentierer und Kalvinisten abgesetzt wurden, oder Petrus Becker, der zum Verlassen der Stadt bewogen wurde, weil er verdächtig war, mit Osiander Verbindungen zu unterhalten. Der Wunsch, die Gotteshäuser in stattlichem Bau zu erhalten oder auch auszubauen, lebte fort. So wurde 1579 die Nikolaikirche mit einem neuen Turm versehen, für St. Gertrud 1569 eine neue Glocke gegossen und manch stattliches Grabmal in St. Jakobi errichtet.

Es ist hier nicht möglich, auf die Geschichte der einzelnen Gotteshäuser einzugehen. Dabei wäre auch nicht von großen Vorgängen zu berichten, aber wohl von dem stillen, ernsten Wirken und Walten glaubenstreuer Geistlicher, die bei aller Einseitigkeit im Kreise ihrer Gemeinden und darüber hinaus mit Segen tätig waren. Männer, wie Christoph Stymmel († 1588), Konrad Berg († 1592) oder Friedrich Runge († 1604) an der Marienkirche, Johannes Cogler († 1605) an Jakobi, Johannes Blenno († 1609) an Nikolai, Georg Rhete († 1586) an St. Petri u. a. m., haben nicht nur in Stettin einen guten Ruf gehabt, sondern sich zum Teil auch durch wissenschaftliche Tätigkeit einen bekannten Namen erworben. Viele gedruckte Predigten lassen uns erkennen, daß sie es mit ihrem Amte ernst nahmen und Gottes Wort und Luthers Lehre mit Eifer verkündeten.

Mit dem Schulwesen stand es in der Stadt zwar besser als früher, aber nach unsern Begriffen noch schlecht genug. Das fürstliche Pädagogium war mit gelehrten Lehrern wohl versehen und erfreute sich eines regen Besuches. Der Unterricht hatte von Anfang an einen akademischen Anstrich, so daß für manche der Besuch der Fürstenschule den einer Universität ersetzte. Damit zogen studentische Gebräuche und Unsitten ein, und wiederholt mußten die Fürsten, die ihrer Stiftung stets ein sonderliches Interesse entgegenbrachten, oder der Rat gegen Zügellosigkeit, Unfug und Übermut der Jugend energisch einschreiten. Ein Teil der Schüler hatte beim Gottesdienste in der Marien- oder in der Schloßkirche den Gesang auszuüben. Unter der Leitung des tüchtigen Komponisten Philipp Dulichius, der von 1587 bis 1630 am Pädagogium als Kantor wirkte, wurde manch kunstvoller Gesang ausgeführt. Übler als mit dieser reich dotierten und stattlich unterhaltenen Anstalt stand es mit der Ratsschule, die seit etwa 1550 ein klägliches Unterkommen in dem ehemaligen Annenkloster gefunden hatte. Vor allem fehlte es an Geld, den Rektor und die Lehrer auch nur notdürftig zu besolden oder die äußeren Zustände zu bessern. Darunter litt natürlich der innere Betrieb, so daß die Klagen nicht aufhörten. Immerhin zogen viele Stettiner, die hier ihre Vorbereitung erhalten hatten, auf Hochschulen in der Nähe und Ferne, um namentlich theologischen und juristischen Studien obzuliegen. Mit dem niederen Schulwesen wollte es noch weniger vorwärts gehen. Die theologisch gebildeten Küster an den Stadtkirchen sollten für Knaben und Mädchen Schule halten, aber im Grunde waren es doch hauptsächlich die viel bekämpften Winkelschulen, die wenigstens einem Teile der Jugend notdürftige Kenntnisse vermittelten. Dagegen konnten die vom Rate konzessionierten deutschen Schulmeister oder Stuhlschreiber wenig ausrichten, eine regelrechte Förderung des Schulwesens erfolgte nicht.

Ganz anders sorgte man für Arme und Kranke. Das sah man als eine religiöse Pflicht an, ja man hielt es für eine Notwendigkeit, daß Bettler in der Stadt seien, damit die Bewohner Wohltätigkeit üben könnten. Diese an die katholische Zeit erinnernde Anschauung kommt zum deutlichen Ausdruck in der Bettler-Ordnung, die 1553 durch den Stadtsyndikus Dr. Wins aufgesetzt und 1574 revidiert wurde. Er denkt gar nicht daran den Bettel durch geeignete Maßregeln zu unterdrücken und zu beseitigen, nein die Bettler werden zu einer Brüderschaft vereinigt, mit besonderen Abzeichen versehen und geradezu privilegiert. Zwei Bettelvögte müssen auf Ordnung halten und dafür sorgen, daß nicht fremde Bettler eindringen. Die Armenhäuser, wie das Pinsenhaus am Rödenberg, das Kloster, das alte Beginenhaus auf dem Rosengarten, die Hospitäler von St. Jürgen, St. Spiritus und St. Gertrud wurden von dazu bestellten Provisoren verwaltet. Eine schwere Sorge bereiteten dem Stadtregiment die auftretenden epidemischen Krankheiten, Pestilenzen, die in erschreckender Weise auch in Stettin hausten. Paul Friedeborn berichtet in seiner Stettiner Chronik immer wieder von einer pestis oder lues epidemica. Da sollen 1564 in einem halben Jahre in der Stadt 2500 Menschen gestorben sein, 1565 und 1567 wütete sie schon wieder. Im Sommer

1577 wurden nach seiner Angabe 2476 Personen von einer solchen Krankheit hingerafft. Fast ohne Unterbrechung kehrten solche Pestilenzen jährlich wieder. Schon 1549 ermahnte der Rat zur Vorsicht bei dem Jahrmarktsverkehr und befahl die Gassen zu reinigen, 1564 erließ er eine eigene Pestordnung und richtete im folgenden Jahre ein „Siechhaus“ auf der großen Lastadie bei dem Gertrudenkirchhofe für die Pestkranken ein. Ferner ließ er allerlei Mittel gegen die Pest bekannt machen, Vorsichtsmaßregeln von den Kanzeln verkündigen, aber alles half nichts, weil man es trotz aller Befehle des Herzogs oder des Rats an der nötigen Reinlichkeit fehlen ließ. In den engen unsauberen Straßen, in den ungesunden Kellerwohnungen hauste die Krankheit furchtbar. Der Stadtphysikus, der mindestens seit 1565 regelmäßig vom Rate bestellt wurde, oder andere Ärzte, Pestbalbiere, Kurpfuscher vermochten nichts gegen diesen furchtbaren Feind auszurichten. Was in den drei bestehenden Apotheken, der heutigen Löwen- (um 1530 entstanden), Hof- (um 1530) und Adler-Apotheke (um 1570), an Mitteln verkauft wurde, konnte wohl nicht viel nützen. Diese Pestzeiten lassen uns auch einen Blick tun in die Unbildung und den Aberglauben der Bevölkerung.

Mit einer gewissen stumpfsinnigen Gleichgültigkeit stand die Masse solchen Heimsuchungen gegenüber. Man nahm diese Schickung ruhig hin. Aberglaube beherrschte das damalige Geschlecht, von Wunderzeichen der verschiedensten Art berichtet gläubig der gebildete Friedeborn ebenso wie alle anderen Chronisten, von Mirakeln handeln ausführlich die Geistlichen in ihren Predigten und Erbauungsbüchern. In fliegenden Blättern und Traktaten wurde von Blut- und Schwefelregen, von ungewöhnlichem Donnern und Blitzen, von Teufelgeistern und was es derartig mehr gab, erzählt. Wie mußte solch Aberglaube bei der großen Masse, der es an geistiger Bildung gänzlich fehlte, auch moralisch wirken! Es wird deshalb über Sittenlosigkeit, Unzucht und andere Laster zur Genüge geklagt. Es war eine Zeit, in der ein großer Teil des Volkes in Unbildung fast verkam, während ein anderer lebhaftes Interesse an Kunst und Wissenschaft gewann. Auch in Stettin gab es damals Leute, die wissenschaftlicher Forschung ihre Teilnahme zuwandten oder sich gar selbst mit solchen Studien beschäftigten, die mit Vorliebe in lateinischer Sprache prosaische oder poetische Versuche machten und Gefallen daran fanden, in Chronodistichen die Zeitereignisse zu verewigen. Zu diesen gehörten nicht nur etwa Geistliche und Lehrer, nein Schöffen, wie Petrus Neumark oder Adam Mösler, liebten solche Beschäftigung. In dieser Zeit hielt auch die Buchdruckerkunst ihren Einzug in Stettin.

Im Jahre 1569 bekam Johann Eichhorn aus Frankfurt a. O. ein Buchdruckerprivileg für Alten Stettin und wurde alsbald mit dem Drucke amtlicher Veröffentlichungen betraut. Sein Schwiegersohn Andreas Kellner übernahm nach einigen Jahren die Offizin und druckte schon zahlreichere Werke, unter denen der kleine Katechismus Luthers von 1574 und „dat nye Testament“ von 1576 technisch hervorragen. Daneben errichtete der Subdiakonus an St. Marien Georg Rhete eine Anstalt namentlich zum Drucke von Kalendern, aus der als erstes bekanntes Werk 1577 ein Büchlein von Cometen hervorging. Zu gleicher Zeit wurde der Buchhandel in Stettin heimisch; es waren zunächst meist wandernde „Buchführer“, die ihre Ware feilhielten. Bei dem regen Verkehr, den jetzt die Stadt mit anderen Deutschen unterhielt, zog auch die hochdeutsche Sprache mehr und mehr ein. Die Umgangssprache blieb freilich noch lange das Niederdeutsche, aber in öffentlichen Angelegenheiten galt es bald als feiner hochdeutsch zu sprechen und zu schreiben. So wurde diese Mundart um 1540 besonders durch den Stadtsekretarius Sebastian Mumm auch in der städtischen Kanzlei gebräuchlich.

Der Sieg des fremden Dialektes ist ein Zeichen, daß Stettin begann, sich mehr und mehr dem allgemeinen deutschen Wesen anzunähern, daß der Unterschied zwischen nieder- und oberdeutschen Städten allmählich ausgeglichen wurde. So bedeutet auch in dieser Beziehung das 16. Jahrhundert für die Entwickelung der Stadt einen Fortschritt. Für Religion und Sprache, für Verwaltung und Regierung, für Handel und Verkehr wurden damals neue Grundlagen geschaffen, durch die dem Gemeinwesen auf lange Zeit die Wege gewiesen waren.

12. Kapitel.

Stettin im Zeitalter des dreißigjährigen Krieges.

Die erste Hälfte des 17. Jahrhunderts ist für Stettin ganz besonders ereignisvoll. Sie bringt einen finanziellen Zusammenbruch der Stadtverwaltung, Krieg, Fremdherrschaft, das Ende des alten Herrschergeschlechtes und die Begründung der schwedischen Regierung mit sich. Dabei tut sich in den ersten Jahrzehnten trotz vieler Unglücksfälle und Streitigkeiten eine nicht geringe Blüte im Handel und Verkehr, im Leben und Treiben der Bewohner kund. Es ist, als ob der Stadt vor den langen kriegerischen Verwickelungen, in die sie bald hineingezogen wird, noch einmal auf kurze Zeit Friede und Ruhe wenigstens von außen her beschieden sein sollen. Freilich im Innern herrschen wieder Kämpfe zwischen Landesherren, Rat und Bürgerschaft und verzehren zum Teil die Kraft der leitenden Kreise, aber es gelingt, einen Ausgleich zu schaffen, so daß der Gemeinde noch ein Jahrzehnt ruhiger Entwickelung gegönnt ist. Dann aber dringen die Gefahren des großen Krieges, der immer weiter um sich greift, bis an die Mauern der Stadt, und bald setzen sich fremde Scharen in ihr dauernd fest. Stettin gerät unter die Herrschaft der Schweden und wird von ihnen festgehalten, nachdem der letzte Herzog aus dem Greifengeschlechte ins Grab gesunken ist. Heiß umstritten wird die Stadt mit dem ganzen pommerschen Lande, doch Macht gilt in dieser Zeit vor Recht, die fremden Gewalthaber behaupten sie. Es ist eine schwere Zeit, von der die Stadt heimgesucht wird; politisch losgerissen von der Landschaft, mit der sie durch zahlreiche natürliche Beziehungen eng verbunden ist, wird sie einem Fremdkörper eingefügt und mit den Geschicken des Auslandes verknüpft.

Johann Friedrichs Nachfolger war sein Bruder Barnim XII., der nur ungern die Erbschaft antrat. Denn die Finanzen des Landes waren so zerrüttet und die Verpflichtungen für den neuen Herrn so drückend, daß man schier verzweifelte, eine Hilfe ausfindig zu machen. Dazu machten die Streitigkeiten und Prozesse mit Stettin ein erträgliches Verhältnis des Herzogs zu der ersten Stadt des Landes fast unmöglich. Als Barnim dort erschien und man über die übliche Huldigung zu verhandeln begann, vereinigten sich sämtliche Städte des Landes zu der Bitte an den neuen Herzog, er möge ihnen die gewöhnlichen Feierlichkeiten der Huldigung erlassen und sich mit der Zahlung von 20 000 Gulden begnügen. Erst nach langen Verhandlungen erklärte sich der Fürst bereit, diese Bitte zu erfüllen. Darauf erschienen am 17. Februar 1601 aus jeder Stadt einige Vertreter in Stettin, um für ihre Mitbürger den Eid zu leisten und den verabredeten Anteil an der Rekognitionsgebühr nebst einem Geschenke zu überreichen. Stettin kostete diese Huldigung doch immer noch etwa 6500 Gulden, es erhielt dafür die übliche Bestätigung seiner Rechte und Freiheiten. Man versuchte auch alsbald in eingehenden Beratungen die Streitpunkte, die zwischen Stadt und Herzog bestanden, aus dem Wege zu räumen, aber kam doch zu keinem Ausgleiche. Bereits am 1. September 1603 starb Barnim XII. Er wurde mit feierlichem Gepränge in der Schloßkirche beigesetzt. Das Gewitter, das während des Begräbnisses eintrat und bei dem ein Blitz in den Turm von St. Jakobi fuhr, erweckte in den abergläubischen Gemütern bange Ahnungen und Befürchtungen. Der fast 60 Jahre alte Bogislaw XIII., der bisher in Barth in glücklicher Stille gelebt hatte, übernahm die Herrschaft. Zunächst kam er nur vorübergehend nach Stettin, versuchte aber alsbald energisch, die schlimmsten Schäden der Landesregierung zu beseitigen. Aber die finanziellen Mißstände Stettins ließen sich nicht so leicht bessern, zumal da es der Rat nicht wagte, wirklich energisch einzugreifen. Man suchte wohl hier und da zu sparen, aber die Schulden wuchsen beständig; waren sie doch im Jahre 1604 bereits auf mehr als 184 900 Gulden gestiegen. Wenn es einmal gelang, den Stadthaushalt günstiger zu gestalten, so blieb doch immer die Höhe der Zinszahlung für die Stadtverwaltung höchst drückend. Dabei versäumte der Rat nicht, durch allerlei Ordnungen die verschiedenen Verhältnisse des städtischen Lebens zu regeln, immer mit der löblichen Absicht, Unregelmäßigkeiten oder Schäden zu beseitigen. Gegen den so viel bekämpften Vorkauf schritt man von neuem ein und setzte die Stunden des erlaubten Kaufes fest; es wurde verboten, vor 9 Uhr morgens und nachmittags von 12 bis 3 Uhr, so lange die rote Fahne nicht abgenommen war, etwas zu kaufen oder kaufen zu lassen. Ebenso wurden Bestimmungen erlassen über den Holzhandel, für den ein auf der Möllenwiese neu angelegter Hof diente, oder über den Weinhandel, der sich besonders nach Guben, Krossen und Fürstenberg erstreckte. Eine neue Bollwerksordnung vom 27. Juli 1604 traf Bestimmungen über das Laden und Löschen der Schiffe an den in die Oder hineingebauten Brücken und setzte Taxen für die hierbei vorkommenden Arbeiten fest. Weiter wurden die Vorschriften für die Hochzeitsfeste der Bürger erneuert, wobei sich wieder das Bestreben kundtat, den Unterschied der Stände recht deutlich hervorzuheben. Auch die Bauern im Stadteigentum erhielten eine ausführliche Ordnung für ihre Festlichkeiten, Kleidung u. a. m. Ebenso bekam damals das Wettegericht ein neues Reglement, in dem nicht nur die Zusammensetzung dieses Gerichtes aus 4 Ratsherren und 4 Angehörigen eines ehrbaren Kaufmanns festgelegt, sondern auch die alten Bestimmungen über den Handelsverkehr der Gäste und der Faktoren mit den Bürgern erneuert wurden. Zugleich erließ man eine neue Kornordnung mit den oft eingeschärften Bestimmungen über den Einkauf und den Vorrat an Getreide, für den die einzelnen Bürger und die Gewerke zu sorgen hatten. Alles dies zeigt, daß die Verwaltung der Stadt bemüht war, das private und öffentliche Leben der Bürger schützend zu regeln.

Schwere Sorgen machte dem Rate abermals die Frage der Huldigung, die Herzog Bogislaw immer dringender forderte. Stettin bot bereits im September 1604 dem Fürsten die Zahlung einer Geldsumme an, wenn es mit der „Ausrichtung" verschont werde. Erst nach längeren Verhandlungen war Bogislaw bereit, sich mit 6000 Gulden zufrieden zu geben; freilich mußte die Stadt ihm, seinem Hofstaate und Gästen noch ein Ehrenmahl veranstalten, die üblichen Geschenke überreichen und in einem Reverse den Verzicht auf die Feier als einen besondern Gnadenbeweis des Herrschers anerkennen. Am 5. April 1605 fand die Huldigung der Stadt auf dem Rathause statt, wo der Herzog mit stattlichem Gefolge erschien. In zierlicher Rede begrüßte der Syndikus Dr. Samuel Schwalch den Fürsten und feierte die Blüte des Herzogshauses, das damals 8 männliche Sprossen zählte. Alsdann wurde von Bürgermeister und Rat, sowie von der vor dem Rathause versammelten Bürgerschaft der übliche Eid geleistet. Eine festliche Bewirtung, die von 2 bis 9 Uhr dauerte, beschloß den Tag. Bogislaw zeigte sich der Stadt im ganzen recht wohlgesinnt. So hatte der Fürst, der bereits bei der Gründung von Franzburg ein besonderes Interesse für die Hebung der Industrie bewiesen hatte, die Absicht, auch in Stettin ein großes Woll- und Spinnwerk anzulegen. Er stieß aber damit bei dem Rate auf energischen Widerstand, so daß aus der Sache nichts wurde. Wieder zeigte es sich, daß die städtische Verwaltung wenig Verständnis für weitere Gesichtspunkte hatte. Der sonst energisch auftretende Bürgermeister Alexander von Rammin (1602 bis 1622) sah in dieser Beziehung nicht weiter als die anderen Mitglieder des Rates, unter denen seine Amtsgenossen Simon Gieselbrecht und Balthasar Sachtleben neben den Kämmerern Gregor Werdermann, Jürgen Giese und Jakob Simon die bedeutendsten gewesen zu sein scheinen. In engherzigem Kampfe gegen die Konkurrenz der Nachbarstädte, wie Altdamm, und gegen das auf dem Lande sich geltend machende Handwerk erschöpften diese Männer ihre Kraft.

Mitten in mannigfachen Plänen starb am 7. März 1606 Herzog Bogislaw XIII., und sein Sohn Philipp II. übernahm die Regierung des Stettiner Landes. Durch den neuen Thronwechsel entstanden der Stadt abermals erhebliche Kosten, und noch waren die Ausgaben für die beiden letzten Huldigungen nicht bestritten. Der Rat war schon gegen Ende des Jahres 1605 mit den Alterleuten des Kaufmanns und der Gewerke in Beratung über die Schulden getreten. Dabei schlug er eine Abgabe (Akzise) von den Getränken als außerordentliche Steuer vor. Eine solche „Zulage" war bereits 1580 auf 4 Jahre bewilligt worden, aber höchst unbeliebt gewesen. Trotzdem einigte man sich endlich am 3. Mai 1606, eine bestimmte Abgabe von Bier, Wein, Meth und Branntwein zur Tilgung der Huldigungskosten zu erheben, und machte zugleich die Taxe bekannt. Obwohl der Rat allerlei kleine Erleichterungen zugestand, erhob sich doch von verschiedenen Seiten Widerspruch dagegen, und namentlich die Brauer wandten sich sofort an den Herzog Philipp mit der Bitte, die neue Trankstener nicht zu dulden. Dieser sah in ihrer Einführung, wie es scheint, tatsächlich einen Eingriff in seine landesherrlichen Rechte, beschied Vertreter des Rats und der Bürgerschaft aufs Schloß und verhandelte mit ihnen. Es kam dabei zu erregten Szenen, besonders da der Rat gegen die Brauer sehr zornig war und ihnen alle Zusammenkünfte verbieten wollte. Er unterlag jedoch, so daß das ganze Werk ins Stocken geriet. Die alte Finanzwirtschaft dauerte fort, neue Ausgaben (z. B. 1606 eine Entschädigung für die vielfältigen Dienste der Schöffen) kamen dazu, die hohen Zinsen mußten gezahlt, neue Schulden (1606—13 durchschnittlich im Jahre fast 24000 Gulden) aufgenommen werden. Was blieb dem Rate übrig, als es abermals mit einer Zulage zu versuchen? Er begann mit den Brauern zu verhandeln und mit den Alterleuten zu beraten. Schließlich waren sie bereit, einen Zuschlag auf allerlei Waren zu bewilligen, doch natürlich nicht ohne sich selbst Vorteile zu sichern. So machte am 1. Mai 1608 der Rat bekannt, daß von allerhand zu Wasser oder zu Land in die Stadt gebrachten Kaufmanns- und Kramwaren, sowie von den Getränken eine Abgabe gezahlt werden solle. Ein Ausschuß von Ratsmitgliedern und Vertretern des Kaufmanns und der Gewerke erhielt die Aufgabe die Gelder zu sammeln und zu verwalten, die einzig zur Abtragung der Schulden verwandt werden sollten. Der Ertrag der Abgaben, deren Höhe in einem Tarife festgesetzt wurde und die neben den Getränken Getreide, Wolle, Wachs, Leinewand, Tuch, Holz, Hering, Salz, Erze u. a. m. trafen, wurde auf etwa 15000 Gulden geschätzt.

Wie aber glaubte man jetzt den Widerstand des Landesherrn zu überwinden, der kurz vorher eine solche Zulage verboten hatte? Der Rat meinte sehr klug zu handeln, indem er die Abwesenheit des Herzogs benutzte, um die Steuer einzuführen, er täuschte sich aber. Bereits am 16. Juni erging aus Neustettin, wo sich Philipp befand, an den Rat ein energisches Schreiben, in dem er zum sofortigen Berichte über die unerhörte Akzise aufgefordert wurde. Die Rechtfertigungsschrift beseitigte den Unmut des Herzogs nicht, er erließ vielmehr ein sehr scharfes Mandat, das am 17. Juli von allen Kanzeln der Stadt verlesen werden mußte. Rücksichtslos tadelte Philipp die ganze Finanzwirtschaft des Rates und seine Kühnheit, mit der er es wagte, nicht nur die vor zwei Jahren nicht bewilligte Tranksteuer, sondern auch einen hohen Zoll auf alle Waren heimlich ohne Wissen der landesfürstlichen Obrigkeit einzuführen. Es wurde jedermann verboten, diese Steuern zu zahlen. Vergeblich versuchte der Rat die Notwendigkeit seines Vorgehens zu rechtfertigen, vergeblich holte er von der juristischen Fakultät zu Marburg ein gelehrtes Gutachten ein, der Herzog beharrte bei seinem Verbote. Noch einmal erklärte er, der Rat habe schlecht gewirtschaft, die Ursachen der mißlichen Lage der Stadt seien nicht die Huldigungskosten, sondern, wie auch in Bürgerkreisen gemunkelt wurde, allerlei „Unterschleiferei, Eigennutz und Nachlässigkeit". Er sei bereit, auf Mittel und Wege zu gedenken und dem Rate zu helfen, wolle dabei aber seinen landesfürstlichen Willen respektiert sehen und die wahren Ursachen der Krankheit wissen.

Wie mag man im Rate über die schwere Anklage, die der Herzog erhob, gemurrt haben, besonders da man sich getroffen fühlte! Wie mag man über die scharfe Betonung der Autorität des Landesherrn gegenüber der städtischen Verwaltung erschrocken gewesen sein! Das hatte man von dem Fürsten, dessen Vermählung am 10. März 1607 auch Rat und Bürgerschaft mit großen Feierlichkeiten gefeiert, dem man am 27. April 1608 gehuldigt hatte, kaum erwartet. Nur mühsam und gewunden suchte sich der Rat in einem Berichte vom 26. Januar 1610 zu verteidigen, doch Philipp blieb fest. Immer deutlicher traten bei den bis ins Jahr 1612 fortdauernden Unterhandlungen die großen Mängel der Verwaltung zu Tage, immer schonungsloser wurden die Übelstände aufgedeckt. Dabei brachte die Regierung die zahlreichen Streitpunkte, die immer noch zwischen Herzog und Stadt bestanden, zu erneuter Erörterung. Die Beratungen, Konferenzen auf dem Schlosse oder dem Rathause nahmen kein Ende. Um aber in der Finanzfrage einen günstigen Bescheid zu erzielen, entschlossen sich der Rat und die Vertreter der Bürgerschaft endlich wenigstens die Beschwerden der herzoglichen Regierung aus dem Wege zu räumen, und am 27. März 1612 kam ein Vergleich hierüber zustande. Dieser Vertrag, der in der umständlichen, ja oft geradezu kaum verständlichen Form dieser Zeit abgefaßt ist, umfaßt 11 Punkte. Zunächst wurde inbetreff des Patronats der beiden Kirchen von St. Jakobi und Nikolai, über das man seit 1545 stritt, festgesetzt, daß der Rat Patron der Kirchen sein sollte, der Landesherr aber bei der Besetzung des Pastorats an St. Jakobi ein Bestätigungsrecht auszuüben hatte. Die Gerichtsbarkeit in Kirchen- und Schulsachen bekam das geistliche Konsistorium. An ihrem Anteil am Stadtgerichte hielt die herzogliche Regierung fest, und die Hälfte der Einkünfte und der Strafgewalt verblieb dem Herzoge. Um möglichst die Verwickelungen und Streitigkeiten, die aus diesem gemeinsamen Besitze entstehen konnten, zu beseitigen, wurde im einzelnen festgesetzt, wie der Fürst durch seinen Schultheiß, der Rat durch den aus seiner Mitte gewählten Gerichtsvogt die Rechtsprechung mit den Schöffen ausüben, in welchen Fällen der Rat allein entscheiden, wie man bei Verhaftungen, Arresten und in Polizeisachen vorgehen, wie weit die Gerichtsbarkeit des Schöffengerichts gehen sollte, was der Unterschulze und der Schöffendiener zu verrichten hätten, wie die Nachtwache zu handhaben wäre. Wegen der Mühlen einigte man sich dahin, daß die Mühle vor dem Passower Tor nicht den Bäckern dienen sollte, eine Malzmühle auf dem Flusse gegen eine jährliche Abgabe angelegt werden durfte. Weiter verglich man sich über die Fragen wegen des Rechtes an der Oder und den anderen Flüssen, über die der Fürst das Hoheitsrecht behielt, über die Niederlagsgerechtigkeit und das Recht, den Baum zu öffnen und zu schließen, das der Stadt nur unter landesherrlicher Aufsicht zugestanden wurde, über das Ausschiffen des Kornes, die Fischerei, das Wasserrecht usw. Im allgemeinen behielt die Stadt ihre alten Rechte, aber die Regierung gewann immer mehr die Befugnis, auch hier ein Wort mitzusprechen. Ähnlich verhielt es sich mit den Bestimmungen über die Zölle auf Schlachtvieh und Wildbret, die Jagd u. a. m. Sehr eingehend wurde festgesetzt, welche Herren- und Kirchenhäuser bei St. Marien von der städtischen Gerichtsbarkeit und den bürgerlichen Diensten frei sein sollten, und zugleich wurden die Bezirke, die zur Schloß- und Marienkirchenfreiheit gehörten, genau festgelegt, um Übergriffe der städtischen Polizei nach Möglichkeit zu verhindern. Endlich erfolgten Bestimmungen über das Holzrecht der fürstlichen Untertanen, die in den acht Wasserdörfern an der Oder wohnten, über eine Waschbank im Flusse und über ein Staket- oder Plankwerk am Stadtgraben hinter dem Frauentore. Dieser Vergleich, bei dessen Ausfertigung neben den fürstlichen Räten alle Mitglieder eines ehrbaren Rates, der Stadtschreiber Paul Friedeborn, Schöffen und Alterleute des Kaufmanns, sowie der neun Hauptgewerke zugegen waren, blieb auf lange Zeit grundlegend für das Verhältnis zwischen Stadt- und Landesregierung, man nannte ihn den „güldenen Vertrag“. Als ein Sieg der städtischen Verwaltung ist er kaum anzusehen, die Landesherrschaft hatte recht klug die mißliche Lage der Stadt benutzt, sie zu der Annahme von Bestimmungen zu nötigen, die der Selbständigkeit der Gemeinde erhebliche Beschränkungen auferlegten. Ob man das in der Stadt damals nicht so empfand oder ob man über die Erledigung dieser leidigen Streitpunkte in jedem Falle froh war, mag unentschieden bleiben. Jedenfalls wurde der Abschluß durch ein öffentliches Dankfest in den Kirchen gefeiert, und die Studenten des Pädagogiums führten zur Feier eine lustige Komödie auf, in der der „Wohlstand des Friedens und das Verderben der Uneinigkeit“ dargestellt wurde.

Hatte man wirklich sonderliche Ursache zum Feiern? Die schwierige Finanzfrage war einer Lösung noch sehr fern und die Not wuchs von Tag zu Tag. Die Vorschläge, die von herzoglicher Seite zur Besserung gemacht wurden, Erhöhung oder strengere Einziehung des Schosses, Verpachtung der Landgüter, waren dem Rate nicht angenehm, immer wieder kam er auf die Zulage und die Tranksteuer zurück. Manch bitteres, aber wahres Wort mußten die Ratsherren sich sagen lassen, besonders in dem fürstlichen Erlasse vom 29. Oktober 1612. Hier ging der Herzog mit ihnen gar streng ins Gericht, hielt ihnen vor, daß sie nicht im geringsten sich bemühten, die Ausgaben zu vermindern und die Einnahmen durch gerechte Erhebung der Abgaben, verständige Verwaltung der Stadtgüter, bessere Ordnung in der Stadt selbst zu erhöhen. Die herzoglichen Räte machten treffliche Vorschläge, aber sie predigten tauben Ohren. Der Rat entwarf zwar einen Plan zur Tilgung der Schulden, aber traf den Kern der ganzen Sache nicht. Er wollte selbst von seinen Einkünften, Deputaten und Privilegien nichts aufgeben und es mit den bevorrechtigten Klassen der Bevölkerung nicht verderben. Doch immer dringender traten die Forderungen an ihn heran nicht nur vonseiten des Herzogs, der die Herren „wegen schlechter Wirtschaft wie Schulbuben abkanzelte“, sondern auch vonseiten der Bürgerschaft, die immer mißtrauischer wurde. Nicht mehr im geheimen und von einzelnen, sondern schon ganz offen und von den Alterleuten des Kaufmanns wurde eine geregelte Vertretung der Bürgerschaft zur Anteilnahme an der Verwaltung gefordert. Die Erwählung von 60 Männern zu diesem Zwecke war von jetzt an die Hauptfrage bei allen Verhandlungen, die sich ohne Aufhören hinzogen. Je mehr der Rat sich gegen eine solche Einrichtung sträubte, desto größer wurde die Mißstimmung in der Gemeinde. Die ratsfeindliche Bewegung nahm immer größeren Umfang an und fand eine Stütze an dem Herzoge, der die Einsetzung einer Bürgervertretung für „nicht uneben“ erklärte. Endlich blieb dem Rate nichts weiter übrig als nachzugeben. Am 27. Mai 1613 zeigte er dem Fürsten an, er wolle seine Vorschläge annehmen, und überreichte eine Liste von 60 Männern, doch da erklärte sich die Bürgerschaft mit den Plänen nicht einverstanden. Der Streit um die Auswahl der Männer, die Erhöhung des Schosses, die Prüfung der alten Kämmerei-Rechnungen, die Tilgung der Schulden usw. erhob sich von neuem. Nach langen Unterhandlungen kam es am 26. August zu einem Ausgleiche; es wurden mit Zustimmung der Alterleute 60 Männer ernannt, die Punkte, über die sie beraten sollen, bestimmt, und „gute Einigkeit", wie es heißt, wurde geschaffen.

So war endlich etwas erreicht, freilich zunächst nur eine neue Instanz gebildet, die über Mittel und Wege zur Besserung beraten sollte; über die Art, wie diese wirklich erreicht werden konnte, stand noch nichts fest. Doch der Umstand, daß der Rat jetzt Vertretern der Bürgerschaft einen Einblick in die Verwaltung zu gewähren bereit war, wirkte beruhigend auf die erregten Gemüter. Die 60 Männer leisteten am 6. September den Eid, übernahmen die ihnen vom Rate überlassenen Ämter, und 12 von ihnen wurden mit der schwersten Aufgabe, der Prüfung der früheren Rechnungen, beauftragt. Bald zeigte es sich aber, daß der Rat durchaus nicht gewillt war, ihnen die Arbeit zu erleichtern, ja er machte durch allerlei kleinliche Maßregeln ihnen das Leben so sauer, daß offene Klagen laut wurden. Bei allen Vorschlägen, die seitens der Bürgervertreter gemacht wurden, bei allen Maßregeln, die sie zur Verminderung der Ausgaben trafen, kam es zu Streitigkeiten mit dem Rate. So ernst sich die 60 Männer, unter denen der Brauer Daniel Schreiber eine führende Stellung einnahm, bemühten, Besserung zu schaffen und Mißstände abzustellen, so sehr bewies der Rat wieder eigennützige Gesinnung. Die Wünsche, die sie vorbrachten, fanden kaum Beantwortung, die Untersuchungen, die sie wegen unrechtmäßiger Geschäftsführung gegen einzelne Personen, z. B. Philipp Enselin, anstellten, stießen auf Widerstand. Die Gemeinde, die alle Hoffnung auf ihre Tätigkeit gesetzt hatte, sah sich bald hierin getäuscht. Was sie erwartete, daß in kurzer Zeit eine Besserung eintreten werde, geschah nicht, und man schob jetzt die Schuld den Männern zu, die sich vergebens Mühe gaben, den Augiasstall zu reinigen. Deshalb wurden Vorwürfe und Klagen gegen sie laut, und schon im August 1614 beschwerten sich z. B. die Kramer beim Herzoge, daß die 60 Männer ihnen den Handel mit allerlei Kaufmannswaren am Bollwerk verböten.

Noch immer fehlte ein Mittel, die Finanzen tatsächlich zu bessern, Der Rat kam unaufhörlich auf die Getränksteuer und Zulage zurück, und nach anfänglicher Weigerung stimmten die 60 Männer zu. Nach unendlichen Verhandlungen wurde am 20. März 1615 eine Taxe auf Kaufmannswaren fertiggestellt. Natürlich regten sich sofort die Sonderinteressen der Brauer, der Holzhändler und der Kaufleute. Der Rat aber reichte die revidierte Taxe dem Herzoge zur Bestätigung ein und bat um Entscheidung über die wichtigste Frage, nämlich über die Festsetzung des Bierpreises. Man muß daran denken, was für eine Bedeutung das Bier damals im bürgerlichen Haushalte hatte, um zu verstehen, wie gerade der Preis von höchster Wichtigkeit für alle Bewohner der Stadt war. Das Bier war in armen und reichen Familien fast das einzige gebräuchliche Getränk; wie am Hofe Junker und Damen morgens ihre Biersuppe, abends ihren Krug Bier zu sich nahmen, so war es in bürgerlichen Kreisen fast noch mehr ein Nahrungsmittel, das durch nichts anderes zu ersetzen war. Eine Erhöhung des Preises traf daher alle Kreise und erregte jedesmal, wenn sie vorgenommen wurde, große Mißstimmung, die sich natürlich gegen die Brauer richtete, von denen es sogleich hieß, daß sie sich auf Kosten des niederen Volkes bereichern wollten. Deshalb wagte der Rat nicht, die von ihnen geforderte Steigerung des Preises aus eigenem Entschlusse zu genehmigen, aber auch nicht abzulehnen, da er die Brauer nicht erzürnen wollte. Der Herzog weigerte sich anfangs gleichfalls, in dieser Sache zu entscheiden, bewilligte aber schließlich die Bierakzise, ohne über den Verkaufspreis in der Stadt eine Entscheidung zu treffen. Da einigte sich dann der Rat mit den Brauern über den Bierpreis, und am 16. Juli 1616 wurde von den Kanzeln ein Dekret des Rates verlesen, in dem bekannt gemacht wurde, daß infolge der hohen Preise und des geringen Vorrats an Gerste und Malz der Preis für das Quartier Bitterbier auf 16 und Krugbier auf 13 Pfennige erhöht werden müsse.

Sofort regte sich Unzufriedenheit beim Volke; in der Nikolaikirche erhob sich das Murren: „Wy schäle nu twe Kickerlings-Beer drinken!" Natürlich schalt man auf die Brauer, die reich werden wollten, und auf die 60 Männer, die eine solche Belastung des Volkes nicht gehindert hätten. Überall rotteten sich die Leute zusammen, namentlich am Bollwerk, wo die Träger sich einfanden, auf den Lastadien und in den Wieken. Man schlug Trommeln, einzelne Haufen zogen auf den Heumarkt, wildes Geschrei wurde laut: „Schlagt den Schelm zu Tode!" Der Bürgermeister Alexander von Rammin (1602—22), ein alter Mann, war aufs höchste erschreckt, berief auf den Mittag den Rat und ließ, so weit es noch möglich war, die Stadt- und Wassertore schließen. Aber bereits erschienen bewaffnete Scharen vor dem Rathause, und vergebens versuchte der Syndikus Dr. Jakob Treder sie zu beruhigen. „Die Zöstiger (d. h. die 60 Männer) sind ehrlos, Schelme und Diebe und haben die Stadt bestohlen. Wo bleibt das große Geld, das die Armut alle Jahr geben muß? Wir haben einem ehrbaren Rate geschworen, der ist unsere Obrigkeit, dem haben wir unsern Eid getan und nicht den Zöstigern, den Schelmen und Dieben." So erklangen immer lauter die Scheltworte, und die aufgeregte Menge drängte in das Rathaus, in dem einige Ratsherren voll Angst dem

Treiben zuschauten. Andere eilten aufs Schloß, um dort Hilfe zu suchen, aber der Herzog war abwesend. Die fürstlichen Räte erließen sofort einen Befehl, die Menge solle ruhig auseinandergehen und ihre Beschwerden, wie es sich gezieme, vorbringen. Doch schon hatte das Volk Blut vergossen, den obersten Stadtdiener Lorenz Drewelow im Rathause schrecklich umgebracht und seine Leiche aus dem Fenster geworfen. Alsbald begann man die Keller etlicher Brauer, vor allem den des verhaßten Daniel Schreiber am Roßmarkte zu plündern, und der Pöbel „soff eine ganze Kufe voll frisch Bier aus". Am Abend des 16. Juli zogen die Wiekschen und Lastadieschen ab, doch die Aufständischen übernahmen die Wache, die Stadt war in der Gewalt des „gemeinen Pöbels". Kläglich war die Rolle, die der Rat spielte; ängstlich suchte er alle Schuld von sich abzuwenden, der Bürgermeister sagte, wie in einem gleichzeitig gedruckten Flugblatte erzählt wird, mit Zittern und Beben: „Liebe Bürger, gebet euch zufrieden, es soll alles wieder abgeschaffet und bei eurer vorigen alten Gerechtigkeit erhalten werden." Auch die Bürgerschaft tat nichts, kaum einer folgte dem Gebote des Stadthauptmanns Johann Neumann, der die Bürger aufbot, die Herrschaft der großen Masse zu brechen. Am 17. Juli früh begannen die Unruhen in der Stadt von neuem, die Menge tumultuierte wieder vor dem Rathause und suchte die 60 Männer auf, um sie gefangen dorthin zu bringen. Die Ratsherren eilten abermals aufs Schloß und erfuhren dort, daß ein fürstliches Friedegebot vom Herzoge Philipp aus Kolbatz eingetroffen sei. Dies wurde von dem herzoglichen Rat Dr. Jürgen Valentin Winther der aufrührerischen Menge vorgelesen. Zunächst machte das keinen Eindruck, der Lärm des von Stunde zu Stunde anwachsenden Volkes, das bereits das städtische Zeughaus, den Pulverturm u. a. m. erbrochen und sich mit Waffen versehen hatte, wurde immer größer. Da verkündete Winther von der Laube des Rathauses aus, man habe beschlossen, den alten Bierpreis wieder herzustellen. Jubel und Freudenschüsse ertönten; die Führer der Aufrührer, unter denen Hans Winicke von der Lastadie, Martin Friese aus der Stadt, Paul Kametke von der Niederwiek und Fischer Harmann von der Oberwiek besonders genannt werden, drangen ins Rathaus und stellten ihre weiteren Forderungen, vor allem die Abschaffung der 60 Männer. Vergebens versuchte der Syndikus sie zu beruhigen; die Menge draußen tobte und verlangte, daß die neun Hauptgewerke geholt würden. Sehr langsam und allmählich erschienen von diesen etwa 50 Personen. Winther verhandelte mit ihnen und teilte die Herabsetzung des Bierpreises mit. Während die Vertreter des Rates und des Fürsten zum Schlosse eilten, blieben die Gewerke auf dem Tanzsaale des Rathauses, wo mit wildem, wüstem Geschrei und nicht ohne Tätlichkeiten verhandelt wurde. Die Alterleute und die von den 60 Männern, deren man hatte habhaft werden können, wurden dort festgehalten, der Notar Andreas Hagge, der von den Aufständischen herbeigeholt worden war, suchte vergebens Ruhe zu stiften, er geriet dabei selbst in Lebensgefahr. „Die ganze Nacht über haben sie die Trommel in allen Gassen mit Schießen und Lärmen geschlagen."

Am 18. Juli früh traf Herzog Philipp mit seinem Gefolge in der Stadt ein und ergriff sofort Maßregeln, die Ruhe wieder herzustellen. Der Rat, Kaufleute, Gewerke wurden auf das Schloß entboten. Dort erklärten die Bürger, sie wollten auf der Seite des Herzogs und des Rates stehen, weigerten sich aber mit Waffengewalt gegen die Aufrührer vorzugehen. Sodann brachten sie ihre Forderungen inbezug auf die Besserung der städtischen Verwaltung, die Erhaltung der alten Freiheiten, die Abschaffung der Biertaxe und der Bierzise u. a. m., vor. Der Rat selbst, an dessen Spitze jetzt der Bürgermeister Clemens Michaelis erschien, stellte sich unter den Schutz des Herzogs, bei dem er mit Gut und Blut bleiben wollte. Darauf ließ dieser durch einen Herold in der Stadt Ruhe und Frieden gebieten und bekannt machen, daß der alte Preis für das Bier gelten, die 60 Männer abdanken und alle Beschwerden untersucht werden sollten.

Darauf legte sich der Aufstand, der, wie einige bald gedruckte „Berichte" oder „wahrhaftig neue Zeitungen" beweisen, über Stettin hinaus Aufsehen erregte. Den schwersten Schaden hatte die Autorität des Rates erlitten, gegen den die schärfsten Anschuldigungen laut geworden waren. Man nahm hier nur „Doctores, Tellerlecker und Schwägerken" in den Rat auf, so hatte ein Bürger den Herren selbst zugerufen. Ratlos und ohnmächtig hatten sie sich unter den Schutz des Landesherrn geflüchtet und damit die Selbständigkeit der Verwaltung preisgegeben. Philipp II. ließ alsbald die schwere Arbeit der Neuordnung und Regelung durch einen großen Ausschuß in Angriff nehmen. Dieser war aus fürstlichen Räten, Ratsherren, Vertretern der Kaufleute und der Gewerke zusammengesetzt, auch der Führer der 60 Männer, Daniel Schreiber, wurde zum großen Ärger des Rates hinzugezogen. Unendlich war die Mühe der Untersuchung, unaufhörlich die Klagen und Beschwerden, zahllose Berichte über die Ereignisse vom 16.—18. Juli wurden eingereicht, Inquisitionen und Verhöre fanden statt, Rechtfertigungsschriften der 60 Männer, der Lastadischen und Wiekischen liefen ein. Noch heute kann man sich in den Aktenstößen kaum zurecht finden. Das erste, was erfolgte, war der fürstliche Abschied vom 14. August 1616, der die Entlassung der 60 Männer verfügte und die Verwaltung und Aufsicht über die Stadtgüter und Einnahmen dem Rate übertrug.

Die Untersuchungskommission, die das ganze Jahr hindurch tätig war, deckte bei der Prüfung der alten Rechnungen viele Unordnungen, Mängel und Schäden auf, die teilweise an Unterschlagung und Betrug nahe heranreichten. Auf einen Bericht an den Herzog gab dieser seine Entscheidung über die Ausstellungen kund, die teils niedergeschlagen, teils aber auch weiter untersucht werden sollten. Daraufhin wurden Klagen gegen frühere Kämmerer oder deren Erben erhoben und verhandelt, ohne daß im einzelnen viel dabei herauskam. Zur Besserung der Lage geschah etwas durch das Mandat des Herzogs vom 24. Mai 1617. Die Verwaltung der Stadtgüter wurde dem Rate belassen, doch mit manchen Beschränkungen, indem nicht nur 17 Bürger den einzelnen Ratsherren bei der Administration zur Seite stehen sollten, sondern auch ein Ausschuß von 18—20 Männern zu den Geschäften der Kämmerei und zu der Prüfung der Rechnungen und Register hinzugezogen werden sollte. Diese doppelte Bürgervertretung von 17 Männern, die einzelnen Verwaltungszweigen zugeteilt wurden, und von 18 Männern (8 Kaufleute, 6 Bauern, 4 Handwerkern) wurde sogleich eingesetzt und hat längere Zeit bestanden. Die größte Mühe machte die Frage der Schuldentilgung und der Finanzreform. An Vorschlägen, Verhandlungen, Beratungen usw. fehlte es nicht, der Rat kam aber immer wieder auf die Zulage zurück, und sie wäre auch bewilligt worden, wenn der Herzog nicht protestiert hätte. Er schlug eine gerechtere direkte Besteuerung und eine freiwillige Abgabe vor, stieß jedoch auf Widerstand. So ging die Beratung hin und her und wurde durch das Eingreifen der Landstände noch erschwert. Schließlich wurde dann eine dreijährige Steuer auf den Grundbesitz (vom Hause 12—4, von der Bude 6—2, von dem Keller 3—1 Gulden usw.) neben dem gewöhnlichen Stadtschosse bewilligt, als der Rat sich entschlossen hatte, für dieselbe Zeit auf seine Deputate zu verzichten. In der Verordnung des Herzogs Franz I. vom 2. November 1619 wurden diese Bestimmungen mit der Bestätigung einer dreijährigen Zulage auf Kaufmannswaren und auf Getränke zusammengefaßt. Zugleich wurde ein Bürgerausschuß von 22 Mitgliedern eingesetzt, der diese Abgaben erheben und das Geld verwalten sollte. Damit war die Reform beendet, die so kümmerlich sie auch war, doch immerhin für die Entwickelung der städtischen Verwaltung eine große Bedeutung hatte. Die absolute Gewalt des Rates war gebrochen, die

Warhafftige Newe Zeitung/

Deß newlich entstandenen Auff-
ruhrs Perlaments vnd Aufflauffs/der
gantzen Gemeine vnd Bürgerschafft wider
jhre Ordentliche Obrigkeit/ Zu

Alten Stettin.

Geschehen in jetzigem 1616. Jahre im Monat *Iulio*, vom 16.
17. vnd biß auff den 18. dieses Monats.

Auß eim glaubwirdigen Stetinischen Schreiben den 24. Julii datirt.

Gedruckt im 1616 Jahre. Am Beginen Berge in der Kramer Company zufinden.

Schreiben auß Alten Stettin vom 24. Julij. ANNO 1616.

Vom Auffruhr der Bürgerschafft gegen jhre Obrigkeit vnd die 60. Menner daselbst.

DEmnach der Durchleuchtige/Hochgeborne Fürst vnd Herr Herr PHILIPPUS, Hertzog zu Stettin Pommern/der Cassuben vnd Wenden/Fürsten zu Rügen/Graffen zu Gützkow/vnd Herrn der Lande Lawenburg vnd Bütow. Nach Loblaß auff die Jagt gezogen / hat ein Erbar Rath vnd die 60. Bürger/ vnter dessen ein Mandat den 16. Julij war der Dingstag / zu Alten Stettin den Predigern in der Kirchen abzulesen vberantworten lassen/ Weil sie aber dieses in bedencken genommen/hat ein E. Rath einen Studenten ermahnen lassen/ eine Predigt desselbigen Vormittages in S. Nicolai Kirchen zu halten/ vnd nach gethaner Predigt/ solch Mandat abzulesen befohlen/ welches/als es geschehen/in der Kirchen (als man beten sollen) ein grossen Tumult vnd Fluchen erreget. Denn als das gemeine Gesindlein / sonderlich die alten vnnd jungen Weiber / auß der Kirchen gangen/ haben sie ohn vnterlaß einander zugeschryen vnd gesaget: Wy schölen nu twe Kickerlings Beer drincken. Wat/ wat/ schöle wy nu twe Kickerlings Beer drincken? vnd dergleichen Als nun solches die Träger an der Drabe neben andern erhöreten / haben sich anfangs nur jhrer 10. an die 60. Männer gemacht/vnd gefraget/ Ob es ein E. Rath mit jhnen also bewilliget vnd beschlossen / daß sie solten 2. Kickerlings Bier trincken? Darauff sie mit grosser Entschüldigung geantwortet/ Sie wüsten nichts daruon/welches aber diese 10 Bürger kein genügen gehabt / Hierauff haben sich der Lastadischen in die 300. zusamen gerottet/vnd mit einer Drummel in einer Kriegs-

ordnung nach dem Rathause gezogen / vnd als der Burgermei-
ster Herr Rammin neben dem obersten Diener Lorentz genandt/
eben domals im Rathause gestanden / hat einer vnter den Hauf-
fen den Burgermeister angeredet vnd gefraget: Wie ein Erbar
Rath vnd die 60. Männer darzu kehmen / daß sie solche Newe
Ziese vnd Biersteigerung auffbringen wolten? Dessen der Bur-
germeister sehr erschrocken/ mit zittern vnd beben geantwortet vnd
gebetten/ man wolte keine Handt anlegen / vnd gesaget: Lieben
Bürger/ gebet euch zu frieden / Es soll alles wider abgeschaffet/
vnd bey ewrer vorigen alten Gerechtigkeit erhalten werden.

In deme fänget Lorentz der oberste Diener an / die Bür-
ger mit Scheltworten anzugreiffen / sagende: Ihr Schelmen
vnd loß leichtferdig Gesindlein/was dörffet jhr euch vnterstehen/
mit solcher Gewalt vnd vngestümigkeit in die Freyheit deß Rat-
hauses zu fallen? Vber solchen Worten ist er vom Herrn Bur-
germeister gestrafft worden/ sagende: Ey/ ey Lorentz / das ist zu
viel / In deme haben sie den Burgermeister gefraget / ob er jhne
wolte von sich geben / oder vortheidigen? Darauff er geantwor-
tet / Das könne er nicht thun / vnd ist alsbald mit erschrockenem
Gemüthe durchs Volck nach Hause gangen / alsbald schlegt ei-
ner auff diesen Diener mit einem Rohr / daß er zur Erden fellet/
Da nehmen jhne die Botsknechte vnd schleppen jhne zwo Trep-
pen hinauff auff den Dantz Sahl/sagende: Er sey nicht werth/
daß man jhne zur Thür hinauß werffen solle / nehmen jhne
derwegen mit seinem Rapir vnd Dolch so er noch an der Seiten
gehabt / vnd werffen jhn oben zum Fenster hinunder auff den
Marckt vor das Rathauß / lassen jhne allda zum Spectakel li-
gen denselben Tag vnd folgende Nacht/ biß er darnach von etli-
chen andern vom Platz geschaffet worden. Als es nun gegen
den Abendt kommen / ist ein jeder wider nach seinem Losament
gegangen.

Folgendes

Folgendes Tages am Mittwochen / war der 27. Julij / haben sich die Ober vnd Nider Wickischen / zu den Lastadischen geschlagen / vnd in 3. Partheyen / ein jede mit jhrer Drommel / nach dem Rathause gezogen / vnter dessen aber / als der erste hauffen vorbey / seind 6. Fürstliche Officirer in die andere Ordnung darzwischen getretten / mit auffgereckten Fürstlichen Patenten zum Frieden vermahnet / Woran sie aber kein genügen haben wöllen / sondern fortgezogen / vnd den Officirern zur antwort geben: Hetten sie Fürstliche Befehl oder Mandata / so solten sie auffs Rathauß gehen / vnd dasselbe offentlich vor jedermenniglich herunder vnd ablesen / welches auch geschehen.

Weil sie aber im abwesen J. F. Gn. kein genügen daran haben wolten / haben sie sämptlich vber laut geschryen: Nein / Nein / wir können oder wollen solches ohne J. F. G. Gegenwart nicht eingehen oder glauben / darauff ein gewaltiges schiessen erfolget ist.

Vnd als die Fürstliche Officirer wider vom Rathhause nach Hoffe gangen / seind sie mit hellem Hauffen hinauff auff das Rathauß gefallen / dasselbige eingenommen / sich vntereinander berathschlaget / sie wolten den Rath sampt den 60. Männern auff das Rathauß holen / sie solten der Bürgerschafft richtige Rechnung thun.

Hierauff seind der halbe theil auffm Rathause geblieben / die andern in der Stadt vmbher gegangen / die Rathspersohnen sampt den Sechtzigen gesuchet / welche sich eins theils vorstecket / nemblich ein Becker in den Kleyenkasten / ein Schneider in dem Häuw / vnd dergleichen / auch einen Bötger / welcher vmb fristung seines Lebens vmb Gottes willen gebetten / vnd vorgeben / Er hette nur 300. Gülden von diesem Gelde bekommen / die wolte er gerne wider herfür geben. Diese vnd andere mehr / deren an der zahl 27. von den Sechtzigern gewesen so sie bekommen / haben sie mit hönischen vnd disen spöttischen worten: Wie viel

 hastu

hastu Butter von den Fohrwercken gekriegt? Wie viel hast du Kälber/Schaffe bekommen bey dem Leibe hinauff auff das Rathauß geführet/ vnd daselbst den Mitwochen Nacht/ vnd folgenden Donnerstag biß Glock 2. Nachmittag/ jämmerlich ohne einige Speiß vnd Tranck sitzen lassen/ die vbrigen auß den 60. sein auß der Stadt entrunnen. Vnter dessen ist das gemeine Gesindlein in die Brawer Keller gefallen/ gefraget vnd gesaget: Hastu auch zwey Kickerlings Bier gebrawen? vnd die Tonnen auß den Kellern genommen/ auff die freye Strasse gesetzet/ die Böden mit Beylen vnnd Exen außgeschlagen/ das Bier mit Hütchen/ Krüsen vnd Pötten außgesoffen/ darnach die Tonnen entzwey gehawen/ vnd allerley muthwill vnd leichtfertigkeit darbey getrieben/ daß es zu erbarmen gewesen/ daß sich auch die wol vermögenden reichen Leute besorget/ es möchte vber vnd vber gehen/ vnd die gantze Stadt geplündert werden/ dahero sie verursachet/ ihre Bahrschafft vnd Silberwerck in ander Leute Häuser zu tragen/ auch sich eins theils auß der Stadt gemachet.

Vnd weil ein Geschrey entstanden/ daß die Studenten vnd Kauffgesellen das Geschütz auß dem Zeughause nehmen/ vnd vnter die Rebellen richten wolten/ haben sie solches erfahren/ derhalben das Zeughaus mit 300. Mann besetzet.

Nach diesem sein etliche mit der Drummel nach deß Cantzlers Hause gangen/ als ihme solches kund worden/ ist er von seinem Hause auff einem Gange nach Hoffe geeylet.

Als es nun gegen den Abend kommen/ haben eins theils das Rathauß in verwahrung behalten/ die andern seind mit der Drummel/ grossen schiessen/ freffel vnd muthwillen/ die Nacht durch/ in allen Gassen gezogen/ biß auff den Morgen frü.

Den folgenden Donnerstag war der 18. haben sich bey 300. Mann auff den Marckt versamlet/ eines Erbarn Rathes Drummel vom Thurn genommen/ in allen Gassen schlagen vnd außruffen lassen: Daß sich ein jeder Bürger/ bey verlust

Hab

Hab vnd Guth / in einer halben Stunde mit seiner besten Ober vnd vnter Wehr auff dem Marckte solte finden lassen / welches auch geschehen. Als aber ein Mann / so in einem Keller wohnet / domals nicht einheimisch gewesen / hat seine Fraw sich an ihres Mannes statt / mit einem angegürten Degen vnd Spiesse auff freyen Marckte nebenst andern eingestellet. Inmittelst hat sich etlich ruchloß Gesindlein voll gesoffen / vnd sich vernehmen lassen / wie sie den Leuten ihren Speck / Würst / Fleisch / auß den Wihmen nehmen / vnd sich lustig darbey machen wolten.

Wie nun die Stadt in solcher grossen Gefahr gestanden / vnd jederman vermeynet / es würde nun alles zu stücken gehen vnd verwüstet werden / ist durch schickung deß Allmechtigen Gottes / J.F.Gn. eylends von der Jagt ankommen / vnd weil sie eben in voller Wehr in der Strassen gestanden / haben J.F.G. mitten durch sie nach Hoffe reitten müssen / da denn J.F.Gn. alsbald befohlen / etliche grosse Geschütz vnd eine Tonne Pulffer auff das Schloß zu führen / im Nothfall sich darmit zu beschützen.

Nachmittag Glock 2. Haben J.F.Gn. 4. Trommeter sampt dem FutterMarschalck vom Hoffe auff den Marck / vnd in alle Gassen Frieden zu blasen herunder geschicket / vnd hat der Futtermarschalck das Fürstliche Mandat jhnen vorgelesen / da vnter andern dieses die drey vornembsten Puncten gewesen:

I. Daß J.F.G. sie bey jhren alten *Privilegien* wolte schützen vnd handhaben.

II. Solle die Ziese vnd Biersteigerung abgeschaffet.

III. Sollen die Sechtzig Menner abgesetzet werden.

Als nun solches verlesen / ist jederman still vnd friedlich widerumb nach Hause gangen / vnd ferner kein Tumult gespüret worden.

Was hierauff weiter erfolgen wird / gibt die Zeit.

Photolith. u. Druck H. Susenbeth, Stettin.

Bürgerschaft hatte jetzt eine regelrechte Vertretung, man machte den Anfang, die direkten und indirekten Steuern gerechter zu verteilen.

Philipp II. hatte bei diesen langwierigen Verhandlungen nicht geringe Tatkraft und Besonnenheit bewiesen. Er war dabei von einer Zahl tüchtiger Räte unterstützt, unter denen sein Kanzler Martin Marstaller oder die Räte Bogislaw Philipp Chemnitz und Jürgen Valentin Winther hervorragten. Sie hatten neben anderen ihre Wohnungen in Stettin und hoben auch das geistige Leben in der Stadt. Dies gewann in den Jahren Philipps eine seltene Blüte besonders infolge des lebhaften Interesses, das der Herzog allen Bestrebungen auf den Gebieten der Wissenschaft und Kunst entgegenbrachte. Auf seine Anregung fertigte der Rostocker Eilhard Lubin nach genauen Aufnahmen eine große Karte des Landes an, die 1618 veröffentlicht wurde. Sie ist mit ornamentalem Beiwerk, Wappen, Stammbäumen, Porträts, besonders aber mit Bildern pommerscher Städte geschmückt. Bietet die Ansicht von Stettin auch keine genaue Wiedergabe der Stadt, so ist sie doch für unsere Kenntnis sehr wertvoll. Andere Werke, namentlich geschichtlichen Inhalts, regte der Herzog an oder unterstützte sie. Von ihnen ist hier an erster Stelle die „historische Beschreibung der Stadt Alten-Stettin" zu nennen, die Paul Friedeborn (geb. 1572) 1613 herausgab. Er war seit 1597 Sekretär der Stadt, wurde 1613 in den Rat gewählt und verwaltete von 1630 bis zu seinem Tode (1637) das Amt des Bürgermeisters. Sein Werk hat bis auf die Gegenwart seinen Wert behalten, da der Verfasser mit Sorgfalt und Fleiß die Nachrichten über seine Vaterstadt sammelte, Urkunden und Akten im ganzen verständig benutzte. Später (1623) gab er noch eine kürzere lateinische Beschreibung der Stadt heraus. Zu den literarisch tätigen Männern, die mit dem Herzoge Philipp in Verbindung standen, gehörten namentlich auch die Geistlichen und Lehrer der Stadt. Von jenen sind zu nennen der Pfarrer an St. Marien Dr. Daniel Cramer, dessen großes „Pommrisches Kirchen-Chronikon" 1628 erschien, der Archidiakon Joachim Prätorius, der als Kirchenlieder-Dichter bekannt geworden ist, der Diakon an St. Nikolai Faustinus Blenno, der Pastor an St. Peter-Paul Philippus Cradelius u. a. m. Sie alle veröffentlichten Gelegenheitsreden, Gedichte in lateinischer und deutscher Sprache, Predigten und gelehrte Abhandlungen in großer Zahl, nicht gerade literarische Kunstwerke, aber Zeugnisse eines wissenschaftlichen Strebens. In Blüte stand das fürstliche Pädagogium, dem Herzog Philipp besonders zugeneigt war. Männer wie der Rektor Christoph Hunichius, der Konrektor Heinrich Kielmann, der 1617 zum Reformationsjubiläum ein Lutherfestspiel verfaßte und von seinen Schülern aufführen ließ, wirkten anregend auf weitere Kreise. Auch Bürger der Stadt folgten ihrem Vorbilde und schlossen sich zu einem Kreise zusammen, der sich die Pflege der Wissenschaft angelegen sein ließ. Wenn wir auch über ihre poetischen oder prosaischen Erzeugnisse lächeln und ihre Druckschriften mannigfacher Art mit Recht vergessen sind, so haben doch der Eifer dieser Männer und ihre Freude an dem, was sie schreiben, etwas Rührendes. Bei allem inneren Hader, bei den unglücklichsten Zuständen in der Stadt finden sie ihre Befriedigung am Versemachen, am gemeinsamen Verkehr, wobei es keiner unterläßt, die unsterblichen Verdienste des anderen hervorzuheben und in hohen Tönen sein Lob zu verkünden.

Wie feierten sie alle ihren Fürsten, ihren Mäcen! Wenn er seinen Geburtstag beging, am Jahresanfang und zu Weihnachten, bei Festlichkeiten und fürstlichen Besuchen, immer stellten sie sich ein mit Glückwunschgedichten, Lobreden und Druckwerken, freilich nicht allein von Begeisterung getrieben, sondern oft in der Hoffnung auf eine recht reiche Belohnung. Philipp nahm diese Huldigungen in seiner ruhigen Weise an, wie etwas, das zu einem fürstlichen Leben gehörte, und hatte seine Freude daran, wenn sein Hof in Stettin als ein Sitz der Musen, als eine Stätte, wo Wissenschaft und Kunst gepflegt wurden, gepriesen und besungen ward. Mit großem Eifer betrieb der Fürst das Sammeln von allerlei Kuriositäten und Merkwürdigkeiten und gewann dafür einen der bedeutendsten Agenten, den bekannten Augsburger Philipp Hainhofer, mit dem er eifrigen Briefwechsel unterhielt. Er mußte für den Pommernherzog allerlei zum Teil höchst merkwürdige Arbeiten des Kunstgewerbes anfertigen lassen, wie z. B. die sonderbare Spielerei des Maierhofes oder den wunderbar kunst- und geschmackvollen Schrank, der mit seinem mannigfaltigen Inhalt und in seiner bis ins Einzelne fein durchgeführten Bearbeitung noch heute als ein Wunderwerk des damaligen süddeutschen Gewerbes gilt. Für seine Kunstkammer, in der neben Spielereien und Raritäten auch manche Kunstgegenstände, Bilder, Zeichnungen aufbewahrt wurden, begann Philipp ein eigenes Gebäude an das Stettiner Schloß anzubauen als ein conditorium Musarum et artium, das 1619 fertig gestellt wurde. Auch bei diesem Bau unterstützte ihn Philipp Hainhofer, der im Jahre 1617 selbst nach Stettin kam und einige Wochen des Herzogs Gast war. Aus dem damals von ihm aufgezeichneten Tagebuche erfahren wir von dem Leben am Stettiner Hofe, von vielen Personen, die dort verkehrten, von den Kunstschätzen, die der Fürst mit Stolz den Freunden zeigte. Man hatte damals in Stettin seine Freude an gutem Essen, einem kräftigen Trunke, am Waidwerk, aber auch an Büchern und Bildern, an Münzen und Medaillen, an Kunstwerken und Kuriositäten, die im Schlosse überall vorhanden waren.

Es ist unzweifelhaft, wenn auch im einzelnen nicht nachzuweisen, daß durch dies Leben am herzoglichen Hofe den Handwerkern Stettins manche Arbeit und mancher Verdienst geschaffen wurden. Auch zogen aus der Fremde Tischler und Goldschmiede, Maler und Bildschnitzer, Drechsler und Glasmacher, Buchdrucker und Buchhändler in die Stadt, seitdem der Ruf von des Herzogs Interesse an kunstgewerblichen

Abb. 13. Alter Ratskeller.

Gegenständen in weitere Lande gedrungen war. Sie hatten, wie es scheint, an der Stadt ihr Gefallen, denn es „florierte Stettin an Gelehrten, an Hof- und Kaufleuten, so daß einer Ansprach und Konversation findet, wozu er Lust hat". Der fürstliche Weinberg und der Lustgarten vor dem Mühlentore boten einen angenehmen Aufenthalt und waren oft Schauplätze froher Feste, unter denen besonders die Feier, die 1612 zu Ehren des neu gewählten Kaisers Matthias veranstaltet wurde, im Gedächtnis blieb. In der Stadt selbst wurden manche Bauten ausgeführt, um ihr ein stattlicheres Aussehen zu geben; so fand im Oktober 1608 die feierliche Einweihung des Neubaues statt, der in der großen Domstraße (heute Nr. 22) für die fürstliche Kanzlei errichtet und nach der Sitte der Zeit mit Inschriften, Wappen und Emblemen ausgeschmückt worden war. Bei den Kirchen von St. Peter und St. Jakob wurden 1602 und 1603 Türme errichtet und einzelne Bürgerhäuser in dieser Zeit neu hergestellt oder ausgebaut. So machte Stettin damals auf Fremde einen ganz „lustigen" Eindruck, wenn auch wohl kaum alle das aus verschiedenfarbigen Ziegelsteinen erbaute Rathaus so bewunderten, wie Philipp Hainhofer, den es mit seiner bunten Fassade an den Dom in Siena oder den Campanile in Florenz erinnerte. Von der Pracht ist heute nichts vorhanden; nur die Gewölbe des Kellers mögen noch von dem alten Bau Zeugnis ablegen. Den Ruhm, den Lokalpoeten damals von Stettin verkündeten, werden wir nicht wörtlich nehmen, zumal da wir in den nüchternen Schriftstücken viel mehr Klagen über teuere Zeit, Pest und Krankheit (1613), Überschwemmungen, Unglücksfälle u. a. m. lesen.

Mit trüber Ahnung und einer fast krankhaften Melancholie faßten die Zeitgenossen solche Vorgänge auf. Man sah überall und immer Anzeichen des drohenden Zornes Gottes, mochte ein gewaltiger Walfisch an die Küsten des Landes getrieben werden, von dem man Knochen zur Warnung für spätere Geschlechter am Schlosse aufhing, oder irgend ein Poltergeist sich unliebsam bemerkbar machen. An Zauberei und das verderbliche Treiben der Hexen glaubten auch die Gebildetsten und konnten die Furcht davor nicht bannen. Selbst in den politischen Verhandlungen tritt bisweilen solche trübe Stimmung deutlich zu Tage; es war, als ob man das kommende Elend ahnte. Sicher wurden dadurch auch die Tatkraft und Unternehmungslust der Bürger gelähmt, im Handel machte sich allmählich ein Stillstand bemerkbar, den mancherlei Versuche zur Besserung der Verhältnisse, wie die Einrichtung von zwei jährlichen Pferdemärkten (1613), neue Ordnungen für den Handel mit Fremden, Verbote der Konkurrenz seitens auswärtiger Kleinhändler aus Holland oder Schottland (1610), Verhandlungen über den Handel mit der Mark und die Wartheschiffahrt u. a. m., nicht zu beseitigen imstande waren.

Am 3. Februar 1618 schied der Herzog Philipp, erst 45 Jahre alt, aus dem Leben. An der Seite seines ein Jahr vorher verstorbenen jüngeren Bruders Georg fand „der Vater des Vaterlandes" in der Fürstengruft der Schloßkirche die letzte Ruhestätte. An beide erinnern zwei dort befindliche Gemälde, auf denen die Fürsten auf dem Totenbette liegend dargestellt sind. Der Nachfolger Philipps, sein Bruder Franz II., war infolge des raschen Hinsterbens der Glieder des pommerschen Fürstengeschlechtes von trüben Ahnungen erfüllt. Nicht ohne Energie, aber ohne rechtes Selbstvertrauen und Freudigkeit waltete er seines Amtes. In Stettin hatte er schwierige

Aufgaben; die Finanzreform war noch nicht erledigt, in die Fragen, die ihm seine Räte vorlegten, mußte sich der Herzog, der bisher als Bischof von Cammin in kleineren Verhältnissen gelebt hatte, mühsam einzuarbeiten versuchen. So viel Neues, Stadtzulage, Accise, Untersuchung des Kämmereiwesens, drängte auf ihn ein, daß er bald unmutig die Geschäfte mehr und mehr seinen Beamten überließ und nur selten persönlich eingriff. Auch Franz verzichtete gegen Zahlung von 15000 Gulden auf die Huldigung und bestätigte am 21. September 1618, als die Stettiner den Treueid geleistet hatten, ihre Privilegien.

Die Stadt hatte damals neben dem noch lange nicht beseitigten Finanzelende noch mit vielen Streitigkeiten und Händeln zu tun. Zunächst kam es zu neuem Streite mit Stargard und Gollnow wegen des Kornhandels, den die Bewohner dieser Städte auf der Ihna trieben. Zwar ging man jetzt nicht mehr mit Waffengewalt gegen sie vor, aber der Rat erneuerte eine Verordnung, durch die es allen Schiffern verboten wurde, vor der Ihnamündung Korn aus den Kähnen und Schuten in die Seeschiffe zu laden. Hiergegen erhob sich Widerstand seitens der Schiffer und der Händler aus Gollnow und Stargard, doch der Rat schritt mit Strafen gegen die Ungehorsamen ein. Man begann alsbald mit Schriften und Gegenschriften zu streiten, berief sich auf Privilegien und Rechte, zog hansische Freiheiten heran, sowenige auch von diesen noch bestanden. Die Stargarder und Gollnower riefen Stralsund zu Hilfe, und der Rat dieser Stadt brachte wirklich die Sache vor die Hansatage. Auch Stettin beschickte wiederholt diese Versammlungen, auf denen man ängstlich über eine Bestätigung der dänischen Privilegien durch den König Christian IV. beriet, der 1593 selbständig die Regierung angetreten hatte. Der Syndikus Dr. Samuel Schwalch und der Ratsherr Jakob Trebbin waren seit 1598 wiederholt in Lübeck die Vertreter der Stadt, vermochten aber, da Stettin eigentlich keine besonderen Urkunden über seine Rechte in Dänemark besaß und keine Privilegien zur Bestätigung vorlegen konnte, nichts recht auszurichten. Obwohl die Kosten für solche Gesandtschaften hoch waren, konnte man sich doch nicht entschließen, davon abzusehen. In Lübeck fand 1618 auch die Verhandlung wegen des Streites mit Stargard und Gollnow statt, natürlich ohne Erfolg, so sehr sich Friedeborn, der die Stadt vertrat, auf das alte Niederlagsrecht berief. Er behauptete, Stettin sei allein auf den Handel angewiesen, während die beiden Städte reiche Landgüter besäßen und kein Recht auf Seehandel und Schiffahrt hätten. Diese Verhandlungen verliefen ebenso kläglich, wie die anderen Beratungen der Hansatage.

Stettin hatte kaum noch einen Nutzen von dem alten Bunde, dessen Macht und Bedeutung längst dahin waren. Ebensowenig vermochte die Hansa in den lokalen Streitigkeiten eine entscheidende Rolle zu spielen. Neben diesem Zanke mit Stargard und Gollnow ging der Kampf mit Frankfurt a. O. her. Seit Jahrzehnten schwebte der Prozeß vor dem Reichskammergerichte, die Akten schwollen immer mehr an, die Kosten wurden immer größer. Unter den mehr als 24000 Gulden, die Stettin von 1560—1609 für Rechts- und Justizsachen ausgegeben hat, wird wohl der Posten für den Frankfurter Prozeß der beträchtlichste sein. An Versuchen zur Beilegung des Streites und an Vermittelung fehlte es nicht, selbst Christian IV. von Dänemark versuchte 1600 eine gütliche Verhandlung herbeizuführen, erfuhr aber von seiten Stettins eine schnöde Ablehnung. Ernstlicher gingen Brandenburg und Polen mit Drohungen, Warnungen und Verboten, ja mit Gewaltmaßregeln, wie Beschlagnahme von Gütern, vor. Aber alle solche Mittel schafften den Prozeß nicht aus dem Wege, er ging weiter mit Repliken, Dupliken, Tripliken, Rechtsgutachten, Verhören ohne Ende. Endlich am 13. Juni 1623 erfolgte das Urteil des Reichskammergerichts; es verkündete, Stettin habe nicht das Recht, den Frankfurtern den Baum zu sperren, sondern müsse ihnen, wenn sie die Niederlage von drei Tagen gehalten und die üblichen Zölle bezahlt hätten, die Fahrt in See gestatten. Stettin unterlag in dem langen Streite, fügte sich aber dem Urteile nicht, sondern fuhr fort, die Rivalen zu belästigen, so weit diese überhaupt noch imstande waren, ihren Sieg auszunutzen. Denn Frankfurt hatte sich fast verblutet in dem Kampfe, den es über seine Kräfte hinaus durchfocht.

Auch in Stettin hatte man zuletzt den Prozeß nur noch des Prinzipes wegen geführt. Denn die Unternehmungslust war so weit zurückgegangen, daß der Rat sich nicht scheute, 1619 auszusprechen, „das Abenteuern zur See sei gefährlich und besser anderen Nationen zu überlassen". Daher war auch der Anteil, den Stettiner Schiffe an dem Verkehr durch den Sund nahmen, in diesen Jahren sehr gering. Von 1588—1619 haben ihn nie mehr als 39 Fahrzeuge passiert, 1613 sind in den Zollbüchern nur 7, 1617 nur 12 Schiffe aus Stettin verzeichnet. Die Fahrzeuge, die nach Osten fuhren, kamen fast ausschließlich aus den Niederlanden, ganz vereinzelt aus Portugal oder Frankreich, der Verkehr mit Norwegen hatte so gut wie ganz aufgehört. Eine Ursache dieses Rückganges liegt gewiß in dem Mangel an Unternehmungslust der Stettiner und in dem finanziellen Bankrott der Stadt. Man suchte den Binnenhandel noch einigermaßen aufrecht zu erhalten, stieß aber auch hier überall auf Schwierigkeiten bei

Brandenburg und Polen, auf der Warthe und der Oder, auf der Ucker und Peene. Auch die am 3. November 1619 vom Herzoge Franz auf drei Jahre bewilligte Stadtzulage schädigte vielleicht den Handelsverkehr nicht wenig, und diese Abgabe von den Waren wurde dann 1622, 1629 und 1634 immer wieder ausgeschrieben. Die neuen Ordnungen für das Wettegericht oder das Bollwerk (1618), die erste Einrichtung eines geordneten Botendienstes (1622) für die Besorgung von Briefen vermochten zur Belebung des Handelsverkehrs nur wenig beizutragen. Es war eine traurige Zeit für die Stadt, aber man erkannte dort noch nicht einmal recht die Lage, sondern meinte, es stehe ganz gut mit ihr, wenn nur die augenblicklichen Finanznöte einigermaßen gehoben würden. Mit einem gewissen Stolze sah man auf das städtische Eigentum und verzeichnete 1616 mit Befriedigung eine Zunahme der Zahl der Bevölkerung in Pölitz, den Dörfern und Mühlen. Die Verwaltung wurde ordentlich und sorgfältig geführt, die Ratsherren hielten regelmäßig das Vogtding, untersuchten alle Mängel, stellten sie nach Möglichkeit ab, aber die ganze Geschäftsführung und der Wirtschaftsbetrieb blieben unverändert in den alten Formen erhalten. Es trat ein Stillstand ein, der den Anfang zum Rückschritt bedeutete. Dasselbe ist auf allen Gebieten zu beobachten; es fehlte an Geist und Leben, an Fortschritt und Entwickelung.

Eine Unterbrechung dieser Ruhe erfolgte höchstens einmal durch eine Grenzstreitigkeit, wie sie 1619/20 zwischen Gollnow und Stettin um den Besitz des Kiehnbruches im Kamelwerder entstand. Mit der ganzen Umständlichkeit jener Zeit wurde wieder verhandelt, Grenzbesichtigungen mit dem unausbleiblichen „Essen und Bier" fanden statt, führten aber diesmal zu einer Einigung in dem Vertrage vom 19. Mai 1620, durch den die Grenze festgesetzt wurde. Auch vertrug man sich bald darauf gütlich über den Handelsverkehr der Bürger Stettins und Gollnows. Solch ein Erfolg galt den Stettinern als ein großer Sieg, so sehr ging ihr Interesse in Kirchturmspolitik auf. Und doch begannen schon damals die Unruhen in Böhmen, die ein Sympton des aufs höchste gespannten Gegensatzes der Parteien waren, ihre Wirkung auch auf Pommern auszudehnen. Man fing an einzusehen, daß die Kriegsverfassung des Landes ganz elend war, daß es fast wehrlos jedem Feinde offen lag. Doch die Versuche, die Herzog Franz und seine Räte zu einer Besserung dieser Zustände unternahmen, scheiterten an dem Widerstande der Stände, ja die Ausführung etwaiger Beschlüsse wurde vom Adel und von den Städten geradezu hintertrieben. Zwar musterte der Herzog 1619 die bewaffnete Mannschaft Stettins und anderer Städte, aber diese weigerten sich, Geschütze zur

Verteidigung des Landes bereit zu stellen. So blieb alles beim Alten, obwohl bereits 1618 ein Komet „wie eine Rute drohend am Himmelsfenster“ ausgesteckt war und abergläubische Gemüter erschreckte.

Von solchem Aberglauben war auch Herzog Franz beherrscht, und der Gedanke an Zauberei und Hexenwesen peinigte ihn wie alle seine Zeitgenossen. Eine „newe Zeitung“ von 1580 erzählt von „grausamen Dingen“, durch die eine Zauberin in Stettin offenbar geworden, und Herzog Johann Friedrich glaubte an die teuflischen Künste der Elisabeth von Dobschütz, die beschuldigt wurde, den Landesfürsten „Witz und Sinne“ benommen zu haben. Sie wurde 1592 auf dem Heumarkt enthauptet und ihr Leichnam vor den Toren verbrannt. Ebenso wurden in den folgenden Jahren mehrere Personen hingerichtet, weil sie „Drohungen wider der Herrn Person hatten vernehmen lassen“. Im Kloster Marienfließ lebte Sidonia von Borcke, die durch ihr zänkisches und unverträgliches Wesen fortwährenden Streit hatte mit ihren Anverwandten, ihren Klostergenossinnen und allen, mit denen sie in Berührung kam. So schuf sie sich überall Feinde, die bald behaupteten, die hochmütige Frau habe sich der Zauberei ergeben. Bei der Untersuchung, die gegen sie angestellt wurde, kam man zu der Überzeugung, Sidonia habe tatsächlich durch Zauberkünste ihren persönlichen Feinden allerlei Schaden zugefügt. So wurde die Unglückliche am 21. November 1619 in die Oderburg abgeführt und dort gefangen gesetzt. Das Hofgericht leitete eine eingehende Untersuchung ein und sandte das Protokoll über die Aussagen der Beschuldigten, die alle Beschuldigungen ruhig zurückwies, sowie der Zeugen, die gar verwunderliche Anklagen vorbrachten, an den Magdeburger Schöffenstuhl. Dieser erkannte, daß man Sidonia peinlich befragen solle. Darauf wurde die über 70 Jahre alte Frau am 28. Juli 1620 in der Oderburg gefoltert, bis sie endlich jedes von ihr geforderte Geständnis ablegte. Hierauf wurde sie vom Hofgerichte am 1. September verurteilt; sie sollte mit dem Schwerte hingerichtet und dann ihr Körper auf dem Scheiterhaufen verbrannt werden. Dies Urteil wurde vor dem 28. September auf der fürstlichen Gerichtsstätte vor dem Mühlentore ausgeführt. Lange noch lebte dieser grausige Prozeß in dem Andenken des Volkes, man schob ihr bald die Schuld zu, daß sie das alte Herzogshaus zu Tode gebetet habe. Wenige Monate nach Sidonia schied Herzog Franz am 27. November aus dem Leben, nachdem ihm in seinem letzten Lebensjahre wieder die drohende Pest Sorgen gemacht hatte, so daß seine Räte mit der Stadtverwaltung in Beratung über Vorsichtsmaßregeln eintraten. Auch Franz hinterließ keine Nachkommen, sein Bruder Bogislaw XIV.

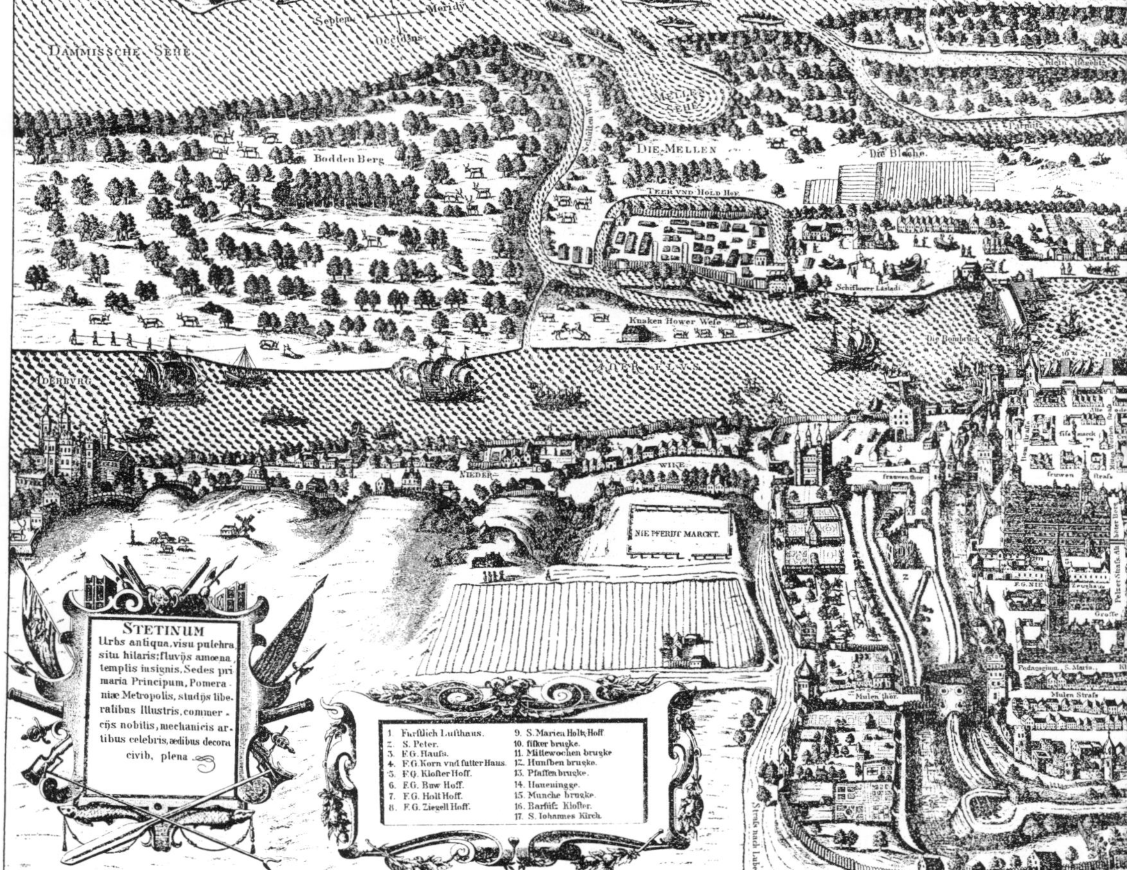

Alten-Stettin

Zeichnung u

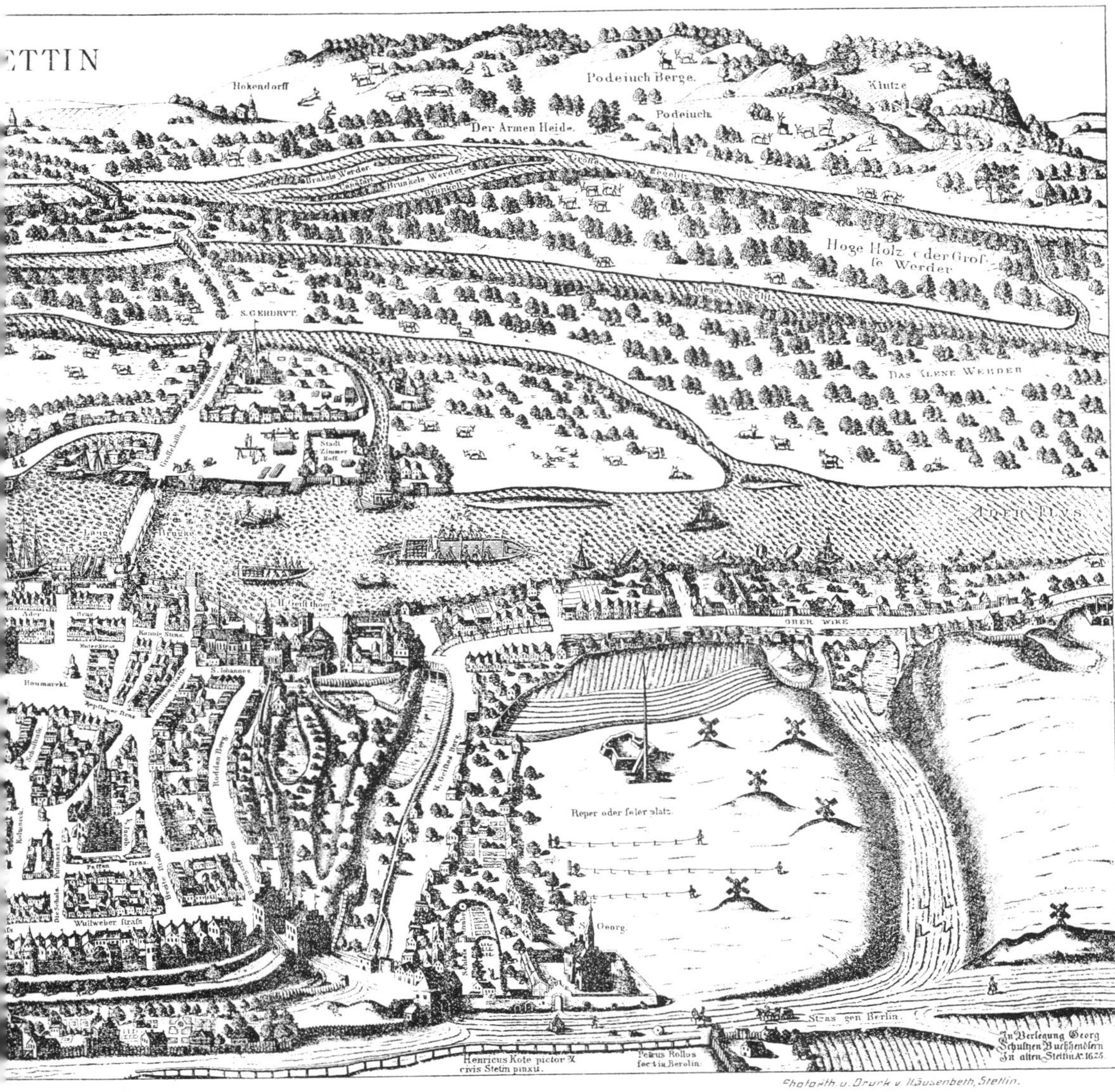

Photolith. u. Druck v. H. Susenbeth, Stettin.

r Vogelschau.

Kote 1625.

übernahm die Regierung im Stettiner Lande. Er war, als 1622 sein Bruder Ulrich starb, als letzter der sechs Söhne Bogislaws XIII. am Leben.

Abermals mußten die pommerschen Städte sich mit dem neuen Herzoge einigen, durch eine Zahlung von 12000 Gulden die kostspielige Ausrichtung der Erbhuldigung abzulösen; das Aufbringen des Geldes machte um so mehr Sorge, als eine schwer drückende Teuerung in diesen Jahren herrschte. Die Getreidepreise waren so hoch gestiegen, wie kaum je zuvor, ein wirtschaftlicher Niedergang trat ein, der das Schlimmste befürchten ließ. Die herzogliche Regierung suchte auf verschiedene Weise zu helfen, erließ Münzedikte, beschränkte 1622 auf Bitten der Städte den Handel fremder Kaufleute, der freilich auch nach ihrer Meinung nicht mehr ganz zu verbieten sei, „da auch mit fremden Leuten am Orte zu handeln sicherer sei als seewärts zu abenteuern". Es gelang dem Rate von Stettin eine Tax- und Victual-Ordnung zustande zu bringen, die am 22. März 1623 erlassen und wenige Tage darauf vom Herzoge bestätigt wurde, auch erschien im Januar 1624 eine gleiche Ordnung für das ganze Stettinische Herzogtum. Doch diese Maßregeln nützten wenig, da die sich fortgesetzt verändernden Verhältnisse notwendigerweise die Preise wieder verschoben. Die Kaufmannschaft und der Gewandschnitt erhielten am 12. März 1624 eine neue Rolle, in der man auf die ungünstige Lage des Handels Rücksicht zu nehmen suchte, ohne indessen einschneidende Änderungen namentlich auch in der privilegierten Stellung dieser Korporation vorzunehmen oder die Beschwerden, die darüber laut wurden, zu berücksichtigen. Der Rat hatte mit der Finanzverwaltung immer noch genug zu tun, ließ sich dabei aber die Mitwirkung der 17 und der 18 Männer nur höchst ungern gefallen. Er verhielt sich Beschwerden und Wünschen gegenüber meist ablehnend, da die Männer, die damals im Rate saßen, nicht gerne etwas an den bestehenden Zuständen ändern wollten. Sie waren froh, daß die Verwaltung der Stadt noch so fortgeführt werden konnte, und meinten, Erhebliches erreicht zu haben, als Bogislaw nach der Huldigung der Bürgerschaft am 24. September 1621 die Privilegien der Stadt feierlich bestätigte. Es war das letzte Mal, daß es durch einen pommerschen Herzog geschah. An alte längst vergangene Zeiten, in denen Stettin eine selbständige Stellung eingenommen hatte, erinnerte es, als 1625 die Gebrüder von Wussow, deren Vorfahren einstmals die Erbrichter in Stettin gewesen waren, den letzten Rest ihrer Herrlichkeit in der Stadt aufgaben, indem sie das Haus in der Schulzenstraße, das Schulzengericht, verkauften. Oft genug hatten die Bürger mit den Wussow und dem von ihnen bestellten Richter im

Streite gelegen, jetzt übte der herzogliche Schultheiß (1620 Dr. Theodor Plönnies, 1628 Dr. Joachim Prätorius) ruhig und ungestört die Jurisdiction im Stadtgerichte aus, und neben ihm war der alljährlich aus der Mitte des Rates gewählte Richtsvogt tätig. Auch das Verhältnis der Ratsherren, namentlich der Bürgermeister, zur herzoglichen Regierung war ein anderes geworden. Immer mehr wurde es Sitte, daß Männer mit gelehrter Bildung in den Rat eintraten, wie Dr. Clemens Michael, der von 1616—1630 Bürgermeister war, oder Magister Balthasar Setzer oder Magister Adam Möseler (beide 1614 in den Rat gekoren), Paul Friedeborn (1616) u. a. m. Sie standen den herzoglichen Räten in ihrer ganzen Anschauung näher als den Bürgern und erkannten die Autorität des Staates willig an. Die städtische Selbständigkeit machten sie nur geltend, sobald es sich um Steuern und Leistungen für das Land handelte. Das geschah, als man infolge der kriegerischen Zustände im Reiche das „Defensionswerk“ von neuem in Angriff nahm. Die Stände erhoben gegen Anwerbung von Truppen und anderweitige Forderungen Einspruch, und besonders die Vertreter der Städte Stettin und Stargard lehnten 1623 solche Maßregeln als unnötig, ja als gefährlich ab. Erst als der obersächsische Kreistag, der im April 1623 zu Jüterbog tagte, dringend die Aufstellung eines Heeres forderte, bewilligte der Landtag zu Stettin im Mai die Anwerbung von Truppen und die Ausschreibung einer Defensionssteuer. In Stettin wurden vier Männer (Johann Dreier, Georg Neveling, Heinrich Braunschweig, Friedrich Gerschow) mit dem Einziehen der Steuer beauftragt, die für das Haus 1, für die Bude ½ und für den Keller ¼ Gulden betrug. Nach dem Register kamen in der Stadt 676, in den Vorstädten 226 und im Eigentum der Stadt 25 Gulden ein. Lauter als über diese Zahlung klagte man über die Einquartierung der Soldaten, obwohl auf Stettin nur 90 Mann fielen. Die fortgesetzten Beschwerden der Städte, unter denen Stettin die leitende Rolle spielte, hatten wirklich zur Folge, daß der Herzog im Herbst die Soldaten wieder entließ. Es ist ein klägliches Schauspiel, daß die Stadt, die damals allein innerhalb ihrer Mauern ohne die Vorstädte 325 Häuser, 630 Buden und 494 Keller zählte, nicht imstande zu sein behauptete, eine Einquartierung zu tragen. Dieser kurzsichtige Widerstand sollte üble Folgen bringen, denn die Kriegsunruhen näherten sich ihr bald immer mehr. Gleichsam als Vorbote erschien 1624 von neuem eine hitzige Seuche, die allerlei Maßregeln zur Abwehr, wie die Anstellung eines Pestarztes und eines „Balbierers“, auch den Erlaß eines sehr ausführlichen „politischen Pestregiments“ vom 30. Juni 1625 veranlaßte. Die Zahl der Todesfälle war aber wieder erschrecklich hoch; sind doch

1624 mehr als 1000 und 1625 fast 2000 Personen gestorben. Die Geistlichen waren nicht imstande, alle Toten in den Kirchenbüchern zu verzeichnen, die sie nach einer Verfügung Philipps II. seit 1617 zu führen hatten. In dieser unglücklichen Zeit schied am 6. Februar 1625 Herzog Philipp Julius von Wolgast aus dem Leben und hinterließ, da auch er ohne Nachkommen dahin ging, seine Herrschaft dem letzten Sprosse des alten Greifenhauses, Bogislaw XIV. Sorgen und bange Ahnungen beschwerten die Gemüter, und viele Menschen ließen sich durch allerlei sogenannte Wunderzeichen erschrecken, die Johannes Mikraelius in seiner Chronik sorgsam verzeichnete.

Ansprechender als das Bild, das wir uns nach den zeitgenössischen Aufzeichnungen von den inneren Zuständen der Stadt machen, ist eine Darstellung von dem äußeren Aussehen Stettins. Wir verdanken sie dem Maler Heinrich Kote, der, aus Celle gebürtig, sich 1590 in Stettin niedergelassen hatte. Das Bild, das 1625 im Verlage der Buchhandlung des Georg Schultze erschien, stellt uns die Stadt im Schmucke der mittelalterlichen Befestigung dar, die in dieser Weise nicht mehr lange bestand. Stettin macht nach dieser topographisch gewiß genauen Ansicht einen stattlichen Eindruck mit den Türmen der Kirchen, des Schlosses, der Befestigung, den zum Teil hochragenden Häusern, den weiten Plätzen und Straßen. Diese sahen freilich in Wirklichkeit ganz anders aus, da auch in dieser Zeit die Unsauberkeit trotz aller Mahnungen und Gebote sehr groß war. Immer wieder, wie z. B. in der Bürgersprache von 1624, wurde den Bürgern geboten, „Straßen und Rönnen rein zu halten" und allen Unrat auf den „Lepkenberg", einen Platz hinter der großen Lastadie, zu führen. „Wer das nicht tut, soll von Stund an gepfändet werden oder einen Halsbruch zu geben schuldig sein", d. h. am Kaak, dem Schandpfahl, der sich auf dem Krautmarkt befand, öffentlich ausstehen.

Lebhafte Erregung riefen in der Stadt allerlei Gerüchte im Jahre 1626 hervor. Es kamen aus Sachsen Nachrichten über das Herannahen der Mansfeldschen Truppen nach Stettin. Es erschien dort der kaiserliche Oberst Daniel Hebron und bot im Namen des Generals Wallenstein Beistand an, es hieß auch, König Gustav Adolf von Schweden ziehe mit einem großen Heere heran und habe die Absicht, Stettin zu besetzen. Diese und ähnliche Botschaften veranlaßten die herzogliche Regierung, abermals die Kriegsrüstung ins Auge zu fassen, aber man kam über die Einrichtung eines Kriegsrates nicht hinaus, weitere Vorkehrungen scheiterten an dem Widerstande der Stände. Gelang es auch noch im Frühling 1627, den Durchmarsch schwedischer Truppen vom pommerschen Gebiete abzulenken, so zog im Oktober eine aus Polen zurückkehrende holsteinsche Armee durch Stettin. Da konnte der Rat sehen, wie nahe bereits die Kriegsunruhen waren, obwohl gerade er bei den Beratungen über das Defensionswerk sich so ablehnend verhalten hatte, daß er seine Stadt von der Landfolge ausschloß, als andere Gemeinden sich dazu bereit erklärt hatten. Er wies darauf hin, daß Handel und Verkehr sich gerade damals hoben, daß Stettiner Schiffe mehr als früher beschäftigt waren. Fuhren doch 1626 nicht weniger als 98 und 1627 sogar 140 hier beheimatete Fahrzeuge durch den Sund. Man meinte, daß die Neutralität des Landes auch für die Stadt am vorteilhaftesten sei, erfuhr aber bald, wie es für einen ohnmächtigen wehrlosen Staat unmöglich ist, neutral zu bleiben.

Am 10. November 1627 wurde Herzog Bogislaw zum Abschlusse der Franzburger Kapitulation gezwungen, die das Land den Wallensteinschen Scharen öffnete. Stettin als fürstliche Residenzstadt war von einer Einquartierung ausgenommen, sollte auch von Durchmärschen verschont bleiben, doch bereits im Februar 1628 zog der Oberst Hausmann mit seinen Kompagnien durch die Stadt. Sie hatte natürlich die Kontribution, die auf den Landtagen zu Wolgast und Stettin beschlossen wurde, mitzutragen. Was half es viel, wenn sie sich weigerte zu zahlen und Protest erhob? Am 23. Juni 1628 stellte der Rat einen Schuldbrief aus über die einzelnen freiwilligen Beiträge, die zur Deckung der Kontribution von 60000 Talern für Abwendung der kaiserlichen Garnison aufgebracht worden waren. Wiederholt mußte man durch Geschenke an Oberste der Wallensteinschen Armee ein gewaltsames Eindringen von Truppen abwenden, Kötteritz beanspruchte 1500, Arnim 3000 Taler, und damit erreichte der Rat noch kaum eine Verschonung der Eigentumsdörfer. Es schien wohl eine Zeitlang, als ob Stettin durch die Sperrung Stralsunds einen Vorteil für seinen Schiffsverkehr haben solle, übertraf doch die Zahl seiner den Sund passierenden Schiffe damals die Stralsunds, aber Wallenstein warnte im Dezember 1627 die Stadt, Schiffe, die den Feinden des Kaisers nützlich sein könnten, ausgehen zu lassen. Wenig Vorteil hatte sie auch, als er am 19. Juli 1628 der Stadt Stettin einen Schutzbrief ausstellte und ihr ungehinderte Schiffahrt zusicherte. Die Dänen setzten sich auf dem Ruden fest und erhoben dort einen Zoll, schwedische Schiffe verhinderten den Verkehr nach den Häfen, die von den Kaiserlichen besetzt worden waren. Um wenigstens von den Dänen einige Erleichterung zu erhalten, wurden im August 1629 Paul Friedeborn und Christian Hippmann nach Kopenhagen gesandt. Sie erreichten, daß der Zoll auf dem Ruden bald beseitigt wurde. Die

Sperre der Kornausfuhr, die von den Kaiserlichen verfügt wurde, um die Anlegung von Vorratshäusern zu erzwingen, war ein neuer Schlag für die Stadt, sie unterließ es nicht, bitterlich darüber zu klagen. Freilich sind solche Klagen, die das Elend in den schwärzesten Farben darstellten, nicht wörtlich zu nehmen, galt es doch, die Lage möglichst bemitleidenswert darzustellen, schon um die Steuerlast zu erleichtern. Das verstand der Rat von Stettin meisterhaft, als die verschiedenen Arten der Besteuerung von den Landtagen beraten und beschlossen wurden, gemeiner Pfennig, Kopfsteuer (1628), Akzise. Stettin schob immer seine Stadtschulden vor, die es ihm unmöglich machten, etwas für das Land zu tun. Es erklärte sich nur bereit, von der Tranksteuer, die der Herzog zur Tilgung der Schulden von neuem bewilligt hatte, einen bestimmten Teil an den Fürsten zu entrichten. Zu derselben Zeit aber mußten Bürgermeister und Rat eine Schuld von 18000 Talern dem Herzoge von Friedland gegenüber anerkennen; auch sie war wahrscheinlich dadurch entstanden, daß die Stadt eine Einquartierung abzuwenden verstand.

Der Herzog Bogislaw, der damals schon krank war, konnte seine Stadt kaum noch schützen. Ebensowenig vermochten die neu eingerichteten Behörden, der Geheime Rat und der Staatsrat, in dem Stettin durch seinen Bürgermeister Clemens Michael vertreten war, auszurichten oder ihre Beschlüsse durchzusetzen. Die geringe pommersche Kriegsmacht, deren Einquartierung die Städte so unwillig trugen, konnte die weit stärkere kaiserliche Armee, die sich immer ungescheuter in Pommern festsetzte und dort arg hauste, nicht in Schranken halten. Bereits im März 1630 forderte der kaiserliche Feldmarschall Torquato Conti die Übergabe von Gartz und Greifenhagen. Da dadurch Stettin selbst bedroht wurde, verweigerten der Herzog und die Stände die Erlaubnis zur Besetzung. Als die Pommern bei den Verhandlungen standhaft blieben, da ließ Conti am 24. und 28. Mai die beiden Städte mit Gewalt besetzen und verlangte bald auch die Übergabe Stettins vom Herzoge. Bogislaw lehnte natürlich ab, aber er wäre unzweifelhaft der Gewalt gewichen, wenn Conti solche anzuwenden gewagt hätte. Er tat es vielleicht nicht, weil er besorgt war, Stettin möchte ein zweites Stralsund werden, und das Eingreifen des Schwedenkönigs fürchtete, dessen Nahen bereits bekannt war.

König Gustav Adolf hatte, seitdem er mit Stralsund ein Bündnis geschlossen hatte, den Gedanken nicht aufgegeben, die seinem Reiche und seiner baltischen Herrschaft drohenden Gefahren durch eine Besetzung Pommerns und namentlich Stettins abzuwehren und einem Angriffe zuvorzukommen. Zu dem Zwecke trat er mit dem Herzoge und der Stadt in geheime Verbindung. Ein schwedischer Agent suchte in Stettin bei den Bürgern und bei Hofe Stimmung für Schweden zu machen. Man war dort anfangs zweifelhaft, ob eine schwedische Besetzung wünschenswert sei. Als aber die Gefahr vonseiten der Kaiserlichen immer näher heranrückte, da wandte, wie es scheint, ein großer Teil der Bevölkerung seine Neigung den Schweden zu. Im geheimen wurden die Wünsche dem Könige überbracht. Gegen Ende des Juni 1630 erschien Emanuel Lippe mit bestimmten Aufträgen Gustav Adolfs in der Stadt, um namentlich auch den Rat zu veranlassen, der Aufnahme einer kaiserlichen Garnison zu widerstehen, da der König in wenigen Tagen eintreffen könne. Er versicherte die Stadt der Huld des Königs, der sie vor einer Störung der Schiffahrt und des Handels zu schützen entschlossen sei, erhielt aber vom Rate keine bestimmte Zusage. Herzog Bogislaw versuchte auch jetzt noch die Neutralität seines Landes aufrecht zu erhalten, nachdem er sich bereits vorher durch eine Gesandtschaft, bei der sich auch der Ratsherr Paul Friedeborn befand, vergeblich bemüht hatte, den König von einer Landung in Pommern abzubringen.

Am 24. Juni 1630 langte Gustav Adolf bei der Peenemündung an, ging sogleich an die Swine vor und sandte von dort am 4. Juli den Stettiner Heinrich Schwalenberg an den Herzog und den Rat der Stadt. Abermals betonte Bogislaw seine Neutralität, doch am 10. Juli erschienen die schwedischen Schiffe vor Stettin, und der König bezog mit seinen Truppen (etwa 8000 Mann) bei der Oderburg ein Lager. Sofort rückten die Regimenter bis dicht vor die Stadtmauer, ohne daß man von Stettin aus den Versuch zu einer Abwehr gemacht zu haben scheint. Verhandlungen begannen von neuem, Herzog Bogislaw erschien schließlich selbst und brachte seine großen Bedenken vor, die er gegen die Forderung einer Aufnahme der schwedischen Truppen hatte. Gustav Adolf erklärte, so wird berichtet, er komme nicht als Feind des Kaisers und des Reiches, sondern als Befreier Pommerns von solchen, die das Land unrechtmäßig bedrückten. Durch sanfte Drohung wußte er endlich den Herzog zu bestimmen, daß er die Einwilligung gab. Ohne Zaudern zogen schwedische Truppen über einen schmalen Steg zwischen zwei unfertigen Gräben den Wall hinauf in Stettin ein „zum Zeichen der Eroberung“. Die Mauern wurden besetzt, die große Menge der Truppen brachte man in einem befestigten Lager unter, das bei Grabow zwischen der Stadt und der Oderburg angelegt wurde. Die Bürger verschonte man mit Einquartierung, und ein königlicher Erlaß vom 12. Juli verbot strengstens, sie irgend wie zu belästigen oder bei ihnen Quartier zu nehmen. Gustav Adolf nahm Wohnung in der Oderburg, kam aber wiederholt in die Stadt, als die sofort eingeleiteten Verhandlungen über ein Bündnis mit Pommern nicht recht vorwärts gingen. Erst durch eine Rede, die er am 1. September im Schlosse hielt, gelang es ihm, die Bedenken wegen des Verhältnisses zu Brandenburg einigermaßen zu beseitigen, und am 4. September wurde die Defensivallianz zwischen dem Herzoge und dem Könige abgeschlossen. Mit zäher Treue hatten die pommerschen Bevollmächtigten an den alten brandenburgischen Erbverträgen festgehalten und wenigstens die Beseitigung der bedenklichsten Bestimmungen des Vertrages erreicht. Über die Stimmung in der Bürgerschaft fehlt es aus dieser Zeit an direkten Zeugnissen, aber bald ließen auch Stettiner Poeten ihre Leier zu Ehren des Königs „Gustav Adolf, des Verteidigers Pommerns" ertönen. Dr. Johannes Necker widmete ihm ein „Gebet und Dankpsalm aus dem Propheten Jesaia". Von den Kanzeln herab verkündeten Jakob Fabricius, der dem Könige bald als Feldprediger folgte, Daniel Cramer, Joachim Prätorius, Christoph Schultze, Daniel Wasserführer, Samuel Fuchs u. a. m. das Lob des „siegreichen Löwen aus dem Norden".

Gustav Adolf aber mußte die Stettiner ganz energisch zu Arbeiten und Leistungen heranziehen. Er erließ eine „Defensionsverfassung" und eine „Quartierordnung", in denen die gegenseitigen Pflichten genauer bestimmt wurden. Zwei Regimenter Schweden erhielten Quartiere in Stettin. Klagen über einzelne Gewalttaten und Diebstähle der Soldaten fanden schnelle Erledigung. Gustav Adolf war entschlossen, Stettin als festen Punkt für seine kriegerischen Operationen in Deutschland zu behaupten und zu diesem Zwecke möglichst stark zu befestigen. Zunächst sicherte man die Oderburg, die schon damals viel Schaden erlitt, durch starke Wälle, dann ging man sofort mit den Arbeiten zum Bau von neuen Verschanzungen vor. Die Einwohner selbst mußten den Soldaten helfen, bereits im August arbeiteten nicht weniger als 2259 Personen aus der Stadt und den Vorstädten mit Schippen und Karren. Der Plan, den der König selbst entworfen und der Ingenieur Portius weiter ausgeführt hatte, sah vor allem eine Befestigung nach Südwesten vor, so daß die Oberwiek mit hineingezogen werden sollte. Vor der Stadt wurde die Anlegung der Sternschanze geplant, die Lastadie, der Bleichholm und die Silberwiese wurden stark befestigt. Die Schweden betrieben die Arbeit besonders nach dem Falle Magdeburgs mit größtem Eifer, sie nahm aber mehrere Jahre in Anspruch und verursachte der Stadt viele Kosten und den Bürgern unsägliche Mühe. Man seufzte oft über die Lasten, aber der König oder seine Offiziere nahmen in dieser

Beziehung keine Rücksicht. So wurde 1632 der Bürgerschaft eine neue Steuer auferlegt, die sogenannte Wallzulage, die dazu bestimmt war, die Mittel zur Erhaltung und Erbauung der Wälle, sowie zur Reparatur der Brücken, Tore usw. aufzubringen. Von jedem Scheffel Malz, der in der Stadt verbraucht wurde, mußten 3 Schillinge gezahlt werden. Man hat über diese Abgabe, die nur vorübergehend bestehen sollte, aber lange beibehalten wurde, ganz besonders viel geklagt. Stettin wurde durch diese schwedische Befestigung ein sehr starker, ja für fast uneinnehmbar geltender Waffenplatz. Vor dem mittelalterlichen Wall und der Mauer erhoben sich allmählich sieben Bastionen oder Bollwerke mit Ravelins. Die Festungsanlage im Süden wurde nicht so ausgeführt, wie man geplant hatte, und blieb ziemlich schwach. Im Sommer 1632 scheinen die Arbeiten um die eigentliche Stadt im ganzen beendet gewesen zu sein, aber draußen wurde immer weiter gebaut.

Schon in den Jahren 1630—1632 hatte das Militär in Stettin am meisten zu sagen. Die Lasten der Verteidigung wurden dem Lande aufgelegt durch Einführung einer Abgabe von den Kaufmannswaren, die auf den Strömen und in den Häfen erhoben wurden. Diese Seezölle oder Lizenten, die Schweden überall an den Küsten der Ostsee erhob, belasteten den Schiffsverkehr gar sehr; 4½ Prozent vom Werte aller ein- und ausgeführten Güter sollte gezahlt werden, wie die sehr harte Lizentordnung von 1632 forderte. Dafür genossen die Stettiner den Schutz der Schweden. Gustav Adolf, der bis in den Anfang des September sein Standquartier vor Stettin hatte, säuberte die Umgegend von den Kaiserlichen. Bei diesen Kämpfen wurde auch das Lager bei Stettin, in dem Feldmarschall Horn mit 10000 Mann eingetroffen war, gegen einen Angriff der Feinde siegreich verteidigt. Dabei gingen die Dörfer in der Nähe der Stadt, Schwarzow, Scheune, Pommerensdorf, Möhringen, Mandelkow, in Flammen auf. Trotz aller Lasten erweckten doch die Erfolge der schwedischen Waffen in Stettin immer mehr Begeisterung für den siegreichen König. Bereits am 27. Januar 1631 ließ der Rektor der Ratsschule Johannes Mikraelius eine von ihm gedichtete Tragico-Comoedia durch seine Schüler aufführen, in der er darstellte, wie die von Feinden arg gequälte Pomeris durch Agathander (den guten Mann) befreit wurde. Die Zahl derer, die über die Fremdherrschaft und die Ohnmacht des angestammten Herrn entrüstet waren, wird nicht groß gewesen sein; ob die mannigfachen Gerüchte, die über Konspirationen Stettiner gegen den König umliefen, auf Wahrheit beruhten, läßt sich nicht mehr entscheiden. Ein Stettiner Balthasar

Henkel verfaßte damals eine Verteidigungsschrift für Gustav Adolf und pries ihn als den Retter in der Not. Nach den siegreichen Kämpfen bei Frankfurt a. O. kehrte der König im Sommer 1631 noch einmal nach Stettin zurück und ernannte bald darauf nach Abberufung Karl Baners Sten Bjelke zum Legaten in der pommerschen Hauptstadt. Dort entfaltete sich jetzt ein reich bewegtes Leben, Durchzüge mancher Art, Gesandtschaften aus Moskau, England, Frankreich, Landtagsversammlungen, die wegen der fortgesetzten Geldforderungen häufig waren, wechselten mit einander ab, und Stettin war eine Zeitlang ein Mittelpunkt der europäischen Politik. Neben dem schwedischen Legaten spielte der Herzog, mit dessen Gesundheit es immer schlechter wurde, eine ziemlich klägliche Rolle. Er war kaum mehr als ein Gast in dem alten Schlosse seiner Ahnen und hatte wenig zu sagen. Während er Verordnungen über die Reinigung der Straßen in Stettin erließ, eine neue Kleider-, Hochzeits-, Kindtauf- und Begräbnis-Ordnung der Stadt „zur Abwendung künftiger göttlicher Strafen“ bestätigte (1631) oder die Tax- und Viktual-Ordnung 1632 erneuerte oder mit der Entscheidung von allerlei Handwerksstreitigkeiten zu tun hatte, führte Bjelke die Verhandlungen mit den Ständen und übermittelte die immer wachsenden Geldforderungen des Königs. So begeistert man auch seinen Siegeslauf verfolgte, man seufzte doch über die Lasten, die zu tragen waren. Der Rat lehnte es rundweg ab, den Anteil der Stadt an den 1632 bewilligten Abgaben zu zahlen, da sie bereits anderweitig stark belastet sei; er hatte auch für einige Zeit Erfolg damit. Der Gouverneur Bjelke kam der Stadt und namentlich ihrem Bürgermeister Paul Friedeborn mit einem gewissen Wohlwollen entgegen, soweit er konnte, und setzte es bald auch durch, daß die Garnison auf 2000 Mann ermäßigt wurde.

Während man wieder auf einem Landtage zu Stettin über die Bewilligung von Forderungen stritt, kam im November 1632 die Nachricht an, der König sei am 6. bei Lützen gefallen. Sein Verehrer Mikraelius verfaßte alsbald, nachdem er schon am 1. November 1631 ein zweites „Komödienspiel“ Parthenia hatte aufführen lassen, ein drittes Gustav-Adolfspiel, das mit der Klage des Volkes über den Tod des Retters schließt. Für das Schicksal Stettins ist der Schwedenkönig von tief einschneidender Bedeutung gewesen. Er legte den Grund zu der langen Fremdherrschaft, die für die Entwickelung der Stadt höchst verhängnisvoll werden sollte. So ist das Gefühl, das der Stettiner Geschichtsschreiber vom rückblickenden Standpunkte aus für Gustav Adolf hat, zwiespältig. Er hat die Stadt vor der Gewaltherrschaft der Kaiserlichen gerettet, aber losgerissen von dem Staate, dem sie rechtmäßig zufallen mußte, und dadurch eine im ganzen recht traurige Periode der Stadtgeschichte eingeleitet.

Das Verhältnis Stettins zu Schweden wurde durch den Tod Gustav Adolfs nicht geändert. Bjelke hielt die Herrschaft in festen Händen, und der Stadtsekretär Johann Fabricius, der 1633 nach Frankfurt a. M. geschickt wurde, um eine Herabsetzung der Lizenten zu erwirken, erhielt eine ablehnende Antwort. Fast noch mehr wurden die Stettiner bedrückt durch die immer klarer hervortretende Absicht der schwedischen Regierung, Pommern auf jeden Fall festzuhalten und den wohlbegründeten Rechtsanspruch des brandenburgischen Kurfürsten beiseite zu schieben. Sie gerieten in einen schlimmen Gewissenszwiespalt, als im Mai 1633 der Kurfürst Georg Wilhelm zum Besuche bei dem Herzoge Bogislaw erschien. Sollten sie ihn als ihren künftigen Herrn begrüßen und ihm bindende Zusicherungen machen, während die schwedische Regierung schon offen erklärte, ohne Satisfaktion keinenfalls die Stadt herausgeben zu wollen? Die streng lutherische Geistlichkeit scheint schon damals gegen den kalvinistischen Brandenburger gewirkt und Stimmung für Schweden gemacht zu haben. Auch der Aufenthalt des jungen Kurprinzen Friedrich Wilhelm, der vom Oktober 1633 bis zum Januar 1634 bei dem Herzoge weilte, um Land und Leute kennen zu lernen, über die dereinst zu herrschen er berufen schien, hat wohl kaum viel Nutzen in dieser Richtung gehabt.

Die äußeren Zustände der Stadt waren in diesen Jahren nicht besonders schlecht. Die Kriegsunruhen berührten sie direkt kaum, die Ernten fielen befriedigend aus, der Schiffsverkehr war verhältnismäßig rege, etwa 100 Stettiner Schiffe passierten 1628—35 den Sund. Ja, ein Holländer Cornelius Clausen Pethal bat 1633 den Rat um eine Geldunterstützung für den Plan, eine Durchfahrt von Apenrade an der Ostsee zum Lister Tief bei Sylt herzustellen. Man beriet in Stettin lange darüber, lehnte aber eine Beihülfe ab, bis der Unternehmer sein Projekt „zur Wirklichkeit befördert habe“. Derselbe Mann soll sich auch erboten haben, die Peene auf mindestens 9 Fuß zu vertiefen, so daß man keine Leichterschiffe mehr nötig habe. Auch dieser Plan kam nicht zur Ausführung. Wirklich praktischen Zwecken diente die 1635 erlassene Ordnung und Beliebung für die Ucker- und Ihna-Fahrt. Auf nicht gerade ungünstige Verhältnisse weist die Stiftung des Kämmerers Hermann Berckhof hin (1607 in den Rat gekoren, 1627 Kämmerer, gestorben 1633). Er bestimmte sein Haus am Rödenberg zur Aufnahme armer Witwen. Mit einem Vermögen von 190000 Mark wirkt dies Stift heute noch segensreich. Die Verlegung der gesamten pommerschen Regierung nach Stettin (1633) und der rege Verkehr, der mit Schweden bestand, brachten sicherlich den Handel- und Gewerbetreibenden manchen Verdienst und veranlaßten nicht wenige fremde Handwerker, namentlich auch Goldschmiede, sich in Stettin niederzulassen und das Bürgerrecht zu gewinnen. Ebenso zog das fürstliche Pädagogium unter dem Rektorate des Martin Leuschner (1623—41) und des Johannes Mikraelius (1642—58) zahlreiche fremde Schüler herbei, so daß es gerade in dieser Zeit zu großer Blüte gedieh. So sind wohl die Klagen des Rates, die er fortgesetzt bei den Landtagen über die unerschwinglichen Forderungen und die schweren Lasten vorbrachte, nicht gar zu wörtlich zu nehmen. Er berechnete 1634 die Kosten, die der Stadt seit der Ankunft des Schwedenkönigs durch Einquartierung, Bauten und Steuern erwachsen seien, auf mehr als 400000 Gulden. Wenn sie wirklich in den vier Jahren so viel hat aufbringen können, muß es mit dem Wohlstande der Bürger nicht so übel gestanden haben, wie immer behauptet wird.

Schwerere Zeiten kamen aber bald über die Stadt, als die schwedische Macht in Deutschland durch die Niederlage von Nördlingen (16. August 1635) einen verhängnisvollen Schlag erhielt. Schon vorher hatten in Pommern der Herzog und die Stände versucht, wieder Neutralität zu gewinnen. Um eine bessere Verwaltung des Landes, auch für den Fall, daß der kranke Bogislaw mit dem Tode abginge, zu schaffen und zu sichern, war im November 1634 eine sogenannte „Regimentsverfassung“ beschlossen, d. h. eine oberste Landesbehörde gebildet, der die gesamte Verwaltung unterstellt wurde. Stettin erhielt jetzt Sitz und Stimme in dem Kollegium der Landräte, das bisher im Stettiner Herzogtum allein aus der Ritterschaft berufen worden war. Der Bürgermeister Friedeborn war der erste Vertreter der Stadt in diesem ständischen Ausschusse und wirkte dort mit den anderen für den Anschluß Pommerns an den Prager Frieden (30. Mai 1635), aber vergebens, denn das Land befand sich in vollständiger Gewalt der Schweden. Bereits im September, als Brandenburg dringend die Annahme des Friedens forderte, drang ein kaiserliches Heer in das Land ein und gelangte bis in die Nähe von Stettin. Da forderte der Geheime Rat von dem Reichskanzler Oxenstjerna die Räumung Stettins von jeder Besatzung, da die Stadt dann vor den Kaiserlichen sicher sein werde. Als diese Forderung natürlich abgelehnt wurde, schlug die Stimmung in Stettin um. Man klagte, die Schweden trügen allein die Schuld, daß das Land vom Kriege heimgesucht werde, und es kam fast zu einem Aufruhr gegen die Garnison. Erst die Siege Baners und Wrangels und die Vertreibung der kaiserlichen Besatzungen aus Stargard, Pasewalk und Gartz besserten wieder das Verhältnis zwischen den Pommern und den Schweden. Auch verstand es Bjelke, die Stettiner zu beruhigen, indem er ihnen allerlei Zusicherungen machte, sie in ihrem Handel und Gewerbe zu schützen.

Da starb am 10. März 1637 Herzog Bogislaw XIV., der letzte des alten Greifengeschlechtes. Schon lange hatte man das Hinscheiden des kranken Fürsten erwartet, aber als es eintrat, war man doch von dem traurigen Ereignisse überrascht, und tiefe Trauer äußerte sich überall. Was sollte nun werden? Der rechtmäßige Nachfolger war der Kurfürst von Brandenburg, die Macht hatte Schweden im Lande. Bange Befürchtungen und Ahnungen quälten alle Patrioten, und die Landstände kamen in einen Gewissenskampf, ob sie dem Brandenburger, dem sie durch einen Treueid verpflichtet waren, oder dem Schweden, zu dem sie in einem Vertragsverhältnisse standen, gehorsam sein sollten. Den Versuchen des Kurfürsten Georg Wilhelm, Regierungsrechte in Pommern auszuüben, trat Bjelke energisch entgegen. Er gestattete aber, daß die Regimentsverfassung fortgeführt wurde und die „fürstlich pommerschen hinterlassenen Räte" die Geschäfte besorgten. Dies Nachgeben hatte seinen Grund darin, daß die Kaiserlichen, denen sich brandenburgische Truppen anschlossen, wieder in Pommern eindrangen, so daß Baner und Wrangel sich nur mit Mühe im Lande hielten. Die Kriegslasten für Stettin wurden erheblich größer. Die Stadt mußte Getreide liefern, Geld (30000 Taler) aufbringen und auch noch Soldaten aufnehmen. Wenig Rücksichten nahmen jetzt noch der Gouverneur Bjelke, der seit dem November 1637 auf dem Schlosse wohnte, oder die in und bei Stettin kommandierenden Generäle, deren Aufgabe es war, die schwedische Herrschaft auf jeden Fall aufrecht zu erhalten. Baner forderte 1638 immer neue Lieferungen, vermehrte die Garnison, so daß die Stettiner sich wieder mit unaufhörlichen Klagen an Bjelke wandten. Dieser im ganzen ihnen wohlgesinnte Mann starb jedoch am 6. April, als kurz zuvor die Räte der Stettiner Regierung, des Hofgerichts und des Konsistoriums infolge des brandenburgischen Einspruches ihre Ämter niedergelegt hatten.

„Es sah erbärmlich aus in Pommern." Die Offiziere und Soldaten Baners, der nach Bjelkes Tode das fürstliche Haus in Stettin besetzte, geboten nach eigenem Gefallen, die geordnete Verwaltung und Rechtsprechung standen still. Dazu wütete wieder die Pest und raffte 1637 und 1638 zahlreiche Menschen in Stettin dahin; im August 1638 starben dort 635 Personen. Die Teuerung war sehr groß, und trotzdem verlangte Baner von der Stadt für die Verpflegung der Truppen monatlich 25000 Taler. Der neue Gouverneur für Hinterpommern, Generalmajor Johann Lilljehöök, konnte dem

Rate nicht helfen, da er mit geringeren Vollmachten als sein Amtsvorgänger ausgestattet und Baner als Generalgouverneuer untergeordnet war. Um die Forderungen zu vermindern und zugleich Beschuldigungen, die gegen die Stettiner vorgebracht worden waren, zu entkräftigen, sandte der Rat im März 1638 den Ratsherrn Johann Paschow, den Stadtsekretär Johann Fabricius und den Kaufmann Anton Hannotow an den Marschall nach Wollin. Sie setzten durch, daß die Stadt in vier Monaten nur 50000 Taler zu zahlen hatte. Zugleich aber wurde der Befehl gegeben, die Befestigungsarbeiten wieder aufzunehmen. Infolge dieser Geldauflagen mußte die Tranksteuer auf alle Bewohner, auch die bisher eximierten, ausgedehnt werden, eine Maßregel, die natürlich viel böses Blut machte.

Die Schließung des fürstlichen Hofgerichts hatte zur Folge, daß der landesherrliche Stadtrichter Dr. Joachim Fabricius auch das Stadtgericht schloß. Doch auf ein Rechtsgutachten der Rostocker Juristenfakultät hin wurde es nach einiger Zeit wieder eröffnet, damit die Rechtspflege nicht vollkommen still stehe. Sonst übernahm natürlich allmählich die schwedische Regierung die Verwaltung des Landes und richtete sich dort häuslich ein. Als 1640 die Stände die neue Regierungsform ablehnten, kümmerte man sich in Schweden wenig um diesen Widerstand. Die Behörden wurden bestellt, das Konsistorium und das Hofgericht neu besetzt. Versuche, durch Gesandtschaften nach Stockholm, wohin der Rat auch seinen Sekretär Johann Fabricius schickte, Erleichterungen und die Beibehaltung der alten Regierungsform durchzusetzen, hatten keinen Erfolg. Trotzdem ging 1639 noch einmal der Sekretär Friedrich Paschow nach Schweden, erhielt aber auf seine Bitten und Vorstellungen keinen besseren Bescheid.

Inzwischen war der Krieg abermals bis in die Nähe von Stettin vorgedrungen. Um Gartz, Damm und Ückermünde wurde gekämpft, und in Stettin herrschte großer Schrecken. In Brandenburg faßte man sogar den Plan sich der Stadt, die, wie man erfuhr, nur von 1750 Mann besetzt gehalten wurde, zu bemächtigen, der Gedanke wurde jedoch bald wieder aufgegeben, da es unmöglich war, „die wohlgebaute Festung mit vielen Tausend wohlaffektionierten Bürgern und Handwerkern" einzunehmen. Man glaubte also auf brandenburgischer Seite nicht auf die Sympathie der Stettiner rechnen zu können, und wußte wohl, wie z. B. der Pastor an St. Marien Dr. Jakob Fabricius die pommerschen Stände in schwedischem Interesse zu beeinflussen bemüht war. Als im November 1640 Friedrich Wilhelm Kurfürst von Brandenburg wurde, suchte er alsbald Annäherung an Schweden und ließ im März 1641 Verhandlungen mit dem Gouverneur Lilljehöök wegen eines Waffenstillstands anknüpfen. Dieser wurde bald darauf in Stockholm bewilligt, wohin sich zusammen mit den brandenburgischen Gesandten abermals Friedrich Paschow begab. Er erhielt von der Regierung einen etwas freundlicheren Bescheid auf seine Bitten und Beschwerden. Die Königin Christine versprach in dem Erlasse vom 25. Oktober 1641 die Stadt bei den Friedensunterhandlungen zu schützen, ihr die Kriegslast nach Möglichkeit zu erleichtern und gab dem Rate die Erlaubnis die bürgerliche und Wallzulage auf drei Jahre weiter zu erheben. Dagegen wurde es abgelehnt die Lizenten herabzusetzen, obwohl gerade über diese Abgabe ganz besonders geklagt wurde. Es gingen, so hieß es, zahlreiche seefahrende Leute von Stettin fort, der Warenhandel mit Breslau ziehe sich mehr und mehr nach Breslau, der Salzhandel nach Danzig und in andere Städte. Obwohl keine Änderung geschaffen wurde, traten doch bald bessere Verhältnisse für die Stadt ein, als wenigstens der Krieg zwischen Brandenburg und Schweden aufhörte. Der neue Generalgouverneur Torstenson und der Gouverneur von Hinterpommern Axel Lillje, die 1641 ihr Amt antraten, erwiesen sich der Stadt im ganzen wohlgeneigt und suchten ihr wieder aufzuhelfen. Im September 1642 ging Friedrich Paschow zum dritten Male nach Stockholm, um wieder allerlei Beschwerden und Bitten vorzutragen. Der Rat, an dessen Spitze damals die Bürgermeister Michael Neumann, Johann Dillies und Heinrich Braunschweig standen, beschloß aber zu gleicher Zeit die günstige Stimmung, die in Stockholm Pommern gegenüber zu herrschen schien, zu benutzen, um Erweiterungen der städtischen Rechte zu erlangen. Man gab dem Sekretär den Auftrag, sich dort darum zu bemühen, daß die schwedische Regierung auf den Anteil am Stadtgerichte, den der Landesherr besaß, verzichte und die drei Bachmühlen bei Nemitz, die einst der Stadt gehörten, dann aber an das Herzogshaus gekommen waren, ihr wieder überlasse. Es dauerte lange, bis Paschow einen Bescheid auf seine Anträge erhielt, er fiel günstig aus. In einer Urkunde vom 27. September 1643 wurde der Stadt Stettin zur Belohnung für treue Hülfe die den Herzogen von Pommern zustehende Hälfte des Stadtgerichts mit allen Rechten und Einkünften übertragen, so daß der Stadtrichter mit den elf Schöffen die Gerichtsbarkeit auszuüben habe. Dem Hofgerichte verblieben die Obergerichtsbarkeit und die Berufung. Zugleich wurde in einer zweiten Urkunde dem Rate die Erlaubnis erteilt, die drei wüst liegenden Bachmühlen bei Nemitz für die Stadt in Besitz zu nehmen und aufzubauen; eine endgültige Übertragung solle geschehen, wenn eine nähere Untersuchung über die Rechtsansprüche vorgenommen worden sei. Sie erfolgte durch eine Urkunde der Königin Christine vom 24. Juli 1649. So erlangte die Stadt mitten in dieser bösen Zeit eine recht bedeutsame Erweiterung ihrer Rechte. Inbezug auf die sonstigen Wünsche erhielt Paschow auch zumeist günstigen Bescheid, die Zulage wurde auf 5 Jahre ohne Zahlung einer Rekognitionsgebühr bewilligt, die Rückzahlung eines Vorschusses versprochen. Am 10. November 1643 wurde das Gericht der Stadt überwiesen, der Vorschuß zwar nicht zurückgezahlt, aber die Stadt erhielt durch Johann Oxenstjerna ein sogenanntes indultum moratorium auf zwei, später noch auf fünf Jahre, durch das die Befriedigung der Gläubiger der Stadt hinausgeschoben wurde.

Noch einmal brachte der Einfall des kaiserlichen General-Wachtmeisters Joachim Ernst von Krockow im Sommer 1643 den Krieg in die Nähe Stettins, da seine Scharen bis Stargard vordrangen, wirklichen Schaden erlitt aber die Stadt dabei kaum. Der Krieg näherte sich seinem Ende, die Friedensverhandlungen hatten bereits in Osnabrück begonnen. Dorthin entsandten im Juni 1643 die pommerschen Stände zwei Abgeordnete, Marx von Eickstedt und Dr. Friedrich Runge, den Syndikus der Stadt Stettin, der dazu vom Rate beurlaubt wurde. Beide waren mit Unterbrechungen Jahre lang bei den Beratungen tätig und vertraten mit treuem Eifer die Interessen ihrer Heimat. Die pommersche Frage wurde bekanntlich allmählich die wichtigste von allen, die man damals beriet, und recht eigentlich der Mittelpunkt, um den sich die ganze Friedenshandlung drehte. Dabei trat Runge auch wacker für Stettin ein, und kämpfte dafür, daß die Stadt mit dem ganzen pommerschen Lande vereint blieb. Man sehnte sich dort durchaus nicht nach der brandenburgischen Herrschaft, die Kurfürst Friedrich Wilhelm mit allen Mitteln durchzusetzen bemüht war, es herrschte aber der Wunsch, eine Teilung des Landes zu vereiteln. Mit Aufmerksamkeit verfolgte man in Stettin die Verhandlungen, die für das Geschick der Stadt so ungemein wichtig waren, versäumte aber auch nicht, in Schweden für sie einzutreten. Bei den Friedensverhandlungen, die zwischen Schweden und Dänemark gepflogen wurden, suchte man vor allem die Sundzollfreiheit, die einst den Stettiner Schiffen verbürgt, aber seit 1638 nicht mehr anerkannt worden war, wieder zu erlangen, und in dem Frieden von Brömsebro (15. August 1645) wurde tatsächlich zugestanden, daß auch für die Stettiner der Odenseesche Vertrag Gültigkeit behalten solle. Nachher hat freilich Dänemark die Zusage nicht gehalten. In Schweden selbst vertrat im Herbst 1644 abermals Friedrich Paschow die Interessen seiner Stadt und bemühte sich vor allem um die Zollverhältnisse und die Handelsfreiheit. Er konnte indessen nicht viel mehr als allerlei Versprechungen, aber keine bestimmten Zusicherungen erreichen. Lange Zeit blieb das Schicksal Pommerns unentschieden. Wie ein Löwe kämpfte Kurfürst Friedrich Wilhelm um die wichtige Oderstadt, mußte aber schließlich doch nachgeben. Pommern wurde geteilt, und in dem Friedensinstrumente vom 14. Oktober 1648 erhielt Schweden mit dem vorpommerschen Lande auch Stettin und einen Landstrich am rechten Oderufer.

So wurde die Stadt endgültig schwedisch, was sie tatsächlich schon seit 18 Jahren war. Bereits vor dem Friedensschlusse hatte die Königin-Witwe Maria Eleonore eine Zeitlang in Stettin residiert, jetzt wurde der Pfalzgraf Karl Gustav Gouverneur Pommerns als Nachfolger Torstensons, der sich die Sympathie der Stettiner erworben hatte.

Blicken wir zurück, welchen Einfluß der dreißigjährige Krieg auf die Entwickelung Stettins gehabt hat, so muß vor allem hervorgehoben werden, daß nicht alle Klagen und Beschwerden ohne weiteres als wahre und objektive Darstellungen der Zustände anzusehen sind. Mit den städtischen Finanzen stand es, wie wir gesehen haben, bereits vor dem Kriege so schlimm, daß ein Zusammenbruch erfolgte. Man war bei einer Besserung begriffen und scheint auch schon einigen Erfolg damit erzielt zu haben, als die schwedische Okkupation eintrat. Von der Zeit an mußte die Stadtgemeinde freilich viel leisten, obwohl nicht immer ganz klar ist, was von ihr oder von den Bürgern gefordert wurde. Trotzdem gewinnt man den Eindruck, als sei sie noch nicht am Ende ihrer Leistungsfähigkeit angelangt. Es fehlen leider bestimmte Zahlenangaben über die Einnahmen und Ausgaben oder über die Schulden, indessen zeigt die ganze Verwaltung, daß man nicht schlimmer, ja vielleicht noch besser stand als um 1610. Die Kämmerer, unter denen Philipp Enselin, Paul Giese, Hermann Berckhof, Christian Hipmann, Johann Dillies, Peter Millies, Heinrich Braunschweig, Anton Gerschow, Valentin Turow zu nennen sind, müssen im ganzen verständig gewirtschaftet haben und, wenn auch die Einnahmen aus dem städtischen Eigentum sicher zurückgingen, doch noch immer leidlich ausgekommen sein. Dabei soll der Zustand der Finanzen durchaus nicht als glänzend, ja nicht einmal als befriedigend dargestellt, sondern nur hervorgehoben werden, daß man von einem Ruin der Stadt, der durch den Krieg herbeigeführt sein soll, nicht sprechen kann. Stettin ist in der ganzen Zeit, wenn wir von der Besetzung der Schweden, die nicht als Feinde kamen, absehen, niemals von feindlichen Scharen heimgesucht oder gar geplündert worden. Eine andere Frage ist es, was die einzelnen Bürger und Einwohner in dieser Zeit zu tragen und zu leiden hatten, welchen Einfluß der Krieg auf die Erwerbs-

VI. Stettin um 1650 (Merian).

verhältnisse hatte. Daß die Zahl der Bewohner zurückgegangen ist, muß als sicher gelten. Im Jahre 1627 zählte man in der Stadt 809, 1659 dagegen nur 609 Häuser. Trotzdem sind in allen diesen Jahren neue Bürger und zwar nicht nur Bürgersöhne, sondern auch Fremde aufgenommen worden, und diese zogen doch wohl hierher, weil sie Arbeit und Verdienst zu gewinnen hofften. Auch die bereits erwähnte Tatsache, daß gerade in den Jahren von etwa 1640 an der Besuch des Pädagogiums ungemein zahlreich war, weist darauf hin, daß die Verhältnisse in der Stadt nicht so schlimm waren wie an anderen Orten. Der Handel erlitt sicher schwere Schläge, aber er ging nie ganz zu Grunde. In den Jahren um 1625 war er recht rege, später litt er unter den allgemeinen Zuständen, doch auch nicht derartig wie anderswo. Der Verkehr mit Schweden blieb immer erhalten und wuchs noch in dieser Zeit. Mißernten und Ausfuhrverbote schädigten freilich den Getreidehandel, der sich nach Danzig und Hamburg zog. Der Verkehr mit den Niederländern hörte seit 1640 fast ganz auf, wie überhaupt damals Stettiner Schiffe nur vereinzelt den Sund passierten; 1644 und 1645 ist kein einziges in den Registern eingetragen. Von Stettin kommend fuhren in den Jahren 1627 durch den Sund 189 Schiffe, von 1630—35 waren es jährlich ungefähr 70, dann sank die Zahl auf 30 und weiter immer tiefer, bis ebenfalls 1645 kein Schiff aus Stettin in den Registern verzeichnet ist. An ähnlich genauen Zahlen für die Schiffahrt auf der Ostsee fehlt es leider; daß indessen auch sie durch den dänischen Zoll, der seit 1628 auf dem Ruden erhoben wurde, arg geschädigt worden ist, darf als sicher gelten. Noch mehr litt die Fahrt auf den Flüssen besonders durch die Feindschaft Schwedens mit Brandenburg und Polen. Der Handel zu Lande ging dagegen nicht ganz ein, das zeigen allein schon die Verhandlungen, die 1625, 1630 und 1645 über die reitende Botenpost von Danzig und Hamburg geführt wurden. Der ärgste Schlag, der den Stettiner Handel traf, war entschieden die Einführung der Lizenten, der Abgabe von aller Ein- und Ausfuhr. In einer Denkschrift von 1651 wird ausführlich dargestellt, wie vernichtend diese Steuer gewirkt hat. Aber doch war es nicht der dreißigjährige Krieg, der „an Stelle des alten kühnen Kaufmannsgeistes ein ängstlich kurzsichtiges Spießbürgertum erzeugte“, das war, wie wir gesehen haben, schon vorher geschehen. Besser als mit den Kaufleuten vom Seglerhause stand es mit den Kramern, Zemplern und Kleinhändlern, die durch den Verkehr in der Stadt und die Einquartierung manchen Verdienst hatten. Auch die Zahl und Art der Handwerksgilden nahm zu. Um 1619 erhielten die meisten eine Bestätigung ihrer Rollen.

Der Zusammenschluß wurde immer enger, der Kampf gegen Bönhasen und Fuscher, gegen die Handwerker auf dem Lande und privilegierte Freimeister dauerte fort. Doch auch hierin trat, soweit die erhaltenen Akten uns ein Urteil erlauben, um 1630 eine gewisse Stagnation ein. Machten sich auch hier die Zeitverhältnisse geltend oder verknöcherte der Gewerbebetrieb so, daß man für die eigenen Interessen kaum noch etwas übrig hatte?

Das Bild, das vom Leben und Treiben in Stettin am Schlusse des großen Krieges zu entwerfen ist, bietet wenig Erfreuliches. Aber schlimmer als die augenblicklichen Zustände erscheint die Aussicht auf die Zukunft. Was wird aus der Stadt werden, die jetzt einem fremden Staate angehört?

13. Kapitel.

Stettin unter schwedischer Herrschaft.

Der Friede war geschlossen, aber die Schwierigkeiten der Ausführung aller in dem instrumentum pacis vorgesehenen Bestimmungen erwiesen sich bald als fast unüberwindlich. Die schwedische Regierung zeigte hierbei die ganze Rücksichtslosigkeit, die sie schon vorher Schwächeren gegenüber bewiesen hatte. Im 10. Artikel des Friedensvertrages war bestimmt worden, daß ganz Vorpommern mit der Insel Rügen und dazu aus Hinterpommern Stettin, Gartz, Damm, Gollnow, die Insel Wollin mit der Oder, dem Haff, den drei Ausflüssen Peene, Swine, Dievenow und dem an beiden Seiten anliegenden Lande an Schweden fallen sollten. Über die Abgrenzung des im Osten der Gewässer gelegenen Gebietes sollte eine freundschaftliche Einigung zwischen Schweden und Brandenburg erfolgen. Diese unbestimmte Anordnung gab alsbald den schwedischen Staatsmännern die Handhabe, Brandenburg auf alle Weise zu quälen. Die Stettiner waren, wie es scheint, mit dem Schicksal, das ihre Stadt an Schweden gebracht hatte, ganz zufrieden, an seine Herrschaft hatten sie sich bereits gewöhnt und erhofften zugleich von dem Reiche, das so großen Wert auf die Erwerbung des Odergebietes gelegt hatte, eine Förderung ihrer Interessen und eine schonende Erhaltung ihrer Rechte. Eine brandenburgisch gesinnte Partei scheint es in der Stadt nicht gegeben zu haben.

An den Verhandlungen, die über die Grenzregulierung Jahre lang geführt wurden, hatte die Stadt Stettin keinen direkten Anteil. Doch wurden die vielen Schwierigkeiten, die Schweden dabei machte, die unendlichen Streitigkeiten, die erwuchsen, mit Interesse verfolgt. Die Frage über die von Schweden auch in den hinterpommerschen Häfen beanspruchten Lizenten war für Stettin nicht ohne Wichtigkeit. Es konnte fürchten, an seinem Handel Schaden zu erleiden, falls jene an sich wenig konkurrenzfähigen kleinen Seeplätze davon befreit wurden. Ebenso war für die Stadt nicht ohne Bedeutung die Entscheidung darüber, ob das Amt Stettin zum schwedischen oder brandenburgischen Anteile gehören solle. Lagen doch auch Besitzungen der Stadt, Wiesen, Brüche und Dörfer, wie Bergland und Lübzin oder Podejuch, das dem Johanniskloster gehörte, auf dem rechten Oderufer, und es war durchaus erwünscht, daß diese Gebiete nicht einer anderen Landesherrschaft zugewiesen wurden, wie die Stadt selbst. Nach langen Beratungen wurde endlich in dem Stettiner Rezesse vom 4. Mai 1653 die Grenze festgelegt und zwar in einer für Schweden sehr günstigen Weise, so daß ein Streifen Landes auf dem rechten Ufer der Oder von Fiddichow bis nach Cammin diesem Lande zufiel. Damit war die Trennung der beiden pommerschen Landesteile vollzogen. Noch einmal taten die beiden Regierungen, die das Erbe Bogislaws XIV. übernommen hatten, sich zu einem gemeinschaftlichen Werke zusammen, nämlich seine Leiche, die seit 17 Jahren im Stettiner Schlosse der endgültigen Beisetzung harrte, zur letzten Ruhe in der Fürstengruft der Schloßkirche zu bringen. Am 25. Mai 1654 fand die traurige Feier unter großem Prunke statt; der Rat der Stadt ging mit im Trauerfolge, die Bürgerschaft hielt die Straßen besetzt, durch die der Zug ging.

Von dem Nachlasse des alten Herzogshauses war nur wenig noch im Schlosse vorhanden, das meiste war an Bogislaws Neffen, den Herzog Ernst Bogislaw von Croy, gekommen, anderes während der unruhigen Zeiten verkommen und verloren. Der Fürstensitz des Greifenhauses wurde öde und leer und nie wieder die dauernde Wohnstätte eines Herrschergeschlechtes.

Während der Verhandlungen über die Auseinandersetzung der beiden Staaten fanden zugleich die Beratungen über die Einrichtung der schwedischen Verwaltung Pommerns statt. Bereits am 10. Januar 1649 erging eine Verfügung über die vorläufige Gestaltung der pommerschen Regierung. Residenz blieb Stettin, wo die meisten Behörden ihren Sitz erhielten. Bald darauf traten die pommerschen Landstände zusammen, um ihre Wünsche über die endgültige Regelung der Landesverwaltung zu äußern. Sie wählten eine Deputation, um diese nach Stockholm zu überbringen, Dr. Friedrich Runge übernahm es, die Interessen der Stadt Stettin dabei zu vertreten. Namentlich bat er um Konfirmation ihrer Privilegien und Befreiung von Lizenten und von Einquartierung. In dem Bescheide, der am 24. Juli 1649 im Namen der Königin Christine ausgestellt wurde, versprach man der Stadt die Bestätigung ihrer alten Rechte, wenn eine Prüfung der Urkunden erfolgt sei. Das Stadtgericht solle sie behalten, die Verminderung der Garnison und Herabsetzung der Lizenten wurden dagegen abgeschlagen. Die Regierung gab aber die Zusage, alles mögliche zu tun, um den Handel Stettins zu heben und die Beschwerden abzustellen. Für einzelnes wurde eine Untersuchung durch eine Kommission in Aussicht gestellt; mehrere Plätze und Häuser, die von der Stadt der schwedischen Regierung überlassen worden waren, wurden ihr zurückgegeben. So kehrte die Gesandtschaft mit einer wenig befriedigenden Antwort zurück, die alles einer späteren Entscheidung vorbehielt. Trotzdem war die Stimmung in Stettin hoffnungsvoll, und man feierte auch hier zu Neujahr 1650 das Friedensfest mit Dank für die endliche Beilegung des langen Krieges. Der Rektor des Pädagogiums Johannes Mikraelius und der Konrektor Heinrich Schäve veranstalteten dramatische Aufführungen „zur Bezeigung eines dankbaren Gemütes gegen Gott wegen der guten Hoffnung zu völliger Befriedung des deutschen Landes".

Inzwischen traf die schwedische Kommission, die aus Johann Oxenstjerna, dem Generalgouverneur Karl Gustav Wrangel und dem Vizepräsidenten Nikodemus Lilljeström bestand, in Stettin ein und trat in Verhandlungen mit dem Landtage, der zusammengerufen wurde und seine Wünsche äußerte. Sie untersuchte auch die Privilegien und Freiheiten, welche die Stettiner Bürger und Einwohner bisher in Hinterpommern besessen hatten; es handelte sich dabei um allerlei Handelsvorrechte, z. B. auf Jahrmärkten, Verkehrsfreiheiten u. a. m. namentlich in Gollnow. Im Sommer 1650 sandten die Stände eine neue Deputation nach Stockholm, angeblich um der Königin Christine bei ihrer Krönung die Glückwünsche Pommerns zu überbringen, tatsächlich aber, um abermals allerlei Bitten zu äußern. Die Stadt Stettin ordnete dazu den Syndikus Dr. Joachim Schnobel und den Ratsherrn Peter Krüger (seit 1645 im Rate) ab, die den Auftrag erhielten, Beschwerden über Einquartierung und Exzesse von Soldaten usw. vorzubringen und die alten Wünsche und Bitten zu erneuern. Während sie noch in Schweden waren, erhoben die Alterleute des Kaufmanns und der neun Hauptgewerke lebhafte Klage beim Rate darüber, daß sie bei den Beschlüssen über diese und die vorige Sendung gar nicht gefragt worden seien; ohne ihre Zustimmung habe man z. B. auch die Übersendung eines Geschenkes von

1000 Gulden nach Schweden beschlossen. Der Rat, der bereits seit längerer Zeit sich um die Vertreter der Bürgerschaft wenig gekümmert hatte, versuchte diesen Vorwurf zu entkräftigen, obwohl er offenbar selbst empfand, daß er in dieser Beziehung kein gutes Gewissen habe. Der königliche Bescheid vom 23. Dezember 1650, den die Deputierten erst im nächsten Sommer heimbrachten, war nicht geeignet, die Stimmung der Bürger gegen den Rat zu bessern. Denn während alle anderen Wünsche und Beschwerden, namentlich auch wegen der Lizenten, abgelehnt waren oder ihre Entscheidung auf spätere Zeit verschoben worden war, wurde von der schwedischen Regierung ein Antrag des Rates angenommen. Jährlich sollten 2000 Taler aus den Einkünften der Stadt genommen werden, damit die Ratsherren „ihren Stand und ihr Amt mit besserem Respekt und Auskommen führen könnten". Es war nicht zu verwundern, daß die Bürger darüber murrten, aber eine teilweise Ermäßigung der Lizenten und die Auflösung des „blauen Regiments" in Stettin (im Januar 1652) schafften auch ihnen einige Erleichterung. Der Rat suchte 1653 wiederum durch eine Gesandtschaft, die Johann Jakob Treder übernahm, eine Abstellung von Beschwerden besonders der Handwerker über die vielen Freimeister, die der Zunft nicht angehörten und von der Regierung die Erlaubnis zum Betriebe ihres Handwerkes erhalten hatten, zu erwirken, sowie die Zollfreiheit für Stettin zu erhalten. Auch diese Sendung hatte keinen Erfolg. Versprechungen aller Art wurden gemacht, die Forderung der Zollfreiheit und anderer Vorrechte aber einfach abgelehnt. Dagegen bestätigte die Königin am 24. September 1653 feierlich die Privilegien und Rechte der Stadt, wie sie in den herzoglichen Urkunden aufgeführt worden waren, und nahm die Bürger und Einwohner, die der neuen Landesherrschaft gehuldigt hatten, in ihren Schutz und Schirm. Waren auch die Bestimmungen über die Regierung des Landes noch nicht endgültig getroffen, so hatte man doch mit der Einrichtung einen Anfang gemacht, und in der Stadt selbst waren trotz der Unsicherheit der politischen Lage allerlei neue Ordnungen erlassen worden. So regelte der Rat durch einen Vergleich vom 21. Februar 1650 das Verhältnis des Kaufmanns vom Seglerhause zu der Kramer-Kompagnie. Wer zur See Handlung treiben wollte, mußte das Kaufmanns „Verbadung" für 50 Gulden gewinnen, dagegen sollte der Kaufmann, der mit Kramwaren handelte, der Kramer-Kompagnie beitreten. Der Zweck dieses Vergleiches war, den seit lange bestehenden Gegensatz zwischen den beiden kaufmännischen Korporationen nach Möglichkeit auszugleichen. Das erschien um so notwendiger, als der Unterschied zwischen Großhandel, so weit von einem solchen die Rede sein kann, und der Krämerei sich mehr und mehr verwischte. Die Seeschiffahrt nahm zwar in diesem Jahre einen kleinen Aufschwung — 1650 passierten 84 Stettiner Schiffe den Sund und 1649 fuhren 79 niederländische Schiffe von Stettin aus durch ihn, — aber er dauerte nicht lange. Die Einnahmen aus dem Bollwerksgelde, die im Jahre 1638 sich nur auf 103 Gulden belief, nahm in den folgenden Jahren zu und erreichte 1657 die für Stettin nicht unbedeutende Höhe von 750 Gulden, doch bald folgte eine Abnahme. Auf Falsterbo besaß Stettin 1650 noch seine Fitte, aber dieser Besitz war kaum mehr als eine Erinnerung an alte Zeit. Die Einfuhr von Hering ging ungemein zurück, sie begann nach 1648 sich nur langsam zu heben.

Der erhoffte Anfang der besseren Zeiten für Handel und Verkehr wurde bald wieder unterbrochen, als im Januar 1654 Karl X. Gustav an Stelle Christinas, die ihre Regierung niederlegte, König von Schweden wurde. Seine Regierung brachte von neuem schwere Zeiten für Stettin, und man merkte dort bald, daß der König von seinen deutschen Besitzungen recht große Leistungen forderte. Die Frage der Einquartierung und der Unterhaltung pommerscher Regimenter beschäftigte von 1654 an die Stände fortgesetzt bei ihren Zusammenkünften; Stettin sollte 1200 Mann aufnehmen. Der Rat ordnete im September den Ober-Sekretarius Jodocus Andreas Hiltebrandt, einen geborenen Stettiner (geb. 1617, gest. 1679), nach Schweden ab und gab ihm neben seiner Instruktion eine Bittschrift an den König mit. In ihr bat der Rat um Verlegung des pommerschen Hofgerichts nach Stettin, weitere Bewilligung der 1650 auf 5 Jahre zugestandenen Zulage, Bestätigung der Bachmühlen und des Stadtgerichtes. Hiltebrandt stieß, wie er in zahlreichen Schreiben berichtete, in Stockholm auf Schwierigkeiten. Die kriegerischen Vorbereitungen störten die ruhigen Verhandlungen, und erst am 16. März stellte der König eine Urkunde aus, in der die Nemitzer Mühlen ausdrücklich der Stadt von neuem als Eigentum überwiesen wurden. Ferner wurden die Zulage auf die Waren und die Fortifikationssteuer (Wallzulage) auf 8 Jahre verlängert, doch so, daß jene den Lizenten in einer festzusetzenden Weise entspräche und diese für den Bau der Festungswerke verwandt werde. Für andere Beschwerden versprach die Regierung Untersuchung und, wenn es möglich sei, Abhilfe. Eine Bestätigung des Stadtgerichts wurde abgelehnt.

Als Hiltebrandt mit diesem wenig befriedigenden Bescheide im April 1655 zurückkehrte, war Schwedisch-Pommern und namentlich die Gegend um Stettin bereits von Kriegslärm erfüllt. Für den

Feldzug, zu dem sich Karl X. Gustav gegen Polen rüstete, sammelte sich dort ein meist aus Deutschen bestehendes Heer in der Stärke von etwa 17000 Mann. Der Feldmarschall Arvid Wittenberg war mit der Leitung der Rüstung beauftragt und zum Statthalter von Pommern ernannt worden; seinen Wohnsitz nahm er im Stettiner Schlosse. Am 4. Juli musterte er die Truppen bei Damm und trat am folgenden Tage den Marsch nach Polen an. Wenige Tage später zog sich wieder bei Damm ein schwedisches Heer zusammen, etwa 15000 Mann stark, mit dem der König am 15. Juli bei Wolgast gelandet war. Er erschien selbst in Stettin, vom Rat und der Bürgerschaft feierlich empfangen, und nahm am 29. Juli eine Musterung der Regimenter vor, um alsbald ebenfalls nach Polen vorzurücken. Johann Oxenstjerna wurde zum Statthalter von Pommern ernannt und erhielt den Auftrag, von den beiden Städten Stettin und Stralsund eine Anleihe von 100000 Talern einzutreiben. Doch diese Forderung wurde abgelehnt, da man nicht imstande war, eine solche Summe aufzubringen; man klagte vielmehr über die schweren Lasten, die den Städten bereits aufgelegt worden seien, und über den Rückgang von Handel und Gewerbe infolge der Kriegsunruhen und der drohenden Pest. Bereits am 22. August 1655 gebot der Gouverneur Axel Lillje den Bürgern sehr energisch, die bisher zahlreich gehaltenen Schweine abzuschaffen, da sie bei der sich ausbreitenden Krankheit gefährlich sein könnten. Im Jahre 1656 wurde sie schlimmer, so daß man auch im Rate ernstliche Vorsichtsmaßregeln traf. Ein Pestreglement wurde erlassen, eine eigene Kommission unter Leitung des Ratsherrn Rudolf Heldt (1652 in den Rat gewählt) eingesetzt und eine Umlage für die Bestreitung der Kosten ausgeschrieben. Ein Versuch, die wüst liegende St. Jürgenkapelle vor dem Passower Tore als Pesthaus einzurichten, scheiterte an dem Widerspruche des Generalmajors von Wirtz, des Kommandanten der Stadt, der das Gebäude für militärische Zwecke in Anspruch nahm. Als dann der Rat das Gertrudhospital dafür bestimmte, erhoben die Provisoren dagegen Protest, so daß auch hieraus nichts wurde.

In derselben Zeit erfocht Karl Gustav mit Hilfe der brandenburgischen Truppen seinen großen Sieg bei Warschau (18. bis 20. Juli 1656) über die Polen. Doch bald wandte sich das Glück, der König gab den Kampf mit diesen Feinden auf und wandte sich gegen Dänemark. Sofort drangen polnische Scharen in Hinterpommern ein, kamen sogar bis in die Nähe von Stettin und verwüsteten die Umgegend schrecklich, wobei auch die städtischen Eigentumsdörfer großen Schaden erlitten. Diese Kriegsgefahr wurde die Veranlassung, daß die schwedische Regierung nicht nur die Befestigungsarbeiten in Angriff nahm, sondern dafür auch einen Geldbeitrag von der Stadt verlangte. Der Rat bewilligte 3000 Taler, forderte aber, daß die königlichen Beamten und die Bewohner der Freihäuser mit zu den Lasten herangezogen würden. Eine Aufnahme, die zu diesem Zwecke erfolgte, ergab, daß in der Stadt mit den Vorstädten 345 Häuser, 907 Buden und 231 Keller vorhanden waren. Von diesen waren Freihäuser oder von königlichen Bedienten bewohnt 83 Häuser, 126 Buden und 31 Keller. Die Forderung des Rates war bei der nicht geringen Zahl der befreiten Häuser von großer Bedeutung, und es ist erklärlich, daß er, als die Regierung ihre Zustimmung zur Besteuerung ablehnte, an das Tribunal in Wismar appellierte, dem vom Könige die Entscheidung über diese Streitsache überlassen wurde. Sonst verhieß Karl Gustav einige Erleichterung, es konnte aber gerade jetzt wenig erfolgen, da der Krieg immer neue Ansprüche notwendig machte, zumal als auch Brandenburg eine feindliche Stellung gegen Schweden einnahm.

Der Kurfürst Friedrich Wilhelm hatte seit dem Abschlusse des Stettiner Traktats von 1653 die Hoffnung nie ganz aufgegeben, doch noch Stettin zu gewinnen. Dieser Gedanke beherrschte seine Politik, er gedachte aber mit Vorsicht mehr zu erreichen als mit Gewalt. Deshalb ließ er sich nur widerwillig auf die Verhandlungen ein, die zwischen Polen und Österreich wegen eines Bundes gegen Karl Gustav geführt wurden. Es war ihm unangenehm, als er die Nachricht erhielt, daß der Kaiser den Befehl gegeben habe, ein Heer solle nach Pommern aufbrechen, und ließ ungern einen Teil seiner Truppen dorthin abmarschieren.

Der kaiserliche Feldzeugmeister Freiherr de Souches kam mit 14000 Mann im August in Pommern an, eroberte Greifenhagen, ließ Damm einschließen und versuchte durch die Besetzung der Inseln Usedom und Wollin, sowie durch die Einnahme der Städte Wollin und Cammin den Weg in die Ostsee für Stettin abzuschneiden. Es gelang indessen den Kaiserlichen nicht. die Peene und Swine zu sperren. Am 7. September fiel Damm in ihre Hände, obwohl auch die Stettiner Garnison versucht hatte, die wichtige Festung zu unterstützen. Bald darauf erschienen die feindlichen Truppen, zu denen auch Brandenburger unter dem Grafen Dohna gestoßen waren, vor Stettin. Es waren im ganzen wenig über 6000 Mann. Eine Aufforderung zur Übergabe, die an den Kommandanten, General Paul Wirtz, Freiherrn von Öreholm, erging, wurde abgelehnt, und auch der Rat erklärte auf ein Schreiben des brandenburgischen Generals, daß die Bürger ihrem Könige treu bleiben wollten. Die Garnison bestand aus etwa 2000 Mann,

Plan der Belagerung von Stettin im Jahre 1659 von *Schaevius.*

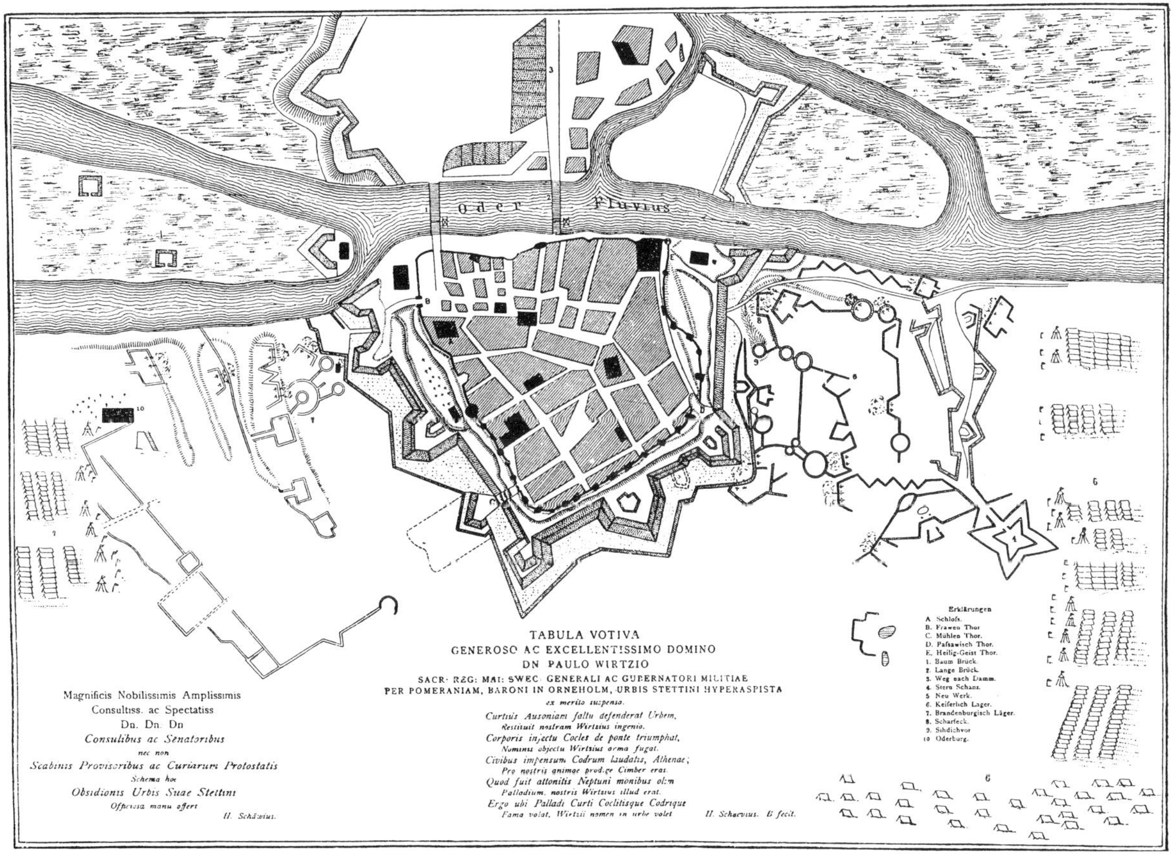

VII.

von denen die meisten treffliche und zuverlässige Leute, Finnen und Südermanländer, waren. Die Ausrüstung der Festung mit Kriegsmaterial war nicht gut, man klagte über Mangel an Pulver. Die Bürgerschaft war zur Verteidigung der Mauer und des Walles verpflichtet und zu diesem Zwecke in 11 Kompagnien, 8 in der eigentlichen Stadt, 3 in der Lastadie und den Wieken, organisiert. Sie wählten ihre Unteroffiziere, Fähnriche, Leutnants selbst, während die jüngsten Ratsherren Kapitäne waren. Diese bildeten mit einer Deputation des Rates das Kollegium der Kriegskommissare, die neben dem Kommandanten das Verteidigungswesen zu leiten hatten. Der Gegensatz, der zwischen der Bürgerschaft und der Garnison, dem Rate und den schwedischen Befehlshabern oft hervortrat, hemmte die Arbeiten sehr. Die Stadt war durch die mittelalterliche Mauer und den Graben, sowie durch die von Gustav Adolf angelegten und weiter ausgebauten Werke mit 7 Bastionen oder Bollwerken geschützt. Die Außenwerke, wie die Sternschanze und die alten Befestigungen am Störfange im Süden, wurden von den Verteidigern aufgegeben, als die Belagerer, von denen die Kaiserlichen in der Hauptsache im Süden, die Brandenburger im Norden der Stadt lagen, die Festung zu beschießen begannen. Es gelang ihnen nicht, sie vollständig einzuschließen, da es an Schiffen fehlte und man die Zufahrt weder sperren, noch vom rechten Ufer aus an die Stadt herankommen konnte. Mit allen möglichen Geschossen, wie sie die damalige artilleristische Kunst kannte, Handgranaten, Bettelsäcken, Maulkörben u. a. m., wurde die Stadt im September und besonders im Oktober beworfen. Die Wirkung war aber im allgemeinen gering; es entstand keine eigentliche Feuersbrunst. Um so größer jedoch war die Beunruhigung, die durch die Beschießung bei der Bürgerwehr hervorgerufen wurde, und der Kommandant und Rat mußten sich alle Mühe geben, sie zur Erfüllung ihrer Pflichten anzuhalten. Die Kriegskommissare ließen im September die einzelnen Kompagnien vor sich kommen, um sie zu ermahnen, mußten aber von Offizieren und Mannschaften viele Einwendungen, Beschwerden und Entschuldigungen entgegennehmen. Sie klagten über Gewalttaten der Soldateska, sie beschuldigten ihre eigenen Offiziere, wie z. B. den Kapitän der 5. Kompagnie Dr. Konrad Bolte (seit 1659 im Rate), der Feigheit und des Fortbleibens vom Walle. Täglich kamen Klagen vor das Kriegskollegium: da verweigerte ein Bürger seinem Kapitän, der nichts verstände, den Gehorsam, da ging einer mit der Waffe auf seinen Offizier los, ein anderer kam betrunken zur Wache und fing eine Rauferei an, manche mußten mit Gewalt zum Dienste herbeigeholt werden, kurz die Anklagen hörten nicht auf. Trotzdem wagte das Kriegskollegium nicht mit strengen Strafen vorzugehen, da die Bürgerwehr immerhin einigermaßen die Garnison entlastete. Diese machte verschiedene Ausfälle, von denen einer am Martinstage besonders erfolgreich war. Die schwedischen Truppen leisteten bei der Verteidigung ausgezeichnetes; General Wirtz bewies sich als geschickter und eifriger Feldherr. Die Belagerungstruppen machten daher nur geringe Fortschritte. Da sie die Stadt nicht vollständig einschließen konnten, so herrschte dort kein eigentlicher Mangel; von Stralsund und Lübeck kamen Lebensmittel ein besonders reicher Fischfang gab der Bevölkerung fast einen Überfluß an Nahrung. Der König Karl Gustav mahnte die Stadt zur Defension und versprach Hülfe durch den Grafen Wrangel, der von Stralsund aus Briefe an den Rat sandte und Beistand zusagte. Wirklich erschienen auch, da der Wasserweg immer offen blieb, wiederholt Verstärkungen, und am 11. November (n. St.) kam Wrangel selbst in die Stadt. Er erkannte bald, daß Stettin sich halten könne, und fuhr am 15. wieder ab, nachdem er die Bürgerschaft wegen ihrer Haltung belobt hatte.

Die Geduld der Belagerer war bald erschöpft. Einige Schlappen, die sie am 12. und 14. November erlitten, und vor allem das kalte und feuchte Wetter, das viele Krankheiten in den Lagern erzeugte, veranlaßten de Souches am 16. November die Belagerung aufzuheben und den Abmarsch anzutreten. Stettin war gerettet; voll Freude meldete der Rat dem Grafen Wrangel die „Liberation“. Darauf sprach der König in einem Schreiben vom 6. Dezember dem Rate und der Bürgerschaft seine Anerkennung für „die tapfere Resolution, Standhaftigkeit und Unverdrossenheit“ aus und verhieß, die Stadt „des bei dieser Occasion erlittenen Schadens und Ungemachs halber zu soulagieren und etwa habenden desideriis Befriedigung zu schaffen“. In der Stadt beging man am 23. November das Siegesfest, und es wurde Brauch, den 16. November auch in den nächsten Jahren regelmäßig durch Gottesdienste und Festlichkeiten zu feiern. Am 14. September (n. St.) 1660, als König Karl X. Gustav bereits gestorben war, verlieh seine Witwe Hedwig Eleonore in einer feierlichen Urkunde der Stadt ein neues Wappen, in dem neben das Schild mit dem Stettiner Greifen zwei Löwen gestellt sind, die eine Königskrone darüber halten; das ganze ist von einem Lorbeerkranze umgeben. Zugleich wurde den damaligen Bürgermeistern Heinrich von Braunschweig (1641—71), Peter Gerike (1658—66) und Christoph Richter (1659—69), sowie allen ihren Amtsnachfolgern der Adel verliehen.

In der Stadt war man stolz auf die ruhmvolle Verteidigung, von der in der Welt viel die Rede war. Bald erschienen Berichte mancherlei

Art, eine „kurze, dennoch ausführliche Beschreibung“ und „Böses und Gutes, welches die Stadt Alten Stettin anno 1659 . . . ausgestanden und erfahren“. Sie wurden mit eben solchem Interesse gelesen, wie die Nachrichten über den schwedisch-polnischen Krieg in der „Europäischen Zeitung“, die sicher 1656, vielleicht schon seit längerer Zeit die Rhetesche Druckerei herausgegeben hat.

Der Schaden, den die Stadt bei der Belagerung erlitten hatte, war nicht so groß, wie er von den Zeitgenossen dargestellt wurde, wenigstens der Verlust an Menschen war gering, von Bürgern

Abb. 14. Das Stettiner Ehrenwappen von 1660.

soll nur ein einziger erschossen worden sein. Vor den Mauern war allerdings viel verwüstet, die schon fast zerstörte und verfallene Oderburg, St. Jürgen vor dem Passower Tore mit dem dortigen Schützenhause und die Mühlen waren ebenso wie die beiden Wieken niedergebrannt worden. Handel und Verkehr hatten natürlich durch die Einschließung erheblich gelitten, aber bereits vorher war namentlich die Seefahrt infolge des Krieges mit den Dänen sehr geschädigt worden, ja die Fahrt durch den Sund hatte 1657 fast ganz aufgehört. Es stand überhaupt in dieser Zeit mit dem Stettiner Handel traurig, und der Wohlstand nahm, wie es scheint, immer mehr ab.

Darauf deuten die 1654 erlassenen Ordnungen für Hochzeiten, Taufen und Begräbnisse und die Kleiderordnung nicht minder hin, als die ständigen Bemühungen, das Armen- und Bettelwesen in der Stadt zu bessern.

Im Januar 1660 beriet man im Rate mit Zuziehung der Älterleute über zahlreiche Beschwerden und trat alsbald mit der Regierung in Verhandlung wegen einer an den König zu sendenden Deputation. Doch ehe ein Beschluß gefaßt wurde, langte die Nachricht an, Karl X. Gustav sei am 13. Februar 1660 zu Gotenburg gestorben. Da entschloß man sich im März, den Bürgermeister Christoph Richter und den Ratsherrn Heinrich Starke (seit 1655 im Rate) nebst zwei Vertretern der Bürgerschaft an den Reichsadmiral Grafen Karl Gustav Wrangel nach Stralsund zu schicken. Man bat unter anderm um Abwendung einer neuen Belagerung, die im Frühjahr, als die Feinde von Damm und Greifenhagen aus Streifzüge unternahmen, zu drohen schien, um Rückgabe des von der Garnison in Besitz genommenen Want- oder Zeughauses am Kohlmarkt, um Entschädigung der erlittenen Verluste. Der Bescheid scheint wieder nur Versprechungen enthalten zu haben, doch bald machte der Friede von Oliva (3. Mai 1660) den schlimmsten Befürchtungen ein Ende.

Für den vierjährigen König Karl XI. wurde eine vormundschaftliche Regierung eingesetzt, die aus der Königin-Witwe Hedwig Eleonore und fünf Mitgliedern des Reichsrates bestand. Eine von den vielen Aufgaben, die sie zu lösen hatte, war die endliche Einrichtung der pommerschen Verwaltung. Im Juni 1660 fand in Greifswald eine Versammlung von Vertretern pommerscher Städte statt, um über gemeinsame Interessen, namentlich auch über die Regierungsform zu beraten. Hierzu erschienen von Stettin aus der Bürgermeister Christoph Richter und die Ratsherren Caspar Meyer (1645 in den Rat gewählt) und Heinrich Starke. Sie hatten den Auftrag, sich nach dem Städtetage sogleich nach Stockholm zu begeben, um dort Bitten wegen Befreiung von Lasten, wegen der Niederlagsgerechtigkeit, der bürgerlichen Zulage, der Wiedererstattung vorgeschossener Summen, der Rückgabe des Zeughauses u. a. m. vorzubringen. Von den Deputierten wurde Meyer unterwegs in Stralsund „wegen des bösen Bieres“ krank, die beiden andern langten im Juli in Stockholm an. Sie fanden im allgemeinen freundliche Aufnahme und erhielten nach längerer Zeit auch Bescheid auf ihre Wünsche. Im September ergingen Erlasse an die pommersche Regierung, in denen Untersuchungen wegen der Niederlagsgerechtigkeit Stettins, wegen der Freihäuser und der bürgerlichen Zulage angeordnet wurden. Die Rückgabe des Zeughauses am Kohlmarkt wurde befohlen, eine Erhöhung des Dammzolles festgesetzt, anderes späterer Entscheidung vorbehalten. Die Gesandten nahmen ein Schreiben des Reichsrates, in dem der Stadt „sonderbare gnädige Affection ihres in bisherigen schweren Zeiten rühmlich erwiesenen Wohlverhaltens halber" ausgedrückt wurde, mit in die Heimat.

Die Friedenszeit, die für Pommern freilich nur auf kurze Zeit folgte, benutzte der Rat für ein bedeutsames Werk der Wohlfahrt, indem er 1660 eine Änderung in der Armenpflege vornahm. In der Reformationszeit hatte man aus dem Vermögen der verschiedenen Hospitäler und Stiftungen einen gemeinsamen Armenkasten gebildet, der von Provisoren unter Aufsicht des Rates verwaltet wurde. Zu ihm gehörte auch das zu einer Versorgungsstätte armer Bürger umgestaltete St. Johanniskloster. Dies besaß in den Dörfern Völschendorf und Podejuch, dem Gute Prilip und einem Walde in Armenheide einen nicht unbeträchtlichen Besitz. Es scheint, als ob die Einkünfte aus dem Eigentum und dem recht bedeutenden Kapitalvermögen nicht mehr in erster Linie dem Kloster, sondern dem gesamten Armenwesen in Stettin zu gute kamen. Deshalb konnte es nicht mehr, wie ehemals mindestens 150, sondern nur etwa 100 Pfleglinge aufnehmen, zumal da infolge der höheren Preise die übliche Naturalverpflegung ganz erheblich größere Kosten verursachte. Daher beschloß der Rat das Kloster von dem Armenkasten zu trennen und für sich verwalten zu lassen. Zugleich schaffte er die Speisung ab und gab den Insassen neben der Wohnung „Prövеn" (d. h. Präbenden) von Lebensmitteln oder auch eine Geldunterstützung. Die Provisoren behielten die Verwaltung und die Aufsicht über das Kloster, wurden aber vom Rate kontrolliert. Dem Armenkasten dagegen überwies man damals andere Stiftungen mit ihren Einkünften, wie das Gertrudhospital auf der Lastadie, das als Siechen- oder Krankenhaus diente, die beiden sogenannten Armenkeller am heiligen Geisttore, die wahrscheinlich zu dem in der Nähe liegenden, verfallenen Hospital zum heiligen Geist gehörten, sowie die drei „Klinghäuser" am Mühlen- und Frauentore und auf der Lastadie. In ihnen wohnten Wärter, die nach dem Schlusse der Stadttore diese öffneten und dafür eine Abgabe erhoben, die dem Armenkasten zufloß. Außerdem wurden ihm noch einige Kapitalien, Kollekten und Beiträge von Privaten oder von der Stadt zur Unterstützung der Armen überwiesen. Auch die Einrichtung eines Waisenhauses, das nach den vorhergehenden Pestzeiten recht notwendig gewesen sein mag, wurde wenigstens vorbereitet; es ist erst 1684 zustande gekommen. Die Mittel dazu gewährten einige Vermächtnisse.

Man unternahm es auch sonst, die durch den Krieg entstandenen Schäden zu heilen. Die Bürger stellten die beschädigten Häuser, soweit es ihre Mittel erlaubten, wieder her, die Kirchen wurden ausgebessert, vor allem baute man an dem Steindamm, dessen Erhaltung zu allen Zeiten der Stadt sehr viele Kosten machte. Weiter galt es, die Festungswerke neu herzurichten und zu verstärken. An dieser Arbeit wirkte wohl Wendelin Schildknecht, der Ingenieur und Zeugmeister der Stadt Alten Stettin, mit, der infolge seines 1652 erschienenen Werkes „Harmonia in fortalitiis construendis, defendendis et oppugnandis" als eine Autorität im Festungsbau galt. Bei dem Bau wurde das alte Passower Tor, das bei der Belagerung von 1659 eingeschossen worden war, beseitigt und dafür das „Neue Tor" geschaffen, das am Ende der breiten Straße lag. Ebenso ließ die schwedische Regierung an anderen Teilen der Mauer und der Werke fortgesetzt arbeiten und verwandte dazu die von den Bürgern erhobene „Wallzulage". Doch alle diese Verbesserungen erfuhren eine nicht geringe Hemmung durch die Teuerung, die namentlich im Jahre 1661 im ganzen Lande herrschte. Der Wispel Weizen kostete damals etwa 35—39 Taler und stieg im folgenden Jahre sogar auf 39—48 Taler (nach heutigem Geldwert ungefähr 525—720 Mark). So milde und schonend im allgemeinen die schwedische Regierung das deutsche Land und seine Bewohner behandelte, allerlei Konflikte blieben doch nicht aus. Sie forderte z. B. 1662 von der Stadt Stettin die Stellung eines Rüstwagens mit 6 Pferden zur Beschickung des Reichstages zu Regensburg. Unter lebhaftem Protest lehnte der Rat diese Forderung ab; die Stadt zahle eine hohe Orböre von 311 Talern 20 Schill. und sei zu keiner anderen Leistung verpflichtet. Doch wichtigere Fragen beschäftigten die eingesetzte Hauptkommission, deren Präsident der Generalstatthalter Karl Gustav Wrangel war. Nur mit großer Mühe brachte sie die Regierungsform vom 17. Juli 1663 zustande. Durch sie wurde ein Regierungskollegium in Stettin eingerichtet, nachdem die vorgeschlagene Verlegung nach Wolgast von den Ständen abgelehnt worden war. Am 3. August 1663 leisteten Rat und Bürgerschaft von Stettin vor den königlichen Bevollmächtigten im Rathause und auf dem Heumarkt den üblichen Eid der Treue. Darauf wurde die von der vormundschaftlichen Regierung im Namen des Königs Karl XI. am 31. Januar 1663 ausgestellte Urkunde ausgeliefert, in der die Privilegien der Stadt bestätigt wurden. Der Rat aber war mit dem Schriftstücke nicht einverstanden, da die dort vorkommende Einschränkung inbetreff der Bestätigung der Privilegien, „so wie sie ein jedes im guten Gewähr und Besitz haben", bedenklich erschien.

Die Kommissare, die man um Erklärung dieser sonst nicht üblichen Worte bat, lehnten eine Änderung ab, gaben aber die Zusicherung, daß die Formel der Stadt und ihren Rechten in Zukunft zu keinem Nachteile gereichen solle.

Auch mit einer Untersuchung der städtischen Verwaltung Stettins beschäftigte sich die Kommission in diesen Jahren (1663—66). Dabei wurden zahllose Beschwerden vorgebracht. Unter anderen erhoben die Alterleute eines ehrbaren Kaufmanns, Gewandschnitts und Seglerhauses allerlei Klagen gegen Bürgermeister und Rat, vornehmlich auch wegen des Anteils der Bürgerschaft an der Stadtverwaltung, der immer wieder ein Gegenstand des Streites wurde. Der Rat beschloß im Oktober 1663, den Syndikus Dr. Schnobel nach Stockholm zu senden und gab ihm eine ausführliche Instruktion mit, in der die besonderen Wünsche Stettins ausgesprochen waren. Da der Zustand der Stadt schlecht sei und über „fast tägliches Abnehmen" geklagt werde, soll er eine zweijährige Exemption von der Accise, Zurückerstattung vorgeschossener Gelder fordern, sowie um Erleichterung der Einquartierung und der Orböre bitten und andere „Desiderien" vorbringen. Schnobel hatte in Stockholm zahlreiche Konferenzen mit Mitgliedern der Regierung und übergab eine Reihe von Denkschriften, unter andern einen „unvorgreiflichen Aufsatz, welchermaßen die Commercien bei dieser Stadt zu redressieren und in Schwang wieder zu bringen sein möchten". In ihm wird über den Handel der Fremden, namentlich der Holländer, über Zollneuerungen, die Lizenten, Konkurrenz der Stargarder und Altdammer, die bürgerliche Zulage u. a. m. geklagt. Bis zum August 1664 blieb Schnobel in Stockholm; als er wieder nach Stettin zurückkehrte, brachte er nichts mit als leere Versprechungen. Die königliche Resolution vom 20. Juli 1664 lehnte fast alle Wünsche ab.

Hatte man beim eigenen Landesherrn nichts erreicht, so machte man den Versuch, vom Kurfürsten von Brandenburg wenigstens einige Erleichterung für den Handelsverkehr in dessen Lande zu erzielen. In dem eben angeführten Aufsatze wurde ausgeführt, daß „nach geschehener Zer- und Abteilung des hinterpommerschen Landes Ihro Kurfürstl. Durchlaucht zu Brandenburg hoher und niedriger Bedienten, wie auch sämtlicher Landsassen Intention und Zweck dahin gerichtet sei, wie Handel und Wandel von dieser Stadt ab- und nach den hinterpommerschen Städten gezogen werden möge, wie denn unleugbar, daß Kolberg und Stargard bei verwichenen Jahren in merkliches Aufnehmen, diese Stadt Stettin aber in großen Verderb geraten". Vor allem wird dort gewünscht, „daß der Oder- und Warthestrom geöffnet und sowohl hiesigen Kauf- und Handelsleuten, als den märkischen darauf Handel und Wandel zu treiben, auf- und abzureisen und also in beiden Fürstentümern und Landen freie commercia zu exercieren gestattet werden möge". Solche und ähnliche Klagen über Zollbeschwerden, Straßengerechtigkeit, den Frankfurter Handel usw. brachte die Kaufmannschaft schon 1662 bei dem Kurfürsten vor. Sie fand aber auch hier wenig Gehör; in einem langen Schreiben vom 1. März 1664 wurde ihr erklärt, daß die meisten Beschwerden, soweit sie überhaupt berechtigt seien, nicht beseitigt werden könnten. Der Kurfürst machte die Grundsätze des damals herrschenden ökonomischen Systems, des Merkantilismus, schroff geltend. Er legte es darauf ab, den Handel Hinterpommerns, der Kur- und Neumark, ja auch des schlesisch-polnischen Hinterlandes von Stettin abzuziehen und seinem Territorium zuzuwenden. Deshalb ließ er 1662 und 1663 den „neuen Graben" zwischen Oder und Spree herstellen, durch den eine direkte Wasserverbindung des oberen Odergebietes und Polens mit der Mark geschaffen wurde. Dieser „Mülroser Kanal" war für den Stettiner Handel ebenso schädlich, wie die kommerziellen Maßnahmen Brandenburgs in Hinterpommern. Der Kurfürst sprach es auch in dem Schreiben von 1664 indirekt aus, daß er gar nicht daran denke, den Stettinern mehr Erleichterungen zu verschaffen, als es ihm für sein eigenes Land gut dünke; was er ihnen zugestand, waren Kleinigkeiten. Wiederholt verhandelten Stettiner in den nächsten Jahren mit den Frankfurtern und Breslauern, ohne indessen etwas zu erreichen. So waren im Juli 1671 einige Abgeordnete Stettins in Breslau, um die dortigen Kaufleute vom Gebrauche des neuen Grabens abzubringen, der Gegensatz zwischen Pommern und der Mark wurde indessen eher verschärft als gemildert. Eine neue Zollrolle für den Verkehr auf dem Damm wurde 1665 erlassen, über die Revision der Bollwerksordnung beraten, ein Tarif für die Leichterfahrzeuge aufgestellt, von denen es 1663 nur 44 mit einer Tragfähigkeit von 34 bis 6 Lasten gab.

Die Regierung befahl 1667 dem Rate, Beschwerden, die Alterleute und Gewerke nach reiflicher Überlegung gegen Amtspersonen vorbrächten, „mit Sanftmut" anzuhören und nach Gebühr zu beachten. Von einer regelrechten Teilnahme der Bürgervertreter an der Stadtverwaltung war nicht die Rede, ja die Mitglieder des Rates nahmen es sehr übel, wenn Bürger irgend eine Beschwerde laut werden ließen. So herrschten in der Stadt neben der Mißstimmung über die unglücklichen wirtschaftlichen Zustände Unfriede und Eifersucht zwischen den einzelnen Ständen. Man war von einer überreizten Empfindlichkeit beherrscht, die sich bei verschiedenen Gelegenheiten äußerte und auch auf das Verhältnis zu der Regierung wirkte. Zu Streitigkeiten kam es bei den Arbeiten zur Herstellung einer richtigen Hufenmatrikel, nach der eine Regelung der Abgabenverhältnisse erfolgen sollte. Dabei wurde 1664 der gesamte Besitz der Stadt Stettin auf 1161 Landhufen und 5 Morgen festgestellt. Für die Besteuerung aber wurde nach langen Verhandlungen das ganze Stadtgebiet auf 800 und später (1681) auf 521 Hufen berechnet. Auch hierbei machte sich der Eigennutz der beteiligten Personen geltend, jeder suchte bei der Steueranlage möglichst gut abzukommen. Etwas mehr Gemeinsinn zeigte sich, als der Rat 1666 die Anlegung eines Pesthauses in Erwägung zog und dafür freiwillige Gaben von den Bürgern erbat. Es konnte wirklich ein Haus in der Niederwiek gekauft und im folgenden Jahre eröffnet werden. Auch die Zunftgenossen, die bei der Petrikirche am Klosterhofe, einem nicht der städtischen Gerichtsbarkeit unterstehenden Stadtteile, wohnten, erneuerten damals ihre Brüderschaft; sie diente zur Unterstützung in Krankheits- und Sterbefällen.

Übel stand es mit dem Schulwesen Stettins. In den zwanziger Jahren war allerlei zur Ordnung der Schulen geschehen; es war für die vom Rate bestätigten deutschen Schulhalter eine Instruktion aufgesetzt und 1623 vom Herzoge bestätigt worden. Die Schulmeister taten sich bald darauf zu einer zunftartigen Genossenschaft zusammen, wodurch auch das Winkelschulwesen beseitigt werden sollte. Dies gelang trotz aller Bemühungen nicht, ja die Zahl der nicht konzessionierten Schulmeister war z. B. 1641 höher als die der bestätigten. Die Ratsschule erhielt 1627, als Mikraelius die Leitung übernahm, einen von ihm ausgearbeiteten, sehr ausführlichen Lehrplan, sowie neue Gesetze für Lehrer und Schüler. So kümmerlich auch die äußeren Verhältnisse dieser Schule waren, so nahm sie doch unter dem Rektorat des tüchtigen Mannes einen nicht geringen Aufschwung, und auch sein Nachfolger Erich Pelshofer (1642—63) suchte nach Möglichkeit dem eintretenden Verfall entgegenzuarbeiten. Nicht anders erging es dem Pädagogium. Es erlebte eine Zeit hoher Blüte, aber nach dem Tode des Mikraelius (3. Dezember 1658), der 1642 die Leitung dieser Anstalt übernommen hatte, trat ein starker Rückgang, ja fast vollständiger Untergang ein, obwohl die schwedische Regierung alles mögliche tat, die Schule wieder zu heben. Eine große Visitation von 1663 deckte die Mißstände auf, die Kommission, die bald darauf die Schule untersuchte, schlug zunächst die Vereinigung des Pädagogiums mit der Greifswalder Universität und deren Verlegung nach Stettin, dann aber eine vollständige Reorganisation vor. Als regium Gymnasium Carolinum wurde 1667 die alte Fürstenschule zu einem akademischen Gymnasium umgewandelt.

Die gesamten Verhältnisse Stettins gerieten in diesen Jahren in einen unverkennbaren Stillstand, wenn auch die Regierung sich hier und da bemühte, eine Fortentwickelung herbeizuführen. Es herrschte eine pessimistische Anschauung, die zu dem Glauben führte, der Niedergang der Stadt sei nicht aufzuhalten. Vielleicht war die ganze politische Lage daran schuld. Die unsichern Zustände in Schweden, der offenkundige Rückgang seiner Macht ließen kein rechtes Vertrauen in der Bürgerschaft aufkommen, besonders da man immer wieder neue kriegerische Verwickelungen fürchtete. Diese Ahnung erwies sich bald als richtig, als im Dezember 1674 Feldmarschall Wrangel mit 16000 Mann den Kampf gegen Brandenburg eröffnete und Generalmajor von Wulffen mit sieben Regimentern, die er bei Stettin gesammelt hatte, in Hinterpommern einbrach. So erfüllte wieder Kriegslärm Stadt und Land. Bereits ehe die Kunde von der Niederlage, die das schwedische Heer am 18. Juni 1675 bei Fehrbellin erlitten hatte, begann man in Stettin die Vorbereitungen für einen bevorstehenden Kampf. Am 22. Juni setzte der Rat ein Kriegskollegium ein, das aus dem Bürgermeister Gottfried Schwellengrebel (1674—78), dem Kämmerer Valentin Friderici (seit 1657 im Rate) und den Ratsherren Christian Strauß (1660), Johann Gansewindt (1665), Nikolaus Küter (1665), Daniel Dillies (1667 in den Rat gewählt) bestand. Es hielt in den Monaten von Juni bis Dezember Sitzungen ab, in denen allerlei Maßregeln, Wünsche und Forderungen des Gouverneurs erörtert wurden. Der siegreiche Kurfürst Friedrich Wilhelm hatte schon im Herbst 1675 die Absicht, auf Stettin selbst loszugehen, und sprach die Hoffnung aus, „mit ihm bald fertig zu werden, weil von allem Mangel drin sein solle". Er mußte sich aber zunächst damit begnügen, Wolgast einzunehmen und sich auf den Oderinseln festzusetzen. Zur Sicherung der Oder nahm die Regierung im Oktober ein Stettiner Schiff „Engel Gabriel" als Wachtschiff an, das eine Rekognoszierungsfahrt ins Haff unternahm.

Obwohl in diesem Jahre kein direkter Angriff gegen Stettin erfolgte, bereitete man sich dort doch auf einen solchen vor. König Karl mahnte zweimal Rat und Bürgerschaft zur Treue und Standhaftigkeit und sprach sein Vertrauen aus, daß die Bewohner sich als treue und herzhafte Leute erweisen würden. Der Feldmarschall Wrangel verhandelte mit dem Rate wegen der Befestigungsbauten, für die in den letzten 4 Jahren aus den Wallgeldern und der Kämmerei mehr als 24100 Taler eingekommen waren. Es wurde auch an den Wällen, Schanzen und Werken gearbeitet, während bereits brandenburgische Truppen Gartz, Stargard, Gollnow, Wollin, Pasewalk besetzten und Stettin beobachteten.

Im folgenden Jahre gedachte der Kurfürst abermals sogleich auf Stettin loszugehen. Doch von allen Seiten wurde ihm abgeraten, Stettin ohne weiteres anzugreifen, da es nicht so leicht einzunehmen sei, wie der Fürst glaube. Solche Bedenken, zu denen auch die ganze politische Lage Anlaß bot, bewogen ihn schließlich die Belagerung zum zweiten Male hinauszuschieben. Während er im Frühjahr den Kampf in Vorpommern eröffnete, organisierte Graf Otto Wilhelm Königsmarck, dem anstelle Wrangels der Oberbefehl in Pommern übertragen worden war, die schwedischen Streitkräfte und erschien auch in Stettin. Er hatte an dem Zustande der Festungswerke allerlei auszusetzen. Der Kommandant, Generalmajor von Wulffen, war wegen der Arbeiten, die von der Bürgerschaft zu leisten waren, mit dieser in Zwist geraten und dachte schon daran sein Kommando aufzugeben. Königsmarck bewog aber den verdienstvollen Offizier zum Bleiben und ernannte den Obersten Freiherrn Gustav Adolf Horn zum Vizekommandanten, was den Beifall des Rates fand. Man sorgte für die Verproviantierung, konnte aber sonst bei der widerspenstigen Haltung der Bürger nicht viel durchsetzen. Das Kriegskollegium hielt nur noch wenige Sitzungen ab und beschäftigte sich hauptsächlich mit allerlei Kleinigkeiten. Die Garnison bestand wohl kaum aus mehr als 1100 Mann, obwohl ihre Stärke offiziell weit höher angegeben wird. Sie hatte schon im Frühjahr Streifzüge kleinerer feindlicher Scharen abzuwehren. Es wurden auch wieder Schiffe ausgerüstet, die den Wasserweg schützen sollten, doch brandenburgische Fahrzeuge beherrschten bald das Haff und drangen bis in den Dammschen See vor. Eine ernsthafte Gegenwehr auf dem Wasser wurde durch den Mangel an Geld gehemmt, da die Besitzer der in der Stadt vorhandenen 43, meist sehr kleinen Schiffe diese nur gegen Bezahlung zur Verfügung stellen wollten. Daher konnte der Oberst Peter Creimer die Festung Damm nicht halten, als feindliche Truppen sich zu Wasser und zu Lande dem Platze näherten. Er zog sich mit der Besatzung nach Stettin zurück und überließ Damm den Brandenburgern. So wurde Stettin von Hinterpommern abgeschnitten, und bald schloß sich der Ring um die Stadt. Friedrich Wilhelm, der fest glaubte, die Bürgerschaft sei zum größten Teile gegen einen ernsthaften Widerstand, bezog am 15. September 1676 das Hauptquartier bei Krekow. Sogleich forderte er die Stadt zur Übergabe auf, doch die Mahnungen des Königs Karl XI. und des Grafen Königsmarck bewirkten, daß die Bürgerschaft erklärte, sie wolle dem Könige ihrer Pflicht nach treu verbleiben. Die Stettiner waren zwar nicht sehr kriegerisch gesinnt und hatten mit der Garnison und dem Kommandanten von Wulffen, der wenig beliebt war, mancherlei Konflikte, aber sie waren entschlossen ihrer Bürgerpflicht nachzukommen. Das Kriegskollegium trat seit dem Juli wieder zu häufigeren Beratungen zusammen. In den Wachtartikeln und in der Defensionsordnung hielt man die alte Verpflichtung aufrecht, daß die 11 Bürgerkompagnien den Dienst auf der inneren Mauer zu versehen hätten, dagegen in den äußeren Werken nicht verwendet werden sollten. Was die Stadt an Pulver und Blei, an Geschützen und Gewehren besaß, war nicht sehr zahlreich, aber doch immerhin genügend, um die Bürgerschaft für einige Zeit in den Stand zu setzen der Garnison Beistand zu leisten.

Die vollständige Einschließung verzögerte sich etwas, weil der Kurfürst erst nach dem Falle Demmins (10. Oktober) seine Streitkräfte um Stettin zusammenziehen konnte. Im Norden der Stadt wurden Schanzen angelegt, und dort begannen auch die Kämpfe um die Sternschanze. Am 28. Oktober eröffnete man die Beschießung und setzte sie in den nächsten Tagen fort, die Kugeln richteten aber nur geringen Schaden an. Trotzdem war im Rate die Neigung für einen langen Widerstand sehr gering; man erwog, ob man nicht an den König oder an Königsmarck senden und „der Stadt schlechten Zustand" vermelden sollte. Die Bürgerschaft, die mehr auf Schwedens Seite stand, widersprach einer solchen Gesandtschaft. Doch als das Bombardement am 1. November größeren Schaden anrichtete, fanden von neuem Beratungen statt, in denen die Mängel der Stadt zur Sprache kamen. Wieder war es die Bürgerschaft, die von einer Verhandlung mit dem Kurfürsten abriet; man traute dem kalvinistischen Herrscher nicht, in dem das Volk einen bitteren Feind des Luthertums erblickte.

Bald zeigte es sich, daß die Brandenburger selbst nicht mehr an einen Erfolg dachten. Der Kurfürst erkannte, daß seine Truppen und deren Ausrüstung nicht genügten, daß das schlechte Wetter ein längeres Verweilen nicht mehr zuließ. Am 16 November brach er deshalb mit seinem Heere auf, nachdem die Schiffe bereits vorher ihre Posten auf dem Dammschen See und der Oder verlassen hatten. Der größte Teil der Truppen ging in die Winterquartiere, mit einer Anzahl von Infanterie- und Kavalleriekompagnien wurden alle wichtigeren Orte um Stettin besetzt. Denn anstelle der Belagerung trat die Blockade, und der Kurfürst verbot seinen Untertanen jeglichen Verkehr mit der Stadt.

In Stettin war man recht froh, als die feindlichen Truppen abzogen. Voll Stolz erinnerte man sich, daß gerade vor 17 Jahren der Feind die Belagerung hatte aufgeben müssen. So feierte man ein doppeltes Dankfest, bei dem es an Spottversen über die Brandenburger, die so eilig davon zogen, nicht fehlte. Ernstere Bürger und die meisten Offiziere erkannten aber, daß diese Belagerung nur das Vorspiel einer zweiten, längeren und härteren sein werde. In den Kirchen schalten und wetterten die Geistlichen gegen die gottlosen Kalvinisten. König Karl belobte in einem Schreiben vom 19. Februar 1677 die Stadt und versprach alles Mögliche, aber von einer patriotischen Stimmung, von Begeisterung für den König, das Vaterland oder die Heimatsstadt war nichts zu spüren. Man rüstete sich wenigstens in den nächsten Monaten für den Kampf. Graf Königsmarck sorgte für Geldmittel, die er im Februar nach Stettin übersandte, konnte aber die Garnison, die jetzt im ganzen aus 4125 Mann (3300 Infanterie, 700 Kavallerie, 125 Artillerie) bestand, nicht verstärken. Die Verproviantierung stieß auf Schwierigkeit, da die Blockade der Festung von den Brandenburgern ziemlich streng durchgeführt wurde und namentlich die Verbindung mit Hinterpommern abgeschnitten worden war. Einige mehr oder minder glückliche Streif- und Beutezüge in den ersten Monaten des Jahres 1677 brachten Vorräte in die Stadt, aber man mußte schon damals durch Erlaß einer Taxordnung für Lebensmittel eine drohende Teuerung abzuwehren suchen. Recht unbequem waren für die Bevölkerung die brandenburgischen Schiffe, die anfingen, sich auf dem Haff oder auf dem Dammschen See festzulegen. Dies Geschwader, das aus etwa 15—20 Fahrzeugen bestand, hinderte nicht nur die Fahrt in See, sondern störte auch den Betrieb der Fischerei.

Sehr umfangreich waren die Vorbereitungen, die der Kurfürst für eine kräftige Beschießung der Stadt treffen ließ. Was er an Geschützen, Mörsern, Haubitzen heranschaffen, an Stückkugeln, Granaten, Brandkugeln, Handgranaten, an Pulver, Blei und Lunte herstellen und dann zu Wasser in die Nähe der Festung bringen ließ, wird uns genau überliefert. Es war eine solche Menge, daß es den Stettinern angst und bange werden konnte. Im Juni rückten die Truppen allmählich vor die Stadt, besonders von Süden her, während im Osten die Besatzung von Altdamm bereits Vorstöße machte, doch durch die im Blockhause und in der Zollschanze liegenden Schweden und durch einige Wachtschiffe auf dem Dunzig oder der Reglitz abgewehrt wurde. Friedrich Wilhelm bezog mit seiner Gemahlin und großem Hofstaate am 7. Juli das Hauptquartier bei Gütztow. Von dort erließ er ein Schreiben an die Stettiner Bürgerschaft und forderte sie auf, die Stadt, die ihm von den Schweden unrechtmäßig vorenthalten werde, zu überliefern. Ein Widerstand sei kein Zeichen der Treue, sondern der Verachtung von Kaiser und Reich. Eine Antwort gaben die Stettiner mit Kanonenschüssen. Bald kamen kleine Gefechte bei der Sternschanze vor, doch ein ernstlicher Angriff erfolgte nicht, da der Kurfürst erst seine übrigen Truppen erwartete.

Man begann inzwischen mit Schanzanlagen bei Güstow und an der kleinen Reglitz, um die Oder zu beherrschen, und ließ dort eine Brücke über den Fluß bauen. Erst dann zogen sich die Brandenburger näher an die Festung heran, das Hauptquartier wurde am 14. Juli nach Pommerensdorf verlegt. Die Stettiner Garnison begnügte sich in diesen Tagen damit, einige Kugeln hinauszusenden und auf Booten die Arbeiten der Belagerer zu erkunden. Diese wurden durch das sumpfige Terrain erschwert, in dem es oft fast unmöglich war fortzukommen. Den „schlechtesten Weg, den er jemals passiert hatte", fand dort der brandenburgische Kammerjunker Dietrich Sigismund von Buch, dessen Tagebuch eine wichtige Quelle für die Geschichte der Belagerung Stettins ist. Er hat im Gefolge seines kurfürstlichen Herrn den größten Teil der kriegerischen Vorgänge bei der Stadt erlebt. Am 16. Juli wurde er zum Generalmajor von Schwerin gesandt, um zu sehen, was dieser am rechten Oderufer ausgerichtet habe. Es war ihm nämlich der Befehl gegeben worden, sich von der bei Güstow über die Oder geschlagenen Brücke aus einen Weg durch die Brüche zu bahnen, um so an den großen Steindamm zu gelangen, der den einzigen Zugang nach Stettin von Osten aus bot. Man war im Hauptquartier zu der Erkenntnis gekommen, daß die Belagerung ohne Erfolg bleiben werde, wenn nicht auch von dort her ein Angriff erfolge oder wenigstens jene Straße besetzt werde. Geschützt war sie durch ein Blockhaus an der kleinen und durch die Zollschanze an der großen Reglitz. Mit unsäglicher Mühe gelang es den Mannschaften Schwerins einen Weg durch die sumpfigen Wiesen, das dichte Gestrüpp und über die Wasserläufe herzustellen. Eine Unmenge von Baumstämmen, Brettern, Faschinen usw. wurden dazu verwandt. In der Nacht zum 16. Juli erreichte man den Damm und setzte sich zwischen der kleinen und großen Reglitz fest. 400 Schweden, die von der Stadt aus auf dem Wasserwege in die Zollschanze gesandt worden waren, machten einen Angriff auf die Brandenburger, wurden aber zurückgeworfen. Das Blockhaus wurde beschossen und dann im Sturm genommen. Darauf gaben die schwedischen Truppen die Zollschanze auf, steckten sie mit der Brücke, die über die große Reglitz führte, in Brand und zogen sich zu Schiff in die Stadt zurück. Damit war der Weg von Osten her auf die Stadt gewonnen, und Schwerin säumte nicht auf dem Damme gegen die Lastadie vorzurücken. An der Parnitz setzten sich die Brandenburger fest, um von hier aus den vor ihnen liegenden Stadtteil zu beschießen. Merkwürdiger Weise ist man hier nicht weiter mit derselben Energie vorgegangen, mit der man angefangen hatte. Der verhältnismäßig schmale Damm, der sich durch das sumpfige Gelände hinzieht, erschwerte wohl die Operationen so, daß die Hoffnung aufgegeben wurde, von dieser Seite den entscheidenden Schlag zu führen. Am 3. August wurde Schwerin abberufen und an seine Stelle der Oberst von Schöning mit dem Kommando betraut.

Damals begann man auch auf dem linken Ufer mit dem Angriffe. Im Süden der Altstadt befand sich das kurfürstliche Lager, von dem aus der Vorstoß gegen das Heilige Geist-Tor erfolgen sollte. Im Norden gegenüber dem Frauentore lagen vorläufig, bis die vom Kurfürsten erwarteten lüneburgischen Truppen ankamen, 4000 Mann unter dem Befehle des Herzogs von Holstein. Eine Einschließungslinie mit mehreren Redouten vor dem Mühlen- und dem Neuen Tore zog sich in weitem Bogen um die Stadt im Westen. Am 23. Juli kamen die Lüneburger unter dem Generalmajor von Ende an, und die Einschließung mit etwa 22 000 Mann war beendet.

In der Stadt hatte inzwischen der Rat alles zur Verteidigung eingerichtet, eine Defensions-Verfassung erlassen und das Kriegskollegium von neuem bestellt. Es bestand aus dem Bürgermeister Schwellengrebel, dem Ratsherrn Johann Gansewind, dem Syndikus Corswand, dem Kämmerer Jakob Freyberg (seit 1656 im Rate) und vier Älterleuten. Den Kompagnien der „ehrliebenden Bürgerschaft“ wurden die Wachtartikel von neuem vorgehalten, nach denen sie verpflichtet waren, die innere Mauer zu besetzen. Als Stadtkapitän wurde Johann Rante aus Skeningen in Öst-Götland bestellt. Schon in den ersten Wochen der Belagerung kamen mancherlei Klagen vor, und Zeichen von Kleinmut oder Mangel an Vertrauen taten sich kund. Einige Briefe des Grafen Königsmarck, die Entsatz ankündigten, belebten indessen wieder den Mut der Bürger, und General von Wulffen war entschlossen, die ihm anvertraute Festung auf jeden Fall zu halten. Obwohl auch jetzt das Verhältnis zwischen ihm und dem Rate oder zwischen der Garnison und der Bürgerschaft nicht besonders freundlich war, so hielt der Kommandant doch seine Autorität aufrecht und verstand es zumeist, bedenkliche Konflikte zu vermeiden. Bei einzelnen Bürgern fand er Hülfe und Beistand; unter ihnen spielten der Schiffer Paul Pust, der wiederholt abenteuerliche Streifzüge zu Wasser unternahm und bald auch bei den Brandenburgern als gefährlicher „Schnaphan" bekannt war, und der Kaufmann Isaak Wichenhagen eine besondere Rolle. Diese und andere Bürger, die eifrig für die Verteidigung der schwedischen Herrschaft tätig waren, wurden darin von den Stettiner Geistlichen unterstützt. Sie sahen, wie einer von ihnen, Friedrich Fabricius, Diakonus an St. Nikolai, schrieb, in dem Kampfe einen solchen „für unseres Gottes Lehre". Denn den strengen Lutheranern galt der kalvinistische Kurfürst als ein Feind, der auf alle Weise bekämpft werden mußte. Trotzdem gab es, wie aus mancherlei Anzeichen hervorgeht, auch eine Partei in Stettin, die für Brandenburg eintrat, gewiß nicht aus nationaldeutscher Gesinnung, wie es Hans Hoffmann in seinem schönen Roman „Wider den Kurfürsten" darstellt, aber doch vielleicht in der Erkenntnis, daß das wahre Interesse Stettin auf diese Seite hinwies. Von solchen Erwägungen erfahren wir freilich nichts aus den verschiedenen Stettiner gleichzeitigen Schilderungen der Belagerung, dem „diarium obsidionis Stetinensis" oder der „kurzen, doch wahrhaften Beschreibung" oder aus den handschriftlichen Notizen des Friedrich Fabricius.

Ein erster Erfolg der Brandenburger war die Einnahme der Sternschanze am 4. August. Es gelang ihnen auch, sich am Dunzig in einer Redoute festzusetzen, obwohl die Kämpfe mit den Schiffen nicht gerade sehr erfolgreich waren. In mühseliger Arbeit wurden die feindlichen Batterien im Norden und Süden der Stadt hergestellt und die Geschütze in die Laufgräben gebracht. Es war die Absicht des Kurfürsten, so bald wie möglich, mit einer sehr nachdrücklichen Beschießung der Stadt zu beginnen, und tatsächlich wurde am 14. August das Feuer aus 5 Batterien, von denen je 2 im Norden und Süden und 1 im Osten lagen, eröffnet und mehrere Tage fortgesetzt. „Dadurch entstand ein so grausames Donnern und Krachen, als ob Himmel und Erde einfallen wollten." Der Oberst von der Noth wurde schwer verwundet und starb bald darauf; auch sonst war der Verlust an Menschenleben nicht unbeträchtlich. Größer fast noch war der Schaden, den das feindliche Feuer an den Gebäuden der Stadt anrichtete. Am 16. August wurde der Turm der Marienkirche in Brand geschossen, er stürzte auf das Dach und vernichtete fast die ganze Kirche. Auch die Peterskirche wurde zum großen Teil zerstört, und in der folgenden Nacht wurde die Jakobikirche ein Raub der Flammen, die, wie es heißt, bis in die Gräber drangen. Es war gar schauerlich anzusehen, als in der dunklen Nacht das stattliche Gotteshaus „gleichsam in einem Augenblick in Asche gelegt und zum

Steinhaufen gemacht wurde". Das Schloß, St. Nikolai und St. Johannis blieben gleichfalls nicht unbeschädigt, und zahlreiche Privathäuser wurden in Trümmer geschossen. Trotzdem lehnte der Kommandant eine Aufforderung zur Übergabe, die Friedrich Wilhelm an ihn richten ließ, entschieden ab, ebenso erklärte die Bürgerschaft, sie wolle ihrem Könige Wälle und Mauern defendieren, auch wenn sie ihm die Häuser und Kirchen nicht erhalten könne. So sah sich der Kurfürst, der eine schnelle Ergebung erhofft hatte, in dieser Hoffnung getäuscht. Er mußte noch weitere schwere Geschütze heranbringen und die Batterien näher an die Stadt führen.

Damit begann ein langwieriger Kampf mit immer neuen Beschießungen von der einen und mit Ausfällen von der anderen Seite. Wulffen hatte anfänglich seine kleine Schar von Verteidigern sehr geschont, da er auf Entsatz und Hülfe durch Königsmarck hoffte. Als aber der Tag, an dem dieser einzutreffen versprochen hatte, vorbei war, da konnte der General nicht länger untätig zusehen, wie die Feinde mit ihren Arbeiten täglich näher an die Festung heranrückten. Deshalb machte er im August und September immer wieder bald nach Norden, bald nach Süden Ausfälle um die Schanzarbeiten der Gegner zu vernichten oder wenigstens aufzuhalten. Trotz mancher Verluste wurde hierdurch doch einiges erreicht, so daß der Mut der Verteidiger wuchs. Auch kam damals ein Schreiben des Grafen Königsmarck an den Rat, in dem er wieder Hoffnung auf Hülfe machte. Wulffen selbst scheint eine Zeitlang noch einmal auf Entsatz gehofft zu haben, doch bald mußte er einsehen, daß es damit kaum etwas sein werde. Am 7. September ließ der Kurfürst mit 130 Stücken eine neue, überaus heftige Kanonade auf die Festung eröffnen. „Ist von allen Batterien, sowohl von der Land- als Wasserseite noch viel erschrecklicher denn vorhin zu schießen und mit Granaten hereinzuwerfen abermal angefangen und continnieret worden, auch so geschwinde, als wenn eine Musketensalve geschehen, die Stücke gelöst worden, wobei auch häufig Granaten, Stinkpötte, Bettelsäcke und Bomben herein geworfen." Der Schaden in der Stadt war sehr groß, kein Haus blieb unbeschädigt. Trotzdem hatten die Brandenburger wenig Hoffnung auf einen baldigen Erfolg. Denn obgleich die Belagerer der Stadt immer näher rückten, zeigten doch neue Ausfälle, daß der Mut der Belagerten nicht gebrochen war. Freilich wird später behauptet, der General Wulffen und die schwedischen Soldaten hätten gerade damals nur auf Antreiben der Bürger, ja nur gezwungen die Festung verteidigt, aber diese Angabe beruht sicher auf unbegründetem Stadtklatsch, der sich in diesen Tagen sehr breit machte. Der Kommandant verhandelte am 22. September mit dem Kriegskollegium, das allerlei Klagen und Beschwerden vorbrachte. Er verteidigte sich gegen die Beschuldigung, daß dem Feinde nicht genügend Abbruch durch Ausfälle geschehe, mit der wohl berechtigten Bemerkung, er müsse seine Leute schonen. Dagegen machte er den Bürgern den Vorwurf, daß sie ihre Pflicht nicht mehr erfüllten und nicht auf den Wall kämen. Man war in der Stadt wirklich über die Verluste an Gut und Blut empört und schalt auf die Soldaten, die ihre Schuldigkeit nicht täten. Dabei machten diese fast täglich Ausfälle und gewannen manchen Erfolg dadurch, daß sie die Belagerer zurückdrängten oder ihre mühsam angelegten Werke zerstörten. Dagegen nahm am 23. September der Oberst von Schöning die vor der Parnitzbrücke liegende Schanze, wurde aber verhindert in die Lastadie einzudringen, da die Brücke schleunigst in Brand gesteckt worden war.

In den Lagern der Brandenburger und Lüneburger sah es in diesen Herbsttagen nicht sehr erfreulich aus. Die fortwährenden Kämpfe und Arbeiten, die nicht unbedeutenden Verluste und nicht am wenigsten das nasse, kalte Wetter, das viele Krankheiten hervorrief, verschlimmerten die Stimmung. Man stand zwar dicht an der Außenseite der Festungswälle, aber einen Sturm konnte man nur wagen, wenn vorher Bresche in sie gelegt worden war. Deshalb wurde jetzt der Anfang gemacht, mit Minen gegen die Wälle vorzugehen, ohne dabei mit der Kanonade aufzuhören. Dieser Angriff nahm einen sehr langsamen Fortgang, denn viele der von den brandenburgischen Ingenieuren angelegten Minen hatten keinen Erfolg oder fügten sogar beim Explodieren den Belagerern mehr Schaden zu als den Belagerten. Diesen gelang es auch nicht selten durch Gegenminen die Arbeiten der Feinde unwirksam zu machen. Es wurde von den Belagerern auch wohl einmal ein Sturm versucht, aber zurückgeschlagen. So dauerten die Kämpfe den September und Oktober hindurch fort, und es ist kaum nötig, die Einzelheiten, die von den Chronisten genau verzeichnet worden sind, hier zu berichten. Im Süden errangen die Brandenburger Erfolge, nahmen mehrere Werke ein und drangen bis an die Pallisaden und den Wall vor. Die Lüneburger wurden im Norden wiederholt zurückgetrieben, ja erlitten nicht unerhebliche Verluste, und Schöning gelang es nicht über das Eis in die Lastadie einzurücken. Das Ende des Kampfes, der nun schon vier Monate dauerte, war kaum abzusehen, aber der Kurfürst Friedrich Wilhelm war fest entschlossen, nicht wieder unverrichteter Weise von der Stadt abzuziehen; er hatte seine Ehre daran gesetzt, sie zu gewinnen.

Wie sah es in der Stadt aus? Dort war die Standhaftigkeit bei einem Teile der Bürgerschaft sehr erschüttert. Das furchtbare, fortdauernde Bombardement, von dessen Wirkung die Tagebücher nicht genug zu erzählen wissen, der Tod vieler Bewohner, die fortgesetzten Wachen usw. hatten den Mut gebrochen. Am 24. Oktober hielt der General von Wulffen eine Beratung mit dem Rate und der Bürgerschaft ab und ermahnte zu weiterem Widerstande. Doch der Gegensatz der beiden Parteien kam zu deutlichem Ausdruck. Der Rat und die Mehrzahl der Kaufmannschaft sollen, wie berichtet wird, für Ergebung gewesen sein, „das gemeine Volk aber wollte nicht". Auch das ist wohl nicht so ohne weiteres glaubhaft und entspringt dem Gerede, das infolge der strengen Maßregeln des Generals gegenüber den Bürgerkompagnien entstand. Wulffen ließ nämlich durch das Kriegskollegium, das sonst kaum noch irgend etwas tat, eine Untersuchung über die Bürgerwehr anstellen. Dabei ergaben sich sehr üble Zustände, die auf die Kriegstätigkeit der Kompagnien ein böses Licht warfen. Natürlich schalten auch sie auf die Miliz und schoben ihr alle Mißstände zu, aber es ist klar, daß die meisten Bürger schon längst ihre Pflicht nicht mehr erfüllten. Den Tadel, der darüber laut wurde, nahm man dem Kommandanten sehr übel, es kam zu Zank, Streit, ja zu Tätlichkeiten, der Gegensatz zwischen der Bürgerschaft und der Soldateska wurde immer schärfer. Der Rat war in schlimmer Lage; er durfte es mit den Bürgern nicht verderben, aber mußte sich auch möglichst gut mit dem General zu stellen suchen. Was sollte geschehen, wenn, wie man damals erwartete, ein Sturm erfolgte? Davor hatte man besondere Angst, man fürchtete Plünderung, Verwüstung und Brand. Da ließ der Rat gegen Ende Oktober die einzelnen Kompagnien vorfordern und Mann für Mann befragen, ob man einen Sturm abwarten und mit Gut und Blut abwehren wolle. Die meisten erklärten sich entschieden dagegen. Infolgedessen nahm der Rat am 1. November einstimmig die Erklärung an, es sei notwendig, einen Akkord zu schließen.

Der Sturm, vor dem man sich so sehr fürchtete, ging am 3. November vor sich, mißglückte aber. Es folgten neue Kämpfe, die für die sehr zusammengeschmolzene Garnison immer schwieriger wurden, zumal da die Unterstützung durch die Bürger nur noch gering war. Daher mußten im Laufe des Novembers manche bisher behaupteten Werke an der grünen Schanze und an anderen Orten aufgegeben werden. Der Kurfürst erhielt dagegen eine Verstärkung durch ein dänisches Regiment. Die Ausfälle oder Streifzüge, die man zu Wasser oder zu Lande machte, konnten nicht mehr viel nüzen, die Festung war nicht mehr zu halten. Ein Versuch des Kommandanten, Bewohner der Stadt zum Soldatendienste anzuwerben, scheint nicht viel Erfolg gehabt zu haben. Es ist bewundernswert, wie die kleine Schar von Schweden sich unermüdlich mit Minensprengen, Ausfällen und Abwehr der Sturmangriffe betätigte und bis zum letzten Augenblick tapfer ausharrte. Dieser schien am 20. Dezember gekommen zu sein, als durch eine große Mine im Süden eine Bresche in den Wall gesprengt wurde und nur noch die Stadtmauer die Gegner trennte. Da entschloß sich Wulffen, nachdem er eine Beratung mit den vornehmsten Bürgern gehalten hatte, wegen der Einleitung der Kapitulationsbedingungen mit seinem alten Waffengefährten, dem lüneburgischen Generalmajor von Ende, in Verbindung zu treten. Am 22. Dezember schrieb er an ihn und bat ihn, beim Kurfürsten eine Verhandlung zu vermitteln. Am folgenden Tage erfolgte die Antwort; Friedrich Wilhelm nahm das Anerbieten an, und am 25. kam ein vorläufiger Waffenstillstand zum Abschlusse. Geiseln wurden ausgewechselt, Kommissare ernannt. Der Rat bestimmte den Bürgermeister Schwellengrebel, den Syndikus Corswandt und den Kämmerer Valentin Friderici zur Teilnahme an den Verhandlungen; sie mußten dem Kurfürsten eine Bittschrift überreichen, in der man um Schutz und Gnade bat. Der Kapitulationsvertrag wurde am 26. und 27. Dezember von Friedrich Wilhelm und von dem General von Wulffen unterzeichnet. In ihm gestand man den schwedischen Soldaten Abzug „mit fliegenden Fahnen und Standarten, klingendem Spiel, vollem Gewehr, Sack und Pack“ zu. Der Kurfürst versprach, „in Religionssachen keine Veränderung zu machen, sondern es in dem Stande zu lassen, wie es jetzo war, die Kirchen, Schulen, Hospitäler bei ihren Freiheiten, Gütern und Hebungen zu behalten, dem Rate und der Bürgerschaft die Privilegien zu erhalten und keine Plünderung und Brandschatzung zu gestatten“. Sogleich nach Abschluß des Akkords besetzten brandenburgische Truppen das Neue Tor mit dem Königsbollwerk, sowie die Befestigung am Parnitztore. Am 1. Januar 1678 zog die tapfere Besatzung, soweit sie aus Schweden bestand, ab; es waren nur noch 270 Mann zu Fuß und 9 Reiter mit 21 Fahnen und 1 Standarte. An demselben Tage richtete der Rat an den Kurfürsten die Bitte um Bestätigung der Privilegien und ließ ihm ein Geschenk von 1000 Talern, dem Kurprinzen ein solches von 500 Talern überreichen. Im ganzen gab die Stadt als Geschenke an die verschiedenen brandenburgischen Herren und Beamte 3150 Taler aus.

„Es befand sich die Stadt in jämmerlichem Zustande, denn keine Gasse war, da man unbehindert gehen konnte, weil halbe und ganze

Giebel durch das abscheuliche Schießen in dieselbe gestürzt lagen. So war auch fast nicht ein Haus in der ganzen Stadt, das nicht zu Grunde verdorben war; kaum 10 oder 20 Stuben waren in allen Häusern brauchbar, alles hatten die Granaten zerschmettert, voraus war so vieler Kirchen und Gotteshäuser kläglicher Ruin kläglich anzusehen.“ Diese allgemeine Schilderung wird durch eine von der brandenburgischen Regierung veranstaltete Aufnahme im einzelnen bestätigt. Von 1297 Wohnstätten waren nicht weniger als 410 ruiniert oder ganz wüst; am meisten hatten das Heilige-Geist- und das Passauer-Viertel gelitten, d. h. die südlichen Stadtteile, die von den Brandenburger Batterien beschossen worden waren. Bei der Belagerung von 1677 ist die mittelalterliche Stadt in Trümmer gesunken, die alten Giebel, die Erker und Beischläge sind vernichtet.

Abb. 15. Denkmünze.

Erst am 6. Januar waren die Straßen von Schutt und Trümmern soweit gesäubert, daß der Kurfürst Friedrich Wilhelm mit einem großen Gefolge seinen feierlichen Einzug in die Stadt halten konnte. Der Rat empfing den Sieger am Neuen Tore und überreichte ihm die Schlüssel der Stadt, auf dem Schloßhofe leistete die Bürgerschaft den Huldigungseid. Der Kurfürst war auf den Sieg sehr stolz, denn die Eroberung einer starken Festung galt in jener Zeit fast mehr als eine gewonnene Feldschlacht. In Schrift und Bild, in Lied und Wort wurde des Kurfürsten Heldentat gepriesen, er selbst ließ Münzen darauf prägen und einen Gobelin anfertigen, auf dem die Übergabe der Festung dargestellt ist. Ebenso fanden die Einzugsfeierlichkeiten ausführliche Beschreibungen; man konnte sich kaum genug tun zu schildern, wie die „lange bewahrte Jungfer nunmehro in die Arme eines durchl. Anwerbers geliefert ward“, oder von dem „pommerischen Waffenklang und Stettinischem Belägerungszwang“ zu erzählen. Natürlich wurde auch die Tapferkeit der Stettiner Bürger gerühmt, aber diesen Ruhm hat spätere Forschung nicht ungeschmälert gelassen.

Nicht Stettins Bürger, sondern die Soldaten der Garnison leisteten dem Kurfürsten so lange Widerstand.

Bereits am 26. Dezember hatte Friedrich Wilhelm dem Rate versprochen, „für Stettins Aufnehmen und daß sie wo möglich keiner Stadt in Deutschland nachzugeben habe, sorgen zu wollen". Im einzelnen sprach er sein Bedauern über die Einäscherung der Kirchen aus und verhieß, die Marienkirche auf eigene Kosten wieder zu erbauen, für St. Jakobi Materialien zu liefern und eine Kollekte zu bewilligen. Auch die Bürger sollten mit Holz und anderen Materialien eine Beihülfe zum Neubau ihrer Häuser erhalten und für etliche Jahre von Contributionen frei sein. Ebenso erwies er sich anderen Wünschen der Bürgerschaft gegenüber, die sich auf Damm-, Brücken- und Festungsbauten, auf Schulden der Krone Schweden, den Salzhandel, Handwerkssachen bezogen, gnädig und huldvoll. Zum Schluß aber erklärte der Kurfürst, „er sei bereits von selber bedacht gewesen, nicht allein, so bald nur die Zeiten etwas ruhiger und besser werden, die hohen collegia provincialia nach der Stadt zu verlegen, sondern auch zu gewissen Zeiten und zwar öfters persönlich zu residieren". In einer Resolution wurde zugleich den Stettinern der Besitz und Genuß ihrer Besitzungen im ganzen Pommern gewährleistet, der Aufenthalt von Juden in Stettin und den naheliegenden Städten Gartz, Greifenhagen, Gollnow, Damm streng untersagt.

Um der schwer darniederliegenden Stadt wieder aufzuhelfen, lud der Kurfürst sofort Stettiner Abgeordnete nach Berlin, die wegen der Privilegien und der städtischen Verhältnisse Auskunft und Rat erteilen sollten. Bereits im Januar 1678 vollzog der Kurfürst die Urkunde, durch die alle Privilegien, Rechte und Freiheiten der Stadt bestätigt wurden. Auch die sonst vorgebrachten Wünsche der Stettiner fanden durch den neuen Landesherrn huldvolle Erledigung. Er bestätigte ihnen den Besitz der Bachmühlen, das Recht, die Schöffen zu bestätigen, das halbe Stadtgericht, wiederholte seine Zusage betreffend eine Kollekte zum Wiederaufbau der Jakobikirche und gab allerlei Erleichterungen für die Verpflegung der Garnison, Zahlung der Orböre und der Landessteuern. Dagegen wurden die städtischen Geschütze nicht zurückgegeben und die Schlüssel der Stadt dem Kommandanten zur Aufbewahrung anvertraut. Sehr willkommen waren den Bürgern sicherlich die Versprechungen, die von der kurfürstlichen Regierung für den Handel und Verkehr gemacht wurden. Jetzt mußten die beschwerlichen Grenzbehinderungen und Zölle fortfallen, jetzt war es möglich, mit Frankfurt und Stargard sich zu einigen. So mag in weiten Kreisen der Stadt hoffnungsvolle Freude geherrscht haben, als sich allmählich das wirtschaftliche Leben wieder zu regen begann, als die Bürger sich daran machten, ihre Häuser aufzubauen, wozu ihnen Zollfreiheit für Baumaterialien zugestanden worden war. Doch nur sehr langsam wuchs neues Leben aus den Ruinen, und manche Enttäuschung blieb nicht aus. Neben denjenigen, die sich mit der neuen Regierung ausgesöhnt hatten, gab es eine nicht geringe Anzahl von solchen, die für Schweden eintraten. Dazu gehörten die Geistlichen, und unter ihnen scheint Friedrich Fabricius besonders gegen die neue kalvinistische Regierung gewettert zu haben. Er wurde deshalb im April als Gefangener auf das Schloß geführt, dort ein halbes Jahr bewacht und dann mit Hausarrest bestraft. Als die kurfürstliche Regierung die Schloßkirche für den Gottesdienst der Reformierten einrichten wollte, da erhob sich ein gewaltiges Schelten von den Kanzeln, so daß schließlich der Kurfürst einzuschreiten drohte. Trotz dieses Widerspruches gerade seitens der Geistlichen entzog er den kirchlichen Verhältnissen der Stadt nicht sein wohlwollendes Interesse. Für die Wiederherstellung der Jakobikirche, in der nur eine Kapelle notdürftig zur Abhaltung des Gottesdienstes hergerichtet worden war, wurden zwei Kollekten bewilligt, und vier Bürger machten sich auf die Reise, um für ihr eingeschossenes Gotteshaus zu sammeln. Der Ertrag war aber nicht so groß, daß man sogleich an den Aufbau gehen konnte. Ebenso sorgte die Regierung dafür, daß das Gymnasium wieder eröffnet wurde, obwohl die Gebäude noch zum großen Teile in Trümmern lagen. Der Schützenkompagnie der Bürger überwies der Kurfürst dauernde Hebungen oder Unterstützungen zum Neubau ihres Schießhauses. Der Buchdrucker Daniel Starcke erhielt ein Privileg als kurfürstlicher Hof- und Pädagogii-Buchdrucker und die Konzession, allein die „wöchentlichen Ordinar-Zeitungen“ zu drucken. Man dachte noch an andere Verbesserungen, aber die fortdauernden kriegerischen Ereignisse ließen es nicht zu, daß alle diese Pläne sofort in Angriff genommen wurden. Der im November 1678 ernannte Gouverneur Gottlieb von Börstel mußte sein Augenmerk auch auf die Wiederherstellung der Festungswerke richten und im Frühjahr des nächsten Jahres eine kleine brandenburgische Besatzung in der Stadt unterbringen. Diese sollte auch verhindern, daß von den dort weilenden Anhängern Schwedens Umtriebe vorgenommen wurden. Da der Rat hierin ein Zeichen des Mißtrauens erblickte, schickte er Abgeordnete nach Potsdam. Ihnen erklärte der Kurfürst am 13. Juni, daß er die Treue der Stettiner nicht bezweifele und ihren erneuten Ausdruck der Anhänglichkeit mit besonderem Wohlwollen aufnehme.

Wenige Wochen später aber mußte Friedrich Wilhelm den Frieden von St. Germain (29. Juni 1679) unterzeichnen lassen, durch den

Stettin wieder an Schweden abgetreten wurde. Mit tiefem Schmerze nahm der Brandenburger den Vertrag an, der allen seinen stolzen Hoffnungen ein Ende machte. Das eben erst zwischen Stettin und Brandenburg geknüpfte Band ward über Erwarten schnell gelöst. Nachdem die Verhandlungen mit Schweden über die Ausführung der Friedensbestimmungen zum Abschlusse gekommen waren, wurde die Stadt Stettin am 3. Dezember 1679 von den Brandenburgern geräumt. Der neubestellte schwedische General-Gouverneur von Pommern, Graf Königsmarck, nahm seinen Sitz im Schlosse, und eine neue Zeit der Fremdherrschaft begann.

Der Zustand der Stadt war damals, wie eine genaue Aufnahme zeigt, noch höchst traurig. Die Zahl der „totaliter ruinierten, ganz eingeschossenen, meist ruinierten, eingeschlagenen oder ganz wüsten“ Häuser war erstaunlich groß, nur von sehr wenigen heißt es, daß sie nicht von Granaten getroffen worden seien. Tatsächlich lag die Stadt noch in Trümmern, und wenige Bürger wagten bereits wieder zu bauen. Selbst 1681 war der Schaden erst zum kleinsten Teile ausgebessert. „Die Stadtmauern, so heißt es, vom heiligen Geisttore bis ans alte Passower Tor und vom Schlosse bis ans Frauentor sind teils sehr zerschossen, teils gar eingefallen. Die Türme sind ruiniert, vom neuen Tore bis ans Mühlentor stehen 3 Pulvertürme, so in fertigem Stande, und 9 Wiekhäuser, davon 5 total ruiniert.“ Noch 1684/85 ist in den Akten sehr viel von ruinierten Häusern, wüsten Stellen, von Neubau usw. die Rede, und erst 1688 kann verzeichnet werden, daß die städtischen Gebäude, Brücken, Türme und Stadtmauern meistenteils repariert waren. Vor den Toren sah es fast noch schlimmer aus. Die Eigentumsdörfer lagen in Trümmern, das Stadtfeld war verwüstet, die Mühlen und Scheunen waren verbrannt. Das wirtschaftliche Leben lag ganz darnieder, Handel und Verkehr, Industrie und Gewerbe hatten einen Schlag erhalten, von dem sie sich schwer erholen konnten, und die Hoffnung vieler Bewohner durch Anschluß an Brandenburg ein neues Absatzgebiet für ihre Waren zu erlangen, war wieder dahin. Unsägliche Mühe hat es gekostet, die schwer darniederliegende Stadt wieder zu heben, das verlorene Selbstvertrauen der Bürger zu stärken und zu beleben. Eine nicht geringe Zahl soll es vorgezogen haben, ihren Aufenthalt aufzugeben und anderswo Arbeit und Verdienst zu suchen. So ist der ganze Zeitabschnitt, in dem die Stadt noch einmal unter schwedischer Herrschaft stand, gekennzeichnet durch unaufhörliche Versuche und Bemühungen zur Besserung der traurigen Zustände. Man kann der Regierung die Anerkennung nicht versagen, daß sie alles Mögliche in dieser Beziehung versuchte, aber sie konnte oder wollte nicht energisch eingreifen, um es nicht mit dem Rate oder der Bürgerschaft zu verderben. Man hatte wohl in Schweden eine Ahnung, dieser Besitz werde kaum auf die Dauer zu halten sein, aber man gab sich Mühe, ihn so lange wie möglich zu behaupten, und trat deshalb den Bewohnern mit einer nicht gut angebrachten Milde und Schonung gegenüber. In der Stadt selbst machte sich gerade jetzt der alte Gegensatz zwischen Rat und Bürgern wieder sehr zum Unsegen der Gemeinde geltend. Statt einmütig für das Wohl der Stadt zu arbeiten und zu sorgen, verbrauchte man Kraft und Mühe für Kleinigkeiten, und der Eigennutz der verschiedenen Klassen hemmte eine gedeihliche Entwickelung auf Jahrzehnte.

Schon bevor Stettin den Schweden wieder übergeben worden war, richteten die Vertreter der pommerschen Stände an den König Karl XI. die Bitte, der guten Stadt zu verhelfen, „daß sie die ihr zustehende Niederlagsgerechtigkeit genießen könne, und bei dem Kurfürsten von Brandenburg zu befördern, daß den Stettinern die freie Handlung auf der Oder und Warthe ohne Schwierigkeit gestattet werde“. Im November 1679 ging auch eine Gesandschaft der Stadt, die aus dem Syndikus Johann Gansewind (seit 1665 im Rate), dem Ratsherrn Jakob Schadelock (seit 1667 im Rat) und den Alterleuten Erdmann Lindemann und Berthold Friesener bestand nach Schweden und fand mit ihren Vorstellungen beim Könige gnädiges Gehör. Freilich viel mehr als Versprechungen konnte er nicht geben. „Weil er große Ursache habe wegen der besonderen Treue und Standhaftigkeit, welche die Stettiner bei der ausgestandenen harten Belagerung der Krone Schweden bewiesen, denselben alle gnädige Erlaubnis widerfahren zu lassen, so wolle er Alles, was zu dem vorigen Wohlstande und der Aufnahme Stettins gereichen könne, soweit es nur irgend tunlich sei, zur Bezeugung seiner königlichen Huld den Stettinern bewilligen.“ Wirklich gestand er ihnen Freiheit von der Einquartierung und den Kontributionen auf fünf Jahre, von der Akzise für ihre eigenen Lebensbedürfnisse und von den Lizenten für Baumaterial zu. Außerdem versprach der König unentgeltliche Lieferung von Holz für die Bürger, schenkte für den Bau der Jakobikirche 60 Schiffspfund Kupfer und bewilligte dafür eine Kollekte in Schweden. Das geschenkte Kupfer gelangte aber nicht nach Stettin, da das Schiff, das es überbringen sollte, strandete. Indessen machte es das gesammelte Geld (von 1678 bis 1682 kamen 14530 Gulden ein) den Stettinern möglich, allmählich ihre Kirche wieder aufzubauen. Schon 1680 und 81 wurden zwei Glocken neu gegossen, aber erst 13 Jahre später war der große Bau, für dessen innere Ausstattung zahlreiche Korporationen oder Private

Schenkungen machten, im wesentlichen fertig. Freilich um den Turm wieder ganz aufzubauen, reichte das Geld nicht aus, man begnügte sich, auf den notdürftig gedeckten Stumpf vier Ecktürmchen zu setzen. Die Opferwilligkeit und der Wagemut, mit denen die Bürger den Bau angriffen und zu Ende führten, sind aller Bewunderung wert und werden mit Recht durch eine Gedächtnistafel in der Kirche auch der Nachwelt als nachahmungswürdig vorgehalten.

Abb. 16. Die Jakobikirche.

Um die pommerschen Verhältnisse, die durch den Krieg in Verwirrung geraten waren, von neuem zu ordnen, ernannte im Juli 1680 der König Karl eine Kommission, die aus dem Reichsrat Clas Rolamb, dem Generalgouverneur Feldmarschall Grafen Königsmarck, Generalleutnant Sperling, Landhöfding H. Falkenberg bestand. Auch der Rat von Stettin erhielt den Auftrag, Erhebungen über den Zustand der Stadt und ihrer Bewohner anzustellen und die Wünsche und Anträge der Bürger einzufordern. Da liefen von fast allen Gewerken die „desideria“ ein, Schriftstücke, in denen die Lage der Handwerker als überaus traurig geschildert und Staatshilfe dringend gefordert wurde; in zahllosen Memorialen, Beschwerden oder Projekten verlangte man vor allem eine Reorganisation des Rates, Beschränkung der Gehälter der Stadtbedienten, Untersuchung der Amtsführung, Rechenschaftslegung usw. Es war keine kleine Arbeit, welche die Kommissare zu leisten hatten, aber sie gingen gegen Mißstände entschieden vor. Es wurden die Ratsherren Johann Schmidt (seit 1658 im Rate), Albinus Behr (seit 1674) und Berthold Schmidt (seit 1677) ihrer Ämter entsetzt und zu 3000 Talern Strafe verurteilt. Dann wurde der Rat, der von nun an nur aus 17 Personen bestehen sollte, neu konstituiert, was um so nötiger war, als seit Schwellengrebels Tode (1678) nur noch ein Bürgermeister Valentin Friderici (gewählt 1679) im Amte war. Auf den Vorschlag der Kommission wählte der Rat am 2. Mai 1681 vier neue Bürgermeister, Johann Gansewind (seit 1665 im Rate), Jakob Schadelock (seit 1667), der aber bald wieder von diesem Amte entfernt wurde, Crispin Gerstmann (seit 1671) und Erdman Lindemann (seit 1680); Kämmerer wurde neben Christian Strauß (seit 1660 im Rat und seit 1679 Kämmerer) noch Johann Ücker (seit 1680). Das Ratskollegium erhielt den Befehl, von nun alle Einnahmen und Ausgaben nicht nur durch die Camerarii allein berechnen zu lassen, sondern dazu je einen Vertreter der Kaufmannschaft und der Gewerke hinzuzuziehen. Als aber der Rat von den Alterleuten die Benennung von zwei Personen forderte, protestierten diese mit den 19 und 17 Männern. Ein langer Schriftenwechsel begann, und von neuem hemmte der Streit zwischen Rat und Bürgerschaft die Tätigkeit für das allgemeine Wohl.

Inzwischen aber ließ die Kommission den Bürgern, die ihre Häuser aufzubauen begannen, die vom Könige verheißenen Unterstützungen zu teil werden, und dieser selbst gab unter dem 31. März 1681 der Stadt mannigfache Erleichterungen von den Lizenten, Privilegien für einwandernde Handwerker, Freiheit des Materials für Manufakturen usw. Andere erbetene Befreiungen von der Zahlung der Orböre und der Rekognitionsgelder oder Bewilligung von Gnadengeldern konnten nur in Aussicht gestellt werden.

Noch manche andere Anordnungen, Entscheidungen, Einrichtungen wurden von den Kommissaren getroffen, es fehlte aber leider an Mitteln, sie zur Durchführung zu bringen. Was nützte es z. B., wenn der ewige Streit der Kramerkompagnie mit dem Kaufmann vom Seglerhause wegen Präsentation zur Altermannswahl oder Ratsfähigkeit zu Gunsten der Kramer entschieden wurde? Der Streit dauerte doch noch Jahre hindurch fort, Beschwerden und Zänkereien hörten nicht auf. Bedeutsamer waren die Versuche zur Hebung von Handel und Schifffahrt. Eine Untersuchung der Stettiner Reederei im Jahre 1680 hatte festgestellt, daß in Stettin nur 33 kleine Schiffe heimatsberechtigt waren. Die Anteile der Reeder waren sehr gering, an den drei größten waren 15 bis 17 beteiligt. Die Mängel des Handels stellten drei Kaufleute, Jakob Schadelock, Isaak Wichenhagen und Christian Linde, in einem ausführlichen Memorial dar. Vor allem protestieren sie gegen die geplante neue Lizenttaxe, den hohen Zoll auf Wolle, gegen den bei

Gartz von allerlei Waren erhobenen Zoll, den Handel der Fremden u. a. m. Sie klagten, daß Hamburg, Lübeck, Danzig, Kolberg und Rostock den Handel mit Schlesien und der Mark an sich zögen. Die Antwort, die vom Könige darauf erteilt wurde, konnte wenig befriedigen. Sie enthielt wieder nicht viel mehr als schöne Worte und Versprechungen. Deshalb wandte sich Schadelock noch mit weiteren Denkschriften an das Stockholmer Commerzkollegium, erreichte aber auch hier nicht viel. Allein die Tuch- und Rasch-Manufaktur erhielt eine erhebliche Förderung durch die Bestimmung, daß die Wolle frei nach Stettin und die Fabrikate ebenfalls ohne Zoll nach Schweden eingeführt werden durften. Lange wurde diese Vergünstigung aber nicht gestattet, sondern bereits 1686 aufgehoben. Dafür wurde freilich bestimmt, daß die „in den deutschen Provinzen befindlichen Garnisonen hinfüro allezeit von dem in Stettin gemachten Tuche bekleidet werden sollten".

Trotz aller Bemühungen der schwedischen Regierung, die darauf gerichtet waren, die mißlichen Verhältnisse zu bessern, blieb der Zustand im allgemeinen höchst traurig. Das zeigen nicht etwa nur die fortgesetzten Klagen über Armut und über Bedrückung — wann wären die jemals verstummt? —, sondern vielmehr die unaufhörlichen Konflikte und Streitigkeiten zwischen Rat und Bürgerschaft. Geradezu feindlich standen sie sich oftmals gegenüber, so daß es einmal hieß: „Die in Stettin fressen sich untereinander selbst auf." Der Rat sprach wiederholt von „unruhigen Köpfen", die ihn als die von Gott gesetzte Obrigkeit nicht respektieren wollten. Beschwerden über Beschwerden liefen bei der Regierung ein, diese aber wußte meistens keinen Entscheid zu treffen. Der Rat sandte 1685 den Syndikus Dr. Hermann Siebrand nach Stockholm, „der Stadt großen Bedruck, niederliegende Handlung und Nahrung und übrigen miserablen Zustand darzustellen". Er blieb anderthalb Jahre in Schweden und erreichte auch einige Erleichterung oder Unterstützung, z. B. auf fünf Jahre je 4000 Taler zur Austeilung an Bürger, die ihre Häuser reparierten. Aber die Bürgerschaft beschwerte sich über die Gesandtschaft und dann über die Verwendung der Summe. Da rechtfertigte sich der Rat bei der Regierung und überreichte 1688 ein Verzeichnis der neuaufgebauten Häuser; es waren 95 in der eigentlichen Stadt und 61 auf der Lastadie und in den Wieken. Jeder einzelne Bürger fühlte sich über die Maßen bedrückt und ungerecht behandelt; gerade ihm ging es besonders schlecht, und doch sollte er immer wieder zahlen. Die zahllosen Schriftstücke bilden eine höchst unerquickliche Lektüre und zeigen die Selbstsucht und den Eigennutz in abschreckender Weise. Daneben ging das Gezänk der Gewerke und Zünfte; die Klagen der

Kirchen- und Hospitalverwaltungen; die Rangstreitigkeiten der Ratsherren untereinander oder der Alterleute eines ehrbaren Kaufmanns, Gewandschnittes und Seglerhauses hörten nicht auf.

Allmählich bildete sich in dieser Zeit infolge des Gegensatzes, der zwischen Rat und Bürgerschaft herrschte, eine förmliche regelmäßige Art der Bürgervertretung aus. Seit 1390 etwa fanden Versammlungen der „ehrliebenden Bürgerschaft" im Seglerhause statt. Dort wurden Wünsche, Beschwerden, Desiderien vorgetragen und von den Alterleuten des Kaufmanns, die als „ein Ausschuß der Bürgerschaft" tätig waren, dem Rate schriftlich eingereicht. Dieser zog auch wieder Vertreter zu einzelnen städtischen Geschäften hinzu, berief die 18-Männer, ja bildete bisweilen gemischte Kommissionen z. B. für die Stadtzulage, den Armenkasten, den Stadtbau, die Wiesen u. a. m. War hierdurch auch eine Teilnahme der Bürger an der Stadtverwaltung geschaffen, so war es doch sehr übel, daß für sie eine rechtliche Grundlage fehlte. Es stand ganz im Belieben des Rates, die desideria civium, die allein in den Jahren von 1694—1726 so zahlreich waren, daß die Schriftstücke sieben starke Aktenbände füllen, zu beachten, eine Antwort zu erteilen oder ad acta zu legen und unberücksichtigt zu lassen. Immer wieder beklagte sich die Bürgerschaft, daß sie auf ihre Anträge keine Resolution des Rates erhalte. Es herrschte aber bei ihr selbst keine Einigkeit. Die 15 Alterleute der Gewerke beschwerten sich über die des Kaufmanns. Sollten sie für sich allein oder zusammen über die „gemeinen Stadtsachen" beraten? Das war eine Frage, die mit größtem Eifer behandelt wurde; endlich (1701) wurde entschieden, der Kaufmann solle erst „a parte beschließen", dann den Beschluß den Gewerken mitteilen und ihr „Gutbefinden ad protocollum nehmen". Auch diese Bestimmung wurde natürlich angefochten, und so blieben zum Verderb der Stadt überall die unsicheren Zustände bestehen.

Der Rat sollte nach einer Bestimmung von 1681 halb aus Kaufleuten, halb aus Literaten, d. h. studierten Männern, bestehen, und es wurde verboten, daß mehrere Mitglieder einer Familie ihm angehörten. Man kümmerte sich um beides nicht, der Rat ergänzte sich ganz nach Belieben, bis 1706 die Bürgerschaft lebhaft dagegen protestierte und sich über den „exzessiv angewachsenen Schwäger-Rat" bitter beklagte. Wieder fanden ausgedehnte Verhandlungen mit der Regierung statt, aber eine Abhilfe erfolgte nicht. Auch bei der jährlichen „Umsetzung" des Rates, die am 3. Mai vor sich ging, kamen Unregelmäßigkeiten vor, so daß die Regierung einschreiten mußte. Der Rat hatte keine feste Geschäftsordnung, er führte die Verwaltung nach seinem Gefallen. Wiederholt forderte die Bürgerschaft eine Untersuchung der

„Administration“, namentlich auch der Stadtgüter; es wurde auch einmal 1702 ein Anfang gemacht, aber bald schlief das Werk wieder ein. Schwere Klagen erhoben sich gegen die Kämmerei, die namentlich in der Verteilung der Abgaben und der Behandlung der Restanten der schlimmsten Ungerechtigkeit beschuldigt wurde. Auch hierfür wurde eine Untersuchung angeordnet, die Kommission arbeitete fast 6 Jahre ohne Erfolg und löste sich dann auf. Die Verteilung des Servisgeldes blieb eine ständige Quelle von Streitigkeiten und Beschwerden, Abhilfe wurde nicht geschaffen. Man wirtschaftete ohne festen Etat; wie es mit der Rechnungslegung stand, ist nicht ganz klar.

Die Tätigkeit des Rates war dadurch ungemein erschwert, daß seine Wirksamkeit und seine Rechte sich nicht auf die ganze Stadt oder alle Bewohner erstreckten. Der Bezirk des Schlosses und des sogenannten Königl. Klosterhofes, ebenso wie die Kirchenfreiheit um St. Marien bildeten eigene Gemeinden in der Stadtgemeinde, die königlichen Beamten und andere eximierte Personen unterstanden ebenfalls dem Rate nicht. Sie alle hatten, soweit sie nicht etwa bürgerliche Nahrung trieben, keine Pflichten der Stadt gegenüber und wachten ängstlich über ihren Sonderrechten. Es ist klar, daß hierdurch unendliche Streitigkeiten hervorgerufen werden mußten. Wie oft hat der Rat versucht, die sogenannten Freihäuser zu den städtischen Abgaben heranzuziehen, wie viele Untersuchungen, Lustrationen, Aufnahmen haben stattgefunden! Fast beständig lagen die Kuratoren und Administratoren der Marienkirche im Streite mit dem Rate. Ganz besondere Schwierigkeiten machte diese Absonderung einzelner Stadtteile oder bestimmter Personen inbezug auf die Jurisdiktion. Der Rat besaß die Gerichtsbarkeit über die Stadt, ihre Bewohner und das städtische Eigentum nur, soweit diese nicht dem Kirchen- oder dem kgl. Burggerichte unterstanden. Er bestellte einen Ratsherrn als Stadtrichter, der jedesmal drei Jahre den Vorsitz im Schöffengerichte führte. Handelssachen gehörten vor das Wette- und das Seegericht, für die 1671 und 1683 neue Ordnungen eingeführt wurden. Als höchste Instanz galt das Obertribunal in Wismar, für dessen Unterhalt die Stadt einen festen Beitrag zu zahlen hatte. Das Marienkirchengericht zog die Bewohner der Kirchenfreiheit und die Untertanen in den der Kirche gehörigen Dörfern vor sein Forum, das Burggericht hatte die Gerichtsbarkeit über die im Schlosse und auf der Kgl. Freiheit wohnenden Personen. Natürlich war der bürgerlichen Gerichtsbarkeit ebenfalls nicht unterworfen die Garnison, für deren Unterhalt die Stadt Geldzahlungen und Naturalien liefern mußte. Die Einquartierung der Soldaten, deren Zahl sich 1696 auf mehr als 1600 belief, war eine der schwersten

Lasten, die von den Bürgern zu tragen waren, und die Militärverwaltung griff oft rücksichtslos in die Rechte der Stadt ein. Als sie 1697 ein großes Magazin vor dem Heiligen Geisttor erbaute, wurde ein Protest des Rates wegen widerrechtlicher Besitznahme eines städtischen Grundstückes einfach unbeachtet gelassen.

Wenn wir die Mißstände und die Schwierigkeiten berücksichtigen, so müssen wir doch anerkennen, daß der Rat es nicht an Eifer in seiner Arbeit für die Stadt hat fehlen lassen. Daß er wenig erreichte, ist nicht allein seine Schuld. Von den Mitgliedern treten vor anderen hervor die Bürgermeister Christian Strauß (1685—1703), Hermann Siebrand (1702—1712), Theodor Scherenberg (seit 1687 im Rate, 1702 Kämmerer, 1703—1706 Bürgermeister), Daniel Dillies (1704 bis 1712), Johann Rudolf Jahn (1712—1727) und Christian Friedrich Freyberg (1712—1726), sowie die Ratsherren Christian Braunschweig (seit 1683), Michael Matthias (seit 1692), Matthäus Heinrich Liebeherr (seit 1703), Jakob Albrecht Zastrow (seit 1714), Jakob Vanselow (seit 1714). In den einzelnen Ämtern haben sie, soweit es ihnen möglich war, meist fleißig gearbeitet. Die Verwaltung der Stadtgüter machte in dieser Zeit vielleicht die größte Mühe, da es galt, die schweren Schäden, die durch die Belagerung von 1677 verursacht worden waren, einigermaßen zu heben. Die Bachmühlen waren vollständig niedergebrannt, erst sehr allmählich konnten sie wieder aufgebaut und verpachtet werden. Scheune, Schwarzow, Krekow, Bölschendorf, Wussow, Nemitz, Schmellentin, Pomerensdorf, Podejuch, Prilip, Armenheide, die Schäferei Eckerberg trugen noch 1693 viele Spuren der Verwüstung. Die große Aufnahme und Katastervermessung, welche damals die schwedische Regierung vornehmen ließ, gibt uns eine genaue Beschreibung mit ausgezeichneten Flurkarten. Die Zahl der Bauern, Kossäten, Einlieger, Hirten, Tagelöhner war recht gering. Manche Ackerstreifen oder Gärten lagen wüst, die Gebäude waren zum Teil noch nicht wieder hergestellt und die Erträge dürftig. Es fehlte überall an Arbeitskräften und an rechtem Mut oder Selbstvertrauen. Mit der Stadt Pölitz herrschten fortwährende Streitigkeiten über die Leistungen ihrer Bewohner, die 1697 behaupteten, Stettin wolle sie zu „Sklaven“ machen. Über die Stadtwiese, die „Silberhütte“, geriet der Rat in einen Prozeß mit der Militärverwaltung, der erst nach Jahren entschieden wurde. Schwere Kosten verursachte die notwendige Wiederherstellung des großen Steindammes, und obwohl die Regierung eine Beihilfe zusagte, mußte schließlich die Stadt sich doch selbst helfen. Der sehr ausgedehnte Waldbesitz (7884 Morgen) war kaum noch die große Einnahmequelle, die er gewesen war; es fehlte eine rechte

Forstkultur, und das Holzholen und Rohrschneiden, das den Bürgern der Stadt umsonst, den Bewohnern der acht Wasserdörfer (Grabow, Bredow, Züllchow, Bollinken, Frauendorf, Gotzlow, Cavelwisch und Glienken) gegen eine geringe Abgabe zustand, war der Entwickelung der Wälder und Brüche nicht dienlich, da viel Mißbrauch damit getrieben wurde. Die Zahl der Wiesen, die zu den einzelnen Häusern der Stadt gehörten, war nicht sehr groß (560 Morgen), und ihre Nutzung wurde durch die Wasserverhältnisse erschwert.

Es herrschte in der Stadt und ihrer Umgebung große Armut. Gegen das Betteln auf den Gassen wurden wiederholt Verbote erlassen, um eine Regelung des Armenwesens mühte man sich in dieser Zeit unaufhörlich. Die Hospitäler, das Kloster, das Waisenhaus reichten nicht aus, die Armen und Kranken aufzunehmen und zu versorgen. Denn immer wieder brachen epidemische Krankheiten aus, gegen die man sich vergeblich durch allerlei Vorsichts- und Absperrungsmaßregeln zu schützen suchte. Besonders in den Jahren 1709 und 1710 wurden Veranstaltungen gegen das Eindringen der Pest aus Polen und Danzig getroffen, ein „politisches Pestreglement" und ein „medizinisches Pest-Consilium" publiziert, ein Gesundheitskollegium von acht Mitgliedern gebildet. Dies ordnete das Auslegen von Wachtbooten auf dem Dammschen See, Kontrolle der Fremden an den Toren an, forderte Gesundheitspässe und legte ein Tagebuch über die Kranken und Verstorbenen an. Alles das half aber wenig, denn fast 2000 Personen starben damals. Man fing auch an, den Apotheken der Stadt eine größere Aufmerksamkeit zuzuwenden, visitierte sie wiederholt und erließ Medizinal-Tax-Ordnungen.

Wie die Pest, so suchte man auch die Feuersgefahr durch allerlei Verordnungen zu bekämpfen; eine neue Feuerordnung wurde 1712 vom Rate erlassen. Vor allem war die regelrechte Unterhaltung der Brunnen notwendig; dazu waren die anwohnenden Bürger verpflichtet. Sie bildeten Genossenschaften mit Administratoren, die dafür zu sorgen hatten, daß die Brunnen regelmäßig in Stand gehalten und, wenn nötig, repariert wurden. Die Kosten wurden auf die Häuser verteilt. Durch mannigfache andere Ordnungen traf der Rat Fürsorge für die Bürgerschaft. Eine Ordnung für Lohnfuhren wurde 1681 nach langer Beratung erlassen und wiederholt erneuert, dabei verbot man vor allem auch das schnelle Fahren in den Straßen. Eine strenge Mahnung erließ der Rat gegen das übermäßige Branntweintrinken. Als aber der Gouverneur Bielke 1697 befahl, es solle sich niemand nach dem „Zapfenschlage" (Sommers um 9, Winters um 8 Uhr) auf der Straße sehen lassen, da beschwerte sich die Bürgerschaft bei der Regierung über diese Verordnung.

Seitdem die schwedische Garnison verstärkt worden war, verloren die Bürgerkompagnien mehr und mehr an Bedeutung. Die Verpflichtung der Bürger zum Wachtdienste blieb allerdings bestehen, sie wurden auch immer wieder dazu herangezogen, aber mehr zur Aufrechterhaltung der Ordnung in der Nacht oder zur Kontrolle an den Toren. Es waren acht Kompagnien in der Stadt vorhanden, zu denen 1705 noch eine für die Herren- und Kirchenfreiheit kam. Als 1706 ein Bataillon der Garnison zum Marsche beordert wurde, erhielt der Rat den Befehl, täglich etwa 100 Mann für die Wachen zu stellen. Darauf richtete er die Bürgerwachen ein, die den Bleichholm, das Langebrücktor, die Schnecke, die grüne Schanze, das Neue Tor inwendig und das Mühlentor mit 66 Mann, ferner das Frauentor und die Baumbrücke mit 16, sowie die Schiffbauer-Lastadie und den Pladdrin mit 13 Mann zu besetzen hatten. Natürlich kamen wieder unzählige Klagen über diese Wachtpflicht, Versuche, sich ihr zu entziehen und Strafen vor, die wir aus den zum Teil erhaltenen Wachbüchern kennen lernen können.

Das Waffenhandwerk übten die Bürger in ihrer Schützenkompagnie, die nach der Belagerung neu organisiert wurde. Sie erhielt allerlei Rechte und Privilegien für ihren König, auch die Erlaubnis, am Heiligen Geisttore ein neues Schießhaus zu erbauen. Es entstanden jedoch Streitigkeiten und Reibereien zwischen den Kaufleuten und den Handwerkern, die 1700 zu einer Teilung in eine Kompagnie der Kaufmannschaft und eine der Künstler und Gewerke führte. Bei dem jährlichen Vogelschießen kam es immer wieder zu manchem ärgerlichem Zwiste, der meist seine Ursache in Rang- und Standesfragen hatte. Auch die Kaufgesellen hatten sich schon früher zu eigenen Schießübungen und Festen zusammengetan und erhielten, nachdem manche von ihnen sich bei der Verteidigung der Stadt ausgezeichnet hatten, 1687 ihre ersten Satzungen. Aus dieser Schützenkompagnie der Handlungsdiener hat sich im Laufe der Zeit der „Verein junger Kaufleute" gebildet, der im Jahre 1887 die Feier seines zweihundertjährigen Bestehens beging.

Große Schwierigkeiten machte dem Rate die Ordnung der Straßenreinigung. Die Zustände waren immer noch derartig, daß es kaum zu verstehen ist, wie die Bewohner diese Unsauberkeit ertrugen. Am 31. Oktober 1683 wurde eine eigene „Mistordnung" erlassen, in der bestimmt wurde, daß der von den Bewohnern zusammengekehrte Straßenunrat durch Karren weggeschafft werden sollte. Dafür wurde von den Häusern, Buden und Kellern eine Abgabe erhoben. Man ließ aber diese Einrichtung wieder eingehen, und die Unsauberkeit nahm in so erschreckendem Maße zu, daß bisweilen eine militärische

Exekution vorgenommen werden mußte, um die Bürger zur Erfüllung ihrer Pflicht zu zwingen. Dies Mittel wurde seit 1708 regelmäßig angewandt. Damals ließ die Regierung bekannt machen, daß jeden Sonnabend ein Unteroffizier mit etlichen Gemeinen in der Stadt herumgehen und nachsehen werde, ob die Gassen gereinigt seien. Wenn vor einem Hause Unrat gefunden würde, sollten die Soldaten ihn den Bewohnern ins Haus werfen und diese in Geldstrafe nehmen. Obwohl der Rat gegen eine solche „militärische Anstalt" protestierte, wandte man doch ohne weiteres dies drastische Mittel an. Trotzdem blieb schließlich auch hier alles beim Alten, d. h. die Straßen, Gassen und Plätze wurden nicht gereinigt, und die Klagen über die „Schweinerei" hörten nicht auf.

Mit dem Neu- und Ausbau der Häuser ging es sehr langsam vor sich. Nach 1691 machte der Rat den Versuch, durch Erteilung von Freijahren zu regerer Tätigkeit anzutreiben. Es waren immer noch sehr viele Häuser seit der Belagerung ruiniert und verfallen, ja viele Stellen, namentlich auf der Lastadie, lagen ganz wüst. Das ist eigentlich verwunderlich, da nachzuweisen ist, daß die Bevölkerung sich in dieser Zeit nicht unbeträchtlich vermehrt hat. Ob das Plakat vom 7. März 1681, durch das „Fremden, die sich in Stettin zu setzen Lust haben", Freiheit versprochen wurde, viel dazu beigetragen hat, kann zweifelhaft erscheinen, aber Tatsache ist es, daß 1687 im Bürgerbuche 316 Neubürger eingetragen worden sind. Freilich ist darunter eine verhältnismäßig große Zahl von Bürgersöhnen (88) und solchen, die als „aus Stettin gebürtig" (53) bezeichnet sind, aber trotzdem bleibt die Zunahme noch recht bedeutend. Auch 1688 und 1689 wurden mehr als 109 Bürger aufgenommen, sonst belief sich die Aufnahme auf etwa 50—60 jährlich, deckte also vielleicht den Abgang. Nach den Tabellen der in Stettin „vertrauten, getauften und begrabenen Menschen", die für die Jahre 1656—1763 fast vollständig im Drucke vorliegen, sind z. B. 1682—83 im ganzen 190, 1696—97 aber nur 139 Personen begraben worden; in anderen Jahren (z. B. 1712—13: 315) ist die Zahl freilich erheblich höher. Um 1659 wurden in der Stadt etwa 1279 Häuser, Buden und Keller gezählt, ein Verzeichnis der Gebäude vom Jahre 1706 enthält dagegen 1385 Nummern. Eine Personenaufnahme vom Oktober 1709 ergab eine Bevölkerung von 10 900 Personen in der Stadt und in den Vorstädten, im August 1711 werden 11 307 Bewohner ermittelt. Unter diesen befanden sich nur 1155 Bürger, während zur Garnison 3408 Männer gehörten.

Die Wohnungsverhältnisse waren schlecht, sehr viele Bewohner hausten in Kellern, ein Übelstand, den die Regierung 1708 zu beseitigen sich bemühte. Juden hatte, wie erzählt ist, Kurfürst Friedrich Wilhelm den Aufenthalt in Stettin verboten, später aber wurde einzelnen durch besondere Geleitsbriefe gestattet, dort vorübergehend zu weilen, anderen, den sogenannten Schutzjuden, erlaubte man auch dauernd in der Stadt zu wohnen, es wurde ihnen aber Handel mit Metall, Silber, Gold usw. ausdrücklich untersagt. Wiederholt kam es in dieser Zeit zu gewalt-

Abb. 17. Die Peterskirche.

tätigen Angriffen und Beschimpfungen gegen sie, aber auch zu Klagen über unberechtigten Handel. Der Rat sprach mehrere Male den Wunsch aus, man solle die Juden wieder „ganz abschaffen, da sie in der Stadt großen Schaden angerichtet".

In einer Reisebeschreibung von 1694 heißt es von Stettin: „Die Kirchen sind anjetzo in schlechtem Splendeur, weil die Spitzen in der Belagerung heruntergeschossen. Doch ist die Jakobikirche fast wieder repariert und fehlt bloß die Spitze". Einige Jahre später war die

Kirche auch im Innern wieder ausgeschmückt. Dort wurden neben der Orgel Helm, Degen und Handschuh des tapferen Verteidigers der Stadt, des Generals von Wulffen, aufgehängt, der im Juni 1678 in Schweden starb und in der Jakobikirche beigesetzt wurde. In den Jahren 1709 bis 1711 wurde der stattliche Barockaltar von dem jungen Holzbildhauer Erhard Löffler aufgebaut. „Die ganze Kirche ist, so heißt es in den Akten, durch die Gnade Gottes und mit vieler guten Herzen beigetragenen milden Beisteuern völlig wiederum erbauet und mit vielem Guten ausgezieret worden." Dagegen blieb die Marienkirche im Verfall, obwohl auch für ihren Aufbau eine Kollekte erbeten wurde. Ebenso wurde St. Peter 1683 nur notdürftig ausgebessert, und mit dem Schlosse stand es nicht viel besser. Die schwedische Regierung tat fast nichts für die Erhaltung, obwohl der Generalgouverneur, von 1687 bis 1697 Nils Bielke, dort seine Wohnung hatte. Einige Teile benutzte man zu militärischen Zwecken als Magazin und Zeughaus, und einem Besucher erschien als das Sehenswerteste „ein schöner Pferdestall, so unter der Erde ganz gewölbt ist".

Unter den Geistlichen, die in dieser Zeit an den Stettiner Kirchen tätig sind, befanden sich kaum hervorragende Männer. Im strengsten, einseitigsten Luthertum befangen, eiferten sie gegen jede andere kirchliche Richtung, vertrugen sich aber unter einander ebensowenig, sondern lebten in fast beständigem Streite. Der eifrigsten einer war der schon genannte D. Friedrich Fabricius von St. Nikolai (gest. 1703), der auch mit dem Rate in erheblichen Konflikt geriet. Durch Gelehrsamkeit zeichneten sich der Generalsuperintendent D. Konrad Tiburtius Rango (gest. 1700) und die beiden Cramer, Friedrich der Vater (gest. 1691) und Johann Christoph der Sohn (gest. 1714), aus.

In dieser Zeit trat die Stadtgeistlichkeit insgesamt für das Schulwesen ein und wandte auch den deutschen Schulen einiges Interesse zu, doch gebessert wurde an den Verhältnissen wenig. Es blieb bei den einzelnen mehr oder weniger konzessionierten Rechen- und Schreibmeistern, den Küstern und Winkelschulmeistern, eine allgemeine Ordnung erfolgte nicht. Die Stadtverwaltung kümmerte sich wenig um die Schulen und beließ auch die Ratsschule in ihrem kümmerlichen Zustande. Der Rektor Georg Wehling (1682—1719) gab sich alle mögliche Mühe, die Anstalt zu heben, aber die Zucht der Schüler, deren Zahl sich in dieser Zeit auf etwa 150 belief, blieb sehr locker. Vor allem kamen beständige Streitigkeiten mit den Gymnasiasten vor, die jenen das Recht des Degentragens verwehrten. Auch das Gymnasium Carolinum hatte mit den Mißständen der Zeit zu kämpfen und an den Fehlern, die dieser Anstalt anhafteten, schwer zu leiden.

Der akademische Charakter wurde von Lehrern und Schülern ängstlich gewahrt; mit Vorlesungen, Redeakten, Disputationen prunkte man, ohne wirklich ernstliches zu leisten. Noch mehrere Male tauchte der Plan auf, die Universität Greifswald mit der Schule zu vereinigen und nach Stettin zu verlegen. Da man schließlich davon absah, wurde 1703 eine große Visitation veranstaltet, doch auch diese nützte nicht viel, den Verfall vermochten die gelehrten Rektoren und Professoren nicht aufzuhalten.

„Die Zeit von 1648—1713 ist unzweifelhaft die traurigste Epoche für Stettins Handel." Dies Urteil, das Gustav Schmoller schon vor Jahren fällte, wird durch alles bestätigt, was wir im einzelnen über den Handel dieser Jahre erfahren, und gilt ganz besonders für den letzten Abschnitt dieser Periode, der mit dem Jahre 1679 beginnt. Ja, die Lage wurde immer trauriger und kümmerlicher, obwohl die schwedische Regierung den Versuch machte, energische Schritte zur Hebung des Handels zu tun. Am meisten hatte er zu leiden durch den Gegensatz, in dem Brandenburg zu Schweden stand. Kurfürst Friedrich III. war ebenso wie sein Vater bemüht, auf jede Weise den brandenburgischen Handel von Stettin abzuziehen und direkten Verkehr anzuknüpfen. Man begann um 1680 holländisches Salz für die Mark und Hinterpommern zu beziehen, dadurch erlitt der Stettiner Salzhandel schweren Schaden und ging zu Grunde. Die Rivalität Stargards und Gollnows gegen Stettin wurde von der Regierung begünstigt, Schweden aber erhob den heftigsten Widerspruch und suchte die Schiffahrt auf der Ihna ganz zu hindern. Man versuchte es dann mit einer Beratung, zu der Kommissare in Damm und Kolbatz 1684 zusammentraten. Mit großer Gründlichkeit ging man zu Werke, wie die gedruckte „aufrichtige und wahre Relation" beweist, aber was war das Resultat? Es blieb beim Alten, man konnte sich nicht einigen. Ebenso erging es mit den Verhandlungen über den alten Streit zwischen Stettin und Frankfurt. Der Oderhandel wurde durch Zölle und Abgaben noch mehr als früher belastet. Deshalb wandten sich die Märker von der Oder der Elbe zu. Da forderte die schwedische Regierung selbst im April 1697 den Stettiner Rat auf, zwei Deputierte zur Verhandlung wegen der Frankfurter und Stargarder Schiffahrt und wegen der Niederlage nach Stockholm zu senden. Der Syndikus Siebrand und der Kaufmann Lange trafen dort ein, sie kamen aber zu ungünstiger Zeit an, da König Karl XI. kurz vorher gestorben und für die Verhandlungen kein rechtes Interesse vorhanden war. Die Deputierten hatten zwar Audienz beim jungen Könige Karl XII. und trugen ihm und der Regierung ihre Anliegen vor, aber die Relation über ihre Reise berichtet mehr von dem, was die Abgeordneten wollten, als was sie erreicht hatten, es blieb auch hier alles beim Alten. Uneinigkeit herrschte in der Kaufmannschaft selbst. Ob jeder, der „sich der Kaufhandlung bediene", dem Seglerhause angehören müsse, wer die Alterleute zu wählen habe, darüber entstand von neuem Streit, und über das Verhältnis der Kramer zu „einem ehrbaren Kaufmann" herrschte fast ununterbrochen Zank. Immer wieder kam die Frage der freien Getreideausfuhr zur Erörterung. Man hielt an dem alten Grundsatze fest, daß man in erster Linie für den Bedarf der Bewohner sorgen müsse. Als gegen Ende des Jahrhunderts der Getreidepreis sehr stieg, wurden wieder die Böden, Speicher und Magazine auf den Vorrat hin revidiert und die Ausschiffung von Korn verboten. Mit wahrer Angst verhinderte man, wenn es möglich war, einen Handel Fremder; zwei „Moskowitische Kaufgesellen" mußten es 1697 erfahren, was es hieß, freie Handlung in Stettin zu treiben. Auf alle Weise wurde der Versuch gemacht, den Handel nicht ganz zu Grunde gehen zu lassen, aber die Art, wie man dies versuchte, war derart, daß man ängstlich an den Rechten der Stettiner festhielt und jede Neuerung ausschloß.

Von dem unheilvollsten Einflusse auf Handel und Wandel war die Stettiner Münzverwaltung, die in dieser Periode „an einem Ende übergroße Gewissenhaftigkeit, gepaart mit geringer Leistungsfähigkeit, am anderen eine Falschmünzerei zeigt, die an Schamlosigkeit in Deutschland nicht ihresgleichen hat". Bis etwa 1688 war das Münzwesen in guter Verfassung, aber durch die Schuld des Generalgouverneurs Nils Bielke riß dann eine ganz unglaubliche Mißwirtschaft ein, die bei dem Prozesse, der seit 1698 gegen den hohen Beamten angestrengt wurde, ans Licht kam. Die Folgen dieser schmachvollen betrügerischen Verwaltung machten sich auf lange Jahre hin geltend.

Nicht viel besser als mit dem Handel stand es mit der Schiffahrt. Zur Stettiner Rederei gehörten 1685 nur 35 Schiffe, die Zahl stieg bis 1708 auf 56. Das größte Fahrzeug war das „Fleutschiff Wappen von Stettin" mit einer Tragfähigkeit von 170 Last und 18 Mann Besatzung. Zum Leichtern dienten 16—32 Fahrzeuge. Über das Fahrwasser wurde fortwährend geklagt, die Holzschiffer ruinierten es ganz besonders. Das Admiralitäts-Kollegium in Stockholm tat nichts. Von dem Umfange der Fahrten in See erfahren wir einiges durch die Angaben, wie viele Seepässe vom Rate ausgestellt wurden. Wir finden z. B. für 1705 61, für 1706 63, für 1707 53 solche Pässe ausgefertigt, während es sonst kaum 20—40 waren. Der Hauptverkehr scheint nach Amsterdam gegangen zu sein, obgleich über die Wegnahme von Schiffen auf der Fahrt nach Holland, England, Frankreich wiederholt Klage erhoben wurde.

Im Handwerkswesen lagen die Verhältnisse fast noch schlimmer. Zünfte und Gilden hielten ängstlich an ihren alten Privilegien fest, wachten auf das eifrigste über ihren Vorrechten und zahlten zu ihrer Anerkennung jährlich ein bestimmtes Rekognitionsgeld an die städtische Kämmerei. So viel Zank und Streit unter den Gilden herrschte, in einem waren sie einig, in dem Hasse gegen die Freimeister, die mit Erlaubnis der Regierung ihr Handwerk betrieben, ohne der Zunft anzugehören. Man gab solchen die Konzession unzweifelhaft gerade deshalb, weil man den zünftigen Handwerken Konkurrenz schaffen und sie dadurch zu regerer Tätigkeit antreiben wollte. Aber welch eine Flut von Beschwerden über diese Freimeister erhob sich! Die Regierung kam dem Ansturm 1686 insofern entgegen, als sie bestimmte, es sollte in jedem Amt vorläufig nur ein Freimeister angesetzt werden. Verständig war ein Verbot des Rates über Sonntagsruhe, erregte aber natürlich den Unwillen der Los- und Kuchenbäcker, die am Sonntage ihre Scharren nicht öffnen sollten. Von einer Blüte des Handwerks kann in dieser Zeit nicht mehr die Rede sein, und über die Mauern der Stadt werden Erzeugnisse kaum noch hinausgegangen sein.

So war der Zustand der Stadt Stettin um 1710 höchst kläglich, die Verwaltung der Stadt leistete wenig, und ihre Bestrebungen scheiterten meist an der Untätigkeit oder Gleichgültigkeit der Regierung. Den Bürgern fehlte es an Selbstvertrauen und Wagemut. Handel, Verkehr, Gewerbe, geistiges und kirchliches Leben waren in eine Art von Stagnation geraten, die für die Entwickelung der Stadt gefährlich zu werden drohte.

14. Kapitel.

Erwerbung Stettins durch Preußen.

Der wichtigste Vorgang in der neueren Geschichte Stettins, der Anfall der Stadt an das Königreich Preußen, ist aufs engste mit den Taten und Schicksalen des Königs Karl XII. von Schweden verbunden. Nicht ohne seine Schuld ging der größte Teil der deutschen Besitzungen verloren; ob sie allerdings noch auf lange Zeit zu halten waren, ist eine andere Frage. Wie in Stettin im Anfange des 18. Jahrhunderts die Stimmung Schweden gegenüber war, läßt sich schwer sagen. Es sind aber Anzeichen vorhanden, daß für manche Kreise als Rettung aus dem offenkundigen Verfalle nur der Anschluß an Preußen galt, während andererseits viele vor der energischen Regierungsweise des Nachbarstaates Angst oder Scheu hatten. Zunächst wurde die Thronbesteigung des Königs Karl XII., der nach kurzer vormundschaftlicher Regierung sehr bald selbst die Herrschaft übernahm, mit den üblichen, offiziellen Feiern und Festlichkeiten begrüßt. Am 15. Februar 1700 fand die Huldigung statt, welche die königlichen Kommissare, der Generalgouverneur Graf Mellin, Kanzler Schwalg und Regierungsrat Lagerström, entgegennahmen. In und vor dem Rathause leisteten Rat, Schöffen und die gesamte Bürgerschaft den Eid, nachdem vorher in der Jakobikirche ein Festgottesdienst gehalten worden war. Ganz wie sonst wurde ein Gastmahl im Rathause veranstaltet. Es fehlte auch nicht an den üblichen Gedichten, Festschriften, mit denen namentlich Dr. Friedrich Fabricius aufwartete. Die Bestätigung der Privilegien, die von dem Könige selbst vollzogen werden sollte, ist nicht erfolgt, da die Kriegsereignisse eintraten und in ihrem sich fast überstürzenden Verlaufe alle anderen Geschäfte zurückdrängten. Unzweifelhaft erweckten die großen Erfolge, die Karl XII. sofort gegen Dänemark und Rußland erzielte, auch in Stettin großes Interesse und gewannen dem jungen Helden Bewunderung. Sein glänzender Sieg bei Narwa (am 20. November 1700) wurde am 15. Februar 1701 von Rat und Bürgerschaft gefeiert; „ein jeglicher Bürger hat sich so fröhlich erzeiget, daß sie des Abends schöne emblemata und Illumination aller Häuser präsentiert haben". Man feierte mit um so froheren Herzen, als die Stadt noch von allen Beschwerden des Krieges verschont war.

Das wurde aber in den nächsten Jahren anders. Der Handel zur See erlitt manchen Schaden, Durchmärsche des Militärs, Einquartierungen, auch Bauten an den Festungswerken ließen seit 1705 etwa die Bürger fühlen, daß sie zu einem Staate gehörten, der einen großen, immer mehr sich ausdehnenden Krieg führte. Abergläubische Furcht sah in heftigen Stürmen, ungewöhnlicher Kälte, wunderbaren Himmelserscheinungen Vorzeichen kommender böser Zeiten. Auf der Flucht traf die Königin Katharina von Polen, des Königs Stanislaus Gemahlin, mit großem Gefolge ein; ihr hatte König Karl Stettin als Zufluchtsort angewiesen. Der Rat hatte vorher das Schloß mit allem Nötigen ausstatten müssen und empfing auf Befehl des Königs mit der Bürgerschaft am 28. November 1705 die Gäste. Brachten sie auch manchen Verdienst nach Stettin, so empfand man doch bald den Aufenthalt recht lästig und unbequem, da die Polen und Franzosen anspruchsvoll auftraten und sich in ihren Quartieren wenig rücksichtsvoll benahmen. Klagen und Beschwerden wurden laut, die Anwesenheit eines katholischen Geistlichen erregte besonders den Unwillen der Pastoren. Der Hof verweilte in Stettin bis zum Jahre 1709, das von verschiedenen Chronisten als ein besonders unglückliches bezeichnet wird. „Es war der Winter von Weihnachten bis Ostern, so ist im Kirchenbuche von St. Peter verzeichnet, ungemein hart, dergleichen auch alte und vielerfahrene Leute kaum gedenken konnten. Darauf hat sich nicht allein zu großer Bestürzung aller schwedischen Untertanen die unglückliche Schlacht bei Pultawa im Julio erfahren lassen, sondern auch Mißwachs an Land- und Baumfrüchten und ein, wie anderen Ortes so auch hier, erst in Damm, hernach auf den Dörfern und in Stettin sich äußerndes Sterben viel Schaden und Bestürzung gemacht." Die schrecklich hausende Pest, von der schon berichtet wurde, machte einen tiefen Eindruck auf die Gemüter der Stettiner und erweckte bei allen bange Ahnungen. Dazu kamen in diesen Jahren die zahlreichen Durchmärsche, die Einquartierungen und andere Lasten. Im März 1711 erschien König Stanislaus von Polen mit seinem Hofstaate und großem Gefolge in Stettin. Schwer war es, die Fremden unterzubringen, aber glücklicher Weise verließen sie bereits im August wieder Stettin.

Was bedeuteten aber alle diese Lasten und Plagen gegenüber der einen Sorge, was aus dem schwedischen Pommern werden sollte? Der König Karl saß in der Türkei und kümmerte sich wenig um sein Reich. Was war von ihm noch zu erhoffen? Es ist wohl kaum zu bezweifeln, daß sein Starrsinn ihm bei einem großen Teile namentlich seiner deutschen Untertanen die Sympathie verscherzte. Die schwedische Regierung hatte genug damit zu tun, das eigentliche Schweden zu schützen, sie forderte deshalb am 3. Juli 1710, als die Russen, Polen und Dänen sich schon zum Angriff gegen Pommern rüsteten, alle Bewohner auf, zur Verteidigung des Landes die Waffen zu ergreifen und sich in die Städte zu flüchten

Zwar bemühten sich die großen Mächte durch den Haager Vertrag (4. August 1710) die Neutralität auch Pommerns zu retten, doch General Krassow sammelte bei Stettin Truppen, und Karl XII. erhob Protest gegen jene Abmachung, die „unter dem Schein der Neutralität eine Armee zu Gunsten seiner Feinde aufzustellen bestimmt sei". Bereits im Frühjahr 1711 begann man in Stettin mit Vorbereitungen zu einer Verteidigung der Stadt. Eine Aufnahme des Bestandes der Bürgerkompagnien — 8 in der eigentlichen Stadt und 4 in den Vorstädten — ergab, daß 1779 Personen zu ihnen gehörten. Für sie waren aber noch nicht 800 Gewehre vorhanden, und aus dem Staatszeughause konnten höchstens 300 geliefert werden. Der Kommandant, Generalleutnant von Meyerfeldt, forderte Rat und Bürgerschaft auf, bei den Fortifikationsarbeiten mitzuhelfen, sie weigerten sich und baten dringend die Eigentumsdörfer und Vorstädte zu schonen. Mangel an allem stellte sich bald heraus, vor allem auch an Geld. Da versuchte es die Regierung mit einer freiwilligen Anleihe und wandte sich an die Gewerke und 21 Bürger mit der Aufforderung, Beiträge zu zeichnen, die zu 8 % verzinst und sicher gestellt werden sollten. Dieser Plan fand wenig Gegenliebe, sieben Bürger zeichneten 14000 Taler, die Gewerke nur 2000, so daß die Anleihe nicht zustande kam.

Im August marschierten Russen, Polen, Sachsen, Dänen von verschiedenen Seiten in Pommern ein. Aber infolge Mangels an Lebensmitteln und der vorgerückten Jahreszeit kam es noch nicht zu kriegerischen Operationen, das feindliche Heer bezog bald die Winterquartiere. Die Russen hielten aber Gartz besetzt und beobachteten von dort aus Stettin. Im Mai des folgenden Jahres rückten die Truppen gegen die Stadt vor, brannten und plünderten in Hohenzahden und steckten die Kupfer- und Pädagogienmühle, die nicht weit vor den Festungswerken lagen, in Brand. Der Oberbefehlshaber Fürst Menzikoff erschien selbst, ließ aber zunächst Stettin nur in weiterem Umkreise einschließen, während der Kampf um Stralsund und Rügen entbrannte. Als die Verbündeten dort Unglück hatten, wurden die vor Stettin liegenden sächsischen und russischen Truppen abgerufen.

Von Berlin aus verfolgte man die Vorgänge mit großer Aufmerksamkeit, und die preußische Regierung machte den Versuch, zwischen den kriegführenden Mächten zu vermitteln. Sie verhandelte mit Menzikoff und dem schwedischen Bevollmächtigten Grafen Welling, doch der Vorschlag, Stettin an Preußen zur Verwahrung zu übergeben, fand bei beiden keinen Beifall. Die Russen zogen sich vielmehr enger um die Stadt zusammen. So wurde die Besorgnis des Königs Friedrich I. von Preußen, Stettin werde in die Gewalt der Russen fallen und Zar Peter „den Fuß auf Preußens Kehle setzen", immer größer. Deshalb versuchte er noch Karl XII. durch den nach Bender gesandten Oberst Eosander zur Übergabe der Oderfestung zu bewegen, es war aber vergebens.

In Stettin scheinen damals Stimmen laut geworden zu sein, man dürfe nicht an der schwedischen Sache festhalten, sondern müsse den Schutz Preußens auch ohne und gegen den Willen des Königs annehmen, und es ist erklärlich, daß Rat und Bürgerschaft wenig

Neigung hatten, abermals eine Belagerung zu ertragen und gar in die Gewalt der gefürchteten Muskowiter zu fallen. Daher traute die schwedische Regierung den Stettinern nicht mehr ganz; sie warnte nicht nur öffentlich vor Spionierung, Kundschaft usw., sondern warf auf Grund eines Geredes den Bürgern sogar offen vor, sie wollten ihre Stadt gewaltsam von Schweden trennen. Dagegen erklärte der Kommandant öffentlich, er sei von der Treue der Bewohner vollkommen überzeugt, und der Rat erließ zugleich eine Bekanntmachung, „es möchte ihnen auch zustoßen, was da wolle, so wären sie samt und sonders fest gesinnt, in ihrer Treue gegen ihren Herrn, den König, beständig zu verbleiben und dieselbe mit ihrem Blute und Leben zu besiegeln". Man braucht an der Aufrichtigkeit dieser Erklärung nicht zu zweifeln. Trotzdem ist es sicher, daß neben der schwedischen Partei, für die damals der aus Greifswald nach Stettin geflüchtete Generalsuperintendent Johann Friedrich Mayer, der hitzige und hartnäckige Feind der Pietisten (er starb am 12. März 1712 in Stettin), ganz besonders tätig war, auch eine andere bestand, die das Heil der Stadt im Anschlusse an Preußen sah. Die Freunde eines friedlichen Ausgleiches waren es wohl auch, die im Februar 1713 eine Beratung von Ratsmitgliedern [Bürgermeister Freyberg (1712 bis 1726), Kämmerer Friedrich von Langen (seit 1694 im Rat), Ratsherr M. H. Liebeherr (seit 1703) und Johann Jädicke (seit 1711)] und Alterleuten (Banselow, Lüdicke, Krüger und Bartholdt) über die Aufnahme der Kommerzien u. a. m. zustande brachten. Dabei wurde besonders über das Verhältnis zu Frankfurt und Stargard und die Warteschiffahrt verhandelt; sprach man auch den Wunsch nach einem Anschlusse an Preußen nicht aus, so klingt er doch hier und da leise durch. Zugleich stellten Kaufleute und Schiffer Berechnungen über den Schaden auf, den sie während dieses Krieges bereits erlitten hatten. Die höchsten Summen (16—10000 Taler) meldeten Liebeherr, Sanftleben d. ä. und Samuel Krüger an.

Die Hoffnung auf eine friedliche Übergabe Stettins wuchs, als infolge der verzweifelten Lage Schwedens im Mai 1713 die Minister und der Graf Welling, der nach dem Tode des Grafen Mellin (12. Januar 1713) zum Generalgouverneur von Pommern ernannt worden war, in Verhandlungen mit dem jungen preußischen König Friedrich Wilhelm I. traten. In diese griff besonders der holsteinische Minister Freiherr von Görtz ein, da er das Bestreben hatte, für seinen Herrn, den Herzog Karl Friedrich von Gottorp, den vermutlichen Erben der Schwedenkrone, noch zu retten, was möglich war. Er schlug vor, Preußen solle gemeinsam mit Holstein Stettin und Wismar unter dem Namen eines Sequesters (d. h. vorläufiger Verwaltung) besetzen und so diese Orte und das übrige schwedische Pommern schützen. Dieser Vorschlag wurde angenommen, und der Graf Welling erklärte sich damit einverstanden. Im geheimen war abgemacht worden, daß, wenn der Herzog von Holstein in Schweden succedieren würde, „Stettin samt dem Peenestrom und allem, was zwischen diesem und der See belegen sei", für immer an Preußen fallen solle. Als auch Menzikoff sich bereit erklärte, die Ausführung des Vertrages nicht zu hindern, eilte der holsteinische Minister von Bassewitz nach Stettin, um von dem Kommandanten, dem General Johann August von Meyerfeldt, die Übergabe der Festung an Preußen und Holstein zu verlangen. Dieser weigerte sich aber sehr bestimmt, den Platz ohne ausdrücklichen Befehl seines Königs, an irgend jemand zu übergeben, ehe feindliche Übermacht ihn zwänge; er habe die eigenhändige Ordre Karls, den Ort zu maintenieren und keine fremden Truppen einzunehmen. Dem preußischen General Grafen Schlippenbach, der im Juli nach Stettin gesandt wurde, erklärte er, er glaube nicht an die Absicht der Russen, die Festung förmlich zu belagern.

In Berlin bedauerte man das Scheitern des Planes und erklärte, der Kommandant möge, da er sich widersetzt habe, alles Unheil verantworten, das daraus folgen werde. Menzikoff zog gegen Stettin heran, während König Friedrich Wilhelm Truppen an der Grenze bei Damm Stellung nehmen und jede Zufuhr nach Stettin sperren ließ; er lehnte es aber ganz entschieden ab, die Russen bei einer Belagerung zu unterstützen. Am 18. Juli trafen russische Truppen vor Stettin ein. Bald kamen dazu sächsische, und mit etwa 24000 Mann begann Menzikoff die Stadt zu belagern. In der Festung, die von den einen als so wohl proviantiert bezeichnet wurde, „daß sie wenigstens drei Jahre lang eine Belagerung ausstehen könne", von andern als in schlechtem Zustande befindlich geschildert wurde, soll eine Besatzung von 6000 Mann gestanden haben. Diese Angabe darf wohl als übertrieben gelten; es ist später immer nur von 3200 Mann in den Regimentern die Rede. Obwohl die Festungswerke in schlechtem Zustande waren, so war Meyerfeldt doch entschlossen, die Stadt zu halten, auch als sächsische Artillerie mit 70 Kanonen, 30 Mörsern, 2 Haubitzen und reichlicher Munition anlangte. Die beiden Wieken und Torney wurden von den Schweden niedergebrannt. Am 2. August warfen die Russen bei Bredow und Zabelsdorf eine Schanze auf, bei der es alsbald zu allerlei Scharmützeln kam. Die ersten Kugeln fielen am 23. in die Stadt. Ein Ausfall am 30. mißglückte vollständig, dagegen gelang es den Feinden am 13. September, die Sternschanze einzunehmen, wobei 60 Mann gefangen oder getötet wurden. Darauf gaben die Schweden Damm auf, das die Russen besetzten. Eine Gesandtschaft der Dammer Bürgerschaft erschien in Podejuch bei dem Grafen Schlippenbach, der die preußischen Truppen befehligte, und bat um Schutz gegen die unbarmherzigen Muskowiter. Dieser meldete nach Berlin, es seien ebenfalls Deputierte aus Stettin bei ihm eingetroffen, um sich dem preußischen Könige zu unterwerfen; viele vornehme Frauen seien aus der Stadt nach Podejuch geflüchtet. Zwei Offiziere, die er in die Festung gesandt hätte, hätten den Zustand in ihr als entsetzlich geschildert; allgemein sei man dort gegen die schwedische Regierung erbittert und erwarte mit Zittern und Zagen jeden Tag den Sturm und die Plünderung durch die Russen.

So schlimm stand es wohl in Wahrheit noch nicht. Die Garnison wenigstens tat ihre Schuldigkeit und unternahm am 20. September einen erfolgreichen Ausfall nach Damm. Zwei Tage darauf begann allerdings von Pomerensdorf, Scheune und Krekow aus das Bombardement, das die Belagerer heftig erwiderten. Infolgedessen wuchs die Aufregung in Stettin; Rat und Bürgerschaft verlangten von dem Kommandanten dringend, er solle die Stadt nicht gänzlichem Ruin preisgeben, sondern auf Mittel der Rettung denken. Meyerfeldt bat um Waffenstillstand, erhielt aber eine abschlägige Antwort. Vielmehr wurde am 28. ein sehr heftiges Feuer von zwei Batterien aus eröffnet, die vor der Stadt vom Mühlen- bis zum Neuen Tore angelegt worden waren. „Es war", so schreibt der schwedische Feldprediger Zickermann, „als ob Himmel und Erde vergehen wollten, und viele, die auswärts gedient und die größten Belagerungen und Bombardements mitgemacht hatten, versicherten, so etwas nie gehört zu haben". Acht Stunden dauerte die Beschießung, durch die besonders die Häuser in der großen und kleinen Wollweber-, in der Mühlenstraße und am Roßmarkt, im ganzen etwa 60—70, in Trümmer gelegt wurden. Am Abend erschienen Graf Schlippenbach und von Bassewitz in der Stadt und vermittelten einen Stillstand von fünf Tagen. Die Bürgerkompagnien übergaben dem Kommandanten die Erklärung, „sie seien vor Gott, ihrem Könige, ihren Weibern und Kindern verantwortlich, die äußerste Extremität von der Stadt abzuwehren", und entschlossen, die Waffen niederzulegen. Bassewitz bot einen Vertrag an, durch den Meyerfeldt die Stadt dem Herzoge von Gottorp übergeben sollte, während Schlippenbach versuchte, Preußens Interesse zu vertreten. Der Kommandant zögerte eine kurze Weile; als aber auch die Stettiner Geistlichkeit in ihn drängte, den Akkord anzunehmen, erklärte er am 29. September sein Einverständnis mit dem von Bassewitz vorgelegten

Vertrage. „Ich überlasse die fernere Fürsorge dem Herzoge von Gottorp, um sich mit einer neutralen Puissance nunmehr in Stettin festzusetzen." Bassewitz beeilte sich, sofort in der Stadt festen Fuß zu fassen, übernahm das Kommando, ließ zwei schwedische Bataillone in holsteinischen Dienst treten und die anderen Truppen am 2. Oktober aus der Festung rücken. Für Preußen galt es, schnell zu handeln, um sich nicht, wie es Bassewitz wünschte, bei der Einnahme Stettins ganz ausschalten zu lassen. Schlippenbach verhandelte mit Menzikoff, König Friedrich Wilhelm eilte selbst herbei und brachte dann am 6. Oktober in Schwedt den sogenannten Hauptrezeß zustande. In ihm wurde Stettin von den nordischen Alliierten an Preußen „zur Possession und Sequestration" bis zum Frieden mit Schweden übergeben. Der König versprach, weiter in dem Kriege neutral zu bleiben, erhielt aber die Zusage, daß die Verbündeten ihm, wenn Schweden wegen dieses Vertrages Preußen feindlich angreifen würde, mit ihrer ganzen Macht beistehen wollten. Sofort am 6. Oktober rückten 1600 Preußen unter dem Oberbefehl des Generals von Borcke in Stettin ein. Der König erschien selbst in der Stadt, während die Russen und Sachsen abmarschierten.

Die Belagerung Stettins 1713 hat nichts großartiges an sich; Belagerer und Belagerte sind nur mit halbem Herzen bei dem Werke, da sie wissen, daß die Diplomaten an der Arbeit sind, die Streitfrage auf andere Weise zu lösen. Die Bürger der Stadt wünschen vor allem möglichst bald Aufhören der Feindseligkeiten, von Heldenmut oder Aufopferung für ihren schwedischen Landesherrn ist keine Spur vorhanden, nichts als Klagen über schwere „Servitia", Kontributionen, Lasten usw. werden laut. Verständlich mag das Verhalten der Bürgerschaft sein, aber jammervoll bleibt es doch immer. Auch auf den König Friedrich Wilhelm scheint es einen solchen Eindruck gemacht zu haben; er spricht gelegentlich mit wenig Hochachtung von den Stettinern. Sonst war er über das, was er erreicht hatte, sehr erfreut. Er hatte festen Fuß gefaßt in dem Orte, um den sein Großvater so heftig gekämpft hatte, und war entschlossen, nicht wieder von dort zu weichen. Vorläufig war er freilich noch nicht alleiniger Herr in Stettin; neben seinen Truppen lagen dort die holsteinischen. Bald herrschte zwischen beiden eine gewisse Eifersucht und feindliche Stimmung, doch der General von Borcke scheint es verstanden zu haben, die Stettiner für sich zu gewinnen. Es heißt wenigstens, „daß die Bürgerschaft sich über die Sequestration sehr satisfait bezeuget". Später wird freilich berichtet, daß sie „der preußischen Miliz wenig Gütliches tut und ihnen kein Stückchen Brot gibt. Auch beklagen sich die Stettiner sehr wegen starker Einquartierung".

Die Stellung des Rates war recht schwierig. Wie sollte er sich der schwedischen Regierung und zugleich den beiden Kommandanten, dem preußischen Generalleutnant von Borcke und dem holsteinischen Generalmajor Horn, gegenüber verhalten? Mußte er da nicht in einen Konflikt der Pflichten geraten? So machte ihm denn auch die Regierung mündlich und schriftlich den Vorwurf der Abwendung von Schweden. „Der Königl. Schwedische Civilstaat ist in statu quo geblieben, und trotzdem habt Ihr Euch an den General von Borcke und die preußische Regierung gewandt." Sehr energisch verteidigte sich der Rat gegen die Anklage, erfuhr aber auch, als er sich an die Königin Ulrike Eleonore mit der Bitte um Erlaß von Abgaben zur Rettung aus großer Not wandte, eine Ablehnung und mußte sich mit allgemeinen Versprechungen zufrieden geben.

Die Not war tatsächlich in der Stadt groß; die letzten Spuren eines mäßigen Wohlstandes waren dahin. Eine nicht geringe Zahl von Bewohnern war aus der Stadt geflohen, etwa 60 Häuser waren ruiniert, Handel und Verkehr stockten vollständig. Auf flehentliche Gesuche bewilligte die schwedische Regierung eine Lotterie zum Besten der Stadt; sie kam aber nicht zustande. Die Last der Einquartierung nahm im Jahre 1714 ständig zu, da man von preußischer Seite planmäßig darauf ausging, die Garnison immer mehr zu verstärken. Der Rat war, als wiederholt die Aufforderung an ihn erging, für Quartiere zu sorgen, in peinlicher Verlegenheit; ängstlich fragte er die Regierung um Rat, wie er sich verhalten solle, erhielt aber die Antwort, er solle die Einquartierung nur vollziehen. Im Oktober kam Friedrich Wilhelm zu einer Revue nach Stettin und stellte bei dieser Gelegenheit bereits die Forderung, der Rat solle die Schlüssel der Festung ausliefern. „Der Magistrat machte zwar Diffikultäten, allein man glaubt, daß man leicht Mittel finden werde, sich derselben zu bemächtigen."

Am 22. November 1714 langte König Karl XII. nach abenteuerlichem Ritte in Stralsund an; in Stettin sollen die Schweden auf die Nachricht hiervon ein Dankfest gefeiert haben. Bald nach seiner Ankunft schrieb der König an Friedrich Wilhelm und forderte die Räumung Stettins und des übrigen besetzten Gebietes. Als Graf Schlippenbach nach Stralsund kam, um im Namen des preußischen Königs die Beweggründe der Sequestration darzulegen, blieb Karl bei seiner Forderung und wollte auch auf eine Rückzahlung der Kosten nur teilweise eingehen. Da erkannte man in Preußen, daß ein Krieg unvermeidlich sein werde, und die Garnison der Stadt wurde in den ersten Monaten 1715 erheblich verstärkt, so daß dort 4566 preußische

Soldaten neben 1122 Holsteinern lagen. Die weiteren Verhandlungen, in denen Karl wenigstens etwas entgegenkam, verliefen trotzdem erfolglos, da die Verbündeten offen erklärten, Stettin und das Land bis zur Peene könne man vor dem Frieden nicht räumen.

Die Preußen machten sich inzwischen immer mehr zu Herren in Stettin; General von Borcke nahm die Schlüssel zum Zeughause und zu den Pulvertürmen in Verwahrung und erhielt dann den Auftrag, die holsteinischen Truppen aus der Stadt zu entfernen, jedoch ohne Gewalt. Verhältnismäßig leicht gelang es ihm am 27. April, das holsteinische Regiment des Generalmajors Horn zur Niederlegung der Waffen zu bringen und vor die Tore zu führen. Die Holstein oder Schweden freundlich gesinnten Bürger hatte er durch Androhung strenger Strafen abgeschreckt, sich irgendwie zu rühren und gezwungen, alle Waffen auszuliefern. Zugleich wurde die schwedische Regierung aufgehoben und sämtlichen Beamten befohlen, binnen 48 Stunden die Stadt zu verlassen. Die Verwaltung des sequestrierten Gebietes übernahm die preußische Regierung in Stargard. Als den Geistlichen verboten wurde, ferner im öffentlichen Gottesdienst für den Schwedenkönig zu beten, erhoben sie Widerspruch, aber einer von ihnen, der dem Verbote zuwider handelte, wurde einfach auf die Festung Peitz abgeführt. Als sie noch weiter in törichter Weise der neuen Regierung den Gehorsam verweigerten, sperrte man ihnen zu Pfingsten ohne weiteres die Kirchen und zwang sie zur Anerkennung des ihnen vorgesetzten Konsistoriums in Stargard.

Der Krieg Preußens gegen Schweden begann, und um Stettin sammelte sich bald eine starke Armee, die aus preußischen und sächsischen Truppen bestand. Bei Völschendorf und Zabelsdorf waren die Lager, aus denen im Juli die Regimenter nach Vorpommern abgeführt wurden. Von den Kriegsereignissen wurde Stettin nur indirekt berührt, hatte aber natürlich durch die Kämpfe, die sich auf den Oderinseln abspielten, beträchtlichen Schaden. Sehr lästig waren vor allem auch die unaufhörlichen Durchmärsche, und General von Borcke führte ein strenges Regiment. Daher „wird daselbst sehr geseufzt, maßen die Handlung seit vier Jahren ganz niederliegt, dabei die Einwohner Pest, Krieg und ein Bombardement haben ausstehen müssen“.

Durch das Königliche Patent vom 24. Mai 1715 wurde die Interims-Administration der sequestrierten vorpommerschen Lande angeordnet. Vergebens weigerten sich wieder die Stettiner Geistlichen, diese Bekanntmachung von den Kanzeln zu verlesen, da wurden drei preußische Feldprediger dazu kommandiert, die Publikation zu vollziehen. Die verständigen Bürger fügten sich und merkten bald, daß man von preußischer Seite schon damals Erwägungen anstellte, die Zustände der Stadt zu bessern, namentlich den Handel zu heben, denn König Friedrich Wilhelm zeigte offen großes Interesse für die Stadt, die er wiederholt besuchte. Im Mai 1716 hatte er daselbst eine Zusammenkunft mit dem Zaren Peter. Damals mag auch eine Aussprache über das Schicksal Vorpommerns erfolgt sein, und Friedrich Wilhelm entschloß sich, das ihm zunächst nur vorläufig überlassene Land dadurch fester an sich zu fesseln, daß er von den Eingesessenen ein Treugelöbnis forderte. Schon am 29. September 1716 befahl er dem General von Borcke und dem Geheimen Rat von Massow, der kurz vorher zum Präsidenten aller in Hinterpommern und in dem sequestrierten Distrikte Vorpommerns befindlichen Kollegien ernannt worden war, von den Bewohnern der Stadt Stettin und des umliegenden Gebietes dies Gelöbnis entgegenzunehmen. Durch das Patent vom 14. Januar 1717 wurden die Stände und Deputierten zu diesem actus solemnis auf den 25. Februar nach Stettin geladen. Zwar machten sie zunächst Schwierigkeiten, aber alle Bedenken und Weigerungen wurden zurückgewiesen; auch der Stettiner Rat und die Alterleute wollten sich anfangs nicht auf den Handschlag einlassen, doch am bestimmten Termine erschienen auch ihre Vertreter. In der Schloßkirche wurde ein Gottesdienst mit feierlichem Tedeum abgehalten, darauf leisteten die Deputierten den Bevollmächtigten des Königs, General von Borcke und Präsident von Massow, den Handschlag und versprachen, die ihnen vorgelesenen Verpflichtungen treu zu halten. Der Akt verlief ohne Störung „in gehöriger Magnificenz", wie die Stettinische ordinäre Postzeitung vom 2. März berichtet. „Nach dem actus sind alle Deputierte an 10 Tafeln wohl tractieret und hierauf unter cordialen und reciproquen Felicitationen ganz vergnügt auseinander geschieden." Zu dem Ehrengeschenke von 1000 Talern und 200 Dukaten, das den Kommissaren übergeben wurde, trug Stettin 638 Taler bei. Der Rat überreichte die städtischen Privilegien zur Bestätigung, erhielt sie aber bald zurück, ohne daß eine solche erfolgt war.

Seitdem König Friedrich Wilhelm feierlich als die „itzige höchste Obrigkeit" anerkannt worden war, begann er in reger Fürsorge für das Land tätig zu sein. Durch einen Erlaß vom 17. Mai wurde vorläufig eine Ordnung für die Ratswahlen erlassen, nachdem schon vorher eine Kommission, die aus dem General von Borcke, dem Geheimen Rat von Laurens und dem Kriegsrat Winkelmann bestand, zur Untersuchung der städtischen Verwaltung eingesetzt worden war. Sie hat ihre Tätigkeit freilich erst später aufgenommen. Dagegen überreichte schon 1715 eine städtische Kommission dem Könige eine „Relation wegen des Stettinischen commercii", in der ausführlich die Schäden des Handels geschildert und Vorschläge zur Besserung gemacht wurden. Die Niederlagsgerechtigkeit muß, so heißt es dort, unverändert beibehalten werden. Mit dieser Forderung hatten die Stettiner kein Glück; am 4. August 1718 erging eine Kabinetsordre an den Regierungsrat von Lettow, in der Friedrich Wilhelm offen aussprach, er werde ein Verbot der Ausfuhr gegen die nunmehrigen concives den Stettinern keineswegs zugeben, die ankommenden Waren hätten drei Tage zu lagern, könnten dann aber weiter geführt werden. Darüber erhob sich große Empörung in Stettin, der Rat erhielt aber auf eine Eingabe die kurze Antwort: „Es bleibt bei der Resolution; der Rat soll sich beruhigen."

Die vorläufige Besitznahme Stettins fand bald ein Ende, als nach dem Tode Karls XII., der die Sequestration nie anerkannt hatte, Schweden sich dazu entschloß, mit Preußen in Verhandlungen zu treten. Bereits im August 1719 wurden die Präliminarien unterzeichnet, und am 21. Januar 1720 kam der Friede zu Stockholm zustande. Die Königin Ulrike Eleonore trat an Friedrich Wilhelm „in perpetuum die Stadt Stettin mit dem dazu gelegten ganzen Distrikt Landes zwischen der Oder und Peenestrom nebst den Inseln Wollin und Usedom samt den Ausflüssen der Swine und Divenow, dem Haff und der Oder" ab. Der König zahlte zwei Millionen Taler. Durch Erlaß vom 30. Januar entließ die Königin die Bewohner dieses Gebietes ihrer Pflicht gegen Schweden und verwies sie an den König von Preußen. Dieser ergriff durch das Patent vom 29. Mai Besitz von dem Lande und erinnerte die Eingesessenen an den bereits 1717 geleisteten Handschlag.

So wurde Stettin preußisch und endlich mit dem Staate verbunden, dem es nach Recht und Gerechtigkeit bereits mehr als 80 Jahre früher hätte zufallen müssen. Die schwedische Zeit ist für die Stadt eine traurige Periode gewesen; die Angliederung an das fremde Land, die Trennung von dem Gebiete, zu dem Stettin die meisten natürlichen Beziehungen hatte, die Kriege, in die es hineingezogen wurde, haben die Entwickelung nicht nur aufgehalten, sondern die Stadt sogar arg zurückgebracht. Die schwedische Regierung hatte bei allem Wohlwollen, das sie ihren deutschen Provinzen entgegenbrachte, nicht die Kraft und den Willen, die zerrütteten Zustände zu ordnen.

Die förmliche Huldigung der neuen preußischen Untertanen verzögerte sich, besonders da die Stände abermals allerlei Schwierigkeiten machten. Sie wurde aber dann auf den 10. August 1721 festgesetzt. Nach dem Befehle des Königs sollte die gesamte Bürgerschaft der Stadt Stettin huldigen; deshalb erfolgte eine Aufnahme der Einwohner nach ihrer Einteilung in Klassen und Gewerke. In der Korporation der Kaufmannschaft wurden 80 Mitglieder gezählt; an Gilden und Zünften waren nicht weniger als 57 vorhanden. Die meisten Mitglieder (67) hatte die der Schiffer, dann folgten die Ämter der Schuhmacher mit 46, der Schneider mit 42, der Kleinhändler mit 39, der Fischer mit 34, der Leinweber mit 32 Mitgliedern. Andere Gilden, wie die der Maler und der Perückenmacher hatten nur je 5, die der Töpfer, Kunstpfeifer, Nadeler, Zinngießer, Kammacher je 4, die der Kupferschmiede, Buchbinder, Tuchscheerer je 3, endlich die der Schönfärber, Kleinbinder, Klempner, Posamentierer nur je 2 Meister.

Der König traf am Morgen des 7. August mit großem Gefolge vor Stettin ein, nahm eine Revue über die Truppen ab und hielt seinen Einzug in die Stadt; beim Gouverneur stieg er ab. Am Abend unternahm er eine Spazierfahrt auf der Oder. Den nächsten Tag benutzte er dazu, um wieder eine Truppenrevue, eine Besichtigung der Bürgerkompagnien, die auf dem Roßmarkt versammelt waren, und abermals eine Lustfahrt auf der Oder vorzunehmen. Am 9. August besuchte der König das Vogelschießen der Schützenkompagnie der Kaufleute und nahm selbst daran teil; dabei schenkte er den Schützen einen großen silbernen Pokal mit der Inschrift: „Vivat alles, Was gut Preußisch ist; die es nicht seyn, das Gott ein Zeichen an sie Thue". Am Huldigungstage, Sonntag, dem 10. August, versammelten sich die Teilnehmer auf dem Schloßhofe und zogen an dem Gouvernementshause, von wo der König dem Zuge zusah, vorbei zur Marienkirche. Als der Monarch mit Gefolge dort erschienen war, hielt der Vize-General-Superintendent Dr. Laurentius David Bollhagen die Predigt über den Text aus dem 1. Petrusbriefe: „Fürchtet Gott, ehret den König." Nach einem feierlichen Tedeum nahm der König von einem erhöhten Platze aus, der vor dem Altare errichtet worden war, nach einer Ansprache des Oberpräsidenten von Massow die Huldigung der Ritterschaft, der Vertreter der Städte und der Geistlichkeit entgegen. Darauf begab sich die ganze Versammlung auf den Schloßhof, wo die Stettiner Bürgerschaft und die bäuerlichen Vertreter den Eid leisteten und mit dem Rufe: „Vivat Friedrich Wilhelm!" die Feier beschlossen. Es folgten noch die üblichen Festlichkeiten, Verteilung einer Huldigungsmünze, Festessen, Illumination usw. Am nächsten Tage erhielten die Bürger die ihnen abgenommenen Waffen zurück. Die Regierung ließ eine kleine Schrift erscheinen, in der das alte Anrecht des preußischen Königs an Stettin und Vorpommern nachgewiesen wurde. In zahlreichen gedruckten Berichten, Reden und Gedichten gab man der Freude über die Huldigung Ausdruck, pries den König und sprach die Zuversicht aus, daß Stadt und Land einer traurigen Vergangenheit, einer unbehaglichen Gegenwart und einer wenig Gutes verheißenden Zukunft entzogen worden seien. Überall tat sich die Ahnung kund, daß mit dem 10. August 1721 eine neue Periode für Stettins Entwickelung beginnen werde, und die Herzen der meisten Stettiner waren von Gefühlen hoffnungsvoller Freude bewegt, zumal da Friedrich Wilhelm ganz offenkundig den Bürgern sein Wohlwollen zeigte. Freudiger Stolz erfüllte auch sein Herz darüber, daß er die Oderstadt, mit der er „einen Fuß am Meere hatte, um am commercio der weiten Welt teilnehmen zu können", sein eigen nennen konnte. Diesem Stolze gab er später Ausdruck in der Inschrift, die er an das Berliner Tor setzte: Fridericus Wilhelmus, Rex Borussiae, ducatum Stetinensem, cessum Brandenburgicis electoribus, sub clientelae fide Pomeraniae ducibus redditum, post fato ad Suecos delatum, iustis pactis iustoque pretio ad Panim usque emit, paravit sibique restituit anno MDCCXIX ac portam Brandenb. fieri iussit.

15. Kapitel.

Stettin unter dem Könige Friedrich Wilhelm I.

Mit dem Beginn der preußischen Herrschaft hebt eine neue Periode in der Entwickelung Stettins an. Die alten, seit Jahrhunderten bestehenden Zustände erfahren eine durchgreifende Änderung, da sie nicht mehr in die Zeit passen. Was ist aus dem alten, auf seine Unabhängigkeit stolzen Gemeinwesen geworden? Seine Selbständigkeit gegenüber der Staatsgewalt hat es längst verloren, wenn es auch sich bemüht den Schein aufrecht zu erhalten, als besitze es noch seine einstmalige Freiheit. Die Leitung hat eine kleine Zahl von Bürgern, die eine Art von Patriziat bilden. Sie haben sich von Korruption nicht frei gehalten und die Geschäfte bisweilen nur in schändlichem Eigennutz geführt. Der reiche Besitz der Stadt ist zum Teil verloren gegangen, zum Teil durch schwere Kriege verwüstet. Die Verwaltung wird in der hergebrachten Weise fortgeführt, neue Formen finden keinen Eingang, Versuche zu Reformen scheitern an dem Widerstande namentlich der bevorrechtigten Klassen. Aber auch die gesamte Bürgerschaft, die in ihren Gilden und Zünften an den alten Privilegien ängstlich festhält, zeigt sich immer wieder unfähig zu irgendwie einschneidenden Änderungen. Selbstsucht und Eigenliebe beherrschen alle Stände, Gemeinsinn und Unternehmungsgeist sind erloschen. Man wünscht wohl allgemein eine Besserung der Zustände, aber keiner wagt es, die Mißstände auch nur offen aufzudecken, viel weniger Hand an ihre Beseitigung zu legen.

Da greift der neue Herr, König Friedrich Wilhelm, mit fester Hand ein. Der energische Mann, der seine absolute Herrschaft mit Nachdruck betont und konsequent durchführt, erkennt, daß fast alle Städte seiner Lande, insonderheit auch das neugewonnene Stettin, in ihrer ständigen Insolvenz und ihrer verworrenen Kämmerei-Verwaltung für den Staat nicht das leisten, was er von ihnen verlangen kann und will. Diese Erkenntnis veranlaßt in erster Linie den König zu den Reformen im Städtewesen. Der Staat soll sich jetzt in alles einmischen; „an die Stelle vereinzelter widersprechender Privilegien treten mehr und mehr gleichmäßige Grundsätze, an die Stelle oligarchischer Korruption eine integre geordnete Verwaltung".

Was so Friedrich Wilhelm im allgemeinen für die preußischen Städte geschaffen hat, das verdankt ihm im besonderen Stettin; es ist durch ihn eine neue Stadt, ein neues Gemeinwesen geworden. Ihrer weiteren Entwickelung ist durch ihn der Weg gewiesen, auf lange Zeit hat er der Stadt das charakteristische Gepräge gegeben.

Die wichtigste Maßregel war die Unterstellung der Stadt unter die Verwaltungsbehörden des Staates. Dadurch wurde der Gemeinde jede Selbständigkeit genommen. Die staatlichen Organe griffen in alle Zweige der städtischen Verwaltung ein und hatten nicht nur die Oberaufsicht, sondern auch das Bewilligungsrecht für alle Ausgaben und für alle Maßregeln, die der Rat etwa vorzunehmen gedachte. Nachdem schon vor dem definitiven Übergange Stettins in preußischen Besitz das Stargarder Kriegskommissariat die Angelegenheiten der Stadt bearbeitet hatte, wurde 1723 die pommersche Kriegs- und Domänenkammer in Stargard begründet, aber noch im Laufe desselben Jahres nach Stettin verlegt, wo sie am 15. Dezember ihre erste Sitzung im Schlosse abhielt. Die Kammer hatte die Aufsicht über alle Kämmereien, deren Güter und Einnahmen, sie besorgte „die Abnehmung aller Kämmerei- und städtischen Kassen" und hatte Sorge zu tragen für Neubelebung der Stadtwirtschaft, „aller einheimischen und ausländischen Handlungszweige, Manufakturen, Fabriken und Handwerkerangelegenheiten, Hafen-, Bau- und Schiffahrtssachen" usw. Die eigentlichen Dezernenten für die Städte waren die commisarii locorum, die Steuerräte, denen die gesamte Kontrolle anvertraut war.

Für Stettin hatte ein Mitglied der Kammer selbst das Dezernat, anfangs der Geheimrat v. Lettow, dem in Kommerziensachen der Kriegs- und Domänenrat Uhl beigegeben war. 1728 trat an des ersten Stelle der Geheimrat v. Schweder, doch 1734 erhielt Uhl die Bearbeitung des ganzen Stettiner Stadtwesens, aber schon 1735 wurde verordnet, daß er davon dispensiert werden und der Magistrat in rathäuslichen und Stadtsachen hinfort immediate an die Kammer berichten solle. Mit dem Präsidium wurde Philipp Otto v. Grumbkow (geb. 1684, gest. 1752) betraut, der bereits seit 1720 an die Spitze der auch 1723 nach Stettin verlegten Regierung gestellt worden war. Er wurde allmählich Oberpräsident sämtlicher Behörden in der Provinz, auch des Hofgerichts, das erst 1739 nach Stettin übersiedelte. Er erhielt 1723 einige wüste Hausstellen am Roßmarkt und erbaute sich dort mit staatlicher Unterstützung ein ansehnliches Wohnhaus. Das Konsistorium kam 1738 nach Stettin, ein Medizinalkollegium wurde 1725 eingerichtet. Durch die Verlegung und Einrichtung aller dieser Behörden kam eine große Zahl von Beamten in die Stadt, deren Bevölkerung dadurch einen nicht unbeträchtlichen Zuwachs gewann. Um eine bessere Verbindung mit der Hauptstadt herzustellen, begann man 1724 die Zahl der regelmäßigen Postfahrten zu vermehren. Nach einem Verzeichnisse von 1718 kamen und gingen wöchentlich zwei Posten von und nach Berlin, ebenso häufig verkehrten Wagen nach und von Hinterpommern und Hamburg. Mancherlei Schwierigkeiten verhinderten damals eine Verbesserung. Von Bedeutung für die Behörden war auch die Schaffung eines Publikationsorgans, der 1727 verordneten „Intelligenzen“, in denen wöchentlich eine „Designation über Subhastationen und eine Preisliste“ zu erscheinen hatten. Bereits seit dem Anfange des Jahrhunderts erschien im Verlage von Gabriel Dahle die „Stettinische ordinäre Post-Zeitung“ zweimal wöchentlich, deren älteste erhaltene Nummer aus dem Jahre 1710 stammt.

Eine besonders wichtige Aufgabe der staatlichen Verwaltung war es, die Stadt, in der die bei den beiden Beschießungen von 1677 und 1713 erlittenen Schäden noch keineswegs ausgebessert worden waren, wieder aufzubauen. Damit begann eine große bauliche Umgestaltung. Bereits am 20. November 1721 erging ein königliches Patent wegen Beförderung des Anbaues der in den pommerschen Städten befindlichen wüsten Stellen, deren in Stettin 92 gezählt wurden, und wegen Ansetzung der in jeder Stadt noch fehlenden Handwerker, und 1723 wurde in allen Kreisen und Städten eine königliche Bekanntmachung verbreitet, durch die allen denen, die in Stettin wüste Plätze bebauten, Freiheiten und Benefizien zugesagt wurden.

Zunächst verfertigte ein dazu bestellter Bauinspektor und Landmesser nach der Instruktion vom 26. September 1720 einen Plan der Stadt, in dem „die Hausstellen und was dazu gehörte nach Länge und Breite nach den Stadtvierteln mit den Gassen" dargestellt waren. Das Resultat dieser Arbeit, die vielleicht von dem damals in Vorpommern beschäftigten Landmesser Ernst August Nordt hergestellt worden ist, liegt in dem großen Plane vor, der als Plan de la ville de Stettin Anno 1721 bezeichnet und im Original erhalten ist. In saubersten Ausführung sind sämtliche Häuser oder Grundstücke mit Zahlen bezeichnet, die sich auf die auf dem Plane selbst angebrachten Verzeichnisse beziehen. Es gab danach in der Stadt 904, auf dem Klosterhofe 47, auf der Lastadie 177, im ganzen also 1128 Wohnhäuser; hierbei sind die wüsten Stellen und die Speicher an beiden Seiten der Oder nicht mitgerechnet. Für unsere Kenntnis des damaligen Stettin ist dieser ausgezeichnete Plan besonders wichtig. Etwas später, wie es scheint, begann man auf Befehl des Königlichen Kommissariats mit der Aufnahme eines großen Katasters. Der Rat beauftragte am 22. September 1722 mit dieser langwierigen und schwierigen Arbeit seine Mitglieder Daniel Dopke (seit 1712 im Rate), Schultz (seit 1715) und Friedrich Neumann (seit 1718). Zusammen mit dem Stadtzimmermeister Johann Höhn und dem Stadtmaurer Samuel Triebel machten sie sich am 1. Oktober ans Werk. Am 18. Juni 1723 war die Arbeit für die Mühlen-, Heilige Geist-, Passauer- und Kessin-Viertel beendet; für die Lastadie und Vorstädte wurde sie nicht fortgesetzt. Genaue Protokolle, in denen jedes Grundstück nach seinen Grenzen beschrieben ist, liegen vor und geben uns ein Bild von den baulichen Zuständen und den Grundstücken der Stadt. Man liest darin viel von verfallenen Gebäuden oder wüsten Plätzen, von Streitfragen um die Grenzen, und der Eindruck, den man gewinnt, ist nicht gerade sehr erfreulich. Aber um die Schäden auszubessern, dazu wurde ja diese Aufnahme gemacht.

Auf direkte Veranlassung und zum Teil mit Unterstützung des Königs begann alsbald eine rege Bautätigkeit, durch die Stettin nach und nach ein ganz anderes Aussehen erhielt. Bereits 1724 schrieb Friedrich Wilhelm an seinen Freund, den Fürsten Leopold von Dessau: „In der Stadt wird à tout force gebauet, und wird in Zeit von anderthalb Jahr keine wüste Stelle sein von der letzten Bombardierung, auch von meines Großvaters Belagerung." Fast alles, was von den mittelalterlichen Giebelhäusern noch stand und meist baufällig war, riß man unbarmherzig und ohne Rücksicht auf etwaigen Denkmalswert nieder und errichtete dafür die einfachen, nüchternen Häuser, die ohne weiteren Schmuck, aber sauber und ordentlich, meist mit nur zwei Stockwerken und allenfalls mit einer oder mehreren Mansarden in dem hohen Ziegeldache sich gleichmäßig nebeneinander erhoben. Heute sind diese Bauten aus Friedrich Wilhelms I. Zeit auch schon wieder verschwunden, aber ein Bild davon geben etwa die Marienstiftshäuser am Königsplatz zwischen der kleinen und großen Domstraße, die freilich erst unter Friedrichs II. Regierung 1741—43 fertig gestellt worden sind. Ähnliche Häuser standen am Paradeplatze, der damals durch Zuschütten des alten Wallgrabens geschaffen wurde, oder hier und dort in der Stadt. Ganz besonders zahlreich befanden sie sich auf der Lastadie. Dieser Stadtteil hatte nämlich bei den Beschießungen sehr gelitten, deshalb gab der König 1727 dem Kriegsrat Uhl und dem Major de Prew den Befehl, einen Plan zum Neubau an der großen Straße zu entwerfen und versprach, 20000 Taler dazu zu geben. Es meldeten sich anfangs nur wenige Besitzer, die zum Bauen bereit waren; sie wurden durch die Lieferung von Holz unterstützt. Später waren auch andere Eigentümer nicht abgeneigt, mit staatlicher Beihilfe Neubauten zu errichten. Auf der Silberwiese durfte der Kommerzienrat Vanselow 1731 einen Garten, den ein Dichter kühn „ein stolzes Lustrevier" nennt, und später einen Holzhof anlegen. Friedrich Wilhelm I. interessierte sich auf das lebhafteste für alle diese Bauten und Anlagen und drängte immer wieder seine Beamten, in der Arbeit fortzufahren. „Ihr müßt den Bau mit größtem Ernst poussieren", schrieb er 1729 an den Präsidenten von Grumbkow. Aber trotzdem ging das Werk nicht so schnell weiter, wie es begonnen war, obwohl wiederholt Geld (fast 30000 Taler) zu Unterstützungen bewilligt und einzelne Bewohner direkt zum Neubau gedrängt wurden. Allmählich aber entstand hier ein neuer Stadtteil, von dem der treffliche Lokaldichter Balthasar Daniel Bartels schon 1734 sang:

Wer sonst vor Jahr und Tag an diesen Ort gegangen,
der sieht denselbigen nicht ohn Bewundern an,
weil die Lastadie darf mit schönen Häusern prangen,
dergleichen manche Stadt sich selten rühmen kann.
Die Häuser stehen gleich und sind von gleicher Höhe,
die Ferne gibt den Schein, als ob man eines sehe.

In ähnlicher Weise wurde auf der Oberwiek und in dem neuen Fort Preußen gebaut. Daneben begannen auch einzelne Bürger in der eigentlichen Stadt stattlichere Gebäude zu errichten. Der Weinhändler Samuel Bartz ließ 1721—22 an der Ecke der Mühlen- und kleinen Wollweber-Straße das schöne, große Haus aufführen, das mit reichem Barockschmuck ausgestattet noch heute eine Zierde der

Stadt ist. Anstelle eines alten Giebelhauses in der kleinen Domstraße, in dem das Jageteuffelsche Kolleg untergebracht war, plante man 1732 und 1734 einen Neubau zu errichten, der allerdings erst später ausgeführt wurde. Die Behörden mußten ebenfalls auf Befehl des Königs bauen; so wurde am rechten Oderufer 1723—26 der Packhof erbaut, die vor- und hinterpommerschen Stände entschlossen sich 1725 auf direkte Anregung Friedrich Wilhelms zum Bau eines Landschafts-

Abb. 18. Wolkenhauersches Haus (erbaut 1721—22).

hauses. Den Riß und Anschlag des Oberstleutnants von Walrawe zog der König dem ihm eingelieferten, von Major de Prew und dem Maurermeister Hans Jürgen Reineke (aus Magdeburg) entworfenen vor und bewilligte zur Ausführung wiederholt Geld. In den Jahren 1726—29 ist das schöne Gebäude, das heute große Umänderungen erfahren hat, fertig gestellt. Zum Schmucke der Stadt entschloß sich der König 1729, eine Wasserkunst, „ein lebendes Springwasser“, auf dem Roßmarkt zu errichten. Abraham Dubendorf

Abb. 19. Der Roßmarkt mit der Wasserkunst von 1732.

übernahm die Herstellung der Wasserleitung von der „Kickermühle" bis in die Stadt, und nach langen Verhandlungen und Arbeiten ließ der Brunnen, der damals nahe bei dem Eckhause des Roßmarkts (Nr. 18/19) stand, am 15. August 1732 sein Wasser zum ersten Male springen.

Ein Adler spielet hier mit tausend Wasserballen,
wonechst ein rauschend Klang das dünne Ohr erfüllt,
und wenn er solche läßt zu seinen Greifen fallen,
sieht man, wie Silberschaum aus allen Muscheln quillt.

So singt Bartels wieder ebenso sinn- wie geschmackvoll! Nicht nur ein Prunkstück war dieser Brunnen, sondern durch ihn wurde Stettin zum ersten Male mit Quellwasser versorgt, und einzelnen Besitzern wurde damals und später direkter Anschluß an diese Wasserleitung gestattet. Die Stadt mußte die Baumbrücke 1731 umbauen, so daß man darüber fahren konnte, und später beide Brücken so einrichten, daß die königlichen Galleren durchlegen konnten. Auch der Steindamm wurde wiederhergestellt. Der König Friedrich Wilhelm wurde selbst Bauherr beim Schlosse, das in den einfachen, schlichten Formen, die es heute hat, hergerichtet, mit einem Mansardendach versehen und außen glatt überputzt wurde. Daneben erhielten die Türme den Schmuck der Barockhauben, auf denen goldene Königskronen und das königliche Monogramm angebracht wurden. Die alte Uhr stellte man wieder her; die darauf angebrachte Jahreszahl 1736 bezeichnet das Ende dieser Bautätigkeit. Aus dieser Zeit stammt auch der Trophäenschmuck, der sich auf den Torpfeilern an der Pelzerstraße befindet. Ein Teil des Schlosses wurde als Arsenal benutzt, in anderen befanden sich die Amtsräume der zahlreichen Behörden.

Als ein besonders schöner Bau erschien den Stettinern die Marienkirche. Ihre Wiederherstellung, die Vollendung des Turmes, auf dem im Juli 1732 ähnliche Zierate wie auf den Schloßtürmen angebracht wurden, hat man in Wort und Lied sehr gefeiert. Die Professoren des Gymnasiums, Dr. Quade und Johann Samuel Hering, konnten die Gnade des Monarchen und die Kunst des Architekten von Walrawe nicht genug rühmen. Ebenso wurde an den anderen Kirchen gebessert, in St. Jakobi der große Altar endlich fertiggestellt, in der Johanniskirche das Gestühl repariert.

Eine große Verbesserung war es, daß man jetzt mehr als bisher für eine ordentliche Pflasterung der Straßendämme zu sorgen anfing. Energische Kabinetsordres ergingen an den Magistrat, sofort ohne „unnütze Weitläufigkeiten die Straße auf der Lastadie zu pflastern". Eine neue Straße wurde 1738 an den Prediger- und Professoren-Häusern bei der Marienkirche angelegt, nachdem die

Stadtmauer dort abgerissen worden war. Das Bollwerk mußte in dieser Zeit ebenfalls mit Pflaster versehen werden. Staunen erregte es aber bei den Bürgern, daß 1733 auf Antrag Grumbkows „zum großen

Abb. 20. Die Marienkirche.

Lüstre der schönen Stadt" 150 Laternen an den nötigsten Orten angebracht wurden. Zu ihrer Unterhaltung wurde das Geld verwandt, das in den Torbüchsen einkam. Von Sonnenuntergang nämlich bis 10 Uhr abends hatte jede Person, die ein Tor passierte,

3 Pfennige und für jedes Pferd 1 Groschen zu zahlen. „Der hellen Lampen Pracht", die am denkwürdigen 1. September 1733 zum ersten Male erstrahlte, erwies sich aber bald nicht als genügend, so daß wieder verordnet wurde, daß jeder des Abends mit einer brennenden Laterne zu gehen habe. Auch die alten Brunnen wurden von 1728 an zum großen Teile von Berliner „Plumpenmachern" in Pumpen umgeändert. Was es aber für Schwierigkeiten machte, beim Stettiner Magistrat solche und andere Änderungen durchzuführen, das kann der recht erkennen, der sich die Mühe macht, die 10 erhaltenen Aktenbände der Kriegs- und Domänenkammer betreffend Stettiner Pumpen und Brunnen zu lesen. Es ist geradezu unglaublich, mit was für kurzsichtigen Einwänden, Bedenken und Erwägungen der König und die Behörden zu tun hatten. Man kann es ihm in der Tat nicht verdenken, wenn er mitunter grob dazwischen fuhr und auf die „renitenten und widerspenstigen" Stettiner gehörig schimpfte.

Die größte Änderung erfuhr Stettin in dieser Zeit durch den großen Festungsbau. Dadurch wurde die äußere Entwickelung der Stadt auf anderthalb Jahrhunderte beeinflußt. Die Ausführung des gewaltigen Baues kann hier nur kurz behandelt werden. Friedrich Wilhelm I., der 1719 wegen der ausgemachten Geldzahlung mit dem Frieden nicht sonderlich zufrieden war, war sofort entschlossen, die Stadt zu einer starken Festung umzugestalten. Die von den Schweden hergestellte Befestigung, zu der 9 Bastionen vor dem mittelalterlichen Stadtgraben und der Mauer gehörten, genügte nicht mehr den Forderungen der modernen Fortifikationskunst, war auch zum großen Teil verfallen. Nach langen Vorarbeiten, bei denen der aus holländischen Diensten in die preußische Armee übergetretene Oberstleutnant Gerhard Cornelius von Wallrawe besonders tätig war, begann 1724 der Bau. Eine Inschrift auf dem am 8. Mai dieses Jahres in der Nordschanze (beim Frauentor) gelegten Grundstein, vermeldete, daß der König zur Erhaltung eines so kostbaren Kleinods die Stadt besser zu befestigen willens sei. Als Friedrich Wilhelm im August selbst in Stettin erschien, da war er über das, was bereits geschehen war, sehr zufrieden. „Es ist gewiß, so schrieb er an den Fürsten Leopold von Dessau, daß in die kurze Zeit und mit wenigem Gelde eine große Arbeit geschehen. Wallrawe beweist, daß er habil ist und nit seines gleichen hat; ich bin sehr mit ihm zufrieden." Das „herkulische Werk für beider Pommern Augapfel, des ganzen Nordens Burg Stettin", wurde energisch fortgeführt. Man warf im Jahre 1725 den Stadtgraben auf der Nord und Westseite zu und schuf dort allmählich die geräumigen Plätze, die der weiße (jetzt Königsplatz) und der grüne Paradeplatz genannt wurden. Die Stadtmauer mit den alten Türmen, Wiekhäusern, Toren wurde zum größten Teil niedergerissen. Durch den Hauptwall, vor dem ein tiefer Wallgraben angelegt wurde, führten vier Tore. Im Süden und Norden wurden die alten Frauen- und Heilige Geisttore für die neuen Anlagen umgebaut, an der Stelle des Mühlen- und des Neuen Tores dagegen ganz neue Bauten errichtet. 1725 begann Wallrawe auf Befehl des Königs in der Fortsetzung der Breiten Straße den Bau eines Tores, das im folgenden Jahre fertiggestellt wurde. Die Bildhauerarbeiten an der äußeren Front stellte der Bildhauer Damas für 1500 Taler her, der Schmuck an

Abb. 21. Das Königstor.

der Innenfassade wurde erst 1740 gefertigt. Das stattliche Barocktor, das der König selbst in seiner daran angebrachten Inschrift das „Brandenburger" nannte, aber bald nach dem bereits 1724 als Berliner Tor benannten Neuen Tore allgemein diese Bezeichnung erhielt, ist in seinem reichen Schmuck von Trophäen, Emblemen, bildlichen Darstellungen ein tüchtiges Werk. Ihm trat würdig zur Seite das zweite Prunktor, das ebenfalls in den Jahren 1725—1727 nach Beseitigung des Mühlentores in der Fortsetzung der kleinen Domstraße errichtet wurde. Das Anklamer Tor, wie es damals hieß, hat noch klassischeren Charakter als das andere; mythologische Figuren, Mars und Herkules, der preußische Adler, die goldene Königskrone, des Königs Namenzug, allerhand Embleme und Trophäen schmücken diesen Bau. Als Denkmäler Friedrich Wilhelms I. sind sie erhalten und zeigen dem heutigen Geschlechte zugleich, wo die damalige Stadt durch den Gürtel der Festungswerke eingeschlossen war. Auch die einfacher gebauten Parnitz- und Ziegentore stellte man damals her. Die nach und nach mit großen Kosten errichteten Befestigungen bestanden aus 9 Bastionen, die im Norden durch das an die eigentlichen Werke sich anlehnende Fort Anhalt, das dann gegen den Willen des Dessauer Fürsten den Namen Fort Leopold erhielt, sehr verstärkt waren. In ähnlicher Weise schloß sich an die Nordwestecke das Fort Wilhelm an, während seit 1729 die alte Sternschanze zu dem Fort Preußen umgebaut wurde. Auf Antrag des Gouverneurs, des Fürsten Christian August von Anhalt-Zerbst, wurden dort seit 1734 Wohnhäuser erbaut. Der König selbst und sein Freund Leopold von Dessau interessierten sich während des ganzen Baues, für den in den Jahren 1724—1740 etwa eine Million Taler ausgegeben und mehr als 43 Millionen Steine verwendet worden sind, auf das lebhafteste für alles. Obwohl die Stadt oder die Bewohner nichts zu den Kosten beizutragen hatten, bemühte sich Friedrich Wilhelm auf eine von Leopold gegebene Anregung hin, doch indirekt die Gilden zu einer Beihülfe heranzuziehen. Der Oberpräsident von Grumbkow mußte 1739 bei den vornehmsten Innungen anfragen, ob sie nicht bereit seien, den Bau von Souterrains an dem Walle beim Berliner Tore zu übernehmen, „damit die Füllung des Loches dort desto eher erreicht, auch der Stadt ein mehreres Lüstre gegeben werde". Die meisten Gewerke lehnten es ab, nur die Schiffer, Bäcker und Kaufleute erbauten zum Teil mit Unterstützung solche Kasematten am Paradeplatz, die sie für ihre Zwecke benutzen durften. Im Jahre 1740 war die ganze Anlage im wesentlichen fertig, Stettin war dadurch vielleicht eine der stärksten Festungen der Zeit geworden. Oberst Wallrawe, der eigentliche Baumeister, wurde von Friedrich II. zum Generalmajor und Chef des Ingenieurkorps ernannt; später wurde er wegen Unregelmäßigkeiten, ja wegen Hochverrats kassiert und starb 1773 als Gefangener in Magdeburg.

Zu der Festung gehörte natürlich auch eine starke Garnison, die seit 1716 immer mehr vergrößert wurde. Von den damals dorthin verlegten Regimentern sei nur erwähnt das des Fürsten von Anhalt-Zerbst; aus ihm ist im Laufe der Zeit das Grenadier-Regiment König Friedrich Wilhelm IV. (Erstes pommersches) Nr. 2 entstanden, das nun bald zwei Jahrhunderte seinen Standort in Stettin hat. Der Fürst Christian August von Anhalt-Zerbst wurde im Januar 1729 zum Kommandanten ernannt. Während man noch über die für ihn im Schlosse einzurichtende Wohnung beriet, wurde ihm in dem Hause an der Ecke der großen Domstraße und des Marienplatzes, wo er damals wohnte, am 2. Mai 1729 eine Tochter Sophie Auguste Friederike geboren, die spätere russische Kaiserin Katharina II.

Die Soldaten wurden anfangs ausschließlich in Bürgerquartieren untergebracht. Dafür mußte das Serviswesen geordnet werden. Erst 1725 gelang es, ein Reglement fertigzustellen, durch das eine eigene Serviskommission aus 2 Offizieren, 3 Kriegsräten und 4 Vertretern der Bürgerschaft eingesetzt wurde. Natürlich erhoben sich fortgesetzte Streitigkeiten über die Servisabgaben, die von den Bürgern zu leisten waren, und über die Einquartierung; besonders lange wurde über die Frage gestritten, ob die eximierten Bewohner zu den Lasten heranzuziehen seien; schließlich blieben auch sie davon nicht verschont. Später zahlte der König zur Erleichterung der Stadt monatlich 300 Taler und ließ dann Kasernen, z. B. an der Ecke der beiden Paradeplätze, erbauen. Dort und in einigen Baracken wurden jedoch nur die verheirateten Soldaten untergebracht, während die ledigen in den Bürgerquartieren verblieben. Deshalb hatte die Serviskommission weiter schwere Arbeit, da den Bürgern keine Lasten unbequemer und verhaßter waren als die Einquartierung oder die Abgaben für deren Ablösung. Nach einem Verzeichnisse von 1725 hatten die Eigentümer (im ganzen 1378) für die Garnison monatlich 1236 Taler aufzubringen. Für die Besatzung wurden bald auch Magazine, z. B. das 1726 an der heutigen Magazinstraße errichtete, ein Lazarett bei der Petrikirche, Pulverschuppen usw. erbaut. Ohne auf Beschwerden der Stadt irgendwie Rücksicht zu nehmen, befahl der König 1738, auf dem Heumarkte die Hauptwache anzulegen.

Daß bei der Bedeutung, die das Militär in der Festung hatte, auch mancherlei Konflikte mit der Zivilbevölkerung vorkamen, ist sehr erklärlich. Man suchte solche durch ein Reglement von 1737 zu beseitigen, in dem festgesetzt wurde, welche Sachen vor das Gouvernement und welche vor die Regierung oder die Kriegs- und Domänenkammer gehörten. Der Magistrat versuchte auch wiederholt seine Rechte gegenüber den Militärbehörden zu verteidigen, mußte aber gewöhnlich auf Befehl der staatlichen Behörden nachgeben. Obwohl so Klagen über das militärische Regiment nicht ausblieben, verkannte man doch in Stettin durchaus nicht die großen Verdienste, die König Friedrich Wilhelm sich um die Stadt erwarb. Man pries ihn bei seinen wiederholten Besuchen oder an seinem Geburtstage in überschwänglicher Weise. Um ein Beispiel von der mehr als byzantinischen Art und Weise zu geben, wie man damals den Monarchen zu feiern beliebte, sei eine Stelle mitgeteilt aus einer Rede, die der Studiosus Matth. Otto Ubechel am 15. August 1727, dem Geburtstage des Königs, im Gymnasium hielt und der Rektor Dr. Quade drucken ließ. In ihr wird Friedrich Wilhelm mit dem Kaiser Augustus verglichen; es kann, wie dieser einst von Rom, so auch jener von Stettin sagen:

Die Stadt, darin mein Aug nur Ziegel erst geschauet,
hat nachmals meine Hand von Marmor aufgebauet.

„Stettin ist nun eine Königin pommerscher Städte geworden, welches die Krone seines Tores redet. Stettin ist das Vergnügen unseres Monarchen, und der Widerschein, so Seiner Majestät von den Sonnenstrahlen ihrer eigenen Gnade und Gewogenheit in die Augen leuchtet, hat es zu einem Paradies derselben gemacht. Es saß diese Stadt in Finsternis, Preußens Sonne erhellete dieselbe; sie war ein Stein- und Aschenhaufen, Friedrich Wilhelm hat den Graus der Ziegel weggeschafft; ihre Häuser waren umgerissen, und S. Majestät hat wie Augustus Paläste dafür erbauen lassen." Der schon wiederholt angeführte Lastadische Gerichts-Sekretarius Balthasar Daniel Bartels entwarf 1734 das „jetzt blühende Stettin mit poetischer Feder" und gab 4 Jahre später noch eine Fortsetzung. Dort heißt es:

Dein Friedrich Wilhelm hat so reichlich dich erquickt,
er schauet stets auf dich mit hohen Gnadenblicken
und wird dich wie bisher auch fernerhin beglücken.

So gut es der brave Bartels gemeint hat, so schlecht, ja ungenießbar sind seine Verse.

Nicht nur dem Äußeren nach hat Friedrich Wilhelm Stettin umgestaltet, sondern auch, was vielleicht noch wichtiger ist, die inneren Zustände einer gründlichen Besserung unterzogen. Für die Untersuchung des „rathäuslichen Wesens" wurde durch die Kabinetsordre vom 2. April 1721 eine Kommission eingesetzt, die aus dem Generalleutnant v. Borcke, dem Geheimen Kriegsrat und Vizedirektor v. Lettow und dem Regierungs-, Hofgerichts- und Kommissariatsrat v. Laurens bestand. Sie erhielten den Auftrag, unter Zuziehung des Hofrats Winkelmann, die Kämmerei-Rechnungen von 1718 an zu prüfen, die Rechnungsdefekte abzustellen, die Einnahme möglichst zu verbessern, die Ausgabe zu vermindern, für die Ratsmitglieder eine feste Besoldung anzuordnen, das Kreditwesen zu untersuchen und ein ausführliches Reglement zu entwerfen. Diese schwierige und langwierige Aufgabe nahm die Kommission, aus der v. Lettow bald ausschied, mit Eifer in Angriff. In der ersten Sitzung, die am 16. Dezember 1721 zusammen mit dem Rate stattfand, wurde dieser sofort aufgefordert, eine große Zahl von Aufstellungen, Rechnungen und Berichten vorzulegen. Mit ihrer Prüfung beschäftigte sich die Kommission, in der Winkelmann die meiste Arbeit zu leisten hatte, längere Zeit, dann wurden die Bauten untersucht und die Stadtdörfer bereist. So griff man das Werk sogleich in praktischer Weise an und scheute sich nicht, rücksichtslos die schweren Schäden aufzudecken. Bereits am 15. August 1722 hatte sie „die Untersuchung insoweit vollbracht, daß die verübten Acta commissionis geschlossen und selbige vermittelst ihrem von der Sachen Zustande abzustattenden Berichte nach Hofe eingesandt werden konnten". Zugleich übergab sie dem Magistrat eine „Interims-Instruktion und Provisional-Verordnung", nach der er sich sofort zu richten hatte. Man begnügte sich hier zunächst damit, Vorschriften für die Vermögensverwaltung zu geben, die der Verbesserung am meisten bedurfte. Auf Grund des Berichtes wurde dann das „Stettinische Rathäusliche Reglement" ausgearbeitet und am 18. März 1723 vom Könige vollzogen. Damit war die gesetzliche Grundlage für die städtische Verwaltung geschaffen, die 86 Jahre Geltung gehabt hat.

In seinem ersten Titel handelt dies sehr umfangreiche Schriftstück „von dem rathäuslichen Wesen in genere, imgleichen des Magistrats, dessen Offizianten und Diener Amt und Verrichtungen". Als eine ihrer wichtigsten Aufgaben sah es die Kommission an, die Zahl der städtischen Beamten möglichst zu vermindern. Immerhin blieben anstelle der bisherigen 18 Mitglieder des Magistrats noch 16, nämlich 3 Bürgermeister, 1 Syndikus, 2 Kämmerer und 10 Senatoren; von den sonstigen 59 Beamten beließ man 45. Das alte Wahlrecht verblieb dem Ratskollegium, doch sollten „alle eigennützigen Absichten wegen Freund- und Schwägerschaften der zu eligierenden Mitglieder gänzlich auf die Seite gesetzt, auch keine andere als dem Publiko tüchtige und nützliche Männer gewählt und die Konfirmation derselben bei S. Kgl. Majestät gesucht werden". Die Wahl erfolgte auf Lebenszeit und für bestimmte Ämter; die jährliche Umsetzung des Rates mit den noch gebräuchlichen „gar seltsamen Zeremonien und nicht wenigen Kosten" wurde abgeschafft. Für etwa eintretende Vakanzen oder Emeritierungen konnten zwei überzählige Senatoren gewählt werden. Der erste Bürgermeister, zugleich als Landrat der Vorsitzende der städtischen Körperschaft in den pommerschen Ständen, wurde auf Vorschlag des Magistrats unter zwei Kandidaten von der höchsten Landesobrigkeit berufen und unterstand der Kriegs- und Domänenkammer. Er hatte die oberste Aufsicht und Verantwortung in allen Stadtsachen, daß „das Justiz-, Ökonomie-, Polizei-, Kredit- und Kommerzien-Wesen in guter Ordnung verwaltet, niemandem das Recht gebeugt, sondern überall unparteiisch administrieret werde";

insbesondere wurde ihm die Aufsicht über „die Kirchen, Klöster, Schulen, Hospitale, Kurrende, Vormundschaftssachen, ingleichen Legata, Stipendia" usw. anvertraut. Der zweite Bürgermeister ist der Stellvertreter des ersten, hat aber insbesondere die Verwaltung des Polizeiwesens, die Spezialaufsicht über die pia corpora und das Waisenamt. Der dritte Bürgermeister verwaltet das Justizwesen und ist Vorsitzender des Stadt-, Lastadischen und Wettgerichts. Die drei Ämter wurden den beiden schon seit 1712 tätigen Bürgermeistern Christian Friedrich Freyberg und Johann Rudolf Jahn, sowie dem bisherigen Kämmerer Balthasar Schack (seit 1706 im Rate) übertragen. Der Syndikus hat als advocatus curiae die Prozesse zu führen und die Gerechtsame der Stadt zu vertreten. Der erste Kämmerer (camerarius perpetuus), wozu Matthäus Heinrich Liebeherr, der seit 1703 im Rate saß, ernannt wurde, ist der verantwortliche Rendant der Stadtkasse und hat als solcher eine Kaution von 4000 Talern zu stellen. Ihm wird die Aufsicht über alle ökonomischen Angelegenheiten, das Stadteigentum, die Dörfer, Forsten und Bauten übertragen. Zur Seite stehen ihm ein Kämmerei-Kontrolleur (Hancke), der Stadthofmeister (Johann Meyer) und der Bauschreiber. Die Rechnungen müssen alljährlich der Kriegs- und Domänenkammer eingereicht und von ihr geprüft werden. Der zweite Kämmerer (Karl Christian Strauß) hat die Verwaltung der Zulagskasse, daneben hat er dem ersten Kämmerer zu assistieren; ein Zulagsschreiber ist ihm untergeordnet. Für die zehn Senatoren, von denen je 5 dem Gelehrten- und dem Kaufmannsstande angehören sollen, werden die Aufgaben und Pflichten ganz im einzelnen bestimmt; sie sind Beisitzer in den verschiedenen Verwaltungszweigen, haben die Vertretung des Magistrats bei den Gewerken, bei der Verwaltung der Kirchen und milden Stiftungen; zwei führen als Lastadische Gerichtsvögte die Polizei in den Vorstädten und beaufsichtigen die städtischen Forsten, Wiesen und Brüche. Auch das Baudirektorium hat einer von ihnen zu verwalten.

Der Fortschritt dieser Bestimmungen besteht in der genauen Festsetzung der den einzelnen Ratsmitgliedern übertragenen Funktionen, wobei das kollegiale Prinzip durchaus festgehalten ist. Es sollen ganz regelmäßig Sitzungen stattfinden, zu deren Besuch die Ratsherren verpflichtet sind. Dazu kommt die strenge und ständige Aufsicht, die von der Staatsbehörde geführt wird. Eine weitere sehr wesentliche Verbesserung ist es auch, daß für die Mitglieder des Magistrats statt der bisherigen unregelmäßigen Accidentien und Hebungen ein bestimmtes Einkommen aus der Kämmereikasse festgesetzt wird, neben dem man freilich ein Deputat an Getreide und Holz noch beibehält. Hier bleibt man also auf halbem Wege stehen, aber man hatte sich damals bei den Besoldungen aller Beamten noch nicht zur vollen Geldwirtschaft aufgeschwungen. An barem Gelde erhalten 1723 die drei Bürgermeister je 200 Taler, der Syndikus 406 Taler 16 Groschen, jeder Kämmerer 104 Taler und jeder von den Senatoren 49 Taler und 8 Groschen.

Das sonstige Beamtenpersonal ist im Verhältnis zu der Größe der Stadt noch immer recht zahlreich. Es sind vorhanden an Officialibus: 1 Obersekretär, 1 Stadtanwalt, 2 Gerichtssekretarien, 1 Stadthofmeister und Ökonomieinspektor, 1 Zulagsschreiber, 1 Ratszöllner und Wäger, 1 Dammzöllner, 1 Kanzlist. An Dienern werden bestellt: 2 Bürgermeisterdiener, 1 Kämmereidiener, 1 Nuntius des Stadt- und Lastadischen Gerichts, 1 Bollwerks- und Zulagsdiener, 1 Gefangenwärter und Gerichtsdiener, 1 Brückenkieper (d. h. Brückenwärter), 2 Wagenknechte. Als Heidebediente sind vorgesehen: 6 Holzwärter und Schützen (d. h. Förster) zu Bergland, Messenthin, im Blockhause an der Parnitz, auf der Oberwiek, in Bodenberg und bei Kratzwiek. Außerdem erhalten noch Besoldung aus der Kämmereikasse der Stadtphysikus, der Stadtchirurgus, 3 Quartierschreiber, der Kunstpfeifer, der Stadtzimmermann, der Turmbläser, der Stadtuhrmacher, 1 Schornsteinfeger und 4 Wagenknechte.

Überaus beschränkt ist der Anteil, den die Bürgerschaft an der Stadtverwaltung erhält. Es ist nicht nach dem Sinne des autokratischen Monarchen, die Bürger zur Mitarbeit oder gar zur Kontrolle der Verwaltung heranzuziehen, denn einerseits ist „solche Funktion mit Verabsäumung der eigenen Arbeit verknüpft“, andererseits liegt es dem Staate allein ob, solche Aufsicht zu führen. Die Untersuchung hatte festgestellt, daß die Beiordnung der sogenannten 17 Männer zur Mitwirkung bei der Kassenverwaltung nichts genützt hatte. Trotzdem wird diese alte Bürgervertretung nicht ganz abgeschafft. Den 8 Alterleuten der Kaufmannschaft und den 9 der Hauptgewerke (Knochenhauer, Bäcker, Schmiede, Wollweber, Schuhmacher, Schneider, Tuchmacher, Böttcher, Riemer) soll alljährlich der Rechnungsabschluß mit den Belegen zur Prüfung zugesandt werden; sie haben aber nur das Recht, einige Monita dem Rate mitzuteilen, die endgültige Revision und Entlastung stehen der Kammer zu. Zur Mitarbeit konnte der Rat Bürger heranziehen bei der Administration der geistlichen Güter, indem er sie zu Provisoren ernannte.

Am wichtigsten war dem Könige die Ordnung des städtischen Kassenwesens, denn auf diesem Gebiete waren die Mißbräuche am schlimmsten. Eine unglaubliche Unordnung, eine furchtbare Nachlässigkeit, ja auch eine böse Unredlichkeit hatten dort Platz gegriffen. Nachdem im Jahre 1722 schon 15493 Gulden an Rückständen von Pacht oder anderen Abgaben eingetrieben worden waren, blieben noch 34862 Gulden solcher Reste übrig. Die Summe der Schulden betrug 251878 Gulden, so daß die Zinsen den größten Posten in der Ausgabe darstellten. Eine Abhülfe war dringend nötig, und sie wurde geschaffen durch die Vorschriften, die in dem rathäuslichen Reglement gegeben wurden. Es ist nicht nötig oder auch kaum angebracht, hier alle diese Bestimmungen für das Kassenwesen mitzuteilen, es genügt, hervorzuheben, daß überall scharfe Kontrolle eingeführt wird; die Prüfung der Kämmerei-Rechnung erfolgt durch den Magistrat, die Vertreter der Bürgerschaft, den Steuerrat, die Kammer und schließlich durch die Oberrechnungskammer in Berlin. Jetzt wird regelmäßig ein Etat aufgestellt und von der Kammer anfänglich für 1, später für 5 Jahre genehmigt. Bald nach 1723 tritt infolge der Neugestaltung eine auffällige Besserung in Einnahme und Ausgabe ein, so daß fast regelmäßig ein Überschuß die Verminderung der Schulden ermöglicht. Sparsamkeit wurde dabei aufs äußerste geübt und rücksichtslos die Beaufsichtigung durch die Staatsbehörden gewahrt. Der Magistrat mußte über die größten Kleinigkeiten an die Kammer berichten, jede außerordentliche Ausgabe genehmigen lassen und auch, wenn nach seiner Meinung der Stadt Unrecht geschah, artig den Mund halten. Er wurde 1725 scharf getadelt, weil er „bei den alten schwedischen souveränen Fuß maintenieren und sich der schuldigen Subordination zu entziehen suchet". Man merkt oft den Krückstock Friedrich Wilhelms I., der ohne Rücksicht auf die Rechte der Stadt, wenn es das allgemeine Staatswohl erforderte, ihr gehöriges Land zum Festungsbau in Besitz nehmen, Grundstücke oder Häuser, die der Stadt gehörten, als Staatseigentum okkupieren ließ.

Für die Finanzen der Stadt waren am wichtigsten ihr Grundbesitz. Deshalb enthält das rathäusliche Reglement die eingehendsten Vorschriften über seine Verwaltung und Verbesserung. Zunächst wird in ausführlichen Verzeichnissen der Besitz in und außerhalb der Stadt festgestellt und der Grundsatz betont, alles möglichst nutzbringend zu verwenden. Was nichts abwirft, soll veräußert werden; so wird 1726 der obere Stadtweinkeller am Kohlmarkt an Johann Daniel Nonneman verkauft, dagegen der Keller unter dem Rathause zu einem offenen Wein- und Bierschank eingerichtet und verpachtet. Die eigene Ackerwirtschaft der Stadt wird abgeschafft und aus dem bisher von der Kämmerei selbst bewirtschafteten Lande ein neues Ackerwerk auf dem Torney geschaffen und in Pacht ausgegeben. Als der König 1726 bestimmte, daß jede Herrschaft sich aufs äußerste befleißigen solle, die

Brüche urbar zu machen und zu besiedeln, mußte auch Stettin auf seinen Befehl mit solchen Arbeiten im Krampegebiete beginnen, das bis dahin kaum irgendwie ausgenutzt wurde. Der sogenannte Radunsche Berg wurde zur Anlage einer Holländerei benutzt, 1727 eine solche bei Wolfshorst und auf dem langen Berge angelegt. Sehr eingehende Untersuchungen wurden über die städtischen Mühlen angestellt; es bestanden 1722 acht Wasser- und zwei Windmühlen. Zum städtischen Eigentum gehörten 1724 Armenheide, Krekow, der hohe und der enge Oderkrug, Messenthin, Nemitz, Pölitz, Prilip, Pommerensdorf, Scheune, Schwarzow, Schmellenthin, Völschendorf, Wussow, mit im ganzen 1549 Untertanen. Zehn Jahre später wurde eine genaue Vermessung und Katastrierung des Landes vorgenommen, dabei ergab sich folgendes:

2435	Morgen	97	Ruten	Land 1. Klasse,
144	"	164	"	" 2. "
28	"	—	"	bewachsenes Land,
844	"	79	"	Wiesen,
81	"	7	"	Koppel,
228	"	3	"	Hütung,
345	"	9	"	bewachsener Bruch.

Obwohl die Kämmerei damals von den Ackerwerken, Krügen und Wiesen 1104 Taler an Pacht mehr einnahm als im Jahre 1722, war die vorgesetzte Behörde damit noch nicht zufrieden, sondern ordnete auf Befehl des Königs an, daß das Stettinische Eigentum nicht mehr in einzelnen Stücken verpachtet, sondern, so wie es bereits in Ostpreußen geschah, in Generalpacht ausgegeben werden solle. Der Magistrat wollte das erst nicht, wurde aber, wie gewöhnlich, dazu gezwungen und schloß 1735 mit dem Amtmann Joh. Christoph Spaarmann einen Generalpachtkontrakt auf neun Jahre. Bei der Pachtsumme von 5916 Talern scheint dieser kein Geschäft gemacht zu haben, denn er gab schon 1737 den Kontrakt auf, und für ihn trat K. F. Kolbe 1738 ein. Auch bei dieser neuen Verpachtung wurden genaue Aufnahmen und Vermessungen vorgenommen, die uns zeigen, daß man es nirgends an Verbesserungen fehlen ließ. Man stellte damals ein Dienstreglement für die Untertanen in jedem Dorfe fest, in dem bestimmt wurde, was die Bauern an Diensten dem Pächter zu leisten hätten.

Besondere Schwierigkeiten machte immer noch das Verhältnis der Stadt Pölitz zu Stettin, trotz aller Verordnungen und Bestimmungen hörten die Streitigkeiten nicht auf. Sehr eingehende Vorschriften enthält das rathäusliche Reglement über die Stadtforsten; es mußte der irrationellen Wirtschaft und der Holzvergeudung durchaus ein Ende gemacht werden. Die schärfste Kontrolle über das Abholzen und über die

Lieferung des Deputatholzes wurde angeordnet und zugleich Fürsorge getroffen, daß die vom Könige erlassenen Edikte betreffend Anforstung und Schonung auch wirklich befolgt wurden. Der Erfolg ist nicht ausgeblieben, der Ertrag aus den Stadtgütern begann sich zu heben.

Mit großer Mühe wurde das Abgabe- und Steuerwesen der Stadt geordnet; den Bürgerschoß hob man auf. Die wichtigste Einnahmequelle wurde die sogenannte Zulage, d. h. eine Abgabe von Malz, und von einkommenden und ausgehenden Waren. Eine neue Ordnung wurde 1722 eingeführt, die im allgemeinen 1 Prozent vom Werte der Waren als Abgabe festsetzte; einzelne für die Durchfuhr nach Berlin oder Frankfurt einkommende Güter wurden von der Zulage befreit. Die sonstigen Einnahmen aus dem Bürgergelde, das bei der Erwerbung des Bürgerrechts zu zahlen war, aus dem Stättegeld, aus den Rekognitionsgebühren, die von den Gewerken für gewisse Befugnisse oder Rechte entrichtet wurden, waren ziemlich gering. Etwas mehr brachten das Bollwerksgeld, der Brückenzoll, die Stadtwage u. a. m. ein. Die Erhebung des Zolles auf dem langen Steindamm, für dessen Erhaltung 1723 ein Reglement erlassen ward, verpachtete man für 500 Taler; sie wurden für die Unterhaltung des Dammes verbraucht.

Dem Bauwesen wurde ebenso große Sorgfalt gewidmet, strenge Aufsicht über die der Stadt gehörigen Gebäude angeordnet, die sich aber auch auf die Privatbauten erstreckte. Was auf diesem Gebiete geleistet worden ist, hat schon oben eine Darstellung gefunden; hier mag die Angabe genügen, daß in Stettin 1721 noch 92 wüste Stellen, 1743 dagegen nur 6 vorhanden waren und daß in letzterem Jahre dort 1491 Häuser mit Ziegeldächern, 31 mit Strohdächern und 20 Scheunen gezählt wurden. Der Stadtbauetat der seit 1732 regelmäßig an die Kriegs- und Domänenkammer eingereicht wurde, hatte damals eine Höhe von 2361, im nächsten Jahre von nur 1101 Talern.

Der zweite Titel des rathäuslichen Reglements mit 44 Paragraphen behandelt das Justizwesen; auch hier sind mancherlei Verbesserungen eingeführt. Indessen die größte Schwierigkeit wurde nicht beseitigt, da eine einheitliche Gerichtsverfassung noch nicht geschaffen werden konnte. Neben dem alten Stadtgerichte, für das der Stadtrichter und 11 Assessoren oder Schöffen vom Magistratskollegium gewählt wurden, bestanden das lastadische Gericht, das Marienkirchengericht und bis 1725 das Burggericht, unter dessen Jurisdiktion die Bewohner der Herrenfreiheit, besonders des Klosterhofes, standen; sie wurden später in Justizsachen an die Regierung, in Polizeisachen an die Kammer verwiesen. Die Einwohner des neuen Fort Preußen wurden 1738 unter die Gerichtsbarkeit des Magistrats gestellt. Das

Verfahren in Konkurs- und Wechselsachen erfuhr zwar eine Vereinfachung, war aber immer noch verwickelt und umständlich genug; es erübrigt sich, es an dieser Stelle genauer zu beschreiben. Man suchte auch auf diesem Gebiete Ordnung und Unparteilichkeit zu schaffen, die Kliquenwirtschaft zu beseitigen und Konflikte zwischen den einzelnen Gerichtshöfen unmöglich zu machen.

Mit der vorstehenden Darstellung ist der Inhalt des rathäuslichen Reglements nicht erschöpft, aber sie kann vielleicht genügen, um einen Eindruck davon zu gewinnen, wie für alle Zweige der städtischen Verwaltung eine ganz neue Grundlage geschaffen wurde. Ordnung und Sparsamkeit, Redlichkeit und Gerechtigkeit sollten in den Städten wieder herrschen und diese zu nützlichen und wertvollen Teilen des Staates machen. König Friedrich Wilhelm I. war ein Mann, der wußte, was er wollte, und durchführte, was er als gut und heilsam erkannte. Mit sonderlichem Interesse hat er sich um die Entwickelung Stettins gekümmert und, wie aus den zahllosen Erlassen und Edikten hervorgeht, auch die kleinsten Angelegenheiten nicht unbeachtet gelassen. So ist ihm zu verdanken, daß die sehr zurückgegangene Stadt endlich wieder einen Aufschwung nahm.

Äußerlich tut sich ein solcher schon in der Zunahme der Bevölkerung kund, die sich im Jahre 1720 auf 6081 Personen belief und 1740 auf 12 360 gestiegen war. Der Taxwert der Häuser betrug im Jahre 1737 mehr als eine Million Taler. Die städtischen Schulden waren 1739 auf 85 884 Taler zurückgegangen. Der Wohlstand der Bürger war freilich nicht beträchtlich. In den Jahren 1720 und 21 wurden die Bürger in 4 Klassen, Groß-, Mittel-, Klein- und noch geringere Bürger geteilt. Zu der ersten gehörten nur 27 oder 24, zur zweiten 152 oder 144, zur dritten 680 oder 353, zur vierten 234 oder 446 Bürger. Weitere derartige Aufstellungen, die einen Vergleich ermöglichen, sind bisher nicht bekannt geworden. Die Bürgerkompagnien blieben bestehen, aber verloren immer mehr ihre Bedeutung. Dagegen spielten die beiden Schützenkompagnien eine bedeutende Rolle im Stettiner Bürgerleben. König Friedrich Wilhelm ließ ihnen manchen Gnadenerweis zuteil werden. Das jährliche Vogelschießen auf dem der Stadt gehörigen Vogelstangenplatze, der 1735 wegen der Anlage des Forts Leopold ein wenig nach Norden in die Gegend des heutigen Logengartens verlegt wurde, war ein allgemeines Volksfest, an dem sich Alt und Jung, Reich und Arm belustigten. Das Schützenhaus, das am heiligen Geisttore lag, war ein Mittelpunkt des geselligen Verkehrs. Sonst begann das Leben der Bürger bereits allmählich andere Formen anzunehmen; es machten sich infolge der Zunahme des

Militärs und der Beamten neue Einflüsse geltend. Der verhältnismäßig geringen Zahl von Bewohnern, die wirklich Bürger waren, d. h. das Bürgerrecht erwarben, trat die größere Menge derer gegenüber, die entweder eximiert waren oder keinen Wert auf die Erlangung des Bürgerrechts legten. So bildete die Bevölkerung der Stadt keine in sich geschlossene Gemeinde mehr, sondern eine Masse von Bewohnern, die nur durch den gemeinsamen Wohnort zusammengehalten wurden.

Das wurde noch vermehrt durch die Einrichtung der französischen Kolonie, die trotz energischen Widerspruches des Rates durch Königliches Patent vom 6. Juni 1721 erfolgte. Die vollständig eximierte Stellung, die Freiheit von Bürgergeld und Einquartierung der Kolonisten erregten in der Stadt viel Anstoß. Der zum Direktor der französischen Kolonie ernannte Obergerichtsrat von Gauvain hatte gar manchen Kampf mit den Bürgern auszufechten; er fand aber immer wieder Schutz beim Könige, der durch zahlreiche Kabinettsordres alle Belästigungen der neuen Bewohner strengstens verbot. Noch bei der Erbhuldigung versuchte der Rat auf dringendes Bitten der Bürgerschaft, dieser die gleichen Vorrechte, wie sie den Kolonisten zugesagt wurden, zu gewinnen, hatte aber keinen Erfolg damit. Die neue Gemeinde in der Stadt, die eigene Gerichtsbarkeit und eigene Verwaltung ihrer Angelegenheiten besaß, nahm ziemlich schnell zu; 1722 bestand sie bereits aus 70 Familien. Der König interessierte sich persönlich lebhaft für diese Gründung, da er hoffte, dadurch die Manufakturen in der Stadt zu heben. Deshalb forderte er das französische Direktorium auf, für Ansetzung von geschickten und bemittelten Lohgerbern oder Wollfabrikanten zu sorgen. In der Tat zogen solche Handwerker nach Stettin, wie aus der Liste der Mitglieder der französischen Kolonie von 1740 zu ersehen ist; sie enthält 41 Hauseigentümer und 47 Inquilinen (d. h. Mieter) und darunter nicht wenige Lohgerber, z. B. Abraham Salingre, und Tuchmacher, z. B. Samuel Dubendorf. Es kam durch diese Ansiedlung ein ganz neues Element in die Stettiner Bevölkerung, das mancherlei zur Entwickelung der Stadt und ihrer gewerblichen Verhältnisse beigetragen hat. Der preußische Geograph Abel hat deshalb wohl nicht Unrecht, wenn er 1735 schreibt, daß Stettin sich durch die dahin gelegte französische Kolonie und die Anlage von Manufakturen schnell gehoben habe.

Freilich die einstmalige Einheit der Bevölkerung wurde durch diese Anlage noch mehr zerrissen. Die eigentlichen Bürger, die Bewohner der Kirchen- und die der Herrenfreiheit, die Kolonisten, die Beamten, die Angehörigen der Garnison, jede Klasse hatte ihre besonderen Rechte und Pflichten. Diese waren bei den wirklichen Bürgern am drückendsten. Dieser Umstand war vielleicht ein Grund dafür, daß man ihre Verpflichtung zum Nachtwachtdienst aufhob und 1729 elf Nachtwächter unter zwei Wachtmeistern anstellte, die den regelmäßigen Dienst zu leisten hatten. Mehr Schwierigkeit machte die Ordnung des Feuerlöschwesens. Einen großen Fortschritt bedeutete die 1722 erfolgte Gründung der Feuersozietät, für die eine genaue Aufnahme der Häuser erfolgte. In der revidierten Feuerordnung von 1728 wurden besonders auch dafür Bestimmungen getroffen, daß die nötigen Löschgeräte nicht nur vorhanden, sondern auch in gutem Zustande seien. Der König selbst schenkte der Stadt zwei in Berlin verfertigte Feuerspritzen, die bei ihrer Ankunft sehr bewundert wurden. Für die Herrenfreiheit mußte das Löschwesen besonders geordnet werden; es machte hier ziemlich viel Mühe, die Mannschaften und Geräte zu beschaffen.

Ein übler Punkt in der Stadtverwaltung war immer wieder die Straßenreinigung. Ob die Stadt oder die Anwohner den Krautmarkt, auf dem der Kaak stand, zu reinigen hätten, darüber wurde Jahre lang gestritten. Die Mißstände scheinen damals schlimmer gewesen zu sein als in der schwedischen Zeit, die Klagen und Beschwerden hörten nicht auf. Verordnungen wurden immer wieder erlassen, aber ebenso wenig beachtet, wie die alten Bestimmungen der Bürgersprache, die 1724 zum letzten Male verlesen worden zu sein scheint. Diese alte Einrichtung paßte in die neue Zeit nicht mehr hinein, durch das Intelligenzblatt oder durch sonstigen Druck konnten die Ordnungen leichter und schneller bekannt gemacht werden. Es blieb aber noch üblich, amtliche Bekanntmachungen von den Kanzeln zu verlesen.

Im ganzen war das Verhältnis der Bürgerschaft zu dem Rate in dieser Zeit weit friedlicher als früher, unzweifelhaft infolge der neuen Einrichtung der Stadtverwaltung. Die Alleinherrschaft des Magistrats war gebrochen, er stand unter der strengsten Kontrolle des Staates, er wagte es kaum, sich selbständig zu rühren. Da die Bürger sahen, wie die königlichen Behörden jetzt eigentlich alles besorgten, wurde ihr Interesse an den Vorgängen in der Verwaltung geringer, der Gemeinsinn schwand immer mehr. Die Bewohner der Lastadie, die sich zurückgesetzt fühlten, brachten wiederholt Klagen über Zustände in ihrem Stadtteile vor, aber nicht mehr beim Rate, sondern bei der Kriegs- und Domänenkammer. Als 1737 ein großes Hochwasser, das übrigens der Lokaldichter Bartels zu besingen nicht unterlassen hat, großen Schaden am rechten Oderufer anrichtete, da erhob sich von dort der

Ruf nach Staatshilfe, und diese wurde auch nach Möglichkeit geleistet. Die eigene Kraft und Selbständigkeit zu erwecken, war die Reform Friedrich Wilhelms I. nicht geeignet, sie schuf nicht freie Bürger, sondern Untertanen.

Wie sehr es damals an Selbstgefühl fehlte, erkennen wir recht, wenn wir auf die Bemühungen des Königs um die Hebung des Stettiner Handels einen Blick werfen. Wie hat er gearbeitet, um einen neuen Geist in den Stettiner Kaufleuten zu erwecken, wie hat er gewettert: „Ihr seid Krämer!", wie hat er alles mögliche angefangen! Wenn es ihm gelungen ist, den Handel tatsächlich aus tiefem Verfall etwas zu heben, so haben die Stettiner selbst wenig dazu getan. Klagen und Beschwerden ließen sie genug laut werden, auch Pläne entwarfen sie und Projekte, aber entschlossene Tatkraft bewiesen sie nicht.

Die Kaufmannschaft behielt ihre altherkömmliche Verfassung und ihren Mittelpunkt im Seglerhause. Obgleich die mittelalterliche Handelskompagnien der Draker-, Falster- und Ellbogenfahrer längst jede praktische Bedeutung verloren hatten, ließ man sie zu geselligen Zwecken und zur Erhaltung und Verwaltung des Vermögens weiter bestehen. Zu der Korporation gehörten 1739 nur 85 Kaufleute; keine einzige der damals vorhandenen Firmen hat sich bis heute erhalten. Nichts zeigt vielleicht die hin- und herschwankende Entwickelung des Stettiner Handels mehr, als die Tatsache, daß kaum ein Kaufmannshaus, so weit wir es feststellen können, viel mehr als ein Jahrhundert überdauert hat. Die Kramer bildeten wie früher eine eigene Kompagnie. Das Werk der 24 Haken erhielt 1722 einen königlichen Schutzbrief, die einzelnen Gewerbebetriebe bedurften einer besonderen Konzession. Die Regierung erteilte auch einzelnen Personen, die nicht der Kaufmannschaft angehörten, namentlich Schiffern, eine Erlaubnis zum Handel. Diese sogenannten Konzessionarien waren natürlich den Kaufleuten höchst unbequem und verhaßt, aber die Regierung hielt, so scheint es, ähnlich wie bei den Handwerksmeistern, eine solche Konkurrenz für ganz zweckdienlich; manche dieser Konzessionarien haben es zu nicht geringem Vermögen und Ansehen gebracht.

Der Handel Stettins bot in den Jahren 1715—20 einen trostlosen Anblick. Die Lizentabgaben beliefen sich 1719/20 auf 10248 Taler, nur ein Viertel von dem, was sie unmittelbar nach ihrer Einführung 1634 eingebracht hatten. „Alte, wohletablierte Kontors, die bei denselben Familien saecula durch bestanden und den Handel kontinuierten, sind verarmt und haben ihr Kapital in Landgüter angewandt", so klagte man damals. Mit Energie griff die preußische Regierung ein, ließ Konferenzen abhalten, Gutachten ausarbeiten, verhandelte mit den

Älterleuten der Kaufmannschaft und besprach die Wünsche der Bürger. Kriegsrat Uhl hatte die schwere Aufgabe, die Commerzien-Angelegenheiten zu bearbeiten, aber der König selbst beschäftigte sich zeitweise unausgesetzt mit ihnen; den Weinhandel mit Berlin, den Salzhandel, den Getreidehandel nach Sachsen, den Handel mit Gewürz- und Apothekerwaren zu heben, alles das lag ihm persönlich am Herzen, und er hatte lange die Hoffnung, daß sich seine handelspolitischen Pläne erfüllen würden. Was für Hindernisse aber ihm von allen Seiten, nicht zum mindestens von Stettin aus erwuchsen, kann man nur aus den unendlichen Verhandlungen und den zahllosen Schriftstücken erkennen, die in umfangreichen Aktenstücken erhalten sind. Mehr Einsicht als die meisten Stettiner Kaufleute bewies der Kaufmann Neumann, der im März 1724 ein ausführliches Gutachten einreichte und darin die Bildung eines Commerz-Kollegiums und die Errichtung von Handelskompagnien vorschlug. Die Älterleute vom Seglerhause hoben demgegenüber nicht nur die Schwierigkeiten, die solcher Gründung entgegenstanden, hervor, sondern zeigten auch so wenig Unternehmungsgeist, daß die Kriegs- und Domänenkammer ein sehr absprechendes Urteil über die Stettiner abgab. So scheiterten alle die schönen Entwürfe und Projekte, auch der 1725 vom Kammerdirektor Hille ausgearbeitete Plan betreffend die Errichtung einer großen Handelskompagnie, an dem Widerstande der Stettiner.

Am zähesten hielten sie an ihrem Privileg der Niederlage fest, aber der König kümmerte sich nicht um den Widerspruch der Bürgerschaft oder die Einwendungen, die ihre Abgeordneten bei einer Konferenz in Berlin machten. Am 8. Januar 1723 erschien der Receß, der zunächst versuchsweise die freie Durchfahrt der Waren anordnete; nur für Leinsamen, Eisen und Tran blieb den Stettinern und Frankfurtern das Niederlagsrecht erhalten. Der vom Könige den Städten aufgezwungene Vertrag wurde nach unendlichen Verhandlungen, bei denen die Sonderinteressen immer wieder durchbrachen, 1728 auf sechs Jahre verlängert, ja im folgenden Jahre probeweise ein ganz freier Handel zwischen Stettin und Frankfurt eingeführt. Ein bedeutsamer Aufschwung des Handels veranlaßte die Stettiner Kaufmannschaft, die jetzt den Vorteil des freien Verkehrs erkannt zu haben scheint, sich 1731 für die Fortsetzung dieser Probezeit auszusprechen. Da man aber Furcht vor dem Eindringen fremder Handelshäuser hatte, wurde der durch den Receß von 1723 geschaffene Zustand wieder hergestellt. Das damals herrschende System des Merkantilismus ließ eine Handelsfreiheit im eigentlichen Sinne noch nicht zu.

Die Bemühungen der preußischen Regierung blieben nicht ohne Erfolg; dazu trug der allgemeine volkswirtschaftliche Aufschwung, der in den Jahren 1728—32 seinen Höhepunkt erreichte, erheblich bei. Die Ein- und Ausfuhrlisten zeigen eine Steigerung, die allerdings zeitweise wieder abnimmt. Der Holzexport und der Weinimport, die bedeutendsten Handelszweige der Stadt, wuchsen beträchtlich. In den Berichten, die der Magistrat seit 1733 jährlich vom Commercio erstattete, treten allerdings die Klagen immer noch sehr hervor. Gewöhnlich heißt es: Kein sonderlich commercium! Ja 1739 behaupteten Rat und Kaufmannschaft sogar, der Handel habe in den letzten 10 Jahren eher ab- als zugenommen. Obwohl damals tatsächlich eine gewisse Flauheit im Geschäfte herrschte, zeigen doch die Zahlen im allgemeinen eine Steigerung.

Viel Sorge machte dem Könige der Getreidehandel, den zu fördern ihm besonders am Herzen lag. Dieser Handel, der nach einer Äußerung des Rates „von jeher der principalste in Stettin" gewesen war, hatte Schweden als Absatzgebiet verloren. Die Regierung versuchte einen Verkehr nach Rußland zu schaffen, fand aber bei den Stettinern sehr wenig Gegenliebe, so daß der Korn-Export und Import gering blieb. Als auch der Versuch eines Verkehrs mit Polen mißlang, erklärte Friedrich Wilhelm ärgerlich: „Die Stettiner Kaufleute sind schläfrig und nachlässig." Man kann ihm das Urteil nicht verdenken, da alle seine guten Absichten auf Widerstand oder stille Ablehnung stießen. Die 1725 in Berlin gegründete russische Handelskompagnie, deren Vertreter in Stettin das Bürgerrecht gewannen, sollte den Handel mit russischen Tüchern beleben; sie fand aber bei den Stettinern vollkommenen Mangel an Unternehmungsgeist. Auf eine Anfrage der Regierung wegen Handels mit Dänemark, gaben die Kaufleute die Erklärung ab, es finde sich niemand, der sich mit dem Handel dahin abzugeben Lust hätte.

Mit der Seeschiffahrt stand es ebenfalls sehr schlecht. Die Bemühungen des Königs, der Stadt Stettin Sundzollfreiheit zu verschaffen, mißlangen, dagegen vertrat er wiederholt recht energisch Forderungen der Kaufleute an die Krone Schweden. Der Verkehr mit Schweden aber ging immer mehr zurück, 1729 fuhren noch 10 Stettiner Schiffe nach Stockholm. Die Seezölle und Lizenten, der Mangel an Handelsverträgen, die Konkurrenz der Holländer, aber auch die Nachlässigkeit und geringe Leistungsfähigkeit der Stettiner Schiffer und des Schiffvolkes hemmten die Seefahrt in dieser Zeit mehr als die schlechten Wasserverhältnisse in der Peene, die damals nur an einigen Stellen 6—6½ Fuß Tiefe hatte. Die Regierung begann 1731 mit Vorarbeiten für die Vertiefung der Swine, ausgeführt wurde der Bau erst später. Die Zahl der Stettiner Schiffe belief sich 1720 nur noch auf 38 große und kleine; sie stieg zwar im Laufe der Jahre etwas, blieb aber immer sehr gering. Die Binnenschiffahrt war nicht viel umfangreicher, alle Tarifreformen konnten sie nur wenig heben. Der Warthehandel wurde mühsam neu belebt, und der Verkehr auf der Oder nahm auch nur sehr langsam zu. Wir erkennen auch hier überall den Anfang zu einer Besserung, die Keime einer neuen Entwickelung, aber nur sehr allmählich hob sich die Stadt, die noch nicht die Kraft hatte, auf eigenen Füßen zu stehen.

Nicht anders stand es mit den gewerblichen Zuständen. Auch in der Handwerkspolitik befolgte Friedrich Wilhelm I. die merkantilistischen Grundsätze: Beförderung der Herstellung möglichst vieler Waren im Inlande, sowie Schaffen und Schutz einer einheimischen Industrie unter steter Aufsicht des Staates. Die Zünfte erhielten zum großen Teile 1739 neue Privilegien und Briefe, nachdem infolge des Reichsgesetzes von 1731 die alten Förmlichkeiten und Gebräuche abgestellt worden waren. Es wurde dann auch verordnet, daß die Gewerke, die ihren Absatz in der Stadt allein hatten, wie Bäcker, Brauer, Schlächter, Barbierer, Bader, Apotheker, Materialisten und Höker, geschlossen bleiben, d. h. nur eine bestimmte Anzahl von Meistern haben sollten. Andere dagegen mußten als nicht geschlossene Ämter nach Anordnung der Kammer und des Rates neue Meister aufnehmen. Daneben behielt sich die Regierung vor, Patente für Freimeister zu erteilen. Im einzelnen wurden mancherlei Mißbräuche, unnötige Festlichkeiten, die Anfertigung kostbarer Meisterstücke u. a. m. verboten. Im allgemeinen aber befand sich das Handwerk damals in recht tiefem Verfall, die Kunstfertigkeit alter Zeiten war zugrunde gegangen, besonders auch weil infolge der allgemeinen dürftigen Verhältnisse sich den Handwerksmeistern keine Gelegenheit bot, bessere Gegenstände zu verfertigen. Wenig nur ist erhalten, was ein größeres Verständnis und besseres Geschick beweist, und manches davon mag von den französischen Manufakturisten angefertigt sein, die in einzelnen Zweigen weit geschickter waren als die einheimischen. Der König aber suchte auf alle Weise die Manufakturen zu fördern und zu heben. Dazu erteilte er Privilegien und Vorrechte, z. B. 1721 für die Anlage einer Seifensiederei in Stettin. Zur Hebung der Wollindustrie ließ er 1723 eine Spinnschule begründen, in der herrenloses Gesinde und Hökerweiber wöchentlich ein Pfund Wolle spinnen mußten. Durch ihn erhielt der Kaufmann Isaak Naudy aus Amsterdam 1720 eine Konzession zur Anlegung einer Zuckersiederei in der Grapengießerstraße (Schulzenstraße), und es gelang auch eine Aktiengesellschaft oder, wie man damals sagte, eine privilegierte Handlungskompagnie zum Betriebe und zum Handel mit Zucker zu begründen. Obwohl Naudy 1721 eine zweite Raffinerie einrichtete und mancherlei Staatshülfe erhielt, machte das Unternehmen doch bald bankrott, und Naudy flüchtete unter Mitnahme einer nicht unbeträchtlichen Geldsumme. Dieser Vorgang erregte großen Unwillen und stärkte den Widerstand, den ein Teil der Stettiner Kaufmannschaft der Gründung von Anfang an entgegengesetzt hatte. Besser gelang die Hebung des Schiffbaues, die durch ein Patent vom 23. Oktober 1719 eingeleitet wurde; auch hier trat Staatshülfe durch Erlaß von Lizenten auf einige Jahre, Geldunterstützung u. a. m. ein. Die ersten auf Grund solcher Vergünstigung gebauten Stettiner Schiffe trugen die bezeichnenden Namen „Hoffnung besserer Zeiten“ und „Hoffnung von Stettin“. Martin Nüske baute 1724 einen Treckerkahn, Joachim Sprenger später mehrere größere Schiffe. In den Jahren von 1726—1736 wurden in Stettin 43 neue Schiffe gebaut, von denen die größten eine Tragfähigkeit von 80 Lasten hatten und etwa 6600 Taler kosteten. Auch im Schiffbau waren Franzosen, z. B. ein Kapitän Guillard, tätig.

„Die Stadt Stettin, so schreibt Jakob Paul v. Gundling in seinem pommerschen Atlas (1724), besteht aus dem stattlichen Handel, Schiffahrt, Zucker-Siederei, Manufakturen, Fischereien und anderen stattlichen Gewerben, so diese Stadt in Flor und Aufnahme gebracht haben.“ König Friedrich Wilhelm freute sich, wenn er nach Stettin kam, über den allmählichen Fortschritt und sprach, so sehr er sich auch immer wieder über die Stettiner ärgern mußte, wiederholt seine Befriedigung aus über das, was er dort sah, hielt aber auch mit Tadel und Strafen nicht zurück. Ein besonderes Ärgernis bereiteten ihm zu allen Zeiten und an allen Orten Untätigkeit und Trägheit. Um ihr entgegenzuarbeiten, ließ er mit Hülfe der Kapitalien, die den beiden alten verfallenen Stiftungen, dem Pinsen- und dem Beginenhause, gehörten, nahe beim heiligen Geisttor an der Ecke des Rödenbergs (Rosengarten) das Zucht- und Arbeitshaus errichten; zu dem Bau, der 1726 fertiggestellt wurde, verwandte man die Steine von einem alten auf dem Wege zwischen Damm und Stettin stehenden Turme. Es sollte zur Unterbringung von „unverschämten, gesunden und starken Bettlern, ungehorsamen, boshaften und widerspenstigen Gesinde, lasterhaften und liederlichen Personen“ dienen, dann aber, wie bereits erwähnt, auch die Wollmanufaktur heben.

Für ihn war die sittliche Förderung seiner Untertanen nicht minder wichtig als die materielle. Deshalb wandte er auch dem Kirchenwesen der Stadt seine Aufmerksamkeit zu. Das Widerstreben der lutherischen Geistlichen gegen den reformierten Herrscher und ihren anfänglichen Kampf gegen das ihnen vorgesetzte Konsistorium überwand er zwar bald; er begann aber von neuem, als er 1721 Gottesdienst für eine deutsch-reformierte Gemeinde anfangs in der Schloß-, später in der Johanniskirche, die auch als Garnisonkirche diente, einzurichten befahl. Der erste Geistliche dieser Gemeinde, Friedrich Landau, hatte ebenso, wie der erste französische Prediger Mauclerc mancherlei Anfeindungen zu erleiden. In weitgehender Toleranz überwies der König 1722 zur Abhaltung des katholischen Gottesdienstes, für den bisher ein Haus auf der Lastadie gedient hatte, eine „verdeckte Kammer“ auf dem Schlosse. Obwohl er nur für die Garnison stattfinden und alle Jahre einmal ein katholischer Pater dazu nach Stettin kommen sollte, so beobachtete man doch diese Maßregel mit großem Mißtrauen und klagte wiederholt, daß heimlich polnische Jesuiten in die Stadt kämen. Für die Beamten der Regierung, der Kriegs- und Domänenkammer, sowie andere Eximierte begründete der König 1726 die Schloßgemeinde und ließ sich durch die heftigen Kämpfe der Stettiner Geistlichen gegen die Aussonderung dieses Teiles der Bevölkerung aus den übrigen Parochien nicht im mindesten beirren, sondern wies später auch die anderen Königlichen Bedienten vom Konsistorium und Hofgericht an diese Personalgemeinde. Ebensolchen Widerstand fanden seine Verordnungen, durch die er 1736 und 1737 den Gebrauch der alten Chorröcke, Kaseln und Meßgewänder, sowie einige aus katholischer Zeit noch bestehende Riten, wie das Aufstellen zahlreicher brennender Lichte auf dem Altar, verbot. Hierin sahen die lutherischen Geistlichen ein unberechtigtes Vorgehen des reformierten Herrschers, aber alle Vorstellungen, Klagen und Beschwerden wurden streng zurückgewiesen. Die Besorgnis der lutherischen Geistlichen war unbegründet, Friedrich Wilhelm hielt sich streng an das, was er im Stockholmer Frieden gelobt hatte, die Untertanen „bei dem freien Religions-Exercitio zufolge der unveränderten Augsburgischen Konfession nach Maßgebung Tit. 1 der pommerschen Kirchenordnung als des Landes Fundamentalsatzung jeder Zeit unbekümmert und ungekränkt zu lassen“. Das sahen die Prediger dann allmählich auch ein und feierten 1730 die Jubelfeier der Übergabe der Augsburger Konfession in Kirche und Schule mit vielen Predigten, Reden, Musikaufführungen und Gedichten.

Als wenige Jahre später die Kriegs- und Domänenkammer bei der Stadt anfragte, ob sie Salzburger Emigranten im Stadteigentum unterbringen wollte, lehnte die Bürgerschaft das infolge eines gewissen Mißtrauens ab. Man empfing aber trotzdem im Mai 1732 die durchziehenden Salzburger, die zumeist von Stettin zu Schiff nach Preußen gebracht wurden, freundlich und sammelte für sie eine Kollekte, die mehr als 1000 Taler einbrachte. Die Bürger aber waren ganz froh, als die Gäste aus der Stadt fortgefahren waren. Man hatte, wie aus manchen Äußerungen hervorzugehen scheint, an den französischen Ansiedlern genug.

Das nie ganz erloschene Mißtrauen der Stettiner Geistlichen gegen den König wurde wieder rege, als er sich dem von ihnen bekämpften Pietismus zuwandte. Das mußte besonders der 1730 an die Johanniskirche berufene Pastor Johann Christoph Schinmeyer (geb. 1696, gest. 1767) erfahren, der nach A. H. Franckes Vorgang sich der verlassenen und verkommenen Jugend anzunehmen begann. Das geistliche Ministerium sah in der Errichtung einer Armenschule und eines Waisenhauses auf der Lastadie (1730), sowie in den sonstigen Schulgründungen, wie dem Lehrerseminar, nur pietistische Bestrebungen und bekämpfte alles auf das heftigste. Dagegen nahm sich der König des wackeren Mannes an, verlieh ihm Privilegien, Unterstützungen u. a. m., da er seine Tatkraft und seinen Glaubensmut hochschätzte. Eigene Unvorsichtigkeit und beständige Verleumdung seiner Gegner ließen Schinmeyer die Gunst Friedrich Wilhelms verlieren, so daß er schließlich Stettin verließ und nach Rathenow zog. Es gingen aber doch nicht alle seine Gründungen ein, und sein Wirken war nicht ganz vergeblich. Man begann allmählich die bestehenden Schulen, mochten sie von den Küstern in den einzelnen Gemeinden oder von konzessionierten oder Winkel-Schulmeistern gehalten werden, unter geregelte Aufsicht zu nehmen. Auch die beiden reformierten Gemeinden legten 1721 Schulen an. Um die Ratsschule kümmerten sich die Ephoren mehr als früher, revidierten sie bisweilen, stellten Besserungen in Aussicht, ja erhöhten sogar einmal das Gehalt der Schulkollegen. Der Singechor der Schule war bei den Begräbnissen, Hochzeiten, Kindtaufen und anderen Festen tätig und zog als „Currende" in der Stadt umher. Das Königliche Gymnasium wurde bereits 1716 nach gründlicher Untersuchung neu eingerichtet; es gelang aber trotz der verschiedensten Reformen und Bemühungen, die sich auch der Rektor Dr. Michael Friedrich Quade (1716—1751) angelegen sein ließ, nicht, die Anstalt zu rechter Blüte zu bringen. Der akademische Unterrichtsbetrieb, die Freiheit der Studiosen, die mannigfach anderswohin gerichteten Interessen der Lehrer, unter denen namentlich Johann Samuel Hering hervorragte, hinderten eine gedeihliche Entwickelung. Trotz der Staatsaufsicht gingen auch die Vermögensverhältnisse der Marienkirche so zurück, daß 1739 der König eine Kommission zur Untersuchung der piorum corporum in Pommern einsetzte. Einer der Professoren des Gymnasiums, Dr. Daniel de Superville, der sich später um die Gründung der Universität Erlangen sehr verdient gemacht hat, gab 1733 als Stadtphysikus die Anregung zum Bau eines Stadtlazaretts auf der Lastadie. Es dauerte zwar noch einige Jahre, bis der Bau zustande kam, da der Magistrat natürlich keine Mittel bewilligen wollte oder konnte, aber ihm ist doch die erste Begründung eines städtischen Krankenhauses zu danken. Die vier in der Stadt bestehenden Apotheken wurden regelmäßig inspiziert.

Aus der Schilderung von dem Wirken des Königs Friedrich Wilhelm I. für Stettin geht wohl deutlich hervor, daß er in alle Zweige des öffentlichen Lebens eingegriffen und Gutes geschaffen hat. Er hat die Stadt aus tiefem Verfall einer neuen Blüte entgegengeführt, und die beiden von ihm erbauten Festungstore werden die Stettiner für alle Zeit an diesen Monarchen, der sich um ihre Stadt die größten Verdienste erworben hat, erinnern und sein Andenken erhalten müssen.

16. Kapitel.

Stettin unter der Regierung Friedrichs des Großen.

Die Arbeit, die König Friedrich Wilhelm I. in und mit Stettin begonnen hatte, führte Friedrich II. fort, gewiß im Geiste seines Vaters, aber doch auch mit weiteren Zielen und anderen Mitteln. Auf dem Gebiete der inneren Stadtverwaltung änderte er wenig an den Einrichtungen, ja vielleicht zu wenig, so daß hier ein Stillstand eintrat, weil den neuen Anschauungen und Auffassungen keine Rechnung getragen wurde. Dagegen entwickelte er für Handel und Industrie die Erfolg verheißenden Anfänge, die Friedrich Wilhelm gemacht hatte, weiter und führte Stettin zu einer verhältnismäßig großen Blüte empor. Es ist entschieden ein hohes Verdienst Friedrichs des Großen, wenn er das wirtschaftliche Leben Preußens nach den Grundsätzen des Merkantilismus regelte und bis ins einzelne ausbildete. Was in anderen europäischen Staaten längst geschehen war, das setzte er in seinem Lande durch: Schutz des heimischen Gewerbes gegen das Ausland, Hemmung oder Verbot der Einfuhr fremder Industrieerzeugnisse, Förderung der Ausfuhr inländischer Fabrikate, Untersagung des Exportes der heimischen Rohstoffe. Die Schärfen und übertriebenen Konsequenzen dieses Systems kamen erst später zum Ausdrucke, zunächst wirkte die gesamte Wirtschaftspolitik des Königs segensreich und trug auch dazu bei, daß Stettin ganz eine preußische Stadt wurde. Die anfänglich noch in einigen Kreisen herrschende Hinneigung zu Schweden schwand, und bei den späteren kriegerischen Verwickelungen mit Schweden zeigte sich keine Spur mehr davon.

X. Stettin um 1740 (F. B. Werner).

„Am 2. Juni 1740 um 3 Uhr nachmittags ist an das Gouvernement die betrübte Nachricht mit einer Stafette eingelaufen, welcher Gestalt des Königs in Preußen, unsers allergnädigsten Königs und Herrn Majestät den 31. Mai in Potsdam des Todes verblichen", so ist in einem Tagebuche verzeichnet; „den 29. Juni ist allhie in allen Kirchen eine Leichenpredigt gehalten worden, die Regierung ist in die Schloßkirche, die Bürgerschaft in die Jakobikirche mit Prozession gegangen." Die Huldigung für den König Friedrich II. fand in Stettin am 2. August statt; der Oberpräsident von Grumbkow nahm den Eid der Ritterschaft, der Geistlichkeit und der Magistratskollegien Vorpommerns in der Marienkirche, den der Bürgerschaft und der Bauern auf dem Schloßhofe entgegen. Eine förmliche Bestätigung der städtischen Privilegien erfolgte nicht mehr, durch ein allgemeines Patent erkannte der König die bisherigen Rechte und Freiheiten aller seiner Städte an und sagte ihnen seinen landesherrlichen Schutz zu.

Zum ersten Male kam der König im Juli 1743 nach Stettin, um eine Revue über die pommerschen Regimenter abzuhalten. Zu demselben Zwecke erschien er in den Jahren 1747 bis 1753 fast alljährlich dort, später aber berührte er die Stadt nur noch sehr selten und ließ seit 1764 die regelmäßigen Besichtigungen des Militärs fast stets (mit Ausnahme von 1769) bei Stargard stattfinden. Im Friedensjahre 1763 kam die Nachricht nach Stettin, der König werde dort eintreffen. Es entstand große Aufregung, und man beriet hin und her, wie man ihn empfangen sollte. Der Gouverneur, Herzog August Wilhelm von Braunschweig-Bevern, riet entschieden von dem geplanten Aufzuge der Bürgerkompagnien ab, da „dieser doch nur in Unordnung vor sich gehen möchte". Ehe man sich noch geeinigt hatte, traf die Nachricht ein, der König werde nicht über Stettin reisen. Ähnlich war es den Bürgern schon im Juli 1762 ergangen, als das Gerücht sich verbreitete, der russische Kaiser Peter III., der soeben mit Preußen Frieden geschlossen hatte, werde Stettin besuchen. Man rüstete bereits zum festlichen Empfange, richtete das Landhaus für den hohen Gast her, da traf die Nachricht von seiner Ermordung ein. Die in Stettin geborene Kaiserin Katharina bestieg den Thron des mächtigen Nachbarreiches. Auch sonst hatte die Stadt in dieser Zeit nur selten fürstlichen Besuch. Am 28. Juli 1744 erschien die Schwester des Königs, Luise Ulrike, die Braut des schwedischen Thronfolgers, in der Stadt und wurde festlich empfangen. Eine Parade auf der neuen Straße am Berliner Tor, ein Festmahl im Garten des Oberpräsidenten von Grumbkow, den die jetzt in den Anlagen aufgestellte Statue der Flora zierte, und eine Illumination wurden veranstaltet. Die spottlustige Prinzessin amüsierte sich sehr über die Perücken der Herren vom Magistrat und von der Geistlichkeit, fand aber die Stadt charmant.

Für Stettin ist König Friedrich nicht in erster Linie als der große Kriegesheld und siegreiche Feldherr von Bedeutung, sondern als der geniale, weitblickende Friedensfürst, als der Förderer nationaler Wohlfahrt. Die Kriegsereignisse haben die Stadt nur wenig direkt berührt, Feinde hat sie vor ihren Mauern nicht gesehen. Der König unterschätzte die Bedeutung der von seinem Vater geschaffenen Festung nicht, sie galt ihm vielmehr als die letzte Zufluchtsstätte für das königliche Haus, die Behörden und den Staatsschatz. Deshalb wurde auch an den Werken fortgebaut, unbrauchbare Reste der mittelalterlichen Befestigung, z. B. einen „sieben Mäntel" genannten Turm am Frauentore, beseitigte man und nahm Fortifikationsarbeiten besonders 1759 energisch in Angriff. Über die Dienste und Lieferungen, die man hierfür von den Stettinern forderte, kam es wiederholt zu heftigen Streitigkeiten. Die Bürgerschaft, die durch eine Kabinetsordre vom 20. November 1758 von solchen Lasten befreit worden war, erhob Beschwerde, der Gouverneur aber verlangte „ohne weiteres Contradicieren und Räsonieren" die Stellung der geforderten Arbeiter, so daß schließlich der Magistrat nachgeben mußte.

Das Verhältnis zwischen Bürgerschaft und Militär war in dieser Zeit überhaupt sehr gespannt. Der Herzog August Wilhelm von Braunschweig-Bevern, der von 1747 bis 1781 Gouverneur der Festung war, lag in beständigem Kampfe mit dem Magistrate, um die ihm zustehende Lieferung von Holz aus den Stadtforsten zu erreichen. Dieser protestierte immer wieder gegen die Leistung, wurde aber mit seinen Beschwerden regelmäßig abgewiesen. Auch andere Konflikte kamen vor, so daß der Gouverneur 1754 schrieb: „Es ist in allen königlichen Städten, ja wohl gar überall kein größerer Haß und infamere Praktiken wider das königliche Militär zu finden als hier."

Trotzdem war die Bevölkerung gut preußisch gesinnt. Die Siegestaten des Königs, von denen die Stettinische Zeitung regelmäßig ausführlich berichtete, verfolgte man auch hier mit größtem Interesse, jubelte über seine Erfolge, feierte die Friedensschlüsse. Die Professoren und Gymnasiasten verherrlichten in Gedichten und Reden die Taten des Königs, die Bürger schmückten sich, wenn eine Siegesnachricht eintraf, mit den Vivatbändern, die aus Anlaß solcher freudigen Ereignisse hergestellt wurden. Wie viele Stettiner in den Kriegen mitgekämpft und für den König und das Vaterland gefallen sind, ist nicht anzugeben. Gewiß aber haben auch sie mit beigetragen zu der hohen Achtung, die Friedrich von den Pommern gewann. „Sie haben mir jederzeit", erklärte er 1780, „in Verteidigung des Vaterlandes sowohl im Felde als zu Hause mit Gut und Blut beigestanden".

Die erste direkte Berührung mit kriegerischen Ereignissen erhielt die Bevölkerung, als 1744 etwa 1000 österreichische Gefangene in Stettin eintrafen und eine Zeitlang im Fort Preußen untergebracht wurden. Ernstlich näherte sich der Krieg indessen der Stadt erst 1757, als auch die Schweden den Kampf gegen Preußen begannen. Für die Kosten der Verteidigung Pommerns nahm die Regierung bei den Städten eine zinsbare Anleihe auf; hierzu zeichneten 17 eximierte Kaufleute Stettins eine Summe von 6700 Talern. An ihr waren der Kommerzienrat Barthold mit 1000, der Hofrat Klippel, der Kriegsrat Vanselow mit je 800, der Geh. Kommerzienrat Otto, Kaufmann Olsen und Kommerzienrat Simon mit je 500 Talern beteiligt. Die Schweden besetzten damals Usedom und Wollin, sperrten die Peene, Swine und Divenow und streiften von Löcknitz aus bis dicht an Stettin. General von Manteuffel, der die geringen preußischen Streitmächte kommandierte, sorgte dafür, daß die Festungswerke in Stand gesetzt wurden. Im November und Dezember traf General von Lehwaldt mit einem größeren Heere bei Stettin ein und zwang die Schweden zum Rückzuge. Eine Anregung des Königs, Stettiner und Kolberger Kaufleute sollten Kaper gegen die Schweden auslegen, fiel auf ungünstigen Boden, niemand wollte sich darauf einlassen. Auch im nächsten Jahre traf man allerlei Vorbereitungen für den Fall eines Angriffes und richtete sich auf eine Belagerung ein, doch es gelang, die schwedischen Truppen fern zu halten. Da nahten die Russen. Als sie vor Schwedt lagen, entstand in Stettin große Besorgnis, sie zogen aber über Pyritz und Stargard nach Hinterpommern. Näher kam der Kriegslärm im Jahre 1759; nicht nur wurde die Zahl der Gefangenen und Verwundeten immer größer, so daß fast alle Kirchen zu ihrer Unterbringung benutzt wurden, auch zahlreiche Flüchtlinge aus Küstrin fanden sich in der Stadt ein. Dabei machten die Schweden wieder hier und da Streifzüge bis vor die Tore der Festung, und die Garnison mußte mancherlei Gefechte liefern. Groß wurde im August die Besorgnis vor einer Einschließung durch die Russen; der Gouverneur ließ den Bestand an Lebensmitteln aufnehmen, forderte die tägliche Stellung von 100 Mann zur Wache und bereitete alles zu einer Verteidigung vor. Doch wieder blieben die Feinde aus. Auf dem Haff kam die kleine preußische Flotte, die in Stettin ausgerüstet worden war, am 10. September mit dem schwedischen Geschwader in ein Gefecht, das für jene unglücklich ausfiel; acht preußische Schiffe gingen verloren, unter den gefangenen Seeleuten befanden sich auch manche Stettiner. Die Schweden fuhren bis in den Dammschen See und sperrten durch Versenkung von Steinkästen den Dunzig. Dagegen sicherte man den Stettiner Hafen dadurch, daß man bei der Unterwiek einen zweiten Baum über die Oder legte und Pfähle einrammte. Der Schiffsverkehr erlitt natürlich arge Störung, auch wurde, wie die Kaufleute wiederholt klagten, die Korrespondenz gehindert, Briefe von Hamburg oder Lübeck wurden von den Schweden aufgefangen. Im Jahre 1760 fanden viele Kämpfe bei Pasewalk und Prenzlau statt, doch Bellings und Werners tapfere Truppen warfen die Schweden zurück. Dafür rückten im Oktober Kosaken von Gartz aus bis vor Stettin und überfielen bei Kolbitzow einen preußischen Vorposten. Die pommersche Flottille lag in diesem und dem folgenden Jahre bei Ziegenort, ohne sich in einen Kampf einzulassen. Im Oktober 1761 wurden aber 30 mit Waren beladene, nach Stettin bestimmte Schiffe von den Schweden fortgenommen. Das Jahr 1762 brachte den Frieden mit Schweden, der am 22. Mai abgeschlossen wurde.

Der Krieg rief naturgemäß viel Unruhe in der Stadt hervor. Die Aushebung und die Unterhaltung der Landmiliz, um deren Organisation sich der Herzog von Bevern besondere Verdienste erwarb, legten auch der städtischen Bevölkerung schwere Lasten auf. Es verdient Anerkennung, daß sie meist geduldig getragen wurden, obwohl Handel und Verkehr zum größten Teil stockten und es überall an Gelegenheit zum Verdienst fehlte.

Friedrich ließ die Organisation der Staatsverwaltung im ganzen so bestehen, wie sein Vater sie geschaffen hatte, und hielt sehr streng auf treue Pflichterfüllung. An der Spitze der Stettiner Kriegs- und Domänen-Kammer stand von 1742 bis 1763 der Präsident v. Ascherleben, der sich der Zufriedenheit seines strengen Gebieters erfreute; auch die Dezernenten für Stettin, die commissarii loci, wie Eck, Tschirner, Schäring, Pappritz, Zimmermann, waren vortreffliche Beamte. Mit Stettiner Angelegenheiten hatten viel zu tun besonders die Kriegsräte K. F. Hille, T. F. Uhl und J. J. Vanselow. Die Regierung in Stettin, die vornehmlich eine Justizbehörde war, erhielt 1747 eine neue Gestalt infolge der großen Untersuchung des pommerschen Gerichtswesens, das in diesem Jahre Samuel v. Cocceji vornahm. Damals wurde der unglaubliche Schlendrian in der Führung der Prozesse mit einem Schlage beseitigt; von 2500 Rechtssachen, die am Ende 1746 in Stettin und Köslin schwebten, waren im August des folgenden Jahres in Stettin nur noch 40 im Gange.

Von Bedeutung für die Stadt war die Einrichtung eines Kommerz-Kollegiums in Stettin, die 1747 von der Kammer angeregt und dann in Berlin bewilligt wurde. Es sollte anstelle der auf dem Seglerhause stattfindenden Kaufmannschafts-Versammlung, die nichts recht leistete, „die in commercio vorkommenden Sachen" traktieren. Das neue Kollegium wurde zusammengesetzt aus den Kriegs- und Domänenräten Uhl, Vanselow, Brandes, Tschirner, den Kaufleuten Scherenberg, Kretschmer und Simon und aus je zwei Vertretern des Magistrats (Christ. Gottl. Masche und Christoph Heinrich Köhler), der Kaufmannschaft und der Schifferkompagnie. Unter dem Vorsitze des Kammerdirektors v. Schlabrendorf fand am 28. August 1748 die erste Sitzung statt, die förmliche Einführung des neuen Kollegiums verzögerte sich indessen und erfolgte erst am 10. Dezember 1750. Diese Behörde hat, wie die Protokolle zeigen, 1751 fleißig gearbeitet, dann aber hörte ihre Tätigkeit mehr und mehr auf. Im Dezember 1754 regten die Kaufleute Scherenberg, Isaak Salingre und W. Schröder beim Präsidenten v. Ascherleben eine Neubelebung des Kollegiums an. Anfänglich lehnte das Generaldirektorium diesen Antrag, den der Präsident sehr befürwortete, ab, da „das Oder-Commercium zu Stettin noch nicht genug arrangiert, noch auf solchem Fuße sei, daß es deshalb allda bereits eines Kommerzkollegii bedürfe". Ascherleben trug indessen den Plan dem Könige persönlich vor und erreichte, daß dieser die Einrichtung befahl. Sofort wurde eine Instruktion für das Kommerz-Kollegium in Stettin ausgearbeitet und am 29. Januar 1755 vom Könige unterschrieben. Seine Hauptaufgabe war „Verbesserung und Facilitierung des Oderhandels, der Fabriken und Manufakturen und Beförderung des auswärtigen Debits gedachter Manufakturen". Das Kollegium, für das die Stettiner Kaufleute jährlich 200 Taler aus den Hafengeldern zahlten, wurde am 6. März 1755 eingeführt. Es bestand aus dem Präsidenten v. Ascherleben, den Kriegs- und Domänenräten Vanselow, Tschirner, Hille und den Kommerzienräten Barthold, Schröder, Salingre, Artzberger und Schäring. Ihm auch die Rechtsprechung in Handelssachen zu gewinnen, gelang nicht, aber es war in hervorragender Weise für die Entwickelung des Handels tätig und erwarb sich große Verdienste.

Die Förderung des Handels sah König Friedrich vom Beginn seiner Regierung an als eine seiner wichtigsten Aufgaben an, deshalb gliederte er dem Generaldirektorium alsbald das selbständige fünfte Departement für Fabriken, Kommerzien und Manufakturen an. Wie wichtig ihm insonderheit die Hebung des Stettiner Handels war, zeigt seine besondere Hervorhebung in der neuen Dienstordnung, die das Generaldirektorium 1748 erhielt; es heißt dort: „Insbesondere soll das Generaldirektorium darauf arbeiten, daß der Handel, soviel es immer möglich zu machen, über Stettin gezogen werden möge; daneben sollen insonderheit diejenigen Kaufleute, welche bereits en gros handeln oder solchen Handel anfangen, auf alle nur ersinnliche Weise protegiert und ihnen alle Hülfe geleistet werden." In seinem politischen Testamente von 1752 beschäftigt er sich wiederholt mit der Aufgabe de favoriser ou faciliter le commerce de Stettin.

An Plänen und Projekten fehlte es nicht. Man sah in Stettin selbst ein, wie die Stadt sich in den Jahren ihrer Zugehörigkeit zum preußischen Staate bereits gehoben hatte, aber man verhehlte sich auch nicht, was noch fehlte. In einer Denkschrift vom 5. August 1740 setzte die Stettiner Kaufmannschaft ganz verständig auseinander, wodurch die Stadt gehindert werde, die Vorteile, die aus ihrer Lage erwüchsen, voll auszunützen; als solche Hindernisse bezeichnete man die schlechte Verbindung durch die Peene, den Sundzoll, die Absperrung von Polen, die Stapelrechte an der Oder, die Stadtzulage, die hohen Zölle in Schwedt u. a. m. Von den Mitteln, durch die man solche Hindernisse beseitigen zu können meinte, mögen hier nur der Ausbau der Swine und die Verbesserung des Schiffbaues erwähnt werden. Während die Verfasser der Denkschrift offen erklärten, daß der Handel in kurzer Zeit „florissant zu machen sei, wenn der Stadt Frankfurt sowohl als Stettin freistehe, ihre Waren aus der See zu kommandieren und den Oderstrom hinauf zu transportieren", hob der Rat nachdrücklichst hervor, „die Niederlagsgerechtigkeit sei das beste Kleinod dieser Stadt". Dieser Gegensatz der Anschauungen über das, was der Stadt heilsam und nützlich sei, zog sich durch alle Verhandlungen, ja es kam, als von der Kriegs- und Domänenkammer Fragen über die Möglichkeit, die frühere Blüte des Stettiner Handels wiederherzustellen, aufgeworfen wurden, zu einem ernstlichen Streite zwischen den Parteien. Die Kammer selbst zählte die Stapelgerechtigkeit zu den Hauptschäden des Stettiner Handels. Dieser Ansicht war auch der König selbst, wie 1751 der Geh. Finanzrat Faesch offen mitteilte, als er mit Vertretern des Rates und der Kaufmannschaft eine Konferenz „über einige die Aufrechterhaltung und Verbesserung des commercii betreffende Punkte" abhielt. „S. Maj. ist willens das commercium in Stettin in besseren Flor und Aufnahme zu setzen, so selbiges von der Elbe über Hamburg ab und über Stettin zu ziehen." Dazu war die Aufhebung des Stapelrechts notwendig, und trotz des Protestes der Stettiner wurde durch Verordnung vom 22. Januar 1752 der freie Handel auf der Oder hergestellt, der Rezeß von 1733 aufgehoben und allen preußischen Handelsstädten die ungehinderte Waren-Aus- und Einfuhr und Vorbeifahrt zugestanden. Allein für Leinsamen blieb der Zwang der Niederlage bestehen. Klagten und jammerten auch manche Kaufleute, besonders die im Rate saßen, ihre Stadt sei um ihre „wahre Glückseligkeit“ gebracht, so gewann doch der Gedanke von der Freiheit des Handels allmählich immer mehr Anhänger. Bereits 1764 bei der großen Konferenz, die in Berlin mit Vertretern der Kaufmannschaft aus Hirschberg, Breslau, Kolberg, Stettin, Magdeburg, Halberstadt und Berlin gehalten wurde, war von der alten Niederlage kaum noch die Rede. Die Stettiner Deputierten (Senator Ulrich, Kommerzienrat Artzberger, Tielebein, Sanne, Friesener, Selnow) hoben vielmehr den Nutzen des direkten Handels und den Schaden jeder Beschwerung nachdrücklich hervor. Damit entsprachen sie allerdings nicht mehr den Plänen des Königs, der damals in Monopolen und der Gründung privilegierter Handelsgesellschaften ein wichtiges Mittel zur Hebung des Handels sah. Bei der Audienz, welche die Vertreter am 22. Dezember beim Könige hatten, sprach sich dieser deshalb sehr ungnädig über den Widerstand aus, den man seinen Intentionen entgegenbringe und nannte die Kaufleute „einfältig und schläfrig“. Es ist merkwürdig, daß gerade die Stettiner, die so hartnäckig auf Erhaltung ihres Niederlageprivilegs drangen, jetzt die eifrigsten Verteidiger des Freihandels waren. Ihnen erschienen alle Monopole, die übrigens auch Friedrich der Große nur als notwendige Übel, als Übergangsformen des volkswirtschaftlichen Betriebes ansah, geradezu als Hindernisse des Handels. „Die Freiheit, so erklärte die Kaufmannschaft 1770, ist die Seele des Handels, das Gegenteil aber, die Einschränkung dieser oder jener bereits excolierten Branche von Handlung auf gewisse Individua oder die Kompagniehandlungen sind so überhaupt dem Publikum als besonders dem Kommerzwesen im ganzen betrachtet höchst nachteilig.“ Deshalb widerstrebten die Stettiner fortgesetzt der Gründung von privilegierten Handelsgesellschaften. Sie erklärten sich gegen die 1765 geplante Holzhandlungskompagnie, und bei der 1770 errichteten Getreidehandlungskompagnie auf der Oder wurde ausdrücklich hervorgehoben, daß hier nicht ein monopolium, sondern ganz freier Handel beabsichtigt sei. Trotzdem fand die Gründung wenig Anklang in Stettin, und die Unterbringung der Aktien machte viele Mühe. Einige Jahre später lehnten die Stettiner eine Beteiligung an einer ähnlichen in Schlesien errichteten Gesellschaft direkt ab. Sonst sahen sie den Nutzen gemeinsamer Arbeit oder Zusammenfassung der einzelnen Kräfte wohl ganz gut ein, wenn auch der Gemeinsinn noch wenig entwickelt war. Der Errichtung einer Börse, wie sie 1754 angeregt wurde, stand man nicht abgeneigt gegenüber; die Ausführung unterblieb aber vorläufig, da es an einem Platze mangelte. Ein Bankkomptoir wurde unter der Direktion des Kriegs- und Domänenrats Ulrich nach langen Verhandlungen endlich 1768 errichtet. Weniger glückte es, die Kaufleute zu der 1766 in Berlin gegründeten Assekuranzgesellschaft heranzuziehen, nachdem man bereits 1753 den Versuch gemacht hatte, eine solche in Stettin zu bilden. Es ist nicht zu leugnen, daß die Stettiner sich in vielen Beziehungen eigenwillig und kurzsichtig zeigten; die guten Absichten der Regierung verkannten sie oft. Der König verlangte durchaus die Unterordnung der persönlichen Interessen unter die der Allgemeinheit, und zu einer solchen Auffassung vermochte sich die Kaufmannschaft, ebenso wenig wie die sonstige Bevölkerung aufzuschwingen. Erst allmählich mußten sie das lernen.

Ein nicht zu unterschätzendes Mittel, Lehren aus der fortschreitenden Entwickelung zu ziehen und zu verbreiten, war dem Könige die Statistik. Er führte ganz regelmäßige Berichte und Tabellen über alle möglichen Vorgänge auf dem Gebiete des Handels ein. Seit 1750 liegen vor jährliche „Spezifikationen, wie viel an allerhand Waren und Gütern über Stettin zu Wasser verschickt worden", die von 1754 an gedruckt sich zu vollständigen Einfuhr- und Ausfuhrlisten entwickelten. Daneben gab man Verzeichnisse über den Schiffsverkehr und die Getreidepreise heraus, forderte vom Rat jährliche Berichte über den Handelsverkehr usw. Daher liegt für das 18. Jahrhundert ein sehr umfangreiches Material für eine Geschichte des Stettiner Handels vor, das erst zum kleinsten Teile ausgenutzt worden ist. Die Zahlen beweisen, wie der Wert der seewärts ein- und ausgeführten Waren ziemlich regelmäßig wuchs, die Einfuhr aber die Ausfuhr stets um ein beträchtliches überstieg.

Weniger statistische Angaben liegen vor für den Flußhandel. Er mußte eigentlich neu begründet und der Oder erst wieder Bedeutung für den Verkehr gewonnen werden. Schon 1742 wurde dem Generaldirektorium die Frage vorgelegt, ob nicht „eine interessante Handlung und Kommunikation zwischen Stettin und den kurmärkischen und magdeburgischen Städten zu etablieren sei". Diesem Zwecke dienten die Anlage des Plaueschen Kanals zwischen Elbe und Havel und besonders die Wiederherstellung des verfallenen Finowkanals, der 1746 fertig wurde. Mit Freude schrieb der König am 12. September 1749 an den Präsidenten von Ascherleben: „Daß die Schiffahrt von den Magdeburgern, Schlesiern und Berlinern sich mehr als vorhin über Stettin zieht, habe ich mit Vergnügen vernommen und zweifle nicht, daß der gute Erfolg davon sich noch weit stärker sehen lassen werde, wenn nur den Kommerzianten darunter, so viel wie möglich, die Hand geboten wird, um ihnen den Handel in Stettin mehr und mehr angenehm zu machen." Ein Mittel dazu war die auf Veranlassung des Steuerrats Vanselow 1752 erfolgte Herabsetzung der Oderzölle und ihre Gleichstellung mit den Elbzöllen. Sehr bald nahm die Menge der nach Berlin, Magdeburg, Schlesien von Stettin versandten Waren nicht unbeträchtlich zu. Die Anlage des Bromberger Kanals (1773—74) gab Stettin einen Teil des Danziger Handels.

Bereits durch die Patente vom 22. September 1744, vom 3. Januar und 20. März 1750 war der Versuch gemacht worden, den Verkehr mit Polen zu beleben; er kam aber trotz aller Erleichterungen nicht recht in Gang, besonders das polnische Getreide, das zur Ausfuhr zugelassen wurde, blieb aus. Sonst befolgte König Friedrich in seiner Getreidehandelspolitik dieselben Grundsätze wie sein Vater, ja das agrarische Schutzzollsystem wurde von ihm noch weiter ausgebaut und die Magazinierung von Getreide, die Friedrich Wilhelm begonnen, in der großartigsten Weise ausgestaltet. In den Magazinen sollte „für die Armen und das Land soviel Vorrat jederzeit vorhanden sein, daß dieselben 1½ Jahre damit versorget werden können". Denn diese Magazine sollten nicht nur für den Unterhalt der Soldaten dienen, sondern eine ungerechte Getreidespekulation verhindern und im Interesse der Gesamtheit die Preise regeln. Der Stettiner Handel hatte fast nur mit pommerschem Korn zu tun, da die Einfuhr aus Polen und Mecklenburg zum inländischen Konsum fast regelmäßig verboten und nur in einigen Teuerungsjahren erlaubt war. Der Durchgangsverkehr war nie bedeutend.

Einen Hauptzweig des Stettiner Geschäftes bildete seit langer Zeit der Holzhandel; auch hier traten manche Hindernisse ein, besonders im Verkehr mit England, und die Regierung war nicht imstande, diese zu beseitigen. Dazu kamen allerlei Streitigkeiten mit dem Magistrate wegen des Ratsholzhofes auf dem Möllen und des Wrack- und Stättegeldes. Die größte Beunruhigung aber trat ein, als der König 1765 die Errichtung einer Holzhandlungskompagnie in Aussicht nahm und sofort betrieb. Man sandte Deputierte (Sanne und Selnow) nach Berlin, die auch das Versprechen erhielten, „die Stettiner sollten in dem Holzhandel, welchen sie bisher gehabt, ferner ungestört belassen werden". So konnte sich dieser Zweig des Stettiner Handels ruhig entwickeln, und dasselbe gilt auch für andere bedeutsame Gegenstände, wie Wein, Heringe u. a. m. Der Transport von französischem Wein nach Berlin oder nach Schlesien war in manchen Jahren sehr bedeutend; um nur einige Zahlen anzugeben, es kamen 1765 nach Stettin zur See mehr als 31000 Oxhoft Franzwein, nach Berlin wurden davon über 10000 Oxhoft geführt. Am Weinhandel waren sehr viele Kaufleute beteiligt; eine Liste von 1794 zählt 34 Firmen auf, von denen genannt sein mögen: R. C. Gribel, Witwe Nonnemann, Salingre, Tilebein und Comp., Vanselow und Comp., G. C. Velthusen, S. G. Wächter, J. J. Wietzlow jun. Der Handel mit Frankreich war infolgedessen nicht unbedeutend; von Stettin ging dorthin Holz in den verschiedensten Formen. Gering war der direkte Verkehr mit Spanien, Portugal und Italien, da, wie 1764 nachdrücklich hervorgehoben wird, den preußischen Schiffen auf dem mittelländischen Meere die nötige Sicherheit vor den „Algierern" fehlte. Der aus Norwegen stammende Kaufmann Olsen in Stettin erhielt 1756 das Versprechen, daß, wenn eins seiner Schiffe genommen und die Mannschaft in die Gewalt der Seeräuber gekommen wäre, für ihre Auslösung an den Kirchentüren gesammelt werden sollte. Der englische Verkehr war auch nicht bedeutend, die Einfuhr von Steinkohlen ziemlich gering. Dagegen wurde von dort her in großen Massen Talg (z. B. 1776 über 28000 Zentner) und Tabak (1788 mehr als 17000 Zentner) eingeführt. Der Handel mit Dänemark und Schweden war wenig lebhaft; der Heringsimport erreichte 1784 mit 33000 Tonnen seine größte Höhe, es ist aber nicht ersichtlich, woher die Ware hauptsächlich kam. Material- und Gewürzwaren wurden vornehmlich aus Holland eingeführt; die Zahlen des Kaffee-Imports stiegen fast regelmäßig bis zu der enormen Höhe von 29194 Zentnern im Jahre 1785. Der Verkehr mit Rußland wurde 1764 als höchst bedeutend dargestellt, Hanf, Talg, Leder wurden in Menge importiert. Ein Versuch, direkte Beziehungen zur Levante anzuknüpfen, erfolgte 1765, nachdem ein Jahr vorher ein Schiff aus Smyrna in Stettin eingetroffen war. Man begründete die Levantische Handlungskompagnie als eine Aktiengesellschaft, die das Monopol für Baumwolle, Südfrüchte und andere Levanteprodukte erhielt. Es kamen jedoch nur 4 Schiffe aus Smyrna oder Saloniki nach Stettin, dann brach die Kompagnie zusammen, ihre Warenvorräte wurden von der Bank übernommen. Ein zweiter Versuch, den 1787 die Seehandlungsgesellschaft mit direkter Einfuhr von Baumwolle nach Stettin machte, hatte keinen besseren Erfolg; je ein Schiff traf in den beiden nächsten Jahren ein, dann hörte man nichts mehr davon.

Alles dies zeigt deutlich, daß der gesamte Handel Stettins trotz der mancherlei Schläge, die er namentlich in den Kriegszeiten erlitt, aufsteigende Tendenz hatte, allerdings langsam, da viele Schwierigkeiten zu überwinden waren. Der Wert der seewärts ausgegangenen

Güter belief sich 1768 auf 922419 Taler, 1790 auf 1906126 Taler und der Wert der eingegangenen Waren 1768 auf 1715639½ Taler, 1790 auf 3983130 Taler. Diese Zunahme wurde hauptsächlich ermöglicht durch die großen Wasserbauten, die König Friedrich an der Swine vornehmen ließ. Schon lange war es der Wunsch der Stettiner, einen besseren und kürzeren Weg in die Ostsee zu erhalten; die Fahrt durch die Peene, so wird 1740 geklagt, kann bei konträrem Winde 14 Stunden dauern und erfordert in dem schwedischen Wolgast erheblichen Aufenthalt und Kosten. Schon Friedrich Wilhelm I. hatte das Werk der Swine-Regulierung beabsichtigt, aber erst sein Nachfolger ließ es sofort nach dem Regierungsantritt in Angriff nehmen. Im Frühjahr 1747 war die Swine soweit schiffbar, daß der Seeverkehr Stettins sich zum größten Unwillen Schwedens von der Peene abwandte. Der Bau wurde nach dem siebenjährigen Kriege wieder aufgenommen und um 1790 fertiggestellt. An der Mündung entstand bald eine Ansiedlung, die schon 1764 von 155 Familien bewohnt wurde und im folgenden Jahre Stadtrecht erhielt. Swinemünde wurde der Vorhafen Stettins und hob sich langsam bei wachsendem Schiffsverkehr. Die Schiffsbewegung in beiden Häfen nahm in den ersten Jahren zu, ging aber, als der englisch-französische Seekrieg begann und später auch Russen und Schweden den Hafen zeitweise blockierten, wieder zurück, um dann von neuem zu steigen. Freilich blieben die Schwankungen immer noch recht groß.

Für die Flußschiffahrt wurde 1760 ein neues Reglement erlassen. Die Frachten aber ließen sich nicht festlegen, sie schwankten ungemein hin und her trotz des 1766 aufgestellten Tarifes. Die Schifferkompagnie erhielt 1756 eine neue Ordnung, in der auch für die Ausbildung der Seeleute Sorge getragen wurde. An Vorschlägen und Beratungen über die Hebung der Schiffahrt fehlte es nicht, besonders im Jahre 1769; es gelang aber nicht sogleich Abhülfe der Schäden und Hindernisse zu schaffen, immerhin wurden manche Anregungen zu späterer Entwickelung gegeben. Ein Fortschritt ist trotz vieler Schwierigkeiten zu erkennen. Die Reederei Stettins zählte

1751:	79	Seeschiffe mit	4675	Lasten,
1762:	35	„ „	1901	„ ,
1786:	147	„ „	17919	„ .

Dem Schiffsverkehr dienten auch mancherlei Änderungen und Bauten im Hafen. Da man über Mangel an Löschplätzen klagte, regte das Kommerz-Kollegium 1755 die Beseitigung der am Bollwerk stehenden Buden an; das machte aber unendliche Schwierigkeiten, und die Verhandlungen zogen sich Jahrzehnte lang hin. Noch

1820 hatten 76 Handelsleute Planbuden, Tische, Schragen unmittelbar an der Oder. Um einem Bedürfnisse nach Heringsremisen abzuhelfen, begann man nach abermaligen langen Beratungen 1797 mit dem Bau eines neuen Sellhauses hinter dem Schlachthause auf dem rechten Oderufer. Wasserbäume, die zur Sperrung des Hafens dienten und für die Sicherheit der Festung notwendig waren, wurden statt früher 10 nur noch 4, im Dunzig, am Bleichholm, am Schneckentor und in der Parnitz, unterhalten. Die beiden Oder-, die Parnitz-, die Zollbrücke mußten immer wieder repariert werden; zum Teil hatten sie stattliche Portale und Vorbauten. Sehr große Kosten verursachten der Stadt die ständigen Reparaturen und Bauten des großen Steindammes, für dessen Unterhalt eine Zeitlang eine Abgabe von den Branntweinbrennern erhoben wurde; es mußte aber wiederholt für die Ausbesserungen, die fast in jedem Jahre nötig waren, eine städtische Anleihe aufgenommen werden. Denn der Dammzoll reichte dazu bei weitem nicht aus, obwohl der Pachtertrag von 1747—1802 auf das Doppelte von 500 auf 1051 Taler stieg. Mit den sonstigen dem Handel dienenden Einrichtungen, der Stadtwage, Krähnen und Speichern, sah es immer noch sehr kümmerlich aus, auch die Verunreinigung und Verschlammung der Oder erregte viel Ärgernis.

Die Kaufmannschaft behielt ihre alte Verfassung zum Seglerhause mit acht Altermännern. Wer wirklich Großhandel treiben wollte, mußte sich durch Zahlung einer Gebühr in die Korporation einkaufen. Daneben hatten die Konzessionarien von der Regierung eine Spezialerlaubnis zum Handelsgewerbe, ohne daß sie das Bürgerrecht und die Kaufmannsverbadung gewinnen mußten. Sie hatten aber nicht, wie die zur Bürgerrecht gesessenen Kaufleute, Stadtzollfreiheit für die Waren, die sie für ihre Rechnung nach auswärts sandten. Die Kaufmannschaft zählte 1740 nur 90, 1782 dagegen 150 Mitglieder. Makler gab es anfangs 4, später 5, für die 1782 eine neue Ordnung erlassen wurde. Im Jahre 1763 erfolgte eine Aufstellung der in Stettin befindlichen Kaufleute und Fabrikanten und eine Einteilung in drei Klassen. Zu der ersten gehören die Kaufleute, „welche über See und en gros handeln, auch ein konsiderables Vermögen besitzen“, es sind 33, von denen genannt werden mögen Tilebein, Ronnemann, Salingre, Schröder, Masche, Witte, Sanne, Banselow. In die zweite werden die Kaufleute und Fabrikanten, gesetzt, „so im Ruf eines guten Vermögens stehen und sich in ihrem negoce für andern hervortun“. 81 werden aufgeführt, unter ihnen Hellwig, Ludendorf, Grischow, Rahm, Otto, Stolle, Zitelmann, Wietzlow, Dreist, Scherenberg, Petersen. 19 gehören zu denen, „welche nur mittelmäßige und kleine Handlung treiben oder sonst in ihren Manufakturen schlecht sind". Leider fehlen ähnliche Listen aus späterer

Abb. 22. Isaak Salingre.

Zeit; sie würden zeigen, daß sich die Vermögensverhältnisse bei gar manchen von den genannten erheblich verändert und ganz neue Geschäfte sich heraufgearbeitet haben. Von den Stettiner Kaufleuten dieser Zeit taten sich bei den Verhandlungen über die Handelsverhältnisse mehrere rühmlich hervor. J. J. Vanselow, der das Geschäft seines Vaters Jakob Vanselow († 1731) übernahm, wurde Rat der Kriegs- und Domänenkammer und später des Kommerz-Kollegiums, ohne seine Geschäft aufzugeben. Es ging nach dem Tode seines Sohnes in den Besitz des Isaak Salingre über, der den Kaufmann C. L. Wißmann als Kompagnon aufnahm. Salingre, ein Angehöriger der französischen Kolonie, wurde einer der angesehensten Kaufleute Stettins, der vom Könige hoch geachtet wurde und ein großes Vermögen erwarb. Am Roßmarkt und in der Königstraße besaß er Häuser, in denen er auch industrielle Unternehmungen anlegte. Gottfried Friedrich Tilebein erhielt 1750 die Konzession zur Handlung, sein Sohn Karl Gotthilf wurde 1784 Bürger. Rudolf Christian Gribel aus Hamburg wurde 1773 in die Kaufmannschaft aufgenommen. Aus dem Bürgerbuche mögen als neue Bürger erwähnt werden Simon Gotthilf und Daniel Friedrich Weinreich aus Stargard (1766 und 1772), Georg Friedrich Hellwig aus Rawitsch (1784), Karl Friedrich Schleich aus Angermünde (1785), David Goltdammer (1785), Johann Christian Wilhelm Lobeck aus Demmin (1790), Johann Friedrich Frauenknecht aus Pasewalk (1791), Georg Ernst Meister aus Mecklenburg-Schwerin (1791), Gustav Wilhelm Rosenow aus Völschendorf (1792), Johann Ludwig Kirstein aus Stargard (1793), Johann Theodor Scherenberg aus Swinemünde (1796), Georg Friedrich Hemptenmacher aus Stendal (1798), Johann Friedrich Andreas Gottlob Pitzschky aus Warin in Mecklenburg (1802), Karl Theodor Dieckhoff aus Stargard (1804), Johann Michael Prutz aus Hagen (1804), Johann Christian Wachenhusen aus Ribnitz (1804), Jean Pierre Degner aus Berlin (1806). Viele Firmen, die einstmals Bedeutung für die Stadt hatten, sind verschwunden. Denn es ist das Eigenartige in der Stettiner Kaufmannschaft, daß sehr viele Geschäfte entweder nicht lange in der Stadt bestanden oder nach einiger Zeit in andere Hände übergingen und einen anderen Namen erhielten. Die Ursache für diese Tatsache liegt nicht immer klar zu Tage und kann auch in verschiedenen Umständen gesucht werden. Die wiederholten Schläge, von denen das Wirtschaftsleben Stettins getroffen worden ist, haben gewiß sehr viel zu der Unbeständigkeit beigetragen.

Die Zeit gegen Ende des 18. Jahrhunderts war eine Epoche der Blüte des Stettiner Handels. Das bezeugen neben den trockenen Zahlen auch manche Schilderungen, die aus jenen Jahren ziemlich zahlreich vorliegen. Mag man auch einzelne von ihnen, wie z. B. J. J. Sells höchst interessante und lehrreiche Briefe über Stettin aus dem Jahre 1797 (erschienen 1800) oder die Darstellungen in L. W. Brüggemanns ausführlicher Beschreibung Pommerns (1779—1806) und C. F. Wutstracks kurzer Beschreibung Pommerns (1793) als zum Teil von Lokalinteresse befangen und nicht als unparteiisch ansehen, so mögen die Angaben in Krugs topographisch-statistisch-geographischem Wörterbuche mehr Glauben finden, daher zusammenfassend den Handel Stettins schildern und zeigen, wie ihn die Zeitgenossen beurteilten; wir lesen dort folgendes:

„Der wichtigste Nahrungszweig für Stettin ist der Handel, zu welchem die Stadt bequem liegt. Durch das Haff und die kleine Meerenge, den Swinestrom, ist die Oder mit der Ostsee verbunden, nur ist der Swinestrom für beladene Seeschiffe zu seicht, und die Waren müssen in der Swinemünde ausgeladen und auf sogenannten Leichterschiffen nach Stettin gebracht werden. Die an der Oder und Warthe liegenden Städte, vorzüglich Frankfurt, Breslau und Posen, ziehen ihre mehrsten Handelsbedürfnisse über Stettin und versenden über diesen Ort ihre entbehrlichen Produkte und Fabrikate, jedoch gehen auch mehrere Waren, welche im eigentlichen Gebiet der Oder gewonnen werden, auf Hamburg, indem die Schiffahrt in die Nordsee früher anfängt und länger dauert als in die Ostsee, die Assekuranzen dort wohlfeiler sind als hier und der Sundzoll die Waren verteuert. Auch fehlt es in Stettin mehrenteils an Rückfracht, welches der Fall in Hamburg nicht ist. Stettin versorgt auch einen großen Teil der Kurmark und die Stadt Berlin mit Materialwaren, sonderlich mit Wein. Die Stadt hat den Stapel auf Leinsaat, und ein sehr ergiebiger Nahrungszweig ist der Holzhandel, indessen hat die Nutzholzadministration, welche hier einen Oberbuchhalter besoldet, in Ansehung des inländischen Holzes das Vorkaufsrecht und in Ansehung des südpreußischen einen Vorsprung von 6 Prozent. Der Juchten- und Talghandel ist wichtig und hat in neueren Zeiten sehr zugenommen, ist aber mehr Speditions- als Proprehandel. Das hauptsächlichste Hindernis, welches dem Stettiner Handel entgegensteht, ist, daß es an Rückfracht fehlt. Die Ausfuhrprodukte sind schwer und füllen die Schiffe, aber die Einfuhrprodukte sind mehrenteils von der Art, daß mit einer Schiffsladung dem Werte nach zehn und mehr Stettiner Schiffsladungen bezahlt werden können." Ähnlich lauten gleichzeitige Urteile, wie sie z. B. v. Beguelin in seiner Darstellung der Accise- und Zollverfassung (Berlin 1797) oder J. F. Zöllner in seiner bekannten Reisebeschreibung (erschienen 1797) fällen.

Neben der Kaufmannschaft bestanden die Kramerkompagnie, die im Jahre 1763 nur 26 Mitglieder zählte, die Zunft der Höker, deren

Privileg von 1746 die Überschreitung der früher festgesetzten Zahl von 24 bei der Aufnahme gestattete, und die der Kleinhändler. Die Waren, mit denen sie handeln durften, waren im einzelnen festgesetzt; daß es dabei zu manchen Streitigkeiten kam, ist erklärlich, besonders da sich auch Soldaten und Soldatenweiber mit dem Verkauf von Viktualien beschäftigten. Es wurden seit 1790 eigene Erlaubnisscheine für 25 bis 30 Zempler ausgestellt, die mit einigen Lebensmitteln handelten. Besondere Fürsorge verwandte man auf die Preisregulierung, seit 1768 setzten Vertreter des Gouvernements, der Garnison, der Kriegs- und Domänen-Kammer, der Accise-Direktion und des Magistrats jährlich den Preis für Bier und Branntwein fest. Die Militärverwaltung veranlaßte es ebenfalls, daß wiederholt Viktualientaxen erlassen wurden. Auch um die nötige Zufuhr von Fleisch und Fischen kümmerten sich die Behörden, die Garnison setzte 1770 zum großen Ärger der Zunft einige Freischlächter an. Wenn Klagen über hohe Brotpreise, über Mangel an Getreide, über schlechtes oder teures Bier laut wurden, so pflegten Magistrat und Gouvernement sich gegenseitig die Schuld zuzuschieben, und die Kriegs- und Domänenkammer hatte genug zu tun, die Zwistigkeiten beizulegen.

Jahrmärkte fanden im ganzen 5 statt, 2 Kram-, 1 Vieh-, 2 Wollmärkte. Der Sommerkrammarkt am Montag nach Mariä Himmelfahrt (15. August) wurde ursprünglich auf dem Roßmarkt, später auf dem Heumarkt und in der Hagenstraße abgehalten, dort hatte immer der Wintermarkt am Montag nach Katharina (25. November) seine Stätte. Im Jahre 1788 verlegte man beide auf den Roßmarkt. Pferdemärkte wurden im Fort Preußen abgehalten. Die beiden Wollmärkte scheinen 1743 eingerichtet worden zu sein, sie waren am 8. Juni und 20. Oktober; allmählich verloren sie ganz an Bedeutung und hörten 1794/95 auf. Eine eigene Marktpolizei, deren Beamte uniformiert wurden, richtete man 1790 ein und bestellte damals auch 2 Ausrufer für die zum Verkaufe kommenden Viktualien.

Mit den Wirtshäusern, von denen der Gasthof zu den drei Kronen in der breiten Straße vielleicht der älteste war, stand es nach einer Klage, die 1761 laut wurde, in der Stadt recht schlecht. Der Magistrat wurde dringend ermahnt, für bessere zu sorgen. Er machte auch allerlei Versuche, erließ 1766 eine Wirtshaustaxe, in der 17 Gasthöfe erwähnt werden, z. B. der goldene Hirsch und drei Kronen in der breiten, Prinz von Preußen in der Mühlenstraße, Goldener Anker, Schwarzer Adler, Braunes Roß, König von Preußen und Drei Polen auf der Lastadie. 1802 war das größte das 1797 eingerichtete Hotel de Prusse in der Mühlenstraße, es hatte aber nur 16 Zimmer für

Fremde, dagegen für 40 Pferde Stallung. Die Liste der Fremden wurde regelmäßig in der Zeitung oder in dem Intelligenzblatte veröffentlicht. Ihnen standen seit 1741 auch 2 Sänften oder Portechaisen zur Verfügung, ein Versuch, Mietswagen nach Berliner Vorbild zu halten, schlug 1756 kläglich fehl. Der Fremdenverkehr in Stettin war gar nicht gering, in größerer Zahl erschienen besonders Russen, die den Seeweg benutzten. Bald kamen auch Gäste, um die Stadt kennen zu lernen, und die Zahl der Reisebeschreibungen, in denen Stettin geschildert wird, ist gar nicht so gering. Einer der berühmtesten Reisenden, die der Stadt einen Besuch abgestattet haben, Wilhelm von Humboldt, schreibt in seinem Tagebuche von 1796: „Der Handel nimmt täglich zu, die Industrie scheint sehr groß, wenigstens ist besonders auf der Lastadie und an der Wasserseite überhaupt unaufhörlich viel Leben und Tätigkeit."

Dieser Industrie, zu der auch Friedrich Wilhelm I. den Grund gelegt hatte, ließ Friedrich der Große fast noch mehr Förderung zuteil werden als dem Handel. Sie auf jede Weise zu heben, ihr Staatsschutz zu gewähren, Unternehmungen zu unterstützen, Anregung zu neuen Anlagen zu geben, war ihm eine der wichtigsten Aufgaben seines königlichen Amtes. Am 25. Mai 1749 erging an die pommersche Kammer die Ordre, „das pommersche Manufaktur- und Fabrikenwesen auf einen besseren Fuß zu setzen". Dem Kriegsrate Uhl wurde das Direktorium im Kommerzien- und Manufakturwesen übertragen und die Anordnung getroffen, es solle in jeder Stadt aus der Zahl der Ratmänner ein eigener Fabriken-Inspektor ernannt werden. In Stettin machte der Magistrat erst wieder viele Schwierigkeiten, keiner von den Mitgliedern wollte dies Amt übernehmen. Da wurde einfach der bisherige Fabriken-Kommissarius Filius zum Inspektor in Stettin bestellt, und der Magistrat mußte, so sehr er sich auch gegen die Verletzung seines freien Wahlrechts sträubte, ihm Sitz und Stimme im Rate geben. Nach dem Tode des Filius (1767) wurde Friedr. Karl Thilo zum Senator und Fabriken-Inspektor gewählt. Von seiner Hand liegen zahllose Ausarbeitungen, Berichte und Tabellen vor, die ein großes Material zur Geschichte der Stettiner Industrie im 18. Jahrhundert enthalten. Seit 1768 fand auf der Kammer jede Woche eine Konferenz über das Fabrikwesen statt, zu der als Kommissare des Magistrats der leitende Bürgermeister und der Fabriken-Inspektor erscheinen mußten.

Um die Hebung der Wollmanufaktur hatte sich bereits Friedrich Wilhelm I. eifrigst bemüht; 1740 wurde ein Wollmagazin angelegt, seit 1749 mußten jährliche Berichte über die Verarbeitung der Wolle und die einzelnen in diesem Industriezweige tätigen Manufakturiers eingeliefert werden. Unter den Tuch-, Zeug- und Rasch-, Hut-Machern und Strumpfwirkern befanden sich viele französische Kolonisten. Für die Seidenindustrie und die Anlage von Maulbeerplantagen im Stadtgebiete mußte der Magistrat ständig Sorge tragen und jährlich darüber berichten. Man verarbeitete die Seide besonders zu Bändern, hierfür waren 1769 bereits 5 Stühle in Tätigkeit. Eine Segeltuchfabrik wurde 1777 angelegt, und der Senator Thilo begründete 1782 eine „Tafeldamast-, Leinen- und Segeltuchfabrik", dazu kam sehr bald noch eine neue derartige Anlage, die auch Flaggentuche fabrizierte. Thilo richtete 1786 auch eine Fabrik für hanfene Feuer-Schläuche und -Eimer ein. Der Verarbeitung von Leder dienten mehrere Anlagen, z. B. die 1756 gegründete Juchtenfabrik der Gebrüder Rahm. Die Boccardsche Lederfabrik, die von der Regierung 1786 mit einem Vorschusse von 2504 Talern unterstützt wurde, beschäftigte 1796 16 Arbeiter. Eine Fabrik zur Herstellung von türkischem Buntpapier entstand 1760. Am bedeutendsten war lange Zeit in Stettin die Tabaksindustrie; Isaak Salingre erhielt schon 1746 ein königl. Privileg für eine Tabakfabrik, die sich allmählich zu der größten industriellen Unternehmung entwickelte. Durch die Einführung des Tabakmonopols (1765) und die Generaltabakadministration (1767) wurde ihre Tätigkeit gehemmt, aber als das Monopol 1786 aufgehoben wurde, konnten sofort 12 Fabrikanten wieder frei ihr Gewerbe ausüben. Unter ihnen beschäftigte Salingre 1788 etwa 160 Arbeiter und stellte Fabrikate im Werte von mehr als 70000 Talern her; sonst war die Fabrik von Velthusen mit 73 Arbeitern von Bedeutung. Im ganzen beschäftigte diese Industrie 316 Arbeiter. 1797 wurde die Generaltabaksadministration wieder eingeführt, worüber man in Stettin sehr wenig erfreut war. Velthusen legte 1790 eine Zuckersiederei in der Mühlenstraße an, in der bald für 140000 Taler Zucker und Syrup hergestellt wurden; später kam die Raffinerie der Gebrüder Schickler hinzu. Der Hofapotheker Meyer erhielt 1782 und 1788 je 5000 Taler von der Regierung zur Einrichtung und Unterhaltung einer Franzbranntweinbrennerei und Likörfabrik, die 1796 15 Arbeiter beschäftigte. Zwei Kaufleute bekamen 1765 die Erlaubnis zur Anlage einer Seifensiederei auf der Lastadie trotz eines sehr lebhaften Widerspruches des Magistrats. In Grabow entstand eine Ölmühle, die allerdings nach einigen Jahren niederbrannte. Eine Ankerschmiede wurde 1782 auf dem Bleichholm von J. G. Seydel begründet und von der Regierung unterstützt; zwei Jahre später wandelte man diese Anlage in eine Aktiengesellschaft um, die das Privileg der Herstellung von Ankern für Pommern, Ost- und Westpreußen erhielt.

Damals wurde Stettin der Mittelpunkt des Schiffbaues für die preußischen Provinzen, und die Regierung gewährte für den Bau von Schiffen Unterstützungen. Auswärtige Baumeister begannen hier nach den Regeln der holländischen Kunst größere Fahrzeuge, z. B. 1754 eins von 130 Lasten, zu bauen. Seit 1760 war im Auftrage der Regierung der Schiffbaudirektor Quantin in Stettin tätig und stellte auf seiner Werft besonders seit 1776 für die Seehandlungsgesellschaft zahlreiche Schiffe fertig. Das Gewerk der Schiffszimmerleute machte ihm viele Schwierigkeiten, indem es ihm die Arbeiter wegnahm. Deshalb erging 1782 an das Gewerk wiederholt das Gebot, den Betrieb der Werften, die gerade jetzt sehr stark beschäftigt seien, nicht zu stören. Damals nämlich, zur Zeit des großen Seekrieges, stand diese Industrie in höchster Blüte, es herrschte eine rege Tätigkeit; von 1781 bis 1795 wurden in Stettin 144 Schiffe gebaut, die 1388660 Taler wert waren. Ließ die Tätigkeit auch später nach, so baute man 1805 bei Stettin noch 20 Seeschiffe, und die gewerbliche Tätigkeit auf den Werften war lange Zeit ein Hauptgegenstand des Interesses für die Fremden, die Stettin besuchten.

Mit dieser kurzen Aufzählung ist keineswegs erschöpfend dargestellt, was in dieser Zeit an industriellen Unternehmungen in Stettin entstand. Die Staatsbehörden zeigten oft einen geradezu fieberhaften Eifer, dem Wunsche des Monarchen nachzukommen. Möglichst alle Waren sollten im Inlande hergestellt werden, deshalb wurden immer neue Konzessionen und Privilegien ausgefertigt. Dann galt es, die neuen Unternehmungen nach Möglichkeit zu unterstützen, und dazu gab man ihnen Geldhilfen, schrieb Preisaufgaben aus, setzte Prämien fest. In den jährlichen Berichten durfte nur kein Rückschritt verzeichnet werden, sonst kam sofort von Berlin eine Nachfrage oder harter Tadel wegen Nachlässigkeit. Es ist nicht zu verwundern, daß manche Anlagen sich durchaus nicht glücklich entwickelten und bald wieder eingingen.

Im Jahre 1753 wurden in Stettin 56 Gewerke aufgezählt, ihre Zahl verminderte sich bis 1805 auf 48. Die von Friedrich Wilhelm I. durchgeführte Staatsaufsicht über die Zünfte und die Beseitigung älterer, nicht mehr zeitgemäß erscheinender Bräuche wurden fortgesetzt. In den von der Kriegs- und Domänenkammer ausgestellten Bestätigungen der Innungsprivilegien wurden die meisten Ämter als ungeschlossene, d. h. als solche erklärt, in denen die Zahl der Meister und Gesellen nicht beschränkt war. Neben den Manufakturen hatte das zünftige Handwerk einen schweren Stand, es befand sich in einem Übergangszustande, in sehr vielen Gewerken nahm die Zahl der Meister rasch ab. Am größten waren in Stettin 1805 die Gewerke der Schneider und Schuhmacher mit 151 oder 149 Meistern, dagegen gab es in drei Ämtern nur insgesamt 40 Bäcker, sowie 30 Knochenhauer. Demgegenüber erscheint uns die Zahl von 20 Perückenmachern recht hoch. Blühend waren noch die Ämter der Böttcher (50), der Tischler (40), der Pantoffelmacher (28), der Sattler (22) und Schlosser (22). Der Anteil, den die französische Kolonie am Handwerkbetriebe nimmt, war nicht bedeutend; es werden 1805 in den Gewerken nur 81 französische Meister gezählt. Jedem Amte war vom Magistrat ein Senator als Beisitzer beigegeben, der die Verwaltung zu beaufsichtigen hatte.

Die Stadtverwaltung wurde nach dem rathäuslichen Rezesse von 1723 unter strengster Aufsicht der staatlichen Behörden geführt. Der Magistrat mußte für jede Ausgabe die Bewilligung der Kammer erbitten. Wenn er irgend etwas ohne ihre Erlaubnis unternahm, erhielt er einen herben Verweis, und von einem freien Verfügungsrecht oder einer selbständigen Verwaltung war kaum noch die Rede. Daneben sprach in der Festung das Gouvernement in vielen Fragen ein entscheidendes Wort mit. Eine Änderung in dieser Stellung der Stadt im Staate wurde auch durch das allgemeine preußische Landrecht von 1794 nicht herbeigeführt. Neben dem Magistrat standen nach diesem Gesetze „Repräsentanten", diese vertraten aber nur einzelne Korporationen, in Stettin die Kaufmannschaft und die Gewerke, nicht die gesamte Bürgerschaft. Außer den eigentlichen Bürgern, deren Zahl immer geringer wurde, da viele es nicht für nötig hielten, das Bürgerrecht zu erwerben, gab es die Eximierten und die Schutzverwandten. Es fehlte ein gemeinsames Band, das die Einwohner verknüpfte, und von einer Teilnahme an der Stadtverwaltung war so gut wie nicht die Rede.

Das freie Wahlrecht des Magistrats wurde immer wieder mit Nachdruck geltend gemacht und auch von den Behörden fast regelmäßig beachtet. Er bestand aus 17 Mitgliedern, die, auf Lebenszeit gewählt, ein bestimmtes Gehalt und Accidentien, d. h. Abgaben erhielten, die ihnen aus besonderen Funktionen zufielen. Dem dirigierenden Bürgermeister standen z. B. die Gebühren zu, die herumziehende Seiltänzer, „Komödianten und Quacksalber" zu zahlen hatten. Die Naturallieferungen wurden abgeschafft. Der erste Bürgermeister, der immer noch den Titel Landrat führte, bekam im ganzen 619 Taler 4 Groschen, der zweite 465 Taler 6 Groschen 2 Pfennige, der dritte 466 Taler 12 Groschen 2 Pfennige.

Das Recht der Besetzung der „städtischen Polizei- und Justizbedienungen" wurde dem Magistrat 1789 ausdrücklich bestätigt. Die

Zahl der Beamten hatte im Laufe der Zeit nur wenig zugenommen, es werden 1804 nur 53, darunter 9 Polizeidiener aufgeführt. Es ist fast unbegreiflich, wie die wenigen Kanzleibeamten die ungeheuere Masse von Schriftstücken fertigzustellen vermochten, die sich in dem städtischen Archive so anhäuften, daß wiederholt eine neue Ordnung erfolgen mußte; schon der Rest, der heute noch vorliegt, flößt Respekt vor dem Fleiße der Beamten in dieser Beziehung ein. Auch das Amt der Ratsherren oder Senatoren war in dieser Zeit nicht leicht. Unter der strengen Fuchtel der Staatsregierung mußten sie tüchtig arbeiten, Berichte schreiben, Tabellen und statistische Berechnungen aufstellen und rechtzeitig einliefern. Die kaufmännischen Senatoren klagten wiederholt, daß sie kaum Zeit für ihre Privatgeschäfte behielten, und nicht selten lehnten neugewählte Senatoren es ab, das Amt anzunehmen. Fleiß, Sorgfalt, Sparsamkeit wurden ihnen anerzogen, Klagen über Unordnungen kamen kaum noch vor. Unter den Männern, die damals zum Wohle der Stadt arbeiteten, mögen als treffliche Beamte hier erwähnt werden die Bürgermeister Johann Ludwig Kistmacher aus Pyritz (1739—38), Adam Joachim Sander aus Stettin (1751—1769), David Friedrich Matthias (1749—1770), Stanislaus Joachim Trendelenburg aus Anklam (1768—1781), Johann David Blindow (1769—1772), Gotthilf Böhmer (1772—1796), Joh. Wilhelm Redtel (1791—99), Johann David Bracht (1796—1809), Johann Samuel Müller (1799—1803) und Karl Friedrich Wulsten (1803—1807). Bei der Wahl der rechtsgelehrten Senatoren beschränkte man sich nicht mehr auf geborene Stettiner, sondern suchte erprobte Männer auch anderswoher zu gewinnen; man wählte z. B. 1763 den Kriminalrat G. Gottfried Meinhold, 1772 den Subsekretarius Voß, 1796 den Referendar Daniel Fried. Bourwieg, 1799 den Regierungsreferendar C. G. Bethe in den Magistrat. Unter den kaufmännischen Mitgliedern verdienen neben dem schon wiederholt genannten Senator Thilo noch Erwähnung Karl Gotth. Matthias (1761), Christian Fried. Sanne aus Berlin (1772), Balthasar Daniel Nofock aus Anklam (1772) u. a. m.

Eine schwere Last war für die Mitglieder des Magistrats die ihnen obliegende Teilnahme an den Stettiner Untergerichten, dem Stadt-, Lastadischen-, Wett- oder Seegerichte; fast jeder von ihnen war bei einem beteiligt. Die Zersplitterung der Gerichtsbarkeit erschwerte die Rechtsprechung ungemein, es kam fortdauernd zu Konflikten. Deshalb machte man wiederholt den Versuch, die vier Gerichtshöfe zu vereinigen, es gelang aber 1752 nur die Kombination des Stadtgerichts mit dem Lastadischen zu erreichen. Dieser Gerichtshof, der nun die Jurisdiktion über die Einwohner der Stadt, der Lastadie und der Wieken hatte, wurde durch einen Direktor und vier Assessoren besetzt. Viel wurde durch diese Vereinigung nicht erreicht, da die Zersplitterung der städtischen Gerichtsbarkeit noch zunahm. Es bildeten sich nämlich als Deputationen des Magistrats das Waisenamt, das die Rechtsprechung in Vormundschaftsachen übernahm, und das Bauamt für Bauprozesse heraus. Dazu kamen das Wettgericht für Handlungssachen, das Seegericht für Streitigkeiten zwischen Schiffer und Schiffsvolk, das Johannisklostergericht mit Jurisdiktion in dem Klostereigentum und das Kämmereigericht in den Sachen, die sich auf die städtische Kasse bezogen. Vergebens regte die Regierung nach einer eingehenden Visitation 1782 von neuem die Kombination der einzelnen städtischen Gerichte an, stieß aber auf den Widerspruch des Magistrats, der auch bestehen blieb, als ein sehr verständiges, von dem Präsidenten v. Massow ausgearbeitetes Projekt vorgelegt wurde. Die Verhandlungen zogen sich Jahre lang hin, man erreichte aber nichts als die Anstellung eines offiziellen Ratsanwaltes als Mandatars der Stadtgemeinde, sonst blieb alles beim alten. Zu den Streitigkeiten der einzelnen städtischen Gerichtshöfe untereinander kamen natürlich fortwährend solche mit dem Marienstiftsgerichte oder der Regierung.

Mehr Ordnung kam in die Kämmereiverwaltung, besonders da die Kammer ständig scharfe Aufsicht übte. Weil der Finanzzustand zunächst dauernd sehr kläglich war, begnügte sie sich nicht nur mit regelmäßigen Revisionen, sondern ordnete 1752 eine gründliche Untersuchung durch den Kriegs- und Domänenrat Arendt an. Es war nämlich die Klage erhoben worden, die Kämmerei bleibe Zinsgelder in der Höhe von fast 4500 Talern schuldig und sei nicht imstande diese zu zahlen. Arendt mußte wirklich berichten, daß die Stadt dem Bankrott nahe sei. Um ihr zu helfen, bewilligte die Regierung die Wiedereinführung der 1748 aufgehobenen Malzzulage, d. h. einer Abgabe vom Malz, die fast 3000 Taler eingebracht hatte, und versuchte die alte Forderung von 77872 Talern, die seit alter Zeit die Stadt an die Krone Schweden hatte, einzutreiben. Weiter wurden überflüssige Häuser und Bauten, die der Stadt gehörten, verkauft, darunter auch „der runde Turm“ an dem Mönchenbrücktor, und so wurde allmählich einige Ordnung in die Finanzverhältnisse gebracht. Später forderte die Kammer noch einmal einen ausführlichen Bericht über Abstellung der Mißstände im Finanz- und Kameralwesen ein, und der Magistrat erstattete ihn in recht geschickter Weise. Natürlich waren an den Übelständen nicht er selbst oder die Bürger schuldig, sondern die ganzen Zeitverhältnisse, die Garnison u. a. m. Von seiten der Vertreter der Bürgerschaft wurden wiederholt Klagen laut, daß ihnen die Rechnungen nicht vorgelegt würden, wie es das rathäusliche Reglement vorschreibe, es erging deshalb 1795 die Verfügung an die Kämmerei, die dort bestimmte Vorlegung unweigerlich auszuführen und etwaige Monita sorgfältig zu beachten. Um einen Einblick in die Kämmereiverwaltung zu geben, seien hier einige Angaben über die Einnahmen und Ausgaben nach den Etats gemacht, die seit 1743 von Trinitatis, später vom 1. Juni an auf ein Jahr aufgestellt wurden:

	Einnahme:						Ausgabe:					
1743/44:	21 543	Tlr.	9	Gr.	3	Pf.	18 191	Tlr.	20	Gr.	1	Pf.
1754/55:	22 429	„	11	„	8	„	22 349	„	6	„	5	„
1764/65:	34 904	„	10	„	2	„	33 472	„	17	„	5	„
1774/75:	31 706	„	17	„	4	„	28 890	„	22	„	6	„
1784/85:	45 285	„	18	„	5	„	42 494	„	15	„	11	„
1794/95:	35 642	„	11	„	10	„	33 298	„	11	„	8	„
1804/05:	63 138	„	4	„	7	„	40 722	„	1	„	1	„

Diese wenigen Zahlen zeigen ein außerordentliches Schwanken in den Einnahmen und Ausgaben, trotzdem ist eine Steigerung unverkennbar. Zu den Einnahmen trugen erheblich bei die Stadtzulage, die Abgabe von Waren, für die 1765 und 1802 neue Tarife aufgestellt wurden, und die Zollgefälle von geringer Bedeutung waren der Schoß, d. h. das Grundgeld, das Bürgergeld für Erwerbung des Bürgerrechts oder die Gerichtsgefälle. Für das Finanzwesen der Stadt war weitaus am wichtigsten die auf persönliches Betreiben des Königs vorgenommene und der Stadt aufgezwungene Verbesserung ihres Grundeigentums. Was Friedrich in dieser Beziehung für seinen Staat und insbesondere für Pommern geleistet hat, wie er durch Meliorationen, Hebung der Landwirtschaft, Abhülfe bei Notständen, Urbarmachung von Sümpfen und Brüchen u. a. m. die Kultur des Landes gehoben und durch innere Kolonisation die Bevölkerung vermehrt hat, bedarf hier keiner Darstellung; es ist wiederholt geschildert, aber doch noch nicht vollständig gewürdigt worden. Auch die Städte wurden zu solchen Unternehmungen veranlaßt, und so erging die Kabinetsordre vom 31. Dezember 1746 wegen Urbarmachung der Oderbrüche zwischen Schwedt und Stettin an den Magistrat dieser Stadt. Fehlte es diesem an Verständnis für die weitblickenden Pläne und guten Absichten des Monarchen oder regte sich bei ihm der Widerspruch gegen die Bevormundung in der Verwaltung des

Stadteigentums, er ging jedenfalls nur sehr zögernd auf solche Unternehmungen ein. Da erfolgte am 17. Juli 1750 eine sehr energische Kabinetsordre an den Magistrat zu Stettin, in der ihm der schärfste Tadel ausgesprochen wurde über den Widerstand gegen „die zum Besten der Stadt und des ganzen Landes geordneten Rodungen und Urbarmachung der Brüche" und harte Strafen allen denen, welche sich unterstehen, „der dortigen Bürgerschaft eine ganz conträre, üble und unverantwortliche Idee von dem ganzen Werke zu machen", angedroht wurden. Das half; bereits am 25. Juli kam ein Kontrakt zwischen dem Magistrat und dem Regierungs- und Hofgerichtsexekutor Johann Christian Schwank über die Urbarmachung des Krampebruchs zustande. Die Bürgerschaft, die sich auch jetzt noch dem Abschlusse des Vertrages widersetzte, wurde auf Befehl des Königs nicht weiter befragt. Schwank nahm die Arbeit schnell in Angriff; Schwankenheim, Forkadenberg, später Langenberg wurden von ihm angelegt. Zu gleicher Zeit begannen auf Kosten des Königs die Rodung und Anbauung am Radunschen Berg, wozu von ihm 10—12000 Taler bewilligt wurden; auf städtischem Gebiete, das der Kriegs- und Domänenkammer gegen einen Kanon verschrieben wurde, entstand die Holländerei Schwabach. Auch fing man mit Verhandlungen wegen der „Entreprise" — dieser Ausdruck war damals ganz gebräuchlich — am Kamelstrom an. 1754 wurde ein Kontrakt mit dem Hauptmann v. Blankenburg abgeschlossen, die Unternehmung aber, die zur Anlage von Kamelshorst (später Kamelsberg) führte, wurde durch viele Streitigkeiten mit Gollnow aufgehalten, sodaß sie erst 1777 zum Abschlusse gelangte. Ähnliche Schwierigkeiten erwuchsen den Rodungen bei Podejuch aus den Besitzverhältnissen. Zwischen dem Johannis-kloster, dem die Wiesen und Brüche dort gehörten, und den Gebrüdern Matthias in Stettin und Damm wurde 1750 ein Erbzinskontrakt geschlossen; sie übernahmen auch zum Teil die Urbarmachung des Geländes am Steindamm. Finkenwalde, Sydowsaue, Friedrichsburg (später Friedensburg) sind dort entstanden. Der Kolbatzer Amtsrat Sydow übernahm die Rodungen bei Bergland, wo Fredersdorf (später Friedrichsdorf) und Wilhelmsfelde angelegt und mit Kolonisten besetzt wurden. Verhandlungen wurden geführt über Unternehmungen an dem Bodenberg oder dem Jungfernberg; bei Armenheide mußte das Johanniskloster Arbeiten vornehmen, und auch an anderen Stellen blieben Meliorationen nicht aus. Noch 1786 erhielt die städtische Kämmerei ein Kapital von 20000 Talern vom Könige geschenkt, das für die Rodung des Ihnabruchs verwendet und erst nach sechs Jahren mit 1 Prozent verzinst werden sollte. Auch hier können nicht alle

Einzelheiten aufgeführt oder die besondere Tätigkeit einzelner Männer, wie z. B. des Prinzen Moritz von Anhalt oder des hochverdienten Franz Balthasar v. Brenkenhoff, gewürdigt werden, die in die Stettiner Arbeiten tätig eingriffen und energisch halfen, wenn der Rat zögerte und unentschieden war. Dieser Unternehmung war hinderlich, daß das städtische Eigentum seit 1735 in Generalpacht ausgegeben worden war. Da die erhoffte Steigerung der Erträge nicht erfolgt war und unendliche Streitigkeiten sich erhoben hatten, war der Magistrat sehr damit einverstanden, daß 1753 die Generalpacht aufgehoben und die Verpachtung der einzelnen Ackerwerke wieder eingeführt wurde. Später gab man auf höhere Anordnung hin Kämmerei-Güter und Vorwerke auf Erbzins aus, so z. B. 1767 Schwarzow an den Kriegs- und Domänenrat Ulrich und 1787 Nemitz an den Kaufmann G. Chr. Velthusen.

Überall wurden Kolonisten angesetzt und Vorwerke angelegt; man brachte den Bauern, wenn auch mit Mühe, den Anbau der Kartoffel bei oder veranlaßte sie zu verändertem Wirtschaftsbetriebe. Wegen der Dienste der Untertanen begann der Magistrat Verhandlungen, auch als die Aufhebung der Erbuntertänigkeit, die der König wünschte, von den pommerschen Ständen abgelehnt worden war. Der Stadtsekretär Eggeling hat 1785 in allen städtischen Dörfern festgestellt, was die Bauern und Kossäten an Zahlungen oder Diensten zu leisten hatten; es ist daraus zu ersehen, daß die Hand- und Spanndienste zum großen Teile abgelöst worden waren. Alle solche und andere Besserungen trugen natürlich zur Hebung der Besitzungen der Stadt bei. Im ganzen Stadteigentum wohnten 1798 3324 Menschen.

„Sehr important" waren für die Stadt die Wiesen; ihr Ertrag stieg von 1169 Taler (i. J. 1772) auf 2214 (i. J. 1802). Zur Gemeinhütung diente der Möllenbruch; ihn benutzten alle Bürger, die Vieh hielten und den Stadthirten besoldeten. Auf die sonstigen Verhältnisse in den Eigentumsdörfern oder in Pölitz, auf die Ausübung der Herrschaftsrechte usw. kann hier nicht eingegangen werden; in den Protokollen und sogenannten „Prästationstabellen" von 1746 und 1754 liegt allerdings Material genug zu einer eingehenden Schilderung vor. Auch die Verwaltung der 10 städtischen Wassermühlen und der ausgedehnten Forsten erfuhr eine Besserung. Der Holzverwüstung wurde Einhalt geboten, für regelmäßiges Schlagen und Anschonen Sorge getragen. So lange die staatlichen Behörden mit Energie und Strenge die städtische Verwaltung zur Tätigkeit antrieben, ging die fortschreitende Entwickelung weiter; sobald aber der Zwang aufhörte, trat Ruhe ein.

Die Kriegs- und Domänenkammer brachte bereits 1754 den Ausbau der Stadt in Anregung und trieb zu größerer Bautätigkeit an, da „ein Mangel an Logements" sei. Sie setzte 1766 durch, daß aus dem Fonds der Accisegelder Prämien und Unterstützungen für Bauten bewilligt wurden. Dazu mußten die Bauunternehmer die Pläne und Zeichnungen einreichen, die von dem Baudirektor oder Landbaumeister — diese Stelle hate 1779 bis 1788 der bekannte Architekt David Gilly (geb. 1748, gest. 1800) — begutachtet wurden. Die Bautätigkeit hob sich sofort, 1766 wurden bereits 5, 1767 6 Häuser neu erbaut oder umgebaut. Aus den eingereichten Zeichnungen ist zu erkennen, wie man besonderen Wert auf stattliche Fassaden legte

Abb. 23. Bild der breiten Straße 1790.

und der Geschmack sich immer mehr dem Barock zuwandte. Da wurden recht ansehnliche Häuser mit Galerien, Attiken und reicher Dekoration errichtet am Roßmarkt, in der Oderstraße (von Masche, Schultze und Matthias), am Paradeplatz, in der Schuhstraße (vom Konditor Couriol) oder in der breiten Straße (vom Seiler Brehmer). In dieser Zeit wurde auch wahrscheinlich vom Kommerzienrat Salingre das vornehme Haus am Roßmarkt errichtet, das vor 1786 in den Besitz des Altermanns Wietzlow überging. Die Stadt bekam durch solche Bauten ein ganz anderes Ansehen, so daß Wilhelm von Humboldt 1796 die sehr guten und großen Häuser in der breiten und Mühlenstraße und am Roßmarkte rühmend erwähnte. Die Katasteraufnahmen für die Feuersozietät zeigen, daß der Wert der Häuser erheblich stieg.

Auch Straßen wurden reguliert oder neu angelegt, z. B. 1793 am Klosterhofe; der alte Durchgang durch den Schweizerhof wurde als öffentliche Straße anerkannt. Die Stadt nahm 1773/74 eine große Reparatur am Rathause vor. Alte, nicht mehr brauchbare Bauten, Türme, Mauern, auch der auf dem Krautmarkt stehende Kaak wurden beseitigt. Im Jahre 1801 stellte der Magistrat einen eigenen Stadtbauinspektor an, der statt des bisher im Dienste der Stadt tätigen Offiziers die Aufsicht über die 45 in der Stadt, 29 im Stadteigentum vorhandenen städtischen Gebäude, 22 Brücken und 45 Schlammkästen übernahm.

„Die Stadt sieht völlig wie eine Provinzialstadt und im ganzen unangenehm aus. Enge bergige und winkelige Straßen, schlechtes Pflaster", so hat Wilhelm von Humboldt in Stettin in seinem Tagebuche notiert. Noch schlimmer wäre sein Urteil gewesen, wenn er einige Jahre früher dort gewesen wäre. Denn seit 1751 hatte man wenigstens einiges für die Pflasterung getan, sobald die Ankunft des Königs bevorstand. Sonst entschuldigte sich der Magistrat, wenn Klagen namentlich seitens des Gouvernements laut wurden, entweder damit, daß kein Geld vorhanden sei und er ohne Genehmigung der Kammer nichts tun könne, oder daß die betreffende Stelle nicht zu seiner „Pertinenz" gehöre. Ein Loch im Pflaster der Ritterstraße auszubessern, dauerte der Verhandlungen wegen neun Monate. Etwas mehr geschah seit 1782, aber es blieb immer noch genug Grund zu Klagen. Ähnlich stand es mit der Straßenreinigung. Das Gouvernement klagte über die Unsauberkeit, die Kammer erließ 1763 ein scharfes Mandat. Man drohte den Bewohnern mit harten Strafen, Militärexekution, erließ von neuem Mandate und Publikanda, besorgte auch „Stutzkarren" zum Wegschaffen des „Unstandes", trotzdem blieb es beim Alten, und die Zustände werden noch 1794 als unerträglich geschildert. An die Wasserleitung, durch die der Fontaine auf dem Roßmarkt Wasser zugeführt wurde, erhielten auch einzelne Bürger Anschluß; doch Reparaturen an den Röhren und dem Bassin erwiesen sich unaufhörlich als nötig.

In dieser Zeit wurde die Stadt von recht vielen Schadenfeuern heimgesucht. Es brannten 1782 in der Baumstraße sieben Häuser völlig nieder, 1785 wurde ein Speicher Tilebeins vom Feuer zerstört, 1795 legte ein großer Brand mehrere Speicher in der Oderstraße in Asche. Die größte Feuersbrunst aber entstand am 9. Juli 1789, als ein Blitz in den Turm der Marienkirche einschlug und in kurzer Zeit das stolze Gebäude in eine Ruine verwandelte. Wenig konnten bei diesen Bränden die zur Abwehr von Feuer organisierte Bürgerschaft oder das Militär ausrichten. Es wurde zwar viel über eine neue Feuerordnung beraten, die erst 1796 veröffentlicht wurde; man erbaute für die vorhandenen 11 Feuerspritzen 1790 ein neues Haus am Kohlmarkt (heute Ambachsches Haus), erließ auch Instruktionen für die Viertelsmeister, für die bei Feuersgefahr durch Tuten und Knarren zusammengerufene Bürgerschaft oder für die Bürgerkompagnien, aber ehe sie zusammenkamen, war der Schaden meist schon geschehen. Ebenso wird wiederholt über die Unsicherheit in der Nacht geklagt. Acht Nachtwächter wurden 1748 als nicht ausreichend erklärt, man vermehrte ihre Zahl später auf 13. Als die Kammer für jede Nacht die Stellung von 50 „Patroullierern" aus der Bürgerschaft forderte, war das Gouvernement ganz empört darüber, daß Bürger mit Gewehr sich auf der Straße sehen lassen sollten, und drohte, solche sofort zu arrestieren und unter die Pritsche zu stecken.

„Das Polizeiwesen in Stettin ist erbärmlich in allen Stücken", heißt es 1740 in einem Berichte, der Magistrat aber behauptete, „daß in dieser guten Stadt solche gute Verfassung und Verordnung vorhanden, dergleichen in fremden Städten wenig anzutreffen." Gewiß, Verordnungen gab es genug, aber daß sie auch befolgt wurden, ist nicht wahrscheinlich nach allen den Klagen, die immer wieder laut wurden über die Sicherheits- und Marktpolizei. Da beschwerte sich einer über Diebereien und Überfälle, ein anderer über die Unordnung der Soldaten, ein dritter über Überschreitung der Viktualientaxen oder über schlechte Semmeln. Die Kammer beantragte 1760 die Errichtung eines eigenen Polizeidirektoriums, wie es in Berlin bestehe, erhielt aber eine Ablehnung. Da forderte sie von den Senatoren selbst eine persönliche Visitation des Marktes, und die armen geplagten Herren mußten auch dies Geschäft übernehmen. Welche Schwierigkeiten hatte der zweite Bürgermeister bei der Verwaltung der Polizei, die ihm oblag! Es fehlte an Beamten, seine Befugnisse hatten Grenzen an der Herren- und Kirchenfreiheit. So sah es am Ende des 18. Jahrhunderts auch in dieser Beziehung übel aus; man wahrte wohl den äußeren Schein durch Erlaß von Ordnungen über Marktverkehr, Gesinde u. a. m., setzte Taxen und Löhne fest, hatte aber tatsächlich keine rechte Macht, solche Vorschriften wirklich zur Ausführung zu bringen.

Im Armenwesen wurden einzelne Verbesserungen vorgenommen, besonders da nach allgemeiner Klage die Bettelei wuchs. Ein eigenes Kollegium verwaltete den Armenkasten, dessen Einkünfte aber gering war. Man sammelte in den Kirchen und Häusern Beiträge, die Kämmerei zahlte jährlich 200 Taler, aber doch reichte das vorhandene

Geld nicht aus, um den zahlreichen Armen — es waren 1800 mehr als 500 Personen oder Familien mit wöchentlich 91 Talern 17 Groschen zu unterstützen — in der bittersten Not zu helfen. Man machte deshalb wiederholt Versuche, die Einkünfte des Armenkastens zu erhöhen. Das Waisenhaus wurde von ihm getrennt und eine eigene Verwaltung dafür eingerichtet. Einige Stiftungen, z. B. des Geh. Kommerzienrates Hermann Otto (1759), gaben ihm die Möglichkeit, 24 Waisen aufzunehmen und zu erziehen. Das Johanniskloster wurde 1753 in seinen Einrichtungen so umgestaltet, daß 104 Familien oder Personen Unterkunft und eine Geldunterstützung erhielten. Das Petristift am Klosterhofe, in dem „alte rechtschaffene Diener und deren Witwen“ Aufnahme fanden, bekam 1785 den schon lange beschlossenen, aber immer wieder verschobenen Neubau, ebenso wurde das Berckhof-Stift in seiner äußeren und inneren Einrichtung umgestaltet. Um die Straßenbettelei zu beseitigen, richtete man neben dem Arbeits- oder Zuchthause am Rödenberge auch noch auf der Lastadie eine Spinnschule ein, in der mehr als 100 Personen mit Spinnen beschäftigt werden konnten. Eine Leihbank gründete der Magistrat 1746 zur Unterstützung für Handwerker.

Epidemische Krankheiten herrschten wiederholt in Stettin, wie die Ruhr oder die Blattern, an denen 1766 bis 1767 143 Personen starben. Der Magistrat bestellte einen Stadtphysikus; als solche verdienen Dr. Johann Joachim Rhades (gest. 1772) und Professor Kölpin (gest. 1801) besondere Erwähnung. Es gab 1770 in Stettin 6 Doktoren, 4 Apotheker und 8 Chirurgen, die nach Handwerkerart ein eigenes Amt bildeten 1796 waren schon 9 approbierte Ärzte vorhanden. Das Stadtlazarett auf der Lastadie war fast immer in schlechtem Zustande, und wiederholt vorgenommene Reparaturen halfen nicht viel. 1803 wurde ein Hebammeninstitut in einem Hause auf dem Pladdrin eröffnet. Seit 1780 etwa entstanden Sterbekassen, unter denen die von Joh. Ludw. Feige begründete schon bald 160 Mitglieder hatte. Ältere Vereinigungen, die ähnliche Zwecke verfolgten, wurden umgestaltet, 1790 bestanden in Stettin 10 Sterbegesellschaften. Man hörte in dieser Zeit auf, die Toten in den Kirchen und auf den sie umgebenden Plätzen zu begraben und eröffnete im Jahre 1802 den gemeinschaftlichen Kirchhof vor dem Anklamer Tore. Die Auseinandersetzung mit den einzelnen Gemeinden kostetete unendliche Mühe. Der Syndikus Böttcher hatte sich um dies gemeinnützige Werk sehr verdient gemacht; „sein Lohn war es, wie die originelle Grabschrift meldete, als erster auf dem neuen Kirchhofe begraben zu werden“.

Die Familien- namentlich die Todesanzeigen, deren Veröffentlichung in der Kgl. privilegierten Stettiner Zeitung in dieser Zeit Sitte wurde, zeigen uns, daß Stettin in immer größerem Umfange eine Militär- und Beamtenstadt geworden war; das hatte auch in besonderem Maße zum Anwachsen der Bevölkerung beigetragen. Die genauen statistischen Erhebungen ermöglichen es uns, Jahr für Jahr die Bevölkerungszahl festzustellen. Die nur selten vorkommende Abnahme ist meist aus den Kriegsereignissen zu erklären, die sich Stettin näherten und wohl manche Familie zum Fortgange veranlaßten.

1740:	12360	Einwohner	1775:	14280	Einwohner
1745:	12031	"	1780:	14984	"
1750:	12966	"	1785:	15584	"
1755:	13357	"	1790:	16249	"
1760:	11088	"	1795:	16703	"
1765:	12915	"	1800:	18430	"
1770:	13990	"	1805:	18973	"

Stettin rechnete zu den damaligen preußischen Großstädten, war wohl der äußeren Ausdehnung nach eine der kleinsten, stand aber an Einwohnerzahl und Bedeutung anderen Provinzialhauptstädten kaum nach und war schon damals der erste Seehandelsplatz Preußens und zugleich eine der stärksten Festungen des Staates. Viel genannt wurde die Stadt, als 1769 die geschiedene Gemahlin des Prinzen von Preußen, die Prinzessin Elisabeth von Braunschweig, nach Stettin verbannt wurde. Sie lebte dort im Schlosse anfänglich wie eine Gefangene; 1774 stellte man ihr das alte Amtshaus zu Jasenitz als Sommeraufenthalt zur Verfügung. Zwar gab ihr König Friedrich Wilhelm II. bei seiner Thronbesteigung die Freiheit, sie verblieb aber in Stettin. 1810 durfte sie sich die sogenannte Pädagogienmühle kaufen und als bescheidenes Sommerpalais einrichten. Der Name Friedrichsgnade, den sie ihm gab, ist bald verschollen, aber als „Prinzeß-Schloß" lebt es heute noch weiter. Oft in dürftigen Verhältnissen, aber nicht ohne das Leben zu genießen, verbrachte die Prinzessin ihre Tage, bis sie am 18. Februar 1840 im Alter von 95 Jahren starb und in der alten Fürstengruft der Schloßkirche beigesetzt wurde. Die Fürstin, die nicht ohne Schuld einem so traurigen Schicksal verfiel, erregte anfänglich bei dem sentimentalen Geschlecht jener Tage ein kaum verdientes Mitleid.

Solche von einem gewissen Mangel an sittlichem Empfinden zeugende Auffassung war damals zeitgemäß. Die „Aufklärung" machte sich auch in Stettin geltend. Man suchte auch hier „die gesunde Vernunft immer mehr auf den Thron aller menschlichen Angelegenheiten zu erheben“. Vernunftgemäß glaubte man zu handeln, als man sich entschloß, die 1789 abgebrannte Marienkirche, deren 400jähriges Bestehen noch 1743 mit großem Pomp gefeiert worden war, nicht wieder aufzubauen. War es nicht viel vernünftiger, an der Stelle eines Gotteshauses, deren es, wie man meinte, in der Stadt genug gab, eine Sternwarte, eine Schule oder ein Stallgebäude zu errichten? So blieben die Ruinen Jahrzehnte lang stehen, die Mariengemeinde wurde zunächst vorläufig, dann dauernd mit der Schloßgemeinde vereinigt. Das Vermögen des Marienstifts aber verwandelte eine Kabinetsordre vom 30. Dezember 1804 in einen „Hülfsfonds für die Gelehrten- und demnächst allenfalls Mittel- und Realschulen der Provinz Pommern“. Vernünftig erschien es auch, das Legat des Senators Zastrow, das für den Ausbau des ruinierten Turmes der Jakobikirche bestimmt war, nicht für diesen Zweck, sondern für allerlei Reparaturen und praktische Bauten zu verwenden. Das ganze kirchliche Leben in Predigt und Seelsorge wurde von diesem Gedanken „vernunftgemäßer Religion“ beherrscht. Das zeigen die Druckschriften, Predigten, Gratulations- oder Beileidsschriften, die immer noch zahlreich erschienen. Die Geistlichen betrieben jetzt mit Vorliebe Studien, die ihrem Amte ferne lagen, und waren zum Teil in leitender Stellung Mitglieder der alethophilischen Gesellschaft (1742) oder der Freimaurerloge (1762). Der französische Hofprediger von Perard, ein Mann von vielseitiger Bildung und lebhaftem Interesse für die Wissenschaften, spielte dort eine große Rolle und stellte allerlei physikalische Versuche an. Der Konsistorialrat Jakob Schimmelmann, der in Stettin ein Sonderlingsleben führte, gab eine Übersetzung der Edda heraus. Ludwig Wilhelm Brüggemann, Hof- und Schloßprediger, veröffentlichte in den Jahren 1779 bis 1806 seine „ausführliche Beschreibung des gegenwärtigen Zustandes des Königl. Preußischen Herzogstums Vor- und Hinterpommern“, ein heute noch sehr wertvolles Werk; die besonders herausgegebene Beschreibung der Stadt Stettin widmete er der in Stettin geborenen Kaiserin Katharina von Rußland. Literarisch waren tätig der Konsistorialrat J. A. F. Bielke (gest. 1802), der Pastor an St. Jakobi H. A. Wüstenberg (gest. 1787), der Pastor an St. Nikolai J. Ch. Pfennig (gest. 1804) und vor allen der Pastor an St. Petri Joachim Bernhard Steinbrück (gest. 1789), der eine große Zahl von kleineren und größeren Schriften zur pommerschen oder Stettiner Geschichte herausgab. Sein Sohn und späterer Amtsnachfolger Joh. Joach. Steinbrück (gest. 1841) setzte diese Tätigkeit fort. Um die Förderung des musikalischen Lebens in Stettin war eifrig bemüht der Pastor an St. Gertrud Joh. K. Fr. Triest (gest. 1810), der nicht nur die Rezensionen für die Zeitungen fast ausschließlich verfaßte, sondern auch Aufführungen veranstaltete.

Pietistische Neigungen fanden nicht die Billigung der Geistlichen. Eine kleine Herrenhuter-Gemeinde, die 1744 auf der Lastadie ein Bethaus erwarb, wurde von ihnen arg bekämpft und löste sich bald wieder auf. Doch die aufklärende Tendenz drang nicht in alle Kreise; die deutsche Christentumsgesellschaft, die eifrig für den alten Glauben stritt, hatte auch einen Zweigverein in Stettin, der den meisten rationalistischen Geistlichen ein Dorn im Auge war. Besser, wie es scheint, vertrug man sich mit den beiden reformierten Gemeinden, obwohl es auch hier nicht an Reibereien fehlte. Die katholische Gemeinde, zu der sich in Stettin und den benachbarten Dörfern 1774 etwa 1140 Personen aus dem Militär- und Zivilstande rechneten, hatte seit 1740 einen ständigen Pfarrer, dem 1774 ein zweiter zur Seite gestellt wurde.

Daß man in dieser Zeit auch dem Schulwesen, dessen Bedeutung für die Aufklärung immer wieder mit hohen Worten gepriesen wurde, größere Aufmerksamkeit zuwandte, ist erklärlich. Mit dem akademischen Gymnasium freilich stand es kümmerlich genug. Zwar feierte man 1744 mit zahllosen Reden und großem Prunke das 200jährige Jubiläum der alten Füstenschule, aber die unglücklichen zerfahrenen Zustände traten immer wieder deutlich hervor. Ein wechselndes Rektorat, das nach dem Vorbilde der Universitäten 1757 eingerichtet wurde, neue Gesetze und fortgesetzte Visitationen, die besonders seit 1771 auf Veranlassung des Ministers Freiherrn von Zedlitz durch tüchtige Schulmänner vorgenommen wurden, trugen nur zu vorübergehender Besserung bei. Besonderes Interesse wandte der Schule der Staatsminister Graf Hertzberg zu, der selbst einst Schüler dort gewesen war. Auch das preußische Oberschulkollegium, das 1788 die Einführung des Abiturientenexamens anordnete und den trefflichen Joh. Jakob Sell zum ständigen Rektor bestellte, mußte doch schließlich einsehen, daß das höhere Schulwesen Stettins eine einschneidende Änderung verlangte. So entschloß man sich zur Verbindung des Gymnasiums mit den oberen Klassen des Ratslyceums, die durch Kabinetsordre vom 25. Januar 1805 angeordnet wurde. Größerer Frequenz als das Gymnasium erfreute sich die große Ratsschule, die 1793 zum Ratslyceum erhoben wurde. Der Schulbetrieb war dort im allgemeinen besser, aber auch hier blieb sehr viel zu wünschen übrig, besonders inbezug auf die äußeren Verhältnisse, das Schullokal in der Mönchenstraße, die Besoldung der Lehrer und die Schulzucht. Große Mühe um die Hebung der Anstalt gab sich der 1792 zum Rektor bestellte

Dr. Friedrich Koch, dem bei der Vereinigung der beiden höheren Schulen zusammen mit Sell die Leitung des Königlichen und Stadtgymnasiums übertragen wurde. Die Stiftung des Otto Jageteufel erhielt 1774 einen Neubau anstelle des alten, ihr von Dinnies von Osten vermachten Hauses in der kleinen Domstraße; das zurückgegangene Vermögen erlaubte meist nur die Aufnahme von 16—17 Alumnen.

An Versuchen, Schulanstalten zur Vorbereitung für das praktische Leben zu begründen, fehlte es nicht. Der Rektor der Ratsschule Mag. Chr. Andr. Büttner legte 1750 den Plan zu einer „aufzurichtenden mathematisch-praktischen Realschule" vor. Ähnliche Gedanken entwickelte 1787 in einer Denkschrift der Professor J. C. Ihn, eine eigene Zeichenschule wollte Fr. Koch begründen. Doch alle diese Pläne kamen nicht zur Ausführung, dagegen wurde tatsächlich 1789 auf der Lastadie eine Steuermannschule eingerichtet, die mit der Lastadischen Schule verbunden wurde. Diese unterhielt die Regierung vornehmlich für die Seminaristen, die sonst auch an der größten Elementarschule der Stadt, der sogenannten Ministerialschule, beschäftigt wurden. Der Assessor Mich. Gottfr. Sternberg hinterließ 1752 sein Haus am Pladrin zur Anlegung einer Armenschule, die 1803 mit der Lastadischen vereinigt wurde. Außer mehreren Garnisonschulen gab es nur noch kleinere Schulen, die von den Küstern oder konzessionierten Schulmeistern gehalten wurden. Gegen die Winkelschulen war man mit Erfolg vorgegangen, 1788 bestanden außer den genannten Schulen noch 11 kleinere Anstalten, 1793 im ganzen 19. Durch mancherlei Visitationen und Revisionen wurde tatsächlich das Schulwesen nicht unerheblich gehoben, so daß, wenn auch von einer allgemeinen Schulbildung noch nicht die Rede sein kann, doch die große Mehrzahl der Kinder regelrechten Unterricht erhielt. Am schlechtesten war es mit der höheren Bildung des weiblichen Geschlechts bestellt; es gab nur einige kleinere Privatschulen, wie die 1806 von der verwitweten Kriegsrätin Mühlbach errichtete, bald darauf von Charlotte Liebert übernommene Anstalt in der Frauenstraße oder die 1807 vom Direktor Koch gegründete Töchterschule für die gebildeten Stände.

Das geistige und gesellige Leben der Stettiner ausführlich zu schildern, ist hier nicht möglich, so verlockend auch die Aufgabe ist. Material für eine solche Darstellung liegt vor, namentlich in den verschiedenen Schilderungen, die von der Stadt und ihren Bewohnern in Reisebeschreibungen, wie von Joh. Bernoulli (1778), von J. F. Zöllner (1795), von W. v. Humboldt (1796), von Rellstab (1797), von C. G. Küttner (1798) u. a. entworfen worden sind. Besondere Beachtung verdienen die wiederholt erwähnten, vom Professor J. J. Sell verfaßten Briefe über Stettin; durch sie erhalten wir ein, wie es scheint, naturgetreues Bild von der Stadt und dem wirtschaftlichen und geselligen Leben in ihr. Der Verfasser hält mit seiner Kritik nicht zurück, ja er tadelt wohl mitunter zu streng und tritt als scharfer Sittenrichter gegen den Luxus, die Unmoralität, die Vergnügungssucht, den Kastengeist auf. Es wäre interessant zu erfahren, wie sich Sells Mitbürger über diese Briefe, in denen ihnen gründlich die Wahrheit gesagt wird, geäußert haben, wenn sie sie überhaupt gelesen haben. Daß Sell mit seiner Kritik nicht ganz Unrecht hatte, zeigen zur Genüge auch andere Äußerungen. W. v. Humboldt z. B. berichtet ganz zutreffend: „Die Gesellschaft soll hier sehr nach den Ständen abgesondert sein, und der Adel und die Kaufmannschaft sehr wenig zusammen kommen." Es ist hinreichend bekannt, daß damals die Scheidung der Stände überaus streng war, daß ein scharfer Gegensatz zwischen Zivil und Militär, zwischen Beamten und Bürgern bestand. „Der Luxus, so notiert Humboldt, soll unter den Kaufleuten sehr groß sein, er scheint indes doch kleinstädtisch. Wenigstens trägt nichts das Ansehen einer großen und luxuriösen Stadt an sich. Es sind sehr viel Equipagen, da jeder nur irgend bemittelte Kaufmann eine hält. Der größte Aufwand soll im Essen und Trinken gemacht werden." Diese Beobachtungen des feinsinnigen Reisenden werden durch andere Berichte bestätigt. Der Luxus mit Fuhrwerken und Gastereien wird immer wieder erwähnt, selbst der sehr vorsichtige Zöllner kann die Bemerkung nicht unterdrücken, daß man in Stettin „mächtig trinkt". Hans von Held, ein bekannter Berliner Publizist, kam 1803 dorthin, nachdem er eben eine längere Festungshaft in Kolberg abgesessen hatte. Er fand in der Stettiner Gesellschaft sehr freundliche Aufnahme; von dem geselligen Verkehr bei dem Präsidenten v. Ingersleben, dem Kaufmann Wietzlow, dem Kammerassessor Woyda erzählt er mit Begeisterung. Frau Kaufmann Tilebein, „vor deren Talent und Scharfsinn mancher Philosoph und Schöngeist Schamade schlagen muß", vergleicht er mit Frau v. Stael. Man speiste auf dem „von oben bis unten bewaldeten Frauendorfer Berge", und die Tafel war jedes Mal „ein Magazin der delicatesten Speisen". Andere schildern uns das Leben in den verschiedenen „Ressourcen", die ursprünglich recht einfach ausgestattet, allmählich prunkvoll und glänzend wurden, oder den Verkehr bei „Förster", „Biancone" und wie die Wirte heißen mögen, die ihre Räume der „eleganten" Welt öffneten. Daß sich im Anfange des 19. Jahrhunderts überall Geschmack und Prunksucht, leichtlebiger Sinn und Genußsucht breit machten, geht aus allen Schilderungen hervor.

Diese werden ergänzt durch die Zeitung. Zwar bringt die wöchentlich zweimal erscheinende „Kgl. privilegierte Stettinische Zeitung" sehr wenige Berichte oder Notizen aus Stettin selbst, aber die Anzeigen mannigfacher Art lassen erkennen, daß man in Stettin zu leben verstand und das Leben genoß. Allerlei Vergnügungen, Schaustellungen, Redouten, Bälle, Feuerwerke, werden dort angekündigt, Getränke, Lebensmittel und Delikatessen reichlich angeboten. Noch reicher an solchen Annoncen als die Zeitung ist der „Stettinische Intelligenz-Zettel" oder, wie er später hieß, das „Intelligenzblatt", in dem auch die amtlichen Bekanntmachungen, die Preis-, Schiffahrts- und Fremdenlisten erschienen. Was die Zeitung an politischen Nachrichten bringt, ist in diesen bewegten Zeiten natürlich von größtem Interesse; ob es aber ein solches auch immer bei den damaligen Lesern fand, ist zweifelhaft, da die Beschäftigung mit Politik in jenen Tagen wenig beliebt war. Das war Sache der Regierung, was ging es den Bürger oder Untertan an? Regere Teilnahme wandte man der Literatur zu, und das war auch in Stettin der Fall, wie es die Anzeigen in der Zeitung beweisen, in denen nach dem Geschmack der Zeit viele Reisebeschreibungen angekündigt werden. Noch mehr beweisen das aber die mannigfachen Zeitschriften, die in dieser Zeit in Stettin erschienen. Sie haben zwar meist nur ein kurzes Dasein gefristet, aber daß immer neue herausgegeben werden, zeigt doch, daß ein nicht geringes literarisches Interesse vorhanden war. Denn mit Literatur beschäftigten sie sich meistens, wenn sie auch daneben belehrende und aufklärende Tendenzen verfolgten. Der „Stettiner Schauplatz der Vernunft und des Geschmacks" (1777—78), das „pommersche Archiv der Wissenschaften und des Geschmacks" (1783), die „unbekannten, wie auch zu wenig bekannten Wahrheiten der Mathematik, Physik und Philosophie" von Professor Joh. Jak. Meyen (1787—88) lassen schon durch ihre Titel erkennen, was sie bringen, Belehrung und Unterhaltung und zwar zum Teil in gar nicht übler Form. Andere Unterhaltungsblätter sind der „Soldatenfreund" (1789), „Die Wahrheit" (1791), „wöchentliche Unterhaltungen für Freunde der Gesundheit" (1799), die „pommersche Pallas" (1799—1800). Diese nimmt bereits auf politische Vorgänge Bezug, was noch mehr der Fall ist bei der vornehmsten der Stettiner Zeitschriften, der 1806 von Direktor Koch begründeten „Eurynome". So kurze Zeit sie auch nur besteht, sie bringt vortreffliche Aufsätze vom Prediger Triest, Konrektor Levezow, Kriegsrat C. Müchler, Schulrat Bartholdy u. a. m. Dem großen Lesebedürfnisse kam entgegen eine von C. C. Oelrichs 1752 gegründete Zeitungsgesellschaft, deren Leitung seit 1782 Sell übernahm.

Nicht minder rege ist die Teilnahme für das Theater. Man arrangierte Liebhabervorstellungen, in denen 1749 und 1750 „vornehme Damen" den Cid von Corneille und andere französische Stücke aufführten. Die Wandertruppe des Franz Schuch erhielt 1754 die Erlaubnis, in dem kleinen Komödienhause, einer ehemaligen Remise auf dem Hofe des Seglerhauses, Vorstellungen zu geben, und erschien dort von nun an mehrere Jahre nacheinander. Sie brachte Stücke von Racine, Holberg, Gottsched, Moliere, Voltaire zur Aufführung, ließ daneben aber auch noch den Hanswurst auftreten oder bot Pantomimen dar. 1770 erschien zum ersten Male die Döbbelinsche Theaterbühne in Stettin, und im Mai 1775 erhielt Frau Waeser ein Privileg zur Veranstaltung von Aufführungen. Ihre Truppe brachte am 29. Juni 1784 zum ersten Male in Stettin Schillers Räuber auf die Bühne. Von seinen Dramen wurde in dieser Zeit nur noch Maria Stuart 1804 aufgeführt. Sonst brachten die beiden Schauspielertruppen, namentlich die Karl Döbbelins, in den neunziger Jahren Stücke längst vergessener Verfasser, Ritterschauspiele, komische Opern, Ballette, Dramen von Kotzebue oder Iffland zur Darstellung. Das Komödienhaus wurde 1791 und 1792 wegen der Feuergefährlichkeit umgebaut, nachdem ein Vorschlag Gillys, über dem Spritzenhause am Kohlmarkt einen ganz neuen Theatersaal für 297 Personen zu erbauen, von dem Generaldirektorium eine scharfe Ablehnung erfahren hatte; „das Stettiner Publikum, hieß es damals, verliert nichts, wenn auch hier keine Komödien gegeben werden". Dagegen behandelte man 1805 ein Projekt zur Errichtung eines stehenden Theaters auf Aktien freundlicher und gab auch die Erlaubnis zum Bau; die bald eintretenden kriegerischen Ereignisse verhinderten die Ausführung. Die oft sehr ausführlichen Besprechungen der Vorstellungen, die in der Zeitung erschienen, zeigen, mit welchem Interesse man alle Theatervorgänge verfolgte. Es erschien auch als Schauspieler der 1735 in Stettin geborene Johann Christian Brandes, von dessen zahlreichen Stücken einige aufgeführt wurden. Als er vereinsamt und verarmt eine Zeit lang 1789 in seiner Heimatsstadt lebte, fand er Gönner an manchen Freunden des Theaters, wie dem Syndikus Böttcher, dem Braueigen Bergemann, Kaufmann Otto, Dr. Kölpin. Das musikalische Interesse war in dieser Zeit nicht gering. Im Schützenhause (am Heiligen Geisttor), dem oberstädtischen Kasino (gr. Domstr. 22), der unterstädtischen Ressource (am Bollwerk) und an anderen Orten wurden oft Musikaufführungen veranstaltet, in denen die verschiedensten herumreisenden Künstler auftraten. Besondere Verdienste um wirklich künstlerische Vorführungen erwarb sich der Musikdirektor Haak.

Sehr beliebt war es in dieser Zeit, Sammlungen aller Art, von Münzen, Gemälden, Naturalien oder allerhand Kuriositäten, sowie

Abb. 24. Denkmal Friedrichs des Großen.

Bibliotheken anzulegen oder zu vermehren. Die gelehrten Reisenden pflegten solche aufzusuchen und in ihren Reisebeschreibungen zu verzeichnen. So besichtigte Bernoulli in Stettin die Naturaliensammlung des Hofapothekers Meyer, die Kunstsammlung des dort in Garnison stehenden Fürsten von Dessau, die Kuriositätensammlung der Loge, die Bibliotheken des Gymnasiums, des Konsistorialrat Brüggemann u. a. m. Zöllner beschreibt ausführlich die Sammlung russischer Denkmünzen, die infolge einer Bestimmung der Kaiserin Katharina (1763) an den Magistrat gesandt wurden und 1802 mit 27 Stück bereits einen nicht geringen Wert hatten. Er rühmt außerordentlich das Münzkabinet des Kaufmanns Fleck und besucht die pommersche Bibliothek im Landschaftshause, für die der fleißige Kantor an der Ratsschule Christoph Kiel Chroniken und Urkunden in großer Zahl abgeschrieben hatte. Auch Humboldt berichtet von solchen Besuchen und läßt erkennen, daß das geistige Leben in der Stadt ihm einiges Interesse abnötigt.

So bietet Stettin um die Wende des Jahrhunderts ein gar anderes Bild als etwa 50 Jahre früher. Es hat in diesem Zeitraum in jeder Beziehung, mag man es auf die wirtschaftliche oder die geistige Entwickelung hin betrachten, einen außerordentlichen Fortschritt gemacht. Wem aber verdankt die Stadt das in erster Linie? Unzweifelhaft hat der große König Friedrich nicht nur den Anstoß dazu gegeben, sondern auch unermüdlich alles, was der Stadt zum Wohle dienen konnte, gefördert. Deshalb war es eine Pflicht der Dankbarkeit, wenn Stettin zu der Errichtung eines Standbildes Friedrichs des Großen, wozu Graf Hertzberg die pommerschen Stände aufforderte, auch einen Beitrag gab. Am 10. Oktober 1793 wurde die von Schadow hergestellte Marmorstatue auf dem Paradeplatze am Anklamer Tor enthüllt. Es war ein Festtag für Stettin, als Hertzberg in seiner Rede die hohe Meinung des Monarchen von Pommern begründete, und helle Lichter erstrahlten am Abend zu Ehren des Königs, dessen Kriegs- und Friedenstaten auch Stettin zu einem großen Aufschwunge verholfen hatten.

17. Kapitel.

Stettins Franzosenzeit.

Trotz aller Verehrung für Friedrich den Großen jubelten die Stettiner seinem Nachfolger Friedrich Wilhelm II., für den Graf Hertzberg am 25. September 1786 die Huldigung entgegennahm, laut zu, da sie von ihm Erleichterungen mancher Art, Beseitigung der verhaßten Regieverwaltung und anderer Einrichtungen erhofften. Es erfüllten sich auch ihre Hoffnungen in dieser Beziehung, die neue Regierung ließ manche Änderung eintreten, verminderte die schweren Lasten und Abgaben, die Friedrich II. seinem Volke auferlegt hatte, ließ auch in der Strenge der Beaufsichtigung nach. Als aus Frankreich die Nachrichten von der großen Revolution herüberkamen und die neuen Gedanken von Freiheit und Gleichheit sich auch in den deutschen Landen verbreiteten und gar manchen begeisterten Anhänger fanden, da verstand es die preußische Regierung nicht, sich mit dieser neuen Geistesrichtung abzufinden. Man meinte, im Staate Friedrichs des Großen stehe alles so musterhaft, daß irgend eine tiefergehende Änderung nur verderblich sein könne. Die Stettiner lernten die Vorgänge jenseits des Rheins aus ihrer Zeitung kennen, die stets ausführliche Berichte über sie brachte. An dem Kriege Preußens gegen Frankreich nahmen sie geringen Anteil. In direkte Berührung mit Franzosen der Revolutionszeit kamen die Bewohner der Stadt, als vom Herbst 1794 bis zum Frühjahr 1795 einige hundert französische Kriegsgefangene im Fort Preußen untergebracht waren. Man nahm die Fremden über Gebühr gastfreundlich auf, verkehrte mit ihnen und war voll Bewunderung des Ausländischen. Die Losungsworte Freiheit und Gleichheit verrückten, wie Sell berichtet, die Köpfe mancher Toren, man affektierte den Sanskulottismus und äffte auch hier den Franzosen nach. Die Beziehungen zu Frankreich, dem viel bewunderten Lande moderner Entwickelung, wurden noch erweitert, als seit 1796 ein französischer Konsul Villiot der erste Vertreter eines auswärtigen Staates in Stettin wurde. Der allgemeine Weltbürgersinn griff um sich, und der Patriotismus oder die Vaterlandsliebe traten dagegen zurück, wie es in manchen Aufsätzen der Stettiner Zeitschriften zum Ausdrucke kam. Man interessierte sich für die Vorgänge im Auslande weit mehr, als für die Zustände und Ereignisse im Vaterlande. Diese wachsende Teilnahmlosigkeit für alle öffentlichen Fragen, die den Staat oder die Stadt betrafen, war ein Resultat der Bevormundung der Untertanen, die durch Friedrich Wilhelm I. eingeführt worden war. Man war zufrieden, wenn Frieden herrschte und Handel und Verkehr nicht gestört wurden, ja man pries die preußische Politik, die seit dem Frieden von Basel (1795) die Neutralität sorgfältig wahrte.

Deshalb begrüßten auch die Stettiner Friedrich Wilhelm III., dem Vertreter des Magistrats zusammen mit ständischen Abgeordneten am 7. Juli 1798 in Berlin den Huldigungseid leisteten, als den Friedensfürsten mit großer Freude. Als er mit der Königin Luise 1804 auf einer Reise zur Revue nach Stargard die Stadt passierte, wurde ihm ein feierlicher Empfang bereitet. Mitglieder der Kaufmannschaft und des Schlächtergewerkes, sowie eine stattliche Zahl von Handlungsdienern ritten dem Königspaare entgegen und geleiteten es zum Berliner Tore, wo der Magistrat ihm feierlichen Gruß entbot. In Gedichten und Reden konnte man den Landesvater nicht genug rühmen und den Segen preisen, der von seinem friedlichen Wirken ausging. Erfreute sich doch damals der Handel Stettins infolge der durch die Franzosen vorgenommenen Sperrung der Elbe einer sehr großen Blüte. „Die Oder war“, so heißt es in einer damaligen Schilderung, „mit Schiffen und Kähnen, um Waren einzunehmen oder zu löschen, mehrmals so bedeckt, daß oft für kleine Boote, um durchzukommen, keine Öffnung zu finden war, ja 30 bis 40 beladene Schiffe bisweilen außerhalb des Baumes liegen bleiben mußten, bis die innerhalb der Brücken befindlichen Schiffe gelöscht wurden.“

Das wurde bald anders, und die Stettiner Kaufleute sollten vor anderen erkennen, welchen Unsegen die übertriebene preußische Friedensliebe über das Land brachte. Hatte man sich zunächst noch gefreut, daß die Kriegsgefahr im Herbst durch Haugwitz beseitigt worden war und freundliche Beziehungen zu Frankreich gesichert zu sein schienen, so brachte doch im Anfange des Jahres 1806 die Besetzung Hannovers die Feindschaft Englands mit sich. Es zögerte nicht, als die Schiffahrt eröffnet wurde, zusammen mit Schweden die sorglos ausfahrenden preußischen Schiffe aufgreifen und wegnehmen zu lassen. Eine ungeheure Bestürzung erregte die Nachricht in Stettin, daß 33 Stettiner Schiffe in die Hände der Feinde gefallen seien, wodurch den Reedern und Kaufleuten ein Schaden von weit über eine Million Talern entstanden sein soll. Als dann auch Schweden die preußischen Häfen sperrte, da trat, wie es heißt, „ein gänzlicher Stillstand aller Handlungsgeschäfte ein“; zahllose Arbeiter, Matrosen, Zimmerleute wurden arbeitslos, und vergeblich versuchte die Regierung diesem Elende, das infolge der stark gestiegenen Getreidepreise bald noch größer wurde, abzuhelfen.

Da hatte man die Kriegsnot in der Stadt, die wenige Wochen vorher, als man die drohende Gefahr nicht erkannt hatte, in eitel Freude und Jubel schwelgte. Russische Truppen, die im September 1805 in Schwedisch-Pommern gelandet und dann zum Kampfe gegen die Franzosen nach Hannover vorgerückt waren, traten auf Befehl des Kaisers Alexander I., der nach der Schlacht bei Austerlitz den Krieg aufgab, im Anfange des Jahres 1806 den Rückmarsch nach Osten an. Einige Regimenter passierten dabei Stettin; sie zu begrüßen, erschienen am 8. März König Friedrich Wilhelm III. und Königin Luise dort. Glänzend war der Empfang, den die Stettiner ihrem

Herrscherpaare bereiteten. Wieder geleiteten Handlungsdiener und Schlächter hoch zu Roß in prächtiger Ausrüstung die hohen Gäste in die Stadt zum Landhause, wo für das Königspaar Quartier bereitet worden war. Dort wurde es von den Generälen und Stabsoffizieren, den Vertretern der Landeskollegien, der Landstände, des Magistrats und der Kaufmannschaft begrüßt; auch die Prinzessin Elisabeth war zum Empfang erschienen. Das Gefolge war namentlich in den stattlichen Häusern in der Mühlenstraße und am Roßmarkt bei den Kaufleuten Wietzlow und Daniel Schultz u. a. untergebracht. Da auch für viele russische Offiziere Quartier beschafft werden mußte, so hatte die Serviskommission viel Mühe und Arbeit gehabt, alle Anforderungen zu befriedigen. Bis zum 12. März blieben König und Königin in Stettin. Jeden Tag besichtigten sie russische Truppen und wohnten ihrem Marsche durch die Stadt bei. Daneben fanden aber noch zahlreiche Festlichkeiten statt, an denen die Königin Luise mit liebenswürdiger Freundlichkeit gerne teilnahm. Da wurden Festtafeln im Landhause und Bälle beim russischen Konsul Hübner, der an der Ecke der kleinen Wollweber-Straße und des Roßmarktes wohnte, oder im Börsensaale (am Bollwerk) veranstaltet. Dabei entfalteten die reichen Stettiner Damen die ganze Pracht ihrer Toiletten, so daß sogar die Königin bewundernd davon zu ihrem Gemahle sprach. „Ja, mein Kind", erwiderte dieser, „das sind auch die Stettiner Kaufmannsfrauen, du bist aber nur eine einfache Soldatenfrau". Den Höhepunkt erreichten die Festlichkeiten am 10. März, als die Königin ihren Geburtstag feierte. Mit gut gemeinten, aber recht schlecht gelungenen Gedichten begrüßten sie 12 Töchter von Kaufleuten (Wißmann, Weinreich, Wächter, Cober, Hellwig, Goltdammer, Sebert, Petersen, Diedrich, Hecker, Braun), die Schützengilde, die Kaufmannschaft, Soldaten-Frauen und -Kinder. Sie nahm alle diese Verse und Ansprachen, so weit sie nicht durch „Blödigkeit" vereitelt wurden, huldvoll entgegen. Am Abend war große Illumination, bei der auch die Baugefangenen die vergitterten Fenster der Kasematten erleuchteten.

Sitz ich gleich im finstern Loch,
ehr ich meinen König doch.

Mit allegorischen Darstellungen, Transparenten und Inschriften feierte man das Königspaar:

Verschmähe nicht, Luise, Bürgerpflicht,
wir segnen dich, vergiß uns nicht!

oder pries den Frieden:

Wenn seinen Souverain Frankreich mit Lorbeern schmückt,
fühlt Preußens Untertan, wie Fried und Ruh beglückt.

Der Ball, der in dem oberstädtischen Kasino (große Dom-Straße 22) stattfand, war besonders glänzend, und die Königin beteiligte sich mit Freude am Tanze. Auch die beiden letzten Tage waren mit allerlei Festlichkeiten ausgefüllt; bei einer großen Cour und einem Balle, den der König im Landhause gab, zeigten sich beide wieder höchst gnädig und huldvoll. Nachdem Friedrich Wilhelm mancherlei Auszeichnungen verliehen, z. B. Tilebein zum Geh. Kommerzienrat, Daniel Schultz, Oegler und Dilschmann zu Kommerzienräten ernannt hatte, verließ er mit seiner Gemahlin die Stadt. Die Erinnerung an diesen Besuch hat sich lange erhalten; der Magistrat bestimmte, daß die Mühlenstraße hinfort Luisenstraße, der grüne Paradeplatz Königsplatz heißen und das Anklamer Tor den Namen Königstor führen sollte.

Der Ernst der Zeit machte sich indessen bald sehr fühlbar. Bereits Ende August wurde den Kaufleuten mitgeteilt, daß sie, da ein völliger Bruch zwischen Frankreich und Preußen in Aussicht stehe, für die Sicherstellung ihres Eigentums in französischen Häfen sorgen sollten; auch sei auf die Aufhebung der Blockade der Ostseehäfen nicht zu rechnen. Alsbald machte sich eine kriegerische Stimmung in manchen Veröffentlichungen der Zeitschriften bemerkbar, ja sie kam offen zum Ausdruck in einer Demonstration, die einige jüngere Kaufleute vor dem Hause des Konsuls Billiot in der breiten Straße veranstalteten. Sie brachten ihm eine Katzenmusik, warfen ihm die Fenster ein und verhöhnten ihn sogar, als er am folgenden Tage unter militärischem Schutze die Stadt verließ. Der Krieg war erklärt worden. Wie wenig indessen das Militär vorbereitet war, zeigt die Tatsache, daß der Stettiner Magistrat auf eine Anregung von Berlin hin am 7. Oktober eine Sammlung zur Beschaffung von Winterkleidung für die pommerschen Regimenter eröffnete und 4000 Taler dafür bewilligte. Die beiden in Stettin garnisonierenden Regimenter Owstien (Nr. 7) und Borcke (Nr. 30) waren seit der Mobilmachung von 1805 von der Stadt fern geblieben; es standen jetzt dort nur 7 sogenannte dritte Musketierbataillone, die zumeist aus wenig brauchbaren und unzuverlässigen Mannschaften bestanden. Gouverneur der Festung war seit 1799 der Generalleutnant Gisbert Wilhelm Freiherr von Romberg, der 77 Jahre alt war, Kommandant der Generalmajor Kurt Gottfried von Knobelsdorf, dem im Sommer 1806 als Kommandant des Forts Preußen der Generalmajor Bonaventura von Rauch zur Seite gesetzt worden war. Platzmajor war der Major Friedrich Wilhelm von Linckersdorf, und Ingenieur vom Platze der Major Georg Joseph von Harenberg.

Weit früher als aus ihrer Zeitung erfuhren die Stettiner durch Nachrichten aus Berlin, daß die preußischen Truppen in Thüringen eine vernichtende Niederlage erlitten hatten. Bereits am 18. Oktober trafen Briefe vom Kgl. Hofe, von Ministern, hohen Zivil- und Militärbeamten in Stettin ein, in denen diese ihre Ankunft anmeldeten und um Quartiere baten. Die Serviskommission hatte plötzlich alle Hände voll zu tun, um nur einigermaßen die Wünsche zu erfüllen. Was war geschehen? Die Schlachten bei Jena und Auerstedt am 14. Oktober waren geschlagen, das preußische Heer war aufgelöst, ja fast vernichtet, und auf die Nachricht hiervon hatte man in Berlin sogleich den Kopf verloren. Ruhe war als die erste Bürgerpflicht proklamiert worden, aber Flucht war das Losungswort aller derer, die im Staate etwas bedeuteten. „Alles wurde in Berlin", so schreibt ein Augenzeuge, „von Furcht und Angst eingenommen, alles rannte mit den Köpfen gegeneinander, alles wollte fliehen; Berlin sah einem Bienenkorb ähnlich, der im Schwärmen begriffen ist. Alles, was reich und vornehm war, die hohen Offizianten, Kapitalisten, der Adel eilten mit ihren Schätzen über Hals und Kopf nach Stettin, Küstrin oder Schlesien." Stettin war vor allem der Zufluchtsort für die hohen Behörden und sämtliche Königl. Generalkassen. Die Kriegs- und Domänenkammer in Stettin veranlaßte sofort den Magistrat, die notwendigen Vorbereitungen zu treffen; in großer Eile und mit überstürzender Hast machte man sich daran, für die angemeldeten Gäste, deren Liste mehrere 100 Personen umfaßte, Wohnung und Ausspannung zu besorgen.

Während man noch bei der Arbeit war, trafen am 19. Oktober die vier Kinder des Königspaares mit ihrer Begleitung in Stettin ein. Man mußte sie in Privatquartieren, beim Kommerzienrat Dan. Schultz am Roßmarkt, beim Herrn v. Osten in der breiten Straße oder im Landhause unterbringen. Dort stieg auch die Königin Luise ab, die am Nachmittage desselben Tages ankam, nachdem sie erst wenige Tage vorher den Kriegsschauplatz verlassen hatte. Noch waren für ihre Ankunft wenige Vorbereitungen getroffen, die Zimmer nicht recht ausgestattet; es herrschte dort, wie der junge Kronprinz in seinen Aufzeichnungen über die Flucht schreibt, solche Kälte, daß man es kaum aushalten konnte. Trotz der traurigen Lage war die Königin nicht verzweifelt, sie schrieb am 20. Oktober an ihren Gemahl jenen herrlichen Brief, in dem sie ihn mahnte: „Nur um Gotteswillen keinen schändlichen Frieden!" Auch fand sie die Stimmung der Stettiner Bürger recht kampfesfreudig und patriotisch, ein Urteil, das bestätigt wird durch eine Aufzeichnung, die Garlieb Merkel, der Herausgeber des Berliner „Freimütigen", gemacht hat: „Einen ernsteren und edleren Anblick als die Berliner Flüchtlinge gewährten die Stettiner selbst. So drückend ihnen auch die Überfüllung der Stadt mit Flüchtlingen war, zu denen sich bald auch die Berliner Garnison gesellte, nahmen sie sie doch gastfrei auf. Der öffentliche Ton war dabei so patriotisch, daß ich überzeugt bin, es hätte nur einer Proklamation bedurft und eines tätigen Kommandanten, um die Stettiner so gut, als späterhin die Kolberger taten, die Verteidigung ihrer Festung selbst übernehmen zu machen." Dieselbe Stimmung des Volkes zeigte sich auch, als mit den anderen hohen Beamten aus Berlin der Kabinetsrat Lombard in Stettin erschien. In ihm sah man allgemein den bösen Geist des Königs, ja man betrachtete ihn, mit Unrecht, als einen im französischen Solde stehenden Verräter. Schon als er am 19. Oktober im Englischen Hofe in der Luisenstraße abstieg, zeigte sich, wie es heißt, Mißstimmung gegen ihn. Am nächsten Tage machte er der Königin im Landhause seine Aufwartung; da ließ sie ihn auf Betreiben der Erbprinzessin Maria Paulowna von Weimar und der Prinzessin Wilhelmine von Oranien, die sich in ihrer Begleitung befanden, verhaften, unter dem Vorgeben, ihn vor der Wut des Pöbels zu schützen. Sein Gepäck wurde in Beschlag genommen, er selbst auf die Wache geführt. Diese Verhaftung Lombards, zu der sich die Königin übereilt, aber in einem Gefühle für nationale Ehre verleiten ließ, machte großes Aufsehen. Die Königin verließ am Mittage desselben Tages Stettin und fuhr über Podejuch, Klebow, Wildenbruch nach Küstrin. Der patriotische Kaufmann von Essen übernahm es, ihr als Wegweiser zu dienen und begleitete die Wagen. In Küstrin traf sie den König, der auf den Bericht seiner Gemahlin sofort die Freilassung Lombards verfügte. Die königlichen Kinder fuhren erst am Morgen des 21. Oktobers von Stettin ab, um sich durch Hinterpommern nach Danzig zu begeben. Einige Tage verblieb die Prinzessin Wilhelm noch in der Stadt in banger Stimmung, da, wie sie schreibt, jeden Augenblick andere Nachrichten ankamen, die sich stets bald als falsch ergaben. Die Minister, Räte, Generäle waren in voller Verzweiflung; auch der Minister von Stein, der im Accisedirektionshause abgestiegen war, konnte nichts ausrichten. Er wollte zwar zunächst dem Befehle des Königs, daß alle Behörden, Kassen usw. sofort nach Danzig kämen, für seine Person nicht Folge leisten und sorgte, daß die Staatsgelder zu Schiff fortgebracht wurden. Als er aber sah, daß sein Aufenthalt in Stettin ohne Nutzen sei, reiste auch er ab.

Was taten die Militärbehörden für die Sicherung der Festung? Es ist fast unglaublich, daß bei der Mobilmachung nichts für die Armierung geschehen war. Erst am 17. Oktober traf der erste Befehl vom Oberkriegskollegium ein, die Festung gegen einen feindlichen

Angriff in Bereitschaft zu setzen. Doch nicht vor dem 20. wurden Arbeiten begonnen oder wenigstens die Stellung von Arbeitern verlangt. Man fing auch wirklich an, Reparaturen am Hauptwalle vorzunehmen, ließ die Kasematten räumen, die schönen Lindenbäume auf dem Wall und bei Fort Preußen niederhauen und traf auch Maßregeln für eine Verproviantierung. Aber bei allem diesem vergaß der Gouverneur von Romberg, der auf den jungen Kronprinzen wie auf andere den Eindruck eines alten abgelebten, fast kindisch gewordenen Greises machte, nicht die übliche Sparsamkeit und Langsamkeit. Auch in diesen kostbaren Augenblicken unterließen er und sein Platzingenieur es nicht, ängstlich den Instanzenweg einzuhalten, mit der Kriegs- und Domänenkammer zu verhandeln, wegen Quittungen und Anweisungen in langen Schriftwechsel zu treten. Garlieb Merkel, der daran gedacht hatte, durch eine Proklamation die Stettiner zum Widerstande aufzurufen, erkannte ganz richtig, daß mit diesen Männern, die an der Spitze der Stadt standen, nichts auszurichten sei.

Die vorhandenen Verteidigungsmittel an Geschützen, Munition, Schanzzeug u. a. m. befanden sich zwar nicht in besonders gutem Zustande, aber waren jedenfalls hinreichend, um eine Verteidigung zu wagen. An Militär war zeitweise übergenug in der Stadt; die Berliner Garnison (6000 Mann) traf in der Stadt ein, täglich kamen versprengte Truppenkörper oder einzelne Flüchtlinge an, aber es war, als wenn man Angst hatte, zu viele Soldaten in der Festung zu sammeln, Romberg drängte geradezu darauf, daß diese sich möglichst schnell entfernten, um sich dem Könige zu erhalten. Alle, die sich etwa anboten, bei der Verteidigung der Stadt zu helfen, wurden streng abgewiesen, ja wegen Insubordination mit Strafen bedroht. Kein Wunder war es daher, daß schließlich wirklich alle, die nicht zur Garnison gehörten, sich in wilder Flucht über die Lastadie nach Hinterpommern fortdrängten.

Was sollten unter diesen Umständen der Magistrat und die Bürgerschaft tun? Jede Einmischung in die militärischen Angelegenheiten wäre ihnen teuer zu stehen gekommen, so ermahnte man denn auch hier zur Ruhe und Ordnung. Ein Versuch, die alten Bürgerkompagnien zur Verteidigung mitheranzuziehen, scheiterte wieder an dem Widerstande des Gouverneurs, der von solchen unmilitärischen Verteidigern nichts wissen wollte.

Da kam die Nachricht von der Katastrophe von Prenzlau, wo am 28. Oktober die Armee des Fürsten Hohenlohe auf freiem Felde kapitulierte. Sie wirkte wahrhaft vernichtend auf den Gouverneur und seine Offiziere, die jetzt alles für umsonst hielten und fest davon überzeugt waren, Widerstand sei nur schädlich. Man ließ die versprengten Reste der Armee gar nicht mehr in die Stadt hinein, man sah schon jetzt eine Kapitulation als unausbleiblich an. Auch der Magistrat teilte diese Überzeugung, wußte aber nicht recht, was er für diesen Fall tun sollte. Der Präsident der Kriegs- und Domänenkammer, dessen Befehle und Anordnungen einzuholen und zu befolgen er seit langem durchaus gewohnt war, befand sich nicht in der Stadt, aus eigener Initiative irgend etwas zu unternehmen wagte er nicht. Da wandte er sich an den Staatsminister K. H. L. v. Ingersleben, der infolge eines Zufalls in Stettin zurückgeblieben war, mit der Bitte, „in dieser kritischen Periode die so sehr notwendige Leitung der Zivilangelegenheiten zu übernehmen". Ingersleben erfreute sich seit seiner früheren Tätigkeit in der pommerschen Kammer, die erst im Anfange des Jahres 1806 ein Ende gefunden hatte, großer Beliebtheit in der Stadt. Er lehnte es anfangs ab, ohne königlichen Befehl sich in Angelegenheiten zu mischen, die ihn von Amts wegen nichts angingen, erklärte sich aber dann doch bereit, für die Stadt einzutreten, erschien auf dem Rathause und traf einige Anordnungen, unter denen die wichtigste war, daß er die königliche Kasse sofort nach Swinemünde schaffen ließ.

Da erschien am Mittag des 29. Oktober französische Kavallerie vor der Festung, und ein Offizier verlangte und erhielt Eintritt in die Festung. Er stellte im Auftrage Murats, des Großherzogs von Berg, an den Gouverneur ganz unverblümt die Aufforderung, die Festung zu übergeben, da sie von 100000 Franzosen umgeben sei. Romberg war ratlos; hatte er doch schon am vorigen Tage seinen Sohn, den Leutnant von Romberg, an den König gesandt mit der Anfrage, wie er sich im Falle einer solchen Aufforderung verhalten solle. Jetzt fragte er Ingersleben, der zu ihm eilte: „Was ist nun zu tun?" Dieser gab eine sehr vorsichtige Antwort, die uns heute unleidlich korrekt erscheint; er müsse die Entscheidung den Militärbehörden überlassen, halte aber eine Rekognoszierung für nötig, wie es mit den feindlichen Truppen stände. Der Gouverneur lehnte die Übergabe ab, doch kaum war der Parlamentär entlassen, da diktierte er dem Auditeur Dragand einen Kapitulationsentwurf, den er auch den Generälen v. Knobelsdorff und von Rauch vorlegte. Um 4 Uhr nachmittags erschien ein zweiter Parlamentär und verlangte eine kategorische Antwort. Romberg war wieder fassungslos, hielt aber dann einen Kriegsrat ab, während Ingersleben den französischen Offizier, Kapitän de Piré, mit sich in sein Quartier nahm und sich dort mit ihm über eine eventuelle Kapitulation unterhielt.

Er legte ihm auch bereits den Entwurf der Bestimmungen vor, wie die Bürgerschaft bei einer Übergabe zu behandeln sei, und sagte ihm ein don gratuit zu. In dem Kriegsrate waren der Gouverneur, die Kommandanten und der Ingenieurmajor für die Übergabe; von den übrigen anwesenden Offizieren erklärte sich keiner entschieden dagegen. Man übergab dem französischen Offizier den Entwurf der Bedingungen, und dieser kehrte um 6 Uhr zum General Lasalle, der die französischen Truppen kommandierte, zurück. Ingersleben wagte nichts gegen den Beschluß zu tun, obwohl er empfand, daß er auch für ihn unglückliche Folgen haben könne. Während dessen waren von der Garnison auf die französische Kavallerie, die sich der Festung zu sehr genähert hatte, einige Schüsse abgegeben worden, doch das Schießen wurde alsbald untersagt. Als Lasalle den Kapitulationsvertrag, in dem der freie Abzug der preußischen Garnison gestrichen worden war, zurücksandte, versuchte Romberg noch einmal eine Weigerung, doch Lasalle erschien in der Nacht selbst bei ihm, und Romberg unterschrieb. Darauf wurde der schmähliche Vertrag nachts um 11½ Uhr in Möhringen auch vom Chef des französischen Generalstabes Beliard angenommen; ebenso wurde die Zivilkapitulation gebilligt, die beiden Generäle Lasalle und Beliard erhielten von der Stadt ein Geschenk von je 5000 Louisdor zugesichert und der französische Parlamentär ein Reitpferd. Am frühen Morgen des 30. Oktober war alles abgemacht, die starke Festung Stettin übergeben und zwar, wie sich jetzt herausstellte, an ein Häuflein von 800 feindlichen Reitern. „Les hussards de Votre Majesté prendront possession des portes de la ville, so meldete Murat um 5 Uhr dem Kaiser.

Mit Recht konnte Napoleon in seinem 24. Bulletin verkünden, daß die Kapitulation von Stettin nur durch die äußerste Entmutigung zu erklären sei, die an der Oder durch die Vernichtung der preußischen Armee hervorgerufen worden sei. Der arme Greis, dem man das Gouvernement übertragen hatte, „da es ihm bei der Abnahme seiner Kräfte unstreitig angenehm sein werde, in ein ruhiges Verhältnis zu kommen", die anderen ebenso schwachen Generäle, der Ingenieurmajor, der später in der Zeitung sein Verhalten beim Abschlusse der Kapitulation rechtfertigen wollte, obwohl er nur hin und her gelaufen und in Tränen ausgebrochen war, erhielten später durch kriegsgerichtliche Urteile ihre Strafen, die zwar nicht vollstreckt wurden, aber ihre Schande offen darlegten. Auch Ingersleben wurde wegen seines Verhaltens zur Verantwortung gezogen und vorläufig aus dem Staatsdienste entlassen.

Die Bürger, von denen vielleicht viele von den Vorgängen in der Nacht vom 29. zum 30. Oktober nichts wußten, mußten sehen, wie am Morgen französische Husaren in die Stadt einritten und Posten am Berliner Tore, auf der langen Brücke und an anderen Punkten aufstellten, wie die Garnison auf dem grünen Paradeplatz die Steine von den Gewehren abschraubte und dann vor dem Tore die Waffen streckte, um in die Gefangenschaft geführt zu werden. Nur wenige von ihnen empfanden die tiefe Schmach und wandten ihre Wut gegen den General von Knobelsdorff, den sie vom Pferde rissen und mißhandelten. Einzelne entkamen noch, wie es heißt, über die Lastadie nach Hinterpommern. Für Stettin begann die Franzosenzeit.

Die zunächst in die Festung einrückenden Franzosen, etwa 2700 Mann, mit dem Großherzoge von Berg, dem General Beliard, dem Marschall Lannes und dem General Suchet blieben nicht lange dort, sondern zogen bereits am nächsten Tage nach Damm und übernahmen die Verfolgung der Preußen nach Hinterpommern, doch schon einen Tag später zogen in einzelnen Abteilungen 10000 Mann Infanterie ein, und die Serviskommission, die am 1. November durch die Räte Zitelmann und Bethe, den Syndikus Kirstein und den Kaufmann Kugler verstärkt wurde, hatte ungeheuere Arbeit zu leisten. Man muß anerkennen, daß man sich auf preußischer und französischer Seite Mühe gab, die schweren Lasten nach Möglichkeit gleichmäßig zu verteilen. Die ganze Stadt wurde in 29 Quartiere eingeteilt; in jedem sollte ein möglichst der französischen Sprache kundiger Bürger für Ordnung sorgen und alle Beschwerden entgegennehmen. Sie sollten auch darauf achten, daß die Soldaten Brot und Fleisch aus den Magazinen, wozu man auch die Nikolai-, Johannis-, Petri- und Gertrud-Kirchen einrichtete, erhielten und die Bürger ihnen nur Wohnung, Betten, Heizung, aber auch Wein, Bier und Branntwein lieferten. Trotz dieser Anordnungen kamen natürlich mancherlei Erpressungen und Ausschreitungen vor. Der Gouverneur Thouvenot bemühte sich ernstlich, sie zu verhindern. Im allgemeinen benahmen sich die französischen Soldaten auch ganz verständig, und die Einwohner fügten sich mit Ruhe und Besonnenheit in die Verhältnisse. Drückender waren die Offiziersquartiere, da hier die Verpflegung geleistet werden mußte. Dazu kamen dann bereits im November allerlei Leistungen für den Ausbau der Festungswerke, den die französische Militärverwaltung alsbald in Angriff nahm. Hierzu mußten die Bürger Materialien, Handwerkzeug, Wagen u. a. m. liefern und die Bauern der Umgegend Arbeiten leisten. Die Kriegs- und Domänenkammer, die die Geschäfte wieder aufgenommen hatte, konnte sich der Aufgabe nicht entziehen, die Befehle dazu auszuschreiben.

Stettiner Zeitung.

No. 92.

Freytag, den 21. November 1806.

Gouvernement de Berlin.

Notification.

.'Empereur des François et Roi d'Italie a rendu ȝ. du présent mois de Novembre un décret con- nant les pays occupés par l'armée française. Il ferme les dispositions suivantes qu'il importe de e connoître au public.

Savoir:

.es Etats de Sa Majesté le Roi de Prusse, conquis · l'armée française sont divisés en quatre départe- nts;

1) Le departement de Berlin est divisé lui même 4 provinces.

Savoir:

La Marche d'Ukraine, commandée par Mr. Hariet, Chef de Bataillon.

La Prignitz, commandée par Mr. Nerin, Colonel.

La vielle Marche, commandée par Mr. Boussin, Colonel.

La moyenne Marche, commandée par Mr. le Général de division Clarke.

2) Celui de Custrin, comprendra la nouvelle arche, commandée per Mr. le Général de Bri- le Menard.

3) Celui de Stettrin, comprendra la Poméranie, nmandé par le Général de brigade Thouvenot.

4) Celui de Magdebourg comprendra,

Savoir:

Duché de Magdebourg Comté de Mansfeld Cercle de la Saale	commandé par l'Adjudant-commandant Mr. Champeaux qui résidera à Burg.

Et la ville de Halle, commandée par. Mr. Lautour, Adjudant-commandant.

Les provinces continueront d'être divisées en cer- s comme elles le sont présentement, les magistrats s villes, les baillifs, les conseillers des tailles, les nseillers provinciaux des cercles et les membres s chambres de guerre et des domaines sont main- ıus dans leurs fonctions, ils prêteront le serment ivant entre les mains de Messieurs les Comman ns militaires et des Intendants nommés Commis- res à cet effet, lesquels dresseront un procès ver-

Gouvernement von Berlin.

Bekanntmachung.

Se. Majestät der Kaiser der Franzosen und König von Italien haben, unter dem 3. dieses Monats in Betreff der von der französischen Armee besetzten Lande eine Verordnung erlassen, deren Inhalt durch gegenwärtiges zur Kenntniß des Publikums gebracht wird.

Die von der französischen Armee eroberten Lande Sr. Majestät des Königs von Preußen sind in vier Departements eingetheilt, nämlich:

1) Das Departement von Berlin, welches hinwiederum aus vier Provinzen besteht. Diese sind:

die Ukermark, welche unter dem Befehl des Bataillons-Chef Hariet steht.

Die Priegnitz, unter dem Oberst Nerin.

Die Altmark, unter dem Obrist Boussin.

Die Mittelmark, unter dem Divisions-General Clarke.

2) Das Departement von Cüstrin, begreift die Neumark, und steht unter dem Brigade-General Menard.

3) Das Departement von Stettin, begreift Pommern, unter dem Befehl des Brigade-General Thouvenot.

4) Das Departement von Magdeburg, begreift:

das Herzogthum Magdeburg die Grafschaft Mansfeld den Saalkreis	diese stehen unter dem Adjutant-Commandant Champeaux, der zu Burg residirt.

und die Stadt Halle; diese leztere steht unter dem Adjutant-Commandant Lautour.

In allen vorgenannten Provinzen verbleibt es, nach wie vor, bei der bisherigen Eintheilung in Kreise, so wie auch in den Städten die Magistrats-Personen, auf dem Lande die Amtleute, die Steuerräthe, die Landräthe und die Krieges- und Domainen-Beamten, beibehalten werden, dergestalt daß von diesen allen jeder seine bisherigen Amts-verrichtungen ununterbrochen fortzusetzen hat. Jeder von diesen öffentlichen Beamten soll nachstehenden Eid in die Hände der Militair-Commandanten, und der zu Commissarien ad hoc verordneten Intendanten, ablegen, die bei bal qui relatera les noms de tous les membres composant les autorités ci-dessus.

Formule du serment.

„Je jure d'exercer loyalement l'autorité qui m'est „confiée par Sa Majesté l'Empereur des Français, et „Roi d'Italie, de ne m'en servir que pour le main„tien de l'ordre et de la tranquillité publique, de „concourir de tout mon pouvoir à l'exécution des „mesures qui seront ordonnées pour le service de „l'armee française et de n'entretenir aucune correspon„dance avec ses ennemis."

L'administration générale des quatre départements est confiée sous l'autorite de Mr. l'Intendant-général de l'armée (Mr. Daru).

A un Administrateur-général des finances et des domaines (Mr. Estéve).

Et à un Receveur-général des contribusions (Mr. Labouillerie).

Chaque département sera dirigé par un Commissaire impérial pui assistera toujours aux assemblées de la chambre des guerres et des domaines, fera tenir régistre des délibérations et veillera au bien de notre service.

Chaque province aura son Intendant, qui remplira les fonctions de Préfet, d'Intendant des finances qui prendra possession de tous les magazins, caisses et domaines appartenent au Roi, il dirigera en outre la perception des impositions, l'administration des domaines, mines, salines, et la rentrée des contributions extraordinaires.

Il sera établi dans chaque province un Receveur, dans la caisse duquel toutes les recettes quelconques seront versées et les versements qui y seront faits, seront constatés par des procès-verbaux.

Les magistrats des villes, les baillifs conseillers des railles et provinciaux, continueront de correspondre, entre eux et la chambre de guerre et des domaines, suivant l'ordre précédemment établi.

La magistrature de la ville de Berlin sera composée d'un Conseil de soixante membres et d'un Comité de sept membres.

Les Elections faites par l'assemblée des deux mille principaux bourgeois de cette ville, tenu le 30. du mois dernier et constatée par le procès-verbal de cette assemblée sont approuvées par Sa Majesté Impériale et Royale, ainsi que le choix que les soixante membres élus pour former le conseil, ont fait de sept membres pour composer le comité administratif.

Messieurs les Commandans de province, organiseront dans leurs arrondissements des brigades de gendarmerie choisis parmi les propriétaires du pays dont le nombre et l'emplacement de ces brigades seront déterminés par le Gouverneur-général. Ces brigades seront destinées à maintenir la tranquillité du Pays et à y faire respecter les personnes et les propriétés, il y aura auprès de chaque Commandant de province un détachement de troupe française.

Il sera organisé dans la ville de Berlin une garde bourgeoise, et il sera crée dans chaque département

gegen die Namen aller derer, welche diesen Eid zu haben, in ein Protokoll eintragen müssen.

Eides-Formel.

„Ich schwöre, die Gewalt, die mir von Sr. M „dem Kaiser der Franzosen und Könige von Italien „trauet ist, mit der grösten Loyalität auszuüben u „nicht anders als zu Erhaltung der Ordnung und d „fentlichen Ruhe anzuwenden, auch aus allen m „Kräften beizutragen, um die Maaßregeln und Anor „gen, welche mir für den Dienst der französischen „vorgeschrieben werden, auszuführen, und weder „wechsel noch irgend eine andre Art von Verbindun „den Feinden derselben zu unterhalten. So wahr „Gott helfe."

Die General-Administration sämmtlicher vier nannter Departements, ist, unter dem Oberbefehl de neral-Intendanten der Armee, Herrn Darü, dem neral-Administrator der Finanzen und der Doma Herrn Esteve, und dem Ober-Steuer-Einnehmer, Labouillerie, übertragen.

An der Spitze jeder einzelnen Departements-Ve tung, wird ein Kaiserlicher Kommissarius stehen, de den Sessionen der Krieges- und Domainenkammern gen seyn, über die Verhandlungen derselben ein Pro führen, und das Beste des Dienstes im Namen des sers wahrnehmen wird.

Für jede Provinz wird ein Intendant bestellt, de Präfekt und als Intendant der Finanzen, die Königl. gazine, Kassen und Domainen an sich nehmen, die bung der Auflagen, die Verwaltung der Domainen, Bergwerke, der Salzwerke, und die Beitreibung der a erdentlichen Steuern, anordnen wird.

In jeder Provinz wird ferner ein Einnehmer ange werden, zu dessen Kasse alle eingegangene Gelder ab fert, und über deren Einnahme Protokoll gehalten den soll.

Die Magistratspersonen in den Städten, desgle die Amtleute, die Steuerräthe und die Landräthe, bl in ihren bisherigen Verhältnissen und Verbindungen wohl unter sich, als mit den Krieges- und Doma Kammern.

Das Magistrats-Kollegium der Stadt Berlin, von jetzt an aus einem Rath von sechzig Mitgliedern, aus einem Ausschuß von sieben Mitgliedern bestehen.

Die von der Versammlung der zweitausend angese sten Bürger dieser Stadt, am 30. des vergangenen nats, laut dem darüber abgehaltenen Protokoll, getr nen Wahlen zu dem Rath der Sechziger, so wie die diesem Rath erfolgte Ernennung von sieben Mitglied welche das Verwaltungs-Comitté ausmachen soll, h Se. Kaiserlich-Königliche Majestät zu bestätigen gern

Die Herren Kommandanten der Provinzen sollen i ren respektiven Bezirken Gendarmerie-Brigaden errich die zu Aufrechthaltung der öffentlichen Ruhe, so wi Sicherung der Personen und des Eigenthums, gebra werden sollen. Zu diesem Dienst können nur wirk Grund-Eigenthümer zugelassen werden. Die Anzahl selben und ihr Standquartier, wird von dem Gene Gouverneur bestimmt werden.

ou plusieurs commissions militaires pour juger aire punir les marodeurs; sont nommées Comfaires impériaux dans les chefs-liens de départe-nts; savoir:

Mr. Bignon, pour le Département de Berlin, il résidera à Berlin.

Mr. Sabatier, pour le Département de Custrin, il résidera à Custrin.

Mr. Laigle, pour le Département de Stettin, il résidera à Stettin.

Mr. Chaalons, pour le Département de Magdebourg, il résidera à Burg.

ont nommés Intendants des provinces de la Mar-Ukraine, Mr. Pietchambelle, il résidera à nzlow, De la Prignitz, Mr. Gaspard, il résia à Perleberg. De la vieille-Marche, Mr. Chille, il résidera à Steinthal (Stendal). De la ville Halle, Mr. Clarac, il résidera à Halle.

es autorités civiles et militaires sont tenus de se formér chacun en ce qui le concerne aux dispoons du décret de Sa Majesté l'Empereur et Roi 3. du présent mois de Novembre, rappellé dans présente.

a Susdite notification sera lue, publiée et affichée tout où besoin sera.

Berlin, le 8. Novembre 1806.

Le Général de Division, grand-officier de la légion d'honneur, Gouverneur général de la ville de Berlin et des provinces prussiennes, de Magdebourg, de la vielle Marche, de la moyonne Marche, de Prignitz, de la Marche-Ukraine, de la nouvelle Marche de la Pomeranie, et Commandant de la moyenne Marche.

Clarke.

Bei jedem Commandanten einer Provinz soll sich ein Detaschement französischer Truppen befinden.

In der Stadt Berlin soll eine Bürger-Garde errichtet, und in jedem Departement eine oder mehrere Militair-Commissionen bestellt werden, welche die Marodeurs zur Verantwortung und Strafe ziehen soll.

Zu Kaiserl. Commissarien in den Hauptorten jeglichen Departements sind ernannt: Herr Bignon für das Departement von Berlin, residirt in Berlin.

„Hr. Sabatier, für das Departement von Cüstrin, residirt in Cüstrin.

„Laigle, für das Departement von Stettin, residirt in Stettin,

„Chaalons, für das Departement von Magdeburg, residirt in Burg."

Zu Intendanten in den Provinzen sind ernannt:

Für die Ukermark, Herr Pietchambelle, residirt in Prenzlow.

Für die Priegnitz, Herr Gaspard, residirt zu Perleberg.

Für die Altmark, Herr Chivaille, residirt zu Stendal.

Für die Stadt Halle, Herr Clarac, residirt zu Halle.

Sämmtliche Civil- und Militair-Autoritäten sind, jeder an seinem Theile verpflichtet, sich nach dem Inhalt des von Sr. Kaiserl. Königl. Majestät unterm 3. dieses Monats erlassenen Dekrets zu richten, auf welches hiemit hingewiesen wird.

Vorstehende Bekanntmachung soll überall, wo es erforderlich sein mag, vorgelesen, bekannt gemacht und durch öffentlichen Anschlag zu jedermanns Kenntniß gebracht werden. Berlin, am 8. November 1806.

Der Divisions General, Großoffizier der Ehrenlegion, General-Gouverneur der Stadt Berlin, so wie der preußischen Provinzen: Magdeburg, Altmark, Mittelmark, Priegnitz, Ukermark, Neumark und Pommern; desgleichen Kommandant der Mittelmark.

Clarke.

Vorstehender Bekanntmachung gemäß war hier der 9te ses Monats zu Ableistung des vorgeschriebenen eidlichen lübdes angesetzt. Zu diesem Endzweck wurden die öftlichen Beamten der verschiedenen Zweige der allgemein Landesverwaltung, die Vorgesetzten der Stadt und Deputirten der Bürgerschaft auf das Königl. Schloß ammen berufen. Der zu dieser Handlung gewählte aal war auf folgende Art eingerichtet. Im Hinternde desselben befand sich eine mit scharlachrothem Tuch chlagene Erhöhung von vier Stufen, auf welcher ein thsamtner, mit goldnen Tressen verzierter Lehnsessel nd, und über diesen bildete eine karmosinrothe atlaßne t Tressen besetzte Drapperie, die zwischen den vier am de des Saales im Halbzirkel befindlichen Säulen ausgeannt war, eine Art von Thronhimmel. Auf der untern sehr breiten Stufe standen, für die Chefs der französchen Verwaltung, sechs Sessel, und vor der Erhöhung i mit grünem Tuch behangener Tisch für den kaiserlien Commissarius. Längs den Wänden des Saales wan mehrere Reihen Stühle und Banken für die Chefs d Mitglieder der verschiedenen Landesbehörden, so wie r die Magistratspersonen und für die Deputirten und Reäsentanten der Bürgerschaft, hingestellt. Die hier anesenden Königl. Staatsminister, die dermaligen Vorgeten und Mitglieder der obersten Landesbehörden befanden sich zur Rechten, die verschiedenen Collegia der Stadtverwaltung und die Repräsentanten der Bürgerschaft zur Linken der vorgedachten Erhöhung. Um 12 Uhr Mittags erschienen die Chefs der französischen Administration des Landes, und nahmen auf der untersten Staffel der Erhöhung die für sie bestimmten Plätze ein; in der Mitte nemlich Se. Excellenz der Divisions-General Clarke, General-Gouverneur von Berlin und von den eroberten Provinzen rc., Commandant der Mittelmark; ihm zur Rechten Se. Excellenz der General Hülin, Commandant von Berlin rc., und der Chef seines General-Stabes, Oberst Lauberdiere; zur Linken: der Ober-Intendant der Armee, Herr Daru, der Ober-Finanz- und Domainen-Administrator Herr Esteve und der Ober-Steuer-Einnehmer Herr Labouillerie. Sobald diese Platz genommen hatten, setzten sich auch alle Anwesende: darauf erhob sich der General-Gouverneur, und eröffnete die Sitzung mit einer kurzen Anrede. Er stellte der Versammlung vor, daß Se. Majestät der Kaiser den Einwohnern von Berlin dadurch einen großen Beweis seines Zutrauens ertheilt, daß er die Landesbehörden bei ihrer Amtsführung gelassen, und der Bürgerschaft einen aus ihrer Mitte gewählten Verwaltungsrath bewilligt habe. Durch die Gesinnungen und durch das Betragen der Bürgerschaft sei das Zutrauen des Kaisers vollkommen gerechtfertigt. Er hoffe, daß dies auch in der Folge stets der Fall seyn werde, und daß sie um dies eidlich zu versprechen, jetzt hier zusammen berufen worden wären. Die Aufrechthaltung der Ordnung und der öffentlichen Ruhe wären so wesentliche Pflichten des Bürgers, daß schon ihr eigner Vortheil und das Glück ihrer Untergebenen es erfordere, daß sie sich dazu anheischig machten, daß dies unter den vorhandenen Umständen zwiefach nöthig sei, und daß, bei treulicher Befolgung dieser Vorschrift, Er, als Gouverneur, gewiß alles was von ihm abhinge gern beitragen würde, um die Last des gegenwärtigen Augenblicks so erträglich zu machen, als nur immer möglich.

Der Kaiserliche Commissarius, Herr Bignon, las nunmehro das Protokoll über die bisherige Verhandl und zugleich die (in vorstehender Bekanntmachung wört vorgeschriebene) Formel des eidlichen Versprechens in fr zösischer Sprache vor, diese ward hierauf von den an senden Königl. Ministern, von jeden einzeln, in deutsc Sprache wiederholt, und Sie ließen dieselbe alsdann a ihren respektiven Untergebenen, nach allen einzelnen Zw gen der Administration, leisten. Eben diesen Eid leg sodann auch die neu errichtete Verwaltungs-Co mitte, der Rath der Sechziger, nebst der Bü ger-Garde und die Repräsentanten der übri Bürgerschaft ab.

Capitulation der Stadt Stettin.

Nachdem das Fort Preußen und die Festung Stettin von dem General Lasalle im Namen Sr. Kaiserlich Königlichen Hoheit, des Großherzogs von Berg aufgefordert, und diese Aufforderung nach der erhaltenen abschläglichen Antwort dringend wiederholt worden ist, so ist von dem Generallieutenant und Gouverneur, Baron von Romberg, und dem Generalmajor von Knobelsdorf mit Zuziehung des Generals vom Geniecorps v. Randum, und des Majors vom Geniecorps Bärceu beschlossen worden, die Stadt Stettin und das Fort Preußen unter folgenden Bedingungen an den Herrn General Lasalle, Commandeur der Avantgarde Sr. Kaiserlichen Hoheit des Großherzogs von Berg, zu übergeben.

Frage.

Die ganze gegenwärtige Besatzung mit Einschluß des kleinen Stabes und aller Militairpersonen, welche keinen Theil der Besatzung ausmachen, erhält freien Abzug mit Waffen und Bagage, entweder nach Ost- und Nordpreußen, oder nach Schlesien.

Antwort.

Die Garnison zieht mit allen militairischen Ehrenzeichen aus, legt die Waffen auf dem Glacis nieder und wird gefangen nach Frankreich geschickt. Die Offiziere sind auf ihr Ehrenwort Kriegsgefangene, und erhalten Päffe, wohin sie verlangen.

Frage.

Gedachte Garnison behält ihr Eigenthum, und begiebt sich auf ihr Ehrenwort, an den Ort, welchen sie wählen wird.

Antwort.

Die Offiziere behalten Degen, Bagage, Pferde, und alles, was ihnen gehört.

Frage.

Das Königliche Eigenthum wird den Französischen Truppen übergeben.

Antwort.

Alles in der Festung befindliche Eigenthum Sr. Majestät des Königs von Preußen wird den Französischen Truppen ausgeliefert.

Frage.

Die Garnison erhält beim Ausmarsch alle nöthige Hülfe.

Antwort.

Zugestanden.

Frage.

Den Preußischen Truppen wird wenigstens 24 Stunden Zeit gelassen, um ihre Angelegenheiten zu besorgen.

Antwort.

Bis Mittag wird den Preußischen Truppen zur Besorgung ihrer Angelegenheiten zugestanden.

Frage.

Während dieser 24 Stunden soll den Truppen Sr. Majestät, des Kaisers der Franzosen, das Berlinische Th übergeben werden.

Antwort.

Das Berlinische Thor soll den Französischen Trupp eingeräumt werden, welche einen Posten auf der Od brücke erhalten. Diese beiden Posten sollen um 6 U Morgens von den Französischen Truppen besetzt werden

Frage.

Die Kaiserlich-Französischen Truppen respectiren u schützen das Eigenthum der Einwohner der Festu Stettin, des Fort Preussen und der Vorstädte.

Antwort.

Zugestanden.

Frage.

Die Familien aller Militärpersonen sollen auf den Sch der Kaiserlich-Französischen Truppen rechnen können.

Antwort.

Zugestanden.

Frage.

Vom Tage der Ratifikation dieser Capitulation a hören alle Feindseligkeiten gegen die Stadt Stettin au

Antwort.

Zugestanden.

Frage.

Die Kranken und Verwundeten von der Preußisch Armee, welche sich in der Festung befinden, werden d großmüthigen Behandlung der Französischen Truppe überlassen.

Stettin, den 29. Oktober 1806. um 6 Uhr Abends.

Antwort.

Zugestanden.

Der Schatz, welcher sich in der Festung befindet, wi den Französischen Truppen übergeben.

Es sollen von beiden Seiten Offiziere von der Artiller und vom Geniecorps ernannt werden, um alle Magazine Munition, Karten, Plane u. s. w., die in der Festu sind, zu überliefern und in Empfang zu nehmen.

Im Hauptquartier zu Möhringen, den 29. Oktober 1806

Der Brigadegeneral und Commandeur der Avantgard des Reservecorps Cavallerie unter dem Kommando Sr Kaiserlich Königlichen Hoheit, des Großherzogs von Berg Lieutenant des Kaisers.

Unterzeichnet: Lasalle.

Ich habe diese Capitulation gesehen, und billige ihr Ausführung.

Der Baron von Romberg, Gouverneur.

Diese Capitulation habe ich gesehen und billige ihr Ausführung.

Der Chef des Generalstabes.

Unterzeichnet. Aug. Belliard.

Möhringen, den 29. Oktober um 11½ Uhr Abends.

Neueste Vorfälle.

ie Garnison von Magdeburg ist am 11ten dieses um hr Morgens vor dem Marschall Ney vorbei defilirt. nzig Preußische Generale, achthundert Offiziere, zwei zwanzig tausend Gefangene, unter welchen sich zwei end Artilleristen befinden, vier und funfzig Fahnen, Standarten, achthundert Kanonen, eine Million Pf. vec, eine grose Brükken-Equipage, eine unermeßliche nge von Artillerie Vorrath sind in Französischen Händen.

er Oberst Gérard und der Adjutant-Commandant Ri- haben vorgestern früh dem Kaiser im Namen des er- und vierten Corps, (Prinz Bernadotte und Marschall ilt) sechzig Fahnen überreicht, welche zu Lübeck von dem us des General Blücher erobert worden sind.

Nach den neuesten und bestimmtesten Nachrichten waren 21000 Mann, worunter sich 5000 Mann gut berittene allerie befinden, die von dem Blücherschen Corps zu fangenen gemacht worden, so daß durch das Resultat er beiden Kapitulationen hundert und zwanzig Fahnen r Standarten, und drei und vierzig tausend Gefangene die Hände des Siegers gefallen sind.

Ueberhaupt beträgt die Anzahl der Gefangenen, die in em Feldzuge gemacht worden sind, mehr als hundert vierzig tausend Mann; die der eroberten Fahnen, hr als 250; die der Feld-Stücke vor dem Feinde und dem Schlachtfelde genommen, mehr als 800; und der Kanonen in Berlin und in den übergebenen Fe- ngen, mehr als 4000.

Berlin, vom 4. November.

Hier ist gegenwärtig alles ruhig. Wir haben eine Fran- sche Garnison von ungefähr 30,000 Mann, worunter Garde des Kaisers ist. Sie ist bei den Bürgern ein- artiret.

Der Kaiser wohnt auf dem Schlosse und der Prinz von eufchatel in dem Pallast des Königs. Der Kaiser reitet e Tage aus, ohne eine große Escorte um sich zu haben, d wo er stille hält, wird er gewöhnlich von einem Hau- Neugieriger umringt.

Den 1. traf Sr. Durchlacht der Fürst von Benevent, iserlich-Französischer Minister der auswärtigen Angele- nheiten, in Berlin ein. Der General Beaumont ist am dieses mit seiner Dragoner-Division hier eingerückt. iese Division führt 50 neue Fahnen oder Standarten, die Franzosen genommen haben und die am 2ten des Mor- ns um 10 Uhr dem Kaiser mit vieler Feierlichkeit über- ben wurden. Man bemerkt, daß der Minister, Staats- ecretair, fleißig mit dem Kaiser arbeiten.

Der Kaiser hat das Grab des großen Friedrichs besehen.

Die 3 Meilen von Berlin gelegene, durch ihre Lage r starke Festung Spandau, welche 1200 Mann Garni- n hatte und überflüßig mit Kriegs-Ammunition und bensmitteln versehen war, ist in der Nacht vom 24sten nzingelt, und hat sich am 25. vermöge Capitulation er- ben. Die Garnison ist Kriegsgefangen, mit Ausnahme r Officiers, welche mit einem Passe versehen, hingehen nnen wohin sie wollen.

Berlin vom 12. November.

Der Großherzog von Berg (Prinz Murat) ist vorge- rn allhier eingetroffen.

Dresden, vom 28. Oktober.

Den 24. dieses ist der Oberstlieutenant Thiard, Kammerherr Sr. Majestät, des Kaisers der Franzosen, in hiesiger Residenz angekommen, um das Gouvernement im Namen Sr. Majestät des Kaisers, seines Herrn, zu übernehmen. Er hat sich sogleich zu unserm Kurfürsten verfügt, welcher in dieser Wahl eines Mannes, der dem Sieger bei Austerlitz so nahe steht, einen neuen Beweis von dem Wohlwollen gefunden hat, das Sr. Majestät ihm schenken. Den 25. ist die erste Abtheilung der Baierschen Truppen, ohngefähr 10000 Mann stark, in die Stadt eingerückt. Diese ist bei einer so großen Truppenzahl doch ziemlich ruhig, welches wir vorzüglich der Wachsamkeit und dem thätigen Eifer unsers Commandanten zu verdanken haben.

Sachsen, vom 31. Oktober.

Zu Leipzig sind 600 Maurer und Zimmerleute requirirt worden, um an den Festungswerken bei Wittenberg zu arbeiten.

Lauenburg, vom 1. November

Die Königl. Schwedischen Truppen im Lauenburgischen unter dem Obersten Morian, welche aus 2 Bataillons Leibgrenadiers, jedes von 500 Mann, und aus 4 Eskadrons Smolandscher Dragoner, jedes von 60 Mann, bestehen, haben nunmehr in verwichener Nacht Ordre zum Abzuge erhalten, und dürften sich nach der Ostsee begeben, um zu Schiffe abzugehen.

Lauenburg, vom 2. November.

Heute brechen die Königl. Schwedischen Truppen aus dem Lauenburgschen auf und marschiren über Ratzeburg nach Stralsund ab.

Lübeck, vom 8. November.

Die Schlacht von Lübeck, in welcher die Franzosen so viel Tapferkeit entwickelt haben, ist eine der blutigsten dieses Krieges gewesen. Es ist zu bemerken, daß sich daselbst 3 Corps der großen Armee in einem Zwischenraum von 2 Stunden vereinigt haben. Das Corps des Fürsten von Ponte-Corvo ist daselbst zuerst eingerückt, indem es über das rechte Ufer der Trave gesetzt ist. Dieses Corps hat unterwegs ein großes Detaschement, welches die sämmtliche Bagage der Preußischen Armee, aus 300 Wagen bestehend, escortirte, geschlagen. Dieses aus 1500 Mann bestehende Detaschement wurde mit allen den Wägen genommen. Um Mittag wurden 1500 Schweden, worunter 2 Escadronen Dragoner, zu Gefangenen gemacht. Zu gleicher Zeit wurde die Stadt angegriffen, die Thore forcirt, die Bastionen und Wälle erstiegen, 32 Kanonen, 4000 Gefangene, worunter 150 Officiers und 15 Fahnen sind, in die Gewalt des Prinzen gefallen. Die Preußen sind bis Schwartau und Radkow verfolgt worden. Am andern Morgen verlagte General Blücher zu capituliren.

Hier folgt die Capitulation, der zufolge 33 Bataillons und 54 Escadrons ihre Waffen und Fahnen abgeben.

Capitulation.

Da Sr. Excellenz der General Blücher sich durch seine Lage genöthigt findet zu capituliren, so nimmt er die im Namen der 3 Corps der großen Französischen Armee in Position dieser Oerter, gemachten Bedingungen an, nämlich im Namen

Sr. Kaiserlichen Hoheit, des Großherzogs von Berg,
Sr. Durchlauchtige Hoheit, des Marschalls Prinzen von Ponte-Corvo,
und Sr. Excellenz des Marschalls Soult.

welche Capitulation, Namens der 3 Armee-Corps, durch

die Herren Divisions-Generäle Billy und Rivaud, welche jeder eine Division des ersten Armee Corps unter den Befehlen des Marschall Fürsten von Ponte-Corvo, commandiren, unterzeichnet ist, da sich selbiges bei der Armee, welche capitulirt, am nächsten befindet.

Art. 1. Die Truppen unter dem Befehl Sr. Excellenz des Generals von Blücher, sowohl Cavallerie, Infanterie als Artillerie und alle Detaschementer, welche unter seinem Befehl gestanden, sollen Kriegesgefangen seyn.

Art. 2. Die Waffen, Pferde, Kanonen und Munition jeder Art, sollen auf der Stelle der Französischen Armee ausgeliefert werden.

Art. 3. Die Herren Officiers von allen Graden die Cadets mit einbegriffen, sollen ihre Waffen, Pferde und Bagage, und die Unterofficiers und Soldaten ihre Tornister und Mantelsäcke behalten.

Art. 4. Die Herren Officiere geben sich auf Parole gefangen, und verpflichten sich, sich nach denen ihnen angewiesenen Plätzen hin zu begeben.

Art. 5. Die Militair-Casse und alle Sr. Preußischen Majestät zugehörenden Fonds, welche zur Disposition des Herrn Generals von Blücher sind, sollen der Französischen Armee eingehändigt werden. In dieser Hinsicht verläßt man sich auf die Parole des Herrn Generals v. Blücher.

Art. 6. Herr General von Blücher wird durch seinen General-Quartiermeister den Bestand aller Corps und Detaschementer, welche unter seinem Corps gestanden haben und davon getrennt sind, aufgeben.

Art. 7. Das Preußische Armee-Corps, unter Commando Sr. Excellenz des Herrn Generals von Blücher, wird heute Mittag mit den Kriegs-Ehren, vor der Französischen Armee mit seinen Waffen, Pulverwagen, fliegenden Fahnen und Standarten vorbei defiliren, und nachdem es den linken Flügel der Französischen Armee passirt ist, die Waffen niederlegen.

Doppelt ausgefertiget zu Ratkau, den 7. November.

Unterzeichnet: Der General von Blücher.
Die Divisions-Generäle Tilly und Rivaud.

Lübeck, vom 9. November.

Der 6. dieses ist der schrecklichste Tag in der Geschichte Lübecks geworden. Da sich der Preußische General Natzmer mit 4000 Mann in unsrer Stadt befand, so fiengen die Franzosen unter dem Marschall Bernadotte rc. des Morgens um 9 Uhr den Angriff gegen die Preussen außerhalb der Stadt an. Von beiden Seiten ward mit der größten Tapferkeit und Erbitterung gefochten. Gegen Mittag drangen die Franzosen mit Ueberlegenheit gegen die Stadt vor. Bei den Thoren wurden sie mit Kartätschenfeuer empfangen. Dies hielt sie aber nicht ab; sie drangen ins Burgthor vor; an den andern Thoren waren sie zurückgedrängt worden. Nun begann der fürchterlichste Kampf in den Straßen. Die Preußen hatten mehrere Artillerie in denselben, die vielen Schaden anrichtete. Aller Widerstand hielt aber die Französische Tapferkeit und Ueberlegenheit nicht zurück, indem nach und nach die ganze Französische Infanterie in die Stadt drang. Die Franzosen verfolgten die Preußen bis in die Häuser, Kirchen und andere öffentliche Gebäude, in denen es zu einem fürchterlicher Gemetzel kam. Die Massacre dauerte über 3 Stunden, während welcher sich die Haufen der Leichname und der Verwundeten in den Straßen und den Häusern, vorzüglich bei dem Burgthore, außerordentlich häuften. Auch mehrere Einwohner von Lübeck wurden ein Opfer der Feindseligkeiten, unter andern der Pred Stoltervoot.

Unordnungen und Excesse waren von der schreckli Begebenheit fast unzertrennlich. In den meisten Häu ward geplündert, bis die Generals endlich demselben halt thaten.

Die Preußische Garnison unter dem General Natz ward endlich Kriegsgefangen gemacht. General Blü hatte sich aus der Stadt zurück gezogen.

Man rechnet die Anzahl der Todten und Verwunde an dem schrecklichen Tage in Lübeck von beiden Seiten gen 5000 Mann. Man ist bisher beschäftigt gewesen, Straßen und Häuser von den Todten zu reinigen.

Lübeck, vom 10 November.

Auszug aus dem Tags-Befehl vom 9. November
3ter Artikel.

Die Einwohner der Stadt Lübeck und dessen Geb sind unter den besondern Schutz Sr. Kaiserl. Königl M jestät gesetzt. Jeder Soldat der ihre Ruhe stört, ist V brecher.

Der Marschall Prinz von Ponto-Corvo erinnert Truppen des ersten Corps, daß die Stadt Lübeck, obgle mit Sturm eingenommen, nicht als eine feindliche St betrachtet werden darf, und daß der Französische Sol weit entfernt, sich als ein wilder Krieger zu benehm gefühlvoll und menschlich nach dem Siege seyn muß.

Gleichlautend mit dem Origenal.

Der General-Commandant des Plat
J. Maison.

Haarburg, den 5. Novbr. um 1 Uhr Nachmittags.

In diesem Augenblick kömmt hier der Churfürst v Hessen-Cassel nebst dem Churprinzen an. Cassel ist v den Französischen Truppen unter Commando des Genera Mortier in der vergangenen Sonnabend Nacht besetz und der Churfürst wird sich nach Schleswig begeben.

Hannover, vom 7. November.

Die Herren Landräthe von Münchhausen und von Gro sind diesen Morgen aus dem Hauptquartier Sr. Excellen des Herrn Reichsmarschalls Mortier, von Cassel hier wi der eingetroffen. Wie man vernimmt, haben dieselbe von Sr. Excellenz eine äußerst gute Aufnahme erfahre und für unser Land die besten Zusicherungen erhalten.

Es bestätigt sich, daß am 4. dieses 2000 Mann Franzö sische Truppen von Cassel in Münden eingerückt sind.

Auch in Pyrmont und Rinteln sollen bereits Französ sche Truppen eingerückt seyn.

Wie es heißt, wird unser Land in der Folge nur vo einem kleinen Corps Französischer Truppen besetzt werden

Aus dem Braunschweigschen, vom 30. Oktober.

Das Herzogthum Braunschweig ist von den Franzose als ein erobertes Land in Besitz genommen worden. General Malraison, welcher die desfallsige Proklamation er lassen, ist Commandant zu Braunschweig. Auch Quedlin burg ist von den Franzosen besetzt.

Osnabrück, vom 25. Oktober.

Die Franzosen haben die benachbarten Preußische Dörfer besetzt, allein die Gränzen des Fürstenthums Osna brück nicht betreten. Man schmeichelt sich, daß die Han növerschen Lande verschont bleiben werden. Die Preußen haben sämmtlich das Osnabrücksche verlassen.

Osnabrück, vom 26. Oktober.

Diesen Morgen gegen 10 Uhr kam General Grandjean (zur Zeit der Okkupation des Hannöverschen in Hameln stand) mit etwa 60 Batavischen Dragonern hier an, schickte gleich darauf an unsre Landes-Regierung eine Erklärung, des Inhalts: daß er im Namen Sr. Majestät des Königs von Holland das Fürstenthum Osnabrück für Höchstdieselben in Besitz nehme, die sämmtlichen Anstalten bestätige er im Namen des Königs etc. Die Truppen, welche hier einrücken würden, sollten die strengste Mannszucht beobachten und es solle keiner andern Requisition, als dem vom General selbst, Folge geleistet werden etc.

Altona, vom 6. November.

Gestern trafen Se. Durchlaucht, der Kurfürst von Hessen, nebst dem Kurprinzen, von Cassel hier ein und setzten heute Morgen ihre Reise von hier nach Schleswig fort. Ihre Königl. Hoheit, die Kurfürstin, ist zu Kassel geblieben.

Westphalen, vom 27. Oktober.

General Daendels, welcher in Ostfriesland eingerückt ist, hatte am 26. sein Hauptquartier zu Leer.

Die Avantgarde der Nord-Armee unter dem General Grandjean ist, 1500 Mann stark, am 23. in Münster eingerückt, wo am selbigen Tage auch General Michaud ankam.

Westphalen, vom 29. Oktober.

Auch die Grafschaft Lingen ist für Se. Majestät, den König von Holland, nicht durch Militair, sondern durch ein Anschreiben des Administrations-Collegii zu Münster, in Besitz genommen; auch sind auf Befehl des Generals Michaud alle Preussische Adler und andre Preußische Wappen abgenommen worden und keine Preußische Uniformen dürfen weiter getragen werden.

Auch Emden und Minden sollen schon von den Französisch-Holländischen Truppen besetzt sein.

Amsterdam, vom 28. Oktober.

Der hiesige Portugiesische Consul Antonio de Campos Silva hat auf hohen Befehl zur Beruhigung des Commerciums anzeigen lassen, daß die Engl. Flotte unter Lord St. Vincent bereits vor dem 1. dieses von Lissabon wieder abgesegelt sei und daß die vollkommene Neutralität von Portugall fortdaure.

Mainz, vom 22. Oktober.

Eine Folge der Schlacht am 14. war die Uebergabe der Citadelle von Erfurt, welche den 16. erfolgte. 8000 Verwundete und 6000 Mann gesunde Truppen fielen als Kriegsgefangne in die Hände der Franzosen. Unter diesen befinden sich der Feldmarschall Möllendorff, der Prinz von Oranien und die Generallieutenants Larisch und Gravert. Möllendorff war sehr krank. Der Großherzog von Berg, welcher Erfurt eingeschlossen und zur Capitulation gezwungen hatte, gab ihm einen von seinen Aerzten.

Vom Main, vom 25. Oktober.

Der König von Würtemberg hat geruhet, von dem berühmten Dr. Gall Privat-Vorlesungen über seine Schädel-Lehre anzuhören, und ihn dafür mit einer prächtigen goldenen Dose, welche 100 Dukaten enthielt, zu belohnen. Am 21sten dieses hat er seine dasigen öffentlichen Vorlesungen beschlossen.

Im Darmstädtischen sind die Landstände aufgehoben worden.

Paris, vom 22. Oktober.

Das Schiff le Cassart, welches am 14. Oktober zu Brest eingelaufen ist, hat mehrere feindliche Fahrzeuge zerstöhrt. Es hat unter andern nicht weit vom Hafen einen so eben aus England ausgelaufenen Kauffahrer, der nach Buenos-Ayres bestimmt war, in Grund gebohrt, nachdem es jedoch vorher die etwa auf 2 Millionen geschätzte Ladung desselben an Bord genommen. Es hat am 15. 20 Engl. Gefangene ausgeschifft.

Paris, vom 24. Oktober.

Das Gerücht, als wenn Spanien an Portugall den Krieg erklärt habe, ist ganz ungegründet. Die Neutralität von Portugall ist von allen kriegführenden Mächten anerkannt.

London, vom 4. November.

Die hier allgemein herrschende Meinung ist, daß sehr bald der Kampf in Deutschland aufhören und ein abermaliger Friedens-Antrag hier erfolgen werde, welcher zu einem günstigen Resultat führen dürfte.

Neapel, vom 3. Oktober.

Es vergeht kein Tag, wo hier nicht Insurgenten und Banditen hingerichtet werden.

Am 20. September hatte Marschall Massena zu Palmi in Calabria Ultra sein Hauptquartier. Gegen die von den Engländern besetzten Forts von Reggio und Sciglio war noch nichts unternommen worden. Der Marschall wollte erst beide Calabrien von den Insurgenten säubern und hatte zu dem Ende seine Truppen in 4 Colonnen vertheilt, die alle Gegenden durchstreiften.

Venedig, vom 11. Oktober.

Da verschiedene Venetianische Seeleute sich auf den Englischen und Rußischen Kriegsschiffen, welche die hiesige Stadt und Chiozza blockirt halten, als Piloten brauchen lassen, so hat unser Marine-Präfekt, Herr Bertin, öffentlich erklärt, daß sie im Betretungsfall mit dem Tode bestraft werden sollen.

Rom, vom 20. September.

Vorige Woche spürte man in den Ortschaften um Rom verschiedene, nicht unbeträchtliche Erdstöße.

Wien, vom 25. Oktober.

Zu Constantinopel sind am 14. September der bisherige Großvizier und Mufti, nebst andern Personen, abgesetzt und ersterer arretirt worden. Paswan Oglu ist mit einem Korps in die kleine Wallachei eingefallen.

Danzig, vom 6. November.

Heute geschah die 647ste Ziehung der Königl. Preuß. Westpreußischen Zahlen-Lotterie, zum Besten der Invaliden- und Witwen-Versorgungs- auch Schul- und Armen-Anstalten. Die herausgezogenen Nummern waren: 76. 54. 8. 23. 33.

Vermischte Nachrichten.

Auch das Fuldaische ist von den Franzosen besetzt worden.

Dem Tode des berühmten Reisenden in Afrika, Herrn Mungo Park, wird jetzt durch Schottländische Zeitungen widersprochen, und man versichert, daß es ein Journal datirt von Sansepang, nach Europa geschickt, auch Tombukto erreicht habe und auf seiner Rückkehr jetzt begriffen sey.

Anzeige.

Der seit einiger Zeit unterbrochene Garnisongottesdienst wird künftig einen Sonntag um den andern Vormittags in der Jakobikirche gehalten und am nächsten Sonntage damit der Anfang gemacht werden. Stettin den 19. November 1806. Gaß.

Entbindungen.

Die am 10ten d. M. zu Neubrandenburg erfolgte glückliche Entbindung meiner Frau von einem Sohne, zeige ich, unter Verbittung des Glückwunsches, meinen Verwandten und Freunden gehorsamst an. Stettin den 15ten November 1806.

Der Regierungs-Rath von Eickstedt.

Meine Frau wurde am 17ten d. M. Mittags um 1 Uhr von einem gesunden Sohn glücklich entbunden; welches ich meinen Freunden und Verwandten hiedurch ergebenst anzeige. Stettin den 21sten November 1806.

Johann Jacob Krause.

Todesfall.

Heute früh um 5 Uhr entriß mir der Tod meinen mir unvergeßlichen Ehegatten, den Kaufmann Frdr Carl Petersen, in einem Alter von 51 Jahr, 3 Monath. Diesen für mich und drey unmündigen Kinder unersetzlichen Verlust mache ich hiedurch allen meinen Freunden, unter Verbittung der Beyleidsbezeugungen, ergebenst bekannt. Stettin den 20sten November 1806.

Verwitwete Johanna Maria Petersen,
gebohrne Schilling

N. S. Allen meinen Freunden zeige ich zugleich ergebenst an, daß ich die Geschäfte meines seeligen Mannes ununterbrochen fortsetzen werde, und empfehle mich zum geneigten Wohlwollen.

AVERTISSEMENTS.

Ein jeder hiesiger Bürger und Einwohner wird hiemit aufgefordert, bis zum 10ten December d. J. bei Verlust seiner Forderung, zu Rathhause vor der ernannten Liquidations-Commission alles dasjenige zu liquidiren, was er an Lebensmitteln, Sachen, Waaren, Arbeiten, oder sonsten auf Rechnung der Stadt an die Kaiserlich-Französische Armee oder deren Theile, oder auch aufs Rathhaus abgeliefert hat. Zugleich wird bekannt gemacht, daß vom 15ten Novbr. d. J. an, keine Liquidation auf Rechnung der Stadt für gültig angenommen werden wird, wenn solche nicht zuvor von einem der beiden Bürgermeister Bracht und Walsten assignirt worden. Stettin den 15ten November 1806.

Bürgermeistere und Rath.

Es wird hiedurch ein jeder bey Leibesstrafe gew[...] Holz und Torf aus den Stadtbrüchern zu entwen[...] Stettin den 17ten November 1806.

Bürgermeistere und Rath.

Zu verkaufen

Holländische Heringe, welch ich in $\frac{1}{16}$. Tonnen di[...] von Holland erhalten, sind im niedrigsten Preise zu ha[...] bey Joh. Christ. Graff.

Neuer holländischer Hering von vorzüglicher Güt[...] sechzehntel und achtel Tonnen, in welcher Verpackung [...] selbe schon von Amsterdam anhero gekommen, ist bi[...] zu haben, bey F Werckmeister Se[...] in der Breitenstraße.

Gute Koch-Erbsen, bey H. C E Müller am Heumarkt.

Russis. Roggen, Syrop, verschiedene Sorten Coffee, [...] Thran &c. bey Phil. Kegen, grose Oderstrase No. [...]

Schwerer Königsberger Roggen, bey C. Harsleben, grosse Oderstraße No. [...]

Ich habe eine kleine Parthey guten versteuerten Se[...] aus dem Hause abzulassen Stettin den 21sten No[vember] 1806. F Werckmeister Sr, in der Breitenstraße.

Gute eingemachte Neunaugen, das Schock 2 Rthlr. 8 [...] und einzeln das Stück für 1 Gr. und 1 Gr. 6 Pf. zu haben bey Berck

Ein Candidat von gesetzten Jahren, soliden wissensch[aft]lichen, und Musikkenntnissen, kann als Hauslehrer so[...] in eine anständige Condition kommen. Nähere N[ach]richt wo? und wie wird der Kaufmann Berck zu S[tet]tin am Schloße, geben.

Ein geschickter Bedienter, der Zeugniß seines ehrli[chen] Wohlverhaltens aufzuweisen hat, kann sofort in Di[enste] kommen, bey mir, es muß aber kein Handwerker se[in]. Aurnie den 24sten October 1806.

Borcke, Landes Director.

Wer von Jemand ein dreyseitiges Petschaft von gra[uem] Agat mit silbernem durchbrochenem Griff gekauft hat, dessen einer Seite ein einfaches B., auf der andern [ein] Wappenschild auf einem Ordenskreuze ruhend, und [auf] der dritten dasselbe Wappen ohne Kreuz befindlich, w[ird] ersucht, solches mit oder ohne Griff, an die Herren D[...]her und Herwig in Stettin, gegen ein Douceur und [Er]stattung der Auslagen, abzugeben. Eben dies gilt [von] 4 silbernen Medaillen, auf welchen das Brustbild des h[al]berstädtischen Dombechanten v. Spiegel nebst Inschr[if]ten befindlich.

Mit Schiffer Jürgen Havighorst sind von Lond[on] 164 Ctr. 23 Pfd. Sapanholz anhero gebracht worde[n;] der Empfänger desselben wird ersucht, sich aufs bald[este] bey mir zu melden. Stettin den 13ten November 18[06].

A. F. Masche.

Mit Schiffer Mannings sind 40 Fässer Thran v[on] Newcastle anhero gebracht worden; ich ersuche den E[m]pfänger derselben, solche aufs baldeste in Empfang zu n[eh]men. Stettin den 13ten November 1806.

A. F. Masche.

Nachdem einige Zeitlang die Zahl der französischen Truppen, von denen die meisten nur durch die Stadt hindurchzogen, geringer gewesen war, wuchs sie bald auf mehr als 5000 an, und die Einquartierung machte wieder viel Schwierigkeiten, besonders, da es einzelne Einwohner lernten, sich der ihnen obliegenden Pflicht zu entziehen oder die Last zu verringern. Gegen Ende des Novembers rückten Badensche Regimenter in die Stadt ein. Bei ihrer Einquartierung kam es zu mancherlei Streitigkeiten, da diese Rheinbundstruppen von Anfang an weit rücksichtsloser auftraten als die Franzosen. Man stellte nun eine Liste der Häuser auf, in der für jedes einzelne festgestellt wurde, wie viele Räume mit Soldaten belegt werden konnten. Dabei ergab es sich, daß im ganzen 22 Einwohner in der Lage waren, Quartiere für Generäle zu stellen; es waren Tilebein, Sanne, Bergmann, Dilschmann, Witte, Oegler, Schultz, Wietzlow, Hübner, Velthusen, Adelung, Calow u. a. Jeglichen Widerspruch gegen die zugewiesene Einquartierung lehnte der Stadt-Kommandant v. Vincenti schroff ab. Da der Handel natürlich vollkommen stockte, suchten die Älterleute der Kaufmannschaft und der Magistrat um einen Indult für die Wechselschulden nach, der ihnen auch zugestanden wurde. Die pommerschen Landstände setzten eine Kommission ein, die mit dem französischen Intendanten des Departements Stettin und der Provinz Pommern L'Aigle die Kriegssteuern und Requisitionen regeln sollte.

Im Januar 1807 verlangte Thouvenot von dem Magistrat und der Serviskommission ein Verzeichnis aller Einwohner mit Angabe ihrer Vermögensverhältnisse, da er eine gerechte Verteilung der Quartiere herbeiführen wolle. Die Liste wurde geliefert; danach teilte man die Bewohner in zehn Klassen. Die erste, zu der nur die Kaufleute Witte, Steineke, Wietzlow und Salingre gehörten, sollte 100 Mann, die zweite, zu der neben anderen Dantzer, Dilschmann, Gribel, Dan. Schultz, Tilebein, Velthusen, Vanselow gerechnet wurden, 60, die dritte 45 Mann Einquartierung als höchste Zahl aufnehmen. Dies mit vieler Mühe ausgearbeitete Reglement half aber nicht allen Mißständen ab, Beschwerden über ungerechte Verteilungen hörten nicht auf, ganze Aktenbände sind damit angefüllt. In der Tat, die Einwohner hatten während des andauernden Krieges schwere Lasten zu tragen, und die Stadt als solche mußte immer wieder durch „Präsente" an Geld, Pferden, Lebensmitteln u. a. m. die Gunst der französischen Generäle und Offiziere zu gewinnen suchen. Die Einquartierungen hörten nicht auf, im Juli lagen wieder mehr als 8000 Mann in der Stadt.

Da wurde endlich am 9. Juli 1807 der unglückliche Friede zu Tilsit abgeschlossen, aber das Schicksal der Stadt Stettin wurde erst recht unsicher. In der Konvention vom 12. Juli, über die schon damals ein preußischer Patriot das Urteil fällte, daß der Unterhändler, der sie geschlossen, entweder ins Irrenhaus oder an den Galgen gehöre, war die Bestimmung enthalten, daß Stettin, der Schlüssel der Oder, von 6000 Mann besetzt bleiben solle; bis wann, wurde nicht festgesetzt, sondern nur gesagt, daß die Bevollmächtigten den Termin des Abzuges bestimmen sollten. Die französischen Truppen sollten auf Staatskosten verpflegt werden. Die Räumung der sonst von den Franzosen besetzten Gebiete Preußens sollte vom 20. Juli bis zum 1. November erfolgen, doch erst, wenn die dem Lande auferlegte Kontribution abgetragen worden sei, über deren Höhe kein Wort gesagt war. Daher war die ganze Abmachung illusorisch, und es ist genügend bekannt, wie Napoleon und seine Bevollmächtigten es verstanden, ihre Forderungen immer mehr zu steigern.

Für Stettin begann jetzt eine rechte Leidenszeit, als französische Truppen vom Osten zurückkehrten und die Lasten der Einquartierung immer schwerer machten. „Die Not der Einwohner ist entsetzlich, und man muß von einem Tage zum andern immer mehr befürchten, daß Verzweiflung sich ihrer bemächtige“, heißt es in einem Berichte. Der Gouverneur Liebert lehnte es zwar ab, Regimenter in anderen benachbarten Städten unterzubringen, erwies sich aber insofern entgegenkommend, als er die Rheinbunds- und italienischen Soldaten, die immer die schlimmsten Gäste waren, möglichst schnell weiter beförderte. Trotzdem forderte er selbst für sein Quartier die Lieferung der gesamten Einrichtung, und der Magistrat mußte auf Befehl der Kammer Lieberts Wohnung im Wietzlowschen Hause vollständig mit Haus- und Küchengerät ausstatten. Auch die Marschälle und Generäle, die nur vorübergehend in Stettin weilten, verlangten nicht nur Geschenke, sondern auch stattliche Bewirtung; die des Marschall Brüne kostete dem Kommerzienrat Schultz täglich 100 Taler. Am meisten Ansprüche machte Frau Marschall Soult, Herzogin von Dalmatien, die im Herbst 1807 in Stettin eintraf. Für sie wurden die beiden nebeneinander liegenden Häuser von Schultz und Wietzlow eingerichtet, ihr und ihren Kindern zu Weihnachten gar stattliche Geschenke, z. B. eine mechanische Landschaft mit beweglichen Figuren, die 70 Taler kostete, dargebracht. Als dann Soult selbst im Dezember eintraf, galt es die Kosten für die tägliche Tafel, für die Herrichtung einer Loge im Theater u. a. m. aufzubringen. Zahlten die Quartiergeber auch einen Teil, so mußte der Magistrat sie doch unterstützen; die preußische Regierung tat nichts anderes, als daß sie die Stadtverwaltung auf spätere Rückzahlung vertröstete.

Bereits am 4. November 1806 war von der Kaufmannschaft eine Kontribution von 10 Millionen Frank verlangt worden, die man eine Zeitlang auf 4 Millionen ermäßigte, dann aber wieder in alter Höhe festsetzte. Diese Summe wurde allerdings nicht in vollem Umfange gezahlt, da es gelang, durchzusetzen, daß die gelieferten Waren und mancherlei erlittene Verluste mit angerechnet wurden. Aber immerhin leisteten einzelne Mitglieder der Kaufmannschaft vorschußweise ganz beträchtliche Zahlungen, so daß bis 1808 im ganzen an Waren und Geld etwa 2½ Millionen Frank abgeführt worden waren. Zur Ausgleichung und regelrechten Verteilung der Lasten wurde durch Kabinetsordre vom 29. August 1808 eine eigene Kontributions- und Schätzungs-Kommission bestellt; die meisten, die zur Zahlung angehalten wurden, behalfen sich mit Sola-Wechseln mit 6 Prozent aufs Jahr.

Die Lage der Kaufleute war an sich schon schlecht genug. Denn die am 21. November 1806 von Napoleon angeordnete Handelssperre traf die Reederei der Ostseehäfen besonders schwer. War der Stettiner Schiffsverkehr bereits vor dem Ausbruche des Krieges so gut wie aufgehoben, so wurde in den Kriegszeiten und bei der Sperre auch noch der letzte Rest vernichtet. Die Zahl der Stettiner Seeschiffe, die sich 1805 auf 174 belief, ging auf 109 zurück, und diese lagen entweder untätig im Hafen oder wurden im Auslande beschäftigt.

In der ersten Hälfte des Jahres 1808 wurden die unaufhörlichen Durchzüge französischer Truppen, die von Osten kamen, wieder höchst beschwerlich; immer neue Regimenter rückten aus Hinterpommern heran, um sich bei Stettin unter dem Kommando Soults zu sammeln. Ein großes Baracken- und Zeltlager wurde bei Krekow errichtet, wozu man von weither Arbeiter requirierte. Der 1803 von der preußischen Militärverwaltung angekaufte Exerzierplatz reichte nicht aus, von den anstoßenden Forsten mußte ein Teil niedergehauen werden. 30000 Mann sollen dort untergebracht worden sein, und ein lebhaftes Biwak- und Lagerleben entwickelte sich, das seinen Höhepunkt am 15. August erreichte, als die Franzosen den Geburtstag ihres Kaisers feierten. Ihm zu Ehren schütteten sie an dem höchsten Punkte der Gegend einen Hügel auf, den Napoleonsberg, der 1813 nach der Leipziger Schlacht den Namen „Deutscher Berg" erhielt. Soult ließ den Tag in der Stadt durch Ball und Illumination feiern. Bald darauf zogen diese Truppen wieder ab, und die Baracken, Küchen, Remisen, Schlächtereianstalten bei Krekow, Wussow, Eckerberg, der Steinfurter Mühle usw. standen leer.

Das fernere Geschick Stettins entschied sich, als es endlich am 8. September 1808 gelang, den Pariser Vertrag zustandezubringen, in dem die Summe der noch von Preußen zu zahlenden Kontribution auf 140 Millionen festgesetzt wurde. Zugleich wurde bestimmt, daß Stettin mit 3600 Mann besetzt bleiben sollte. Darauf räumten die Franzosen im Dezember das rechte Oderufer, die Zeit der ewigen Durchmärsche hörte auf. Was hatten aber bisher die Stadt und die einzelnen Bewohner schon leisten müssen! Die Stadt berechnete die Kosten, die sie vom 29. Oktober 1806 bis zum 1. Dezember 1808 gehabt hatte, auf 270 660 Taler, und die Kaufmannschaft das, was sie an barem Gelde oder an Waren geliefert hatte, gar auf 573 314 Taler. Dazu kamen noch die Ausgaben, die den Quartiergebern erwachsen waren, z. B. hatte Chr. Rud. Gribel an Einquartierungskosten innerhalb eines Jahres 5726 Taler bezahlt.

Als Stettin endlich wieder eine preußische Stadt, aber mit französischer Besatzung wurde, gestalteten sich die Verhältnisse zwar etwas besser, aber die Verlegung der Regierungsbehörden nach Stargard, die Abreise mancher wohlhabender Familien brachten neue Verluste, die durch die französische Garnison nicht ersetzt werden konnten. Dazu mußte jetzt die Stadt einen Anteil an den preußischen Kriegskontributionen in der Höhe von 22 420 Taler aufbringen, und viele Firmen hatten durch die hohe Abgabe, die für die konfiszierten englischen Waren zu zahlen war, sehr erhebliche Ausgaben, die sie kaum leisten konnten. Berechneten sie doch später den Gesamtverlust, der ihnen hieraus erwachsen war, auf mehr als 2½ Millionen Taler. Einzelne Häuser fallierten, andere lösten ihre Geschäfte auf.

Da die französische Regierung sich an die festgesetzte Zahl der Stettiner Besatzung nicht hielt, so wuchs die Last der Einquartierung bald wieder ins unerträgliche. Zwar sollten die Einwohner für die Naturalverpflegung aus der Kasse der Königlichen Kommission entschädigt werden, aber diese hatte entweder selbst kein Geld oder zahlte so säumig, daß die Vorschüsse erst nach langer Zeit zurückgezahlt wurden und viele Bewohner verarmten. Erst durch das entschiedene Eintreten des Geheimrats Sack erhielt die Stadt 1810 und 1811 einige beträchtliche Summen vom Staate. Die Kämmerei war, wie der Kämmerer Bourwieg 1810 schrieb, in stets wachsender Geldnot und konnte nicht einmal die Gehälter zahlen. Im Oktober 1811 wurde der Regierungsrat Fritsche mit einer Untersuchung der städtischen Verhältnisse beauftragt. Mit großer Sorgfalt unterzog er sich dieser schweren Aufgabe. Der Bericht, den er erstattete, beginnt mit den Worten: „Die Lage Stettins ist über alle Beschreibung unglücklich und erlaubt nicht, von den Einwohnern alles das zu fordern, was geleistet werden soll." Er rechnet für 1812 ein Defizit von 77000 Talern heraus und muß zugeben, daß die Einnahmen sich wahrscheinlich noch verringern werden, da „mit der Hemmung des Handels der Wohlstand zerstört ist" und immer mehr Handlungshäuser Stettin verlassen oder fallen, wie es schon mit Tilebein, Steineke, Salingre, Velthusen, Beyer und Lobedan u. a. geschehen ist. Der Kommissar spricht es als unbedingt notwendig aus, daß der Stadt Erleichterungen zugestanden werden und Staatshilfe zuteil wird. Man meinte wohl nicht selten, die große Garnison von 6—7000 Mann bringe der Stadt große Vorteile. Doch der Stadtrat Masche wies in einer Auseinandersetzung nach, daß diese Ansicht kaum richtig sei, da die Lieferanten fast nichts aus der Stadt bezögen, die Soldaten aber keinen Lohn bekämen, also auch nichts ausgeben könnten; die Vergütungssätze, die noch dazu sehr unregelmäßig und spät gezahlt würden, seien darauf berechnet, daß die Einquartierten nur Quartier bekämen, es sei indessen allgemein üblich, schon um Ruhe zu erhalten, den Soldaten mancherlei an Lebensmitteln zu reichen. „Die Einwohner", so schloß er, „schreien und haben Grund zum Schreien, weil sie nicht begreifen können, warum gerade Stettin die Last des ganzen Landes tragen solle". Gewiß ist dieser letzte Ausruf übertrieben, aber er ist ein Zeichen der Verzweiflung, die weite Kreise beherrschte. Daneben ist indessen auch nicht zu leugnen, daß manche Kreise der Stadt sich ganz gut mit den herrschenden Verhältnissen abfanden. War es zu verwundern, daß viele Einwohner jetzt, wo offiziell Friede zwischen Frankreich und Preußen herrschte, sich auf einen möglichst guten Fuß mit ihren Gästen zu stellen suchten, daß sie mit vielen von ihnen, die durch Liebenswürdigkeit und Galanterie sich auszeichneten, freundschaftlich verkehrten? Man darf nicht zu hart über solch Verhalten urteilen. Bei aller Not der Zeit machte sich doch auch in Stettin das Bedürfnis nach allerlei Vergnügungen geltend. Es wird später wiederholt behauptet, daß namentlich das weibliche Geschlecht den Franzosen sehr entgegengekommen sei und mit ihnen auf Redouten und Maskenbällen sich mehr als billig vergnügt habe. Wir wissen daneben aber auch, daß sich ernster Patriotismus und treue Anhänglichkeit an das Vaterland kundtaten. Das erkennen wir sogar aus der Zeitung, die einige Zeitlang als „pommersche Zeitung" in Stargard, dann aber wieder als „Kgl. privilegierte Zeitung" in Stettin erschien. In den Miszellen, in kleinen Gedichten, Charaden, Fabeln, Zeitgesprächen und Anekdoten finden sich oft versteckte Andeutungen und Anspielungen auf die unglücklichen Zustände. Denn offen zu schreiben, das war bei der strengen französischen Zensur und den wiederholten Warnungen des Gouverneurs Liebert nicht möglich. Übte dieser doch so scharfe Aufsicht, daß er am 10. Mai 1811 die Ablieferung aller Waffen verordnete und eine strenge Fremdenpolizei einrichtete. Schärfer noch ging er auf höheren Befehl gegen alle englischen Waren vor und ließ wiederholt Untersuchungen anstellen oder auch ganze Lager konfiszieren. Trotzdem suchten der Magistrat und die Regierung immer möglichst gut mit den französischen Behörden auszukommen und Konflikte zu vermeiden. 1811 kam es bei dem Sommerjahrmarkte zu Streitigkeiten zwischen Bürgern und Soldaten, es gelang aber trotz der ziemlich erregten Korrespondenz den Frieden wiederherzustellen. Ein längerer Disput erhob sich, als in der Nacht vom 9. zum 10. Dezember 1811 die dicht beim Rathause stehende Nikolaikirche, die damals als Heumagazin benutzt wurde, in Flammen aufging und ganz niederbrannte. Die französischen und preußischen Behörden stellten sofort eine Untersuchung über die Ursache des Feuers an; man vermutete wohl Brandstiftung und beschuldigte im geheimen den französischen Heulieferanten, er habe sich Unregelmäßigkeiten und Unterschlagungen zu Schulden kommen lassen und durch den Brand eine Untersuchung unmöglich machen wollen, aber man wagte doch nicht, solche Vermutungen offen zu äußern. Der Polizeidirektor Stolle, der einen Konflikt mit den Militärbehörden vermeiden wollte, ging bei der Vernehmung der Zeugen nicht mit der sonst von ihm bewiesenen Umsicht und Energie vor und erhielt deshalb von der Stargarder Regierung einen ernsten Verweis. Aber der Sache weiter auf den Grund zu gehen unterließ man doch, und die Ursache des Brandes, der die Stadt wieder eines ihrer ältesten Baudenkmäler beraubte, blieb unaufgeklärt. Daß es in dieser traurigen Zeit auch wirkliche treue Patrioten in Stettin gab, die an der Zukunft ihres Vaterlandes nicht verzweifelten, zeigt vor allem die „Stettiner Sonntagszeitung“, die 1808 mit 26 Nummern erschien. In ihr tritt echt deutscher Sinn hervor, man feiert Hermann den Befreier, Luther, Friedrich den Großen, die Königin Luise und handelt von deutscher Sprache und Literatur, die das Band sein sollen, das alle Deutsche verbindet. An ihr haben neben Stargardern, wie dem Schulrat Falbe, auch Stettiner, wie Direktor Koch u. a., mitgearbeitet und bewiesen, daß auch in den Zeiten der Knechtschaft freier deutscher Mut und neu erwachendes Heimatsgefühl in Stettin eine Stätte gefunden haben.

Neu geweckt wurde solche Gesinnung, wie hinreichend bekannt ist, gerade in jener Zeit, in der Stettin besonders unter dem Joche der Fremdherrschaft seufzte, durch die inneren Reformen, die Freiherr Karl vom Stein in den wenigen Monaten einführte oder vorbereitete, in denen er die Leitung des gesamten preußischen Staatswesens in den Händen hatte. „Gemeingeist und Bürgersinn", Tugenden, die im 18. Jahrhundert in der städtischen Bevölkerung fast ganz geschwunden waren, wieder zu erwecken, die Bürger an Selbsttätigkeit, ja an Selbstverwaltung der eigenen Angelegenheiten zu gewöhnen, die Städte im Sinne selbständiger Gemeinwesen zu organisieren, das waren die Grundgedanken, die Stein und seine Mitarbeiter bei der Ausarbeitung der preußischen Städteordnung vom 19. November 1808 beherrschten. Der Durchführung der Bestimmungen, die sie enthielt, traten überall Schwierigkeiten entgegen, kaum irgendwo aber größere als in Stettin, wo die französische Militärverwaltung natürlich den neuen „Ideen", die Napoleon unheimlich und gefährlich erschienen, mit Mißtrauen gegenüber stand. Aber die Bürger der Stadt erzeigten sich des Vertrauens, das die preußische Regierung ihnen erwies, durchaus würdig, und es ist eine Freude, zu beobachten, wie die Stadtverwaltung ohne Zaudern ans Werk der Reform ging und die einzelnen Bürger sich den gestellten Aufgaben nicht entzogen.

So nahm man in Stettin die neue Städteordnung, die am 19. Dezember in der Zeitung publiziert wurde und bald darauf dem Magistrate amtlich zuging, wenn auch nicht mit Begeisterung, so doch mit verständiger Ruhe auf und lehnte einen Widerspruch, der von einer Seite angeregt wurde, entschieden ab. Man begann sofort gemeinsam mit den bisherigen Bürgerschaftsvertretern die Arbeiten und stellte zunächst eine Seelentabelle, d. h. eine Liste aller Bewohner, auf. Diese ergab im Januar 1809 eine Bevölkerung von 18375 Personen ohne das Militär. Obgleich schon vorher eine öffentliche Aufforderung zur Gewinnung des Bürgerrechts erlassen worden war, stellte es sich doch im Februar heraus, daß nur 1295 Bürger, die nach dem § 76 der Städteordnung stimmfähig waren, in der Stadt vorhanden waren. Darauf wurde bestimmt, daß Stettin 63 Stadtverordnete und 21 Stellvertreter zu wählen habe und dazu 17 Bezirke zu schaffen seien. Mit Sorgfalt wurden alle Vorbereitungen für diese Wahl getroffen, und mit einem tiefen sittlichen Ernste setzten die Geistlichen in Predigten den Bürgern die Bedeutung dieses Aktes auseinander. Am 6., 7. und 8. März wurden die Stadtverordneten gewählt, die als Vertreter der ganzen Bürgerschaft alle städtischen Angelegenheiten zu erledigen berechtigt waren. „Das Gesetz und ihre Wahl, so sagt der § 110 der Städteordnung schön, sind ihre Vollmacht, ihre Überzeugung und ihre Ansicht vom gemeinen Besten der Stadt ihre Instruktion, ihr Gewissen aber die Behörde, der sie deshalb Rechenschaft zu geben haben." Nach der Prüfung und Bestätigung der Wahl fand am 18. März 1809 vormittags 8 Uhr in der großen Ratsstube des Rathauses die erste Versammlung statt, bei der 62 Mitglieder anwesend waren. Der Syndikus Redepenning übergab im Auftrage des Magistrats die ausgefertigten Bestätigungen. Sodann wählte die Versammlung den Schulrat J. J. Sell zum Vorsteher, den Concessionarius M. Bergemann, das älteste Mitglied, zum Stellvertreter, den Ratsanwalt L. E. Dieckhoff und den Kleiderhändler F. S. Gierke zu Protokollführern. Mit ernstem Fleiße und ruhiger Gewissenhaftigkeit griffen die neuen Vertreter der Bürgerschaft die notwendigen Arbeiten an; die verständige Leitung Sells half über manche Schwierigkeiten, die sich aus dem Verhältnisse zum Magistrate oder zu dem französischen Gouvernement ergaben, meist glücklich hinweg. In den regelmäßigen Versammlungen, die bald in den Saal im Spritzenhause am Kohlmarkt verlegt wurden, beriet man ein Einkommensteuer-Reglement, den Entwurf eines Geschäftsreglements für den Magistrat, eine „freiwillige" Anleihe von 20000 Taler, aus der später eine „notwendige" von 30000 wurde, die Zahlung der Kriegskosten, wobei die jammervolle Finanzlage der Stadt zur Erörterung kam, u. a. m. Dann mußten die Wahlen für die verschiedenen Deputationen — es waren anfangs 13, bald 14 —, für die Stellen der Bezirksvorsteher und vor allem für den neuzubildenden Magistrat vorgenommen werden. Für die Stelle des Oberbürgermeisters präsentierte man nach der Bestimmung der Städteordnung drei Personen, den Bürgermeister Johann Ludwig Kirstein (seit 1807 zweiter Bürgermeister), den Kaufmann Karl Ludwig Wißmann und den Syndikus Michael Friedrich Redepenning (seit 1807 Syndikus). Der erstere wurde dann zum Oberbürgermeister ernannt. Im Juni fand die Wahl der Stadträte statt, deren Zahl auf fünf besoldete (außer dem Oberbürgermeister) und 15 unbesoldete festgestellt wurde. Es wurden gewählt zum Bürgermeister der bisherige Syndikus Redepenning, zum Syndikus der Senator Schmiedecke, zum Kämmerer der Senator Bourwieg, zu Stadträten die Senatoren Masche und Friederici. Unbesoldete Mitglieder des Magistrates wurden die Kaufleute Wißmann, Wachenhusen, Wietzlow, Ludendorff sen.,

Abb. 25. J. J. Sell.

von Essen, Dohrn, die bisherigen Senatoren Rahm und Graff, der Kommerzienrat Dilschmann, der Postdirektor Hauptmann v. Rappin, der Lotsenkommandeur Nüske, der Braueigen Ledoux sen., der Hofapotheker Thiemann, der Seifenfabrikant Zehme und der Seifenfabrikant Nouvel. Die Besoldungen für den Oberbürgermeister und die Stadträte wurden festgesetzt, sie betrugen für den ersteren 3000, für die anderen 1500—1000 Taler. Dann bestellte man die Subalternoffizianten, im ganzen 13 Personen, und sonstige Angestellte der Stadt, wie den Physikus, Chirurgus, Baumeister und Ratsanwalt. Schwierigkeit machte die Festsetzung der Pensionen für die nicht wieder gewählten Mitglieder des alten Rates; hierbei kam es zu langen, oft recht unliebsamen Erörterungen. Den Abschluß der Einführung der Städteordnung bildete die feierliche Einführung des neuen Magistrates und die Vereidigung seiner Mitglieder. Sie fand am Geburtstage des Königs, dem 3. August 1809, in der Jakobikirche statt, wo nach einem Gottesdienste ein Regierungskommissar, der Regierungsrat Bielke, eine feierliche Ansprache hielt und den neuen Beamten den Eid abnahm. Für die Polizeiverwaltung wurde eine königliche Behörde eingesetzt, die im April 1810 unter Leitung des Polizeidirektors Stolle in Tätigkeit trat. Zu ihr gehörten 6 Bureau- und 23 Exekutivbeamte in 5 Revieren.

Damit war die neue städtische Verwaltung begründet. Es beginnt ein neuer Abschnitt in ihrer Geschichte, die Zeit der Selbstverwaltung, die auf eine ganz andere Grundlage gestellt worden war als einstmals. Ein selbständiges Gemeinwesen sollte die Stadt wieder sein, aber im Staate und mit ihm aufs engste verbunden. Dieser übernahm jetzt die Gerichtsbarkeit in der Stadt; alle die verschiedenen Gerichtshöfe, Stadt- und Lastadisches, Wett- und Kolonie-Gericht, das Waisen- und Bauamt, wurden zum 1. Juni 1811 aufgehoben und an ihrer Stelle das königliche Stadtgericht eingesetzt. Die Jurisdiktion des Magistrats hatte ein Ende. Durch das Gesetz vom 2. November 1810 wurde die Gewerbefreiheit eingeführt und das alte Zunftwesen zu Grabe getragen. Mit dieser Freiheit für Handel und Gewerbe paßte nicht zusammen der letzte Rest der alten Stettiner Niederlagsgerechtigkeit, daher hob man den Leinsaatstapel am 28. Juni 1810 auf. Ebenso ging man mit Änderungen im Abgabenwesen vor, der Stadtschoß, die Stadtzulage hörten auf, Grundbesitz und Gewerbebetrieb stellten die Grundlage für die Kommunalabgaben dar. Auch die Einführung der anderen Reformen, die sich an Hardenbergs Namen anknüpfen, wurden wenigstens vorbereitet. Daß manche von ihnen auch in Stettin erheblichen Widerstand fanden, ist erklärlich; wie hätte man sich ohne weiteres in diese ganz neuen Verhältnisse finden sollen?

Zu der Provinzialversammlung, die auf Grund des Finanzgesetzes vom 7. September 1811 im März des nächsten Jahres in Stargard zusammentrat, um vier Vertreter Pommerns für eine Generalkommission zur Liquidation und Regulierung des Provinzialschuldenwesens zu wählen, wurde der Stadtverordneten-Vorsteher Andreä deputiert. Die städtischen Vertreter erwählten dort in jene Kommission, die auch zugleich eine Nationalrepräsentation darstellen sollte, den Hofrat Brummer zu Treptow a. R. Aber ehe diese Versammlung in Berlin eröffnet worden war, erhielt die Stadt Stettin durch die Königl. Kabinetsordre vom 26. April 1812 das Recht, einen eigenen Repräsentanten für sie zu erwählen. Die Stadtverordneten bestimmten dazu den Oberbürgermeister Kirstein, der vom 23. Juli bis zum 3. August an den Beratungen in Berlin teilnahm. Er erkannte dabei, wie Preußen, von schweren Lasten bedrückt, nicht imstande war, die Leiden der einzelnen Landesteile sofort zu mildern. Stettin mußte neben dem eigenen Unglücke auch das des ganzen Vaterlandes tragen, obwohl es gerade damals durch die fortdauernde Militärherrschaft fast von ihm losgelöst war. Hat diese auch den neuen Einrichtungen keine eigentlichen Hindernisse in den Weg gelegt, so konnten sie doch nicht in der Weise festen Fuß fassen und sich entwickeln, wie es wohl anderswo geschah. Rücksichten mußte man immer wieder nehmen auf die Machthaber in der Stadt, Rücksichten auf das Verhältnis, in dem man zu der französischen Verwaltung stand. Welch ein Hindernis für die Arbeiten des Magistrats und der Stadtverordneten bildete immer die traurige Finanzlage, die es kaum erlaubte, den notwendigsten Bedürfnissen gerecht zu werden!

Seitdem sich Napoleon zum Kriege mit Rußland entschlossen und die gewaltigen Rüstungen angeordnet hatte, begann für Stettin abermals eine schwere Zeit des Leidens. Wieder zogen unzählige Scharen aus aller Herren Länder durch die Stadt und nahmen dort auf kürzere oder längere Zeit Quartier. Sie wurde in Kriegszustand versetzt, die Bier- und Branntweinschänken wurden früh abends geschlossen, das Fort Preußen von seinen Bewohnern geräumt, der Verkehr am Bollwerk zwischen der langen Brücke und der Baumbrücke gesperrt, die Garnison verstärkt. Nichts „als Himmel und Franzosen“ erblickte man, wie ein Augenzeuge schreibt, an manchen Tagen vor dem Berliner Tore; sie unterzubringen und zu verpflegen machte der Servis- oder Verpflegungs-Kommission unendliche Mühe. Bei den Verhandlungen mit den französischen commissaires de guerre war besonders der Regierungsdirektor v. Rohr, ein patriotisch gesinnter und sehr tüchtiger Beamter, eifrig und erfolgreich tätig. Freilich war oft genug die Kasse leer, und die Verpflegungsgelder für die Offiziere konnten kaum aufgebracht werden, obwohl die Provinz einen erheblichen Beitrag leistete. Es half schließlich nichts, man mußte zeitweise wieder den Bürgern die Verpflegung auferlegen. Allmählich hörten dann die Durchzüge auf, und es trat wieder mehr Ruhe in der Stadt ein.

Mit lebhaftem Interesse verfolgte man die weiteren Vorgänge im Osten. Gewiß war in dem preußischen Hülfskorps auch manch Stettiner, und trotz der heimischen Not veranstaltete man im Oktober 1812 eine Kollekte für verwundete Krieger. Auch wurde infolge des Reskriptes vom 10. Mai 1812 mit der Organisation einer Bürgerwehr begonnen.

Da brach in Preußen die Zeit der Erhebung an. Der Aufruf vom 3. Februar wurde in Stettin bekannt, als der Marschall Davoust dort weilte. Seine Anordnungen, in der rücksichtslosesten Weise vorzugehen und die Umgegend der Festung zu verwüsten, wurden auf die Bitte des Magistrats vom Marschall Augerau in Berlin wieder aufgehoben. Trotz der französischen Gewalthaber verlas der treffliche, fromme Prediger der französischen Gemeinde Franz Augustin Riquet, der 1811 nach Stettin gekommen war, den Aufruf von der Kanzel der Schloßkirche und veranlaßte das Kirchenkonsistorium seiner Gemeinde, sofort die Ausrüstung von sieben Freiwilligen zu übernehmen. Andere blieben nicht zurück; da sandten der Regierungsdirektor Böhlendorf 200 Taler, der Regierungsrat Zitelmann 150 Taler und verpflichteten sich, Freiwillige während der Dauer des Krieges zu unterhalten. In den Gabenlisten der Zeitung, die in Stargard erschien, finden sich offen und versteckt zahlreiche Stettiner, die im einzelnen hier namhaft zu machen unmöglich ist. Es gingen auch Männer und Jünglinge, Handwerker, Kaufleute, Gymnasiasten, zumeist heimlich aus der Stadt, um sich in Stargard zum Dienst für das Vaterland zu stellen, wie der damalige Schüler Purgold erzählt, oft nicht ohne Lebensgefahr. Von den Gymnasiasten meldeten sich fast 100 zum freiwilligen Eintritt, und eine ganze Reihe von Familienvätern stellte sich „mit Aufopferung vorteilhafter bürgerlicher Verhältnisse" freiwillig zum Dienste, wie z. B. der Subrektor des Gymnasiums J. G. Graßmann. Aber während noch die Freiwilligen Preußens sich zusammenfanden, während überall im Lande die Hoffnung auf Errettung und Befreiung wuchs, da begann für Stettin der letzte Akt der Franzosenzeit, und vielleicht der, welcher die schwersten Leiden über die Stadt brachte.

Am 15. Februar erklärte der Gouverneur der Festung, Divisionsgeneral Baron Grandeau dem Magistrat und dem Polizeidirektor, daß auf Befehl des Vizekönigs Eugen die Stadt Stettin in Belagerungszustand erklärt sei. Zugleich forderte er sofort die Lieferung von 6000 Stück Ochsen und dem nötigen Futter zur Verpflegung der französischen Garnison. Da man ihm vorstellte, daß es ganz unmöglich sei, diese ungeheure Forderung zu erfüllen, ermäßigte er sie auf 1500 Ochsen, verlangte dafür aber andere Lieferungen. Noch war kein Feind vor der Stadt erschienen, aber schon begannen für sie die Leiden und Lasten einer Belagerung. Grandeau, der erkrankte, mußte die Leitung auf Monate hin dem Kommandanten, Brigade-General Dufresse, übertragen, neben dem als Befehlshaber der Artillerie-Oberst Berthier und der Ingenieurmajor Chulliot tätig waren. Die Besatzung bestand zusammen mit der von Damm aus etwa 8000 Mann, zum Teil Franzosen, zum Teil Holländern. Mehr als 320 Geschütze und 167 Pferde waren in der Festung.

Die preußische Zivilverwaltung in der Stadt hörte auf, der Magistrat befolgte den Grundsatz, gegen jede Gewalt zu protestieren, die Requisitionen der französischen Militärbehörden nie zu unterstützen, schließlich aber sie zu erdulden. Bei solchem passiven Widerstande konnte das Gouvernement nicht viel ausrichten, wenn es nicht mit Gewalt und militärischer Exekution vorgehen wollte. Das geschah bereits im Februar, als die Lieferung von Holz ausgeschrieben wurde. Da ließ Dufresse mehreren Holzhändlern, sowie dem Oberbürgermeister und 2 Mitgliedern des Magistrats je zehn Soldaten ins Haus legen. Lebhafter Protest gegen die Verletzung der Konvention, die mit Frankreich geschlossen worden war, nützte nicht viel, ja am 23. Februar erklärte der Gouverneur, die Stadt habe nur seinem Willen zu gehorchen, er allein besitze über Leben und Vermögen der Bürger Gewalt. Er einigte sich aber mit dem Magistrat und den Stadtverordneten dahin, daß die Verpflegung der Garnison von der französischen Verwaltung, die des Lazaretts und die Einrichtung der Kasernen von der Stadt übernommen würde. Darauf löste sich die königliche Verpflegungskommission auf.

Gegen Ende des Februars ließen sich die ersten Kosaken vor der Stadt sehen, und als dann die offizielle Kriegserklärung am 16. März erfolgte, erschienen auch bald preußische Truppen. Zuerst hatte man wohl die Hoffnung, die Franzosen würden keine weiteren Versuche machen, die Stadt zu halten, aber gerade in den Tagen, in denen König Friedrich Wilhelm III. den „Aufruf an mein Volk“ vom 17. März erließ, lehnte der Gouverneur von Stettin die Übergabe der Stadt entschieden ab, und die Blockade begann. Um den Schrecken und Gefahren einer Belagerung zu entgehen, verließen schon damals manche Bewohner die Stadt, andere schickten wenigstens ihre Angehörigen hinaus, während viele durch ihr Amt oder durch Rücksicht auf ihr Geschäft und ihr Haus und Habe veranlaßt wurden, dort zu bleiben. Sie mußten zunächst mitansehen, wie der Gouverneur, ohne die Bitten des Magistrats zu beachten, die Häuser der Unter- und Oberwiek ebenso wie alle sonstigen Gebäude auf 450 Schritte Entfernung von der Festung abbrechen ließ. Auch begannen um den 20. März allerlei Scharmützel und kleine Gefechte mit den Kosaken und Preußen.

Der General v. Tauentzien hatte das Kommando über die preußischen Truppen übernommen, die zur Einschließung Stettins bestimmt worden waren. Er erließ am 23. März einen Tagesbefehl, in dem jeder Verkehr mit der Stadt verboten wurde. Die einzelnen Vorbereitungen und Operationen, die bei der Blockade Stettins und Damms vorgenommen wurden, zu schildern, hat im allgemeinen geringes Interesse. Es ist erklärlich, daß die preußischen Truppen sich auf die Einschließung und die Abwehr von Ausfällen beschränkten, ihre eigene Stadt indessen und deren Bewohner möglichst zu schonen suchten. Nachdem dann im Herbste 1813 das Geschick Napoleons durch die Siege der Verbündeten entschieden worden war, konnte es ja nur noch eine Frage der Zeit sein, wie lange der Widerstand der Franzosen dauern werde.

Aber diese lange Zeit brachte den Stettinern viele Beschwerden, Bedrückungen, Not und Elend, wie wir es am besten aus den Tagebüchern Villarets und Groenlunds kennen lernen, die getreulich aufzeichneten, wie es in Stettin zuging. Sie erzählen von zahllosen Requisitionen des französischen Gouvernements. Dies schrieb bereits am 29. März eine Kontribution von 30000 Talern aus. Als der Magistrat nicht sogleich darauf einging, wurden der Bürgermeister Redepenning, der Kämmerer Bourwieg, der Stadtrat Pitzschky und neun angesehene Kaufleute, Brede, Toussaint, Gribel, Löwer, Boccard u. a., in Haft genommen und nach Fort Preußen gebracht. Darauf bewilligten am 1. April die Stadtverordneten die Ausschreibung der Kontribution, und als sie aufgebracht worden war, erhielten die Gefangenen am 3. April ihre Freiheit wieder. Eine zweite Ausschreibung von 40000 Talern erfolgte am 1. Mai. Die Repartition auch dieser Summe mußte genehmigt werden, nachdem alle Gesuche um Erlaß oder Minderung vergeblich gewesen waren. „Diese Ausschreibung mußte schon von vielen wegen Geldmangel durch Exekution beigetrieben werden." Am 3. Juni verlangte der Gouverneur Grandeau, der die Geschäfte wieder übernahm, abermals die Zahlung von 40000 Talern. „Diese neue Forderung versetzte die Einwohner in die größte Bestürzung, da man die Unmöglichkeit zur Aufbringung dieser Summe und, daß diese Forderung monatlich erfolgen werde, voraussehen konnte." Der Magistrat und die Stadtverordneten versuchten alles, den Gouverneur umzustimmen, erhielten aber zum größten Teil militärische Einquartierung, um sie zum Nachgeben zu bewegen. Trotzdem war es unmöglich, die Forderung zu erfüllen, und die städtischen Behörden blieben trotz aller Drohungen, Verhaftungen und Exekutionen standhaft. Da ließ der Gouverneur am 17. Juli die städtischen Steuerlisten konfiszieren und die Kontribution, die sogar auf 50 000 Taler erhöht worden war, selbst ausschreiben. Man trieb etwa 14 500 Taler ein, die auf die wieder auf 40 000 Taler ermäßigte Forderung angerechnet wurden. Doch die Stadtverordneten mußten jetzt die Repartition bewilligen. Unendliche Verhandlungen, Drohungen, militärische und Zivil-Exekutionen waren nötig. Im September forderte das Gouvernement wieder 40 000 Taler, erließ dann aber davon 10 000, der Rest mußte aber von neuem auf die Einwohner verteilt werden. Dann wurden im Oktober für die drei Monate Oktober, November und Dezember je 25 000 Taler verlangt, aber die Franzosen mußten jetzt selbst erkennen, daß solche Summen nicht mehr einzutreiben waren, und begnügten sich schließlich mit geringeren. Man sieht aus diesen Maßregeln, über die der Magistrat später einen ausführlichen Bericht erstattet hat, welche ungemein großen Leistungen allein an Geldzahlungen an die arme Bevölkerung, deren Zahl und Verdienst von Tag zu Tag abnahm, gestellt wurden. Die Summe aller geleisteteten Kontributionen wird auf 155 651 Taler berechnet.

Dazu kamen noch die fortwährenden Requisitionen von allerlei Lebensmitteln, Getreide, Mehl, Brot, Wein, Bier usw. oder von Lieferungen an Holz, Leder u. a. m. Wurde nicht sofort gestellt, was man verlangte, so erfolgte ohne weiteres Beschlagnahme der Vorräte. Zu Fortifikationsarbeiten mußten Leute gestellt, Materialien geliefert werden, kurz es bestand die schwerste Gewaltherrschaft in der Stadt.

Sie äußerte sich auch bisweilen in Maßregeln gegen einzelne Personen, die in den Verdacht gerieten, daß sie gegen die Franzosen zu intriguieren und die Preußen im geheimen zu unterstützen wagten. Das wird von mehreren Bewohnern erzählt. Der Stadtzimmermeister Krauß ging mit seinen Gesellen und Burschen zu den Belagerern über, der Schiffer Nüske soll von einem auf der Schiffbaulastadie belegenen Hause aus den Preußen durch Zeichen Nachricht von den bevorstehenden Ausfällen gegeben haben. Andere, wie die Kaufleute Wachenhusen, Couriol, Goltdammer, Homann, die Stadträte Masche und Kugler, die

Branntweinbrenner Rückforth und Stoltenburg, der Schiffer Schreiber, unterhielten Verbindungen mit den Belagerern und verleugneten auch in dieser schweren Zeit nicht den patriotischen Sinn, der sie beseelte. Mehrere Bürger wurden als verdächtig von den Franzosen verhaftet und nach Fort Preußen gebracht, so Röhrenmeister Müller, Lederhändler Galliard, Kaufmann Heupel, Posthalter Biancone, Maurermeister Burchard, Kaufmann Couriol u. a., die im Einverständnisse mit den Belagerern stehen sollten. Der Buchdrucker Struck wurde dorthin gebracht, da man ihm vorwarf, „Aufruhrzettel“ gedruckt und verbreitet zu haben. Weil sich am 28. Juni einige Arbeiter zusammengerottet hatten, um ihren Lohn zu fordern, ließ der Gouverneur sofort den Oberbürgermeister Kirstein, den Bürgermeister Redepenning und den Bankdirektor Sebert arretieren und auch nach dem Fort Preußen führen. Sie mußten dort mehrere Tage recht ungemütlich zubringen, da man sie zur Bewilligung einer Kontribution zwingen wollte. Im preußischen Hauptquartier ließ man, als diese Gewalttat bekannt wurde, sofort einige gefangene Offiziere bei Wasser und Brot festsetzen und dem Gouverneur mitteilen, dies Gefängnis werde ebenso lange dauern wie der Arrest der Bürgermeister. Der Polizeidirektor Stolle mußte selbst nach Fort Preußen gehen, als die Stettiner den Geburtstag ihres Königs am 3. August zu feiern wagten. Französische Patrouillen schlugen die erleuchteten Fenster ein, Offiziere, ja der Gouverneur selbst sollen sich daran beteiligt haben. Solche Vorgänge trugen natürlich dazu bei, das Verhältnis zwischen den Franzosen und Einwohnern immer übler zu gestalten. Leuten, die aus der Stadt flüchten wollten, machten sie Schwierigkeiten, ließen sie aber dann doch hinaus, als infolge der gehemmten Zufuhr die Not in der Stadt von Tag zu Tag stieg. Im Juni fand eine Aufnahme der anwesenden Bevölkerung statt, bei der man auch feststellen wollte, welche Bewohner mit Brot zu unterstützen seien. Wie die Preise für Lebensmittel stiegen, auf welche Weise die Stettiner schließlich ihr Leben fristeten, wie die Pferde sämtlich geschlachtet wurden und man sich an die merkwürdigste, ja an fast widerliche Kost gewöhnte, davon erzählen die Tagebücher gar viel. Natürlich erging es der französischen Besatzung nicht besser. Die Soldaten suchten mit Eifer nach versteckten Nahrungsmitteln und scheuten nicht vor Diebstahl und Gewalttat zurück. Nach mündlicher Überlieferung soll eine einzige Kuh beim Schmiedemeister Dreyer am Roßmarkt die Belagerung überlebt haben; ein Geselle mußte sie bewachen und streicheln, damit sie nicht ihr Vorhandensein verriete. Man kann sich denken, daß die Stimmung der Bürger und der Soldaten immer schlimmer wurde, je länger die Belagerung dauerte. Da wurden die Nachrichten von den herrlichen Siegen bekannt, man hörte von der Niederlage Napoleons bei Leipzig, von seinem Rückzuge über den Rhein, aber die Feindseligkeiten bei Stettin, die Einschließung dauerten fort.

Ernstliches vermochte der General von Plötz, der an die Stelle Tauentziens getreten war, mit seinen wenigen, schlecht ausgerüsteten Truppen und seiner geringen Artillerie nicht zu unternehmen. Man kämpfte bei Finkenwalde am Kesperstege, bei Grabow, Pommerensdorf, Zabelsdorf und warf einige Kugeln in die Stadt. Auch während des Waffenstillstandes vom 4. Juni bis zum 16. August wurden diese Scharmützel dem Vertrage entgegen nicht ganz eingestellt. Später erschienen Kanonenböte auf dem Dunzig und dem Dammschen See, und die Beschießung wurde heftiger, ohne indessen größeren Schaden anzurichten. Die Ungeduld der Bewohner wuchs ständig; was hatte diese fortwährende Schießerei noch für einen Zweck? Der Gouverneur aber wollte immer noch nicht auf die wiederholt angebotenen Verhandlungen eingehen, obwohl auch er einsehen mußte, daß der weitere Widerstand nutzlos, ja töricht war. Grandeau, ein tüchtiger, energischer Offizier, hielt es mit seiner Ehre nicht für vereinbar, die Kapitulationsvorschläge anzunehmen. Er war ein Bewunderer Friedrichs des Großen, dessen Marmorstandbild in Stettin er durch eine Holzverkleidung gegen etwaige Beschädigung schützen ließ, wie er dem Magistrate in einem liebenswürdigen Schreiben mitteilte.

Endlich, im November, ließ er sich auf Verhandlungen ein. Sie zogen sich aber zur höchsten Mißstimmung der Stettiner mehrere Wochen lang hin. Auch als am 21. November die Kapitulation abgeschlossen worden war, dauerte es noch längere Zeit, bis am 5. Dezember die Übergabe erfolgte. „O welch hohe Freude die eingeleiteten Verhandlungen, der endliche Abschluß und die erfolgte Ratifikation der Kapitulation hier erregt haben, läßt sich nicht beschreiben und kann selbst bei der nicht zu bezweifelnden Teilnahme jedes Patrioten nur von allen denjenigen recht innig empfunden werden, die so, wie ich, sieben Jahre in der engsten Sklaverei unserer bisherigen Beherrscher und Tyrannen gelebt und alles Ungemach der über neunmonatlichen Belagerung erduldet haben", so berichtete Polizeidirektor Stolle bereits am 2. Dezember an die Regierung in Stargard. Diese Freude äußerte sich auf das lebhafteste am 5. Dezember, als nach dem Abmarsche der Franzosen, die entwaffnet abgeführt wurden, der General von Plötz mit seinen preußischen Truppen in die befreite Stadt unter Glockengeläut einzog. Magistrat und Bürgerschaft empfingen ihn feierlich, und man beging diesen Tag mit einem Tedeum, das auf dem Königsplatze angestimmt wurde, einem Gottesdienste in St. Jacobi, einem Festessen im Kasino und Illumination. „Wir betrachten", so heißt es in dem Zeitungsberichte, „diesen unvergeßlichen Tag als den glücklichen Anfang unserer Versöhnung mit dem härtesten Schicksale, und ewig denkwürdig wird er uns und unsern Nachkommen sein". Grandeau verabschiedete sich mit einem sehr höflichen Schreiben von dem Oberbürgermeister und erkannte darin an, daß er „das sehr seltene Talent besessen habe, ohne Unterlaß die gänzliche Ergebenheit an sein Vaterland und seinen Souverain zu beweisen und zugleich die durch die Notwendigkeit gebotenen Opfer zu bringen". Oberbürgermeister, Bürgermeister und Rat brachten am 5. Dezember ihre patriotischen Gesinnungen in Schreiben an den König Friedrich Wilhelm und an den Staatskanzler Freiherrn von Hardenberg zum Ausdrucke. „Je weniger wir imstande waren, die Anstrengungen unserer Brüder zu dem gerechtesten Kriege des Vaterlandes zu teilen, um so drückender fühlten wir die Fesseln einer fremden entarteten Herrschermacht, und um so freudiger schließen wir uns nach siebenjährigen Leiden an unsere Brüder wieder an."

Stettins Franzosenzeit war zu Ende, eine Periode in seiner Geschichte, die von ganz eigenartigem Interesse ist, da sie die Bewohner der Stadt auf eine schwere Probe stellte und oft in einen argen Konflikt der Pflichten brachte. Doch diese traurige Zeit stellt immerhin eine ruhmvolle Epoche in der Stadtgeschichte dar und hat läuternd auf die Gesinnung der Stettiner gewirkt und sie zu neuer Tatkraft und neuem Selbstgefühl geweckt.

18. Kapitel.

Stettin im 19. Jahrhundert bis zur Aufhebung der Festung.

Die schwere Zeit der Fremdherrschaft und Belagerung hatte den Wohlstand Stettins vollständig vernichtet. Die Finanzen der Kommune waren zerrüttet, die Umgegend hatte unter den kriegerischen Ereignissen sehr großen Schaden erlitten, die Vorstädte waren niedergebrannt, die Dörfer und einzelnen Ansiedelungen zerstört, die Äcker und Gärten verwüstet. Traurig, überaus traurig sah es in und um Stettin aus. Zu den schweren Leiden, von denen es direkt betroffen worden war, kamen noch die Lasten, die infolge der politischen Ereignisse auf dem ganzen Lande ruhten und an denen es seinen Anteil zu tragen hatte. Es galt tatsächlich für Stettin wieder von vorne anzufangen und eine neue Grundlage zu weiterer Entwickelung zu legen. So beginnt mit dem Jahre 1814 eine neue Periode in seiner Geschichte, in der auf fast allen Gebieten Neues geschaffen wurde und ein erst langsam, dann schneller einsetzender Aufschwung erfolgte. Wohl kamen noch manche schwere Zeiten, aber ein günstiges Geschick bewahrte Stettin vor solchen Schlägen, wie es sie in den vergangenen Jahrhunderten immer wieder erlitten hatte. Jahre, die im allgemeinen ruhig verliefen, machten eine anhaltende Arbeit zur Abstellung der Mißstände und zur Heilung der Wunden möglich. Das allmählich entstehende moderne Wirtschaftsleben in seinen vollständig veränderten Formen wirkte günstig und beförderte die Entwickelung in einer Weise, die man im Anfange dieser Periode nicht ahnen konnte. Ein Hindernis hierbei wurde mehr und mehr der Festungsgürtel, der die äußere Ausdehnung lange Zeit beschränkte. Die endgültige Beseitigung dieser sehr schwer empfundenen Einschnürung ist das wichtigste Ereignis in der neuen Stadtgeschichte. Deshalb wird dieser Abschnitt bis zum Jahre 1873, in dem die Festung aufgehoben worden ist, gerechnet, obwohl nicht verkannt wird, daß diese 60 Jahre keineswegs im ganzen eine einheitliche Periode darstellen, sondern in sich selbst gar mannigfaltige Verschiedenheiten inbezug auf die Entwickelung der Stadt und des städtischen Lebens enthalten.

Weit mannigfaltiger als früher wird das moderne Leben und Treiben in einer Stadt. Wie entfaltet sich die städtische Verwaltung, die ihre Tätigkeit auf ganz andere Gebiete erstreckt, wie verwickelt zugleich und verschiedenartig wird das Wirtschaftsleben, wie vielseitig die Arbeit der Bewohner, wie verschiedenartig die Kultur und Bildung! Es ist unmöglich, alle diese und andere Beziehungen im einzelnen darzustellen. Das ist auch kaum nötig, da in dieser Zeit sich die Eigenart der städtischen Gemeinden mehr und mehr verwischt und bald eine der andern in den meisten Richtungen ähnlich, ja fast gleich wird. So gilt es von nun an, den Versuch zu wagen, nur dasjenige in Kürze hervorzuheben, das Stettin zu dem gemacht hat, was es geworden ist, und das Eigenartige in seiner neuesten Entwickelung zu schildern. Dabei müssen manche Einzelheiten, die an sich wichtig und interessant sind, zurücktreten, weil sie in eine allgemeine Geschichte des 19. Jahrhunderts gehören, hier wollen wir nur hören von Stettins Geschicken und dem Wirken und Walten der Männer, die sich um sein Wohl verdient gemacht haben.

Das erste Werk, das man nach dem Ende der Franzosenzeit in Angriff nahm, war das „Retablissement", die Wiederherstellung. Zunächst half man der äußersten Not und Armut, in die manche Personen besonders durch das Abreißen der Häuser in den Vorstädten geraten waren, durch milde Gaben ab. Dies wurde namentlich ermöglicht durch die Summe von 1000 Pfund Sterling, die ein Londoner Hülfskomitee im März 1814 an den Magistrat übersandte. Der Stadtrat Schmiedecke übernahm die Verteilung, bei der auch Bewohner von Damm und Finkenwalde berücksichtigt wurden. Gleichem Zwecke dienten 1000 Taler, die am 6. Dezember 1815 der Graf von Eickstädt in Koblenz überwies, um sie „an arme durch die Belagerung unglücklich gewordene Stettiner Einwohner dort, wo die Not am größesten ist, zu geben". Auch in Stettin selbst regte sich die Mildtätigkeit; ein Frauen- und ein Mädchen-Verein zur Unterstützung von Witwen und Waisen gebliebener Pommern bildeten sich 1814 und wirkten Jahre lang segensreich. Für verwundete Krieger sammelte man wiederholt, gründete 1815 einen Verein für eine Invalidenanstalt am Deutschen Berge, der drei Jahre später dort zwei Häuser von Invaliden beziehen lassen konnte. Bald darauf schuf man das Bürger-Rettungs-Institut zur Unterstützung hülfsbedürftiger Bürger; es begann seine Tätigkeit 1819 und ermöglichte durch Ausleihung zinsloser Darlehen manchem verarmten Handwerker eine Wiedereinrichtung seines Gewerbes. Daneben taten die Stettiner auch mancherlei für das preußische Vaterland; der Stadtrat Masche sammelte zur Errichtung eines pommerschen Kavallerieregiments 1025 Taler, und eine im April 1815 veranstaltete Sammlung ergab für die Ausrüstung von Freiwilligen 718 Taler. An den Ereignissen der Jahre 1814 und 1815 nahm man tätigen Anteil. Die im Winter in die Heimat zurückmarschierenden russischen Truppen fanden in Stettin freundliche Aufnahme. Der Sieg bei Belle-Alliance, der Einzug in Paris wurden mit Dankgottesdiensten und Festvorstellungen im Theater gefeiert. Wie begrüßte man am 25. Dezember 1815 das aus Feindesland zurückkehrende 1. pommersche Infanterie-Regiment, dessen Chef der junge Kronprinz Friedrich Wilhelm geworden war! Mit welcher Freude feierte man am 18. Juni 1816 ein allgemeines Friedensfest in der Kirche, dem Theater und in der Kasinogesellschaft. Die Aufhängung der Gedächtnistafeln, auf denen die Namen der in den Kriegen Gefallenen verzeichnet worden waren, beschloß diese Erinnerungsfeiern an die vergangene schwere, aber auch große Zeit.

Für die Wiederherstellungsarbeiten der Stadt Stettin wurde von besonderer Wichtigkeit die neue Organisation der preußischen Provinzialbehörden, deren Aufsicht die Stadt unterstellt war. Die mit den Verwaltungsgeschäften betraute, 1808 in Stargard eingerichtete Regierung wurde 1814 nach Stettin verlegt. War die Stadt bereits vorher (1812) als „eine in ihrem bisherigen Verhältnisse besondere, den Kreisen gleichgestellte Korporation" anerkannt worden, so bildete sie auch jetzt einen Kreis unter der Aufsicht der ersten Abteilung der Regierung. Eine besondere Bedeutung auch für die Stadtverwaltung bekam das Amt des Oberpräsidenten der Provinz Pommern. Es wurde zunächst dem bereits erwähnten Staatsminister K. H. L. von Ingersleben übertragen, der 1812 wieder in den Staatsdienst aufgenommen und auf Bitten der pommerschen Stände zum Präsidenten der Stargarder Regierung ernannt worden war. Doch bereits am 10. Januar 1816 wurde er zum Oberpräsidenten am Rhein bestellt, und sein Amt in Stettin erhielt der bisherige Generalgouverneur der Rheinlande Johann August Sack (geboren am 7. Oktober 1764 in Kleve). Mit ihm kam der Mann nach Pommern, der in 15 Jahren unermüdlicher Tätigkeit die ihm anvertraute Provinz zu neuem Leben und neuer Blüte führte. Sein Wirken ist für das ganze Land und insonderheit für Stettin von größtem Segen gewesen. Er verstand es, sich in die pommerschen Verhältnisse vollständig einzuleben und erfüllte sein Versprechen, „in Pommern noch ein zweites und drittes Pommern in Kultur und Bevölkerung zu erschaffen" oder bahnte wenigstens die Erfüllung an.

Abb. 26. Johann August Sack.

In der äußeren Stellung trat für die Stadt bereits 1826 insofern eine Änderung ein, als sie wieder mit dem Randower Kreise vereinigt wurde. Dies für ihre selbständige Entwickelung nicht günstige Verhältnis dauerte bis zum 16. März 1857; damals wurde von neuem ein eigener Stadtkreis gebildet.

Der planmäßige Aufbau der zerstörten Vorstädte begann schon 1816. Zuerst wurde die Oberwiek wiederhergestellt, und bald fanden industrielle Anlagen verschiedener Art dort eine Stelle. Dagegen ließ es die Militärverwaltung zunächst aus Rücksicht auf die Festung nicht zu, daß die Baulichkeiten der Unterwiek wieder aufgebaut wurden. Lange Zeit hausten hier einzelne Bewohner in den Kellern ihrer niedergebrannten Häuser oder in elenden Hütten, bis dann erst nach Jahren Fachwerk- und Holzhäuser errichtet werden durften. Solchen, die sich anderswo anbauen wollten, überwies der Magistrat Plätze in der Ratsplantage, wo allmählich „eine neue Wiek" an der Berliner

Landstraße entstand. Ebenso erhob sich auf der Höhe bei dem alten Torney eine Vorstadt, die 1817 den Namen „Neu-Torney" erhielt. Zur Anlegung und Unterhaltung öffentlicher Anlagen bildete sich 1810 eine Gesellschaft, die später auf Anregung des Oberpräsidenten Sack in einen „Anlagen- und Verschönerungs-Verein" umgewandelt wurde. Er ließ es sich angelegen sein, vor dem Glacis der Festungswerke zwischen dem Königs- und Frauentore Anpflanzungen herzustellen, die im Anschlusse an den neuen Begräbnisplatz auf Jahrzehnte hinaus einen besonderen Schmuck der Stadt bildeten. Ein Schwanenteich, ein Borkenhäuschen, ein Kaffeehaus, in dem im Frühling auch Brunnen für Kurgäste gereicht wurden, machten diese sich bald erweiternden An-

Abb. 27. Stettin vom Logengarten aus.

lagen zu einem freundlichen Lustgarten und boten den Bewohnern angenehme Spaziergänge. Bereits 1825 besang der Pastor J. E. Lenz an Peter-Paul in der Zeitung diesen „wunderbaren Hain, der im Frühlingsglanze prangt mit der Jugendschönheit reizender Fülle".

„Dank, lauter Dank den Manen der Heintz' und Goltdammer
und allen Wackeren, die dich pflegten und warteten!"

Nach der einen Seite dehnten sie sich bis zum Kirchhofe der beiden reformierten Gemeinden oder dem sogenannten französischen Berge, der eine Aussicht auf die Oder und den Dammschen See bot, ja fast bis zum Logengarten, dem alten Vogelstangenberge an der Unterwiek, aus, den die Loge zu den drei Zirkeln 1828 pachtete und 1867 käuflich erwarb. Nach der anderen Seite des Königstores erfolgten später Anpflanzungen, die sich längs der Festungswerke bis zum Berliner Tor hinzogen und immer stattlicher heranwuchsen. Außerhalb des ersten Festungsrayons, in dem überhaupt keine Baulichkeiten errichtet wurden, entstanden nach und nach Fachwerkbauten, Landhäuser und Villen. Die Vorstädte Grünhof mit der Gartenstraße oder Kupfermühle mit dem „Langen Garten" wiesen bald einzelne freundliche Häuser auf. Das Landhaus der Prinzessin Elisabeth wurde wieder instandgesetzt, und sie verbrachte dort mit ihrem kleinen Hofstaate ihre Jahre oft in heiterer Geselligkeit. Als sie am 18. Februar 1840 starb, fiel das Grundstück „Prinzeßschloß" wenigstens zum größeren Teile an die Fürstin von Liegnitz, die bald zu Gunsten des Stettiner Armenwesens darauf verzichtete. Es ist später verkauft worden und in den Besitz der neuen Liedertafel oder anderer Käufer übergegangen. Auch in dieser Gegend nach Grabow zu erhoben sich Landhäuser, unter denen das der verwitweten Geheimrätin Tilebein in Züllchow bald das bekannteste wurde. Es bildete geradezu eine Sehenswürdigkeit und wurde von den Mitgliedern des königlichen Hauses bei Besuchen Stettins wiederholt besichtigt. Nach der anderen Seite der Stadt war der viel gerühmte Velthusensche Garten, den 1823 der Oberpräsident Sack erwarb, um dort Kaninchen zu züchten und den Obstbau zu pflegen, ein Schmuck der Gegend; er ist später dem Bau des Bahnhofes zum Opfer gefallen. Weiter hinaus waren das Grundstück Cap cheri und der Kosakenberg, der seinen Namen seit der Belagerung von 1813 führte, beliebte Aussichtspunkte. So erwuchsen vor der Festung neue Stadtteile und Wohnstätten, die sich immer mehr an die 1855 mit Stadtrecht versehene Ortschaft Grabow oder das Dorf Bredow anschlossen. Man vereinigte 1859 nach langen Verhandlungen Kupfermühle und Grünthal oder Grünhof und 1864 die neu entstandene „Pommerensdorfer Anlage" mit dem Stadtbezirke.

Daß solche Ansiedelungen außerhalb der Stadt entstanden, war ganz natürlich. Denn in dem von den Festungswerken umgebenen Raume herrschte, als die Bevölkerung langsam, aber stetig zunahm, bald ein Mangel an Bauplätzen und an Wohnungen, der überaus drückend und unbequem wurde. Man fand kaum Platz für die notwendigsten Bauten; das neue Krankenhaus mußte 1832 auf dem rechten Oderufer am Pladrin an einer wenig geeigneten Stelle errichtet werden. Für das ebenfalls 1832 fertiggestellte Gymnasialgebäude hatte nur durch die Beseitigung der Ruinen der Marienkirche ein Platz gewonnen werden können. Das Börsengebäude wurde in den Jahren 1833—1836 am Heumarkte dicht bei der Stelle, wo das alte Seglerhaus stand, stattlich aufgebaut, mußte aber die unbequeme

Abb. 28. Stettin von der Oberwiek aus.

Abb. 29. Stettin vom rechten Oderufer aus (1837).

Nähe der seit 1738 dort befindlichen Hauptwache lange Jahre ertragen; erst 1865 wurde sie von dort verlegt. Die Reste der abgebrannten Nikolaikirche beseitigte man in den Jahren 1812—1816 und gewann in dem „neuen Markte" einen höchst notwendigen Platz für den Marktverkehr. Die 1824 gegründete Ottoschule konnte nirgend anders als auf dem Schweizerhofe, die Friedrich-Wilhelms-Realschule 1840 nur dort, wo das alte Ratslyceum an der Stelle des ehemaligen weißen Mönchsklosters stand, einen Platz finden.

Von dem baulichen Zustande der Stadt, namentlich auch von der Art der Privathäuser entwirft eine Skizze des Kreisphysikus Dr. C. H. Müller, die 1843 im Drucke erschien, ein anschauliches Bild. Er unterscheidet drei Klassen von Häusern, die alten Giebelhäuser, die kleinbürgerlichen Bauten, die ursprünglich nur zwei Stockwerke hatten und ohne jeden Komfort eng, winkelig und dunkel waren, und die modernen größeren Mietshäuser. Auch in Kellern wohnten noch recht viele Leute, und deren Eingänge verengten die Straßen in höchst unbequemer Weise. Diese waren zumeist an sich schon eng und infolge der hohen Häuser finster und unfreundlich. Überall machte sich der Mangel an Platz geltend, und es wurde immer klarer, daß für eine weitere Entwickelung der Stadt wenigstens eine Erweiterung der Festungswerke durchaus notwendig war. Zwar gelang es, den Plan der Bebauung der Silberwiese, den der Kahnbauer Martin Masche bereits 1832 entworfen hatte, zur Ausführung zu bringen. Die Erdmassen, die bei dem Bau des Bahnhofes fortgeschafft werden mußten, benutzte man zur Aufhöhung dieses sumpfigen Geländes und schuf seit 1842 einen neuen Stadtteil an der Parnitz. Aber man zögerte zunächst, dort Wohnhäuser zu errichten, teils weil von seiten der Militärbehörde dagegen Einwendungen erhoben wurden, teils weil man sanitäre Bedenken hatte. Es dauerte deshalb mehrere Jahre, bis hier eine regere Bautätigkeit einsetzte und Straßen angelegt wurden. So half auch diese Neuanlage kaum über die Wohnungsnot fort, die immer größer wurde, da die Bevölkerung sich von etwas mehr als 25000 im Jahre 1816 auf 41573 im Jahre 1843 gehoben hatte. Daher wurde die Kabinetsordre des Königs Friedrich Wilhelm IV. vom 24. April 1845 mit großer Freude begrüßt, die eine Erweiterung der Stadt auf der Südseite des linken Oderufers durch Hinausschieben der Festungsanlagen nach dem Fort Preußen zu genehmigte. Dieser großartige Bau dauerte bis 1848, es wurde dadurch ein nicht unbedeutendes Gebiet zum Anbau, die sogenannte „Neustadt", gewonnen. Sie wurde mit der breiten und schönen Lindenstraße und den sie rechtwinkelig schneidenden Seitenstraßen und zwei freien Plätzen sehr gleichmäßig angelegt. Der Anbau geschah anfänglich nur langsam, dann aber schneller, doch erst in den sechziger Jahren war dieser Teil im wesentlichen bebaut. Dort errichtete die Stadt an der Elisabethstraße den großen Neubau für das Johanniskloster, dessen recht verfallenes bisheriges Heim an der Johanniskirche abgebrochen werden konnte. In der Nähe erhielt 1856 auch die Friedrich-Wilhelms-Schule einen Neubau. Für den Kommandanten der Festung, dem bisher ein Haus in der großen Wollweberstraße (Nr. 26) zur Verfügung stand, wurde am Viktoriaplatz ein Gebäude errichtet, das 1868 fertig wurde, zu gleicher Zeit baute man das Artilleriedepot und bald darauf das Militär-Kasino (1872 eingeweiht). So erstanden in der Neustadt einige stattliche Bauten, während die meisten Privathäuser in öder Nüchternheit und langweiliger Gleichförmigkeit aufgeführt wurden. Man suchte den Platz möglichst auszunutzen und errichtete deshalb hohe, vierstöckige Gebäude. Trotzdem war bald wieder der Wohnungsmangel sehr groß, da die Bevölkerung bis zum Jahre 1855 auf 55 076 stieg. Stettin ist „die Stadt des fehlenden Raumes", so hieß es damals. Deshalb ging König Friedrich Wilhelm IV. auf die Wünsche nach Abhülfe ein und setzte durch Kabinetsordre vom 3. Oktober 1856 eine Kommission ein, die in Erwägung ziehen sollte, wie „durch Stettins Erweiterung das größte Hindernis zu beseitigen sei, welches der vollen Entfaltung seiner Handelstätigkeit im Wege stehe". Es fanden lange Verhandlungen der Kommission statt, zu der Zivilbeamte, wie der Oberpräsident Senfft v. Pilsach und der Oberbürgermeister Hering, und Offiziere, wie die kommandierenden Generäle v. Grabow und v. Wussow, gehörten. Pläne und Entwürfe zu einer Erweiterung der Stadt, besonders nach Norden hin wurden auch von einer städtischen Spezialkommission ausgearbeitet und beraten, doch die Angelegenheit geriet 1860 ins Stocken und wurde dann ganz bei Seite gelegt. Die Zeit, entscheidende und durchgreifende Beschlüsse in dieser Beziehung zu fassen, war noch nicht gekommen. Die Bevölkerung, die sich 1871 auf 76 280 vermehrt hatte, mußte den Zwang der Festung noch weiter ertragen.

Unter diesen Umständen hatte es die städtische Verwaltung nicht leicht, die Geschäfte zu führen. Nach dem Ende der Franzosenzeit mußte sie sich erst nach den Bestimmungen der Städteordnung vom 19. November 1808 regelrecht organisieren und ihre Geschäftsführung zusammen mit den Stadtverordneten ausgestalten. Dies Gesetz blieb lange die Grundlage und die Norm der Verwaltung, denn die revidierte Ordnung vom 17. März 1831 fand in Stettin keine Einführung. Gefährdet wurde sie durch die am 11. März 1850 erlassene Gemeindeordnung, durch die der rechtliche Unterschied zwischen Stadt und Dorf beseitigt werden sollte. Ehe aber die Vorarbeiten für die gebotenen neuen Einrichtungen in Stettin beendet worden waren, erfolgte 1852 die Sistierung dieser Arbeiten und am 30. Mai 1853 der Erlaß der Städteordnung für die sechs östlichen Provinzen; dies im wesentlichen noch heute gültige Gesetz wurde 1854 in der Stadt durchgeführt. In demselben Jahre erhielten durch allerhöchsten Erlaß Oberbürgermeister, Bürgermeister und Stadtverordneten-Vorsteher die Berechtigung, als Amtsabzeichen goldene Ketten zu tragen. Ebenso wurde damals Stettin das Recht zur Präsentation eines Vertreters zum Herrenhause verliehen.

Wie sich in den sechziger Jahren die Verwaltung der Stadt entwickelte, wie der Kreis der Geschäfte immer größer wurde, wie die Zahl der Beamten fortwährend wuchs, das läßt sich hier nicht darstellen, obwohl es für die Geschichte der Stadt nicht ohne Wichtigkeit und Interesse ist. Es handelt sich dabei aber um so viele Spezialfragen, innere Anordnungen und Einrichtungen, daß eine Behandlung den Rahmen dieser Darstellung vollkommen sprengen würde. Es sei nur hervorgehoben, daß auch hier die Selbstverwaltung immer mehr ausgebildet ward, daß neben der Arbeit des Magistrats und der Angestellten die freiwillige Tätigkeit der Bürger in der Stadtverordneten-Versammlung oder in Deputationen und Kommissionen im Laufe der Zeit reger und segensreicher wurde.

Die schwerste Arbeit war auf lange Jahre hin die Ordnung der städtischen Finanzen, die infolge der kriegerischen Zeiten in heillose Verwirrung geraten waren. Ein Bericht aus dem Jahre 1814 stellt das ausführlich dar. Was für eine Misere war es, wenn damals die Einnahme nur 37 701 Taler, die Ausgabe dagegen 130 933 Taler betrug, die Schulden sich auf mehr als 500 000 Taler beliefen und jährlich fast 10 000 Taler Zinsen zu zahlen waren! „Die Kämmereikasse, heißt es, ist nicht imstande, die nötigen Ausgaben, nicht einmal für die Besoldung, zu leisten.“ Beratungen des Magistrats und der Stadtverordneten führten zu keinem befriedigenden Resultate, und man half sich zunächst mit der Ausschreibung von Breitragsquoten als Vorschüssen. Bald aber griff die Regierung ein und ordnete 1816 eine kommissarische Untersuchung der gesamten städtischen Verwaltung an. Die beiden Regierungsräte Hamann und Ave reichten einen ausführlichen Bericht ein, in dem sie zahlreiche Vorschläge zur Verminderung der Ausgaben und zur besseren Verwaltung machten. Als der Magistrat diese nicht ohne weiteres annehmen wollte, erhielt er von der Regierung einen scharfen Verweis und mußte sich auch vom Ministerium den Vorwurf gefallen lassen, daß „er offenbar nicht das Beste des Gemeinwesens der Stadt, sondern bloß Rechthaberei und Auflehnung wider die Maßregeln der vorgesetzten Behörden bezwecke". Daß in der Verwaltung der Stadt viele Mängel vorhanden waren, muß als unzweifelhaft gelten. Der Magistrat scheint sich noch nicht so in die neuen Verhältnisse hineingefunden zu haben, daß er alles übersehen konnte, die Stadtverordneten ließen es an der ihnen obliegenden Aufsicht fehlen, wie überhaupt der erste Eifer, der sich bei dem Erlaß der Städteordnung gezeigt hatte, erheblich gesunken war. Es gelang zwar, die städtischen Schulden in den Jahren von 1816—1822 von etwa 500000 Talern auf 230000 zu vermindern, aber später machten sich allerlei Versäumnisse bemerkbar; es unterblieb die Rechnungslegung für einzelne Verwaltungszweige, es erfolgte keine Übersicht des Stadthaushaltes, es kamen Unregelmäßigkeiten verschiedener Art vor. Man klagte in der Stadt, daß die Abgaben trotz des offenbaren Wachstums der Bevölkerung und der Zunahme des Wohlstandes nicht ermäßigt würden, man warf den Mitgliedern des Magistrats allerlei Eigenmächtigkeiten vor, kurz, die Mißstimmung nahm zu und wandte sich bereits gegen bestimmte Personen. Inwieweit diese an den unzweifelhaft vorhandenen Mißständen, über die wiederholt Klagen an die Stadtverordneten-Versammlung gerichtet wurden, wirklich Schuld trugen, das soll hier nicht erörtert werden. Endlich reichten im September 1829 einige Bürger eine ausführliche Beschwerde an die Regierung und das Ministerium ein. Darauf erhielt der Regierungsrat v. Itzenplitz den Auftrag, eine gründliche Untersuchung vorzunehmen. Diese dauerte mehrere Jahre und ergab tatsächlich eine nicht unbedeutende Unordnung in der städtischen Verwaltung; man ließ aber, da kurz vorher (1828) der Oberbürgermeister Kirstein gestorben war, einige Punkte unerledigt und hoffte, daß durch die Wahl des neuen Oberbürgermeisters Heinrich Ferdinand Steinicke ein energischerer Zug in die Verwaltung kommen werde. Dieser hatte aber in der kurzen Zeit seiner Amtstätigkeit (bis 1832) einen schweren Stand gegenüber der Opposition, die sich in der Bürgerschaft lebhaft kundtat. Die Besserung der Verwaltung wurde dadurch erschwert, zumal da, wie es scheint, der Magistrat immer noch nicht zugestehen wollte, daß überhaupt Unregelmäßigkeiten vorgekommen seien. Offener ging der im August 1832 zum Oberbürgermeister gewählte bisherige (seit 1824) zweite Bürgermeister Andreas Friedrich Masche vor. Ihm, dem alten Kenner der Stettiner städtischen Zustände, gelang es, die meisten Mißbräuche und Übelstände abzustellen und dadurch die Gegnerschaft allmählich zu beseitigen.

So war die im Juli 1834 ergehende Entscheidung der Regierung für den Magistrat im allgemeinen günstig, wenn er auch wegen mannigfacher Verabsäumung der Pflichten und Verstöße gegen die Städteordnung in eine Geldstrafe genommen wurde. Als endlich 1836 zum ersten Male die in der Städteordnung vorgeschriebene öffentliche Abnahme der Kämmerei-Rechnungen erfolgte, da wurde der unerquickliche Streit beendigt, der den Fortschritt in der Stadtverwaltung ungemein gehemmt hatte. Unzweifelhaft ist es ein besonderes Verdienst Masches, ein solches für das Wohl der Stadt notwendiges Einvernehmen hergestellt und eine geregelte und ordentliche Führung der Geschäfte angebahnt zu haben. Eingeleitet wurde diese glücklichere Periode der städtischen Verwaltung durch die Feier, die zur Erinnerung an die vor 25 Jahren erfolgte Einführung der Städteordnung am 18. März 1834 begangen wurde.

Diese Verhältnisse tun sich auch in den Zahlen des jährlichen städtischen Etats kund, die bis etwa 1832 in Einnahme und Ausgabe sehr schwanken. Erst allmählich treten eine größere Gleichmäßigkeit und eine gleichbleibende Zunahme ein. Man hat den Eindruck, daß anfangs die Aufstellungen sehr künstlich zurechtgemacht sind, um auf jeden Fall einen Überschuß herauszurechnen, während notwendige Bedürfnisse unberücksichtigt blieben. Dann aber begann man bei aller Sparsamkeit, wie sie damals in Preußen überall im Brauche war, richtigere Ansätze zu machen und im ganzen mit mehr Verständnis zu wirtschaften. Einige wenige Zahlen (unter Fortlassung der Groschen und Pfennige) mögen die Entwickelung des Stettiner Etats in dieser Zeit zeigen:

	Einnahme:		Ausgabe:	
1820:	197 734	Taler	174 208	Taler
1830:	200 970	„	171 863	„
1842:	374 261	„	339 313	„
1852:	397 048	„	352 009	„
1855:	477 786	„	410 812	„
1860:	502 392	„	450 439	„

Solch Aufschwung der Finanzverhältnisse wurde ermöglicht zunächst durch staatliche Beihilfen. So wurde ein Vorschuß von 10 400 Talern bewilligt und dann die Rückzahlung mit den Zinsen zum großen Teile erlassen. Mehrere Jahre hindurch erhielt die Stadt einen regelmäßigen Zuschuß vom Staate. Weiter half die neue Steuerordnung. Nach dem Gesetze über die Mahl- und Schlachtsteuer, die 1820 in Stettin eingeführt wurde, gingen $33^1/_3$ % vom Mahlwerk und $16^2/_3$ vom Schlachtvieh an die Kämmerei ab. Deshalb fand die Agitation, die 1849/50 besonders vom Stadtrat Moritz in Stettin gegen diese Steuer betrieben wurde, wenig Anklang bei der städtischen Verwaltung. Ebenso brachten auch die direkten Gemeindesteuern, die sich aus Personal- und Realabgaben zusammensetzten, bald ständig wachsende Beträge. Über das Abgabenwesen, das in dieser Zeit vielfacher Änderung unterlag, hier ausführlich zu handeln, ist nicht möglich, doch mag dem Wunsche, daß das Finanzwesen Stettins im 19. Jahrhundert eine sachgemäße Untersuchung und Darstellung finden möge, Ausdruck gegeben werden. An dieser Stelle müssen die Angaben genügen, daß von 1806 bis 1843 im ganzen 802 660 Taler Schulden übernommen oder neu gemacht, aber 536 018 Taler zurückgezahlt worden sind, so daß ein Rest von 266 642 Talern blieb. Die größeren Stadtanleihen wurden freilich, bei den immer wachsenden Bedürfnissen und Unternehmungen, erst später aufgenommen. Gute, zum Teil auch geschichtliche Bemerkungen über die Finanzverwaltung enthalten die Erläuterungen, die dem gedruckten Auszuge aus der Rechnung der Kämmereikasse für 1843 beigegeben sind. Eine kurze Übersicht gibt der Vortrag, den Oberbürgermeister Masche am Tage seines 50jährigen Dienstjubiläums (1. September 1857) hielt und im Druck erscheinen ließ. Im allgemeinen erkennt man deutlich, welch eine Mühe die Ordnung der verworrenen Zustände erforderte, wie vorsichtige Sparsamkeit um so notwendiger war, je mehr sich die Anforderungen an die Kommunen steigerten, wie aber trotzdem auf allen Gebieten ein Fortschritt unverkennbar ist. So regelte man auch die ökonomische Verwaltung neu und war bemüht, die Erträge der Forsten und Brüche zu heben, für die man einige Zeit einen eigenen Oberförster anstellte.

Recht große Arbeit machte die Regulierung der gutsherrlichen und bäuerlichen Verhältnisse im Stadt- und Klostereigentum, die infolge des Edikts vom 14. September 1811 notwendig wurde. Die Verhandlungen und Arbeiten begannen 1816, kamen aber erst recht in Fluß, als 1817 die Generalkommission in Stargard errichtet und bald darauf eine eigene städtische Kommission eingesetzt worden war. Durch einzelne Rezesse wurden in den städtischen Dörfern Krekow, Scheune, Nemitz, Wussow, Pommerensdorf, in den Vorwerken Schwarzow, Eckerberg usw. die Separation und Gemeinheitsteilung, die Ablösung der Abgaben u. a. m. festgesetzt. Dadurch erfuhr der städtische Grundbesitz eine sehr tief eingreifende Änderung, und es blieben im direkten Besitze Stettins, nachdem die Gutsherrschaft aufgehoben worden war, im wesentlichen nur die Forsten bei Wussow, Messenthin, Wolfshorst und Bodenberg, sowie die Brüche an der

Oder, in denen das große Elsbruch eine Försterei bei dem neuangelegten Jungfernberg erhielt, die Wiesen und Werder zwischen der Oder und dem Dammschen See am Dammansch, an der Krampe und dem Dunzig. Eigentum des Klosters blieb die Forst von Armenheide. Danach betrug der Grundbesitz der Stadt außerhalb des Gemeindebezirks 2138,50 ha, der des Klosters 977,57 ha. Bei dieser Regulierung ging manches Stück des alten Stadtbesitzes verloren, und es ist kaum zweifelhaft, daß damals nicht immer mit der wünschenswerten Umsicht verfahren wurde. Wer konnte aber ahnen, daß die Ausdehnung der Stadt später den Rückkauf einzelner ehemaliger Besitzstücke notwendig machen werde?

Einen notgedrungenen Erwerb machte die Stadt 1831, als sie bei einer Subhastation die Güter Brutzen und Groß-Popplow im Kreise Belgard erwarb, um ein Kapital von 10 000 Talern zu retten. Mit einem kleinen Verluste konnte sie aber die Güter bereits im nächsten Jahre wieder verkaufen.

Die größte Schwierigkeit bereitete die Regelung des Verhältnisses Stettins zu seiner Mediatstadt Pölitz, die Jahrzehnte hindurch andauerte. Die Aufhebung der Untertänigkeit brachte sofort viele Konflikte mit sich; über die herkömmlichen Abgaben, Dienste und Rechte der Pölitzer kam es zu unerquicklichen Streitigkeiten, bis in einer Reihe von Prozessen das Ablösungsverfahren eingeleitet wurde. Endlich wurde durch Abfindung der gegenseitigen Forderungen das alte Verhältnis aufgehoben, nur das Patronatsrecht des Stettiner Magistrats über die Pölitzer Kirche zeugt noch von dem merkwürdigen Bande, das Jahrhunderte lang die kleine Stadt an die größere und mächtigere Nachbarin gefesselt hatte.

Schon diese wenigen Andeutungen zeigen, welch eine Fülle von neuen Aufgaben in dieser Zeit der Stadtverwaltung erwuchsen. Sie aus den Formen des 18. Jahrhunderts, in dem die Selbsttätigkeit der Kommunen fast ganz beschränkt worden war, in die des 19. hinüberzuführen, das eine große Zahl von neuen Forderungen stellte, machte ungemeine Schwierigkeiten und unendliche Mühe. Dabei befanden sich die Zustände in einer fortlaufenden Entwickelung und brachten Jahr für Jahr andere Ideen, Arbeiten und Geschäfte, so daß eine gewisse Unruhe und ein Erproben unausbleiblich waren. Das zeigen namentlich die Verhandlungen verschiedener Kommissionen, die vom Magistrate und den Stadtverordneten z. B. 1841 und 1844 „zur Prüfung neuer oder verbesserter Einrichtungen im Kommunalwesen“ eingesetzt wurden. Man staunt, wenn man die ihnen vorgelegten Projekte und Vorschläge liest; sie sind von der mannigfachsten Art und beziehen sich auf Handelsbedürfnisse, Schulwesen, Gasbeleuchtung, Wasserleitung, Neubauten, Erweiterung der Stadt u. a. m. Ist auch durch die Beratungen vielleicht zunächst noch nichts Positives erreicht worden, so sind doch bereits damals Gedanken besprochen worden, die zum Teil erst weit später zur Ausführung gebracht werden konnten. Gerade diese Erörterungen zeugen mitunter von einem sonst nicht immer bemerkbaren weiten Blicke der städtischen Behörden oder der leitenden Männer. Wie sehr die ganzen Einrichtungen noch im Flusse waren, zeigt auch das Verhältnis zwischen Staat und Stadt; auch hier mußten sich erst allmählich feste Grundsätze herausbilden, z. B. für die Polizeiverwaltung Stettins, die in dieser Zeit mehrfach Wandlungen zu erfahren hatte. Zuerst einer königlichen Behörde, deren Leitung der Polizeidirektor Stolle hatte, übertragen, ging sie 1826 auf den Magistrat über, der eine „Königliche Polizei-Direktion" aus seiner Mitte bildete. Diese hatte die Verwaltung der Polizei in der Stadt Stettin, sämtlichen Vorstädten und in Bollinken, Frauendorf, Züllchow, Bredow, Grabow und den Pommerensdorfer Anlagen; die Leitung übernahm der Stadtrat Schallehn. Im Jahre 1851 wurde die Behörde wieder als eine rein königliche anerkannt und von nun an durch einen Polizeidirektor, der meist den Titel eines Präsidenten erhielt, geleitet. Dabei erfuhren die Organisation, die Unterhaltungsfrage, die Kompetenzen verschiedene Änderungen. Die wachsende Ausdehnung der Stadt, die 1852 in 17 Bezirke eingeteilt wurde, das Verhältnis der Polizei zu anderen Behörden, die Stellung Stettins zu und in dem Randower Kreise u. a. m. bereiteten nicht geringe Schwierigkeiten und führten wiederholt Konflikte herbei. Dabei kam auch die Landstandschaft der Stadt zur Erörterung. Sie war schon auf dem ersten Landtage von Pommern, der vom 3. Oktober bis zum 18. Dezember 1824 in Stettin tagte, vertreten, erhielt aber erst durch die kgl. Verordnung wegen zukünftiger Verfassung der „Kommunallandtage in Pommern" vom 17. August 1825 das gesetzliche Recht der Vertretung durch einen Abgeordneten.

Eine besonders wichtige Neuerung wurde für den Kaufmannsstand geschaffen. Die nur noch dem Namen nach bestehenden drei alten Handelskompagnien und die Vereinigung des Kaufmanns zum Seglerhause konnten unter den umgestalteten Verhältnissen nicht mehr als eine rechte Repräsentation der Kaufmannschaft angesehen werden. Die Klage, daß viele angesehene Kaufleute sich von den Versammlungen im Seglerhause fern hielten, wurde oft erhoben, aber der Vorstand, der aus 8 Altermännern bestand, hatte keine Macht, eine Änderung herbeizuführen. Deshalb griff die Staatsregierung ein und

Oberbürgermeister Kirstein
(1809—1828).

Oberbürgermeister Masche
(1832—1845).

Oberbürgermeister Hering
(1848—1869).

XIII. Oberbürgermeister von Stettin.

Oberbürgermeister Burscher
(1868—1877).

Oberbürgermeister Dr. Haken
(1878—1907).

Oberbürgermeister Dr. Ackermann
(seit 1907).

XIII a. Oberbürgermeister von Stettin.

errichtete durch Verordnung vom 15. November 1821 anstelle der bisherigen kaufmännischen Zünfte, Gilden und Innungen die „Korporation der Kaufmannschaft“, in der Hoffnung, daß dadurch der Gemeinsinn der Kaufleute gehoben werden würde. Dieser Vereinigung sollte es obliegen, „das allgemeine Interesse der Schiffahrt und des Handels oder eines Zweiges desselben“ zu heben, alle „öffentlichen Einrichtungen und Anstalten, welche zum Betriebe des Handels dienen, zu unterhalten, sowie das eigene Vermögen zu verwalten“. Die Vertretung und Leitung der Korporation erhielt ein Ausschuß von 9 Vorstehern, die von den Mitgliedern auf 6 Jahre gewählt wurden. Für die, welche das kaufmännische Gewerbe mit den im allgemeinen Landrechte näher bestimmten Rechten in Stettin ausüben wollten, war die Aufnahme in die Korporation Zwang, und so stand sie eigentlich, wie mit Recht gesagt ist, mit der Idee der in Preußen geltenden Gewerbefreiheit in Widerspruch. Erst 40 Jahre später sind die privatrechtlichen Vorschriften des Korporationsstatuts durch das Einführungsgesetz zum allgemeinen deutschen Handelsgesetzbuche vom 24. Juni 1861 außer Kraft gesetzt worden; die kaufmännischen Rechte waren nicht mehr von der Zugehörigkeit zur Korporation abhängig, und sie wurde eine Interessenvertretung auf der Grundlage des freiwilligen Beitritts. Ein revidiertes Statut erhielt sie am 14. März 1870. Diese Korporation, die am 24. Januar 1822 feierlich eröffnet wurde und deren erster Obervorsteher Kommerzienrat Rahm war, zählte damals 226, 1872 dagegen 728 Mitglieder. Sie war von nun für die Entwickelung des Handels und der Schiffahrt von der größten Bedeutung und trug an ihrem Teile sehr viel zu dem Aufschwunge bei, den die Stadt nahm. Ihre Vorsteher sind stetig bemüht gewesen, neben dem Wohle der Korporation auch das Gedeihen der gesamten Gemeinde im Auge zu behalten. An ihrer Spitze standen als Nachfolger Rahms von 1828 bis 1849 Daniel Wilhelm Schultz (gest. 1852), nach ihm Friedrich Schillow (gest. 1864) und von 1864 an Johann Heinrich Emil Rahm. Unter denen, die neben ihnen im Vorsteheramte tätig waren, finden sich Namen, wie Gribel, Meister, Theune, Wächter, Metzenthin, Fretzdorff, Silling, Schlutow, Weinreich, Bachhusen, de la Barre, Schröder, Quistorp, Brumm, Haker, Grawitz u. a. m. Von der Tätigkeit der Korporation legen Zeugnis ab die Jahresberichte der Vorsteher, die seit 1845 in ununterbrochener Reihe vorliegen. Bis 1836 hielt die Kaufmannschaft ihre Zusammenkünfte, die anfangs nur dreimal in der Woche, später täglich stattfanden, in dem alten Seglerhause in der Schuhstraße; am 19. September dieses Jahres bezog sie das stattliche Börsengebäude am Heumarkt, das nach den

Plänen des Geh. Oberbaurats Dr. Mathiaß in Berlin von dem Stadtbaumeister Kremser erbaut worden war. Dort fand auch die am 17. September 1836 gegründete Gesellschaft „Abendhalle", die vornehmlich aus Kaufleuten bestand, ein Heim.

Noch ehe diese neue Organisation der Kaufmannschaft erfolgt war, hatte die Staatsregierung ein Werk in Angriff genommen, das für den Stettiner Handel und Schiffahrt von der größten Bedeutung sein mußte. Seit der Regierung Friedrichs des Großen war für den Hafen in Swinemünde wenig geschehen; man hatte zwar 1804 und 1805 Pläne und Entwürfe für eine Verbesserung der Einfahrt und des Fahrwassers hergestellt, doch die kriegerischen Ereignisse hatten die Arbeiten gehemmt. Erst 1816 wurden sie wieder aufgenommen, und bereits im folgenden Jahre begann man mit der Anlegung zweier Molen, einer Arbeit, die 1829 vollendet wurde. Der Erfolg der Bauten, denen der Oberpräsident Sack sein besonderes Interesse zuwandte, war überraschend; das Fahrwasser in der Swine vertiefte sich auf 6 m. Dagegen betrug die Tiefe der Oder trotz mancher Baggerungen im Jahre 1840 durchschnittlich nur 4 m. Um für die größeren Schiffe eine bessere Fahrt zu schaffen, stellte man 1841 den Durchstich, der die Oder mit dem Dammansch verbindet, die Königsfahrt, her, so daß die „enge Oder" nicht mehr passiert zu werden brauchte. Dann vertiefte man allmählich das Fahrwasser des Flusses bis auf 5 m und beseitigte die scharfen Krümmungen, so daß von 1862 an Schiffe bis zu 4,8 m Tiefgang ohne Leichterung nach Stettin hinaufkommen konnten. Zugleich wurden die Hafenanlagen in Swinemünde ständig ausgebaut, der Leuchtturm 1857 vollendet. Mit welchem Interesse man diese Arbeiten in Stettin verfolgte, zeigen vor allem die von 1839 bis 1859 regelmäßig erstatteten Berichte der Kommissare des Magistrats; in ihnen wird die Wasserstraßen-Frage immer wieder erörtert, man spricht Wünsche und Hoffnungen aus und bittet um Beschleunigung der Arbeiten. Besonders wurde dann auch die Regulierung des Oderbettes oberhalb Stettins dringend gefordert, da die Zustände dort trostlos waren und die Lage der Kahnschiffer sich immer mehr verschlechterte. Auch hier wurden Arbeiten vorgenommen und viele Besserungen durchgeführt, doch eine Abhilfe erst später erreicht.

Der Stettiner Hafen selbst mit seinen Bollwerken und Anlagen erhielt in dieser Zeit eine gründliche Umgestaltung. Vor allem beseitigte man, allerdings erst nach langen Verhandlungen und sehr allmählich, die Buden, Speicher und Gebäude am Bollwerke, brach 1827 die Wassertore ab, riß das alte Sellhaus nieder, um an dessen Stelle das sogenannte städtische Budenhaus zu errichten. Am Pladrin und auf der Schiffbaulastadie wurden zur Lagerung der Heringe neue Sellhäuser aufgeführt. Die Ufer des Flusses wurden mit hölzernen Bollwerken befestigt, in den Jahren 1843 bis 1850 das Dampfschiffbollwerk erbaut und bald bis zur Frauentor-Kaserne verlängert. Dabei mußte der Wasserlauf eingeengt werden, um den Schiffen das Anlegen zu erleichtern und das Ladeufer zu verbreitern. An der rechten Flußseite erbaute man 1838 den Packhof mit einem großen Speicher. Im Jahre 1843 erhielt die Uferstrecke gegenüber dem Bahnhofe Eisenbahnanschluß, der 1871 wieder beseitigt wurde, als das massive Bollwerk dort eingestürzt war. Dagegen wurde 1864—68, als der Zentralgüterbahnhof angelegt wurde, an der Parnitz eine größere Umschlagstelle zwischen Schiff und Eisenbahn hergestellt. Der ständige Mangel an Löschplätzen veranlaßte den Kgl. Regierungs-Kondukteur Walter 1853, einen Plan zur Anlage eines Hafenbassins auf der großen Schlächterwiese und zur Beseitigung der kleinen Schlächterwiese zu entwerfen. Die Vorsteher der Kaufmannschaft reichten das Projekt an den Minister für Handel, Gewerbe und öffentliche Arbeiten ein, zur Ausführung kam es nicht. Dagegen wurde 1858 der „grüne Graben" zwischen Pladrin und Silberwiese vertieft und eine Verbindung zwischen Oder und Parnitz für Seeschiffe hergestellt. Die Länge der städtischen Bollwerke betrug im Jahre 1867 etwa 10 700 Fuß.

Für die lange Brücke erfolgte 1820 ein Neubau; man schlug damals vor, ihr den Namen Kronprinzbrücke zu geben, hatte aber doch mehr Ehrfurcht vor der alten Benennung als 80 Jahre später. Neu errichtet wurde in den Jahren 1853 bis 54 die neue Brücke, die gegenüber dem Bahnhofe an der unteren Spitze der dort liegenden Insel vorbei nach der Silberwiese führte. Ungefähr 140 m unterhalb erbaute man 1868 eine Eisenbahn-Drehbrücke.

Diese und andere Bauten am Hafen sollten zunächst und vor allem der Hebung des Schiffsverkehrs dienen, der während der Franzosenzeit ganz ins Stocken geraten war und allmählich zu steigen begann. Das mag die kurze Mitteilung beweisen, daß die Summe der in Stettin seewärts ein- und ausgegangenen Schiffe sich belief:

1814	auf	1524	und	1128,
1835	„	639	„	555,
1850	„	1160	„	1072,
1860	„	1479	„	1674,
1870	„	1924	„	1951 Schiffe.

Die Zahl mußte 1835 so sehr herabgehen, weil die Leichterschiffahrt infolge der Vertiefung aufhörte. 1848 und 1864 wurde der Seeverkehr durch die dänische Blockade des Swinemünder Hafens gehindert, während es 1870 nur bei einer Ankündigung einer solchen durch französische Kriegsschiffe verblieb, die am 18. August vor der Swine erschienen, um alsbald wieder zu verschwinden. Einen besseren Einblick in das Wachsen des Seeverkehrs würde uns eine Zusammenstellung der ein- und ausgeführten Lasten geben, doch hierfür liegen die Zahlen nicht so bequem vor. Hier muß die Angabe genügen, daß

1838: 44 773,
1872: 198 325 Lasten

zur See angekommen und

1838: 31 225,
1872: 342 216 Lasten

ausgegangen sind. Im einzelnen den Verkehr zu schildern, welche Richtungen er einschlug, wie er sich entwickelte, ist an dieser Stelle nicht möglich. Hervorgehoben muß aber werden die Bedeutung, welche die 1857 erfolgende Ablösung des Sundzolls natürlich auch für Stettin hatte. Ferner ist der Versuch, eine direkte Verbindung Stettins mit Amerika herzustellen, bemerkenswert; der 1869 zu diesem Zwecke begründete „Baltische Lloyd“ konnte sich aber infolge vieler Havarien, die seine Schiffe erlitten, Sinkens der Frachten und Fahrpreise u. a. m. nicht halten; die Gesellschaft mußte schon 1876 liquidieren.

Die Reederei Stettins bestand 1836 aus 168 Schiffen mit 18 384 Lasten, 1872 aus 219 Schiffen mit 32 642 Lasten. Die Zunahme ist nicht so außerordentlich, wie man zu erwarten geneigt ist, aber die ganze deutsche Schiffahrt befand sich gerade damals in einem Zustande der Entwickelung und Umgestaltung, der manche Schwankungen mit sich brachte. Am bedeutungsvollsten ist natürlich das Entstehen der Dampfschiffahrt. Das erste Oderdampfschiff, das im April 1826 auf der Oberwiek vom Stapel lief und den Namen „Kronprinzessin Elisabeth“ erhielt, begann am 8. Mai seine Fahrten nach Swinemünde. Was war eine solche Fahrt, die 6 Stunden dauerte und auf dem ersten Platze 2 Taler 15 Silbergroschen kostete, damals für ein Ereignis! Immer wieder versicherten die Besitzer des Schiffes, Kommerzienrat Rahm und Generalkonsul Lemonius, daß der Betrieb ganz sicher und gefahrlos sei. Langsam mehrte sich die Zahl der Dampfschiffe, deren es 1850 9 mit 303 Lasten, 1872 dagegen schon 59 mit 5307 Lasten gab. Dem gegenüber ging die Zahl der Segelschiffe in diesen Jahren von 173 auf 156 herab. Sie nahm aber mit 27 817 Lasten immer noch die herrschende Stellung ein. Die meisten Stettiner Großkaufleute trieben in dieser Zeit auch Reederei, und zu dem üblichen Schmuck der Kontore gehörten die Modelle der stattlichen Barken, Schoner oder Briggs. Eine See-Assekuranz-Gesellschaft auf Aktien wurde von den Kaufleuten Wißmann, Steinicke, Weiß, Wietzlow und Gribel 1821 gegründet und erhielt durch die königliche Kabinets-Ordre vom 5. Januar Gerechtsame zunächst auf 15 Jahre. 24 Jahre später folgten die Stettiner Strom-Versicherungsgesellschaft, 1855 die See- und Fluß-Versicherungsgesellschaft Pomerania und 1857 die Union, Aktiengesellschaft für See- und Flußversicherungen. Zur Heranbildung eines tüchtigen Schifferstandes wurde auf Anregung des Oberpräsidenten Sack 1823 eine Schiffahrtsschule auf der Lastadie in Stettin eröffnet; sie entwickelte sich, wie berichtet wird, unter der Leitung von zwei Lehrern sehr gut.

Neben dem Wasserwege wandte die Regierung jetzt auch den Landstraßen erhöhte Aufmerksamkeit zu. In den Jahren 1822—1827 wurde die Chaussee von Stettin nach Gartz a. O. erbaut, die zu der großen Linie Berlin—Danzig gehörte. Bald folgte die Anlage solcher Kunststraßen nach Vorpommern (1829) und nach Stargard; hierbei mußte der alte Damm, der stets ein Schmerzenskind Stettins gewesen war, ausgebaut werden. Es war eine große Erleichterung, daß 1838 der bisher von ihr erhobene Dammzoll an den Staat abgetreten wurde und dieser damit die Pflicht der Unterhaltung des Dammes und der zahlreichen Brücken, auch der langen Brücke, übernahm. Die Chaussee nach Pölitz wurde erst 1855 angelegt.

Damit war ein Straßennetz, das einigermaßen dem wachsenden Verkehr genügen konnte, hergestellt worden, aber schon wurde der Gedanke des Baues einer **Eisenbahn** eifrig erörtert. Bereits 1835 behandelte der Redakteur Ad. Altvater in der ersten Nummer der neugegründeten „Börsen-Nachrichten der Ost-See" (vom 14. August 1835) diese Frage, zunächst im allgemeinen. Bald aber trug er den Vorstehern der Kaufmannschaft den Plan vor, eine Eisenbahn von Berlin nach Stettin zu bauen. Er fand gute Aufnahme und eifrige Förderung namentlich auch bei dem Oberbürgermeister Masche. Unter dessen Leitung bildete sich am 1. März 1836 das „Berlin-Stettiner Eisenbahn-Komitee", von dem das Werk vorbereitet wurde. Die Vorarbeiten und die Aufbringung des Anlagekapitals von mehr als 2½ Millionen Talern verzögerte die Erlangung der landesherrlichen Erlaubnis. Als aber im Juni 1840 die Schwierigkeiten beseitigt worden waren und bereits am 3. August der erste Spatenstich zum Bau bei Eberswalde gemacht war, da erfolgte auch am 12. Oktober 1840 die königliche Bestätigung, die vierte, die in Preußen für einen Bahnbau erteilt wurde. Der Bau wurde zuerst von Eberswalde nach Berlin, dann von Eberswalde bis Angermünde fertiggestellt und endlich die Strecke von Stettin bis Angermünde in Angriff genommen. In und bei der Stadt war dabei die Fortschaffung großer Erdmassen am Schneckentor nötig, und die Stadt erhielt dort durch die Anlage des Bahnhofes ein ganz anderes Aussehen; ihm mußte z. B. der ehemalige Velthusensche Garten weichen, der Raum an der Oder wurde erweitert und gepflastert. Es war ein großer Festtag für Stettin, als am 15. August 1843 die ganze Strecke dem Verkehr übergeben wurde und König Friedrich Wilhelm IV. mit dem Prinzen von Preußen und anderen Fürsten hier mit der Eisenbahn eintraf. Mit dem Donner der Geschütze und dem Läuten der Glocken wurden die hohen Gäste begrüßt, und bei dem Festmahle beglückwünschte der König die Stadt Stettin, daß sie jetzt durch die Eisenbahn mit dem Binnenlande eng verbunden werde. Viele Hoffnungen, Wünsche und Erwartungen knüpften sich an diese Bahn, die, wie es hieß, „ein neuer Ring jener Kette ist, welche bald die Völkerschaften Europas zum steten Frieden und wachsender Wohlfahrt mit einander verbinden soll". Nach dem ersten Fahrplan fuhren täglich je 2 Züge zwischen Stettin und Berlin, die in 4½ Stunden die Strecke mit 6 Stationen zurücklegten. Der Verkehr wurde bald recht bedeutend, wenn auch zunächst immer wieder versichert werden mußte, die Fahrt habe keine Gefahr. Eine Kühnheit erschien es anfänglich vielen, daß man 1851 sogar einen Nachtzug zwischen beiden Städten verkehren ließ.

Der weiteren Entwickelung des Eisenbahnwesens war der Weg eröffnet. Man hatte schon vorher nach langer öffentlicher Diskussion die Weiterführung bis Stargard beschlossen, und am 1. Mai 1846 wurde diese Strecke in Betrieb genommen. Sie zweigte sich vor dem Bahnhofe ab, ging über die Oberwiek-Straße und auf einer Holzbrücke, die 550 m oberhalb der späteren Eisenbahnbrücke mit Hilfe von Rahms Insel über die Oder gebaut wurde, zur Silberwiese hinüber. Erst in den Jahren 1866 bis 1869 wurde die bisherige Kopfstation in eine Durchgangsstation umgewandelt, ein besonderer Güterbahnhof vor dem Parnitztore angelegt und die neue Eisenbahndrehbrücke mit dem Viadukt über die Silberwiese erbaut. Die Stargarder Linie wurde dann allmählich nach Posen und später nach Köslin fortgesetzt. Erst 1863 erfolgte die Eröffnung der vorpommerschen Bahn, die nach einigen Jahren auch nach Mecklenburg Anschluß erhielt. So gewann Stettin in diesen Jahren Bahnverbindung nach den wichtigsten Richtungen. Die Verwaltung dieser Linien hatte die Berlin-Stettiner Eisenbahn-Gesellschaft, deren Direktoren lange Zeit der Geh. Kommerzienrat Fretzdorff, der Geh. Regierungsrat Zenke und der Geh. Baurat Stein waren. Das Verwaltungsgebäude, vornehm und stattlich oberhalb des Bahnhofes an der Karl-Straße erbaut, wurde am 1. Januar 1858 in Benutzung genommen.

Wie im einzelnen die Eisenbahn auf die Entwickelung der Stadt und ihres Verkehrs wirkte, läßt sich allenfalls durch Zahlen nachweisen. Dadurch wird aber der Einfluß des neuen Verkehrsmittels doch nur nach einer Richtung hin dargestellt. Es ist sicher, wenn auch nicht durch statistische Angaben zu beweisen, daß der Gesichtskreis der Bewohner durch diesen engeren Anschluß an andere Orte erweitert wurde, ja, daß sich ein neuer frischerer Geist in der Stadt geltend machte. Die schnellere Übermittelung von Nachrichten, die häufiger werdenden Reisen, der wachsende Besuch brachten es mit sich, daß allerlei Neuerungen und Besserungen Platz griffen. Vor allem war das natürlich der Fall auf dem Gebiete des Postwesens. Es verkehrten 1815 wöchentlich 12 Fahr-, 6 Reit- und 4 Botenposten, die sich bis 1840/41 im ganzen auf 99 vermehrten. Das Postfuhrwesen, das in dieser Zeit ein Hauptmann Kriele besorgte, hatte also einen sehr ansehnlichen Umfang, und der Personenverkehr war überaus rege. Das Postamt wurde 1828 von der großen Dom-Straße (Nr. 22) nach dem Königplatze (Nr. 2) verlegt; der erste Briefkasten, in den aber nur unfrankierte Briefe gelegt werden durften, wurde 1825 im Posthause angebracht, bald folgten zwei andere im Rathause und im Packhofe. Weitere Geschäftsräume für die Post wurden 1854 in dem Hinterhause der Kgl. Bank in der großen Wollweber-Straße geschaffen. Mit der Einführung der Dampfschiffe und Eisenbahnen erhielt natürlich der Personen- und Briefverkehr eine ganz andere Gestaltung, so wurde z. B. schon 1835 durch den dänischen Dampfer „Dronning Maria“ eine Verbindung zwischen Stettin und Kopenhagen geschaffen, die jedoch bald wieder einging; 1843 begann ein anderes Unternehmen. Auch nach Schweden verkehrte eine Zeit lang von Stettin das preußische Schiff „Nagler“ wöchentlich einmal, bis es 1859 auf einer Fahrt strandete. Noch wichtiger fast wurde die 1843 hergestellte Postdampfschiffsverbindung zwischen Stettin und Kronstadt, die so stark benutzt wurde, daß sie einen erheblichen Reinertrag abwarf. Der Hauptverkehr von Rußland nach dem Westen ging damals über Stettin, und es wird wiederholt berichtet, daß zahlreiche Russen gerade diese Stadt als Geburtsort zweier russischer Kaiserinnen gern besuchten. Es war ein Verlust, als mit der Eröffnung der Ostbahn (1853) die Dampfer „Wladimir“ und „Preußischer Adler“ allmählich aufhörten im Stettiner Hafen zu erscheinen. Für die gesamte Postverwaltung richtete man am 1. Januar 1850 die Oberpostdirektion Stettin ein, mit der 1868 die Stralsunder vereinigt wurde. Die erste elektrische Telegraphenlinie wurde 1849 nach Berlin hergestellt, nach Stralsund eine solche 1851, nach Swinemünde 1854 angelegt. Die Station war anfänglich auf dem Bahnhofe, dann in einem Hause der heiligen Geist-Straße und seit 1864 im Börsengebäude untergebracht.

Diese Verbindung durch Eisenbahn, Dampfschiff und Telegraph rückte Stettin besonders der Landeshauptstadt nahe. Ja man kann merken, daß sich von jetzt an der Einfluß Berlins mehr und mehr geltend machte. Die Stettiner wollten bald nicht hinter der Großstadt zurückstehen. Es wurden 1843 Droschken eingestellt, obwohl sie, wie geklagt wird, meist noch wenig zu tun hatten; daran aber sollten natürlich nicht die recht kleinen Entfernungen in der Stadt, sondern die von der Polizei zu hoch angesetzten Preise Schuld sein. Es ist wohl nicht ganz zufällig, daß man in demselben Jahre, in dem die Eisenbahn eröffnet wurde, die erste „Granitbahn" für Fußgänger in der eigentlichen Stadt legte, nachdem vorher mit der Anlage eines solchen „Trottoirs" ein kleiner Anfang auf der Lastadie gemacht worden war. Mit Stolz spazierten die Stettiner in der Reifschläger-Straße vor dem Sanneschen Hause auf dieser Bahn, und der Magistrat versprach den Bürgern, die eine solche „verbesserte Pflasterung für die Fußgänger" anlegen wollten, einen Zuschuß aus der Kämmereikasse. Man begann auch damals einen Kampf gegen die Vorbauten, Kellerhälse, Treppen usw., die sich weit in die Straße erstreckten und den Verkehr hemmten, es dauerte aber noch sehr lange, bis sie beseitigt wurden. Auch die tiefen, ja gefährlichen Rinnsteine, in denen bei Regenwetter das Wasser wild dahinströmte, versuchte man wenigstens mit festen Brücken und Bohlen zu verdecken. So ist unverkennbar, daß man bestrebt war, die Stadt im Innern zu modernisieren und ihr ein besseres Ansehen zu geben.

Dazu diente auch die Anlage der Gasanstalt. Welch ein Schmerzenskind der städtischen Verwaltung war stets die Straßenbeleuchtung gewesen! Wohl hatte sich auch hier manches gebessert, aber am sichersten ging der brave Bürger immer noch, wenn er seine eigene Laterne mit sich führte; die an Ketten über den Straßen hängenden Laternen verbreiteten nur ein sehr mäßiges Licht. Nachdem Berlin bereits 1825 den Anfang mit Einführung der Gasbeleuchtung gemacht hatte, wurde es auch für Stettin allmählich Zeit, sich diese Erfindung der Neuzeit zu eigen zu machen. Auch hier gab wohl der Eisenbahnbau den letzten Anstoß; 1848 wurde die Gasanstalt in der Oberwiek vollendet. Am 23. April dieses Jahres erstrahlte die Stadt zum ersten Male im Glanze von 593 öffentlichen

Gaslaternen, während 2100 Privatflammen Licht in den Häusern verbreiteten. Daß diese Erleuchtung im Jahre 1848 erfolgte, faßte man geradezu symbolisch auf, und man kann es dem braven Stettiner Chronisten Fr. Thiede nicht verdenken, wenn er seine in dieser Zeit vollendete Chronik mit den Worten schließt: „Stettin erscheint gegenwärtig in einer so schönen Gestaltung, wie es noch kein früheres Zeitalter sah."

Die Herstellung einer Wasserleitung erfolgte beträchtlich später. Die Leitung, die König Friedrich Wilhelm I. zur Speisung des Brunnens auf dem Roßmarkte hatte herstellen lassen, war längst verfallen, ja man hatte ihn, da seine Unterhaltung sehr hohe Kosten verursachte, schließlich abgebrochen und auf dem städtischen Bauhofe bei Seite gestellt. Der Tätigkeit des Stadtbaurats Hobrecht war es zu danken, daß das Wasserwerk am 1. Oktober 1865 in Betrieb gesetzt wurde. Es wurde in der Oberwiek erbaut und das Hochreservoir zur Filtrierung des Oder- und Grundwassers auf dem Kosakenberge angelegt. Für die Lastadie konnte die Leitung erst im folgenden Jahre fertig gestellt werden. Anfang 1866 waren 144, Ende 1867 bereits 586 Häuser angeschlossen. Die Fontäne auf dem Roßmarkte wurde in die Mitte des Platzes verlegt, restauriert und mit der Leitung verbunden. Auch ein Kanalisationsprojekt arbeitete Hobrecht bereits damals aus, es kam aber erst später zur Ausführung.

Gänzlich umgestaltet wurde in dieser Zeit das städtische Feuerlöschwesen, nachdem es sich immer mehr herausgestellt hatte, daß die bisherigen Anstalten vollkommen unzureichend waren. Die alte Ordnung von 1796 hatte die allgemeine Löschdienstpflicht in großem Umfange eingeführt, so daß bei jedem Brande eine Unmenge von Personen erschienen, von denen aber die wenigsten ernstlich mithalfen. Mit großem Lärm rückten, sobald das Feuer vom Jakobikirchturm signalisiert worden war und die Brandsignale ertönten, die Spritzen heran, die Wasserkufen wurden unter schrecklichem Getöse herbeigeschleift, die Bürger, die an der Reihe waren, eilten mit ihren Geräten zusammen, aber, wenn alles zum Eingreifen bereit war, gab es gewöhnlich nicht mehr viel zu retten oder zu schützen. Regierung und Stadtverwaltung mühten sich jahrelang ab, eine Besserung zu schaffen. Man brachte 1847 eine neue Feuerlösch-Ordnung zustande, durch die bezahlte Rettungsmannschaften eingeführt wurden. Doch auch hier entschloß man sich noch nicht zu dem Bruche mit der allgemeinen Löschverpflichtung, und die 1856 erlassene Anordnung stellte diese wieder in den Vordergrund. So blieb schließlich alles beim alten, und nur die Geräte wurden verbessert. Einige größere Brände wiesen auf die Reformbedürftigkeit hin, und eine große Zahl von Hausbesitzern forderte die Errichtung eines organisierten Feuerwehrkorps, wie es Berlin seit 1851 besaß. Da aber die Kosten zu hoch erschienen, begnügte man sich 1857 mit der Anstellung von zwei Oberfeuermännern, die den Wachdienst zu leiten hatten. Ein erheblicher Fortschritt war es, daß die Kaufmannschaft 1858 eine eigene Packhofsfeuerwehr einrichtete, die wiederholt mit Erfolg tätig war. Man entschloß sich 1861 eine gründliche Umgestaltung vorzunehmen; da entstand aber von neuem die Frage, ob die Stadtverwaltung oder die Polizei bei Rettungsarbeiten die Leitung haben müsse. Nachdem dies zu Gunsten der Stadt entschieden worden war, ging sie auch energischer vor, stellte 1864 den Regierungsbaumeister Bock als Branddirektor an, der alsbald die Einrichtung einer Berufsfeuerwehr in die Hand nahm. Sie trat am 1. Januar 1865 in Tätigkeit, und die alte Kalamität des Löschwesens hörte nach und nach auf. Eine schwere Probe hatte die städtische Feuerwehr, für die in der Mönchenstraße auf dem alten Klostergrundstück ein Dienstgebäude errichtet wurde, zu bestehen, als am 14. und 15. Mai 1868 der gewaltige Brand in der Stahlbergschen und Rückforthschen Spritfabrik auf der Oberwiek ausbrach. Es war dies die größte Feuersbrunst, die in der Stadt in dieser Zeit vorgekommen ist.

Die Dampfkraft und die sich stetig entwickelnde Technik gaben dem Gewerbe auch in Stettin eine ganz andere Gestalt. Die Industrie war bis dahin im Grunde doch nur Handwerk, erst die Anwendung der naturwissenschaftlichen Kenntnisse auf die Technik und die Einführung der Dampfmaschine erzeugten eine wirkliche Großindustrie. Die erste Gründung einer modernen industriellen Anlage ist die im März 1817 durch Heinrich Dohrn und Johann Friedrich Velthusen ins Leben gerufene Pommersche Provinzial-Zucker-Siederei. Sie hatte ihre Räume anfangs in dem Velthusenschen Hause in der Luisenstraße, siedelte aber bereits 1823 in das neuerbaute Fabrikgebäude auf der Lastadie über, in dem in recht einfacher Weise Kolonialzucker raffiniert wurde; später ging man auch zur Verarbeitung des Rüben-Rohzuckers über. Die Siederei ist auf lange Zeit recht eigentlich *die* Stettiner Fabrik gewesen, an der sich zu beteiligen gewissermaßen eine Ehrenpflicht der Kaufleute war. Für viele Stettiner Familie hat sie den Grund zu Reichtum gelegt. Die 1835 errichtete Neue Stettiner Zuckersiederei hat 1862 ihren eigentlichen Betrieb eingestellt, während die 1849 gegründete Kommandit-Gesellschaft Witte, Scalla, Ludendorff zu der Aktiengesellschaft Mescheriner Zuckerfabrik umgebildet worden ist. Die weitere Begründung von Fabriken ging in diesem Zeitraum langsam und ruhig vor sich, aus kleinen Anfängen, die von einzelnen Unternehmern gelegt waren, entwickelte sich allmählich ein größeres Werk, das dann die Kräfte des einzelnen überstieg und die Bildung einer Aktiengesellschaft veranlaßte. So ist aus der 1837 von G. E. Meisters Söhnen angelegten Stettiner Eisengießerei, die bald darauf mit der Maschinenfabrik, in der Seydell und von Würden die ersten Dampfmaschinen in Pommern bauten, vereinigt wurde, nach manchen Änderungen der Firma 1872 die Aktien-Gesellschaft vorm. Möller und Hollberg, die heutigen Oderwerke, entstanden. Eine kleinere Eisengießerei von

Abb. 30. Vulkan.

Bräunlich bestand eine Zeitlang auf dem „Arthursberg", der früher ein beliebtes Vergnügungslokal der Stettiner gewesen war. In Bredow begründeten 1851 Früchtenicht und Brock eine Maschinenbauanstalt die nach guten Erfolgen 1857 in eine Aktiengesellschaft mit einem Grundkapital von einer Million Taler verwandelt wurde. Dies ist der Anfang des „Vulkans", der 1859 die erste Lokomotive und 1866 die ersten kleinen Kriegsschiffe für die preußische Marine ablieferte. Die Entwickelung ging zunächst langsam vor sich, doch umfaßte die Grundfläche der Anlage im Jahre 1870 bereits etwa 8 ha, und ungefähr 1800 Arbeiter wurden damals dort beschäftigt. Nennen wir noch die dritte größere Schiffswerft, die heute in Stettin besteht, so haben wir einen alten Stettiner Namen zu erwähnen. Die Familie Nüske kommt schon früh unter den Kahnschiffern oder Schiffbauern vor; 1815 ist zunächst für den Bau hölzerner Seeschiffe die Werft Nüske angelegt worden, auf der dann die ersten preußischen Dampfkanonenboote gebaut wurden.

Es ist nicht möglich alle industriellen Unternehmungen, die in der Mitte des 19. Jahrhunderts entstanden, hier aufzuführen oder gar ausführlicher zu behandeln. Wir sehen aber, wie neben den Zuckerfabriken und Anlagen der Eisenindustrie namentlich das Mühlengewerbe in der 1837 vom Konsul Paul Guticke errichteten Walzmühle, der Züllchower Dampfmühle (1857) oder der Mahlmühle von A. H. Zander (1858) festen Fuß bei Stettin faßte, wie die Herstellung chemischer Produkten in Pommerensdorf (1857) und in Glienken (1872) einen bedeutsamen Anfang nahm, wie die seit alter Zeit betriebene Seifenfabrikation allmählich einen großen Aufschwung in verschiedenen Anlagen von Schindler und Mützell, von Franz Schulz oder Dittmann u. a. m. gewann. Namentlich wurde dann die Herstellung von Chamottesteinen in der von F. Didier 1852 begründeten Fabrik und die Zementfabrikation in der 1853/55 errichteten ersten deutschen Portland-Zementfabrik von großer Bedeutung. Ihr folgten die 1862 von Gustav Adolf Toepffer und Heinrich Grawitz angelegten Finkenwalder und die 1871 gegründete Bredower Fabrik. Auch die 1855 von Joh. Quistorp in Lebbin erbaute Anlage, an die sich dann andere Unternehmungen anschlossen, wurde für Stettin wichtig. Daneben fanden die seit alter Zeit an der unteren Oder bestehenden Ziegeleien bei der wachsenden Bautätigkeit, wie es scheint, genügende Beschäftigung. Es mögen noch die Brennereien und Brauereien, Zichorienfabrik (von J. G. Weiß 1866 angelegt), Dampfschneidemühlen erwähnt werden, um ein Bild von der allmählich wachsenden Industrie Stettins zu geben. Ferner entstanden in der Mitte der sechziger Jahre Geschäfte zur Anfertigung von Herrenkleidern im Großen, und mehrere heute blühende industrielle Unternehmungen (z. B. von A. Krey, G. Wolkenhauer, L. Lindenberg, Stöwer u. a. m.) gehen in ihrem Ursprunge in diese Zeit zurück. Alles dies zeigt, daß der Unternehmungsmut der Stettiner, der sehr lange Zeit darniedergelegen hatte, sich von neuem zu regen begann, daß ein frischer Geist in die Geschäftswelt einzog, daß sich ein Aufschwung anbahnte, der höchst verheißungsvoll war. Das klingt auch durch die Berichte der Magistratskommissare oder der Vorsteher der Kaufmannschaft bei allen Wünschen und Klagen hindurch. Ist im Anfange dieses Zeitabschnittes von größeren industriellen Betrieben noch nicht die Rede, so zählt der Jahresbericht von 1872 nicht weniger als 41 industrielle Aktien-Gesellschaften mit einem bar eingezahlten Kapitale von mehr als 26 Millionen Talern auf. Die Zahl der größeren gewerblichen Anlagen aber mit Dampfbetrieb betrug 1870 überhaupt 75. Werfen wir noch einen Blick in die alten Adreß- und Geschäftsbücher Stettins, die seit 1829 im Druck erschienen sind, so können wir ebenfalls erkennen, wie Handwerk und Gewerbe sich entwickelten, seitdem die 1810 geschaffene Gewerbefreiheit die bisher in Schranken gehaltenen Kräfte entfesselt hatte. Gingen bei dem Wettbewerbe auch einzelne alte Gewerbe ein, nahm auch die Auflösung der Zünfte oder ihre zeitgemäße Umgestaltung vielen Meistern den gewohnten Halt und Schutz, so wurde doch ein neuer Geist erweckt, der sich frei und selbstständig betätigte. Das beweisen nicht nur die fast alljährlichen Weihnachtsausstellungen, die meist im „bayerischen Hofe" stattfanden, sondern namentlich die 1852 und 1857 mit großem Erfolge veranstalteten pommerschen Industrie-Ausstellungen, für die das Exerzierhaus am Berliner Tore nicht ausreichte. Noch großartiger war die Gewerbe- und Industrie-Ausstellung im Jahre 1865; für sie wurden in der Neustadt umfangreiche Bauten errichtet und in der Erinnerung der Stettiner spielte sie lange Zeit eine große Rolle. Auch hier zeigte sich der Aufschwung des Gewerbes, wenn auch der Geschmack und das künstlerische Gefühl zumeist noch sehr wenig ausgebildet waren.

Das trat auch in den offenen Geschäften und Läden zu Tage, die alle einfach eingerichtet und keine große Auswahl boten. Die ganzen Verhältnisse waren eben recht bescheiden, Reichtum, ja Wohlhabenheit war im allgemeinen selten und dementsprechend die Nachfrage nach Luxusgegenständen, das Drängen nach Neuheiten gering. Allmählich rief aber der wachsende Verkehr auch hier einige Änderung hervor, der Einfluß Berlins machte sich geltend. Von dort kamen verschiedene bisher kaum zum Verkaufe gestellte Waren nach Stettin, die Geschäfte vergrößerten sich, ja begannen auch bereits einigen Wert auf Ausstattung und Einrichtung zu legen. So entwickelte sich z. B. die 1831 eröffnete Manufakturen- und Modewaren-Handlung Gustav Adolf Toepffer und Co. recht bedeutend, so daß der Inhaber vor der Stadt eine eigene Seidenzucht anlegte. Andererseits wurde aber schon damals die Klage laut, daß die Nähe Berlins, obwohl man damals noch nicht gar zu häufig eine Reise dahin unternahm, kaufkräftige Kunden abziehe. Diese Konkurrenz trieb aber die Geschäftsleute und Handwerker dazu, größere Anstrengungen zu machen, um sie aus dem Felde zu schlagen. Dazu bildeten sich Vereinigungen und Gesellschaften, die es z. B. Stettiner Gewerbetreibenden ermöglichten, 1851 die Londoner oder 1855 die Pariser Weltausstellung zu besuchen. Dadurch wurde gewiß der Gesichtskreis erweitert, der Unternehmungsgeist geweckt.

Dieser ist auch deutlich erkennbar in anderen Gründungen, unter denen die Versicherungs-Gesellschaften und Banken eine besondere Bedeutung hatten. Die preußische National-Versicherungs-Gesellschaft, die zunächst nur die Feuer- und Transport-Versicherung pflegte, wurde 1845 errichtet. 1856 folgte die Lebens-Versicherungs-Gesellschaft „Germania“; mit ihrem großen Kapitale bedeutete sie, als sie unter der Leitung des Direktors Dr. Amelung einen großen Aufschwung nahm, eine so bedeutende Geldmacht in Stettin, wie sie die städtische Sparkasse in älterer Zeit nicht darstellte. Diese wurde 1823 eröffnet und fand bald ziemlich großen Zuspruch. Auf Anregung des Rittergutsbesitzers von Bülow-Cummerow wurde 1824 von einer Vereinigung angesehener Großgrundbesitzer Pommerns und Kaufleute die „Ritterschaftliche Privatbank von Pommern“ begründet, als die erste deutsche Privatbank, der die Befugnis zur Ausgabe von Banknoten erteilt wurde. Zu dem Kuratorium gehörten Stettiner Kaufleute, die für die Gewährung von Mitteln zur Hebung des Verkehrs und Handels und zur Herstellung von Heringslagerhäusern auf der Lastadie eifrig eintraten. Diese Bank hat, obwohl sie, vielleicht nicht immer ohne Grund, vielfachen Angriffen ausgesetzt war, den größten Einfluß auf den Geldverkehr in Stettin ausgeübt, bis 1846 die preußische Bank durch eine neue Verfassung mehr Bedeutung gewann. Das etwa 1820 eingerichtete Bankkontor befand sich am Petrikirchplatz im Calowschen Hause, wurde aber 1841 an den Roßmarkt in das eigene Gebäude verlegt, das heute der Reichsbank gehört; Direktoren waren in dieser Zeit Bauer, Petersen und Barsekow. Kleinere Bankhäuser gab es 1858 in Stettin nur 6 mit 17 angestellten Beamten; es mag das 1822 errichtete Bankhaus S. Abel erwähnt werden.

In dieser Zeit trat natürlich auch der Handel in ein neues Stadium der Entwickelung, freilich nur sehr langsam und allmählich. Der Tiefstand war so groß, daß es bedeutender Anstrengungen bedurfte, emporzukommen. Wie der Oberpräsident Sack sich um die Hebung bemühte, ist schon wiederholt angedeutet worden, aber auch ihm gelang es nicht ohne weiteres, auf diesem Gebiete Erfolge zu erzielen. Eine Schöpfung, auf die er selbst recht stolz war, war der Stettiner Wollmarkt, der zum ersten Male im Juni 1825 auf der Lastadie abgehalten wurde und sehr erfolgreich verlief. Er entwickelte sich dann immer weiter und brachte in der Mitte Juni jedes Jahr einen regen Verkehr nach Stettin. Besonders als der Markt auf den Paradeplätzen stattfand, erwuchs in der Stadt ein solcher Geschäftsverkehr, daß auch Hotels und Restaurants an diesen Tagen überfüllt waren und größeren Umsatz hatten als oft sonst im ganzen übrigen Jahre. Das waren glänzende Tage für das Hotel de Prusse in der Luisenstraße, wo namentlich der pommersche Adel sein Absteigequartier hatte, für die Weinkeller oder den „Luftlichten“ in der Breitenstraße. Auch die beiden Jahrmärkte hatten damals eine große Bedeutung. Die Zeitungen füllten sich mit Anzeigen fremder und einheimischer Handelsleute, Vergnügungen wurden veranstaltet, Sehenswürdigkeiten stellten sich ein, die den Beifall der schaulustigen Menge fanden.

Hier bewahrte der Handel noch seine alten einfachen Formen, schwierig aber war es für den Großhandel, sich nicht nur nach dem tiefen Verfall zu heben, sondern sich auch den Anforderungen der modernen Zeit anzupassen. Es kam eine Periode des Stillstandes, die zu überwinden sich die Kaufmannschaft wohl bemühte, aber kaum fertig brachte. Die Zeitverhältnisse in den ersten Jahrzehnten waren so ungünstig, daß der Getreidehandel ganz darniederlag und der Holz- und Weinhandel der Konkurrenz Hamburgs, Lübecks und Bremens unterlag. Eine ausführliche Denkschrift, die von den Vorstehern der Kaufmannschaft über die Ursachen des Verfalls von Handel und Schiffahrt Stettins 1828 veröffentlicht wurde, sieht die Ursachen in dem Mangel an staatlichem Schutz gegen den fremden Handel und gegen Gefahren auf vielen Handelswegen. Man verlangte deshalb eine Schutzpolitik im weitesten Sinne; die Einfuhr sämtlicher überseeischer Erzeugnisse sollte nur durch preußische Seehäfen erfolgen, auf dem Mittelmeere den preußischen Schiffen Sicherheit verschafft, Handelsverträge sollten mit den südamerikanischen Staaten abgeschlossen werden. Manche von diesen und anderen Wünschen wurden erfüllt, aber von größerem Einflusse auf die Hebung des Handels waren die Verbesserung des Schiffahrtsweges, die fortschreitende Regulierung der Oder und die Eisenbahnverbindung. Wollten wir wieder Zahlen sprechen lassen, so würden gerade sie am deutlichsten zeigen, wie Ein- und Ausfuhr bis etwa 1839 nur langsam stiegen, dann aber rascher zunahmen, wenn auch einzelne Schläge nicht ausblieben. Im ganzen wuchs die Wareneinfuhr von 76000 Tonnen im Anfange dieses Zeitabschnittes bis auf 496000 Tonnen im Jahre 1872. Die Ausfuhr, für die genaue Zahlen nicht vorliegen, blieb zunächst weit hinter der Einfuhr zurück, aber in den Jahren 1860 bis 1869 hob auch sie sich bedeutend, nachdem endlich 1857 der Sundzoll aufgehoben worden war. Zugleich ließ die neue Bahnverbindung mit Posen-Breslau das Geschäft nach Österreich trotz der Durchgangszölle ganz erheblich wachsen. Das Handelsgebiet erweiterte sich bedeutend, freilich galt es in scharfen Kampf mit anderen Plätzen einzutreten. Für einige Jahre kam, wie später die Kaufmannschaft in schmerzlicher Erinnerung gesteht, „die Zeit der größten Prosperität des Stettiner Eigenhandels und der Reederei". Die jährlichen Handelsberichte der Kaufmannschaft enthalten ein reiches Material zur Geschichte des Stettiner Handels und werden im Laufe der Zeit immer reichhaltiger. Trotzdem ist ihre Darstellung bisweilen einseitig, allein vom Interesse für Stettin beeinflußt und reich an Klagen und Wünschen. Seit den fünfziger Jahren etwa wird eine größere Entwickelung zugegeben, und 1853 heißt es, daß dem Stettiner Handel günstige Resultate möglich gewesen seien trotz aller ihm entgegenstehenden Hindernisse. Zu diesen gehören, wie besonders 1865 und 1866 hervorgehoben wird, schon damals die Höhe der Hafenabgaben — „sie sind ein stehendes Thema, das immer und immer wieder berührt werden muß" — und die Konkurrenz Hamburgs, sowie die Festungswerke der Stadt. Von Einzelheiten, für die in diesen Jahresberichten oder in den verschiedenen Zeitungen viel Stoff vorliegt, soll hier nicht die Rede sein; es genüge, die ganze Entwickelung des Handels dahin zu charakterisieren, daß er nach langsamem Aufstieg sich unter glücklichen politischen Verhältnissen schnell entfaltete und in erster Linie Eigenhandel war, hinter dem die Spedition zurückstand.

So bedeutungsvoll diese ganze Zeitepoche für die äußere und innere Entwickelung Stettins gewesen ist, so wichtig sind für die Stadt natürlich auch die großen Vorgänge in dem gesamten Vaterlande geworden. Es war, als habe die Zeit der Not und des Unglücks die Stettiner enger an das preußische Königshaus gefesselt. Mit großem Jubel empfingen sie im Juni 1820 den König Friedrich Wilhelm III., der die Festungswerke und die Kirchen besichtigte, eine Wasserfahrt auf der Oder unternahm und Swinemünde besuchte, um die angefangenen Bauten in Augenschein zu nehmen. Noch größer war fast der Jubel, als die ganze königliche Familie im folgenden Jahre in der Stadt erschien. Man hatte dort wenige Wochen vorher eine Feier zum Gedächtnis der vor 100 Jahren erfolgten Vereinigung Stettins mit Preußen begangen, wobei der Oberpräsident Sack in der Jakobikirche in einer Rede einen Rückblick auf das verflossene Jahrhundert warf. Nun begrüßte man den König und seine Söhne und Töchter, die in Züllchow das Landhaus der Frau Tilebein und den Weinberg bei Frauendorf besuchten. Ein engeres Verhältnis bildete sich bald zwischen dem Kronprinzen und der Stadt. Jedes Jahr kam er als Statthalter von Pommern, als Chef des zweiten Grenadier-

Regiments oder als kommandierender General des pommerschen Armeekorps nach Stettin und zeigte nicht nur für das Militär, sondern für die ganze Entwickelung der Stadt ein reges Interesse. Durch sein lebhaftes, liebenswürdiges Wesen gewann er eine große Popularität; man freute sich, daß er an den Vorgängen der Stadt Anteil nahm, daß er mit einigen Einwohnern fast freundschaftlich verkehrte, man feierte jährlich seinen Geburtstag nicht weniger als den des Königs, man begrüßte mit besonderen Festlichkeiten auch seine Gemahlin, als sie 1825 zum ersten Male nach Stettin kam. Der städtische Weinberg bei Frauendorf wurde damals der Kronprinzessin Elisabeth zu Ehren „Elisenhöhe“ genannt und bildete sich bald zu einem beliebten Sommerlokale der Stettiner heraus. Auch das erste Stettiner Dampfschiff erhielt ihren Namen. Die hohen Gäste stiegen damals stets im Landhause in der Luisenstraße ab, da im Schlosse immer noch die alte Prinzessin Elisabeth wohnte. Die patriotischen Gesinnungen taten sich in zahlreichen Gedichten kund, die bei solchen Gelegenheiten von dem Stralsunder Regierungspräsidenten von Rohr, von Ludwig Giesebrecht, L. von Wallenrodt u. a. veröffentlicht wurden. An hohen Besuchen fehlte es auch sonst in der Stadt nicht; namentlich aus Rußland trafen oft Fürstlichkeiten in Stettin ein.

Vaterländische Feiern zur Erinnerung an die großen Ereignisse der Freiheitskriege wurden anfangs regelmäßig veranstaltet. Allmählich aber ließen die neueren politischen Vorgänge im In- und Auslande solche Festtage, wie den 18. Oktober oder den 5. Dezember, an Bedeutung zurücktreten. Jahrzehnte lang vereinigten sich aber noch alljährlich am 3. Februar die ehemaligen Freiwilligen von 1813 bis 1815. Bei dieser Gelegenheit war bis 1842 ein beliebter Festredner der Professor Dr. W. Böhmer († 1842), der mit mehreren seiner Kollegen am Gymnasium, wie besonders dem Professor Justus Günter Graßmann († 1852), in den zwanziger Jahren in Stettin der Vertreter des in Deutschland herrschenden Philhellenismus war. Man schwärmte auch hier für die Freiheitskämpfer, bildete einen Verein der Griechenfreunde und veranstaltete Sammlungen oder Konzerte zum Besten der Hellenen. Die an anderen Orten herrschende Begeisterung für die Polen kam dagegen hier nicht recht zum Ausdruck, da gerade 1831 Stettin von der Cholera arg heimgesucht wurde. Trotz aller Absperrungsmaßregeln, die von einer eigenen bereits im Juni eingesetzten Ortskommission (Masche, Schallehn, Dr. Billrot) und den 4 Bezirkskommissionen vorgenommen wurden, trotz aller Warnungen und guten Ratschläge, die viele Ärzte, z. B. der Generalarzt Dr. Wasserfuhr, in der Zeitung veröffentlichten, kamen am 25. August die ersten Krankheitsfälle vor. Die strengen Polizeivorschriften über Quarantäne, Desinfizierung, Begräbnis u. a. m. erregten bei der unverständigen Menge, die darin eine Beschränkung ihrer Freiheit und Schmälerung des Verdienstes erblickte, nicht geringen Unwillen. Die Aufregung, die infolge der schrecklichen Krankheit bereits in der Stadt herrschte, wuchs um so mehr, je unsinnigere und törichtere Gerüchte verbreitet wurden. Am 1. September wandte sich die Wut der aufgebrachten Masse gegen einen Arzt, so daß dieser durch Militär geschützt werden mußte. Am Abend kam es namentlich auf der Lastadie zu großen Unruhen; der Pöbel stürmte die dortige Apotheke, sowie das Haus eines Stadtrates. Die Lage wurde recht kritisch, da der größte Teil der Garnison zur Sperre der polnischen Grenze ausgerückt war. Doch der zweite Kommandant Oberst von Brixen ließ die zurückgebliebenen Soldaten alarmieren und auf der Lastadie die Ruhe wieder herstellen, wobei es nicht an Verwundeten fehlte. Um solche bedauerlichen Vorgänge zu verhindern, bildete sich ein Sicherheitsverein unter dem Vorsitze des Konsuls Koch. Die alten Bürgerkompagnien wurden aufgeboten und bewaffnet, die Handlungsdiener, die Gymnasiasten unter dem Kommando des Professors Böhmer, eine berittene Bürgergarde übernahmen den Wach- und Ordnungsdienst. Auf die Nachricht von den Unruhen eilte der Kronprinz sofort nach Stettin, konnte aber lobend anerkennen, daß durch die verständigen Maßregeln der „guten Bürger Stettins" die Ruhe wieder hergestellt sei und „die Irregeleiteten" bestraft oder zur Ordnung gebracht seien. Die Krankheit hielt sich bis in den Dezember und forderte im ganzen 252 Tote. Im nächsten Jahre kamen wieder vereinzelte Fälle vor, die Maßregeln gegen die Cholera konnten aber bald aufgehoben werden.

Dasselbe Unglücksjahr 1831 brachte der Stadt und der ganzen Provinz einen schweren Verlust durch den Tod des hochverdienten Oberpräsidenten Sack, der am 28. Juni 1831 starb. Unter allgemeiner Teilnahme wurde er in seinem Garten an der Stelle des heutigen Bahnhofes beigesetzt. Bei dessen Anlage brachte man die Leiche in ein Grab auf dem allgemeinen Begräbnisplatze, wo es noch heute erhalten und gepflegt wird. Wie allgemein die Verehrung war, die er genoß, zeigte nicht nur eine in der Jakobikirche abgehaltene Gedächtnisfeier, bei der Musikdirektor Oelschläger das Requiem von Mozart aufführte, sondern auch das Denkmal, das ihm die Kaufmannschaft in der Plantage vor dem Königstor errichtete und am 1. April 1833 enthüllte. Seine Nachfolger im Amte, von Schönberg (1832—1835), von Bonin (1835—1852), von Senfft-Pilsach (1852 bis 1866), von Münchhausen (1866—1882), bemühten sich, in seinen Wegen weiter zu wandeln und an ihrem Teile Stettins Entwickelung zu fördern.

Abb. 31. Schloßhof von Osten gesehen (nach 1831).

Eine Erinnerungsfeier war auch die Enthüllung der von L. Wichmann modellierten Erzbüste des Kurfürsten Friedrich Wilhelm, die 1834 auf dem Schloßhofe als ein Geschenk des Königs aufgestellt wurde. Ein Denkmal dem Herrscher zu errichten, der die Stadt fast in Grund und Boden geschossen hatte, war eigentlich merkwürdig, aber die Wunden waren längst geheilt, und die Zeit hatte auch Stettin gelehrt, welche Verdienste sich der große Kurfürst um Pommern erworben hatte.

Mit welch freudiger Erwartung und Hoffnung man in Preußen den Regierungsantritt des Königs Friedrich Wilhelm IV. im Jahre 1840 begrüßte, ist genügend bekannt. Mit ehrerbietiger Liebe hatten die Preußen an dem alten König gehangen, und auch „das dankbare Stettin" bezeugte diese durch Errichtung eines Denkmals, das von F. Drake aus weißem kararischem Marmor gefertigt und 1848 auf dem Königsplatze errichtet wurde. Viele Wünsche waren aber unter seiner Regierung nicht erfüllt worden; so hatten die Stettiner vergebens um eine Erweiterung der Festungswerke gebeten. Von dem neuen Könige, der Stettin so oft besuchte, hoffte man besondere Förderung der heimischen Interessen. Die freudige Erwartung stieg, als er am 17. Juni der städtischen Deputation, die nach Berlin gesandt worden war, offen erklärte: „Unter uns bleibt es ganz beim Alten." Deshalb empfing man den König mit lautem Jubel, als er am 19. September die Stadt besuchte, und bereitete ihm einen festlichen Empfang. Zu der Huldigung in Berlin wurden als Vertreter der Stadt der Oberbürgermeister Masche und der Stadtverordneten-Vorsteher Görlitz gesandt.

Bald traten auch wichtige Änderungen und Besserungen ein, der Eisenbahnbau und die Verlegung der Festungswerke, und trotz vieler Enttäuschungen, die bekanntlich nicht ausblieben, wuchs die Sympathie für den König, wie ein Besuch im Juni 1843 bewies. Hierbei unternahm er eine Fahrt auf der Oder und bestieg den Julo, der kurz vorher zugänglich gemacht und, wie es heißt, aus einem wildbewachsenen, unzugänglichen und sterilen Waldwipfel zu einem gefälligen, wirtlichen Ruhepunkte umgestaltet worden war. Auf der Heimfahrt beehrte der König das Schützenfest in Bollinken mit seinem Besuche. Die Stadt selbst gab ihm eine Festlichkeit an der Prinzen-Eiche bei Finkenwalde, die er mit seinem Bruder Wilhelm 1821 gepflanzt hatte.

Bald kamen unruhige Zeiten. Die innere Politik trat in den Vordergrund, das Verlangen nach der einst versprochenen Verfassung wurde immer lebhafter, auch in Stettin regte sich das Interesse an diesen und anderen Fragen. In den vereinigten Ausschüssen, die am 18. Oktober 1842 in Berlin zusammentraten, waren die pommerschen Städte durch vier Abgeordnete vertreten, unter denen sich aus Stettin der Kommerzienrat Wißmann befand. Es ist bekannt, wie die

Beratungen wenig fruchtbar verliefen und „in dieser gährenden Zeit allerhand unbestimmte Hoffnungen erweckten, keine aber befriedigten". Die erregten Gemüter wurden in Stettin vor allem auch von wirtschaftlichen Fragen bewegt. Die Angelegenheiten des Zollvereins, die Einführung der Eisenbahnen und die dadurch hervorgerufene Umgestaltung des Handels und Verkehrs, der Streit um Schutzzoll oder Freihandel beschäftigten die Kaufleute aufs lebhafteste. Es bildete sich bereits damals eine Gruppe radikaler Freihändler, die mit dem Führer der Freihandelspartei John Prince-Smith in Verbindung traten. Auch den rastlosen englischen Agitator Cobden feierte man im August 1847 bei seiner Anwesenheit durch ein Festmahl. Ein Freihandelsverein wurde im Februar 1848 unter dem Vorsitze des Konsuls Gutike gegründet; doch schon damals kam es zu vielfachen Streitigkeiten, wie bereits länger ein Zwiespalt in der Kaufmannschaft herrschte über den Einfluß, Nutzen und Wert der Differenzialzölle. Ebenso wichtig und bedeutungsvoll war die Meinungsverschiedenheit über die Entwickelung des Gewerbes und die industrielle Tätigkeit. Als im Jahre 1846 infolge ungewöhnlicher Trockenheit die Ernte sehr schlecht ausfiel und im folgenden Jahre die Preise für Lebensmittel, namentlich für Brot und Kartoffeln, sehr stiegen, da brach in Stettin, nachdem es in Berlin zu Gewalttätigkeiten gekommen war, ein Aufruhr aus. Die niederen Volksmassen, in denen schon länger Unzufriedenheit über Arbeitslosigkeit und Teuerung herrschte, glaubten, die Regierung für alle Not der Zeit verantwortlich machen zu müssen. Am Sonnabend, dem 24. April 1847, kam es bereits am Morgen am Bollwerk beim Verkaufe der Kartoffeln zu erregten Auftritten, und es folgte ein Sturm auf einen Oderkahn. Man plünderte ihn und wandte sich gegen die Bäckerläden; bald herrschte vollständiger Aufruhr in der Stadt, gegen den die völlig überraschte Polizei machtlos war. Wie einst 1616 bei dem Biertumulte zogen plündernde Scharen durch die Stadt, so daß die zum Frühlingsmarkte nach Stettin gekommenen Händler schnell ihre Waren zu retten suchten. Endlich am Mittag wurde Generalmarsch geschlagen, Infanterie- und Artillerie-Abteilungen besetzten die Straßen und namentlich die Bäckereien. Als die aufgeregte Menge in der Unterstadt nicht weichen wollte, ja das Militär mit Steinen bewarf, da wurde scharf gefeuert; es floß Blut, aber die Massen stoben auseinander. Für die Nacht übernahmen die alten Bürgerkompagnien den Wachdienst. Am nächsten Tage wurden neue Versuche zu Plünderungen gemacht, doch sofort mit Gewalt zurückgewiesen. Diese „Kartoffelrevolution" beunruhigte das geschäftliche Leben in Stettin auf längere Zeit; man mußte die

Verkäufer in polizeilichen oder militärischen Schutz nehmen, einen festen Preis für die Kartoffeln bestimmen, ein Ausfuhrverbot erlassen und die Mahlsteuer auf einige Zeit teilweise aufheben. Die Anstifter und Teilnehmer erhielten harte gerichtliche Strafen. Bei der Erörterung der Schuldfragen stießen die Parteien arg zusammen. Das politische Leben wurde reger, und in Gesellschaften und Klubs, unter denen der im Hotel du Nord tagende Nordklub besonders beliebt war, besprach man die Tagesfragen mit Leidenschaft, begeisterte sich in feurigen Freiheitsreden und meinte oft damit das Vaterland zu retten. Auch in der Presse fanden, soweit es die Zensur erlaubte, solche politischen Erörterungen eine Stelle. Eine eigene Monatsschrift für das öffentliche Leben begründete 1847 W. Lüders unter dem Namen „Der Wächter an der Ostsee", der „die Freiheit wollte, die Mutter der Zivilisation, die Freiheit für Alle", aber, wie resigniert bemerkt wird, „oft schweigen muß, wo es Pflicht wäre zu reden". Die Zeitschrift übte scharfe Kritik auch an allerlei Stettiner Zuständen, wie z. B. dem Gefängniswesen, und berichtete regelmäßig über die Verhandlungen des Bürgervereins. Dieser hatte sich im Anfange des Jahres 1847 gebildet und beschäftigte sich namentlich mit kommunalen Angelegenheiten. Der Oberbürgermeister Wartenberg (seit 1845 im Amte), der Bürgermeister Schallehn (seit 1836 im Amte), andere Mitglieder des Magistrats, Konsul Gutike, Justizkommissarius Triest u. a. beteiligten sich an den Verhandlungen, es gelang aber noch nicht, das Interesse der Bürger an den städtischen Verhältnissen in größerem Maßstabe zu beleben. War doch das sogar bei den Stadtverordneten-Versammlungen nicht viel anders; immer wieder klagte man über den mangelhaften Besuch, und doch führte gerade damals die Kabinetsordre vom 23. Juli 1847 die Öffentlichkeit ihrer Verhandlungen ein.

Die großen politischen Fragen bewegten damals die Gemüter mehr als die kleinen lokalen. Besonderes Interesse erregten natürlich die Verhandlungen des vereinigten Landtages, der am 11. April in Berlin zusammentrat. Die pommerschen Städte waren durch 16 Abgeordnete vertreten, Stettin durch den Medizinalassessor Apotheker Ritter. Er trat bei den Beratungen über die Einkommensteuer und das Judengesetz hervor und befürwortete die volle Emanzipation der Juden. So war das politische Leben in Stettin geweckt, da brach das Jahr 1848 an. Die ersten Nachrichten von der Pariser Revolution kamen am 28. Februar an und wurden auf der Börse vom Kaufmann Weidner verlesen. Natürlich entstand große Aufregung, die von Tag zu Tag wuchs und immer neue Forderungen auch für Preußens innere Zustände hervorrief. Bald lief eine Petition in der Stadt um, in der ein deutsches Parlament, Preßfreiheit, Schwurgerichte u. a. m. gefordert wurden, und am 12. März fand im Saale des Schützenhauses die erste politische Versammlung Stettins unter dem Vorsitze des Justizkommissarius Treest statt, in der diese Petition zahlreiche Unterschriften fand. Für die Polizei und die Bürgerschaft war solch eine Versammlung ganz etwas neues; man wußte auf beiden Seiten nicht recht, wie man sich verhalten sollte. Deshalb fand sie, wie es scheint, nicht die Beteiligung, die man wohl erwartet hatte. Auch begannen sich jetzt die Parteien zu scheiden, den Radikalen traten die Gemäßigten gegenüber. Da nahm sich die Stadtverordneten-Versammlung, als das offizielle Organ der Bürgerschaft, der Sache an. Man berief die erste öffentliche Sitzung zum 14. März in die Aula des Gymnasiums. Dort stellte der Vorsteher, Buchdruckereibesitzer Hessenland, den Antrag, eine Bitte um sofortige Berufung des vereinigten Landtages an den König zu richten. Dieser Antrag wurde angenommen, doch ehe die Petition abgesandt worden war, traf die Nachricht ein, daß Friedrich Wilhelm den Wunsch bereits erfüllt habe; man begrüßte dies mit Jubel und veranstaltete eine Illumination.

Die Nachrichten von den Kämpfen in Berlin erregten in Stettin große Aufregung und sehr verschiedene Beurteilung; es kam bei den aufgeregten Gemütern wohl zu lebhaften Streitigkeiten, aber Unruhen entstanden nicht. Trotzdem übernahmen die bewaffneten zehn Bürgerkompagnien den Wachdienst und fühlten sich hierbei ungemein wichtig, so daß man sogar vorschlug, auch die Schützen zu Patrouillen zu verwenden. Hier und da fanden Zusammenläufe, Katzenmusiken oder sonstiger Unfug statt, im ganzen aber blieb alles harmlos. Dem sehr beliebten General v. Zepelin, der seit 1825 Kommandant der Festung war und 1837 sein fünfzigjähriges Jubiläum unter großer Teilnahme der Bürger gefeiert hatte, wollte eines Nachts eine Schar herumschwärmender Leute ein Hoch darbringen. Der Alte fuhr seine Stettiner nicht schlecht an, daß sie ihrem Könige nicht die Treue halten wollten, trotzdem jubelte man ihm zu. Der kommandierende General v. Wrangel ging bei solchen Auftritten sehr vorsichtig vor, ganz im Gegensatze zu seinem späteren Verhalten und haschte nach einer gewissen Popularität bei der Bürgerschaft. Das Militär mußte weiße Binden annehmen und überall das beste Einvernehmen mit der Zivilbevölkerung an den Tag legen. Wohl räsonierten und schimpften einzelne radikale Demokraten darüber, daß das Königsregiment am Kampfe in Berlin teilnahm, und erzählten allerlei Schauergeschichten von seinem Verhalten dabei, doch diese Mißstimmung wurde kaum allgemein, da die Soldaten doch nur ihre Pflicht getan hatten. Der Oberst hielt es indes für nötig, sein Regiment zu verteidigen. Zu dem Begräbnisse der in Berlin Gefallenen, für deren Hinterbliebene auch in Stettin eine beträchtliche Geldsumme gesammelt wurde, begaben sich viele Stettiner in die Hauptstadt. Man feierte durch eine Illumination das, was für das Volk erreicht zu sein schien; dabei wehten in der Stadt auch schwarz-rot-goldene Fahnen, die als Zeichen der alten deutschen Kaiserzeit galten. Mit Ludwig Giesebrecht begrüßten viele ideal gerichtete Männer die neue deutsche Einheit und erhofften von ihrem Könige die entscheidenden Schritte zum Schaffen eines einigen Deutschlands. Waren doch die meisten angesehenen Bürger bei aller demokratischen Überzeugung von streng monarchischer Gesinnung, und dieser gaben Magistrat und Stadtverordnete in einer Adresse, die der Syndikus Gierke entworfen hatte, unzweideutigen Ausdruck. Auch sonst zeigte es sich, daß viele unklare und verworrene Ansichten über die Zeitfragen herrschten und sich oft in sonderbarer Weise kund taten. Der Kaufmann A. Moritz setzte damals einen Preis von 100 Friedrichsdor aus für eine Arbeit über den „Wert oder Unwert des modernen Konstitutionalismus" und bestellte als Preisrichter v. Bethmann-Hollweg, v. Kleist-Retzow und Julius Stahl.

Dagegen hielt Ende März Robert Prutz, der damals in seiner Vaterstadt wohnte, drei Vorlesungen, in denen er den geschichtlichen Zusammenhang der jüngsten Ereignisse in Frankreich und Deutschland und ihre Erfolge erörterte. Mit seinem glänzenden Rednertalente begeisterte er die Zuhörer, wie er auch sonst wiederholt für die demokratische Partei voll Eifer auftrat. So erschienen in den Zeitungen von ihm verfaßte Artikel, deren Bedeutung nicht zu verkennen ist. Mit einem Male gewann die Presse eine Macht, die sie bisher nicht gehabt hatte. Unter der strengsten Zensur hatte die Kgl. privilegierte Stettiner Zeitung ihren Lesern nur einige Nachrichten aus dem In- und Auslande und Anzeigen gebracht. Auch für die anderen hier erscheinenden Blätter war es nicht möglich, eine offene Sprache zu führen. Das wurde mit dem Erlasse des Preßgesetzes vom 17. März 1848 anders, und alsbald entstanden neue Zeitungen oder die bisherigen wurden umgestaltet. Die Ostseezeitung kam vom 3. April an täglich heraus, selbst die privilegierte Zeitung folgte vom 1. Juli an diesem Beispiele. Bereits am 1. Mai begann die „Neue Stettiner Zeitung" zu erscheinen. Ebenso verwandelte sich der demokratische „Wächter an der Ostsee" in ein wöchentlich, dann täglich erscheinendes Blatt. Die

Brüder H. und R. Graßmann gaben von Mitte Mai die „Deutsche Wochenschrift für Staat, Kirche und Volksleben" heraus, an die sich vom 1. Juli an die von denselben Männern redigierte „Norddeutsche Zeitung für Politik, Handel und Gewerbe" anschloß. Sie vertrat eine konstitutionell-monarchische Richtung und kämpfte wacker dafür. Als Wochenschrift erschienen vom 1. Juli ab die „Patriotischen Blätter", deren Mitarbeiter besonders aus akademischen Kreisen stammten; wir finden darunter bekannte Namen, wie Regierungsrat Zitelmann, Staatsminister Gierke, Dr. Scharlau, Professor Hering, Assessor Triest, Professor Dr. Bonitz, Oberlehrer Dr. Gribel u. a. m. Zu diesen Blättern kam noch der „Stettiner Beobachter". Leider kennen wir von den meisten dieser Zeitungen nur wenige Nummern, und das ist um so mehr zu beklagen, als sich gerade aus ihnen die Zeitstimmungen und die örtlichen Verhältnisse am besten erkennen lassen. Wir müssen deshalb verzichten, weitere Einzelheiten über die Vorgänge in dieser Zeit mitzuteilen. Zu bedauern ist es auch, daß private Aufzeichnungen über diese Zeit nicht bekannt geworden sind, aus denen wir sicher manches erfahren würden. Wie mag die deutsche Frage in den geistig angeregten Kreisen Stettins erörtert worden sein, wie ist tatsächlich in den verschiedenen politischen Vereinigungen, besonders in dem konstitutionell-monarchischen, dem patriotischen Klub oder im Volksvereine, debattiert worden! Im Logengarten oder bei Frauenknecht wurde manch heftiger Wortstreit ausgefochten und mit mehr oder weniger Verständnis politisiert. Bei entschieden demokratischer Gesinnung, die in weiten Kreisen herrschte, bewahrten doch die meisten Bürger ihre treue Anhänglichkeit an das Königshaus. Und wenn man auch auf König und Prinzen gelegentlich tüchtig schimpfte, es wurde doch dem viel verkannten und verleumdeten Prinzen von Preußen, als er am 2. August 1848 mit seiner Gemahlin und seinem Sohne nach Stettin kam, ein feierlicher Empfang bereitet. Aus der ganzen Provinz waren Leute dorthin zusammengeströmt, um ihrem Statthalter Zeichen der Treue und Hingebung zu geben, und die Demonstration einiger Stettiner Demokraten trübte die Freude wenig.

Zum Vertreter Stettins in der Frankfurter Nationalversammlung wurde Professor Ludwig Giesebrecht gewählt, der sich in ihr dem rechten Zentrum, der sogenannten Kasinopartei, anschloß. Ohne in der Versammlung besonders hervorzutreten, hat er ihr bis zum Mai 1849 angehört; damals schied er aus, weil in ihr nach seiner Ansicht „zum Wohle des Vaterlandes nichts mehr zu schaffen war".

Lebhafter und erregter wurde das politische Leben in Stettin wieder im Herbste des Jahres 1848, als sich die Unruhen in Berlin erneuerten und die preußische Nationalversammlung aufgelöst wurde. Es ist bekannt, daß sich der Zorn vieler Stettiner gegen den General v. Wrangel richtete, der dabei die militärische Leitung hatte. Man drohte die Gemahlin des sonst beliebten Generals, der am 13. April 1784 in Stettin geboren war, zu hängen, ließ es aber zum Glück und zur Freude des unerschrockenen Alten bei leerer Drohung bewenden. Die Tätigkeit des demokratischen Vereins war sehr rege, in den Zeitungen und den Versammlungen begann ein heftiger Kampf. Trotzdem hat man den Eindruck, daß auch damals diese ganze Bewegung nicht sehr tief ging; sie beschäftigte vornehmlich die gebildeten Kreise, Kaufleute, Akademiker, Beamte, während die große Masse der Bevölkerung sich ziemlich gleichgültig oder ablehnend verhielt. Erging es doch damals manchem Heißsporn, der auf die Dörfer bei Stettin hinauszog, seine politische Weisheit zu verkünden, übel genug.

In der zur Vereinbarung der preußischen Staatsverfassung berufenen Versammlung war der Syndikus Gierke der Vertreter des Kreises Randow; er wurde im Juni zum Landwirtschaftsminister berufen, bekleidete dieses Amt indessen nur wenige Monate. In der auf Grund der Verfassung vom 5. Dezember 1848 zusammenberufenen zweiten Kammer vertraten zwei konservative Abgeordnete, Justizkommissarius Krause und der Amtsrat Kögel in Garden, den Wahlkreis Stettin-Greifenhagen, während in der ersten Kammer Abgeordnete für Stettin-Greifenhagen-Saatzig-Pyritz der Unterstaatssekretär Graf von Bülow und Generalmajor von Brandt in Berlin waren. Auch zum Erfurter Parlament wählten Stettin und Greifenhagen den konservativ-konstitutionell gesinnten Direktor der Friedrich-Wilhelmsschule Dr. Karl Gottfried Scheibert, einen Mann reaktionärer, aber gut deutscher Gesinnung. Die Tätigkeit dieser Männer in den Parlamenten zu schildern, geht über den Rahmen der Stadtgeschichte hinaus, dagegen gehört in eine solche die folgende Zusammenstellung der Vertreter Stettins in dem preußischen Landtage: 1850—51: Erste Kammer: Wahlkreis Stettin-Randow-Greifenhagen-Pyritz: Oberpräsident von Bonin und Obergerichtsassessor Kolbe in Stettin. Zweite Kammer: Wahlkreis Stettin-Greifenhagen: Gutsbesitzer Kögel in Garden und Kaufmann Wegener in Stettin. 1852—54: Erste Kammer: Wahlkreis Stettin: Kaufmann Wegener. Zweite Kammer: Wahlkreis Stettin-Greifenhagen: Gutsbesitzer Bencke in Heinrichsdorf und Kommerzienrat Witte in Stettin. Im Jahre 1854 erhielt Stettin das Recht zur Präsentation eines Vertreters in dem durch Verordnung vom 12. Oktober 1854 gebildeten Herrenhause. Erst 1859 scheint eine solche von seiten der Stadt erfolgt zu sein; sie ist seitdem vertreten gewesen von 1859—1867 durch den Oberbürgermeister Hering, von 1869—1895 durch den Stadtrat Theune, von 1895—1907 durch den Oberbürgermeister Dr. Haken und von da an durch den Oberbürgermeister Dr. Ackermann. Abgeordnete der zweiten Kammer waren für Stettin und Randow 1856—1858 General-Konsul Lemonius und Medizinalrat Dr. Rhades in Stettin, 1859 bis 1861 Fabrikdirektor Dohrn in Stettin und Professor Gneist in Berlin. Seit 1861 bildete die Stadt einen eigenen Wahlkreis und war vertreten von 1862—1866 durch John Prince-Smith in Berlin, 1866—1867 durch den Redakteur Michaelis in Berlin, 1867—1887 durch den Oberlehrer Theodor Schmidt (gestorben am 21. Januar 1887), 1888—1908 durch Generalsekretär M. Brömel in Berlin und von da an durch den Justizrat Lippmann in Stettin. Ist auch in der ersten Zeit die Parteistellung der Abgeordneten nicht immer ganz klar und deutlich angegeben, die meisten haben den entschieden liberalen Parteien angehört.

Als die lebhafte Bewegung allmählich abflaute, gingen auch manche von den Zeitungen, wie die Patriotischen Blätter, der Wächter an der Ostsee, die Neue Stettiner und die Norddeutsche Zeitung wieder ein. Allerdings entstanden auch neue, wie der General-Anzeiger (1849), die Pommersche Zeitung (1849—1865) und 1859 von neuem die Neue Stettiner Zeitung, der bald die Oder-Zeitung (1863—1875), die Stettiner (1865—1910) und die Pommersche Zeitung (1867 bis 1910) folgten.

Die Vorgänge der äußeren Politik fanden in der Stadt nicht geringeres Interesse als die der inneren. Es war natürlich, daß man hier den Kampf in Schleswig-Holstein mit besonderer Teilnahme verfolgte, die freilich erheblich geringer wurde, als die dänische Fregatte „Havfruen“ den Hafen von Swinemünde eine Zeitlang sperrte und dadurch dem Handel Stettins nicht geringen Schaden zufügte. Um so größer war aber dann die Befriedigung, als es endlich 1857 gelang, die Aufhebung des Sundzolles zu erreichen. Wie hatte man gerade in Stettin über diese Beschwerung des Ostseehandels geklagt und immerfort die Beseitigung gefordert! Trotz der damals herrschenden Handelskrisis atmete man auf und erhoffte von der Zukunft eine Besserung der Verhältnisse. Ebenso eröffnete die neue Ära, die mit der Übernahme der Regentschaft durch den Prinzen Wilhelm begann, frohe Aussichten auf die Lösung der deutschen Frage, mit der die politischen Parteien auch in Stettin sich lebhaft beschäftigten. Davon zeugt die Adresse, die im August 1859 die Bürgerschaft an den Prinzregenten richtete. Angeregt durch den Direktor Dr. Amelung sprach sie darin ganz im Sinne der Eisenacher Erklärung, die Rudolf von Bennigsen mit 34 Genossen am 19. Juli veröffentlicht hatte, die Bitte um Schaffung einer neuen deutschen Zentralgewalt aus. Diese Stettiner Adresse erregte großes Aufsehen, da sie den Regenten zur Äußerung über seine Pläne und Gedanken inbetreff der deutschen Frage veranlassen sollte. Die Antwort, in der mit aller Vorsicht der Wunsch nach einer Umgestaltung der Bundesverfassung unter „gewissenhafter Achtung vor fremdem Rechte und Rücksichtnahme auf das zurzeit Mögliche" als berechtigt anerkannt wurde, übte sehr verschiedene Wirkung aus. Viele Stettiner, unter ihnen auch Amelung, wandten sich vom Nationalverein ab und schlossen sich der deutschen Fortschrittspartei an, die auf lange Zeit in weiten Kreisen der wohlhabenden Bürgerschaft die herrschende blieb.

Mit Mitgliedern des Königshauses trat Stettin in nähere Verbindung, als 1859—1860 Prinz Friedrich Karl dort als Divisionskommandeur stand und mit dem kommandierenden General v. Wussow, dem Oberpräsidenten v. Senfft-Pilsach u. a. Verkehr unterhielt. Nach der Thronbesteigung König Wilhelms I., bei dessen Krönung in Königsberg der Stadtverordneten-Vorsteher Wegener († 20. August 1862) als einer der vom pommerschen Provinziallandtage gewählten Zeugen zugegen war, wurde der Kronprinz Friedrich Wilhelm zum Statthalter von Pommern ernannt. Er hielt im Juli 1862 Truppenbesichtigungen in Stettin ab und wurde auf einer Dampferfahrt nach Frauendorf vom Oberbürgermeister Hering im Namen der Stadt begrüßt. Der Kronprinz sprach damals mündlich und schriftlich Stettin seine Sympathie aus und verhieß, daß er sich das Wohl der Stadt besonders angelegen sein lassen wollte. Bei mehrfachen Besuchen, mit denen er Stettin, besonders seitdem er im Mai 1864 zum kommandierenden General des 2. Armeekorps ernannt worden war, beehrte, wiederholte er diese Zusicherung und bewies sein Interesse auch, als er im März 1865 drei Wochen mit seiner Gemahlin im Gebäude des Generalkommandos Hof hielt. Er nahm an einer Konferenz teil, in der die Bedürfnisse des Stettiner Handels beraten wurden, und legte dabei eine recht gute Kenntnis der einschlägigen Verhältnisse an den Tag.

Mitten in der Konfliktszeit, die natürlich auch in Stettin die Gemüter erregte, vergaß man doch nicht im Jahre 1863 die großen Taten und Ereignisse zu feiern, die vor einem halben Jahrhundert vor sich gegangen waren. An dem großen deutschen Turnfeste, das im Sommer in Leipzig abgehalten wurde, nahmen zahlreiche Stettiner teil, die am 5. August den eindrucksvollen Worten Heinrich v. Treitschkes lauschten. Was machte es ihnen aus, daß Robert Prutz in einem

Gedichte über die trostlose Lage des Vaterlandes den Festjubel mißbilligte und Wasser in den Wein der Begeisterung schüttete! W. Claus (gestorben als pensionierter Professor der Friedrich-Wilhelmsschule) antwortete ihm mit kräftigen Versen. In Stettin selbst wurde am 18. Oktober ein großes Erinnerungsfest gefeiert, das auf dem Exerzierplatze vor dem Berliner Tore stattfand. Magistrat, Stadtverordnete, Kaufmannschaft, Gewerke und Vertreter der Behörden begaben sich in feierlichem Zuge dorthin, Prutz hielt die Rede, in der er die Mißstimmung über die politischen Zustände hinter der Erinnerung an jene große Zeit zurücktreten ließ. Auch am 5. Dezember gedachte man in einer Feier, die ebenfalls zahlreiche Teilnehmer fand, des Tages, an dem vor 50 Jahren Stettin von der Blockade befreit worden war. Beim Jubelfest der Schlacht bei Belle-Alliance (18. Juni 1865), zu dem Giesebrecht eine Kantate dichtete, die Dr. Lorenz komponierte, war die Stimmung bereits zuversichtlicher und hoffnungsfroher. Denn der dänische Krieg hatte die politische Lage geklärt, und der Erfolg war auch in Stettin, obwohl es durch die Blockade des Swinemünder Hafens abermals Schaden erlitt, mit großer Befriedigung begrüßt worden.

Das Jahr 1866 brachte dann den Anfang einer neuen Gestaltung Deutschlands, und das pommersche Armeekorps, das am 9. Mai mobil gemacht wurde, nahm an den Kämpfen ruhmreichen Anteil. Freilich war es eine schwere Zeit für die Stadt; in ihr herrschte vom Juni bis zum Oktober die Cholera und raffte mehr als 2000 Personen dahin, die Söhne Stettins standen auf Böhmens Schlachtfeldern, und viele von ihnen gaben dort ihr Leben für das Vaterland hin. Aber wie begrüßte man die Erfolge! Sah man doch schon am 25. Juni den gefangenen Kurfürsten von Hessen in Stettin eintreffen, wo er anfangs im Schlosse, dann im Hotel de Prusse Wohnung nahm, und bald auch zahlreiche österreichische Kriegsgefangene, die in Fort Preußen oder in der Kaserne am Schneckentore untergebracht wurden. Wie jubelte Ludwig Giesebrecht bei der Nachricht von Königgrätz:

Unsre sorgenvollen Fragen
Lösten sich in wenig Tagen,
Bis der letzte Zweifel schwieg.
Und wir schauen nun, wir ahnen,
Hohenzollern, deinen Fahnen
Schließt sich an die neue Zeit.

Die Rückkehr der siegreichen Truppen, der Besuch des Kronprinzen, der am 10. März 1867 die ihnen verliehenen Fahnenbänder überbrachte, waren patriotische Festtage, durch die manche bisher herrschende Spannung gelöst ward.

Wie lebte der patriotische Sinn der Stettiner auf, als im Sommer 1870 der große Krieg begann! Das zweite Armeekorps, dessen Kommando an der Stelle des Kronprinzen der General v. Fransecky übernahm, rückte erst am 5. August aus, nahm aber dann an den Kämpfen um Metz, Paris und im Jura ruhmvollen Anteil. In der Stadt regte sich die eifrigste Tätigkeit für die Pflege der Kranken und Verwundeten und für die Versorgung der zurückgebliebenen Soldatenfamilien. Im Landhause und im Kasino arbeiteten und mühten sich unermüdlich Stettiner Frauen und Jungfrauen, an der Börse, in den Zeitungsexpeditionen, in den verschiedenen Amtsstellen sammelte man Gaben für die Krieger. Gar mancher Bürger machte sich auf, um diese den im Felde liegenden Soldaten zu überbringen. Wie jubelte Alt und Jung, wenn die Siegesnachrichten eintrafen und die ersten Depeschen bei Salomon am Heumarkte angeschlagen wurden! Da wehten die Fahnen, da feierte man überall die glänzenden Taten, illuminierte die Häuser, sang die Kriegslieder, von denen zahlreiche Dr. Lorenz in Musik setzte. Robert Prutz stellte in geistreichen Vorträgen vielen Zuhörern die deutsche Geschichte dar, die jetzt zu einem herrlichen Ziele gelangt zu sein schien. In großer Zahl wurden in und bei Stettin französische Gefangene untergebracht. Die Offiziere erregten zwar durch ihr Auftreten im Hotel de Prusse oder in der Jennyschen Konditorei hin und wieder unliebsamen Anstoß, aber mitten im Krieg schloß sich manch Band der Freundschaft mit den besiegten Feinden. Die Mannschaften, die im Fort Preußen und in großen Lagern auf dem Exerzierplatz, bei Neu-Torney oder in Krekow untergebracht wurden, bildeten einen besonderen Anziehungspunkt für die Jugend. Sie sah mit Staunen die Leute in den Wallgräben nach Fröschen und allerlei Kräutern suchen und trieb einen lebhaften Handel um Uniformknöpfe mit ihnen. Eine nicht geringe Zahl von ihnen fand hier ihre letzte Ruhestätte, und noch heute zeigen Gräber bei Krekow und Frauendorf, sowie ein später errichteter Gedenkstein auf dem ehemaligen Militärfriedhofe vor dem Berliner Tor, daß hunderte von französischen Kriegern fern von der Heimat bestattet worden sind. Die Opfer, die der Krieg auch von den Stettiner Familien forderte, waren schwer, gar manches blühende Leben fand auf dem Schlachtfelde oder in Lazaretten ein Ende, aber ihr Tod war nicht vergeblich, ihre Namen sind auf Ehrentafeln in Kirchen und Schulen aufgezeichnet. Sie haben mitgeholfen, das neue deutsche Kaisertum zu schaffen. Voll Jubel begrüßte man die Erfüllung des alten Wunsches nach deutscher Einheit; Kaiser Wilhelm war es, zu dessen Ehren die Stadt im Januar 1871 sich zu festlicher Feier vereinte. Ihm und seinem siegreichen Heere galten die dankbaren Wünsche bei dem großen Friedensfeste am 26. Februar, und diesem Danke wurde nach Jahren an bevorzugter Stelle ein deutlicher Ausdruck gegeben, als am 1. November 1894 in Gegenwart seines Enkels, des Kaisers Wilhelm II., das Kaiser- und Krieger-Denkmal, das Karl Hilgers ausgeführt hatte, enthüllt wurde. Denkmäler für andere Helden jener Zeit, den Kronprinzen Friedrich Wilhelm und Bismarck, sind lange geplant, entworfen und besprochen; wann sie errichtet sein werden, ist immer noch zweifelhaft.

Stettin erhielt durch die Verfassung des norddeutschen Bundes das Recht, einen eigenen Abgeordneten in den neuen Reichstag zu entsenden. In den konstituierenden Reichstag wurde 1867, nachdem der zuerst gewählte Dr. Michaelis-Ückermünde abgelehnt hatte, der Konsul Gustav Müller (gest. 1889) gesandt, der die Stadt auch in der ersten Legislaturperiode (1867—71) vertrat. Von 1871—78 war Th. Schmidt Vertreter der Stadt, dann trat nach einer sehr mühsamen Wahlkampagne Albert Schlutow bis 1884 an seine Stelle. Von da an war bis 1893 Max Brömel Abgeordneter Stettins; er verlor für die Jahre 1893—1898 das Mandat an Fritz Herbert, erlangte es 1898 noch einmal, um es 1903 abermals an jenen abzugeben. 1907 wurde Dr. H. Dohrn zum Reichstagsabgeordneten gewählt.

Vielleicht eine Folge der neugewonnenen Großmachtsstellung des deutschen Reiches war es, daß es gelang, eine alte Forderung Stettins an die Krone Schweden endlich zu erledigen. Aus dem Jahre 1655 stammte der Anspruch der Stadt auf die Rückzahlung einer der schwedischen Regierung geleisteten Zahlung, deren Erstattung in der Höhe von 41000 Talern 1660 zugesagt worden war. Vielfache Versuche, die Sache im Wege der Verhandlung auszugleichen, waren immer wieder vergeblich geblieben. Deshalb wurde 1870 der Rechtsweg beschritten, gleichzeitig aber ein Vergleich angeboten. Dieser kam durch die Bemühung des Kaiserlichen Gesandten in Stockholm, Freiherrn v. Richthofen, zustande, und im April 1872 erfolgte die Zahlung von 36862 Talern 4 Silbergroschen 6 Pfennigen an die Kämmereikasse. Mit Befriedigung erfüllte diese Erledigung einer langwierigen, unangenehmen Angelegenheit die Stadtväter. Ebenso bekam die Stadt im Juli 34000 Taler zurückerstattet für die Unterstützungen, die sie an Frauen der zum Kriege einberufenen Landwehrleute gezahlt hatte.

Welch eine Zeit von 1814—1871 ist vor uns vorübergezogen! Welchen Wechsel und was für Veränderungen hat sie auch der Stadt Stettin gebracht von der Fremdherrschaft der Franzosen bis zum Siege über sie, von den Jahren, in denen sie stolz als Herren in der Stadt geboten, bis zu dem Jahre, in dem sie als Gefangene dort weilten! Und doch tritt der Umschwung nicht am klarsten in den äußeren staatlichen oder städtischen Verhältnissen zu Tage, sondern er macht sich vielleicht noch mehr geltend in den inneren, namentlich den geistigen Zuständen. Diese Entwickelung im einzelnen zu schildern ist höchst anziehend, aber auch schwierig; man müßte, um sie deutlich vor Augen zu stellen, die gesamten geistigen und sozialen Strömungen des 19. Jahrhunderts wenigstens bis etwa 1870 in Betracht ziehen und zeigen, wie sie in Stettin zum Ausdruck gekommen sind. Da das über den Rahmen dieser Stadtgeschichte hinausgeht, so mögen einige Andeutungen und lokale Erinnerungen genügen.

Eine Restauration des Kirchenwesens nach der Franzosenzeit erwies sich bald als durchaus notwendig. Zunächst galt es, äußerlich die Kirchengebäude wieder herzustellen, die zumeist zu profanen Zwecken benutzt worden waren. Die Nikolaikirche wurde, wie bereits berichtet worden ist, ganz abgetragen, die Gemeinde nach St. Johannis verlegt. Diese Kirche erfuhr einen umfangreichen Ausbau, der allerdings die üblen Folgen des schlechten Baugrundes nicht ganz beseitigen konnte. Neu geweiht wurde im August 1818 die Peter-Paulskirche, die man auch Wallkirche nannte. Ihre Umgebung wurde freundlich gestaltet, als 1844 der Kaufmann J. G. Voigt den Platz mit Anlagen versehen ließ, und 1858 erhielt die Kirche durch königliche Gnade einige gemalte Glasfenster. Die Schloßkirche, in der die Mariengemeinde ihr kirchliches Heim erhielt, wurde 1819 und 1863 im Innern ausgebaut, St. Jakobi bekam 1827 eine neue schöne Orgel, um deren Anlage sich Karl Loewe besonders bemühte. Das einzige neue Gotteshaus, das in dieser Zeit errichtet wurde, war die 1861 geweihte kleine Lukaskirche in Kupfermühle; sie blieb aber im engsten Zusammenhange mit Peter-Paul, und ein Versuch, dort, sowie in Grabow, Bredow, Züllchow neue Parochien zu begründen, gelang nicht; die Stadt Grabow mußte sich mit einem kleinen Betsaal begnügen. Auch die katholische Gemeinde in Stettin war nicht imstande, sich ein eigenes Gotteshaus zu errichten, sie benutzte einen Saal im Schlosse weiter, obwohl er viel zu klein war. Die jüdische Gemeinde dagegen, die sich erst 1816 bildete, nachdem durch das Edikt vom 11. März 1812 die bisherige Wohnungsbeschränkung aufgehoben worden war, und bald wuchs, errichtete sich um 1836 ein eigenes Gotteshaus auf einem Grundstücke am Rosengarten. Dort wurde dann 1873—1875 nach den Plänen des Stadtbaurat Kruhl eine stattliche Synagoge erbaut.

Obwohl so trotz der Zunahme der Bevölkerung nur eine neue und dazu sehr kleine Kirche erstand, dagegen zwei große in den letzten

Jahrzehnten verschwunden waren, kann man doch eigentlich nicht sagen, daß kirchliches Leben und religiöser Sinn in Stettin mangelten. In einzelnen Gemeinden, z. B. der französisch-reformierten, in der ernste Männer, wie F. A. Riquet (1811—39) und R. Palmié (1840—58), tätig waren, oder in der Schloßkirche, in der neben H. W. G. Richter (1818—1862) und G. Carus (1864—79) die Generalsuperintendenten Bischof Ritschl (1828—1854) und D. A. S. Jaspis (1855—1885) Gottes Wort verkündeten, war bei allen Schwankungen und Wandlungen, der die christliche Lehre in dieser Zeit unterworfen war, das religiöse Leben rege und zum Teil von tiefem Ernste erfüllt. Auch andere Geistliche, wie L. Zybell (1817—1826), M. F. G. Schünemann (1820—1851), N. Th. Boysen (1852—1885), F. Th. Fischer (1827 bis 1853), G. A. Schiffmann (1843—1883), O. Pauli (1861—1900), J. F. A. Steinmetz (1862—1906) an St. Jakobi, J. G. A. Teschendorf (1827—1875), H. W. Friedrichs (1856—1892) an St. Johannis-Nikolai, E. A. W. Jonas (1828—1854) an St. Gertrud u. a. m., waren in weiten Kreisen beliebt und angesehen und wirkten zum Teil über ihr geistliches Amt hinaus in segensreicher Tätigkeit auf verschiedenen Gebieten. Ebenso erfreuten sich die Prediger an St. Peter-Paul, wie J. E. Lenz (1789—1826), J. J. Steinbrück (1788—1841), H. G. Hasper (1851—1880), G. H. A. Hoffmann (1838—1883), in ihrer Gemeinde großen Ansehens und wußten christlichen Sinn zu wecken und zu pflegen. Alle hielten treu zu der 1817 geschlossenen Union und waren in der damals geschaffenen vereinigten Synode verbunden. Daneben entstanden später separierte Gemeinden und kleinere Sekten, die sich Gotteshäuser und Betsäle in der Neustadt errichteten und ebenfalls ein reiches Leben und Wirken entfalteten. Die deutschkatholische Bewegung, die 1844 durch Ronge und Czerski eingeleitet wurde, fand auch in Stettin Widerhall. Hier bildete sich im Juli 1845 eine kleine Gemeinde, die ihre Gottesdienste in der Aula des Gymnasiums abhielt. Ebenso entstand in derselben Zeit, angeregt durch die sogenannten Lichtfreunde, eine freie Gemeinde, die indessen keine größere Bedeutung gewinnen konnte.

Der Oberpräsident Sack hatte auch für kirchliche und religiöse Angelegenheiten ein reges Interesse. So war die erste seiner vielen Gründungen von Vereinen und Gesellschaften 1816 die der Bibelgesellschaft; er gab 1824 die Anregung zu der Erinnerungsfeier an die vor 700 Jahren erfolgte Ankunft des Bischofs Otto von Bamberg in Pommern und nahm lebhaften Anteil an der Gedächtnisfeier des Augsburger Bekenntnisses (1830). Für die Hebung sittlicher Notstände bildeten sich zum Teil auf seine Veranlassung Vereine, z. B. zur

Besserung entlassener Gefangenen und zur Pflege verwahrloster Kinder. 1831 wurde in Züllchow das Rettungshaus eröffnet, das sich später unter Gustav Jahns verständnisvoller Leitung zu großem Umfange entwickelte. In der Stadt selbst sorgte eine am 18. Mai 1837 auf der Lastadie eröffnete Kinderbewahranstalt für die unbeaufsichtigten Kleinen. Der Kranken und Unglücklichen nahm sich die christliche Liebestätigkeit an in der von A. M. Gröpler (gest. 14. Januar 1875) 1850 begründeten Blindenanstalt, die später ein schönes Heim in Neu-Torney erhielt, in der Blödsinnigen-Anstalt Kückenmühle (1862), in dem Kinder- und Diakonissenhause Salem (1868), für das sich der Kronprinz Friedrich Wilhelm und die Kronprinzessin Viktoria sonderlich interessierten, in dem vom Kommerzienrat J. Quistorp gestifteten Krankenhause Bethanien (1869) und in anderen Anstalten. Wie ein Kranz legten sie sich um die alte Stadt, sie zu schützen vor geistigem oder körperlichem Elende. Nach einer Zeit, in der das Christentum solche Werke der Liebe über Gebühr vernachlässigt hatte, erwachte besonders in den sechziger Jahren wieder der Sinn für praktisches Wirken, wie es Christus seine Jünger gelehrt hatte. Das zeigt sich auch in der zunehmenden Wohltätigkeit, die sich freilich auch vorher bei allen möglichen Unglücksfällen betätigt hatte. In den Zeitungen finden sich immerfort Bitten und Aufrufe, in denen zur Sammlung von Geld für arme Abgebrannte aufgefordert wurde, und oft erwies sich die Mildtätigkeit der Stettiner sehr freigebig, wie z. B. bei dem großen Brande von Hamburg (1842). Infolge solcher Gesinnung erfuhr auch das Armenwesen in diesen Jahren erhebliche Verbesserungen in seiner Verwaltung. Das frühere sogenannte Zuchthaus wurde zu einem Arbeitshause umgebildet, das Armenhaus erhielt als Siechenanstalt neue Räume in einem Flügel des Krankenhauses, das Gertrudsstift wurde umgebaut und für das Kloster, wie bereits erwähnt, ein großer Neubau errichtet. Die Leitung des gesamten Armenwesens hatte die Armendirektion, der einzelne Deputationen zur Seite standen. Durch das Regulativ vom 26. Juni 1866 wurde diese Verwaltung umgestaltet; damals richtete man 24 Armenkommissionen ein. Zu den alten Hospitälern, von denen das Berckhoff-Stift 1833 sein 200jähriges Jubiläum feiern konnte, kam das große Salingre-Stift. Bereits 1841 war der Stadt ein Vermächtnis des Geh. Kommerzienrats Friedrich Wilhelm Salingre zugefallen. Über das Kapital kam es aber zu langwierigen Streitigkeiten mit den Erben, und erst am 13. September 1855 konnte das Gebäude in der Neustadt mit 34 Wohnungen für hilfsbedürftige Frauen eingeweiht werden. Zusammen mit dem großen Johanniskloster umfassen diese Wohltätigkeitsanstalten einen

Komplex von mehr als 70000 Quadratfuß. Auch das städtische Waisenhaus, dessen Unterhaltung viel Sorge und Mühe gemacht hatte, erhielt 1856 in der Elisabeth-Straße ein neues Gebäude, das Raum für 140 Kinder bot. In Züllchow bestimmte Frau Tilebein (gest. am 21. August 1854) ihr viel gerühmtes Landhaus zu einem Versorgungsheim für unverheiratete Töchter von Beamten, Kaufleuten und Handwerkern aus Stettin. Von anderen Wohltätigkeitseinrichtungen, wie dem Bürger-Rettungs-Institut, ist schon berichtet worden, es entstanden noch mehrere solche Stiftungen und Gründungen, wie z. B. das Handlungs-Armen-Institut, der israelitische Wohltätigkeitsverein, Asyle und Obdache u. a. m.

Das Sanitätswesen zu ordnen und zu verbessern war in dieser Zeit besondere Veranlassung, da wiederholt die Cholera in Stettin ausbrach. Außer in den Jahren 1831 und 1866 trat sie zum Teil nicht minder schrecklich 1848 und 1849 auf. Die ganzen gesundheitlichen Verhältnisse der Stadt waren, wie die medizinisch-topographische Skizze von Dr. E. H. Müller (1843) zeigt, wenig günstig. Das lag nicht allein an allgemeinen, vom Klima und von der Lage abhängigen Verhältnissen, sondern hatte seine Ursachen auch in der engen Bauart der Stadt. Die Kindersterblichkeit war recht groß, man wußte aber kaum etwas dagegen zu machen. Indessen begann man doch die Krankenanstalten zu verbessern; das alte „Stadtlazarett" wurde 1838 abgebrochen. Während des Neubaues benutzte man eine Baracke an der grünen Schanze, die später noch bis 1859 als Pockenlazarett diente. 1840 konnte der Bau am Pladrin, der für 162 Kranke Raum enthielt, in Benutzung genommen werden. Ein Kinderkrankenhaus wurde 1851 in der Kinderheilanstalt, die anfänglich auch in der Pladrinstraße, dann aber im eigenen Hause in der Neustadt untergebracht war, Dank der Bemühungen des Geh. Medizinalrats Dr. Steffen eröffnet; bald trat ihm sein Sohn Dr. A. Steffen (gestorben 1910), der eine Autorität auf dem Gebiete der Kinderheilkunde wurde, zur Seite. Das alte Hebammeninstitut erhielt 1868 ein neues Heim in der Elisabeth-Straße; Medizinalrat Dr. Behm (gest. 1880), ein auch auf anderen Gebieten der Wissenschaft tätiger Mann, hatte lange Jahre die Leitung dieser Anstalt. Der Pflege von Kranken auch aus der Stadt dienten das 1862 errichtete Johanniterkrankenhaus in Züllchow und Wasserheilanstalten in Eckerberg und Frauendorf. Praktische Ärzte waren in Stettin 1821 nur 11 vorhanden, zu denen noch 8 Chirurgen kamen, Apotheken gab es 5. Die Zahl der Ärzte belief sich dagegen 1857 bereits auf 44 promovierte und 11 Wundärzte. Damals taten sich die Ärzte zu einem wissenschaftlichen Verein zusammen, der seitdem für das Sanitätswesen der Stadt von nicht geringer Bedeutung gewesen ist. In ihm waren auch die meisten der alten Ärzte tätig, deren Namen noch heute in dankbarer Erinnerung fortleben. Es mögen nur einige genannt werden, aus älterer Zeit Medizinalrat Dr. Lehmann (gest. 1827), Dr. Rhades, Dr. Behm (gest. 1880), Dr. Steffen, Kreisphysikus Dr. Geletneky und Generalarzt Dr. Wasserfuhr, aus späterer Dr. A. Steffen (gest. 1910), Dr. Runge (gest. 1876), Dr. Wißmann (gest. 1881), Dr. E. Brand (gest. 1897), Dr. Kugler, Dr. Schleich (gest. 1907), Dr. Boysen (gest. 1901), um lebende nicht zu erwähnen. Infolge der stetig wachsenden Bevölkerung war es nötig, 1868 einen neuen Begräbnisplatz bei Nemitz einzurichten und in Gebrauch zu nehmen. Auf dem alten Friedhofe bei den Anlagen und dort draußen haben die Männer und Frauen, die in dieser Zeit in Stettin wirkten und arbeiteten, zumeist ihre letzte Ruhestätte gefunden. Manch Grabdenkmal, einfach und schlicht, zeugt von ihnen und ruft sie dem nachlebenden Geschlechte ins Gedächtnis, daß nach Giesebrechts Worten

sie nieden auch mögen leben
im Herzen, das von ihnen spricht.

Gar viele, die es wohl verdient hätten, sind in dieser Darstellung nicht genannt worden, aber sie sollen darum doch nicht vergessen sein.

Neue Generationen wuchsen heran. Für sie zu sorgen, sie zu tüchtigen Bürgern heranzuziehen, war die Aufgabe der Schulen, die im Leben der Stadt naturgemäß eine große Bedeutung haben und eine wichtige Rolle spielen. Was hatte z. B. in der kleineren Stadt das Gymnasium für eine Stellung! Es war, besonders nachdem es in dem Neubau auf dem Marienplatz ein für jene Zeit großartiges Heim erhalten hatte, der Stolz der gebildeten Kreise. Eine Zahl hervorragender Lehrer, die auf das Geistesleben der Stadt großen Einfluß hatten, war an ihm tätig, der Schulrat Dr. Fr. Koch (gest. 1849), die Direktoren Hasselbach (gest. 1864) und Heydemann (gest. 1877), die Professoren J. G. Graßmann (gest. 1852) und sein Sohn H. Graßmann (gest. 1877), der bedeutende Mathematiker und Sprachgelehrte, der oft genannte Dichter Ludwig Giesebrecht (gest. 1873), die Geschichtsforscher W. Böhmer (gest. 1842) und H. Hering (gest. 1886), der feingebildete A. Wellmann (gest. 1851), der Sprachforscher K. E. A. Schmidt (gest. 1869), K. Stahr (gest. 1863), H. Bonitz (gest. 1888), G. Pitsch (gest. 1903), der geniale F. F. Calo (gest. 1872) und viele andere. Schon diese Namen, die zum Teil weit über die Stadt hinaus bekannt waren, rufen in alten Schülern eine Fülle von Erinnerungen hervor und werden noch heute in dankbarem Gedächtnis bewahrt. Anhänglichkeit an die alte Anstalt war stets ein besonderer Vorzug des Stettiner Gymnasiums, sie zeigte sich bei den von 1823 bis 1846 regelmäßig gehaltenen akademischen Erinnerungsfesten, bei der Jubelfeier im Jahre 1845 und fand Ausdruck in zahlreichen Stiftungen. War doch damals, als die Beamten noch nicht so wie heute ein Wanderleben führten, ein großer Teil der akademisch Gebildeten Stettins aus dieser Schule hervorgegangen, die sich stets rühmen konnte, eine nicht geringe Zahl von Männern herangebildet zu haben, die später im Leben Tüchtiges, ja Hervorragendes leisteten. Die Überfüllung der Anstalt veranlaßte den Magistrat, die Errichtung eines neuen städtischen Gymnasiums in Erwägung zu ziehen. Nach langen Verhandlungen kam ein Vertrag zustande, dem zufolge der Magistrat am 1. Oktober 1869 aus dem Patronat des Gymnasiums ausschied und die schon vorher errichtete provisorische höhere Lehranstalt allmählich zum Stadt-Gymnasium ausgestaltete. Diese neue Schule erhielt nach einiger Zeit ein eigenes Gebäude an der grünen Schanze und entwickelte sich unter der Leitung des Direktors Franz Kern bald sehr günstig. Zugleich begann man die eingerichteten Realklassen zu einer Realschule und dann zu einem Realgymnasium auszugestalten, dessen Leitung der Direktor E. Sievert hatte. Die ältere Realanstalt, die in ihren Anfängen bis auf den Oberpräsidenten Sack zurückgeht, wurde nach den ausführlichen Plänen des Konsistorialrats Koch und der Schulräte Dreist (gest. 1836), Graßmann (gest. 1866) und Ulrich im Jahre 1840 als Friedrich-Wilhelmsschule unter dem Direktor Scheibert (gest. 1898) eröffnet und erhielt dann, als bereits W. Kleinsorge (gest. 1883) das Direktorat übernommen hatte, ein neues Gebäude in der Neustadt. So wurde das höhere Schulwesen der Stadt, um dessen Entwickelung sich neben dem Magistrat besonders der Provinzial-Schulrat Dr. Th. Wehrmann (gest. 1892) verdient machte, den Bedürfnissen entsprechend ausgebaut. Zur Hebung des Gewerbestandes diente die 1834 gegründete Gewerbeschule.

Die neue städtische Einrichtung, die mit der Städteordnung eintrat, brachte auch eine vollständig neue Gestaltung des Volksschulwesens mit sich. Die 1811 eingesetzte Schuldeputation sorgte dafür, daß die kleinen Privat- und Winkelschulen allmählich beseitigt und dafür Gemeindeschulen geschaffen wurden, so daß es möglich war, den allgemeinen Schulzwang wirklich durchzuführen. 1872 bestanden in der Stadt 16 derartige Knaben- und Mädchenschulen außer den höheren, der 1843 eröffneten städtischen höheren und einer gehobenen Töchterschule, sowie der 1819 eingerichteten Unterstädtischen Bürgerschule, die bei der Jubelfeier von 1824 den Namen Ottoschule erhielt.

Das ständige Wachsen der Arbeiten, die der städtischen Schulverwaltung oblagen, erforderte die Anstellung eines Stadtschulrats (1854—1866 Alberti, 1866—1881 Balsam). Man begann bereits in dieser Zeit einfache, aber durchaus angemessene und praktische Gebäude herzustellen und legte im Magistrat und bei den Stadtverordneten Wert darauf, in dieser Beziehung nicht hinter anderen Städten zurückzustehen. Neben den öffentlichen Schulen waren die Privat-Anstalten, namentlich für die Bildung des weiblichen Geschlechtes, von nicht geringer Bedeutung; die Elisabethschule, die Schulen des Dr. Gesenius und des Dr. Wegener u. a. m. haben einem nicht geringen Teile der weiblichen Bevölkerung als Stätten der Erziehung und des Unterrichts gedient.

Fast als ein Unrecht will es erscheinen, wenn von den Männern, die in der Stadtschuldeputation für diesen wichtigen Zweig der Kommunal-Verwaltung gearbeitet haben, oder von den Lehrern, die mit Segen und Erfolg in den Schulen tätig gewesen sind, hier Namen nicht genannt werden. Wer will sie aber alle oder auch nur in willkürlicher Auswahl etliche aufführen? Daß die Lehrer häufig unter sehr schweren äußeren Verhältnissen treu und sorgsam ihre Pflicht erfüllt haben, davon legen viele Berichte Zeugnis ab. Sie haben auch zusammengehalten, um einander beizustehen, das beweist die bereits 1830 begründete Privat-Witwen- und Waisen-Kasse der Stettiner Elementarlehrer, sie haben sich zu bildenden und geselligen Zwecken vereinigt, sie haben auch über ihre nächsten Aufgaben hinaus sich um das Geistesleben der Stadt verdient gemacht. Eine Erwähnung verdient das Stettiner Lehrerseminar, das in seinen Anfängen auf Schinmeyer zurückgeht. Aus den beiden Lehrerbildungsanstalten, die an der Lastadischen und der Ministerialschule bestanden, wurde es 1811 durch den Schulrat Bartholdy (gestorben 1815), den Freund Schleiermachers, eingerichtet, dann durch die Schulräte Bernhardt (gest. 1831), Graßmann und Direktor Goltzsch geleitet. In der kleinen Domstraße erhielt diese Bildungsanstalt ihr Heim; 1861 wurde sie nach Pölitz verlegt.

Neben der Bildung des Geistes begann man in dieser Zeit der des Körpers Aufmerksamkeit zu schenken. Wie das Turnen nach den Freiheitskriegen durch den Schulrat Koch und den Stadtrat Kugler (gest. 1843) in Stettin Eingang fand, wie es dann bereits zu nicht geringer Blüte gediehen als staatsgefährlich eingeschränkt und verboten wurde und wie es sich seit 1840 unaufhaltsam in Schulen und Vereinen entwickelte, das hat Hugo Rühl in seiner Geschichte der Leibesübungen in Stettin ausführlich erzählt. Da erfahren wir, daß die

Frage über die Pflege der körperlichen Übungen einen breiten Raum in den städtischen Verhandlungen einnahm, daß Männer, wie der Bürgermeister Schallehn, Direktor Scheibert, Professor Langbein u. a. m., sich lebhaft dafür interessierten. In dem 1847 gegründeten Stettiner Turnverein und in anderen ähnlichen Vereinigungen waren zahlreiche angesehene Bürger eifrig tätig, suchten selbst Erholung und Gesundheit, und förderten frohen Sinn und gesunden Geist. So trug auch diese Tätigkeit mit dazu bei, eine frische Luft in die alten Mauern der Stadt zu bringen.

Auch sonst erwachte neues Leben in der Stadt; man begann mehr und mehr das Interesse allgemeinen Angelegenheiten wissenschaftlicher und geistiger Art zuzuwenden. Kunst und Wissenschaft haben in Stettin zwar nie eine große Rolle gespielt, aber gerade in der ersten Hälfte des 19. Jahrhunderts ist das mehr als sonst der Fall gewesen. Daß die Stettiner schon früher eine gewisse Vorliebe für das Theater hatten, ist bereits hervorgehoben worden. Die traurigen wirtschaftlichen Verhältnisse, die nach den Freiheitskriegen herrschten, brachten aber für das Theater schwere Zeiten; besonders um 1818 war die Frage des Fortbestehens sehr zweifelhaft. Bald aber wurde die Teilnahme wieder lebhafter, und aus der Stettiner Zeitung geht hervor, daß die Direktoren Couriol und Gerlach es verstanden, mit den damals beliebten Rührstücken oder romantischen Tragödien den Geschmack der Bürgerschaft zu treffen. Allmählich wurde es aber dringend notwendig, statt des alten kleinen Komödienhauses, das auf dem Hofe des Seglerhauses stand, ein neues Gebäude zu errichten. Nach langen Verhandlungen übernahm es die Kaufmannschaft, ein Schauspielhaus auf dem Königsplatze zwischen den beiden Domstraßen zu erbauen. Das große, von dem Oberbaurat Langhans in Berlin hergestellte Gebäude wurde am 21. Oktober 1849 mit einer Aufführung von Goethes Egmont eröffnet und ist in der alten vornehmen Gestalt Jahrzehnte lang der Kunst eine Pflegestätte gewesen. Wohl sind auch schon damals schwere Krisen nicht ausgeblieben, und der Wechsel der Direktoren (Springer, Hein, Sasse, Karlschulz, Ackermann) war ziemlich groß, aber der Einfluß, den das Theater auf die Bevölkerung ausgeübt hat, darf nicht unterschätzt werden. Eine Bevölkerung, die in der Hauptsache praktische Berufe betreibt und im harten Kampfe ums Dasein steht, zu höheren Idealen hinaufzuführen, ist nicht immer leicht gewesen, auch wohl oft nicht gelungen. Indessen gerade in dieser Zeit fand sich stets ein Kreis von Männern und Frauen zusammen, die es sich angelegen sein ließen, die Kunst zu pflegen.

Wie blühte damals in Stettin die Pflege der Musik! Überaus reich an Konzertanzeigen sind die Zeitungen. Das größte Verdienst hatten in dieser Beziehung die Musikdirektoren Haack (gest. 1825), Liebert, Oelschläger, C. Koßmaly und vor allem Karl Loewe, der 1820 nach Stettin kam. Es hieße eine neue Biographie dieses hervorragenden Musikers und Komponisten schreiben, wenn das Musikleben Stettins in seiner Zeit geschildert werden sollte. Er eröffnete 1824 eine Musikschule und veranstaltete bald regelmäßig Abonnementskonzerte, in denen er die Meisterwerke großer Komponisten, z. B. 1827 die Ouverture zu Shakespeares Sommernachtstraum, die Felix Mendelsohn-Bartholdy selbst dirigierte, oder 1835 Bachs Matthäus-Passion u. a. m., sowie seine eigenen Oratorien aufführte. Vespern in der Jakobikirche, Aufführungen im Schützensaale, Musikfeste fanden auf seine Veranlassung statt, fremde Künstler zog er nach Stettin, und nicht nur ein großer Teil der Bevölkerung zeigte Interesse dafür, auch Friedrich Wilhelm IV. nahm als Kronprinz bisweilen an solchen Konzerten teil. Giesebrecht, Loewes Freund, der ihm für seine Kompositionen so manchen Text lieferte, hat in einer schönen Rede des Komponisten Bedeutung für Stettin dargestellt. Daß ihm die Stettiner dankbar sind und sein Andenken festhalten, haben sie durch die Errichtung des Denkmals gezeigt; es steht vor der Jakobikirche, in der der Meister die Orgel spielte und so oft durch seine Konzerte die Zuhörer zu höheren Sphären emporführte. Dort ruht sein Herz, das nach seinem Tode in Kiel (1869) an diese Stätte gebracht ist. Auch zu musikalischen Vereinigungen taten sich kunstliebende Stettiner zusammen; wir hören gelegentlich von einem Instrumental-, einem Quartett- und einem Opern-Verein; später spielt u. a. ein Gesangverein Concordia eine Rolle, 1866 aber wurde der Stettiner Musikverein gegründet, den Loewes Nachfolger Dr. K. A. Lorenz lange Jahre leitete und damit das musikalische Leben der Stadt ungemein förderte.

Abb. 32. Karl Loewe.

Die bildende Kunst hat in Stettin in älterer Zeit keine Pflege, ja wohl auch wenig Verständnis gefunden. Was an Sammlungen hier oder dort vorhanden war, enthielt kaum eigentliche Kunstwerke.

Erst um 1830 erwachte einiges Interesse, als der Stettiner E. H. Lengerich in Rom als Maler arbeitete und ein treffliches Altarbild für die Jakobikirche herstellte. Etwas ganz Neues war die Ausstellung, die 1834 Ludwig Most (gest. 1883) mit seinen Bildern veranstaltete; er wirkte als Genre- und Porträtmaler lange Zeit, und noch heute zeugen viele Bilder von seiner Tätigkeit. Vielleicht hierdurch veranlaßt, bildete sich im November 1834 der Kunstverein für Pommern, für den die Stadträte Dieckhoff und Lemonius, Direktor Dr. Hasselbach, Brauereibesitzer Scheefer, L. Most besonders tätig waren. Es gelang ihnen im Frühjahr des folgenden Jahres die erste Kunstausstellung im Schützenhause zustande zu bringen. Sie ist dann regelmäßig wiederholt worden, und der berühmte Kunsthistoriker Franz Kugler (geboren in Stettin 1808, gest. 1858) urteilt in seiner 1840 erschienenen pommerschen Kunstgeschichte, daß „seine glänzenden Erfolge bewiesen haben, daß auch das Volk sich rüstig strebenden Talenten gegenüber nicht gleichgültig verhält". Zu diesen rechnet er vor allen den Stettiner Theodor Hildebrandt (geb. 1804, gest. 1874), einen der ersten Meister der Düsseldorfer Schule. Wir könnten daneben nennen Emil Teschendorff (geb. 1823) und den Aquarellisten Eduard Hildebrand (gest. 1868), der zwar kein Stettiner war, aber in der Stadt sehr bekannt und beliebt war und dort seine letzte Ruhestätte fand. Eine ansehnliche Gemäldesammlung schuf sich der Generalkonsul Maurer, der später nach Berlin übersiedelte. Er hinterließ diese 1876 der 1857 gegründeten städtischen Bildergalerie. Naturwissenschaftliche Sammlungen entstanden im Gymnasium, für das der Oberpräsident Sack die Ausgestaltung des Museums in die Wege leitete, und in der Schöpfung des unter dem Namen „Pommersches Museum" 1864 gegründeten Vereins. Er hat mehrere Jahrzehnte eifrig gesammelt und das Interesse für Naturwissenschaft in weiteren Kreisen geweckt. Sogar eine Sternwarte bestand einige Zeit auf dem alten Gymnasialgebäude in der Mönchenstraße.

Für die geistigen Bedürfnisse der Stettiner sorgte eine Anzahl von Buchhandlungen, von denen die Nikolaische und die Morinsche die ältesten waren. In die letztere trat 1836 Léon Saunier ein, der sich später als Stadtverordneten-Vorsteher (1863—1877) große Verdienste um die Stadtverwaltung erwarb, da er es verstand, in bewegter Zeit die Verhandlungen mit verständnisvoller Umsicht zu leiten und bestehende Gegensätze nach Möglichkeit auszugleichen. Mitunter erschienen wieder in Stettin Zeitschriften allgemeinen Inhalts; doch scheinen solche Blätter, wie der „Pommersche Volksfreund" (1829), der „Vielwisser oder der Beobachter an der Oder" (1829), der „Herold in Norddeutschland" (1832) oder das „Pommersche Kirchenblatt" (1835) nicht langen Bestand gehabt zu haben. Später ist, abgesehen von einigen Fachblättern, nur noch zweimal der Versuch gemacht worden, solche Zeitschriften in Stettin herauszugeben. Rob. Prutz ließ 1860 die „Stettiner Montagszeitung" als Wochenschrift für Politik, Literatur, Kunst und öffentliches Leben erscheinen, und Ludwig Giesebrecht begründete in demselben Jahre seine Zeitschrift „Damaris", für die er fast allein die Beiträge schrieb. Eines etwas längeren Lebens erfreuten sich die „Pommerschen Provinzialblätter", die auf Sacks Veranlassung der Superintendent Haken in Treptow a. R. 1820 herauszugeben anfing. Sie wurden 1832 durch die „Baltischen Studien" ersetzt, die Zeitschrift, die von der Gesellschaft für pommersche Geschichte und Altertumskunde herausgegeben wurde. Diese wurde 1824 bei Gelegenheit des Ottofestes vom Oberpräsidenten Sack ins Leben gerufen und wirkte in seinem Sinne für die Erweckung und Belebung des Interesses an der Heimat. Männer, wie Giesebrecht, Böhmer, v. Medem, Hering, Hasselbach, R. Klempin, Pitzschky, Th. Schmidt, G. Kratz u. a. — um nur Stettiner zu nennen — sind schriftstellerisch für sie tätig gewesen, andere, wie Kutscher, Triest, Bagmühl, J. Mueller u. a., haben sich um die Sammlungen bemüht, die allmählich zu einer stattlichen Bibliothek und einem sehenswerten Altertumsmuseum heranwuchsen. Die Zahl der Vereine, die sich die Pflege der Wissenschaft angelegen sein ließen, war, verglichen mit heute, nur gering, aber doch immerhin nicht unbeträchtlich; es mögen hier nur einige genannt werden, der entomologische Verein (1837), den Männer, wie C. A. Dohrn, H. Hering, K. L. Schleich, zu großer Bedeutung brachten, der polytechnische Verein (1843), in dem sich das erwachende Interesse für die Technik lebhaft betätigte, der Verein für pommersche Statistik (1846), der einige wertvolle Veröffentlichungen veranstaltete, die physikalische Gesellschaft (1835), in der Graßmann, Vater und Sohn, Emsmann, von Boguslawski, Balsam u. a. m. besonders tätig waren, der Stettiner Gartenbauverein, der wissenschaftliche Verein (1856), der unter A. Heydemanns Leitung Jahre lang die wissenschaftlich interessierten Stettiner vereinte.

Abb. 33. Léon Saunier.

Praktischeren Zwecken dienten die Nautische Gesellschaft, der Seidenbau-Verein, der Verein zur Förderung überseeischer Handelsbeziehungen (1872) u. a. m. Geselliger Art waren besonders einige Ressourcen, die Abendhalle, die Kasino-Gesellschaft, die Liedertafeln, der Verein junger Kaufleute, der sich aus der Schützenkompagnie der Handlungsdiener entwickelte und bald eine große Bedeutung im Leben Stettins gewann. Noch immer erfreuten sich die Schützenfeste der beiden Gesellschaften einer großen Beliebtheit und die Bälle im Schützenhause waren Höhepunkte der Geselligkeit, die nach alten Schilderungen sehr in Blüte stand. Die Logengesellschaften, zu denen ein großer Teil der gebildeten Kreise Stettins gehörte, taten neben ihren nächsten Zwecken auch das ihre, sie zu fördern und zu beleben. Wie sollen wir dies Leben schildern? Leider haben wir nur wenige Erzählungen und Berichte aus jener Zeit; Memoiren und Lebenserinnerungen haben Stettiner nicht geschrieben oder wenigstens nicht veröffentlicht. Und doch erführen wir gerne von jener „guten alten Zeit", in der neben manchen alten, einfachen Sitten sich auch schon das moderne Leben geltend machte. Auf die Jahre ärmlicher Einfachheit folgte bei wachsendem Wohlstande bald eine Zeit, in der die Stettiner es nicht verschmähten, wie ihre Altvorderen, Gefallen an gutem Essen und Trinken, an fröhlichen Festen und Vergnügungen zu finden. Man merkt allein schon aus den Zeitungen, wie die Lebensverhältnisse allmählich im allgemeinen besser und üppiger wurden. Auch hier machte sich der Einfluß der Hauptstadt mächtig geltend, die Stettiner lernten in dieser Beziehung schnell von den Berlinern, sie wurden leichtlebiger und lebendiger.

Bei aller Geselligkeit herrschte in diesen Jahren in einzelnen Kreisen ein reges geistiges Leben. Wir hören, wie die Häuser des Bischofs Ritschl, mit dem Schleiermacher befreundet war, des geistvollen Oberlehrers Wellmann und besonders der Frau Geheimrat Tilebein Mittelpunkte solches Lebens waren. Dort wuchs in reicher Anregung die Generation heran, dort verkehrten Giesebrecht, Loewe, Graßmann u. a. Vorträge und Vorlesungen fanden regelmäßig des Winters statt; L. v. Wallenrodt las über neuere Geschichte, Justus Günther Graßmann hielt Vorlesungen über Experimental-Physik, vor allem fanden dann die Vorträge von Robert Prutz zahlreichen Besuch und großen Beifall. Auch in dieser Beziehung bringt diese Periode der Stadtgeschichte eine bedeutsame Entwickelung mit sich; äußerlich und innerlich gestaltete sich Stettin zu einer modernen Stadt um, die zwar immer noch manche Eigenarten bewahrte, aber doch eine Umbildung erfuhr, durch die sie anderen Städten ähnlicher wurde. Die letzten Jahrzehnte hat Hans Hoffmann (geb. 1848, gest. 1909) in Stettin erlebt, der in verschiedenen seiner Novellen Stoffe aus seiner Jugendzeit verwertete. Namentlich hat er aber in gelegentlich veröffentlichten Plaudereien über seine Jugend uns ein treffliches Bild vom alten Stettin der sechziger Jahre entworfen. Von dem Poeten mag man sich erzählen lassen, wo die Kraft des Historikers versagt. Giesebrecht besang in seinem humoristischen Liede die Umwandlung Stettins aus der alten nach Teer duftenden Stadt in eine moderne:

Feiner wirst du alle Tage,
Schöne Häuser wachsen auf,
Bäume draußen wie zum Hage
Um des Stromes alten Lauf;
Und Verstand in deinen Mauern,
Frischer Sinn und frischer Teer.
Mögt ihr schaffen, mögt ihr dauern
Freigemut auf freiem Meer!

19. Kapitel.

Die neueste Zeit seit 1873.

„Das Jahr 1873 ist durch die während desselben ergangene Entscheidung über die Entfestigung Stettins zu einem hochwichtigen und für die späteste Zukunft folgenreichen Zeitabschnitte in der Geschichte unserer Stadt geworden.“ So beginnt der Bericht des Magistrats über die Verwaltung und den Stand der Gemeindeangelegenheiten Stettins für das Jahr 1873. Die damaligen Stadtväter hätten vielleicht die Bedeutung dieses Vorganges noch höher eingeschätzt und die Erfüllung eines alten Wunsches noch mehr gepriesen, wenn sie hätten voraussehen können, wie die Stadt, von den Fesseln befreit, sich entwickeln und umgestalten werde. Ja in einem Zeitraume von etwa 40 Jahren ist das alte Stettin, das bis dahin trotz aller Umänderungen doch im Laufe der Jahrhunderte nur wenig an äußerem Umfange zugenommen hatte, nicht nur weit über seine bisherigen Grenzen hinaus gewachsen, sondern auch in seinem ganzen Aussehen anders geworden. Alle Belagerungen und Zerstörungen haben das Stadtbild nicht so umgeändert, wie es die Neuzeit fertig gebracht hat. Wenn auch diese Entwickelung in der Hauptsache abgeschlossen zu sein scheint, so gehen doch noch fortgesetzt Veränderungen und Umgestaltungen vor sich, die darauf hinweisen, daß auch die Zukunft eingreifende Umgestaltungen mit sich bringen wird. So haben wir es bei diesem neuesten Abschnitte der Stadtgeschichte nicht mit einer abgeschlossenen Epoche zu tun und müssen deshalb mit der Schilderung und dem Urteile vorsichtig und zurückhaltend verfahren. Ebenso zwingt die Fülle einzelner an sich nicht unwichtiger Vorgänge zu kurzer und zusammenfassender Darstellung, in der die für die Neuzeit sonderlich interessierten Leser viel vermissen werden; ein späterer Geschichtsschreiber, der dieser Periode in der Zeit ferner steht, mag es versuchen, ihre Bedeutung im einzelnen zu schildern und die Wirksamkeit der Männer, die in diesem Zeitabschnitte tätig waren oder sind, gerecht zu beurteilen. Hier soll der Abschnitt unter den Gesichtspunkten des Neu- und des Umbaues zusammengefaßt werden.

Der Anfang zum Neubau wurde gemacht, als die Aufhebung der Festung erfolgte. Über die Verhandlungen und Arbeiten, die zur Lösung dieser Lebensfrage Stettins führten, ließe sich ein Buch schreiben, und H. Berghaus hat in seiner Geschichte der Stadt Stettin, die einen Teil seines Landbuches Pommerns bildet, in breiter Ausführlichkeit darüber Mitteilungen gemacht. Wir wissen, daß man bereits 1856 verhandelte, daß dann aber die Beratungen ins Stocken gerieten. In Stettin erörterte man die Frage weiter, richtete Petitionen an den König Wilhelm oder an den Provinziallandtag, der die Förderung der Angelegenheit warm befürwortete, und wußte den Kronprinzen als Statthalter Pommerns und als kommandierenden General dafür zu interessieren. Indessen die kriegerischen Vorgänge der sechziger Jahre waren nicht geeignet, eine Entscheidung zu erleichtern. Trotzdem verhielt sich die Staatsregierung keineswegs durchaus ablehnend; für sie trat neben der Frage, ob die Sicherheit des Landes eine vollständige Aufhebung der Festung erlaube, auch die andere in den Vordergrund, was mit dem frei werdenden Gelände geschehen sollte, ob etwa die Stadt geneigt sei, dieses im ganzen zu verkaufen. Eine ausführliche Denkschrift des Geheimrats O. Wehrmann bildete die Grundlage für die Verhandlungen, die mit den städtischen Behörden eingeleitet wurden. Da stellte es sich heraus, daß es in der Stadt eine Partei gab, die überhaupt gegen die Entfestigung war; sie bestand zum größten Teil aus Hausbesitzern, die eine Entwertung ihrer Grundstücke durch Erweiterung des für Bebauung erschlossenen Gebietes fürchteten. Sie ließen sich auch nicht durch sanitäre Gründe belehren, die gerade 1866, als die Cholera in Stettin herrschte, recht deutlich wurden. Die größte Schwierigkeit aber machte die Preisfrage; darüber, was die Stadt für die Übernahme des Festungsgeländes zahlen könne, war eine Einigung in den Kommissionssitzungen und Stadtverordneten-

Verhandlungen nicht zu erzielen. So schleppte sich die Sache hin, bis 1870 der Krieg ausbrach und zunächst weitere Erörterungen zurücktreten ließ. Es war indessen wenigstens so viel klar geworden, daß ein Hinausschieben der Festungsanlagen kaum genügen, sondern eine vollständige Aufhebung nötig sein werde. Auch während des Krieges wurde die ganze Sache in der Bürgerschaft lebhaft besprochen, man führte eifrigst Gründe für und gegen an, Privatinteresse kämpfte mit dem Gedanken an den allgemeinen Nutzen. Unentwegt behielt diesen der Magistrat im Auge, in dem der Oberbürgermeister Th. Ed. Burscher (1868—1877 im Amte), Bürgermeister Sternberg (1867—1883 im Amte), Syndikus F. Giesebrecht, Kämmerer H. Hoffmann u. a. in dieser Angelegenheit besonders tätig waren. Ohne Rücksicht auf die mancherlei Parteiungen und Spaltungen, die unter den Bürgern herrschten, suchten sie bald nach dem Friedensschlusse die immer dringender werdende Frage zur entscheidenden Lösung zu bringen. Eine große Vorlage für die Stadtverordneten-Versammlung wurde ausgearbeitet, in der man den Ankauf des Festungsgeländes für 3½ Millionen Taler, zahlbar in 12 Jahren, vorschlug. Während sich hierüber eine sehr lebhafte Diskussion in der Bürgerschaft erhob und namentlich von einer Seite sehr heftig dagegen agitiert wurde, kam das Reichsgesetz vom 30. Mai 1873 zustande, durch das bestimmt wurde, daß neben anderen Festungen auch Stettin als solche aufhören solle. Am 6. Juni wurde das Gesetz publiziert; man feierte in Stettin die endlich definitiv gewordene Entfestigung der Stadt mit großer Freude, besonders da die Aufhebung der Rayonbeschränkungen sofort verfügt wurde. Am 1. Juli fiel der entscheidende Beschluß der Stadtverordneten: der Ankauf des Festungsgeländes wurde abgelehnt, da die Mehrheit sich nicht dazu entschließen konnte, die Stadt in ein so weit ausschauendes Spekulationsgeschäft zu verwickeln. Man kann bedauern, daß die Vertreter der Stadt sich damals so zaghaft verhielten, aber wer will ihnen einen direkten Vorwurf daraus machen? Niemand ahnte, in wie schneller Zeit sich Stetttin entwickeln und wie weit es sich ausdehnen würde, niemand glaubte, daß in wenigen Jahrzehnten das ganze große Gelände bebaut sein, ja nicht mehr ausreichen werde. Für den weiteren Ausbau wurde der Beschluß vom 1. Juli 1873 auf lange Zeit verhängnisvoll, denn die Stadtverwaltung begab sich der Möglichkeit, ihn planmäßig in die Wege zu leiten und systematisch die Stadt zu erweitern. Auf die ablehnende Haltung der städtischen Behörden hin verhielt sich auch das Reich, in dessen Besitz die Festungswerke übergingen, oft wenig entgegenkommend, und die für ihre Verwaltung 1876 eingesetzte Kommission machte von ihrem Rechte, Baustellen hier und dort, wo es ihr beliebte, zu verkaufen, nicht selten rücksichtslos Gebrauch. Es gelang erst nach vieler Mühe und Arbeit, einen festen Bauplan aufzustellen, der dann für die Anlegung von Straßen und Plätzen eine bestimmte Grundlage bot.

Die Niederlegung der Festungswerke ging natürlich nicht schnell vor sich und man begnügte sich anfangs beim Berliner und Königstore die Passage zu erweitern. Daher setzte die Bautätigkeit weiter draußen ein, zumal da dort im Westen der Stadt der Bauverein auf Aktien Westend-Stettin bereits 1871 auf der Stelle des alten Gutes Friedrichshof mit der Anlage einer Villen-Vorstadt begonnen hatte. So entstanden zunächst in weiterem Abstande von der alten Stadt neue Häuser und Straßen, und die Entfernung, sowie mangelhafte Verbindung — welcher alte Stettiner dächte nicht an den sogenannten „Schipkapaß?“ — erschwerten den Verkehr. Lange Jahre bot Stettin den Anblick einer ganz unfertigen Stadt; hier und dort erhoben sich einzelne Häuserblocks, dazwischen lag unbebautes, wüstes Gebiet, standen Stücke der alten Wälle, befanden sich Gräben und Mauerreste, kurz das ganze war wenig erfreulich und hoffnungsvoll anzusehen. Aber bald nach 1890 etwa begann allmählich schon mehr Ordnung in diese Verhältnisse zu kommen; die äußeren Teile schlossen sich an die alte Stadt an, regelrechte Straßen wurden angelegt, das planlose Bauen hörte auf. Zugleich gab dann der Oberbürgermeister Haken (1878—1907 im Amte) die Anregung, nicht nur die notwendigsten Bedürfnisse durch den Bau von neuen Häusern und die Anlage von Straßen zu befriedigen, sondern auch auf Schmuck und Schönheit in der weiteren Gestaltung des Stadtbildes zu achten. Freilich was im Bau der Privathäuser gesündigt worden war, ließ sich nicht mehr beseitigen; die langweilige Gleichförmigkeit der geraden Straßen, in denen ein Haus wie das andere gestaltet, oft mit leerem, falschem Prunk ausgestattet sich erhob, konnte man nur hier und da ein wenig durch Baumpflanzungen und Anlagen von Schmuckplätzen mildern. Aber in den neuen Stadtteilen war man eifrig auf eine Ausschmückung mit Bäumen, Blumenanlagen, Rasenstreifen bedacht, wie man sie bisher in Stettin nur ganz vereinzelt kannte. Auch viele andere Städte haben ähnliches geschaffen, aber im allgemeinen findet man selten eine so ausgedehnte planmäßige Anlage von Schmuckplätzen und Promenaden wie im neuen Stettin. Als Denkmäler und Erinnerungszeichen an die Festungszeit ließ man die beiden Prunktore Friedrich Wilhelms I. stehen, und die städtische Verwaltung entzog sich 1877 nicht der Pflicht, sie in das Eigentum der Stadt zu übernehmen, zu restaurieren und zu unterhalten. Sie sind ein Schmuck der Stadt, die an historischen Denkmälern so arm ist, und mögen spätere Geschlechter an jene Zeit des „mangelnden Raumes“ erinnern, in der durch diese Tore, nicht neben ihnen her der Verkehr ging. Daß man in eines von ihnen einen Brunnen, den Felderhoff verfertigt hat, hineingesetzt hat, läßt sich weder historisch noch ästhetisch rechtfertigen.

Ein neuer Stadtteil entstand bei und in dem alten Fort Preußen durch den Bau zahlreicher Kasernen, Exerzier- und Wagenschuppen, militärischer Ökonomiegebäude usw. für die Garnison, die in ihrem Bestande manche Änderungen erfuhr. Immer der Stadt treu geblieben ist das 2. Grenadierregiment, das bei den Stettinern noch den Namen des Königsregiments führt. Dem engen Verhältnisse, in dem Kaiser Wilhelm II. zu ihm steht, ist es mit zu verdanken, daß der Herrscher Stettin oft mit Besuchen beehrt und wiederholt sein Interesse an seiner Entwickelung kundgetan hat. Das 34. Infanterieregiment oder das 2. Pionierbataillon, die mit einiger Unterbrechung ebenfalls lange Jahre hier ihr Standquartier haben, sind nicht minder als die Artillerie mit der Stadt und ihren Bewohnern verbunden. Die Militärkapellen mit ihren Leitern, unter denen sich Vater Orlin und Parlow besonderer Beliebtheit erfreuten, haben den Stettinern gar manche genußreiche Stunde bereitet.

Je mehr sich die Stadt erweiterte, desto enger wuchs sie mit den Vorstädten zusammen; es wurde deshalb immer notwendiger, diese mit Stettin zu vereinigen. Jahrzehnte zogen sich die Verhandlungen hin, endlich mit dem 1. April 1900 wurden die Stadt Grabow, sowie die Landgemeinden Bredow und Nemitz der Stadt einverleibt, und am 1. April 1911 folgte die Eingemeindung der neu entstandenen Ansiedlungen Braunsfelde und Neuwestend und der Gutsbezirke Eckerberg, Schwarzow und Zabelsdorf. Die Ausdehnung der Stadt ist von 6026 ha im Jahre 1872 auf 7775,68 ha im Jahre 1911 gestiegen. Die Einwohnerzahl wuchs von 76 280 im Jahre 1871 auf 236 145 im Jahre 1910; nach dem Berichte der statistischen Stelle der Stadt ist sie bis Ende April 1911 infolge von Abwanderung auf 233 484 zurückgegangen.

Wie auf dem bebauten Gebiete eine vollständige Umgestaltung eingetreten ist, so daß man sich die alte Stadt, wie sie 1873 bestand, kaum vorstellen kann, so sind auch die Wasserflächen, die für Stettin den Hafen bilden, teilweise in großartiger Weise umgeändert, vergrößert oder eingeengt worden. Bei der Zunahme des Schiffsverkehrs machte sich fortgesetzt ein Mangel an Lösch- und Ladeplätzen bemerkbar,

XIV.

umbrücke.

XV.

umbrücke.

so daß die Bollwerksanlagen nach allen Seiten erweitert, verlängert und auch erneuert wurden; so beseitigte man z. B. 1880 das alte Schlachthaus an der Baumbrücke, um die Schiffbau-Lastadie mit in den Hafen hineinzuziehen. Er erhielt dann eine beträchtliche Erweiterung durch die 1878 fertiggestellten Anlagen am Dunzig, durch die ein ausgedehnter Umschlagplatz zwischen Wasser und Eisenbahn gewonnen wurde. Damit in Verbindung wurde bis 1881 der Oder-Dunzig-Kanal gebaut, der den Weg von der See her zu den Löschplätzen am Dunzig vereinfachte. Zu gleicher Zeit wurde im unteren Revier die Fahrstraße nach Swinemünde durch Herstellung der „Kaiserfahrt" (1875—1880) verkürzt und dann seit 1891 das Fahrwasser zwischen Stettin und der See reguliert, vertieft und mit neuer Beleuchtung versehen. Mit einem Kostenaufwande von 11 Millionen Mark, zu dem auch die Stadt einen Beitrag für die Verbreiterung und Vertiefung der Oder innerhalb ihres Weichbildes leistete, ist das große Werk in jahrelanger Arbeit hergestellt, erfordert aber fortdauernd nicht geringe Mühen und Kosten der Unterhaltung. Der größte Teil untersteht der Königlichen Wasserbauinspektion Stettin, die seit 1851 in Bredow einen später beträchtlich vergrößerten Bauhof unterhält. Einen großen Fortschritt für den ganzen Schiffsverkehr bedeutete die Beschaffung von Eisbrechern zur Offenhaltung des Fahrwassers während der Eiszeit. Schon früher war es angeregt worden, auf diese Weise den Verkehr im Winter zu unterhalten, aber erst 1888 wurden von der Kaufmannschaft die beiden ersten Eisbrecher beschafft und in Betrieb genommen. Seitdem hat man ihre Zahl vermehrt und die Wasserstraße selbst bei schwerem Froste regelmäßig offen gehalten. Fast noch größere Mühe machte die Verbesserung und Vervollkommnung der Wasserverbindungen nach dem Binnenlande. Von besonderer Wichtigkeit war hierbei die Herstellung einer besseren Wasserstraße nach Berlin, die geradezu eine Lebensfrage für Stettin in dem Konkurrenzkampfe mit Hamburg und Lübeck wurde. Dieser wurde immer heftiger, als 1895 der Kaiser Wilhelm-Kanal eröffnet worden war. Hatte man von Anfang an in Stettin wenig Vertrauen, daß dieser neue Weg zwischen der Ost- und der Nordsee günstig auf den Verkehr der Stadt wirken werde, so stellte es sich allmählich heraus, daß die Nachteile weit größer waren als die Vorteile; Hamburg gewann immer mehr Einfluß und Beziehungen zu den gesamten Ostseeküsten und zog einen guten Teil des Verkehrs an sich. Dazu kam dann, daß der Oder-Spree-Kanal es dieser Stadt ermöglichte, auch in dem schlesischen Hinterlande Stettin scharfe Konkurrenz zu machen, und endlich zog der Elbe-Trave-Kanal noch einen Teil des Verkehrs der preußischen und russischen Ostseehäfen mit Mitteldeutschland von Stettin nach Lübeck. Da galt es für die Stadt, mit allen Mitteln für eine bessere Verbindung mit Berlin zu sorgen, damit nicht auch die Reichshauptstadt, die seit alters her zu ihrem Hinterlande zu zählen war, ihr entzogen werde. Es kostete harte Kämpfe, bis endlich durch das Gesetz vom 1. April 1905 der sogenannte Großschiffahrtsweg, d. h. eine für Schiffe mit 600 t Tragfähigkeit fahrbare Wasserstraße nach Berlin, gesichert worden ist. Das großartige Werk ist im Bau, und voll Erwartung sieht man in Stettin der Eröffnung dieser Wasserstraße entgegen, die für seinen Handel von der größten Bedeutung sein wird.

Abb. 34. Der Freihafen.

Was Stettin selbst zur Erhaltung und Hebung seines schwer gefährdeten Seehandels tun konnte, hat es nicht versäumt. Die Verhältnisse drängten zu der Herstellung einer neuen großen Hafenanlage, die mit modernen Einrichtungen versehen allen Ansprüchen des damaligen und des für später zu erhoffenden größeren Verkehrs entsprechen sollte. Man nahm sofort Bedacht auf die Einrichtung eines Freibezirks, damit Stettin auch in dieser Beziehung nicht hinter Hamburg, Bremen oder Kopenhagen zurückstehe. Das vom Stadtbaurat Krause ausgearbeitete Projekt, dessen Kosten im ganzen auf mehr als 30½ Millionen Mark veranschlagt worden war, wurde 1894 genehmigt und die Ausführung in Angriff genommen. Die Eröffnung und Einweihung des Freibezirks erfolgte am 23. September 1898 in Gegenwart des Kaisers Wilhelm II., der dabei das auch für Stettin bedeutungsvolle Wort sprach: „Unsere Zukunft liegt auf dem Wasser." Gewissermaßen als Symbol der aufstrebenden Stadt, die in stolzem Kraftgefühl ein solches Werk unternimmt und fürsorglich auf das Wasser hinausschaut, wurde damals auf dem Rathausplatze der stattliche Brunnen, das kühne Werk Ludwig Manzels, enthüllt. Ist auch für dies Denkmal der Platz nicht in jeder Beziehung günstig, so bleibt es doch ein Kunstwerk, würdig der Stadt und seines Meisters. Die Arbeiten an dem großen Bau, der eine vollständige Umgestaltung der alten Möllenwiesen auf dem rechten Oderufer mit sich brachte, waren damit nicht abgeschlossen; ununterbrochen wurde weitergebaut und das Projekt des Baurats Benduhn (gest. 1910) ausgeführt; am 15. August 1910 nahm man das zweite Hafenbassin des Freibezirks in Gebrauch. So hat sich Stettin gerüstet für die Zunahme des Verkehrs, die schon bald einsetzte, in größerem Umfange aber von dem Großschiffahrtswege erhofft wird.

Auch mit der Verbesserung der übrigen Hafenanlagen, der Ausdehnung der städtischen Bollwerke, der Errichtung von Speichern und Krähnen, der Einrichtung der verschiedensten Anstalten für den Umschlagverkehr fuhr man fort. So ist gerade in den letzten Jahrzehnten der gesamte Hafen Stettins umgestaltet worden, und mit Stolz blickt der Stettiner von der Hakenterrasse, die ihren Namen nach dem um diese ganze Entwickelung der Stadt sonderlich verdienten Oberbürgermeister Haken führt und 1907 im wesentlichen fertig gestellt ist, auf den Strom und den Hafen. Da grüßen die Bauten des Freihafens, die Schuppen und Krähne herüber, da liegen die Bahnanlagen am Dunzigkai, da ragen die Masten und Schornsteine empor und zeugen von dem blühenden und wachsenden Handel und Verkehr, der zum guten Teile die Grundlage für das Gedeihen der ganzen Gemeinde ist. Das Bild des Hafens ist aber auch ein ganz anderes geworden durch den Bau der stattlichen steinernen Brücken. An die Stelle der alten Holzbrücken mit den schwerfälligen Klappen sind großartige Bauten mit mächtigen Türmen und elektrischem Aufzugsbetriebe getreten. Die Bahnhofsbrücke wurde in den Jahren 1898—1900, die Hansabrücke, die mit leider verändertem Namen die alte lange Brücke ersetzte, von 1900 bis 1903, die Baumbrücke, die etwas stromabwärts verlegt wurde, 1910 fertiggestellt; auch die Parnitzbrücke wurde neugebaut. Alle diese großen Neuanlagen erfordern für ihre Erhaltung und Verwaltung ein zahlreiches Personal, das der städtischen Hafen-Deputation untersteht. Der Bauhof, der zwischen der Oder und der Parnitz gelegen ist,

Abb. 35. Der Manzelbrunnen.

umfaßt ein bedeutendes Areal und ist mit allem ausgerüstet, was für den Hafen notwendig ist.

Neben dem Neubau der Wasserstraßen ging die Anlage neuer Eisenbahnlinien her. Von besonderer Bedeutung war die Herstellung einer Bahnverbindung mit Swinemünde, die 1876 über Ducherow zustande kam. Dorthin wurde dann auch ein Eisenbahnweg hergestellt, als die 1882 erbaute Linie Altdamm-Gollnow 1892 bis Wollin, 1899 bis Misdroy und Swinemünde fortgesetzt wurde. Wichtig war die 1877 eröffnete Eisenbahn nach Königsberg i. N., durch die Stettin eine neue Verbindung mit Breslau erhielt. Für diese Bahn wurde an der Parnitz ein eigener Bahnhof errichtet, doch verlegte man den Personenverkehr 1886 auf den Berliner Bahnhof und leitete den Güterverkehr nach dem großen Zentral-Güterbahnhof, der in dieser Zeit und später wiederholt erweitert wurde. Eine Art von Ringbahn um Stettin, die am linken Oderufer zunächst bis Jasenitz, dann bis Ziegenort gebaut wurde, stellte die 1898 in Betrieb genommene Linie über Pommerensdorf, Torney Westend, Zabelsdorf, Bredow dar. Die gesamte Verwaltung der Bahnen ging seit 1879 allmählich an den Staat über, und 1895 wurde Stettin der Sitz einer Kgl. Eisenbahndirektion. Bei der großen Zunahme des Verkehrs waren verschiedene Umbauten des Personenbahnhofes nötig, doch gelang es bisher noch nicht, einen sehr erwünschten Neubau herzustellen.

Die veränderten Verkehrsverhältnisse veranlaßten auch eine schnelle Ausgestaltung des Post- und Telegraphenwesens. Noch vor der Aufhebung der Festung begann man mit dem Bau des Postamtes an der grünen Schanze, das am 1. Dezember 1874 eröffnet wurde. Es erschien den Stettinern damals als ein Prachtbau und wurde genügend bewundert. Bald mußte es erweitert und durch Anlage von Postämtern in verschiedenen Stadtteilen eine Erleichterung des Verkehrs geschaffen werden. Die Oberpostdirektion erhielt ein eigenes Gebäude in dem 1905 fertiggestellten schönen Bau am Paradeplatze; dort ist auch das Fernsprechamt untergebracht. Der Telephonverkehr ist in Stettin 1881 eröffnet worden.

In der Stadt wurde 1879 eine Straßenbahn eingerichtet, die anfangs mit Pferden betrieben, später elektrischen Betrieb erhielt. Sie ist allmählich immer weiter ausgebaut worden, so daß die Gesamtlänge jetzt mehr als 33 km beträgt. Auch Dampfschiffe und Motorboote vermitteln den Verkehr mit den Vor- und Nachbarorten. Um den Fremdenverkehr zu heben und allerlei Erleichterungen und Verbesserungen in dieser Beziehung zu schaffen, wurde 1907 ein Verkehrsverein auf Anregung des Oberbürgermeisters Dr. Ackermann (seit 1907 im Amte) gegründet. Auch dadurch will er die Stadt, die in manchen Beziehungen etwas zurückgeblieben war, modernen Ansprüchen entsprechend ausgestalten. Deshalb sind in der Verwaltung viele Neuerungen eingeführt und vor allem Arbeiten in Angriff genommen worden, durch die Stettin immer mehr eine schöne, gesunde Stadt werden soll. Dazu war es auch nötig, größere Parkanlagen und Gärten zu schaffen, in denen die Bevölkerung leicht, ohne erst weitere Fahrten zu unternehmen, Erholung finden kann. Das gelang nicht nur durch die Umwandlung des alten Friedhofes vor dem Königstor, der mit dem Reste der einst geschaffenen Anlagen verbunden und nach der Oder zu erweitert wurde, sondern auch durch die Übernahme der von Joh. Quistorp angelegten großen Obstplantage und Parkanlage bei Westend. Dadurch ist in Verbindung mit dem weiten Gelände bei Nemitz, Eckerberg und der Wussower Forst ein großes Gebiet zu dauernder Erhaltung gesichert und durch Fuß-, Fahr-, Reit- und Radfahrwege erschlossen worden. Der Quistorpturm, ein mächtiger, hoch aufragender Bau F. H. Schwechtens, ermöglicht einen schönen Blick über das weite Wald- und Parkgebiet. Ebenso stellt der neue, großartig angelegte Zentralfriedhof ein landschaftlich hervorragendes Gelände dar, so daß Stettin im Umkreise mancherlei Vorzüge und Schönheiten erworben hat, deren es sich früher nicht zu erfreuen hatte. Und die Bevölkerung hat ihre Freude daran, wie es der große Verkehr täglich beweist, wie es die neu eingerichteten Laubenkolonien und die lange vermißte Herstellung von kleinen Einfamilien-Häusern oder der Bau von Villen deutlich kundtun. Um das Terrain für eine weitere Ausdehnung der Stadt zu sichern und nicht einer wilden Spekulation zu überlassen, hat die Stadt 1909 ein ausgedehntes Gebiet im Westen und Norden mit Schwarzow, Eckerberg und Teilen von Nemitz erworben. Dadurch soll eine verständige Bebauung, für die ein fester Plan entworfen ist, ermöglicht werden. Im Süden ist die Anlage eines neuen Industriebezirks beschlossen worden. Alles dies zeigt, daß die Periode des Neubaues noch nicht beendet ist, daß trotz einzelner Störungen und Hemmungen, die mitunter eingetreten sind, noch weiter frisches Leben in der Stadt herrscht, und es ist zu hoffen, daß ihre äußere Entwickelung auch in der Zukunft Fortschritte machen wird.

Aber nicht nur um das alte Stettin wurde in weitem Umfange neu gebaut, auch die Altstadt selbst erfuhr durch Umbauten eine Veränderung, wie sie vielleicht nur nach der großen Belagerung von 1677 vor sich gegangen war. Die vom Stadtbaurat J. Hobrecht schon 1868 projektierte Kanalisation wurde nach 1870 ausgeführt und immer weiter ausgedehnt, so daß das Kanalnetz im Jahre 1909 eine

Gesamtlänge von etwa 190 km hatte. Über der Erde erhielten die alten Straßen neues, gutes Pflaster, zum Teil mit Asphalt; Bürgersteige wurden überall angelegt, und die berüchtigten Rinnsteine, die den Verkehr störenden Kellerhälse, Treppen und Vorbauten verschwanden.

Abb. 36. Das Schloß von Nordwesten.

Leider gingen bei solcher nivellierenden und gleichmachenden Umgestaltung viele Stücke alter anheimelnder Bauart zu Grunde, und der notwendigen Verbreiterung oder Verlegung von Straßen fiel hier und dort ein Bau zum Opfer, dessen Erhaltung man aus historischem oder künstlerischem Interesse gewünscht hätte. Aber die moderne Zeit verlangte auch in der Altstalt und auf der Lastadie Luft und Licht, und beides nach Möglichkeit zu schaffen, dazu waren solche Opfer nötig. Man sorgte auf den Straßen für Sauberkeit, die Jahrhunderte lang so viel zu wünschen übrig gelassen hatte. Die Stadt selbst übernahm die Straßenreinigung, freilich ohne damit die alte Streitfrage über die Verpflichtung der Bürger zur Reinhaltung aus der Welt zu schaffen. Die Straßenbeleuchtung machte Fortschritte, vom Öl zum Gas, vom Gas zum elektrischen Lichte ging die Entwickelung. Man möchte wohl einmal einen Bürger, der vor 100 Jahren mit seiner

Abb. 37. Das Rathaus.

Laterne des Abends ausging, heute durch die im hellen Glanze strahlenden Straßen der Großstadt führen. Ob er wohl sein altes Stettin wieder erkennen würde?

Neue Gebäude entstanden überall auch in der alten Stadt. Wer will nur alle die öffentlichen Bauten, die seit 1873 ausgeführt worden sind, aufzählen? Am Schlosse, an dem schon König Friedrich Wilhelm IV. einzelne Änderungen hatte vornehmen lassen, wurde der Südflügel 1872—1874 für Bureauräume umgebaut, nicht gerade zur Zierde des alten Baues. Es gelang wenigstens die prachtvolle Balkendecke zu retten, die ein Schmuck des Raumes wurde, in dem man das

Altertumsmuseum unterbrachte. Doch schon stehen neue Umänderungen in Aussicht, nachdem die Regierung in den großartigen Bau auf der Hakenterrasse übergesiedelt ist. Wie eine stolze Burg erhebt er sich in reichem deutschem Renaissancestile mit mannigfachen Anklängen an bekannte Bauten. Streng in gotischen Formen führte Stadtbaurat Kruhl in den Jahren 1875—1879 das Rathaus am Viktoriaplatz aus. Dieser Bau war seit langen Jahren als höchst dringend erörtert worden, da das alte Gebäude am Heumarkt den neuen Verhältnissen durchaus nicht mehr entsprach. Bei dem Umzuge ging man, wie es scheint, nicht mit der wünschenswerten Achtung und Sorgfalt vor; nicht nur ein Teil des städtischen Archives, das man schon früher wenig pietätsvoll behandelt hatte, ging verloren, sondern es scheinen damals auch andere Erinnerungen an die alte Zeit verworfen oder abhanden gekommen zu sein. Heute vermißt man in dem neuen Rathause ungern Bilder oder Prunkstücke, die von früheren Jahrhunderten und Geschlechtern erzählen könnten. Als das Haus infolge der gewaltig gewachsenen Stadtverwaltung nicht mehr ausreichte, wurde 1900—1902 an der Stelle des alten, von den Schweden erbauten Magazins ein eigenes städtisches Verwaltungsgebäude vom Stadtbaurat Meyer aufgeführt. Wie ganz anders wirkt dieses Werk auf uns, welch eine Änderung des Geschmackes und Stilgefühles spricht sich in diesem Bau aus! Kruhl und Meyer haben, jeder zu seiner Zeit, dem städtischen Bauwesen eine ganz eigene Richtung gewiesen, einen eigenen Charakter gegeben. Ein besonderes Kunstwerk Meyers ist das neue Stadtmuseum auf der Hakenterrasse (vollendet 1912), das im einzelnen große Feinheiten zeigt. Am deutlichsten aber erkennt man wohl die Entwickelung des Geschmackes an den zahlreichen Schulbauten, die in allen Teilen der Stadt errichtet worden sind. Man vergleiche z. B. das alte Stadtgymnasium an der grünen Schanze, in dem jetzt die 1902 begründete Stadtbibliothek untergebracht ist, mit dem imponierenden neuen Gebäude in der Barnimstraße oder eins der älteren schlichten Schulhäuser mit den oft etwas unruhig wirkenden, aber doch stets fein ausgeführten Bauten neuerer Zeit oder das in den siebziger Jahren erbaute einfache Kuhbergstift mit dem in kokettem Schmucke prangenden Oskarstift! Überall tut sich die Individualität des Meisters kund, überall zeigen sich Eigenart und Leben. Dasselbe gilt auch von den zahlreichen staatlichen Neubauten, z. B. der Oberpostdirektion (1905), dem Polizeipräsidium (1905), dem Hauptzollamt, die meist der Stadt zu besonderer Zierde dienen und das Bild reicher gestalten. Alle diese Gebäude neben- und beieinander wirken freilich in ihrer bunten Verschiedenheit oft etwas unruhig und bringen es dem Beschauer zum Bewußtsein, daß Stettin sich nicht wie andere norddeutsche Städte eine eigenartige, bodenständige Bauart erhalten oder ausgebildet hat. Danzig, Stralsund, Wismar oder Lübeck wirken ganz anders durch die Einheitlichkeit des Stadtbildes. Es ist klar, daß die schweren Schicksalschläge, von denen die Stadt getroffen wurde, in erster Linie daran Schuld haben.

Charakteristisch war früher für die Stadt der Mangel an Türmen, doch dem hat man zur Genüge abgeholfen. Während indessen die Sucht, auf jedem Eckhause eine Kuppel oder ein Türmchen zu setzen, geradezu als krankhaft zu bezeichnen ist, haben die Türme des Verwaltungs- und des neuen Regierungsgebäudes oder die Kuppel des Museums das Bild vorteilhaft verändert. Die alte Jakobikirche ist namentlich dank der Freigebigkeit des Kommerzienrat Karl Gerber in den Jahren 1893 bis 1902 ausgebaut worden und hat statt des alten Turmstumpfes, der trotz seiner Dürftigkeit vielen alten Stettinern lieb und vertraut war, einen schlanken, hohen Turm erhalten. Außen und innen ist der Bau neu gestaltet und reich ausgestattet, ein Denkmal deutschen Bürgersinnes und deutscher Frömmigkeit. Neugebaut sind die alte Gertrudkirche auf der Lastadie (1897), die kleine Lutherkirche (1893), die katholische Kirche (1895), die Friedenskirche in Grabow (1890), die Matthäuskirche in Bredow (1892), die Bugenhagenkirche (1908), die lutherische Kirche (1911) u. a. m. Durch alle diese Bauten, die dem Mangel an Kirchen doch nur zum Teil abhelfen können, ist das Aussehen der Stadt ein wesentlich anderes geworden. Wohin

Abb. 38. Das städtische Verwaltungsgebäude.

man jetzt auch kommt, sieht man neben den Privathäusern, von denen sich die meisten gerade nicht durch architektonische Schönheit auszeichnen, überall stattliche, um nicht zu sagen, monumentale öffentliche Gebäude. Von nicht geringem Einfluß auf die Entwickelung des Stettiner Bauwesens ist gewiß die Königliche Baugewerk-Schule, die in dem von der Stadt hergestellten imponierenden Gebäude Unterkunft gefunden hat. Neben ihr dienen die Maschinenbau- und die Seemaschinisten-Schule der Verbreitung technischer Kenntnisse.

Umgebaut hat man auch sonst in der Stadt und baut noch fortwährend um. Was ist z. B. aus der Breiten Straße, dem Paradeplatze geworden! Wenige ältere Häuser sind dort noch stehen geblieben, eins nach dem andern wird niedergerissen, um einem modernen Geschäftshause, einem Warenhause Platz zu machen. Daß damit jedesmal eine Verschönerung der Straße verbunden ist, soll nicht behauptet werden; viele alte Stettiner Patrizier- oder Kaufhäuser waren im Innern und Äußern nicht nur anheimelnder und vornehmer, sondern auch architektonisch schöner. Man hat oft zu wenig Achtung vor den Baulichkeiten des 18. Jahrhunderts gehabt, die der Stadt früher ihr eigenartiges Gepräge gaben, rücksichtslos, ja in Verachtung des Barocks hat man sie beseitigt. Dadurch ist dem größten Teile der Altstadt der Reiz des Altertümlichen genommen, nur mühsam muß man in einzelnen Straßen nach Resten suchen und schon zufrieden sein, wenn man hier und da eine alte schöne Haustür, einen geräumigen Flur, ein geschmücktes Portal oder eine breit ausladende

Abb. 39. Die Bugenhagenkirche.

Treppe entdeckt. Doch auch die Neubauten zeigen manche Feinheiten und sind vor allen für die Anforderungen der modernen Zeit passender. Wie man namentlich in den Wohnhäusern sich einstmals einschränkte und sich mit einfachen, ja ärmlichen Verhältnissen begnügte, zeigen immer noch zahlreiche Häuser in den engen Straßen der Unterstadt. Haben sich durch den Neu- und Umbau Stettins die Wohnungsverhältnisse auch erheblich gebessert, so sind doch noch Übelstände vorhanden, und gar manche Wohnung ruft in feuerpolizeilicher oder hygienischer Beziehung schwere Bedenken hervor. Aber daß man auf solche nicht leicht zu beseitigende Zustände mit Aufmerksamkeit achtet, daß Baupolizei und Gesundheitsamt sie zu bessern bestrebt sind, ist ein großer Fortschritt. Die ganze Lage des Grundbesitzes in der Altstadt ist zurzeit nicht derartig, daß sofort eine Änderung erzielt werden kann. Durch den umfangreichen Neubau, durch teilweise Verlegung des Schiffsverkehrs, durch Verschiebung des Mittelpunktes der Stadt ist für einzelne Teile der alten Stadt eine beträchtliche Entwertung der Häuser eingetreten. Stettin hat wie andere Großstädte den Vorgang erlebt, daß das Geschäftszentrum sich mehr und mehr von dem Wohnungszentrum trennt. Nach der Ansicht der Kgl. Polizeidirektion schien eine größere Anzahl von Straßennamen nicht mehr zu passen, deshalb wollte sie ältere Namen beseitigen. Gegen dies pietätslose Verfahren, durch das von neuem alte Zeugen der Vergangenheit ohne weiteres vernichtet werden sollten, erhob sich eine Agitation, und es gelang besonders den Bemühungen des Professors H. Lemcke, der 1880 Aufsätze über die älteren Stettiner Straßennamen veröffentlichte, wenigstens einige zu retten und zu erhalten. Bei der Neubenennung begann man erst später, nicht nur allgemein gebräuchliche, überall wiederkehrende Namen zu benutzen, sondern auch die Erinnerung an Männer, die sich Verdienste um die Stadt erworben haben, festzuhalten oder zu erneuern. Dabei hat man z. B. des Oberpräsidenten Grafen Behr-Negendank (1883—1891), des Geh. Kommerzienrats Albert Schlutow (gest. 1910), der sich um Handel und Industrie Stettins besonders verdient gemacht hat, des Stadtrats Dr. Heinrich Dohrn, des Begründers und Förderers der eigenartigen städtischen Bronze-

Abb. 40. Albert Schlutow.

sammlung, des langjährigen Stadtverordneten-Vorstehers Dr. Scharlau u. a. m. gedacht. Nicht minder haben solche Ehrung verdient hochherzige Wohltäter, wie Karkutsch oder Stolting, Sanne oder Schwenn, deren Namen in ihren Stiftungen fortleben.

An der Entwickelung der Stadt haben fördernd und helfend die Staatsbehörden teilgenommen, namentlich die ihren Sitz in Stettin haben und in direkter Beziehung zu der Stadtverwaltung stehen; insonderheit haben die Oberpräsidenten der Provinz, außer den schon genannten Staatsminister Dr. von Puttkamer (1891—1899) und Dr. Freiherr von Maltzahn-Gültz (1900—1911), stets das Interesse der Stadt im Auge gehabt. Durch die Vergrößerung der Verwaltungs- und Gerichtsbehörden, der Eisenbahn-, Zoll-, Post- und Provinzial-Verwaltung ist die Zahl der Beamten ungemein gewachsen und ein neues Element in die Bevölkerung gekommen, das sich neben den im Erwerbs- und Geschäftsleben stehenden Bewohnern recht bemerklich macht.

Eine große Umwälzung hat in den letzten Jahrzehnten die Stettiner Industrie erfahren; sie hat sich in glänzender Weise entwickelt, und die gewerblichen Anlagen sind nach der Aufhebung der Rayonbeschränkungen immer näher an die eigentliche Stadt herangerückt. Nicht nur das linke Oderufer unterhalb und oberhalb der Stadt ist reich mit Fabriken besiedelt worden, denen neben dem Wasserwege dann zum Teil auch ein Eisenbahnanschluß in der Jasenitzer Bahn erwuchs, sondern auch auf dem rechten Ufer sind solche Anlagen entstanden, und ebensowenig fehlen sie landeinwärts auf der Höhe. Die ungeahnte Entwickelung erkennt man am leichtesten, wenn man ein Verzeichnis der Stettiner Fabriken von 1873 mit einem solchen von 1911 vergleicht. Manche der damaligen sind zu Grunde gegangen, zumal da nach 1870 ein geradezu ungesundes Drängen und Hasten nach Gründungen herrschte, das ja bekanntlich 1873 zu dem großen Krache führte, manche sind mit anderen vereinigt worden, aber wohl alle, die damals bestanden und heute noch im Betriebe sind, haben sich gewaltig vergrößert, und zahlreiche neue sind hinzugekommen. Der Jahresbericht der Kaufmannschaft für 1873 zählt in und um Stettin im ganzen 143 industrielle Etablissements auf mit 9433 Arbeitern, heute wird in den Fabriken, deren Zahl nicht ohne weiteres angegeben werden kann, eine Schar von mindestens 22000 Arbeitern beschäftigt. Es kann hier nicht eine Aufzählung aller der bestehenden Industrie-Unternehmungen erfolgen, noch weniger eine Geschichte der einzelnen gegeben werden, aber es sei darauf hingewiesen, daß sie, soweit sie für Stettin charakteristisch sind, es mit dem Schiffbau, der Herstellung von chemischen Produkten und von Zement, sowie mit der Kleiderkonfektion zu tun haben. Neu hinzugekommen ist als ein eigenartiges Unternehmen das 1897 in Betrieb genommene Eisenwerk Kraft in Kratzwieck, die großartige Gründung des Fürsten von Donnersmarck. Welche Bedeutung alle diese Fabriken für die gesamte Bevölkerung haben, hat sich wiederholt bei Streiks oder in Zeiten der Stagnation deutlich gezeigt. Da konnte man erkennen, wie die wirtschaftliche Existenz von Tausenden von der Blüte und dem Gedeihen der Industrie abhängig ist. Deshalb regte auch der Beschluß des „Vulkans", eine Zweigniederlassung in Hamburg zu begründen, die gesamte Bevölkerung Stettins auf, da man fürchtete, durch Einschränkung des Betriebes auf dieser größten aller Stettiner Industrieanlagen werde der ganzen Stadt ein schwerer Schaden erwachsen. Über die finanziellen Ergebnisse enthalten die Berichte der Vorsteher der Kaufmannschaft regelmäßig Angaben; seitdem die Industrie in Stettin so ungemein an Bedeutung gewonnen hat, sind ihre Vertreter auch der Korporation der Kaufmannschaft beigetreten. Sonst haben sie ihre Vereinigung in dem 1879 gegründeten pommerschen Verein zur Überwachung von Dampfkesseln und in dem Verein der Industriellen Pommerns.

Ebenso wenig wie eine Geschichte der Stettiner Industrie kann hier, wie bereits früher wiederholt hervorgehoben worden ist, eine solche des Handels gegeben werden. Seine Entwickelung, sein Auf- und Absteigen hängt von Vorgängen und Ereignissen ab, die im Rahmen einer Stadtgeschichte nicht erörtert werden können. Doch der schwerste Schlag, der nicht allein die Handel treibende, sondern fast die gesamte Bevölkerung traf, war sozusagen lokaler Art, der 1877 erfolgende Zusammenbruch der „Ritterschaftlichen Privatbank". Waren früher schon bisweilen Stimmen gegen dies erste Stettiner Geldinstitut und seine Geschäftsleitung laut geworden, so war das Mißtrauen doch gerade zuletzt verstummt, und das Vertrauen, das man der Bank entgegenbrachte, schien wohl begründet zu sein. Welch eine Aufregung entstand, als nach dem ziemlich plötzlichen Tode zweier Direktoren am 10. Oktober der Konkurs erklärt wurde. Es trat in der sehr lebhaft geführten Diskussion über die Gründe des Sturzes zu Tage, daß die Geschäftsführung unerhört leichtsinnig, ja auf direkte Täuschung berechnet gewesen war. Aber was halfen alle Erörterungen und Angriffe, von denen die Zeitungen voll waren? Eine große Zahl von Konkursen in Stettin war die Folge, und auf lange Jahre war das geschäftliche Leben zerstört, unendliche Mühe kostete es wieder, Vertrauen zu gewinnen.

Auch sonst hat der Handel Stettins schwere Zeiten durchgemacht; es ist schon darauf hingewiesen worden, welch harter Kampf mit Hamburg zu bestehen war. Einen guten Teil des Warenhandels hat es an den mächtigeren Konkurrenten verloren, und dieser hat einen erfolgreichen Vorstoß in das Gebiet Stettins gemacht, so daß es in manchen Beziehungen beschränkter geworden ist, als es früher war. Immer ist die Stadt aber der Einfuhrhafen einer industriereichen und wohlhabenden Gegend geblieben, für die sie Getreide, Steinkohlen, Heringe, Wein und die Rohstoffe der Industrie herbeischafft. Diese Einfuhr (seewärts 1910 im ganzen 3 365 504 t) übertrifft die Ausfuhr (1910: 1 438 410 t) ganz erheblich; diese erstreckt sich vornehmlich auf Getreide, Zucker, Mehl, Zement, chemische Produkte u. a. m. Wer einzelne Zahlen und statistische Nachrichten über den Handelsverkehr zu haben wünscht, der sei wieder auf die Jahresberichte der Kaufmannschaft verwiesen, die schon seit längerer Zeit als sehr gediegen und von hervorragender Sachkenntnis zeugend anerkannt worden sind. Obwohl sich der Handel in seinen Formen zum Teil geändert hat, die Spedition z. B. ganz besonders in den Vordergrund getreten ist, so wird man die aufsteigende Tendenz nicht verkennen. Es gilt von Stettin noch heute, ja heute noch mehr als früher, was vor mehr als 20 Jahren ein Sachverständiger über seinen Seehandel schrieb: „Stettin ist unter den deutschen Ostseehäfen der hervorragendste und derjenige, dem am ehesten das Prädikat eines Welthandelsplatzes gebührt, auch insofern, als er, was die technischen und wirtschaftlichen Hilfsmittel seines Handels betrifft, sich stets auf der Höhe der modernen Entwickelung gezeigt hat, nie hinter seiner Zeit zurückgeblieben ist." Neben dem Waren-Ein- und Ausgang zur See ist natürlich auch der auf dem Flusse und mit der Bahn erheblich gestiegen und hat immer größere Bedeutung gewonnen. Ja die Flußschiffahrt scheint einer besonders großen Zukunft entgegen zu gehen, je mehr der Verkehr nach Berlin zunehmen wird. Große Wichtigkeit für die Binnenschiffahrt hat noch der Verkehr nach der Elbe und nach Schlesien. In ziemlich bedeutender Steigerung, freilich nicht ohne Schwankungen, begriffen ist der Eisenbahnverkehr im Ein- und Ausgang; er hat sich innerhalb 15 Jahren ungefähr verdoppelt. Alle diese und andere Zahlen zeigen einen Aufschwung, der vielleicht nicht immer mit dem allgemeinen Zuwachs des deutschen Handelsverkehrs gleichen Schritt gehalten hat, aber doch nicht allzu sehr zurückgeblieben ist. Die alten Stettiner Handelsartikel, Wein und Heringe, Leinsamen und Holz, spielen noch immer eine bedeutende Rolle, andere, wie Getreide, Sämereien u. a., sind in ihrer Wichtigkeit vielleicht zurückgegangen, dafür sind aber neue, wie Kohlen, Zucker, Kartoffeln, hinzugekommen. Vergleicht man den mittelalterlichen Handel Stettins mit dem modernen, so erkennt man sofort, wie die Handelsartikel und das Handelsgebiet sich verändert und ausgedehnt haben. Eine solche Blüte, wie er heute erreicht hat, ist in früheren Jahrhunderten nicht vorhanden gewesen, auch wenn man versucht, bei einem solchen Vergleiche die ganz veränderten äußeren Umstände zu berücksichtigen. Für Stettin und seine kaufmännische Bevölkerung legt diese Blüte ein ehrenvolles Zeugnis ab, wenn wir uns erinnern, wie tief der ganze Handel gesunken war, nachdem ihn schwere Schläge getroffen hatten.

Daß zahlreiche Wünsche für die Hebung und Besserung vorhanden sind, wer wollte sich darüber wundern? Sonderlich klagt man seit Jahren über die hohen staatlichen Schiffahrtsabgaben auf der vertieften Fahrstraße Stettin—Swinemünde, unter denen namentlich auch die Reederei zu leiden hat und die den Wettbewerb mit anderen deutschen Häfen erschweren. Schwankungen im Verkehr und Handel hängen heute nicht in erster Linie von lokalen Verhältnissen ab, die gesamte wirtschaftliche Lage des Weltmarktes macht sich überall geltend. Mit ihr steht auch zum Teil in Verbindung der kleine Rückgang des Schiffsverkehrs, der in den letzten Jahren erfolgt ist; er ist allerdings um so bedauernswerter, als in anderen Häfen ein solches Stagnieren nicht zu bemerken ist. Das gibt aber auch die Hoffnung, es werde dieser Stillstand überwunden werden. Die Stettiner Reederei, um noch einige Zahlen zu geben, zählte am Ende des Jahres 1910 240 Schiffe mit 82 935 Reg.-Tonnen gegen 218 Schiffe mit 34 796 Lasten im Jahre 1873. Der Unterschied springt ins Auge, wenn wir erfahren, daß damals 65 See-, Bugsier- und Flußdampfer, 1910 dagegen 220 solche Fahrzeuge vorhanden waren, der Bestand an Segelschiffen also von 155 auf 20 zurückgegangen ist. 1873 verkehrten im Hafen 2748 Schiffe mit 374 395, 1909 dagegen 4719 mit 1 571 283 Register-Tonnen, davon kam damals etwa 34 % auf Segelschiffe, 1909 noch nicht 8 %.

Daß die Stadtverwaltung die Bedeutung, die Handel und Industrie für die Gemeinde besitzen, nicht unterschätzt, hat sie zur Genüge durch die großen Bauten und Anlagen, die dafür hergestellt worden sind, bewiesen. In ihr spielt die Rücksicht auf diese Erwerbszweige eine ganz andere Rolle als noch vor 40 Jahren. Man sehe nur, welches Gewicht auf die Hafenverwaltung, die Gewerbe- und Kaufmanns-Gerichte, die sozialpolitische Abteilung in den Verwaltungsberichten der Stadt Stettin gelegt wird, Zweige der städtischen

Verwaltung, die vor einigen Jahrzehnten kaum vertreten waren. Ganz gewaltig erweitert haben sich die Aufgaben, die einer modernen Stadt gestellt sind, und es ist unmöglich, sie im einzelnen zu behandeln. Wie großartig hat sich das Schulwesen der Stadt entwickelt! 44 Gemeinde-, 2 Hilfs-, 6 Mittel-, 6 höhere Schulen verschiedener Art unterstehen heute dem städtischen Patronat. Dazu kommt noch das Fortbildungsschulwesen, dessen Anfänge in das Jahr 1873 zurückgehen, das aber 1910 ganz neu gestaltet ist und noch weiterer Entwickelung bedarf. Mit den nicht städtischen höheren Schulen, unter denen das König-Wilhelms-Gymnasium 1880 gegründet worden ist, den gewerblichen Schulen, den zahlreichen Privatschulen wird die Zahl der Lehranstalten noch erheblich größer, so daß Stettin mit Recht wegen seines Schulwesens in hohem Ansehen steht. Die Armen- und Krankenpflege der Stadt, der auch zehn besondere, zum Teil reich dotierte Stiftungen dienen, ist ein Zweig der städtischen Verwaltung geworden, der die größte Ausdehnung besitzt und die schwerste Arbeit verlangt. Immer mehr ist es gelungen, gerade hierfür auch die freiwillige Mitarbeit der Bürger und Bürgerinnen zu gewinnen. Von ihnen hat sich eine große Zahl in den Dienst der städtischen Armenpflege oder privater Wohltätigkeit gestellt. Man sucht nicht nur der Armut und dem Elende zu helfen, sondern auch vor allem die dazu führenden Mißstände zu beseitigen. Wie sehr verdienten es zahlreiche Männer und Frauen, die sich unermüdlich den Werken der Barmherzigkeit gewidmet haben, in einer Stadtgeschichte erwähnt zu werden, aber es ist nicht möglich, und ihren Lohn haben sie wohl fast alle in dem Bewußtsein gefunden, durch ihre stille Arbeit manche Träne getrocknet, manchem Unglück abgeholfen zu haben. Wer aber erkennen will, was für eine Arbeit auf dem Gebiete sozialer Fürsorge von seiten der Stadt, der zahlreichen Vereine, der Kirche und Privater in Stettin geleistet wird, der werfe einen Blick in das 1910 von der Armendirektion herausgegebene Buch „Wohltätigkeit und Wohlfahrtspflege in der Stadt Stettin". Der Wunsch, der diese Zusammenstellung zustande gebracht hat, daß es ferner ein gedeihliches Zusammenwirken der städtischen Armenpflege mit den zahlreichen Faktoren privater Wohltätigkeit fördern helfe, wird gewiß in Erfüllung gehen. Wohltätigkeitssinn ist, wie wir gesehen haben, seit langem eine schöne Eigenschaft der Stettiner, die sich auch heute noch reichlich betätigt. Welch ein Kranz von Anstalten zur Pflege und Aufnahme von Kranken, Elenden, Verlassenen umgibt die Stadt in weitem Kreise, welch eine Menge von Vereinen ist bestrebt, der Not und dem Elende abzuhelfen, wie ist man z. B. bemüht, die Jugendfürsorge auszubauen!

Die anderen Aufgaben der städtischen Verwaltung, Bau und Reinigung der Straßen, Wasserleitung, Gasanstalt, Feuerwehr, Ökonomie, Anlagen und Friedhöfe, Gesundheitsamt u. a. m., haben nicht minder an Umfang und Bedeutung zugenommen. Eine moderne Großstadt in allen Beziehungen auf der Höhe zu erhalten, erfordert eine Unmenge von Mühe, Arbeit und Geld. Daß dies schwer ist, zumal wenn eine Stadt sehr rasch wächst, bedarf keiner Ausführung; daß bisweilen auf einzelnen Gebieten einiges versäumt wird oder Wünsche zurücktreten müssen, ist leicht erklärlich. Wenn nur im allgemeinen kein Stillstand eintritt, wird es auch stets gelingen, anderes nachzuholen. Daß Stettin in den letzten Jahrzehnten fortgeschritten ist, wenn auch vielleicht nicht immer auf dem geradesten und einfachsten Wege, wird kein billig urteilender leugnen. Zumeist ist es gelungen, tüchtige Männer für die städtische Verwaltung zu gewinnen, von denen jeder an seinem Platze nach Kräften und bestem Können die ihm zugewiesenen Aufgaben im großen und kleinen erfüllte. Ebenso haben sich zahlreiche Bürger in den Dienst der Selbstverwaltung gestellt und bereitwillig mitgearbeitet für das Wohl der Gemeinde. Die Verwaltungsberichte der Stadt, die ein reiches Material für ihre Geschichte enthalten, legen von dieser uneigennützigen Arbeit offen Zeugnis ab.

Daß bei solcher Entwickelung an die Bürger insgesamt nicht unerhebliche Forderungen an Steuern gestellt werden mußten, ist selbstverständlich. Man hat über sie schwer gestöhnt und seufzt immer noch über die steigenden Ansprüche. Um den Schmerz nicht zu vermehren, sollen Vergleiche mit früheren Zeiten nicht angestellt werden. Der Stettiner mag sich trösten, daß es in allen anderen Städten wohl nicht viel besser steht, daß ihre Finanzlage zumeist nicht günstiger ist, als die Stettins. Wenn er auch, wie es sein gutes Recht ist, Kritik an manchen städtischen Maßregeln übt, über sie schimpft und räsoniert, so freut er sich doch andererseits über das, was aus dem alten engen und finsteren Stettin geworden ist. Sein Heimatsstolz, der übrigens bei der geringen Seßhaftigkeit der Bevölkerung — nur etwa 40 % der Einwohner sind geborene Stettiner — nicht gerade allzu groß ist, regt sich, wenn er auf der Hakenterrasse lustwandelt, die stattlichen Neubauten besichtigt oder an den Blumen- und Parkanlagen seine Freude hat.

Dann tut sich der Bürgersinn in Schenkungen und Stiftungen kund, und in den mannigfachen Vereinen, die sich mit kommunalen Angelegenheiten beschäftigen, kommt das Wohlgefallen an dem rüstigen Schaffen und Treiben, an Fortschritt und Entwickelung zum Ausdrucke.

Bei aller naturwüchsigen Derbheit gilt von den Stettinern heute noch das Urteil des alten pommerschen Chronisten: „Das Volk ist etwas höflicher und holdseliger aus täglicher Hantierung, so sie mehr mit den Hochdeutschen haben, als die andern pommerschen Städte.“ Denken wir bei den Hochdeutschen heute besonders an die Berliner, so werden wir die Bemerkung nicht unterdrücken können, daß Berlin auf die Bildung des Stettiner Charakters, so weit von einem solchen die Rede sein kann, von maßgebendem Einflusse gewesen ist. Die Reichshauptstadt übt ihn in allen Beziehungen, materiellen und ideellen, aus; ob immer zum Vorteil, ist mindestens zweifelhaft.

Indessen in einer Richtung wenigstens ist diese Einwirkung günstig gewesen. Das geistige Leben, das in früheren Zeiten recht dürftig war, hat von dort reiche Anregung bekommen. Interesse für Wissenschaft und Kunst, Teilnahme an dem deutschen Geistesleben haben entschieden zugenommen. Davon legen Zeugnis ab die zahllosen Vereine und Gesellschaften, die es sich angelegen sein lassen, für wissenschaftliche und künstlerische Fragen aller Art zu interessieren, die große Menge von Vorträgen, die alle Jahre in der Stadt zum Teil in förmlichen Hochschul- oder Fortbildungskursen gehalten werden, die Benutzung der neugeschaffenen Stadtbibliothek u. a. m. Im Kunstleben hat das Stadttheater eine führende Rolle gewonnen, besonders seitdem es nach vielen schweren Krisen 1892 von der Stadt übernommen und durch einen Umbau neugestaltet wurde. Der Besuch der Aufführungen hat sich infolge der inneren Ausgestaltung und Verbesserung gehoben, denn der Stettiner hat eigentlich eine gewisse Vorliebe für das Theater, wie es das Gedeihen kleiner Bühnen beweist. Das Musikleben ist im Laufe der Zeit immer reicher und vielgestaltiger geworden. Ob es sehr in die Tiefe geht, muß man vorläufig bezweifeln, so lange gerade die besten Aufführungen, die z. B. von dem Stettiner Musikverein geboten werden, nur eine auf engere Kreise beschränkte Teilnahme finden. Doch auch in dieser Beziehung muß der Stettiner noch herangebildet werden, und ein Fortschritt ist wohl schon zu erkennen. So wird es auch gelingen, das bisher noch geringe Interesse für bildnerische Kunst zu erwecken, wenn die einzelnen Sammlungen in dem neuen Stadtmuseum auf der Hakenterrasse vereinigt und planmäßig vermehrt sind. Bisher haben weder die Kunstausstellungen, noch die ganz eigenartige Sammlung von Nachbildungen antiker Bildwerke, die eine Schöpfung Heinrich Dohrns ist, in der Stadt die verdiente Beachtung gefunden.

Die gesamten Zustände Stettins sind immer noch in einer Entwickelung begriffen; es ist eine Großstadt geworden, die weder äußerlich noch innerlich fertig ist. Aber in der vor 40 Jahren begonnenen Periode der modernen Ausgestaltung ist sehr viel erreicht worden, und diese Erkenntnis läßt hoffen, daß auch in Zukunft die Stadt nicht stillstehen, sondern sich weiter entwickeln wird. Eine Handelstadt ist Stettin stets gewesen, und den Typus einer solchen wird und soll es immer behalten. Manche Schwierigkeiten, die ihm für Handel und Verkehr aus seiner Lage, seinem Klima und anderen Verhältnissen erwachsen sind, hat es siegreich überwunden, viele schwere Schicksalsschläge ertragen oder wieder gut gemacht, wie die Geschichte uns fast in jedem der vergangenen Jahrhunderte gezeigt hat. Warum sollten wir nicht die feste Zuversicht haben, daß die Stadt auch ferner Mängel und Mißstände, Unglücksfälle und Ungunst der Zeitverhältnisse glücklich zu beseitigen oder zu ertragen die Kraft haben wird? Auf und nieder sind die Geschicke Stettins gegangen, mehr als einmal hat es fast zerschmettert am Boden gelegen, aber immer wieder ist ein Aufschwung erfolgt dank der zähen Energie, mit der seine Bewohner ihre Ziele zu verfolgen pflegen. Mit Recht hat der Oberbürgermeister Dr. Ackermann, als er am 28. August 1911 das Kaiserpaar in Stettin begrüßte, diese Kraft und Zähigkeit der Stettiner hervorgehoben, mit der sie wirtschaftliche Krisen und Schwierigkeiten zu überwinden bemüht sind. Sein hoffnungsvoller Wunsch, daß unter den blühenden Städten Deutschlands Stettin immer eine der tatkräftigsten und treuesten sei, mag am Schlusse dieser Darstellung der Stadtgeschichte aufgenommen werden!

Horsa Stettin!

Abb. 41. Siegel der Alterleute des Seglerhauses.

Anmerkungen*).

Mittelalterliche Chroniken Stettins gibt es nicht. Den ersten Versuch, eine Geschichte der Stadt zu schreiben, hat Paul Friedeborn in seiner 1613 erschienenen „Historischen Beschreibung der Stadt Alten Stettin in Pommern" gemacht. Dies Werk, das immer noch seinen eigenen Wert hat, ist in den folgenden Zeiten von zahlreichen Geschichtsforschern benutzt und ausgeschrieben worden. Besonders im 18. Jahrhundert haben viele Stettiner sich mit Arbeiten zur Stadtgeschichte beschäftigt, eifrig geforscht und fleißig gesammelt, aber doch hat keiner damals oder später eine vollständige oder ausführlichere Geschichte Stettins zustande gebracht; kürzere Darstellungen sind hier und dort gegeben worden. Daher verdient die Arbeit des wackeren Fr. Thiede, der 1849 eine „Chronik der Stadt Stettin" in einem starken Bande veröffentlichte, alle Anerkennung, zumal da er Urkunden und Akten fleißig benutzt hat. Dies Buch, das zum Teil eher eine Materialsammlung als eine anschauliche Darstellung bietet, ist für Jahrzehnte das Werk gewesen, aus dem der Stettiner sich über die Geschichte seiner Stadt belehrte. Was H. Berghaus in seinem Landbuche von Pommern (Teil II, Band 8 u. 9. 1875, 1876) als Geschichte Stettins bietet, ist kaum mehr als eine Zusammenstellung von einzelnen Nachrichten und Aktenauszügen, die an sich sehr wertvoll sind, aber ohne Zusammenhang keine fortlaufende Erzählung darstellen. Auch W. H. Meyers Stettin in alter und neuer Zeit (Stettin 1887) enthält nur einzelne lose zusammengefügte Abschnitte, in denen die Entwickelung der Stadt nach verschiedenen Richtungen geschildert wird. Kürzere zusammenfassende Darstellungen sind wiederholt gegeben worden; es mag hier nur auf die von G. Kratz verfaßte (Die Städte der Provinz Pommern. Berlin 1865. S. 376—412) verwiesen werden. Die Einzelforschung ist, wie die folgenden Anmerkungen zeigen werden, besonders in der zweiten Hälfte des 19. Jahrhunderts fleißig an der Arbeit gewesen und hat zahlreiche Fragen gelöst oder der Lösung nahegebracht.

*) Es ist nicht beabsichtigt, hier eine vollständige Bibliographie zur Geschichte Stettins zu geben, sondern nur die wichtigsten Arbeiten zu nennen, aus denen weitere Belehrung zu gewinnen ist.

1. Kapitel.

Über die geologische Beschaffenheit der Stettiner Gegend gibt W. Deecke in seiner Geologie von Pommern (Berlin 1907) und in seinem geologischen Führer durch Pommern (Berlin 1899) reiche Belehrung. H. Schumann behandelt in seiner grundlegenden Arbeit die Kultur Pommerns in vorgeschichtlicher Zeit (Balt. Stud. XLVI S. 103 ff.) auch die älteste Zeit. Die Nachrichten der Alten über die Länder an der Südseite der Ostsee stellt H. Hering (Progr. des Gymnasiums in Stettin 1833) zusammen, doch sind seine Angaben durch neue Forschungen z. B. von K. Müllenhoff überholt. Einiges über die Funde auf dem Gebiete der Stadt Stettin gibt E. Walter (Balt. Stud. N. F. XI, S. 217 f).

2. Kapitel.

Neben dem älteren, immer noch wichtigen Buche von L. Giesebrecht (Wendische Geschichten aus den Jahren 780—1182. 3 Bde. Berlin 1843) mag auf R. Wagners Wendenzeit (Mecklenburgische Geschichte in Einzeldarstellungen II. Berlin 1899) hingewiesen werden. Für die Kultur der Slawen gibt H. Schumann kurze und gute Auskunft (Balt. Stud. XLVI.) Das wendische Stettin ist in mehreren Aufsätzen von L. Giesebrecht, H. Hering (Balt. Stud. X, 1. S. 1—86), L. Quandt (Balt. Stud. XXIII, S. 116 ff.) u. a. behandelt worden. H. Lemcke beschreibt den Burgwall von Stettin (Verhandlungen der Berliner Gesellschaft für Anthropol. usw. 1889, S. 116—120). Es fehlt aber noch immer eine gründliche Untersuchung der slawischen Funde, wie der chronikalischen Nachrichten, die sich bei den Biographen des heiligen Otto, bei dänischen oder polnischen Chronisten finden.

3. Kapitel.

Die wichtigsten, ja fast einzigen Nachrichten über die Christianisierung Stettins bringen die Biographen des Bischofs Otto (Übersetzung in den Geschichtsschreibern der deutschen Vorzeit Bd. 55). Aus der umfangreichen Literatur über seine Tätigkeit sei hier nur auf die Werke von W. Wiesener (Geschichte der christlichen Kirche in Pommern zur Wendenzeit. Berlin 1889) und von Ad. Hauck (Kirchengeschichte Deutschlands, IV, S. 565 ff.) verwiesen. Über den Wendenkreuzzug von 1147 sind die Nachrichten im Pomm. Urkunden-Buche I, S. 14—18 zusammengestellt.

4. Kapitel.

Über die Anlage der ostdeutschen Städte gibt es eine reiche Literatur (vgl. Dahlmann-Waitz, Quellenkunde 7. Aufl. S. 311. — Deutsche Geschichtsblätter XI (1910), S. 279—300). Für Pommern sei auf W. v. Sommerfelds Buch (Geschichte der Germanisierung des Herzogtums Pommern bis zum Ablaufe des 13. Jahrhunderts. Leipzig 1896) verwiesen. Auf die Verwertung der Stadtpläne für die Geschichte hat zuerst J. Fritz (Programm des Lyceums zu Straßburg i. E. 1894) aufmerksam gemacht, in neuester Zeit ist diese Frage wiederholt behandelt worden (vgl. z. B. Korrespondenzblatt des Gesamtvereins der deutschen Geschichts- und Altertumsvereine 1909, 105—123). Die für Stettin in Betracht kommenden Urkunden sind im Pommerschen Urkundenbuche zu finden. An Spezialuntersuchungen fehlt es fast ganz.

5. Kapitel.

Die urkundlichen Quellen für die Geschichte der Stadt Stettin liegen erst bis 1325 im Pommerschen Urkundenbuche (bis 1907 sind 6 Bände erschienen) vor. Das älteste Stadtbuch ist darin nur ganz auszugsweise benutzt worden; eine vollständige Ausgabe ist dringend zu wünschen. Einiges Material zur ältesten Geschichte der deutschen Stadt gibt H. Hering (Balt. Stud. X, 1 S. 1—86 und in Berghaus' Landbuch von Pommern II, 8 S. 127 ff). Besondere Beachtung verdienen O. Blümckes ausgezeichnete Arbeiten über Stettins hansische Stellung (Balt. Stud. XXXVII), über die Handwerkszünfte im mittelalterlichen Stettin (Balt. Stud. XXXIV) und über eine Stettiner Zollrolle des 13. Jahrhunderts (Prog. des Stadtgymnasiums in Stettin 1879). Die älteren Straßennamen hat H. Lemcke behandelt (Stettin 1881). Eine kurze Übersicht über die Liegenschaften der Stadt Stettin gibt C. F. Meyer (Jahresbericht des Vereins für Erdkunde zu Stettin 1892). Das Wappen der Stadt bespricht Pitzschky (Balt. Stud. XIV, 1 S. 26—41). Zur ältesten Kirchengeschichte liegen Arbeiten von M. Wehrmann über das Domstift zu St. Marien (Balt. Stud. XXXVI, S. 125—157) und über die Jakobikirche (Balt. Stud. XXXVII) vor. Paul v. Nießens treffliches Buch über die Geschichte der Neumark im Zeitalter ihrer Ent- Entstehung und Besiedlung (Landsberg a. W. 1905) bietet auch für Stettin mancherlei Material, wenn auch sein Versuch, die großen Stadtprivilegien vom Dezember 1283 als Fälschungen darzustellen, nicht als gelungen angesehen werden kann. Für die Stettiner Münzgeschichte kommen die Arbeiten von H. Dannenberg (Münzgeschichte

Pommerns im Mittelalter Berlin. 1893, 1896) und E. Bahrfeldt (Zur mittelalterlichen Münzkunde Pommerns. Berlin 1893) in Betracht.

Die Zahlen, die im Texte hinter einzelnen Namen in Klammern zugefügt sind, geben an, wann die betreffenden Namen zum ersten Male urkundlich erwähnt werden.

6. Kapitel.

Die Urkunden und Stadtbücher (vgl. Balt. Stud. XLVI, S. 75—81), die für die Zeit von 1350—1450 vorliegen, werden im Kgl. Staatsarchive zu Stettin aufbewahrt. Für die hansischen Verhältnisse bieten reichen Stoff die großen Veröffentlichungen des hansischen Geschichtsvereins (Urkundenbuch, Hansa-Rezesse). O. Blümcke hat in den schon erwähnten Arbeiten über Stettins hansische Stellung und die mittelalterlichen Handwerkszünfte, sowie in dem Aufsatze über die Stettiner Fitte (Hans. Geschichtsblätter 34, S. 439—455) reiche Aufklärung über den Handel und das Gewerbe im mittelalterlichen Stettin gegeben. Das Drakerbuch von 1461 befindet sich in der Bibliothek der Gesellschaft für pommersche Geschichte und Altertumskunde. Für den Handelskrieg zwischen Stettin und Stargard sei auf F. Boehmers Geschichte der Stadt Stargard I. (Stargard i. Pomm. 1903), S. 188 ff, S. 258 ff) verwiesen. Die Geschichte des Jageteufelschen Kollegiums hat M. Wehrmann behandelt (Balt. Stud. N. F. III).

7. Kapitel.

Für den Stettiner Erbfolgekrieg ist grundlegend das Buch von F. Rachfahl (Der Stettiner Erbfolgestreit 1464—1472. Breslau 1890). Die Anteilnahme der Stadt und ihrer Bürger stellt O. Blümcke (Balt. Stud. XXXI, S. 95—153) dar, der zuerst das Sagenhafte in der Überlieferung nachgewiesen hat. Die Regierungsanfänge Bogislaws X. behandelt M. Wehrmann (Balt. Stud. N. F. V. S. 131—176). Für den Krieg, den dieser Fürst gegen die Mark führte, kommt die von F. Priebatsch herausgegebene politische Korrespondenz des Kurfürsten Albrecht Achilles (Leipzig 1893—1898) in Betracht.

8. Kapitel.

Mit der Zeit Bogislaws X. beginnt auch für Stettin das Aktenmaterial, das im Kgl. Staatsarchive zu Stettin aufbewahrt wird. Neben den noch dürftigen städtischen Archivalien sind von Wichtigkeit die erhaltenen Reste der herzoglichen Kanzlei; veröffentlicht ist daraus verhältnismäßig noch wenig. Über das Gerichtswesen macht G. v. Bülow einige Mitteilungen (Balt. Stud. XXXIX). Die Baugeschichte des Schlosses gibt kurz H. Lemcke (Die Bau- und Kunstdenkmäler des Regierungsbezirks Stettin. Heft XIV, 1. Stettin 1909). Die Nachrichten der Chronisten, Kantzows, Friedeborns u. a. bedürfen für diese Zeit einer gründlichen Nachprüfung auf Grund der vorhandenen gleichzeitigen Schriftstücke. Für die allgemeinen Verhältnisse sei hier mehr als sonst auf M. Wehrmanns Geschichte von Pommern (Band I. Gotha 1904) verwiesen.

9. Kapitel.

Die Quellen zu der Darstellung von den städtischen und namentlich von den kirchlichen Zuständen um 1500 liegen vornehmlich in den Gerichtsbüchern, einzelnen Urkunden und ganz zerstreuten kurzen Notizen vor. Den Versuch, das damalige Stettin zu schildern, hat bereits A. Hildebrandt gemacht (Bilder aus Stettin vom Anfange des 16. Jahrhunderts. Stettin 1857).

10. Kapitel.

Eine Geschichte der Reformation in Pommern oder in Stettin fehlt leider immer noch. Vorarbeiten, in denen auch die Stettiner Verhältnisse berührt werden, bezeichnen die Arbeiten von L. B. v. Medem (Geschichte der Einführung der evangelischen Lehre im Herzogtum Pommern. Greifswald 1837), K. Graebert (Der Landtag zu Treptow a. R. Berliner Dissertation 1900 — Erasmus von Manteuffel, der letzte katholische Bischof von Kammin. Berlin 1903), E. Beintker (Beiträge zur Geschichte der Reformation in Pommern. Balt. Stud. N. F. V. VI), M. Wehrmann (Die Begründung des evangelischen Schulwesens in Pommern bis 1563. Berlin 1905), E. Sehling (Die evangelischen Kirchenordnungen des 16. Jahrhunderts. Bd. IV, S. 303 ff.). Über Paul vom Rode handeln Franck (Balt. Stud. XX. XXI) und F. Bahlow (Monatsblätter 1905). Dieser hat auch die Frage aufgeworfen: Wer ist Nicolaus Decius? (Archiv für Reformationsgeschichte Nr. 16 1907). Die ältere Geschichte des Elementarschulwesens in Stettin stellt H. Waterstraat dar (Balt. Stud. XLIV). Die Geschichte des Pädagogiums ist von M. Wehrmann (Festschrift des Königl. Marienstiftsgymnasiums 1904) behandelt worden.

Für dies Zeitalter sind neben den Visitationsakten (im Kgl. Staatsarchiv Stettin) vornehmlich auch die umfangreichen Prozeßakten des alten Reichskammergerichts (im Kgl. Staatsarchiv Wetzlar) benutzt worden.

11. Kapitel.

In immer größerem Umfange setzt das Aktenmaterial ein, das im städtischen oder herzoglichen Archive leider nur lückenhaft erhalten ist. Sehr dürftig sind die Reste aus anderen Archiven der Kirchen, Stiftungen, Korporationen u. a. m. Davon sind meist nur einzelne Stücke gerettet worden. Sie hat mit verständnisvoller Sorgfalt O. Blümcke für seine verschiedenen Arbeiten (Pommern während des nordischen siebenjährigen Krieges. Balt. Stud. XL. XLI. — Stettins Heringshandel in Schonen. Balt. Stud. XXXVII. — Die Handwerkszünfte. Balt. Stud. XXXIV. — Der finanzielle Zusammenbruch Stettins zu Anfang des 17. Jahrhunderts. Balt. Stud. N. F. XII) benutzt; auf ihnen beruht ein guter Teil der Darstellung. Ebenso ist grundlegend die ausgezeichnete Abhandlung von P. von Nießen über den Ausgang der staatsrechtlichen Kämpfe zwischen Pommern und Brandenburg und die wirtschaftlichen Konflikte der Jahre 1560 bis 1576 (Balt. Stud. N. F. XII). Für die ältere Handelsgeschichte Stettins bieten Th. Schmidts Beiträge (Balt. Stud. XIX, 2) wenig. Um so bedeutsamer sind G. Schmollers Aufsatz über die Handelssperre zwischen Brandenburg und Pommern (Zeitschr. für preußische Geschichte und Landeskunde XIX (1882) und in den Umrissen und Untersuchungen zur Verfassung-, Verwaltung- und Wirtschaftgeschichte. Leipzig 1892) und P. von Nießens Darstellung des großen Handelskrieges zwischen Frankfurt und Stettin (Frankfurter Oderzeitung 1899 Nr. 225—255). Auch W. Naudés Arbeit über die deutsche städtische Getreidehandelspolitik vom 15.—17. Jahrhundert mit besonderer Berücksichtigung Stettins und Hamburgs (Schmollers staats- und sozialwissenschaftliche Forschungen VIII, 8) verdient nachdrückliche Hervorhebung. Die kleine Arbeit von H. Hering über die Loitzen (Balt. Stud. XI, 1) enthält nur dürftiges Material. Über das Gerichtswesen bringt einiges G. v. Bülow in seiner Schilderung des Kleinodiendiebstahls, der 1574 auf dem Schlosse vorfiel (Balt. Stud. XXIX). Den wichtigen Streit um das Patronat der Jakobi- und der Nikolaikirche behandelt F. Bahlow (Balt. Stud. N. F. VII). Für das Schulwesen sei auf Waterstraats bereits erwähnte Arbeit verwiesen. Für die Innungen liegen bisher nur Geschichten von Kottwitz (Geschichte der Stettiner Bäckerinnung. Stettin 1899) und von H. Waterstraat (Chronik der Innung der Baugewerke zu Stettin. Stettin 1903) vor. Die Geschichte der Schützenkompagnie hat C. F. Meyer (Stettin 1887) behandelt. Eine Geschichte der Buchdruckerei von F. Hessenland, die aus der Rheteschen entstanden ist, hat W. H. Meyer 1877 herausgegeben.

Eine Beschreibung Stettins nach dem Koteschen Bilde von 1625 gibt C. F. Meyer in einer Erläuterung dieser Ansicht; leider ist die kleine Schrift nur als Manuskript vervielfältigt worden und daher selten.

12. Kapitel.

Für die inneren Zustände Stettins im Beginn des 17. Jahrhunderts sind von grundlegender Bedeutung wieder O. Blümckes Arbeiten (Die St. Laurentius-Brüderschaft der Träger. Balt. Stud. XXXV. — Der finanzielle Zusammenbruch Stettins zu Anfang des 17. Jahrhunderts. Balt. Stud. N. F. XII); die sehr umfangreichen Archivalien sind von ihm meist vollkommen ausgenutzt. Für den Prozeß der Sidonie von Borcke hat G. Sello fast das gesamte Material durchgearbeitet und zum Teil veröffentlicht (Geschichtsquellen des Geschlechts von Borcke III, 2. 1910). Von großer Bedeutung auch für die Handelsgeschichte Stettins sind die Sundzollregister, die von Nina Ellinger Bang bearbeitet und veröffentlicht worden sind (Tabeller over skibsfart og varetransport genem Øresund 1497—1600. Første del. København 1906). Ausgiebiges Material für die Geschichte des dreißigjährigen Krieges bringt M. Bärs Buch über die Politik Pommerns während dieses Krieges (Leipzig 1896). Die Berichte der pommerschen Gesandten über die Friedensverhandlungen liegen schon seit lange gedruckt vor (Balt. Stud. IV—XIV). O. Malmströms Arbeit (Bidrag till Svenska Pommerns historia 1630—53. Lund 1892) ist auch für Stettins Geschichte von Bedeutung.

13. Kapitel.

Das Buch von C. F. Meyer (Stettin zur Schwedenzeit. Stettin 1886) bringt reiches Material zur Geschichte dieser Periode, aber keine zusammenfassende Darstellung. Ausführlich handelt über die Jahre 1653—1660 O. Malmström (Bidrag till Svenska Pommerns historia. Helsingborg 1894), der in einer anderen Schrift (Nils Bielke såsom Generalguvernör i Pommern 1687—97. Stockholm 1896) auch die spätere Zeit eingehend darstellt. W. Böhmers Werk (Die Belagerungen Stettins. Stettin 1832) ist zumeist veraltet, auch die Angaben von H. Berghaus (Landbuch des Herzogtums Pommern II, 9) bedürfen der Nachprüfung. Für die Belagerung von 1659 ist H. Klajes Arbeit (Der Feldzug der Kaiserlichen unter Souches nach Pommern i. J. 1659. Gotha 1906) maßgebend. Sehr umfangreich ist die Literatur für die Belagerungen von 1676 und 1677; es muß hier genügen, auf E. Müsebecks Abhandlung über die

Feldzüge der großen Kurfürsten in Pommern 1675—1677 (Balt. Stud. N. F. I) und auf das große Werk von Nils Wimarson (Sveriges krik i Tyskland 1675—1679. Lund) hinzuweisen; in diesem wird die Belagerung von 1676 im 2. Bande, die von 1677 in dem demnächst erscheinenden 3. behandelt; Quellen und Literatur sind hier in großem Umfange angegeben. Das Tagebuch Dietrich Sigismund von Buchs (1674—1683) hat F. Hirsch herausgegeben (Leipzig 1904. 1905). In einer Festschrift (Stettin 1887) hat C. F. Meyer die Geschichte des Vereins junger Kaufleute (früher Schützenkompagnie der Handlungsdiener) dargestellt. Über den Ausbau der Jakobikirche haben H. Lemcke und K. Scipio einzelne Mitteilungen veröffentlicht (z. B. N. Stettiner Zeitung 1891 Nr. 207. — Monatsblätter 1902). Die ältesten Stettiner Zeitungen und die kurfürstlich brandenburgische Hofbuchdruckerei in Stettin (1678) hat O. Heinemann (Balt. Stud. N. F. V) behandelt. Die Münzstätte zu Stettin unter den Königen Karl XI. und Karl XII. von Schweden 1660 bis 1710 stellt Dr. Fr. Freih. von Schrötter dar (Zeitschrift für Numismatik XXVIII).

Das Aktenmaterial für diesen Abschnitt liegt vornehmlich in drei Abteilungen des Kgl. Staatsarchives zu Stettin vor (Depon. Stadtarchiv, Schwedisches Archiv, Staatskanzlei).

14. Kapitel.

Über die Erwerbung Stettins durch König Friedrich Wilhelm I. bringt beachtenswerte Nachrichten J. G. Droysen in seinem großen Werke über die Geschichte der Preußischen Politik (Teil IV, 2). Den Feldzug von 1715 behandelt H. Voges (Balt. Stud. N. F. VII, VIII, IX). J. v. Bohlen stellt die Vorgänge in seinem Buche „Die Erwerbung Pommerns durch die Hohenzollern" (Berlin 1865) kurz dar. Die Belagerung von 1713 wird in den schon erwähnten Büchern von W. Böhmer und H. Berghaus geschildert, kleinere Beiträge dazu gibt G. v. Bülow (Balt. Stud. XXXV). W. Friedensburg macht interessante Mitteilungen über den Anfall Vorpommerns an Preußen und die Huldigung in Stettin (Sonntagsbeilage zur Vossischen Zeitung 1904 Nr. 17 und 18).

15. Kapitel.

Das Aktenmaterial für die Geschichte Stettins unter der Regierung Friedrich Wilhelms I. ist sehr umfangreich; namentlich bieten die Akten der Stettiner Kriegs- und Domänenkammer (heute im Kgl. Staatsarchiv zu Stettin) reichhaltigen, noch nicht ausgenutzten Stoff. Aber auch andere im Staatsarchiv aufbewahrte Akten, z. B. der Vorpommerschen Registratur und des Stadtarchives, enthalten eine Fülle von wichtigen Nachrichten, die nur zum Teil verwertet werden konnten. Das grundlegende Werk für die innere Politik Preußens in dieser Zeit liegt in den Bänden der Acta Borussica vor, in denen die Behördenorganisation und die allgemeine Staatsverwaltung im 18. Jahrhundert behandelt sind. Auch die von O. Krauske besorgte Ausgabe der Briefe des Königs an den Fürsten Leopold von Anhalt-Dessau (Berlin 1905) ist für die Geschichte Stettins beachtenswert. G. Schmoller behandelt in seinen Studien über die wirtschaftliche Politik Friedrichs des Großen auch den Oderhandel, die Erwerbung Pommerns und den Handel auf der Oder und in Stettin (Jahrb. für Gesetzgebung usw. VIII S. 360—421). Nicht minder bedeutsam ist Schmollers Abhandlung über das Städtewesen unter Friedrich Wilhelm I. (Zeitschrift für preuß. Geschichte und Landeskunde VIII, X, XI), die teilweise durch O. Banselows Arbeit (Balt. Stud. N. F. VII) ergänzt wird. Th. Schmidts Beiträge der Geschichte des Stettiner Handels (Balt. Stud. XIX, XX, XXI, XXV) enthalten viel wertvolles Material, sind aber nicht erschöpfend. Für den Festungsbau ist auf Berghaus' Landbuch (II, 9), für den Umbau des Schlosses auf H. Lemckes Darstellung (Die Bau- und Kunstdenkmäler des Regierungsbezirks Stettin. H. 14, 1) zu verweisen, daneben verdienen auch noch die älteren Schriften von Chr. Zickermann, J. S. Hering, D. Barthels u. a. Beachtung. Vom kirchlichen Leben dieser Zeit berichtet H. Waterstraat in seiner Biographie J. Chr. Schinmeyers (Gotha 1897) und in dem Aufsatze über das Verhalten der Stettiner Geistlichkeit gegen Friedrich Wilhelm I. während des Sequesters (Forschungen zur Brandenb. und Preuß. Geschichte X).

16. Kapitel.

Über die vielseitige Tätigkeit Friedrichs des Großen liegen große Massen von Akten in den Archiven vor, die noch nicht vollständig ausgenutzt sind. Namentlich bedarf die Geschichte des Handels und der Industrie Stettins, für die Th. Schmidt und G. Schmoller in ihren schon erwähnten Arbeiten sehr anregende und belehrende Bemerkungen gemacht haben, einer erneuten Bearbeitung. Die größeren Werke von L. W. Brüggemann (Ausführliche Beschreibung des gegenwärtigen Zustandes des Königl. Preußischen Herzogtums Vor- und Hinterpommern. Stettin 1779—1806) und C. F. Wuttstrack (Kurze historisch-geographisch-statistische Beschreibung von dem Königl.

Preußischen Vor- und Hinterpommern. Stettin 1793. 1795) enthalten viel Stoff. Von den großen Werken über Friedrich II. sei hier nur R. Kosers Buch erwähnt, in dem auch mancherlei für Stettin wichtige Nachrichten mitgeteilt werden. Die Kolonisations- und Meliorationstätigkeit in Pommern behandeln P. Wehrmann (2 Programme von Pyritz 1897. 1898) und H. Hesse (Balt. Studien N. F. XIV, XVI); beide geben auch weitere Quellen und Arbeiten an, die zum Teil für Stettin in Betracht kommen. Eine Schilderung von Stettin im Jahre 1789 entwirft M. Wehrmann (Aus Pommerns Vergangenheit. Stettin 1891) vornehmlich nach der Zeitung. Eine ziemlich vollständige Reihe der Bände der Königl. privilegirten Stettinischen Zeitung aus den letzten Jahrzehnten des 18. Jahrhunderts befindet sich in der Bibliothek der Gesellschaft für pommersche Geschichte und Altertumskunde oder in der Stadtbibliothek zu Stettin. Auf die Reisebeschreibungen, namentlich auf die Briefe J. J. Sells sei hier noch besonders aufmerksam gemacht.

17. Kapitel.

Eine zusammenhängende Darstellung, der die erhaltenen Aktenstücke zu Grunde liegen, hat die Franzosenzeit noch nicht gefunden. Was W. Boehmer (Die Belagerungen Stettins) oder H. Berghaus (Landbuch von Pommern II, 9) berichten, ist unvollständig. Der Besuch des Königspaars in Stettin im März 1806 ist von M. Wehrmann (Ostseezeitung 1906, Nr. 115—121) geschildert worden; derselbe hat die Oktobertage des Jahres 1806 beschrieben (Ostseezeitung 1906, Nr. 470 bis 494) und die Kapitulation (Monatsblätter, 1906, Nr. 9/10) behandelt. Ingerslebens Aufzeichnungen hat H. Granier veröffentlicht (Balt. Stud. N. F. IV). Über die eigentliche Franzosenzeit bringt C. F. Meyer interessante Nachrichten (Neue Stettiner Zeitung 1890 Dezember). Zwei Tagebücher, die während der Blockade geführt worden sind, liegen im Druck vor, von Villaret (Stettin 1883) und Groenlund (Balt. Stud. N. F. XIII).

18. Kapitel.

Für die Darstellung der Neuzeit sind die Akten in geringerem Umfange benutzt worden. Die Zeitungen, die Berichte des Magistrats und der Kaufmannschaft und andere Veröffentlichungen bieten hinreichenden Stoff. Dazu kommen zahlreiche Biographien, z. B. Giesebrechts von Fr. Kern (Stettin 1875), Loewes von A. Wellmer (Leipzig 1886),

M. Kunze (Berlin 1888) u. a., Erinnerungen von K. O. M. Brunnemann (Berlin 1874), A. Zapp (Zürich 1888), Lenz (Berlin 1910), Dieckhoff (Monatsblätter 1895, S. 65 ff.) u. a. m., Vorträge von H. Lemcke. Viel Material enthalten auch H. Rühls Geschichte der Leibesübungen in Stettin (Stettin 1887), sowie andere Geschichten von Stettiner Vereinen, Gesellschaften, die gelegentlich erschienen sind. Im einzelnen bietet die Zeit noch reiche Gelegenheit zu Spezialuntersuchungen, z. B. über das politische Leben.

19. Kapitel.

Auch für die neueste Zeit liegen die wichtigsten Quellen in den immer besser ausgestatteten und sorgfältiger verfaßten Verwaltungsberichten des Magistrats und der Kaufmannschaft, sowie in den Zeitungen vor. Neu sind die Berichte der Statistischen Stelle der Stadt Stettin, von denen der 1. Jahrgang (1910) und zwei Vierteljahresberichte für 1911 vorliegen. Für die kirchlichen und sittlichen Zustände sei auf die alljährlich vom Stadtsuperintendenten der Kreissynode erstatteten Berichte, für die Schulverhältnisse auf die Programme der einzelnen Anstalten verwiesen. Sehr wertvolle Nachrichten für die neuere Zeit enthält das vom Magistrate herausgegebene Buch „Stettin als Handels- und Industrieplatz“ (Stettin 1906). Einen interessanten Vergleich mit anderen Handelsstädten bietet R. Reinhards Buch über die wichtigsten deutschen Seehandelsstädte (Stuttgart 1901). Zu wünschen ist, daß mehr wie früher auf die Erhaltung von Tagebüchern, Memoiren und ähnlichen Aufzeichnungen geachtet wird; sie können für einen späteren Geschichtsschreiber der Stadt von hohem Werte sein.

Orts- und Personen-Register*).

A.

*) „Deutschland". „Oder", „Pommern" und „Stettin" sind nicht aufgenommen. Die Könige, Fürsten, Bischöfe usw. sind unter dem betreffenden Lande oder Orte, die Päpste unter „Rom" zu suchen; nur die Angehörigen des pommerschen Herzogshauses sind unter ihren Namen aufgeführt.

Die Familien und Personen, die ihrer Geburt oder ihrer Tätigkeit nach zu Stettin gehören, sind durch S p e r r d r u c k bezeichnet. Die Verschiedenheit in der Schreibung mancher Namen hat ihre Ursache darin, daß sie in den handschriftlichen Vorlagen sehr verschieden geschrieben sind. Um das Register nicht zu sehr anwachsen zu lassen, war möglichste Kürze geboten; es sind daher die verschiedenen Träger eines Familiennamens nicht einzeln aufgeführt. Die Namen in den Anmerkungen sind n i c h t aufgenommen.

B.

C.

D.

E.

F.

G.

H.

*) Der Druckfehlerteufel hat in boshafter Weise auf S. 19 aus der „Slawen-chronik" Helmolds eine „Sklavenchronik" gemacht.

J.

K.

L.

M.

N.

O.

P.

Q.

R.

S.

T.

U.

V.

W.

Z.

Verbesserungen.

S. 94, Zeile 4 v. o. ist zu lesen liber.
S. 137, Zeile 14 v. u. statt „zwischen Brandenburg und der Mark“ ist zu lesen „zwischen Brandenburg und Pommern“.
S. 138, Zeile 9 v. u. statt „Falsterbode“ ist zu lesen „Falsterbo“.